此书谨献给
已故的国家图书馆原馆长、国学大师、
《国际汉学》创刊主编任继愈先生！

儒学与欧洲文明研究丛书　主编：张西平　罗莹

OUZHOU ZAOQI HANXUESHI

欧洲早期汉学史

——中西文化交流与西方汉学的兴起

张西平 ／著

北京大学出版社
PEKING UNIVERSITY PRESS

图书在版编目 (CIP) 数据

欧洲早期汉学史：中西文化交流与西方汉学的兴起 / 张西平著 . -- 北京：北京大学
出版社 , 2025. 7.
（儒学与欧洲文明研究丛书）. -- ISBN 978-7-301-36246-4

Ⅰ. K207.8

中国国家版本馆 CIP 数据核字第 2025RH4379 号

书　　　名	欧洲早期汉学史：中西文化交流与西方汉学的兴起	
	OUZHOU ZAOQI HANXUESHI: ZHONGXI WENHUA JIAOLIU YU	
	XIFANG HANXUE DE XINGQI	
著作责任者	张西平　著	
责 任 编 辑	朱房煦	
标 准 书 号	ISBN 978-7-301-36246-4	
出 版 发 行	北京大学出版社	
地　　　址	北京市海淀区成府路 205 号　100871	
网　　　址	http://www. pup. cn　　新浪微博：@ 北京大学出版社	
电 子 邮 箱	编辑部 pupwaiwen@pup.cn　　总编室 zpup@pup.cn	
电　　　话	邮购部 010-62752015　发行部 010-62750672　编辑部 010-62754382	
印 刷 者	北京鑫海金澳胶印有限公司	
经 销 者	新华书店	
	720 毫米 ×1020 毫米　16 开本　38 印张　602 千字	
	2025 年 7 月第 1 版　　2025 年 7 月第 1 次印刷	
定　　　价	188.00 元	

序言一

16 世纪末以后中欧思想文化的交流互鉴及影响

中欧之间思想文化交流和互学互鉴的历史源远流长,对各自的发展都起到了取长补短、相得益彰之效。梳理和总结中欧思想文化交流和互学互鉴的历史,是一件有意义的事情。

从欧洲中世纪晚期以来,以儒学为主干的中国文明,就已通过来华的欧洲人和到欧洲留学的中国人,传入欧洲各国。意大利的耶稣会士利玛窦,是最早把中国历史文化介绍到欧洲的文化名人之一。他在中国生活了 28 年。1594年,利玛窦将儒学的经典著作"四书"即《大学》《中庸》《论语》《孟子》,翻译成拉丁文在欧洲传播,他认为孔子的儒家思想同基督教的教义如出一辙。在这之后的 1626 年,法国耶稣会士金尼阁又将"五经"即《诗经》《尚书》《周易》《礼记》《春秋》,译成拉丁文在欧洲传播。来华传教的耶稣会士们对中国儒学和其他历史文化典籍的介绍与提倡,在欧洲的思想文化界产生了很大影响。从 16 世纪末到 18 世纪将近二百年间,整个欧洲出现了"中国文化热"。一大批德国、法国、英国、意大利、俄罗斯等欧洲国家的著名学者,十分关注并不断研究中国的哲学、文学、历史和经济、政治、军事,发表了许多解读和推崇中国文明的卓识之见。

　　法国的启蒙思想家们,是最先研究中国儒学和中国历史文化并深受其影响的一批学者。1713 年,孟德斯鸠曾同在法国皇家文库工作的中国福建人黄加略进行过长谈。他的《论法的精神》等著作,就受到儒学特别是宋明理学的影响。伏尔泰认为儒学的哲学思想没有迷信和谬说,没有曲解自然,是最合人类理性的哲学。狄德罗认为中国哲学的基本概念是"理性",孔子的学说是以道德、理性治天下。霍尔巴赫认为"中国是世界上唯一的把政治和伦理道德相结合的国家"。以上这些学者都是法国百科全书派的领军人物。法国"重农学派"的创始人魁奈,也认为中国文明是欧洲政治经济应该学习的圭臬,他的重农主义思想就受到儒学"以农立国"的"自然之理"思想的影响。担任过法国财政部长的重农学派改革家杜尔哥,还提出过法国的发展需要借助中国文明的经验。

　　当中国的历史文化传入德国时,学者们的研究也是盛况空前。当时德国的不少学者不仅可以阅读到拉丁文本的中国先秦儒学典籍,而且可以阅读佛兰恺用德文翻译的董仲舒的《春秋繁露》。德国著名的思想家、哲学家、文学家,如莱布尼茨、康德、费尔巴哈、歌德、席勒等,都对中国历史文化进行过研究并发表了许多精辟的见解。莱布尼茨是欧洲第一位肯定中国文明对于欧洲文明十分有用的思想巨匠。在他倡导建立的柏林、维也纳、彼得堡的科学院中,探讨中国哲学与文化被列为重要的研究项目。他在 1715 年写的《论中国哲学》的长信中,表达了对中国先哲们的思想开放、独立思考、富于思辨、崇尚理性的尊崇和向往。他主张欧洲应该学习吸收中国的政治、伦理文化,中国则应该学习吸收欧洲的理论科学。莱布尼茨从《周易》中得到灵感而撰写的二进制学说,为德国哲学增加了辩证的思想因素。康德从儒家的哲学思想中受到启发而创建的用辩证的、联系的、发展的观点考察自然界的科学方法,开了德国古典哲学区别于英国经验主义和法国理性主义的先河。费尔巴哈认为孔子的"己所不欲,勿施于人"的思想,是"健全的、纯朴的、正直的道德体现",是一种高尚的哲学伦理。被誉为德国文学史上最耀眼的"双子星座"的歌德与席勒,对中国文学怀有浓厚的兴趣,他们曾创作过《中德四季晨昏杂咏》《图兰朵》等关于中国的文学作品。

　　是不是可以这样说,中国儒家和道家、法家等诸子百家学说中的哲学伦理、政治思想、人文精神的精华,中国历史上的物质文明、政治文明、精神文明的精华,为欧洲的思想家、政治家所吸取和借鉴,对于冲破欧洲中世纪神学政治的禁锢,对于欧洲启蒙运动的兴起和欧洲近现代文明的发展,曾经提供过思想养料和政治动力,提供过四大发明为代表的物质技术条件,从而对欧洲文明的进步起到了积极的影响和作用。每忆及此,我们为中国文明能够对欧洲文明和世界文明作出重要贡献而感到光荣。

毫无疑义,思想文化的交流、传播及其影响,从来都是相互的。中国从欧洲的思想文化和经济、科学技术中,也学习、吸收、借鉴过不少进步思想、发展经验和先进技术。欧洲文明的精华,对中国文明的发展也起到过积极的影响和作用。对此中国人民是记忆犹新的。

在利玛窦来华传教期间,中国明代的不少学者和官员,就向他学习过欧洲的思想文化和科学技术知识。其中最有名的是徐光启、李之藻。徐光启当过明朝礼部尚书,同时是一位杰出的农学家、科学家。1600年,他结识了利玛窦,抱着"一物不知、儒者之耻"的虚心态度向利玛窦请教西方科学。他同利玛窦合译了欧几里得的数学名著《几何原本》,与熊三拔合译了介绍欧洲水利科学的著作《泰西水法》,还吸收欧洲的天文历法知识制定了《崇祯历书》。徐光启是明代末年中国学者中学习西方科学文化的领袖群伦的人物,是中西文化交流的先驱之一。李之藻精通天文、数学,也是明代杰出的科学家。他曾同利玛窦合作撰写和编译了《浑盖通宪图说》《同文算指》等介绍欧洲天文、数学等自然科学知识的著作,同葡萄牙人傅汎际合译了亚里士多德的名著《论天》和《辩证法概论》。这些欧洲的思想文化和科学技术知识在中国的传播,对于中国社会的发展和进步所起的促进作用是功不可没的。

近代以来,欧洲的各种思潮更是纷纷传到中国。欧洲各国的许多人文科学和自然科学的重要典籍,从哲学、历史、文学、艺术到经济、政治、法律、科技,先后在中国翻译出版发行。这些读物,其涉及领域之广、数量之多,可以用中国的一句成语来形容,叫作"山阴道上,应接不暇"。就德国而言,我想举出在文学艺术和哲学方面的几位大家及其作品,他们给中国人民留下了深刻印象与认识。歌德的《浮士德》《少年维特之烦恼》,席勒的《阴谋与爱情》《欢乐颂》,在中国几乎是耳熟能详的。王国维、梁启超、鲁迅、郭沫若等中国文化名家,对这些作品都曾给予高度评价。康德、费尔巴哈、黑格尔可以说是中国人了解最多也是对中国近现代哲学产生过重要影响的德国哲学家。在 20 世纪初,随着马克思、恩格斯的学说在中国广泛传播,作为其先驱思想来源之一的费尔巴哈、黑格尔的哲学思想在中国也传播开来,影响了中国的哲学界。中国的伟大领导者毛泽东的重要哲学著作《实践论》《矛盾论》,显然也是吸收了费尔巴哈、黑格尔的哲学思想中关于唯物论和辩证法思想的合理内核。马克思、恩格斯无疑是对中国现代文明的进步和现代历史的发展影响最大的德国人。在中国人民的心目中,马克思、恩格斯不仅是伟大的哲学家、思想家、经济学家,而且是为中国的革命和建设提供了科学指导思想的理论导师。1899 年 2 月至 5 月《万国公报》第 121—124 期连载了英国传教士李提摩太翻译、上海人蔡尔康笔述的介绍英国社会学家本杰明·颉德的著作《社会进化》一书主要内容的文章,1899 年 5 月这些文章结集出版,书名定为《大同学》。从这本书中,中国人最早知道了马克思、恩格斯的名字及马克思主义学说。其后,中国共产党的早期领导人李大钊、陈独秀、李达等人,成为马克思主义在中国的主要传播者。马克思主义学说一旦与中国实际相结合,包括与中国优秀传统文化相结合,就给近代以来积贫积弱的半殖民地半封建的中国,带来了翻天覆地的历史巨变。中国共产党领导中国人民经过长期奋斗和艰苦探索,终于成功地走上了建设中国特色社会主义的康庄大道。

历史发展到现在,世界已进入经济全球化时代,科学技术日新月异,各国的经济文化社会联系日益紧密,人类文明无论在物质还是精神方面都取得了巨大进步。但是经济全球化的发展和新自由主义的盛行,也带来了许多问题和弊端。诸如无限度地追逐高额利润、无休止地争夺和滥用资源、无节制地追求高消费的生活方式,以及脱离实体经济追逐金融投机等,由此造成资源破坏、环境污染和各种冲突不断,造成国家之间、地区之间、社会成员之间的贫富悬殊,造成物质至上而精神道德沦丧的现象,造成经济危机和社会危机。这些问题,是国际社会亟待解决的紧迫问题。解决这些问题的出路和办法在哪里,可以借鉴的历史经验和历史智慧在哪里? 各国的政治家、有识之士和专家学者,都在思考和探索。要解决这些问题,当前最重要的是世界各国要加强平等协商,各种不同文明要加强对话和交流,要充分汲取不同国家、不同文明的思想文化精华。不论是经济还是社会的发展,都应实现同合理利用资源和保护环境相协调的可持续发展;不论是国家之间还是地区之间,都应消除政治军事冲突而实现持久和平;不论是发达国家还是发展中国家,都应实现互利互惠和共同繁荣。这是全世界人民所希望达到的目的。

在解决上述问题的过程中,儒学文化是可以而且能够发挥重要作用的。世界上一些有识之士已认识到了这一点。1988 年,诺贝尔获奖者在巴黎举行主题为"面向二十一世纪"的集会。在会议的新闻发布会上,瑞典的汉内斯·阿尔文博士就指出:人类要生存下去,就必须去吸取孔子和儒家学说的智慧。美国著名学者约翰·奈斯比特在其著作《亚洲大趋势》中也指出:要重新重视孔子为代表的儒家思想,借以抵御日下的世风,防止职业道德败坏、享乐式消费、个人主义膨胀以及政治狂热。他们的这些看法,可以说在不少国家的政要和专家学者中已成为共识。

儒学作为一种具有世界影响的思想文化遗产,蕴含着丰富的思想财富。这些思想财富,无论是对解决当今国家与社会治理和经济文化发展中的问题,还是对处理当今国家与国家关系、各种经济社会关系以及人与自然关系等方面的问题,仍然具有自己的价值。比如,儒学中包含着关于安民、惠民、保民、"以民为本"的思想,关于敬德、明德、奉德、"惟德是辅"的思想,关于中和、泰和、和谐、"和而不同"的思想,关于仁者爱人、以己度人、以德为邻、"协和万邦"的思想,关于自强不息、厚德载物、俭约自守、"天人合一"的思想,关于安不忘危、存不忘亡、治不忘乱、"居安思危"的思想等。从这些思想中,是可以找到解决经济全球化和新自由主义带来的问题和弊端所需要的重要智慧、经验与历史借鉴的。我们国际儒学联合会的同仁,愿意同各国的思想家、政治家和专家学者们一道,共同为此作出努力。

国际儒学联合会会长　滕文生

2019 年 7 月

序言二

在与西方思想的对话中展开儒学研究

一、全球史观下新的思考

在 19 世纪后由西方所主导的人文社会科学研究中,西方文化是人类思想的中心,它代表着人类的未来。其根据是现代化的社会发展模式和思想都是由西方人所确立的。西方之所以取得现代化的显著成就,获得这样的地位,那是因为西方有一整套的思想文化传统。文化的优越导致了发展的优越,文化的先进导致了社会的先进。西方文化的这种地域性的经验就成为全球性的经验,放之四海而皆准;西方文化的自我表述就成为全球各类文化的统一表述。希腊,文艺复兴,地理大发现,启蒙运动……西方成为所有非西方国家的榜样,西方的道路应是全球各个国家的发展道路,西方的政治制度和文化观念应成为全球所有国家的制度和理念。于是就有了目前被人们广泛接受的"东西之分""现代与传统"之别的二元对峙的模式。东方是落后的,西方是先进的;西方代表着现代,东方或者非西方代表着传统。东方或者非西方国家如果希望走上现代之路,就一定要和传统决裂,就一定要学习西方。"化古今为中西",只有向西方学习,走西方之路,东方或非西方国家与民族才能复兴。

不可否认,西方文化中确有许多有价值的东西,也为人类的文明与文化提供了宝贵的经验和理念,有不少经验和理念也的确值得东方去学习。但中西对峙、现代与传统二分的模式显然有着它的弊端。仅就历史而言,这样的思路美化了西方的道路,把西方文化与精神发展史说成了一个自我成长的历史,把在漫长历史中阿拉伯文化、东方文化对其的影响与贡献完全省略掉了。特别是西方在启蒙时期的东西方文化之间的交流与融合的历史完全被忽视了,当然同时,自大航海以后西方在全球的殖民历史以及对其他文化的灭绝与罪恶也统统都不见了。从全球史的观点来看,这是有问题的。

弗兰克和吉尔斯认为:"当代世界体系有着至少一段5000年的历史。欧洲和西方在这一体系中升至主导地位只不过是不久前的——也许是短暂的——事件。因此,我们对欧洲中心论提出质疑,主张人类中心论。"①世界的历史是各个民族共同书写的历史,西方的强大只不过是近代以来的事情,而这种强大的原因之一就是西方不断地向东方学习。在希腊时期,"对俄耳甫斯(Orpheus)、狄俄尼索斯(Dionysus)、密特拉斯(Mithras)的崇拜充斥着整个希腊—罗马世界,这说明在耶稣之后的若干世纪里,基督教学说和信仰很有可能与印度宗教共享了一种遗产。这些问题都值得深思,关于孰先孰后的疑虑很难决断,但是有一点确凿无疑,即任何试图将西方剥离出东方传统的行为都是一种人为的划分"②。文艺复兴前的几百年中,世界文明的中心是阿拉伯文明,文艺复兴起始阶段就是意大利人学习阿拉伯文,从阿拉伯文中翻译回他们已失的经典。之后在佛罗伦萨的顶楼上发现了希腊文献的手稿,重点才回到意大利本土。③"就连像弗雷德里克·特加特这样的一些西方史学家,早在数代人之前

---

　　① 安德烈·冈德·弗兰克、巴里·K.吉尔斯主编:《世界体系:500年还是5000年?》,郝名玮译,社会科学文献出版社,2004年,第3页。

　　② J.J.克拉克:《东方启蒙:东西方思想的遭遇》,于闽梅、曾祥波译,上海人民出版社,2011年,第55页。

　　③ 参见约翰·霍布森:《西方文明的东方起源》,孙建党译,于向东、王琛校,山东画报出版社,2009年;瓦尔特·伯克特:《东方化革命:古风时代前期近东对古希腊文化的影响》,刘智译,上海三联书店,2010年。

业已批判过'以欧洲为中心的'历史著作,主张撰写单一的'欧亚地区'史。特加特 1918 年指出:'欧、亚两大地区是密不可分的。麦金德曾指出过:若视欧洲史附属于亚洲史,即可非常深刻地认识欧洲史。……史学家们的老祖宗(希罗多德)认为,欧洲史各时期均留有跨越将东西方隔开的假想线而交替运动的印记。'①有了这样一个长时段、大历史的全球化史观,有了对西方文化自我成圣的神秘化的破除,我再来讨论 16—18 世纪启蒙时期与中国古代文化的关系。②

二、关于 18 世纪欧洲中国热

关于西方思想和中国思想在启蒙时期的相遇,要从大航海时代开始,"任何试图弄清楚欧洲和亚洲思想会面问题的研究都必须在这一语境下展开"。③

从社会侧面来看,启蒙时期中国古代文化对欧洲的影响表现在 18 世纪的中国热。"启蒙时期正是中国清朝的早期和中期,这时中国在世界历史上的影响达到了巅峰。……中国在世界历史和世界地理上都引人注目,其哲学、花卉和重农思想受到密切的关注,其经验被视为典范。……世界历史上任何一个时期都没有像启蒙时期这样,使得中国的商业贸易相对而言如此重要,世界知识界对中国的兴趣如此之大,中国形象在整个世界上如此有影响。"④在社会生活层面,当时的欧洲上流社会将喝中国茶,穿中国丝绸的衣服,坐中国轿,建中国

---

① 安德烈·冈德·弗兰克、巴里·K.吉尔斯主编:《世界体系:500 年还是 5000 年?》,郝名玮译,社会科学文献出版社,2004 年,第 15 页。

② 近来学界亦开始出现试图摆脱西方中心主义的视角,分别从中国与西方两个角度,来分析明清之际中国社会的转变,并将其与西方国家同期发展进行对比的出色研究,例如王国斌:《转变的中国:历史变迁与欧洲经验的局限》(李伯重、连玲玲译,江苏人民出版社,2008 年)一书。

③ J.J.克拉克:《东方启蒙:东西方思想的遭遇》,于闽梅、曾祥波译,上海人民出版社,2011 年,第 57 页。

④ S. A. M. 艾兹赫德:《世界历史中的中国》,姜智芹译,上海人民出版社,2009 年,第 275—276 页。也参见:Willy R. Berger, *China-Bild und China-Mode in Europa der Aufklärung*, Böhlau, 1990; Chen Shouyi, "The Chinese Garden in Eighteenth Century England," *T'en Hsia Monthly 2* (1936), pp. 321−339; repr. in Adrian Hsia (ed.), *The Vision of China in the English Literature of the Seventeenth and Eighteenth Centuries*, Chinese University Press, 1998, pp. 339−357。

庭院,讲中国的故事,作为一种使命和风尚。Chinoiserie 这个词汇的出现,反映了法国当时对中国的热情。这"突出地反映了这样一个事实:在一个相当长的时期中,各个阶层的欧洲人普遍关心和喜爱中国,关心发生在中国的事,喜爱来自中国的物"①。

正如我们在前面所研究的,来华耶稣会士的关于中国的著作在欧洲的不断出版,特别是柏应理的《中国哲学家孔子》的出版,在欧洲思想界产生了深刻的影响。来华耶稣会士的这些介绍儒家思想的著作,所翻译的儒家经典,引起了欧洲思想界的高度重视。

德国哲学家莱布尼茨是当时欧洲最关心中国的哲学家。他和来华传教士有着直接的接触和联系,他见过闵明我,他与白晋保持了长期的通信;他出版了德国历史上第一本关于中国的书《中国近事》;在礼仪之争中,他明确站在耶稣会一边,写了《论尊孔民俗》这一重要文献;晚年他写下了他哲学生涯中关于中国研究最重要的文献《中国自然神学论》。

从思想而言,中国思想的两个关键点是和莱布尼茨契合的。其一,他对宋明理学的理解基本是正确的,尽管他并没有很好地看到宋明理学中"理"这一观念的伦理和本体之间的复杂关系,但他看到理的本体性和自己的"单子论"的相似一面。其二,他从孔子的哲学中看到自己自然神论的东方版本。在西方宗教的发展中,斯宾诺莎的自然神论开启了解构基督教人格神的神学基础,传统神学将自然神论视为洪水猛兽。从此斯宾诺莎只能生活在阿姆斯特丹,靠磨眼镜片为生。莱布尼茨通过自然神论来调和孔子与基督教的思想,在这个意义上,"莱布尼兹是当时唯一重要的哲学家,认为中国人拥有一门唯理学说,在某些方面可与基督教教义并存"②。尽管,莱布尼茨的理解有其欧洲自身思想发展的

---

① 许明龙:《欧洲 18 世纪"中国热"》,山西教育出版社,1999 年,第 121 页。关于 18 世纪欧洲各国中国热的专题研究,亦可参见严建强:《18 世纪中国文化在西欧的传播及其反应》,中国美术学院出版社,2002 年。

② 艾田蒲:《中国之欧洲(上)》,许钧、钱林森译,河南人民出版社,1992 年,第 427 页。

内在逻辑,但他看到孔子学说中非人格神的崇拜是很明确的。①

如果说莱布尼茨从哲学和宗教上论证了孔子学说的合理性,那么伏尔泰则从历史和政治上论证了孔子学说的合理性。卫匡国的《中国上古史》《中国哲学家孔子》在欧洲出版后引起了思想的轰动,这两本书中的中国纪年彻底动摇了中世纪的基督教纪年。②"《风俗论》是伏尔泰的一部重要著作。在这部著作中,伏尔泰第一次把整个人类文明史纳入世界文化史之中,从而不仅打破了以欧洲历史代替世界史的'欧洲中心主义'的史学观······他说东方的民族早在西方民族形成之前就有了自己的历史,欧洲人有什么理由不重视东方呢?'当您以哲学家身份去了解这个世界时,您首先把目光朝向东方,东方是一切艺术的摇篮,东方给了西方一切。'"③如果中国的历史纪年是真实的,基督教的纪年就是假的,梵蒂冈就在骗人,欧洲的历史也就是一部谎言的历史。借助中国,借助孔子,启蒙思想家们吹响了摧毁中世纪思想的号角。而伏尔泰这位18世纪启蒙的领袖是穿着孔子的外套出场的,他的书房叫"孔庙",他的笔名是"孔庙大主持"。④

魁奈也是推动18世纪法国中国热的重要人物。魁奈对孔子充满了崇敬之情,他说:"中国人把孔子看作是所有学者中最伟大的人物,是他们国家从其光

---

① 参见莱布尼茨:《中国近事——为了照亮我们这个时代的历史》,梅谦立、杨保筠译,大象出版社,2005年;李文潮编:《莱布尼茨与中国》,科学出版社,2002年;桑靖宇:《莱布尼茨与现象学:莱布尼茨直觉理论研究》,中国社会科学出版社,2009年;胡阳、李长铎:《莱布尼茨二进制与伏羲八卦图考》,上海人民出版社,2006年;孙小礼:《莱布尼茨与中国文化》,首都师范大学出版社,2006年;方岚生:《互照:莱布尼茨与中国》,曾小五译,王蓉蓉校,北京大学出版社,2013年;张西平:《欧洲早期汉学史:中西文化交流与西方汉学的兴起》,中华书局,2000年。D. E. Mungello *Leibniz and Conpcianism*:*The Search tor Accord*, University of Hawaii Press, 1977; D. E. Mungello, "Confucianism in the Enlightenment: Antagonism and Collaboration Between the Jesuits and the Philosophes," *China and Europe* (1991), pp. 95—122; Gottfried W. Leibniz, *Discours sur la theologie naturelle des Chinois*, àM. de Remont, translation of *Discours and Novissinw Sinica* in Daniel J. Cook & Henry Rosemont, *Gonfried Wilhelm Leibniz*:*Writings on China*, Chicago Open Court, 1994.

② 参见吴莉苇:《当诺亚方舟遭遇伏羲神农:启蒙时代欧洲的中国上古史论争》,中国人民大学出版社,2005年。

③ 张西平:《中国与欧洲早期思想交流史》,北京大学出版社,2021年,第397页。

④ 参见孟华:《伏尔泰与孔子》,中国书籍出版社,2015年;张国刚、吴莉苇:《启蒙时代欧洲的中国观:一个历史的巡礼与反思》,上海古籍出版社,2006年;张西平:《中国与欧洲早期思想交流史》,北京大学出版社,2021年。

辉的古代所留传下来的各种法律、道德和宗教的最伟大的革新者。"①他从孔子学说中找到自己经济学说的思想基础——自然法则。重农学派的自然秩序理论主要受益于中国古代思想,魁奈说:"中华帝国不是由于遵守自然法则而得以年代绵长、疆土辽阔、繁荣不息吗?那些靠人的意志来统治并且靠武装力量来迫使人们服从于社会管辖的民族,难道不会被人口稠密的中华民族完全有根据地看作野蛮民族吗?这个服从自然秩序的广袤帝国,证明造成暂时的统治经常变化的原因,没有别的根据或规则,只是由于人们本身的反复无常,中华帝国不就是一个稳定、持久和不变的政府的范例吗?……由此可见,它的统治所以能够长久维持,绝不应当归因于特殊的环境条件,而应当归因于其内在的稳固秩序。"②这个内在固有的秩序就是"自然秩序",这正是他的学说的核心思想。

魁奈重农学派与中国古代思想之间的渊源和联系,这是经过学者反复研究得到证明的问题。利奇温认为,魁奈的学说"特别得力于中国的文化传统"③,中国学者谈敏认为:"重农学派创立自然秩序思想,其重要思想来源之一,是得自中国的文化传统;尤其是这一思想中那些在西方学者看来不同于欧洲主流思想的独特部分,几乎都能在中国古代学说中找到其范本。"④

在启蒙运动中始终有两种声音,从孟德斯鸠到卢梭,启蒙思想也在不断发生着演进与变化,这种变化最终在 1793 年孔多塞(Marie-Jean-Antoine-Nicolas de Caritat,Marquis de Condorcet,1743—1794)的《人类精神进步史表纲要》中

---

① 弗朗斯瓦·魁奈:《中华帝国的专制制度》,谈敏译,商务印书馆,1992 年,第 37—38 页。

② L. A. 马弗利克:《中国:欧洲的模范》,转引自谈敏:《法国重农学派学说的中国渊源》,上海人民出版社,1992 年,第 162 页。

③ 参见利奇温:《十八世纪中国与欧洲文化的接触》,朱杰勤译,商务印书馆,1962 年,第 93 页。

④ 谈敏:《法国重农学派学说的中国渊源》,上海人民出版社,1992 年,第 161 页。有的学者从魁奈的书名《中华帝国的专制制度》(Le despotism de la Chine)就认为魁奈是批评中国专制主义,是法国中国热的一个转折点,正像看到孟德斯鸠对中国专制主义的批评一样。实际上即便在孟德斯鸠的批评中,他自己也感到把专制主义一词完全套用在中国是不完全合适的,在魁奈这里更是如此。这里并非为中国的制度辩护,只是在理解这些西方学者的思想时,要实事求是。把重农学派说成"回到封建的农业社会""从重农角度讲,他们是维护封建制度的""重农主义推崇中国重视农业",亚当·斯密比重农学派更加重视经济的自由发展等,这些议论基本上没有读懂重农学派的基本理论,不了解这一学派在西方经济学说中的地位。马克思对于魁奈的《经济表》,给予很高评价。他说:"重农学派最大的功劳,就在于他们在自己的《经济表》中,首次试图画出一幅通过流通表现出来的年再生产的图画。"(《马克思恩格斯全集(第二版)(第四十三卷)》,人民出版社,2016 年,第 627 页。)他还指出,"魁奈医生使政治经济学成为一门科学;他在自己的名著'经济表'中概括地叙述了这门科学"。(马克思:《哲学的贫困》,《马克思恩格斯全集(第四卷)》,人民出版社,1958 年,第 138 页。)

表达了出来，此时，以进步为核心的启蒙观念确定了下来。此时中国成为与进步对峙的"停滞的国家"。如他所说："我们就必须暂时把目光转到中国，转到那个民族，他们似乎从不曾在科学上和技术上被别的民族所超出过，但他们却又只是看到自己被所有其他的民族——相继地超赶过去。这个民族的火炮知识并没有使他们免于被那些野蛮国家所征服；科学在无数的学校里是向所有的公民都开放的，惟有它才导向一切的尊贵，然而却由于种种荒诞的偏见，科学竟致沦为一种永恒的卑微；在那里甚至于印刷术的发明，也全然无助于人类精神的进步。"[①]

这样我们看到启蒙运动从伏尔泰到孔多塞，它走过了一个完整的过程，对中国从赞扬变为批判。其实中国仍是中国，这种中国观的变化是欧洲自身思想变化的结果。"中国形象发生颠覆性的转变，归根结底是欧洲人看待中国时的坐标已经斗转星移，从尊敬古代变为肯定当今，从崇尚权威变为拥戴理性，从谨慎地借古讽今变为大胆地高扬时代精神。因此中国曾经被作为圣经知识体系的从属物而被尊敬，被作为古老文明的典范而被尊敬，但瞬间又因为同样的原因被轻视。借耶稣会士之手所传递的中国知识在17—18世纪的欧洲人眼里堆积起的中国形象其实没有太大变化，只是这个形象的价值随着欧洲人价值观的变化而改变了。"[②]

应该如何看待启蒙时代的这种变化的中国观呢？中国思想在启蒙时代的影响应该如何评断呢？

三、中国思想在启蒙运动中的价值

历史说明了文化之间的互动和交错，单一的文化中心论是不成立的，无论是西方文化中心主义还是中国文化中心主义，当我们指出中国文化对18世纪欧洲的影响时，并不是倡导一种"西学中源说"，历史早已证明那是把中国文化

[①] 孔多塞：《人类精神进步史表纲要》，何兆武、何冰译，生活·读书·新知三联书店，1998年，第36—37页。

[②] 张国刚、吴莉苇：《启蒙时代欧洲的中国观：一个历史的巡礼与反思》，上海古籍出版社，2006年，第324页。

引向封闭的错误思潮。在如何看待中国思想在启蒙运动中的影响时,有两个问题需要特别注意。

第一,中国思想是否传播到了欧洲,启蒙思想家们是否读到了中国古代哲学儒家的作品,这是一个知识论的问题。在这个问题上有的学者将其分为两种立场:"研究西方的中国观,有两种知识立场:一是现代的、经验的知识立场;二是后现代的、批判的知识立场。这两种立场的差别不仅表现在研究对象、方法上,还表现在理论前提上。现代的、经验的知识立场,假设西方的中国观是中国现实的反映,有理解与曲解,有真理与错误;后现代的、批判的知识立场,假设西方的中国观是西方文化的表述(Representation),自身构成或创造着意义,无所谓客观的知识,也无所谓真实或虚构。"①不可否认,从后现代主义的理论出发,可以揭示出西方中国形象的一些特点,但将现代的经验的知识立场和后现代的批判知识立场对立起来本身就是有问题的,尽管从后现代主义的立场来看,这种对立是天经地义的事。知识的传播和知识的接受是两个密不可分的阶段。知识是否流动?知识流动的具体内容如何?接受者如何接受和理解知识?他们的文化身份对所接受知识的影响如何?这些理解和他们所在的时代思想关系如何?这是一个问题的两个方面。"启蒙思想家关于中国的讨论,绝大多数情况下是建立在误读基础上的",这样的判断只说明了问题的一个方面。不能因为接受者对知识的理解受到自身文化的影响而产生了对异文化的"误读",就否认知识在传播中的真实性,同样,不能因传播者在传播知识时受其自身文化的影响,对其所传播的知识附上自身的色彩,就完全否认了所传播知识仍具有真实的一面。后现代主义的知识立场夸大了知识传播和接受主体的自身文化背景对知识传播和接受的影响,并且将文化之间的交流、知识在不同文化之间的流动完全龟缩为一个主体自身文化背景问题,将丰富的历史过程仅仅压缩为主体自己的文化理解问题。这样也就"无所谓客观的知识,也无所谓真实或虚构"。显然,这种理解是片面的。

这涉及启蒙时期欧洲知识界所了解到的关于中国的知识,所接触到的中国

---

① 周宁:《西方的中国形象》,周宁编:《世界之中国:域外中国形象研究》,南京大学出版社,2007年,第4页。

古代文化思想究竟是真实的,还是虚假的。或者启蒙时期所形成的中国观和中国有关还是根本和中国没有关系,中国仅仅是一个方法,一个参照系,在这些学者看来:"关于西方的中国观的客观认识与真实知识这一假设本身就值得商榷。我们分析不同时代西方的中国观的变异与极端化表现,并不是希望证明某一个时代西方的某一种中国观错了而另一种就对了,一种比另一种更客观或更真实,而是试图对其二元对立的两极转换方式进行分析,揭示西方的中国观的意义结构原则。"①西方对中国的认识自然有其自身的原因,但所接触和了解的外部因素的多少和真假当然对其内部因素的理解有着直接的影响。把外部因素作为一个虚幻的存在,其内部思想和文化转换的结构当然无法说清。

在笔者看来,尽管后现代主义的知识立场有一定的价值,但完全否认现代知识立场是有片面性的。中国知识和思想在启蒙运动中引起了巨大的思想震动,这本身是欧洲思想内部的原因所造成的,但正是在耶稣会士所介绍的儒家思想的观照下,儒家自然宗教的倾向,中国历史编年的真实性,中国政治制度在设计上比欧洲的更为合理,例如科举考试制度等,才会引起了欧洲思想的震动。如果中国思想文化不具备一定的特质,就不会引起启蒙思想家如此大的兴趣。就伏尔泰来说,毋庸讳言,伏尔泰论及中国、宣传孔子,在一定程度上是出于实际斗争的需要,即所谓的"托华改制"。这一点,尤其在"反无耻之战"中更显突出。但儒家本身的特点无疑是重要的,如孟华所说:"孔子思想的核心是'仁',它的基本含义是'爱人'。而伏尔泰终其一生不懈追求的,正是这种将人视为人,能够建立起人际间和谐关系的人本主义。"②就魁奈来说,中国的思想对他来说是真实的,是他经济思想的重要来源,如谈敏先生所说,他的研究就是"试图以确凿的事实和大量的资料,系统地论证法国重农学派经济学说甚至西方经济学的中国思想渊源,具体地勾勒出重农学派在创建他们的理论体系时从中国所获得的丰富滋养及其对后代经济学家的影响;展示中西文化交流对于18世纪经济科学发展的重要意义,驳斥那些无视东方经济思想对于世界经济思想的

---

① 周宁:《西方的中国形象》,周宁编:《世界之中国:域外中国形象研究》,南京大学出版社,2007年,第6页。

② 孟华:《伏尔泰与孔子》,新华出版社,1993年,第146页。

贡献与影响的荒谬言论,弘扬中国古代经济思想的光辉成就"。①

中国思想和文化在 16—18 世纪的传播是一个复杂的历史过程,欧洲启蒙时期对中国古代思想与文化的接受也是一个复杂的历史过程,中国思想和文化在 16—18 世纪产生如此大的影响,在欧洲形成了持续百年的中国热,这既是欧洲自身社会发展的一个自然过程,也是中国思想文化融入欧洲社会发展的一个过程,这既是欧洲思想变迁的内部需要的一个表现,也揭示了中国思想文化特点所具有的现代性内涵。我们不能仅仅将其看成欧洲精神的自我成圣,完全否认中国知识在启蒙运动中的作用,完全无视中国思想文化的现代性内涵对启蒙思想的影响,将此时的启蒙发展完全归结于欧洲思想自身发展的逻辑,这不仅违背了历史,也反映出了这种观点对欧洲思想自身成圣的神话的相信和迷恋。将欧洲的发展史神化,这正是欧洲逐步走向"欧洲中心主义"的重要一步。如果我们运用后现代的理论来证明这一点,按照后现代主义思潮来说,这才恰恰是"自我殖民化"。

我们必须看到,这段历史不仅彰显出了中国古代文化的世界性意义,同时"它告诉我们:中国的传统并不是完全与近现代社会相冲突,中国宗教和哲学思想并非与现代思想根本对立。在我们的传统中,在我们先哲的思想中,有许多同希腊文明一样永恒的东西,有许多同基督教文明一样具有普世性的观念。只要我们进行创造性的转化,中国传统哲学的精华定会成为中国现代文化的有机内容。东方在世界体系中也并非无足轻重,在西方走向世界时,东方无论在思想上还是在经济上都起着不可取代的作用"②。因此,1500—1800 年间是中西文化的伟大相遇,这是人类文明史上少有的平等、和平交流的一段历史,是中国和西方文化交流史中最重要、最具有现代意义的一段历史,它是中国与西方共同的文化遗产,"未来的中西交流将更多地呈现出 1500—1800 年间中西方的互动与互惠"③。

第二,对启蒙运动后期所确立的进步史观应进行解构。孔多塞最终所确立

① 谈敏:《法国重农学派学说的中国渊源》,上海人民出版社,1992 年,第 366 页。
② 张西平:《中国与欧洲早期思想交流史》,北京大学出版社,2021 年,第 511 页。
③ 孟德卫:《1500—1800:中西方的伟大相遇》,江文君、姚霏译,新星出版社,2007 年,第 188 页。

的以进步为核心的启蒙观是欧洲思想走向自我中心主义的开始。孔多塞写于1793 年的《人类精神进步史表纲要》,以进步史观为核心,将人类历史发展分为九个时期,由低到高,最终达到完美阶段。他把中国安排在人类历史发展的第三个时代,他对中国历史与文明的安排为以后黑格尔的《历史哲学》对中国思想的评价打下了基础。① 正如学者所说:"启蒙主义者努力在知识与观念中'发现'并'建设'一个完整的、体现人类幸福价值观的世界秩序,该秩序的核心就是进步,进步的主体是西方,世界其他地区与民族只是对象,这其中既有一种知识关系——认识与被认识,又有一种权力关系,因为发现与被发现、征服与被征服往往是同时发生的。启蒙主义者都是欧洲中心的世界主义者。他们描述世界的目的是确定欧洲在世界中的位置,他们叙述历史是为了确立自由与进步的价值,并将欧洲文明作为世界历史主体。启蒙运动为西方现代文明构筑了一个完整的观念世界,或者说是观念中的世界秩序。它在空间中表现为不同民族、国家、风俗及其法律的多样的、从文明到野蛮的等级性结构;在时间中表现为朝向一个必然的、目标的、线性的、可以划分为不同阶段的进步。启蒙主义者都是历史主义者,他们将世界的空间秩序并入时间中,在世界历史发展的过程中理解不同民族文明的意义和价值。其线性的、进步的历史观念已不仅是人类经验时间的方式,甚至是人类存在的方式。所有的民族、国家都必须先在历史中确认自己的位置,无论是停滞的或进步的,在历史之外或在历史之中,然后才在世界的共时格局——即文明、野蛮的等级秩序——中找到自己的位置。"②这个分析是正确的,指出了孔多塞所代表的后期启蒙思想家的问题所在——一种强烈的西方中心主义,说明了孔多塞的历史观的西方立场。

实际上当孔多塞这样来解释中国时,当时的中国并未停滞,不但没有停滞,当时的中国仍是一个强大的中国。1800 年前的中国是世界上人口最多,经济规模最大、国民生产总值第一的强盛大国,当时的中国正处在康乾盛世时期。

---

① 参见张国刚:《18 世纪晚期欧洲对于中国的认识——欧洲进步观念的确立与中国形象的逆转》,《天津社会科学》2005 年第 3 期。

② 周宁:《西方的中国形象》,周宁编:《世界之中国:域外中国形象研究》,南京大学出版社,2007 年,第 49—50 页。

弗兰克说得更为明确:"整个世界经济秩序当时名副其实地是以中国为中心的。哥伦布以及在他之后直到亚当·斯密的许多欧洲人都清楚这一点。只是到了19世纪,欧洲人才根据新的欧洲中心论观念名副其实地'改写'了这一历史。正如布罗代尔指出的,欧洲发明了历史学家,然后充分地利用了他们对各自利益的追求,而不是让他们追求准确或客观的历史。"①

　　所以,揭示出启蒙时期思想的实际发展过程,说明欧洲思想不是一个自我成圣的过程,仅仅回到希腊,西方思想家发展不出来近代的启蒙思想观念。但西方思想的当代叙述完全不再提到这段历史,他们改写西方思想文化的发展史,并设置一个二元对峙的思想和文化发展的模式,将其作为训导东方国家的思想文化模式。在这个意义上,这种做法不仅无耻,也反映出西方思想自启蒙后的堕落,尤其至今一些西方文化思想领袖希望按照这样的逻辑继续改造这个世界时,将其称为文化帝国主义是完全可以的。后殖民主义理论的意义在于揭示出启蒙以来西方思想发展形成的真实历史和逻辑,说明了东方的价值和西方的虚伪。但绝不是用后殖民主义理论去论证西方思想的合理性、开放性,西方思想自我调节、自我成圣,西方近代思想自我发展的逻辑的合理性。我们决不能从这段历史的叙述中,按照后现代主义的理论框架,强化西方在启蒙后所形成的思想文化特征的合理性。这样的论述将重点放在西方思想的自我成圣、自我逻辑的发展,强调西方思想自身发展的逻辑的合理性、自洽性,东方只是一个没有实际价值的他者,西方近代思想的形成全在西方自身的内因。这样的一种研究实际上仍只是研究西方,东方只是个陪衬,中国只是个背景,从而没有真正从全球化的角度考虑文化与思想的互动,没有揭示在这个历史过程中东方思想的价值,没有用这段真实的历史去揭示当代西方思想和文化主流叙述的虚伪性。因而,这样一种用后殖民主义理论来论证启蒙思想的内在形成逻辑的合理性的做法,恰恰违背了后殖民主义理论的初衷,这是用后殖民主义逻辑为西方辩护的一种自我殖民化。对于这种思想和认识应该给予足够的认识。

　　这说明,当启蒙思想家以进步史观设计历史时,在历史事实上就存在问题,

---

　　①　贡德·弗兰克:《白银资本——重视经济全球化中的东方》,刘北成译,中央编译出版社,2000年,第169页。

即便当时中国相比于欧洲发展慢了一些,但并未停滞。在启蒙后期孔多塞、马戛尔尼把中国说成停滞的帝国肯定是不符合事实的。历史是一个长时段的发展,100 年是一个短暂的瞬间,今天中国重新崛起,其道路和特点都和西方的道路与特点有很大的不同,历史已经对启蒙后期开始形成的欧洲中心主义和 19世纪主导世界的西方中心主义做出了最好的回答。从今天反观历史,启蒙后期的思想家的傲慢是多么的可笑。

四、启蒙精神与中国传统文化

历史充满了复杂性。启蒙时期中国古代文化在欧洲的影响也呈现出多元的色彩。学术界在理解启蒙与中国文化的关系时,大都不注意启蒙运动真实历史与中国文化之间的多元复杂关系,从而对启蒙思想和中国文化关系不能做出学理与历史的综合性分析与解释。

通过弘扬启蒙思想,来批判中国传统文化——这是一种看法。这种思维实际上已经接受了现代与传统、东方与西方二元对峙的思维方式,加之缺乏比较文化的立场和对全球史研究进展的关注,因而,完全不知中国文化在 1500—1800 年间与西方文化的基本关系和状态,不知当时中国在全球化初期的地位。所以,当弗兰克说出当时的中国是世界经济中心时,在中国学术界引起轩然大波,一些学者极为震惊。这种看法自然无法理解中国传统文化,尤其是儒家文化为何被启蒙思想所接受、所赞扬。在他们赞扬启蒙之时,内心已经将中国文化作为启蒙思想的对立面,而完全不知中国文化恰恰曾是启蒙思想家的思想源泉之一,也无法理解从这段历史可以看出中国传统文化,特别是儒家文化具有现代思想的内涵,只要经过创造性转换完全可以成为中国当代文化的重要资源。在这个意义上,这些学者并未真正理解启蒙运动。历史的吊诡在于,20 世纪 80 年代的文化热中,对启蒙的崇拜和信仰有其合理性,就是到今天启蒙精神仍有其文化和思想价值,因为,启蒙运动所留给人类的"自由""民主""科学""理性"仍有其重要的价值。但将这些启蒙精神和中国传统思想完全对立起来是对启蒙思想形成历史的不了解。同时,对启蒙时期思想家们所提出的"科学""理性""进步"的一味赞扬,说明这样的看法不了解启蒙思想家在形成这些观念时的缺失,尤其启蒙思想后期所形成的"进步"观念背后的"欧洲中心主义"的立场,从而缺乏一种对启蒙的反思,特别是对西方近百年来在启蒙思想下所走过的实际历史过程的反思。①

　　通过批判启蒙思想,来弘扬中国文化——这是另一种。很长时间以来,在西方思想文化上启蒙运动都是作为一场伟大的思想文化运动而载入史册的。正如著名的罗兰·N. 斯特龙伯格所指出,18 世纪为世界贡献了这样的观念:"人类现在和将来都会'进步',科学技术对推动人类进步起了最大作用,人类的目的就是享受世俗的幸福。虽然有越来越多的知识分子对这些说法表示怀疑,但大多数平民百姓可能还是信奉它们。与许多社会科学一样,现代自由主义和社会主义都是在 18 世纪孕育出来的。今天的公共政策的目标也是由启蒙运动确定的:物质福利、幸福。人们还会想到宗教宽容、人道主义、法律面前人人平等,言论自由以及民主和社会平等。所有这些都主要源于这个世纪。更深入地看,很显然,我们的基本思维习惯以及我们的语言方式,也主要受到启蒙运动的影响。"②

　　以批判当代西方社会思想为其特点的后现代思潮兴起后,启蒙运动的地位发生了变化,启蒙开始成为批判的对象。后现代主义是对启蒙的一种反思、质疑和批判。一些思想家"开始对现代性的总体观念提出批判,并提出'后现代'以同'现代'相对抗,这些思想家的思想被称为'后现代主义'。"③这样一种反叛

---

　　①　"'人本主义在上世纪(19 世纪)末叶达到顶峰。帝国主义的欧洲统治全球,但文化的欧洲则相信这是对世界文明进步的贡献';'一些欧洲人发觉他们的人本主义掩盖了和包庇了一场可怕的非人惨剧。他们还发觉自己所认为是惟一的文化其实只是世界文化之林中的一枝文化,而自己的这个文化曾居然认为有权蔑视其他文化并予以毁灭之。'莫兰:《反思欧洲》,康征、齐小曼译,"文化批判与文化自觉——中文版序",生活·读书·新知三联书店,2005 年,第 7 页;参见汤林森:《文化帝国主义》,冯建三译,郭英剑校订,上海人民出版社,1999 年。当下中国学术与思想界如何创造性地转化中国传统文化,如何在合理吸收西方近代思想文化精神合理内核的基础上清理"西方中心主义",是一个根本性的问题。在中国即将成为一个世界性大国之时,思想的创造与独立、本土资源的发掘和百年西方中心主义的清理成为我们绕不过的一个重大问题。20 世纪 80 年代的启蒙已经瓦解,思想已经分野,哪种思想方案更适合于崛起的中国,这要待历史回答。参见许纪霖、罗岗等:《启蒙的自我瓦解:1990 年代以来中国思想文化界重大论争研究》,吉林出版集团有限责任公司,2007 年。
　　②　罗兰·斯特龙伯格:《西方现代思想史》,刘北成、赵国新译,中央编译出版社,2005 年,第 196 页。
　　③　姚大志:《现代之后——20 世纪晚期西方哲学》,东方出版社,2000 年,第 229 页。

倾向首先是从尼采开始的,在他看来现代社会不是一个健康的社会,它是由废物组成的病态胶合物。沿着这条思路,利奥塔、德里达、福柯、罗蒂等西方哲学家各自展开了自己的论述,从而形成了后现代思潮,而另一些哲学家如哈贝马斯将继续沿着启蒙的方向完善这个理论。

　　西方这样的思考自然引起中国学者的注意,学者杜维明认为:"启蒙心态从18世纪以来,是人类文明史到现在为止最有影响力的一种心态。科学主义、物质主义、进步主义,我们现在熟悉的话语,都和启蒙有密切关系。社会主义和资本主义都是从启蒙发展出来的。市场经济、民主政治、市民社会,还有后面所代表的核心价值,比如说自由、理智、人权、法制、个人的尊严,这些价值也都从启蒙发展而来,而这个力量不仅是方兴未艾,而且在各个地方已经成为文化传统中间不可分割的部分。所以我进一步说,在文化中国的知识界,文化的传统之中,启蒙心态的影响远远要超出儒家的、道家的、法家的、佛教的、道教的、民间宗教带来的影响。"①启蒙的问题在于:第一,人类中心主义(anthropocentrism);第二,工具理性(instrumental rationality)以及宰制性的科学主义;第三,个人主义;第四,西方中心主义。由此,杜先生认为:"经过了西化,经过了现代化,儒家传统的人文精神,人文关怀,可以和启蒙所带来的最强势的人文主义进行深层的对话,现代西方启蒙所开发出来那么多的光辉灿烂的价值,特别是科学技术方面的价值,和人的个人的个性解放,人的精神的发展,儒家的人文精神和现代西方人文主义之间的对话和互动的空间有没有,有哪些课题需要讨论,这是我关注的问题。"②正如学者所概括的:"作为儒家的现代传人,如何在启蒙反思中发挥儒家思想的积极作用,是杜维明相关思考的理论兴奋点之一。"③对此,一些学者的基本主张是:"儒家天人合一的人文主义可以在自身、社群、自然和上天四层面为超越启蒙凡俗的人文主义提供思想资源。"④

　　启蒙思想还是中国传统思想?看起来似乎有些对立。但一旦我们进入实际

---

① 杜维明:《"启蒙的反思"学术座谈》,《开放时代》2006年第3期,第6页。
② 同上刊,第8页。
③ 李翔海:《杜维明"启蒙反思"论述评》,《中国社会科学院研究生院学报》2011年第5期,第33页。
④ 同上刊,第29页。

的历史境遇,就会看到将启蒙与中国传统思想对立起来的认识是值得反思的。

从我们上面所介绍的启蒙思想家对中国文化的接受来看,儒家思想和启蒙思想并不是对立的,儒家思想曾是滋润启蒙思想的重要外部资源,它与启蒙精神相连,而又有别于西方启蒙思想。因此,在重建中国文化传统的现代意义时,我们不能完全将儒家思想和启蒙思想对立起来,而是可以从启蒙思想家当年对中国文化的跨文化理解中,纠正其偏误,赋予儒家文化以符合现代生活的新意,开出启蒙思想之新意。

例如,启蒙思想家利用中国文化的理性精神来解构中世纪的宗教,这说明儒家思想中的理性精神有其合理的一面。但启蒙思想家在理解儒家的理性精神时,并不全面,启蒙思想所确立的理性最终演化成为工具理性主义。这样他们并未深刻理解儒家思想的理性精神和宗教精神的融合,儒家思想的半哲学和半宗教特点。儒家的理性主义和启蒙思想的工具理性之间有着契合与差别,这样如何在保持启蒙理性精神的同时,发挥儒家理性与神圣性合一的资源,人文理性主义的资源,克服启蒙以来的工具理性之不足;同时,如何学习启蒙精神,将儒家实用理性转化成为不同于工具理性的现代理性,这都给我们留下宽阔的学术空间。

又如,启蒙思想家通过耶稣会士所介绍的中国富足的世俗生活,赞扬了个人主义。因此,将中国传统文化说成是一个压制个人的专制文化史是说不过去的,即便在孟德斯鸠那里,他对中国的专制文化也做了特别的处理,而魁奈专制主义并非在批评意义上的使用,如克拉克所说:"必须记住,启蒙思想家口中的'专制'绝非批评之辞,在这里中国乃是被视为受开明统治者治理的国家典范,也就是说,这种类型的国家不会根据统治者的一时兴起而作出决定,它将视法律而定,它将以全体人民的幸福为目的,它将以社会一切方面的和谐运转作为统治者最关注的核心问题。魁奈自己和他的同时代人一样,把中国视为理想社会,它为欧洲提供了一个可供模仿的范本。"[1]

但中国文化中对个人的肯定又不同于启蒙所开启的物质主义的个人主义,

---

[1]　J.J.克拉克:《东方启蒙:东西方思想的遭遇》,于闽梅、曾祥波译,上海人民出版社,2011年,第71页。

或者说凡俗的个人主义,乃至人类中心主义。儒家的人文主义正如陈荣捷教授在《中国哲学文献选编》中指出的:"中国哲学史的特色,一言以蔽之,可以说是人文主义,但此种人文主义并不否认或忽视超越力量,而是主张天人可以合一。"①按照这样的理解,中国的天人合一的人文主义既不是启蒙思想家所倡导的世俗个人主义,也不是后来由此演化成为的人类中心主义。

自然,孔多塞等后期启蒙思想家所提出的"进步"观念也有其合理性,进步总是比落后要好。但这种进步不是一种以欧洲为中心的线性进步观,不是一种人类中心主义的无限索取自然的进步观,不是以西方文化取代其他多元文化的进步观。在这个意义上,中国传统的"天人合一"的自然观,"和而不同"的文化观,都可以作为修正孔多塞所代表的启蒙思想家进步观的重要思想资源。

目前关于启蒙思想与中国思想的讨论大都是在纯粹理论范围内展开的,但思想是历史的思想,没有历史的思想是永远无法高飞的。历史是智慧的源泉,只有在一个长时段的历史中,我们才会体悟到真理。通过对 1500—1800 年间中西文化交流史的研究,通过对中国传统文化在启蒙时期的传播和影响进行研究,我们可以从根源上对启蒙做更为全面的反思,可以走出启蒙思想与中国传统思想对立的思考模式,克服后现代主义对启蒙片面批判和固守在启蒙思想内部发展思想的两种倾向,从中国的历史和启蒙的历史做出新的解释,将历史重新激活,将中西思想重新融合。这是我们的祈盼,亦是我们编订此套丛书的初衷。②

因应目前学界关于儒学研究的最新学术动向,一并汇总极具代表性的重要研究成果,本套丛书既收录有视野恢宏、横跨明清两代中西哲学交流史的通论型研究著作,例如张西平《中国和欧洲早期思想交流史》;亦有专门针对目前学术界未能给予充分重视、实则能充分体现儒家思想在启蒙现代性构建过程中的地位和作用的研究专题,例如井川义次的《宋学西渐——欧洲迈向近代启蒙之路》便侧重于考察 18 世纪儒学与启蒙运动之间的互动关系,探讨儒家以"仁"为

---

① 陈荣捷编著:《中国哲学文献选编》,杨儒宾等译,江苏教育出版社,2006 年,第 1 页。

② 参见许纪霖、罗岗等:《启蒙的自我瓦解:1990 年代以来中国思想文化界重大论争研究》,吉林出版集团有限公司,2007 年。

核心的伦理道德观,以及"仁政德治"的政体主张,对欧洲启蒙思想家的启迪作用并为他们的宗教、社会、政体改革提供了精神养料和可资借鉴的模式。张西平和李颖主编的《启蒙的先声:中国文化与启蒙运动》则经由梳理"中学西传"的历史脉络,展现儒家思想与启蒙运动和西方汉学兴起的紧密关系。梅谦立《从邂逅到相识:孔子与亚里士多德相遇在明清》一书则反向探讨了明清来华耶稣会士用儒家术语翻译、书写的亚里士多德主义的汉语著作,经由这种经典的交织使亚里士多德思想在中国文化土壤上呈现出新的阐释可能和丰富内涵。此外,丛书亦关注目前国内年轻学者对"西文文献中的中国"的最新研究成果,例如韩凌《洛克与中国:洛克"中国笔记"考辨》一书借助英国经验主义哲学家洛克的"中国笔记"手稿,系统梳理洛克的"中国观",进而弥补 17 世纪中西文化交流史研究链条中所缺失的重要一环,亦即洛克对中国的认识和评价;罗莹《明末清初拉丁文儒学译述提要与研究》一书在对明末清初来华三大天主教修会传教士拉丁文儒学译述进行文献编目整理的基础上,细致呈现出当时来华传教士内部围绕儒学宗教性问题,分裂为"支持中国文化适应政策""反对文化适应政策"及"文化调和激进派"等不同态度并试图分析其儒学观的根本性分歧所在。

我们期待借助不同文化本位和新老代际的研究者的多元研究视角,来呈现这一关注儒家思想的学术共同体,对其在不同历史阶段发展特点的审视及评论,从而反观中国人的哲学精神和宗教追求有别于西方的种种特点,经由文本上的旅行来实现横亘千古中西之间跨文化的对话,进而减弱自我认识的片面性,坦诚面对那个褒贬不一却始终具备丰沛生命力的儒家思想,及其在人类思想史进程中所蕴含的世界性意义。愿我们能以史为鉴,以更为广阔的胸怀迎接一个以文明交流超越文明隔阂、以文明互鉴超越文明冲突、以文明共存超越文明优越的伟大历史时代。

张西平　罗　莹

2019 年 7 月

目　录

导　言

　　中国的崛起已经成为这个世界重要的历史性事件，当我们抖落掉晚清的悲情，以一种健康平和的心态走向世界时，我们发现世界对我们并不太了解，特别是西方关于中国的知识和观念与我们的实际生活还有着很大的差别。我们不禁要问，他们关于中国的知识和图像是从哪里来的呢？他们是如何形成这样的认识的？

　　于是，我们就必须回到历史，回到中国和西方最初相遇的那些日子，在历史的陈迹中梳理出他们的中国知识和中国形象演变的历程。欧洲早期汉学史就成为我们学术界关注的焦点，因为尽管西方对中国的认识像变色龙一样，在不同的时代不断地变化着，但是一旦我们从根上摸到了他们东方知识的源头，一条清晰的思路就会逐步地呈现出来。

　　让我们拂去历史的陈迹，重新回到中西初识的时代，回到人类全球化的起点上，回到那 1500—1800 年人类迈向全球化的最初岁月，在这个激荡的历史中展现中国和欧洲在精神上首次相遇后双方在文化和思想上的变迁，描绘欧洲早期汉学形成的历程。

　　1492 年 8 月 3 日是个平凡的日子。这天，意大利的水手哥伦布从西班牙巴罗斯港出发，开始一次伟大的航行。他要去寻找他的意大利同乡马可·波罗

(Marco Polo，1254—1324)所说的那个香料堆积如山的刺桐港,他要代表西班牙国王去拜见遥远的契丹大汗。当 1493 年 3 月 15 日哥伦布返回巴罗斯时,岸边一片欢呼声,224 天的远航终于结束了,这是人类有史以来离开海岸线最远的航行。哥伦布向人们宣称,他已经找到了契丹。实际上,他发现的不过是北美洲的海地和古巴,但对欧洲人来说,这是一个石破天惊的消息,一时,哥伦布名扬天下。

对《马可·波罗游记》着魔的不仅有西班牙人,他的邻居葡萄牙人同样也喜欢这位"百万"大人的游记,据说,葡萄牙国王唐·杜阿尔特就收藏有这本书。航海家恩里克王子垄断了非洲西海岸的贸易后,就开始考虑让他的三桅帆船队沿着非洲西海岸去更远的地方,去寻找马可·波罗所说的香料。1498 年 7 月 8 日达·伽马(Vasco da Gama，1469—1524)率领船队绕过好望角,进入印度洋。1499 年 9 月达·伽马返回里斯本,东方已经在望,葡萄牙人都沉浸在发现东方的欢乐之中。

1517 年(正德十二年)葡萄牙人的船队驶入广州湾,1565 年西班牙人莱古斯比率领他的船队占领了吕宋群岛。伊比利亚半岛上的这两个国家在中国南海相遇,世界合围,全球化开始。

西班牙的传教士拉达(Martin de Rada)从福建进入中国,葡萄牙的传教士从澳门进入中国,缓慢变化的中国开始面临从西方远道而来的佛郎机人。

当利玛窦在肇庆脱下了袈裟换上儒袍,戴上儒冠时,来华的耶稣会士们找到了一个在中国长期生活的文化支点。从关外刚进北京的满人对这些满口说着明朝官话的西方人充满了好奇,顺治拜德国的传教士汤若望(Johann Adam Schall von Bell, 1591—1666) 为"玛法",康熙在法国传教士白晋(Joachim Bouvet, 1656—1730)和张诚(Jean-François Gerbillon, 1654—1707)的帮助下每天耐心地学着数学。

尽管讨厌和反对这些高鼻碧眼的洋人的事件不断,但在皇帝的庇护下,基督教这个来自罗马的外来宗教慢慢地在中国社会上层和下层渗透着,发展着。当清朝的文人学士开始学习西方历算之学时,这些欧洲来的传教士也在研读"四书""五经"。传教士们住在皇宫,来往于文人学士之间,他们对这个古老的国度感兴趣,他们希望让欧洲的教会和皇室们知道,他们来到的是一片多么神奇的土地。

于是,"四书"开始被翻译成拉丁文,《诗经》开始被翻译成法文,欧洲人在喝着武夷红茶的同时,开始读那些从遥远天朝传来的传奇而动人的书信和故事。皇族贵戚们从中看到的是皇权的无边威力;商人们从中看到的是帝国无比的财富;思想家从中看到的是世俗的生活哲学,悠久的人类历史;艺术家们从中看到的是皇家庭院的小桥流水,九曲回廊。每个人都在解读着中国,中国成为他们发展和展开自己思想的外力,成为他们解读自己文化的"他者"。

正像遥远的泰西成为徐光启的人间圣地一样,遥远的中国也成为18世纪欧洲的天堂。中国和西方相互慕恋着,尽管其间不乏怀疑、指责,但天空仍是蔚蓝的,没有战争的硝烟,只有纯理论的分歧与争辩。

在后来的礼仪之争中,罗马教宗的禁令激怒了康熙,康熙在多罗(Msgr. Carlo Tommaso Maillard de Tournon)来华时明确地说:"以后不必西洋人在中国行教,禁止可也,免得多事。"[1]雍正继位后禁教日益严格,乾隆继承雍正的禁教政策,使以传教士为桥梁的中西文化交流受到影响。

也正在此时,在欧洲树敌过多的耶稣会受到各方谴责,罗马教廷不得不在1773年解散了耶稣会,但这个圣谕直到1775年才送到中国,罗马教廷命令在华耶稣会将其传教工作移交给遣使会。遣使会1783年正式受命,立即派了罗广祥(Nicolas Joseph Raux)、吉德明(Jean-Joseph Ghislain)和巴茂正(Charles-Joseph Paris)来华接管耶稣会在中国的各项工作。

18世纪后期在欧洲迅速崛起的英国出于商业的目的,希望尽快和清王朝建立外交关系。1787年英国政府派遣国会议员卡思卡特(Charles Cathcart)为大使来华谈判,但卡思卡特命运实在不好,病逝在途中。1792年英国又派马戛尔尼(George Macartney)率团来华。1793年马戛尔尼到达中国,9月乾隆皇帝在承德避暑山庄接见了马戛尔尼一行。马戛尔尼代表英国提出的全部要求均被乾隆拒绝,已经老态龙钟的清王朝根本没有把一万八千里之外的孤岛小国看

---

[1]　北平故宫博物院编:《康熙与罗马使节关系文书影印本》,1932年,第十四件。

在眼里,马戛尔尼带着乾隆皇帝给英王的三封信怏怏而归。

无论是耶稣会的解散还是马戛尔尼的访华,距 1800 年仅仅有几年或几十年,仅仅又几十年后的 1840 年,英国的炮舰轰毁了虎门炮台,历史翻开了新的一页。那是欧洲人的世纪,是西方人扩张的世纪,是东方人充满苦难的世纪,是中国人保卫家园、刻骨铭心地败落而又奋争的世纪。

正是在 1500—1800 年这三百年的中国和西方文化交流中,欧洲人关于中国的知识开始大踏步地前进,在古老的欧洲东方学谱系中开始形成了一门新的学问:汉学。这个时期欧洲汉学的主角是来华的传教士。

以耶稣会士为代表的来华传教士们在中国和欧洲两个不同的文化氛围中展开着他们的汉学研究。从前者来说,他们用中文来传播西学,传播天主教,从而留下了大量的传教士汉学中文文献,数量之多,令人惊叹;文章之精雅,足以令后世的汉学家们望尘莫及。甚至可以说,从汉学的角度来看,明清来华传教士的这些汉文写作的作品,是直到今天很多西方汉学家也达不到的高度。这些在中国士人们帮助下出版的欧洲早期汉学的著作,在中国近代史上产生了重要影响,它直接和中国近代文化的变迁紧密相连。但直到今天,很少有学者从欧洲早期汉学的角度来审视和研究这批汉文作品,而仅仅将其视为中国天主教史的历史文献。这批传教士汉文文献的多样性和文化的多重性呈现出中国和欧洲文化交流的复杂状态和欧洲早期汉学的重要特点。

从后者来说,来华的传教士们是欧洲本土早期汉学的知识提供者和重要的写作者。从中国返回欧洲的传教士们一刻也没有停下笔来,而正是他们的这些作品以及在中国用欧洲语言写作的汉学的作品,构成了欧洲早期中国知识的来源。这些关于遥远东方的知识和记载滋润了在欧洲本土研究中国的第一批世俗汉学家,或许这些世俗汉学家的作品今天看起来十分幼稚和稚嫩,但正是这些看起来简单的知识逐步奠基起欧洲专业汉学的大厦,使欧洲汉学逐步走出了传教士汉学的框架,与欧洲近代的知识汇为一体,成为欧洲现代东方学的一个重要支脉。

萨义德的《东方学》提供了我们重新反思整个西方、东方知识和学术体系的新视角,在后殖民主义思想的观照下,西方的东方学失去了往日的神圣,这些曾显赫一时的西方东方学的佳篇名著都和帝国主义的东扩相关。萨义德认为西方以东方为"他者"构筑自己的精神体系,由此而衍生出来的东方学成为西方学术领域中的"意识形态",它们再无真实可言,也再无任何学术意义,只是成为解读西方思想文化的一个注脚。

从现代史学的角度来看,西方汉学并非像萨义德所说完全是一种"集体的想象",也并非在本国文化和意识形态的完全影响下,成为一种毫不可信的语言技巧,一种没有任何客观性的知识。就西方汉学(中国学)而言,从 16 世纪以后,他们对中国的知识获得了大踏步的进展。"游记汉学"与"传教士汉学"的重大区别就在于,后者已经开始长期地在中国生活,并开始一种依据基本文献的真实研究。它不再是一种浮光掠影式的记载,一种走马观花的研究。传教士汉学绝不是传教士们随意拼凑给西方人的一幅浪漫的图画,他们对中国实际认识的进展、对中国典籍的娴熟和在翻译上的用功之勤,是今天的汉学家很难相比的。特别是到了欧洲"专业汉学"时期,汉学家在知识论上的进展突飞猛进,我们只要提一下法国的著名汉学家伯希和就够了。① 在这个意义上,萨义德在其《东方学》中的一些观点并不是正确的,"东方主义的所有一切都与东方无关,这种观念直接受惠于西方的各种的表现技巧"。由此,西方的整个东方学在知识论上都是意识形态化的,其真实性受到怀疑。他认为西方的东方学所提供的是"种族主义的、意识形态的和帝国主义的定性概念",因而,他认为,东方学的失败既是学术的失败,也是人类的失败。萨义德的观点显然不符合西方汉学的真实情况,作为西方知识体系一部分的东方学,它在知识的内容上肯定推动了人类对东方的认识,从汉学来看,这是个常识。

当我这样讲时,我并不否认西方汉学受欧洲中心主义的影响。平心而论,萨义德说西方的东方学是伴随着帝国主义的海外扩张形成的,这是对的;东方学受到西方文化的影响和制约也是对的;但由此认为西方的东方学"并没有我们经常设想的那么具有客观性"的结论却缺乏具体分析。萨义德提供给我们的从比较文化的角度评价西方的东方学的方法是对的,但我们并不完全同意他的

---

① 参阅 David B. Honey, *Incense at the Altar: Pioneering Sinologists and the Development of Classical Chinese Philology*, American Oriental Society, 2001.

分析结论:因为不能因东方学所具有的意识形态性,就完全否认其中所包含的"客观性"。以传教士汉学为例,传教士入华肯定不是为推进中国的现代化,而是为了"中华归主",这种心态对他们的汉学研究产生了重大影响,但这并不妨碍传教士的汉学研究仍具有一定的"客观性",他们仍然给欧洲提供了一些准确无误的有关中国的知识。采取比较文化的研究方法就在于对西方汉学中的这两部分内容进行客观分析,哪些是"意识形态"的内容,哪些是"客观知识",二者之间是如何相互影响的。用比较文化的方法来分析汉学,就是要考察生活在两种文化夹缝中的汉学家是如何在跨文化的语界中展开这种学术研究的,分析他们在具体的文献和材料背后的一般性方法,揭示其方法与观念之间的关系,这些都是很重要的。所以我认为,不能把欧美汉学完全归为"意识形态"而加以批判和抛弃。我们必须将西方关于东方的知识和产生这种知识的权力放在一个历史中加以研究,既不能只看到知识的真实而忘记产生知识背后的权力,也不能因我们了解到知识背后的权力对知识产生的影响而完全否认知识。后现代的史学观值得我们关注,后殖民主义的理论有其独特的视角,但这些并不能完全解释历史。①

回到实际的历史过程中吧,在那里我们才会看到,中国的知识是如何被传播到欧洲的,在这种传播的过程中真实的知识和意识形态的想象是如何交织在一起的,欧洲早期汉学是如何在中国和欧洲的文化互动中,在欧洲近代知识和思想的形成中构成一门新的学科的。

让我们展开历史的画卷,重现中国和西方初识的岁月,追溯欧洲早期汉学形成的涓涓细流。

---

① 也正是这样的理由,我对那些跟在萨义德后殖民主义理论后的一些鸿篇大作、高头论章持谨慎的态度,尽管这些著作也不乏真知灼见。

第一章　西方早期的游记汉学

　　中国和欧洲分别处在欧亚大陆的两端,在它们之间是绵延无尽的沙漠和连绵不绝的崇山峻岭。在远古时代连接起欧亚大陆这两端的只能是那些在欧亚腹地的游牧民族。口头的传说,游人的记载,一代代相传,这就形成了西方关于中国最早的知识,一半是神话,一半是传说。随着罗马人的东征和此后不久蒙古人的铁骑向西挺进,游人在马背上踏着草原的小路来到了中国的北方,而方济各会的传教士们则已经开始在中国的南方布道。欧洲人关于东方的知识开始从神话走向现实。《马可·波罗游记》是那个时代最典型的代表,它奠基了西方早期的"游记汉学"。

第一节　希腊罗马时代西方对中国的认识

　　被称为古希腊史学之父的希罗多德(Herodotus,约公元前 484—前 425)在其著名的《历史》一书中记载过远处东方的中国的大体方位:"纪元前 7 世纪时,自今黑海东北隅顿河(Don)河口附近,经伏尔加河流域,北越乌拉尔岭,自伊尔的什(Irtish)而入阿尔泰、天山两山间之商路,已为希腊人所探索。"[①]为证明这

---

① 参阅方豪:《中西交通史(上)》,上海人民出版社,2008 年,第 44 页。

个论点,他在《历史》的第四卷引用希腊旅行家亚里斯特亚士(Aristeas of Procounesus)的长诗《独目篇》(Arimaspea)中所说的住在"北风以外"有一个名叫希伯尔波利安(Hyperboreans)的民族,其居地"延伸至海"。希罗多德是一个读万卷书、行万里路的人,被誉为"旅行家之父",这种记述反映了他开阔的视野。但并不是所有的人都同意他的记述,法国著名东方学家戈岱司(George Codès,1886—1969)认为,"希罗多德的知识不可能延伸到如此辽远"①。

那么,西方人在古代时对中国的实际知识是什么状态呢? 对西方来说,这个幅员辽阔的古代文明之邦,在远古时完全是个朦胧的庞然大物。他们在不同的时代因不同的视角而给予了中国不同的称谓。如果将中国视为亚洲半岛南部海路的终点,中国被称为"秦""秦奈"(Sina,Chin,Sinae,China)等;中国如果被看作"横穿亚洲大陆北方陆上通道的终点",则被称为"塞里斯"(Seres)②。

但几乎所有的西方研究者都认为公元前400年的克泰夏斯(Ctesias)是最早以"塞里斯"来称呼中国的希腊作家。当时希腊人对中国所生产的蚕丝感到极为神秘。他们不知丝从何来,于是将丝想象为"长在树上的白毛"。普林尼(Pline L'Ancie,23—79)在《自然史》(Histoire Naturelle)一书中说:"人们在那里所遇到的第一批人是塞里斯人,这一民族以他们在森林里所产的羊毛而名震遐迩。他们向树木喷水而冲下树叶上的白色绒毛,然后再由他们的妻室来完成纺线和织布两道工序。"③

一百多年后,希腊史学家包撒尼雅斯(Pausanias)在他的《希腊游记》中也对丝做了记载:"塞里斯人用织绸缎之丝,则非来自植物,另有他法以制之也。其法如下:其国有虫,希腊人称为塞儿(Ser),塞里斯人不称之为塞儿,而别有他名以名之也。虫之大,约两倍于甲虫。他种性质,皆与树下结网蜘蛛相似。蜘蛛八足,该虫亦有八足。塞里斯人冬夏两季,各建专舍,以畜养之。虫所吐之物,类于

---

① 戈岱司:《希腊拉丁作家远东古文献辑录》,耿昇译,中华书局,1987年,第11页。

② H.裕尔撰:《东域纪程录丛》,H.考迪埃修订,张绪山译,云南人民出版社,2002年,第3页。关于这个问题直到今天仍在讨论,参阅任继愈主编:《国际汉学(第九辑)》,大象出版社,2003年;吴焯:《"秦人"考》,中国社会科学院历史研究所学刊编委会编辑:《中国社会科学院历史研究所学刊(第二集)》,商务印书馆,2004年。

③ 戈岱司:《希腊拉丁作家远东古文献辑录》,耿昇译,中华书局,1987年,第10页。

细丝,缠绕其足。先用稷养之四年,至第五年,则用青芦饲之,盖为此虫最好之食物也。虫之寿仅有五年。虫食青芦过量,血多身裂,乃死。其内即丝也。"①

显然,他的看法比老普林尼的认识大大进步了,虽然其中的错误仍很多。关键在于他认识到丝来自蚕,希腊人对中国的称谓直接和此相关。张星烺先生认为"塞儿"两字,如果读快些与浙江一带的蚕字读音相似,加上希腊语和以后拉丁语的尾音"斯","塞里斯"这个称谓就产生了,拉丁语是"Sericum",后来英文是"silk"。

此时希腊人看中国人真是雾中看花,如梦如幻。

塞里斯人长得什么样呢?"他们的身体超过了一般常人,长着红头发、蓝眼睛,声音粗犷……"这是老普林尼的看法。中国人寿命特长,最高"可达三百岁高龄",为什么如此长寿?卢西安(Lucien)认为塞里斯人会养生之道,其诀窍是整日喝凉水,"整个塞里斯民族以喝水为生"②。塞里斯人的性情如何?希腊作家们的看法不同。斯塔西(Stace)认为,"塞里斯人吝啬之极,他们把圣树枝叶剥摘殆尽"。而公元 1 世纪时的梅拉(Pomponius Mela)认为,"塞里斯人是一个充满正义的民族,由于其贸易方式奇特而十分出名,这种方式就是将商品放在一个偏僻的地方,买客于他们不在场时才来取货"③。

第一个对中国社会状况做介绍的是公元 2 世纪末到 3 世纪初的巴尔德萨纳(Bardesane):"在塞里斯人中法律严禁杀生、卖淫、盗窃和崇拜偶像。在这一幅员辽阔的国度中人们既看不到寺庙,也看不到妓女和通奸的妇女,看不到逍遥法外的盗贼,更看不到杀人犯和凶杀受害者。"④不少希腊作家受到巴尔德萨纳的影响,后来的希腊人阿迷亚奴斯·马赛里奴斯(Ammianus Marcellinus)在谈到这一点时说:"塞里斯人平和度日,不持兵器,永无战争。性情安静沉默,不扰邻国。气候温和,空气清洁,适卫生。天空不常见云,无烈风。森林甚多,人行其中,仰不见天。"⑤

---

① 张星烺编注:《中西交通史料汇编(第一册)》,朱杰勤校订,中华书局,1977 年,第 36 页。
② 戈岱司:《希腊拉丁作家远东古文献辑录》,耿昇译,中华书局,1987 年,第 12、15 页。
③ 同上书,第 9 页。
④ 同上书,第 57 页。
⑤ 张星烺编注:《中西交通史料汇编(第一册)》朱杰勤校订,中华书局,1977 年,第 47 页。

遥远的东方是一个梦。塞里斯成为正义之邦,文明之国,那里晴空万里,皓月朗朗,如梦如幻,仙境一般。

如果我们把此阶段希腊人对塞里斯人及其国家的认识概括一下,而不计那些明显传说的部分,结果如裕尔(H. Yule,1820—1889)所说:"塞里斯国广袤无际,人口众多,东至大洋和有人居住世界的边缘,向西几乎延伸至伊穆斯山和巴克特里亚疆界。塞里斯人为文明进化之族,性情温和,正直而简朴,不愿与邻人冲突,甚至羞于与他人进行密切交往,但乐于出售自己的产品,其产品中丝为大宗,还有丝织品、羊毛和良铁。"[1]

中国和罗马帝国虽远隔千山万水,但在罗马帝国东征和汉朝经营西域的过程中两个伟大的文明直接和间接地发生了联系,对此历史学家已经有深入的研究[2]。

这样,在罗马人的历史文献中就有了对遥远中国的进一步的认识,在幻想中有了实际知识的进展。

首先,罗马人对中国的地理位置有了进一步的认识。生于亚历山大时代的希腊人科斯马斯(Cosmas Indicopleustes)在他的《世界基督风土志》(*Universal Christian Topography*)一书中讲到中国时说:"我可以提一下,产丝之国位于印度诸邦中最遥远的地方……这个国家叫秦尼扎(Tzinitza),其左侧为海洋所环绕……秦尼扎国向左方偏斜相当严重,所以丝绸商队从陆上经过各国辗转到波斯,所需的时间比较短,而从海路到达波斯,其距离却大得多。……从海上去秦尼扎的人……需要穿越整个印度洋,其距离也非常大的。所以,经陆路从秦尼扎到波斯的人就会大大缩短其旅程。这可以解释波斯何以总是积储大量丝绸。"[3]

这里有两点应注意:一是他较准确地记述了中国的方位;二是他明确指出了到达中国的两条道路的特点。英国学者裕尔认为,"他以真确的事实谈及中

---

①　H. 裕尔撰:《东域纪程录丛》,H. 考迪埃修订,张绪山译,云南人民出版社,2002 年,第 11—12 页。
②　弗雷德里克·J. 梯加特:《罗马与中国:历史事件的关系研究》,丘进译,人民交通出版社,1994 年。
③　H. 裕尔撰:《东域纪程录丛》,H. 考迪埃修订,张绪山译,云南人民出版社,2002 年,第 188 页。

国,没有把它说成半神秘状态的国家"①。

其次,在西方历史上罗马人第一次报道了中国历史上的一个真实事件。这就是泰奥菲拉克特(Théophylacte)②在他的《历史》一书中所提到的"桃花石人"。我们在考察西方人对中国的认识过程时,有一点不能忘记,在历史上中国和欧洲之间文化交流的桥梁是中亚地区和阿拉伯世界,西方关于中国的许多知识是经过中亚地区和阿拉伯文明这个中间环节的③,泰奥菲拉克特关于"桃花石人"的报道就是根据突厥人的文献而来的。他在书中说在桃花石城(Taugaste)附近形成了一个非常勇敢而又强大的民族:"桃花石人的首领为Taïsan,它在希腊文中的字面意思是'天子'。在桃花石人中,权力并不受派系之苦,因为对他们来说,君主是天生的。这一民族崇拜偶像,其法律是公正的,生活中充满智慧。他们有一种具有法律力量的习惯,即禁止男子佩金首饰,尽管他们在从事贸易方面具有极大的规模和便利,使他们掌握大量的金银。桃花石以一条江为界。从前,这条江将隔岸遥遥相望的两大民族分隔开了。其中一个民族穿有黑衣,另一个民族穿鲜红的服装。到了我们这个时代,在莫里斯皇帝统治之下,那些穿黑衣者越过了大江,向着那些穿红衣者发动了战争,他们成为胜利者并建立了自己的霸业。"④书中说桃花石人在旧皇城"数英里远的地方又筑了另一城,蒙昧人称这后一座城为库博丹(Khoubdan)"。

这桃花石城在何处?这桃花石人为何民族?法国汉学家德经和英国史学家吉朋(Gibbon)认为桃花石指的就是中国⑤,"桃花石"(即张星烺所译的"陶格司")是汉文"大魏"两字的转音。因为当时中国的北方正为拓跋民族占据,取国名为"魏"。"桃花石"这个字在元朝的李志常所写的汉文献《长春真人西游记》

---

①　H. 裕尔撰:《东域纪程录丛》,H. 考迪埃修订,张绪山译,云南人民出版社,2002 年,第 15 页。

②　英文名为:Theophylactus Simocatta,张绪山将其译为"塞奥菲拉克图斯·西莫卡塔",同上书,第 17 页。

③　参阅马苏第:《黄金草原(一、二卷)》,耿昇译,青海人民出版社,1998 年;费琅编:《阿拉伯波斯突厥人东方文献辑注(全二册)》,耿昇、穆根来译,中华书局,1989 年;阿里·玛扎海里:《丝绸之路:中国—波斯文化交流史》,耿昇译,中华书局,1993 年;阿里·阿克巴尔:《中国纪行》,张至善编,生活·读书·新知三联书店,1988 年。

④　戈岱司:《希腊拉丁作家远东古文献辑录》,耿昇译,中华书局,1987 年,第 104—105 页。

⑤　张星烺先生将"桃花石"(Taugas＝Tavrás)译为"陶格司"。

中提到,书中说"见中原汉器喜曰,桃花石诸事皆巧。桃花石谓汉人也"①。桃花石人的首领为"Taïsan"(耿昇对此词未翻译成汉语),张星烺将其译为"泰山"(Taissan 即 Taïsan)并认为这是汉语中"天子"二字的转音。上文中所说的"一条江",张星烺认为就是长江,所说的穿黑衣的民族和穿红衣的民族的战争就是隋文帝统一中国的战斗。因为,当时中国以长江为界,长江以北是隋,尚黑;长江以南是陈国,陈兵尚红,这样才有"黑衣国及红衣国之传说"②。桃花石人在旧都的附近又建一城,名曰"库博丹"。张星烺先生认为这符合中国的历史事实,因为隋文帝的确在旧京城外建了一座新城。古代的突厥民族和西亚各国都把中国的长安称为"克姆丹"(Khumda),这里的"克姆丹"和"库博丹"同为一词,不过写法略有不同而已。所以,他说:"仅此一端,已足证明席氏(即我们上面讲的泰奥菲拉克特,他将此人译为'席摩喀塔'——引者注)记载之陶格司为中国,无可疑也。克姆丹之名,见之于西安府《大秦景教流行中国碑》上叙利亚文中。"③

由此,张先生认为泰奥菲拉克特这位罗马的历史学家所著的《陶格国记》(即桃花石国记)就是《中国记》,他所介绍的大部分历史事实是正确的。这是西方人历史上关于中国知识的第一次最为具体的记录,并可以在中国史中得到印证。这一记载也被后来的西方汉学家所证实。④ 西方人关于中国的朦胧记忆开始逐步从神话走向现实,实际的知识也逐步形成。

第二节　中世纪时代西方对中国的认识

当 1206 年铁木真被蒙古王公大会推举为成吉思汗后,在欧亚大陆之间一个马背上的草原帝国迅速崛起。随着横跨欧亚大陆的蒙古帝国的正式建立,中

---

① 参阅伯希和:《支那名称之起源》,冯承钧译:《西域南海史地考证译丛(第一卷)》,商务印书馆,1995年,第 40—43 页。

② 张星烺编注:《中西交通史料汇编(第一册)》,朱杰勤校订,中华书局,1977 年,第 91 页。

③ 同上书,第 92 页。

④ 德经(De Guignes)"将桃花石译为隋朝前的'大魏'即魏朝","法国著名汉学家伯希和采纳了德经的观点"。见 H.裕尔撰:《东域纪程录丛》,H.考迪埃修订,张绪山译,云南人民出版社,2002 年,第 18、26 页。

国和西方的交通进入了前所未有的畅通阶段。中国和欧洲之间所横亘的无际的沙漠和绵延的群山再也挡不住响着驼铃的商队,驿站的建立更是为中西交通提供了稳定的条件。"正是在蒙古时代,中国才第一次真正为欧洲所了解。"①

1. 柏朗嘉宾的《蒙古史》(*Histoire des Mongols*)

约翰·柏朗嘉宾(Jean de Plan Carpin,1182—1252),意大利神父。在蒙古的铁骑横扫东欧以后,1245 年他奉依诺森四世(Innocentius Ⅳ)教宗之命出使蒙古,试图了解蒙古的军事动向,修复蒙古帝国和欧洲的关系,以消解笼罩在欧洲人心中的对蒙古人的恐惧与惊慌。经过长途的跋涉,身体略胖而年事已高的柏朗嘉宾奇迹般地到达了蒙古帝国的心脏哈拉和林(Karakorum),并参加了贵由(Güyük)大汗的登基典礼,在递交了教宗的书信后,于 1247 年返回法国的里昂。

柏朗嘉宾返回欧洲后所写的《蒙古史》是当时欧洲第一部关于蒙古人的著作,对东方和中国的介绍在"可靠性和明确程度方面在一段相当长的时间内一直是首屈一指和无可媲美的"②。这本书得到如此高的评价,主要基于以下两点。

第一,实地考察,材料翔实。柏朗嘉宾在蒙古帝国生活了近三年,书中的记载绝大多数是他亲眼所见,即便是一些有关蒙古和中国的历史情况也都是那些多年生活在蒙古的西方人告诉他的,如乌克兰人、法兰西人等,可信度很大。《蒙古史》的这一特点,使它和以往西方的那种口头相传的游记有了根本性的区别。

第二,态度公允,评价客观。虽然,柏朗嘉宾是一位方济各会的传教士,但他在这本书中"没有以一位传教士的精神面貌来介绍蒙古人",他也"没有为读者们提供一些过分臃肿的教理评论,对于当地民族的瑕疵和美德,他都作了客观的评价,但对于他们社会道德准则的评价则是审慎和颇有分寸的"③。

柏朗嘉宾在书中对蒙古人的生活环境,地理条件,人们的风俗习惯,宗教信

---

① H. 裕尔撰:《东域纪程录丛》,H. 考迪埃修订,张绪山译,云南人民出版社,2002 年,第 119 页。

② 耿昇、何高济译:《柏朗嘉宾蒙古行纪·鲁布鲁克东行纪》,中华书局,1985 年,第 13 页。

③ 同上。

仰,对这个可怕的草原帝国的政治结构和军事组织,及向周边扩张的历史和过程,都做了详细的介绍。他向欧洲展示了一幅真实的东方画卷。

"鞑靼人双目之间和颧颊之间的距离要比其他民族宽阔。另外,与面颊相比,颧骨格外突出,鼻子扁而小,眼睛也很小,眼睑上翻一直与眉毛联结。一般来说,他们身材苗条,只有个别例外,几乎所有的人都是中等身材。"①这是对普通蒙古人的介绍。在谈到蒙古大汗贵由时,他写道:"这位皇帝大约有四十至四十五岁,或者更年长一些;中等身材,聪明过人,遇事善于深思熟虑,习惯上举止严肃矜重。任何人没有见过他放肆地狂笑或者凭一时的心血来潮而轻举妄动……"②

这本书绝不是那种走马观花式的游记,它之所以在西方的东方学历史上有举足轻重的地位,在于它对蒙古帝国的历史和现状做了前所未有的介绍。对今天的中国学术界来说,这本书也绝不仅仅是个文学的读本,他对蒙古民族当时情况的介绍大大丰富了我们对蒙古帝国史的了解,在许多方面弥补了当时中文文献的不足。

例如,很长时间里中国的史学家都认为,在唐武宗灭佛以后,景教也受到牵连,以后便逐渐灭亡了。但书中对蒙古帝国当时的景教徒的活动做了详细的介绍,纠正了我们过去的认识。景教在整个蒙古帝国都有着特殊的地位,基督教的信仰渗透到了蒙古社会的上层,景教徒受到了特殊的礼遇③。实际上由于"克烈部和乃蛮部(在文化上和政治关系上,他们同蒙古人有最密切的联系),主要是信奉基督教的",而蒙古的贵族同克烈部王族通婚,这样"大汗们的妻子和母亲中,有许多是基督教徒,包括她们之中某些最有影响的人物在内,如蒙哥、忽必烈、旭烈兀的母亲"④。直到今天为止,在编写中国基督教史时,柏朗嘉宾这本书仍是我们不可或缺的基本文献。

在柏朗嘉宾时代,欧洲人还没有中国的概念,那时他们所知道的"契丹"实

---

① 耿昇、何高济译:《柏朗嘉宾蒙古行纪·鲁布鲁克东行纪》,中华书局,1985年,第28页。

② 同上书,第104页。

③ 勒尼·格鲁塞:《草原帝国》,魏英邦译,青海人民出版社,1991年,第331—336、390—393页。

④ 道森编:《出使蒙古记》,吕浦译,周良霄注,中国社会科学出版社,1983年,第18—19页。

际上就是今天的中国。从"契丹"到"中国",西方人大约花费了近四百年的时间,这点我们下面还要讲到。在这本书中有两处较为详细地讲到"契丹"。

书的第五章介绍蒙古帝国兴起的历史时说,成吉思汗召集自己所有的军队,向契丹发动了再次进攻。"在经过长期浴血奋战之后,他在该国的一大部分领土上取得了胜利,甚至还将契丹皇帝围困于京师,围攻了许久……他们攻破了城门,进入城内,皇帝和大批居民惨遭杀戮。他们夺城之后又将城内金银和各种财富洗劫一空。……于是,契丹的强大皇帝被击败了,这位成吉思汗便被拥立为帝。"①这实际上是指蒙古军队与当时中国北方的金朝的战争。女真人的金政权建于 1115 年,到 1234 年时完全被蒙古人所摧毁,其间蒙古人于 1215 年夺取了北京,女真人放弃北京逃到开封以后,1233 年亦被攻破,金朝皇帝落荒而逃,最后自杀而亡。②

柏朗嘉宾还对契丹人文化和精神生活做了报道:"契丹人都是异教徒,他们拥有自己特殊的字母,似乎也有《新约》和《旧约》,同时也有神徒传、隐修士和修建得如同教堂一般的房舍,他们经常在其中进行祈祷。……他们表现为通融之士和近乎人情。他们不长胡须,面庞形状非常容易使人联想到蒙古人的形貌,但却没有后者那样宽阔。他们所操的语言也甚为独特。世界上人们所习惯从事的各行各业中再也找不到比他们更为娴熟的精工良匠了。他们的国土盛产小麦、果酒、黄金、丝绸和人类的本性所需要的一切。"③

法国汉学家韩百诗(Louis Hambis)认为:"柏朗嘉宾对契丹人所作的描述在欧洲人中是破天荒的;同样,他也是第一位介绍中国语言和文献的人,但由于其中涉及的都是寺庙和僧侣,所以他所指的很可能是汉文佛经。对于其他情况则相当含糊不清,唯有对汉人性格和体形的描述除外。"④

2.《鲁布鲁克东行纪》(*The Journey of William of Rubruck to the Eastern Parts of the World*,1253—1255)

---

① 耿昇、何高济译:《柏朗嘉宾蒙古行纪·鲁布鲁克东行纪》,中华书局,1985 年,第 48 页。
② 参阅周良霄、顾菊英:《元代史》,上海人民出版社,1993 年,第 190—193 页;勒尼·格鲁塞:《草原帝国》,魏英邦译,青海人民出版社,1991 年,第 331—336、288—290 页。
③ 耿昇、何高济译:《柏朗嘉宾蒙古行纪·鲁布鲁克东行纪》,中华书局,1985 年,第 48—49 页。
④ 同上书,第 129 页。

　　柏朗嘉宾的报告在西方教会内部产生了重要的影响,如道森所说:"对西方来说,没有什么东西比普兰诺·加宾尼(即柏朗嘉宾——作者注)的报告更为惊人,比贵由汗给教宗的信更使人感到威胁了。"①这样,依诺森四世又分别派出了多明我修士阿塞林(Ascelin)、龙汝模(André de Longjumeau)、贵加禄(Guichard da Cremona)三位修士前往蒙古军队的营地,这个代表团也得到一个大汗给教宗的回信。阿塞林等人返回欧洲后并未留下任何文献。在此期间蒙古帝国和教廷之间互有来往,阿塞林返回西方时有蒙古帝国的特使薛尔吉思等二人同行,并于 1248 年在意大利受到教宗的接见;1248 年法国的路易九世也接见了蒙古帝国的使者景教教徒大卫(Moriffat David)和马尔谷(Marcus),第二年法国又派安德鲁出使蒙古。②

　　在柏朗嘉宾后对中国的介绍最有影响的是鲁布鲁克。此人是法国人,也是方济各会的修士。他受法王路易九世的委托,带着法王致蒙古大汗的信,于1253 年 5 月 7 日从君士坦丁堡出发,途经拔都的属地最后到达汗廷,见到了蒙古大汗蒙哥,后于 1255 年 8 月 15 日返回到巴黎。

　　鲁布鲁克这本书无论在向西方世界介绍蒙古人方面,还是在介绍契丹人方面都比柏朗嘉宾的书有了进一步的发展。从前者来说,柏朗嘉宾仅仅参加了贵由的登基典礼,和大汗的实际接触并不多。而鲁布鲁克在蒙哥大汗身边生活近一年,有更多的接触机会,对蒙古帝国的内部情况介绍得就更为细致和深入。例如,他说,蒙哥有一个妃子叫昔林纳,她信仰基督教,还为蒙哥生了一个孩子。蒙哥曾陪同她一起到教堂做礼拜。蒙哥的长子有两个妻子,他本人也对基督教很尊敬。蒙哥的第二个妻子叫阔台,她生病后传教士曾给她治过病。甚至在他的游记中还说蒙古大汗贵由是被拔都害死的,中国学者何高济认为,这个记载是关于贵由死因的唯一材料③。

　　从后者来说,他对契丹的介绍有两点大的进步。

　　第一,他明确指出"契丹"就是西方在古代所讲的"丝国"。"还有大契丹,我

_____

①　道森编:《出使蒙古记》,吕浦译,周良霄注,中国社会科学出版社,1983 年,第 13 页。

②　参阅罗光:《教廷与中国使节史》,传记文学出版社,1983 年,第 35—48 页。

③　耿昇、何高济译:《柏朗嘉宾蒙古行纪·鲁布鲁克东行纪》,中华书局,1985 年,第 184 页。

认为其民族就是古代的丝人。他们生产最好的丝绸（该民族把它称为丝），而他们是从他们的一座城市得到丝人之名。"①鲁布鲁克的这个发现对西方的文化历史记忆来说是很重要的，正像学者们所指出鲁布鲁克的一个贡献在于"在欧洲人中他第一个很准确地推测出古代地理学上所称的'塞里斯国'和'中国人'之间的关系，即一个国家和它的人民"②，"他把西方一度中断的中国形象的传统又承继上了"③，从而有了想象。契丹和当年的丝国是一样的富足，所以"城墙是银子筑成，城楼是金子"。

第二，鲁布鲁克所介绍的契丹也并不全是猜想，在实际知识的认识上还是比柏朗嘉宾多了些内容。

"该国土内有许多省，大部分还没有臣服于蒙古人，他们和印度之间隔着海洋。这些契丹人身材矮小，他们说话中发强鼻音，而且和所有东方人一样，长着小眼睛。他们是各种工艺的能工巧匠，他们的医师很熟悉草药的性能，熟练地按脉诊断；他们不用利尿剂，也不知道检查小便。"④这里介绍了中国的地理方位、人种和医学，特别是对医学的介绍在西方是第一次。

更令人吃惊的是他介绍了中国的佛教、印刷和绘画，在此以前从未有人向西方介绍过这些内容。"上述诸族的拜偶像的和尚，都身穿红色宽僧袍。据我所知，他们那里还有一些隐士，住在森林和山里。他们生活清苦，使人赞叹。""契丹通行的钱是一种棉纸，长宽为一巴掌，上面印有几行字，像蒙哥印玺上的一样。他们使用毛刷写字，像画师用毛刷绘画。他们把几个字母写成一个字形，构成一个完整的词。"⑤

实际上他并未真正到过中国，但当时有很多中国北方人在哈拉和林居住，这些知识很可能是他从在当地生活的中国人那里得来的。

真正到过中国的是马可·波罗和孟高维诺，从时间上《马可·波罗游记》是1299年发表，要早于孟高维诺的书信，但考虑到《马可·波罗游记》实际是整个

① 耿昇、何高济译：《柏朗嘉宾蒙古行纪·鲁布鲁克东行纪》，中华书局，1985年，第254页。
② 约·彼·马吉多维奇：《世界探险史》，屈瑞、云海译，世界知识出版社，1988年，第83页。
③ 周宁编著：《2000年西方看中国（上册）》，团结出版社，1999年，第44页。
④ 耿昇、何高济译：《柏朗嘉宾蒙古行纪·鲁布鲁克东行纪》，中华书局，1985年，第254页。
⑤ 同上书，第255、280页。

西方游记汉学的集大成者,所以我们放在下一节做专门的论述,这里我们将西方中世纪时鲁布鲁克以后其他有关中国的书籍集中加以讨论①。

3.《海屯行纪》(*The Journey of Het'um I , King of Little Armenia , to the Court of the Great Khan Möngke*)

海屯是亚美尼亚的国王,当时他看到蒙古人的铁骑不可阻挡,感到与其被灭不如议和。于是他在 1254 年年初出发,经过长途跋涉,当年 9 月到达大汗营帐,呈献礼品,甘愿做大汗的附臣。大汗大喜,以礼相待。1255 年他返回祖国亚美尼亚。《海屯行纪》是他一路的见闻,虽多是记述蒙古帝国情况,但也涉及中原地区。

4. 孟高维诺等传教士书简

孟高维诺(Giovanni da Montecorvino,1247—1328),意大利人,方济各会传教士,1289 年他携带着教宗尼古拉四世(Nicolas Ⅳ)致元世祖的信出发,1294 年到达元大都。他曾受到聂思脱里派教徒的迫害,但最终获得了大汗的信任,建了天主教的教堂,并开始广收教徒。他实为天主教在中国的开创者。学者们说:"他是圣方济各会的一个真正的门徒,他的性格非常朴实,但是也具有英雄般坚忍不拔的毅力和基督使徒那样的精神。他孤独一人在中国的蒙古皇帝们的宫廷里传教达十二年之久的故事,乃是传教史上最为突出的插曲之一。"②在中国期间,他分别三次给欧洲写信,留下了有关元代中国的真实文献。经孟高维诺精心经营,天主教在中国逐步壮大。元代期间,罗马方面先后又派遣了哲拉德(Gerard Albuini)、裴莱格林(Peregrine of Castello)、安德鲁(Andrew of Perigia)、马黎诺里(Giovanni de' Marignolli)等传教士来华,一时元代天主教兴隆。

5.《鄂多立克东游录》(*The Eastern Parts of the World*)

当时除罗马教宗所派的传教士以外,意大利人鄂多立克(Odoricus de

---

① 在中世纪还有一些阿拉伯人来中国的游记,如阿布尔菲(Abulfeda)的游记、伊本·巴图塔(Abu Abdullah Muhammad Ibn Battuta)的游记等,虽然这些游记后来也都传到西方,并对西方的东方知识产生了一定的影响,但考虑到它们大都是在 18 世纪或 19 世纪才被翻译介绍到欧洲的,故不将这些游记列入研究之中。

② 道森编:《出使蒙古记》,吕浦译,周良霄注,中国社会科学出版社,1983 年,第 260 页。

Portu Naonis)①为方济各会的游僧,以浪迹天涯为其使命,云游四方。他 1318 年开始东方之游,经印度,渡南海,由广东入中国。从 1322 年至 1328 年,他在中国内地旅行达 6 年之久。晚年回国后,他在病床上口述下他的东方神奇之旅。其书广为流传,他被西方誉为中世纪四大旅游家。

6.《马黎诺里游记》(*Der Reisebericht des Johannes Marignolli*)

马黎诺里,意大利人,也是方济各会会士。1338 年他奉教宗之命前来中国,同行者有三十余人,1342 年到达元大都。元顺帝隆重欢迎,待为上宾。他代表教宗给元顺帝献马,一时朝中轰动,文人和大臣们写诗以赋之。《元诗选》中就有五篇天马歌或赋。他 1346 年经杭州、宁波,至泉州返回欧洲,1353 年到达罗马。后撰写波希米亚史,内有在中国的游记,1820 年被德国人译成德文出版。

蒙古帝国是人类史上唯一将欧亚大陆连成一体的世界帝国。从中国的东海之滨到地中海的东岸,从中国的元大都到中东的大马士革,从俄罗斯南部的平原到红海海口,一切道路都畅通无阻。海道安全,陆路平静,如史学家所说,当时人们就是头顶着一盘金子从大地的东端走到西方,也一路安全。这是一个大旅行的时代,于是从亚美尼亚的海屯国王到赤足横穿中国的鄂多立克都来了,在蒙古帝国时期有几十人之多从欧洲来到东方,来到中国。他们的书信和游记像草原上的白云一样在中国和欧洲之间飘荡。欧洲人正是从这些游记和信简中,隔雾看花,渐渐从朦胧中走向现实。一个神奇遥远的中国时明时暗地呈现在他们的面前。

如果我们把这一时期的游记稍加归纳,我们可以看到,他们的游记在以下三个方面的介绍比较突出。

第一,对中国社会经济文化生活有了更广泛的了解。

鄂多立克、裴莱格林和安德鲁在游记中分别介绍了广州、刺桐(现泉州)、福州、杭州、扬州、明州(现宁波)等多座中国的城市,其介绍范围之广是以前游记中所没有的。在谈到杭州时鄂多立克说:

---

① 又被张星烺、方豪等人称为"和德里"。

　　我来到杭州城,这个名字意为"天堂之城"。它是全世界最大的城市〔确实大到我简直不敢谈它,若不是我在威尼斯遇见到很多曾到过那里的人〕。它四周足有百英里,其中无寸地不住满人。那里有很多客栈,每栈内设十或十二间房屋。也有大郊区,其人口甚至比该城本身的还多。城开十二座大门,而从每座门,城镇都延伸八英里左右远……它有一万二千座桥,每桥都驻有卫士,替大汗防守该城。①

　　谈到中国多彩的社会经济生活,他说:在广州有数不清的船舶,就是整个意大利的船加起来也没有广州多;在契丹有鸡、有鹅、有鸭,甚至鲜美的蛇肉,想吃什么有什么。男女的服饰,渔民的鱼鹰,寺庙里的动物,土番(西藏)的天葬,蛮子国(中国南部)民间富人的生活,这一切都在他的关注之中,他为欧洲的读者勾画了一幅中国的全景图画。

　　孟高维诺感叹地说:"关于东方人的国土,特别是大汗的帝国,我可以断言,世界上没有比它更大的国家了。""据我见闻所及,我相信在土地之广、人口之众、财富之巨等方面,世界上没有一个国王或君主能与大汗陛下比拟。"②裴莱格林则认为:"如果我把这个伟大的帝国的情形叙述出来——其权力之巨大,其军队之众多,其领土之辽阔,其税入之总额,其慈善救济之支出——人们是不会相信的。"③

　　第二,对元朝的宫廷生活了解得较为深入。

　　蒙古大汗这个曾使整个欧洲闻风丧胆的人,当时在西方是个神秘的人物,汗八里这个大汗居住之地更是神秘莫测。这些传教士的游记则慢慢揭开了大汗和汗八里的神秘的面纱。鄂多立克在介绍到大都时说,它有十二个城门,两个城门之间的距离有两英里,整个城墙加起来超过四十英里。大都城有内外两层:

　　大汗及他的家人住在内层,他们极多,有许多子女、女婿、孙儿孙女;以

① 何高济译:《海屯行纪·鄂多立克东游录·沙哈鲁遣使中国纪》,中华书局,1981年,第67页。
② 道森编:《出使蒙古记》,吕浦译,周良霄注,中国社会科学出版社,1983年,第265、268页。
③ 同上书,第272页。

及众多的妻妾、参谋、书记和仆人,使四英里范围内的整个宫殿都住满了人。

　　大宫墙内,堆起一座小山,其上筑有另一宫殿,系全世界之最美者。此山遍植树,故此山名为绿山。山旁凿有一池[方圆超过一英里],上跨一极美之桥。池上有无数野鹅、鸭子和天鹅,使人惊叹;所以君王想游乐时无需离家。宫墙内还有布满各种野兽的丛林;因之他能随意行猎,再不需要离开该地。

　　总之他居住的宫殿雄伟壮丽。①

他还记载了大汗的出行,行猎等情况:

　　皇帝乘坐一辆两轮车,其中布置了一间极佳的寝室,均为沉香木和金制成,用大而精美的兽皮覆盖,缀有很多珍宝。车子有四头驯养的和上笼头的大象拉曳,还有四匹披戴华丽的骏马。四名诸王并行,他们叫做怯薛,保护和守卫车辆,不让皇帝受到伤害。②

　　大汗要去狩猎时,其安排如下。离汗八里约二十天旅程之地,有一片美好的森林,四周为八日之程;其中有确实令人惊奇的大量形形色色的野兽。森林周围有为汗驻守的看管人,精心地给予照看;每三年或四年,他要带领人马到这片林子去。③

　　第三,这些传教士的信简展现了一幅元代天主教史的真实历史画卷。孟高维诺认为大汗"对基督徒非常宽厚"。马黎诺里说,他到汗八里后大汗对他们十分热情,他在大都还"和犹太人及其他各派宗教人士有过多次辩论,皆辩胜"。当时,在大都城内的天主教教堂的费用和传教士们的费用"皆由皇帝供给,十分丰富"。鄂多立克说他在"那座城市中住了整整三年;因为吾人小级僧侣在王宫中有指定的一席之地,同时我们始终必须尽责地前去为他祝福"。在皇宫中有

---

① 何高济译:《海屯行纪·鄂多立克东游录·沙哈鲁遣使中国纪》,中华书局,1981 年,第 73 页。
② 同上书,第 76 页
③ 同上书,第 78 页。

基督徒、突厥人及偶像崇拜者。这充分说明了元代时在宗教信仰上的多元性和元朝的开放的宗教政策。

孟高维诺等人的信则真实反映了元代时景教和天主教之间的斗争。他说：

> 聂思脱里派教徒——他们自称为基督教徒，但是他们的行为根本不像是基督教徒的样子——在这个地区的势力发展得如此强大，因此他们不允许奉行另一种宗教仪式的任何基督教徒拥有任何举行礼拜的地方，即使是很小的礼拜堂；也不允许宣讲任何与他们不同的教义。由于从来没有任何使徒或使徒的门徒来过这些地方，因此上面提到的聂思脱里派教徒们既直接地又用行贿的办法指使别人对我进行极为惨酷的迫害，宣布说，我并不是被教皇陛下派来的，而是一个间谍、魔术师和骗子。①

但是天主教仍在元代得到了较大的发展。孟高维诺说他已经为大约六千人受洗，北京已有了两座教堂；刺桐的安德鲁主教说那里也有一个很好的教堂，而且正在准备建新的教堂。此间他们最显赫的成就是将蒙古的一位王爷阔里吉思加入了天主教：

> 这里有一位阔里吉思王，信仰聂思脱里派的基督教……。我来到这里的第一年，他就同我很亲近。我使他改信了真正的罗马天主教的正宗教义。他被授予较低的圣职。我在举行弥撒时，他穿着庄严的法衣前来参加，因此其他聂思脱里派教徒们责备他为背叛。然而，他劝导他的大部分人民皈依了真正的罗马天主教，并捐建了一座壮丽的教堂，供奉上帝、三位一体和教宗陛下，并且按照我的建议，赐名为"罗马教堂"。②

这些方济各会修士们的记载已经被现代的学者研究所证实，元蒙时期是中国基督教发展的一个重要时期③。

---

① 道森编：《出使蒙古记》，吕浦译，周良霄注，中国社会科学出版社，1983年，第262页。
② 阿·克·穆尔：《一五五〇年前的中国基督教史》，郝镇华译，中华书局，1984年，第197页。
③ 伯希和：《唐元时期中亚及东亚之基督徒》，冯承钧译：《西域南海史地考证译丛（第一卷）》，商务印书馆，1995年；罗香林：《唐元二代之景教》，中国学社，1966年。

第三节　《马可·波罗游记》

在中世纪的东方游记中,没有任何一本游记的影响能和《马可·波罗游记》相媲美,这位因东方而致富的百万富翁从此成为整个西方家喻户晓的人物。《马可·波罗游记》的魅力何在? 为什么它在中世纪牵动了那么多西方人的心? 我们必须将其放在西方认识中国文化的历程中加以考察。

马可·波罗是威尼斯富商尼柯罗·波罗之子。在他出生不久,其父和叔父马菲奥曾到过蒙古帝国的钦察汗国经商,后因钦察汗国的别儿国和伊利汗国的旭烈兀之间发生了战争,他们俩在回国途中偶遇旭烈兀派回元朝的使臣,便阴差阳错地随着使臣到了元大都,见到了忽必烈。后受元世祖之托,担任起了元朝派往罗马教廷的特使,忽必烈希望他们从罗马带回 100 个精通各类学问的传教士。1271 年马可·波罗随着父亲和叔叔,带着罗马教廷给忽必烈的复信,踏上了重探契丹之路。历经千辛万苦后,终于在 1275 年到达元大都,受到元世祖的欢迎。从此,一家三口在中国住了下来,一住就是 17 年。元世祖喜欢聪明伶俐的小马可,邀他一起狩猎,一起品酒,还派他做元朝的外交使臣,地方官员,可谓官运亨通。

1289 年伊利汗国的阿鲁浑丧妻,派使者来元朝求婚,想娶一个真正的蒙古公主。忽必烈将卜鲁罕族的阔阔真公主选中,当阔阔真公主随使者返回伊利汗国时,马可·波罗一家三口也随公主返回欧洲。1291 年他们从泉州起航,经南海、印度洋、红海到达阿拉伯半岛,告别阔阔真公主后,三人从陆路返回家乡。

1296 年在威尼斯和热那亚的海战中,马可·波罗作为战俘被投入狱中。狱中的孤独和郁闷使他和早在狱中的比萨的小说家鲁思梯切诺(Rusticiano)很快成为朋友。马可·波罗东方周游的故事一下子吸引了鲁思梯切诺,两人都感相见恨晚。于是,一个讲,一个写。一部轰动世界的东方游记就这样在 1298 年很快完成了。

《马可·波罗游记》的出版使他名声大噪,不久便以多种文字出版,此书成为"世界一大奇书"。马可·波罗也成为世界第一号游侠。1324 年马可·波罗去世。

《马可·波罗游记》共分四卷,第一卷记载了马可·波罗诸人东游沿途见闻,直至大都止。第二卷记载了蒙古大汗忽必烈及其宫殿、都城、朝廷、政府、节庆、游猎等事;自大都南行至杭州、福州、泉州及东地沿岸及诸海诸洲等事;第三卷记载日本、越南、东印度、南印度、印度洋沿岸及诸岛屿,非洲东部,第四卷记君临亚洲之成吉思汗后裔诸鞑靼宗王的战争和亚洲北部。每卷分章,每章叙述一地的情况或一件史事,共有 229 章。书中记述的国家、城市的地名达 100 多个,而这些地方的情况综合起来有山川地形、物产、气候、商贾贸易、居民、宗教信仰、风俗习惯,及至国家的琐闻佚事等。《马可·波罗游记》是西方认识中国历程中里程碑性的著作,它是第一部全面、深入介绍中国的游记。"他的书为西方人对完全是另一个世界的含混、笼统的了解提供了一线光芒……"①

西方学术界的主流一直认为这本书是真实可靠的,尽管有些不实之言,但他们一直把《马可·波罗游记》作为研究蒙古帝国和中西文化交流史的重要文献②。近年来否定这本书的真实性的观点再次出现③,作为学术研究这是正常的现象。笔者认为从学术上来看,这本书基本是属实的,如杨志玖先生所说:"马可·波罗书中记载了大量的有关中国政治、经济、社会情况、人物活动和风土人情,其中大部分都可在中国文献中得到证实,随着研究的深入,还可继续得到证实。其中不免有夸大失实或错误等缺陷,但总体上可以说是'基本属实'。"④杨志玖先生早在 1941 年就第一次从中国文献中找到和《马可·波罗游记》完全相应的文献,证实了马可来华的真实性,当年向达先生认为杨志玖的文

---

① 陆俊国、郝名玮、孙成木主编:《中西文化交流的先驱——马可·波罗》,商务印书馆,1995 年,第 8 页。

② 1938 年伯希和穆尔出版了英文的整理版,后伯希和自己又出版了《马可·波罗注》,著名中西交通史研究专家裕尔也出版了自己的注释本。

③ 王育民:《关于〈马可·波罗游记〉的真伪问题》,《史林》1988 年第 4 期;弗朗西丝·伍德(吴芳思):《马可·波罗到过中国吗?》,洪允息译,新华出版社,1997。

④ 杨志玖:《再论马可·波罗书的真伪问题——剖析怀疑论者的论据和心态》,陆俊国、郝名玮、孙成木主编:《中西文化交流的先驱——马可·波罗》,商务印书馆,1995 年,第 29 页。

章为"《马可·波罗游记》的真实性提供了可靠的证据"①。根据学者们的研究，《马可·波罗游记》中确有不实之词，但书中所记载的大量的元代的历史大都可以在历史文献中找到对应。如果一个人没到过中国，不是亲身经历，几乎不可能写出这样的内容。所以如杨志玖所说："不管马可本人和其书中有多少缺点和错误，但总起来看，还是可靠的。他的书的真实性是不容抹煞的。他对世界历史和地理的影响和贡献也是应该被承认的。他是第一个横穿亚欧大陆并作出详细记录的人，对中国的内地和边疆，对亚洲其他国家和民族的政治社会情况、风俗习惯、宗教信仰、土特产品、轶闻奇事，一一笔之于书，虽朴实无华，但生动有趣。在他以前和以后来华的西方人留有行纪的也不少，在文采和对某一事件的记叙方面也许远胜于他，但像他这样记事之广、全面概括的著作却绝无仅有。"②

如果同马可前后的游记相比，《马可·波罗游记》在对中国的介绍上有两点是十分明显和突出的。

第一，对元代做了前所未有的详尽介绍。

在马可·波罗时代对元代介绍最详细的是鄂多立克的游记，但如果将《马可·波罗游记》和他的游记比较一下，我们就会发现无论在广度上还是在深度上鄂多立克的游记都无法和《马可·波罗游记》相比。如对大都城及大汗的介绍，鄂多立克仅用了 5 页纸，而马可用了 14 章 43 页。从下面几个方面我们可以看到他对元代的详细记载。

1. 元代的政治斗争

元代有两次重大的内部政治斗争，一次是乃颜的叛乱，一次是阿合马事件。在《马可·波罗游记》中对这两次事件都做了较为详细的报道。他描绘了平叛乃颜的战斗及将乃颜处死的过程，而他所讲的阿合马事件和《元史》的记载基本相符③。

---

① 杨志玖：《关于马可·波罗离华的一段汉文记载》，《文史杂志》1941 年第 1 卷第 12 期；向达文见余士雄主编：《马可·波罗介绍与研究》，书目文献出版社，1983 年，第 68 页。

② 杨志玖：《马可波罗在中国》，南开大学出版社，1999 年，第 38—39 页。

③ 参阅《元史·许衡传》。

2. 元代的军事体制

在成吉思汗时代就确定了军事制度为"千户制",如马可所说,"他们每十名士兵设一名十户,百名设百户,千名设千户,万名设万户"。这一军事制度保证了蒙古军队的向外扩张。

3. 元代的政治制度

行省制、驿站制和漕运制是元代政治制度的主要内容,马可在游记中对这三种制度都做了详细的介绍。《马可·波罗游记》明确指出当时元朝共有12个行中书省,"全国有驿站1万多个,有驿马20多万匹,有陈设豪华的驿站系统,宫殿1万多座"。他对瓜洲在元朝漕运系统中的地位给予了明确的说明:"朝廷中必须之谷,乃自此地用船由川湖运输,不由大海。"马可对元朝时的驿传制度极为赞叹,认为"大汗的这一切事物的管理方面,比起其他皇帝、君主或普通人都更为出类拔萃"。而这点并不是夸张,因元帝国是一个横跨欧亚大陆的帝国,它建立当时世界上最早、最完备的"站赤"制度。

4. 元朝的经济

《马可·波罗游记》中专有一章介绍了元朝的纸币,纸币成为元代人们经济生活中的必需,"凡州郡国土及君主所辖之地莫不通行。臣民位置虽高,不敢拒绝使用,盖拒用者罪之死也"。根据《元史·食货志》记载,1260年元朝开始发行纸币,有以文计算和以贯计算的两大类近10种不同面值的纸币。

5. 元大都及大汗的生活

在讲到汗廷的宫殿时,他说:

> 君等应知此宫之大,向所未见。宫上无楼,建于平地。惟台基高出地面十掌。宫顶甚高,宫墙及房壁涂满金银,并绘龙、兽、鸟、骑士、形像及其他数物于其上。屋顶之天花板,亦除金银及绘画外别无他物。
>
> 大殿宽广,足容六千人聚食而有余,房屋之多,可谓奇观。此宫壮丽富赡,世人布置之良,诚无逾于此者。顶上之瓦,皆红黄绿蓝及其他诸色。上涂以釉,光泽灿烂,犹如水晶,致使远处亦见此宫光辉。[①]

---

① 冯承钧译:《马可波罗行纪》,上海书店出版社,2001年,第203页。

马可对大汗每年节日庆典的介绍非常具体,不是亲身参加者,不可能如此记述。研究游记的专家沙海昂认为马可的记述"与当时中国著述所记相符"。甚至连大汗的私生活他也了如指掌,大汗从弘吉剌部每年招来美女,"命宫中老妇与之共处,共寝一床,试其气息之良恶,肢体是否健全。体貌美善健全者,命之轮番侍主。六人一班,三日三夜一易"。仅此,便可知他对宫廷了解之深入。

6. 元朝普通民众的生活

不仅是皇宫,马可对当时大都的贫民生活介绍得也很细致,如不许在城内殡葬,所有死人都要运到城外安葬;妓女只住在城外,妓女竟有二万人之多;大都的经济生活也十分活跃,"百物输入之众,有如川流不息。仅丝一项,每日入城者计有千车"。

到目前为止,《马可·波罗游记》是外文文献中对元代记载最为详尽的历史文献,虽然有不少夸大之词,记载有不实之处,但他绝大多数的记载都可在中国历史文献中得到证实。游记不仅为中国学者提供了研究元蒙史的一手文献,也为当时的欧洲展现了蒙古帝国的真实画卷。

第二,对整个中国及周边国家做了较为全面的报道。

1. 对中国众多城市的介绍

马可在中国居住了 17 年,足迹几乎踏遍中国,他到过哈密州、肃州、甘州城、涿州、太原、关中、成都、建州、云南丽江府、金齿州、叙州、新州、临州、淮安、高邮、泰州、扬州、瓜洲、镇江、苏州、福州、泉州等地,这样他对中国的报道在内容上已经大大突破了元代的时空,实际上是对中国古代文明和文化的一种报道,这种广度是同时代人所没有的。如鄂多立克也曾介绍了中国江南的富人的生活,但十分有限,根本无法和马可·波罗相比。在讲到西安城时他说:"城甚壮丽,为京兆府国之都会。昔为一国,甚富强,有大王数人,富而英武。"①在讲到杭州南宋的宫殿时,他说这"是为世界最大之宫,周围广有十哩,环以具有雉堞之高墙,内有世界最美丽而最堪娱乐之园囿,世界良果充满其中,并有喷泉及湖沼,湖中充满鱼类。中央有最壮丽之宫室,计有大而美之殿二十所,其中最大

---

① 　冯承钧译:《马可波罗行纪》,上海书店出版社,2001 年,第 268 页。

者,多人可以会食。全饰以金,其天花板及四壁,除金色外无他色,灿烂华丽,至堪娱目"①。

2. 对中国宗教信仰的介绍

作为基督徒,马可·波罗在游记中对基督教在中国的传播始终比较关注,对在蒙古帝国还大量存在的景教教徒的活动和事迹十分关心。他记载在可失哈尔昔,在欣斤塔剌思州,在沙州,在天德,都有景教教徒的存在,特别是对镇江的基督教的记载十分详细和具体。对于马可的这些记载,我们不能都将其看成一种意识形态的解读,虽然他有这样的倾向,他的记载为中国基督教史的研究提供了重要的历史事实。无论是法国的伯希和还是中国的陈垣,他们在研究元代的基督教时都将《马可·波罗游记》作为基本的材料加以利用和辨析。

此外,他还介绍了中国伊斯兰教的情况。当然,作为一个商人,他关心的是他所熟悉的教派和物质生活,这样我们就可以理解他为什么没有讲到儒家。

3. 对中国科学技术的介绍

在介绍中国的物质生活时,马可无意中介绍了许多中国生活中的细节,而正是这些细节,使我们看到当时中国的科技成果。一位西方的自然科学家从《马可·波罗游记》中摘录了当时中国的科技成果:

（1）造船技术

A. 多桅船;B. 放水船;C. 定扳及船塞;D. 缝船法。

（2）运输

A. 驿站;B. 公用车。

（3）清洁及卫生事物

A. 口鼻套,类似于今日的口罩;B. 涎杯;C. 饮杯;D. 金牙。

（4）建筑、衣物类

A. 竹房;B. 竹缆;C. 爆竹;D. 树皮衣。

---

① 同上书,第355页。

（5）政事

A.纸币；B.警钟。

（6）杂项

A.雕版印刷术；B.截马尾。①

4.对中国风俗文化的介绍

作为一个商人，他对中国的民俗十分感兴趣。他说鞑靼人用十二生肖纪年，显然，这实际上说的汉人的一种风俗；还提到利用属相来算命，这种风俗在中国早有之；在游记中多次提到汉人的丧葬礼俗，"人死焚其尸。设有死者，其亲友服大丧，衣麻，携数种乐器行于尸后，在偶像前做丧歌，乃至焚尸之所，取纸制之马匹甲胄金锦等物并共焚之"。在游记中他还多次介绍中国各地的饮食，从蒙古的马乳、骆驼奶，到南方的米甜酒、药酒、葡萄酒，各类饮料他都提到；他既参加过宫廷的国宴，也参加过在民间的"船宴"，上至王宫贵族的饮食，下到民间普通百姓的日常生活，他都做了描写。他的这些描写都已经突破了元代的时空，展现了中国悠久的文化传统。当然，在赞扬中国人的孝道时，他"从未提及孔子、老子、庄子、孙子、墨子、孟子的名字，甚至也未曾提起朱熹的名字，我们不得不承认，他对汉语一窍不通，但同时，他对哲学思想又是何等的无动于衷"②。

第四节　《马可·波罗游记》的思想文化意义

《马可·波罗游记》无疑是西方东方学中最重要的历史文献，它是中世纪西方对中国认识的顶峰，西方人在对中国的认识上翻过这座山峰是在四百年以后。但它对西方的影响绝不能仅仅从一种知识论的角度来看，还要从西方本身的文化演进来看。因为西方对中国的认识是在其文化的背景下发生的，在本质上，它是西方知识体系中的一部分，是西方文化进展中的一个环节。

如果有了这个角度，我们必须使用比较文学中的形象学理论。比较文学的

---

① D. E. W.古德格：《元代马可波罗所见亚洲旧有之近代事物》，朱杰勤译：《中外关系史译丛》，海洋出版社，1984年，第68—90页。

② 艾田蒲：《中国之欧洲（上卷）》，许钧、钱林森译，河南人民出版社，1992年，第119页。

形象学是"对一部作品、一种文学中异国形象的研究"①。而这种形象的确立并不仅仅是作家个人的冲动,它实际上是一种文化对另一种文化的言说,我们只有在一种言说者的母体文化的广阔背景中才能揭示出它所创造出的形象的真正原因,才能真正发现"他者"的形象如何是一种"社会集体想象物"②。

马可·波罗的时代正是欧洲文艺复兴的前夜,而《马可·波罗游记》正是在文艺复兴中才大放异彩的。意大利是欧洲近代文化的长子,它所倡导的文艺复兴在本质上是对世界的发现和对人的发现。《马可·波罗游记》的传播和接受,它的影响史正是欧洲文艺复兴时期的"社会集体想象物"。我们从以下三个方面说明这一点。

首先,《马可·波罗游记》拓宽了欧洲人的世界观念。

在中世纪时"意大利人已经摆脱了在欧洲其他地方阻碍发展的许多束缚,达到了高度的个人发展,并且受到了古代文化的熏陶,于是他们的思想就转向于外部世界的发现,并表达之于语言和形式中"③。当时关于东方的游记基本上都是意大利人所写的,马可·波罗这个威尼斯富商的契丹之行,一下子把西方人的眼光拉到了大陆的最东端,它遥远而又神秘。这样欧洲人想象的时空就大大扩展了,大汗的宫廷、行在的湖水、扬州的石桥都进入了他们的想象之中。欧洲以往那种地中海的世界观念被突破,罗马不再是世界的中心。它"打碎了欧洲便是世界的神话,把一个有血有肉的中国呈现在欧洲人面前,令他们无比惊奇,以至于不敢相信"④。在 14 世纪"欧洲某些思想活跃的人开始按这位威尼斯旅行家提供的知识塑造其世界观;早在地理大发现以前,欧洲开始从以前欧洲和地中海为界的视域展宽了,它包容了世界上大片新的地区。1375 年的加泰罗尼亚的世界地图就是马可·波罗的地理学的一个体现,它摆脱了中世纪

①　达尼埃尔-亨利·巴柔:《从文化形象到集体想象物》,孟华主编:《比较文学形象学》,北京大学出版社 2001 年,第 118 页。

②　让·吕克·莫哈:《试论文学形象学的研究史及方法论》,同上书,第 26 页。

③　雅各布·布克哈特:《意大利文艺复兴时期的文化》,何新译,马香雪校,商务印书馆,1979 年,第 280 页。

④　许明龙:《〈马可·波罗游记〉与中国在欧洲的影响》,陆俊国、郝名玮、孙成木主编:《中西文化交流的先驱——马可·波罗》,商务印书馆,1995 年,第 225 页。

地图学的幻想,构成了欧洲思想文化史上的重要里程碑"①。

其次,《马可·波罗游记》激发了欧洲的世俗观念。

文艺复兴造就了意大利人新的性格,"这种性格的根本缺陷同时也就是构成它的伟大的一种条件,那就是极端个人主义"②。对世俗生活的渴望,对财富的迷恋,对爱情的追求,这种爱情大部分是为了满足个人的欲望。而《马可·波罗游记》满足了意大利人所有这些冲动,大汗有数不尽的金银财宝,契丹的每座城市都远比威尼斯富饶。东方的女人美丽动人,奇异的风俗可以使你在契丹永远享受少女的欢乐。"契丹的出现,它立即就成了西方文化表现被压抑的社会无意识的一种象征或符号。他们不厌其烦地描绘契丹的财富。无外乎是在这种表现中置换地实现自己文化中被压抑的潜意识欲望。表面上看他们在谈论一个异在的民族与土地,实质上他们是在他们讨论内心深处被压抑的欲望世界。中世纪晚期出现的契丹形象,是西方人想象中的一种解放力量……"③《马可·波罗游记》成为一种意大利所梦幻新生活的象征,成为一切世俗追求的理想王国。

最后,《马可·波罗游记》催生了近代的地理大发现。

全球化的序幕开启于 15 世纪的地理大发现,第一个驾着三桅帆船驶向大西洋的也是一位意大利人——哥伦布。而这位意大利的水师提督正是《马可·波罗游记》的最热心读者,直到今天在西班牙的塞尔维市的哥伦布图书馆还存放着他当年读过的《马可·波罗游记》。他对契丹的向往使他与渴望契丹财富的西班牙国王一拍即合。带着西班牙国王的致大汗书,带着《马可·波罗游记》给他的梦想,他将出航去寻找契丹,寻找那香料堆积如山、帆船遮天蔽日的刺桐港。

其实,当时迷恋着契丹的绝不仅仅是哥伦布,意大利的地理学家托斯加内里(Paolo dal Pozzo Toscanelli)也是一位对契丹着迷的人。他自己画了一张海图,认为从里斯本出发越过 2550 海里就可以到达刺桐港。他在给哥伦布的信

---

① 雷蒙·道森:《中国变色龙:对于欧洲中国文明观的分析》,常绍民、明毅译,时事出版社,1999 年,第 28—29 页。

② 雅各布·布克哈特:《意大利文艺复兴时期的文化》,何新译,马香雪校,商务印书馆,1979 年,第 445 页。

③ 周宁:《契丹传奇》,学苑出版社,2004 年,第 205 页。

中详细描绘了富饶的契丹："盖诸地商贾,贩运货物之巨,虽合世界之数,不及刺桐一巨港也。每年有巨舟百艘,载运胡椒至刺桐。其载运别种香料之船舶,尚未计及也。其国人口殷庶,富厚无比。邦国、省区、城邑之多,不可以数计。皆臣属大汗(Great Kan)。大汗者,拉丁语大皇帝也。都城在契丹省。"①

哥伦布在漫漫航海途中,面对重重困难,坚信托斯加内里的判断,可以说《马可·波罗游记》成为他战胜全部苦难的动力。当大西洋上的海风把他的船队吹到美洲的小岛时,他还认为自己发现了契丹,他要"去行在城,把陛下的亲笔信交给大汗,向他索取回信带给国王陛下"②。

实际上哥伦布至死仍坚信他所发现的国家就是亚洲的东海岸,就是契丹。"这种信念在哥伦布死后二十余年仍未销声匿迹。"③甚至在一个世纪后,当中国已经被确定是马可所讲的契丹后,仍有西方的航海家们不死心,如英国的许多探险家,他们仍然将契丹作为寻找的目标。《马可·波罗游记》对西方人的影响真是太大了。正如拉雷在《英国16世纪的航海业》一书所说:"探寻契丹确是冒险家这首长诗的主旨,是数百年航行业的意志、灵魂。"④

1603年耶稣会士鄂本笃(Bento de Goës,1562—1607)第一次证实了"契丹"就是"中国"。死后他的墓志铭是"探寻契丹却发现了天堂"。对哥伦布来说是"寻找契丹却发现了美洲",实际上发现了新世界。一个新的时代到来了。

随着耶稣会进入中国,传教士汉学的时代开始了。

---

① 张星烺编注:《中西交通史料汇编(第一册)》,朱杰勤校订,中华书局,1977年,第337页。
② 克里斯托弗·哥伦布:《哥伦布美洲发现记》,刘福文译,文云朝、蔡宗夏校,黑龙江人民出版社,1998年,第64页。
③ H. 裕尔撰:《东域纪程录丛》,H. 考迪埃修订,张绪山译,云南人民出版社,2002年,第143页。
④ 转引自朱谦之:《中国哲学对欧洲的影响》,上海人民出版社,2006年,第43页。

第二章　大航海时代与传教士来华

第一节　地理大发现的时代

自幼喜欢航海、深受《马可·波罗游记》影响的哥伦布是马可·波罗的崇拜者。这个意大利热那亚人决心要找到马可·波罗所说的契丹。当时的地理学家托斯卡内里也是一个马可·波罗的崇拜者,他根据《马可·波罗游记》给哥伦布提供了向西航行的地图。契丹的财富不仅吸引着哥伦布,当时的西班牙国王也渴望着遥远的财富。他和哥伦布签了一个协议:授予他贵族头衔,任命他为所有发现地方的元帅,并可以世世代代继承,还拥有他发现地方的所有财富的1/10,并一律免税,甚至可以向他发现地区的所有船只征收 1/8 的税。两个人都把希望寄托在遥远的东方,似乎哥伦布一到达那里就可以腰缠万贯、富比万家。西班牙国王专门给了他一份致契丹大汗书,期待哥伦布的成功。

1492 年 10 月 12 日,经过了 30 多天不见陆地的航行,哥伦布的船队终于见到了陆地,这就是巴哈马群岛(Bahamas)。在岛上他们见到了印第安人,印第安人还处在原始社会的后期,新石器时代,男女老少都一丝不挂。哥伦布认为这可能是亚洲的边缘地区,称它为大印度地区。10 月 28 日他们发现了古巴,惊奇地看到了男女老少都在抽烟,很舒服。西班牙人很快学会了这个习惯,并把它传向全世界。哥伦布认为古巴这个穷地方一定是契丹最荒凉的地方,契丹绝不是这样。他认为马可·波罗所说的那香料堆积如山的刺桐港一定会被发现。1493 年 3 月 15 日哥伦布返回出发的西班牙港口巴罗斯,244 天的远航结束。哥伦布向人们宣称,他已经找到了契丹。对欧洲来说,这是一个石破天惊的消息,一时间哥伦布名扬天下。

葡萄牙地处欧洲的最西端,诗人们说"陆地到此结束,大海由此开始",这道出了这个欧洲小国的处境。当时地中海是意大利人的传统商业势力范围,北海和波罗的海是汉萨同盟的商业势力范围,北部和东部是西班牙,西部是无边的大西洋,这样的地缘政治特点,迫使葡萄牙人只能向南挺进。于是,葡萄牙人驾着他们的三桅帆船沿着西非海岸慢慢向前推进。在与摩尔人的斗争和海上贸易的发展中,葡萄牙的贵族们"把马匹换成船只,把盾牌盔甲换成罗经星盘,使骑手变成了船长"。对于商人来说,领土的扩张意味着生意兴隆。对于国王宫廷来说,领土的扩张可以提高威望,特别是可以开辟新的财源,扩大版图和自己的权利。新兴的资产阶级则想"把他们的商业活动扩大到更新更远的市场"。

1415 年葡萄牙占领了北非重镇休达(Ceuta),夺取了伊斯兰世界的第一个战略要地,并为以后对西非海岸的探险提供了活动的据点。

休达战役后,年轻的亨利(Henry,又称恩里克,1394—1460)被封为骑士,当上了葡萄牙骑士团的总团长。骑士团是个半军事、半宗教的组织,拥有大量的钱财。他开办航海学校,聘请了当时最有经验的航海家和最知名的地理学家,绘制地图,研究造船技术,造出了灵活坚固的卡拉维尔轻帆船。

亨利王子主持的葡萄牙航海探险事业是整个葡萄牙航海事业的一个转折点,他"在历史上首先制定了明确的地理政策;部署了一系列的探险活动,使地理探险和发现成为一门艺术和科学,使远航成为全国感兴趣的、与之有密切利益联系的事业"①。

欧洲的历史书说,北纬 26 度是个界限,如果跨过这一纬度,那里的海水会把人给烫死,而白人一过这条线就被晒黑再也变不成白人。但亨利王子的探险

---

① 张箭:《地理大发现研究:15—17 世纪》,商务印书馆,2002 年,第 81 页。

队 1434 年过了博哈多尔角,他们不但没被海水烫死,而且在非洲大陆登陆时第一次见到了黑人,这是历史上白人和黑人的第一次见面。葡萄牙人巴尔托洛梅乌·缪·迪亚士(Bartolomeu Dias,约 1450—1500)对好望角的发现,是葡萄牙航海史上的一个重要事件。当时伊斯兰的奥斯曼帝国兴起,奥斯曼帝国切断了欧洲和亚洲的联系,亚洲的香料从此无法运到欧洲。而欧洲人吃牛肉、炖牛排时是必须要有香料的。为了让圣诞的牛肉炖得更香,欧洲人必须寻找到达亚洲的新路线。哪里有香料呢?马可·波罗说过,在契丹的刺桐港香料堆积如山。找刺桐港!那年迪亚士才 27 岁,他是哥伦布之前欧洲最好的航海家,他所带领的船队已经绕过了非洲南部的好望角进入了印度洋,当时他称之为"大海角",在那里他立下一根石柱,表示占有这里的土地。他回到葡萄牙以后,若昂二世(João Ⅱ)将大海角改名为"好望角"。

达·伽马无疑是葡萄牙历史上最伟大的航海家。1492 年当意大利航海家哥伦布率领西班牙船队横渡大西洋发现美洲以后,对葡萄牙人刺激很大,契丹无比的财富绝不能让他们的死对头西班牙独占。当时葡萄牙国王曼努埃尔(Emmanuel,1495—1521)决定派达·伽马率领船队远航。当他们沿着东非海岸线航行,到达莫桑比克的赞比西河口时,他们靠岸休整,当地黑人热情地接待了他们。他们还见到了两个头戴丝织帽的头领,并把一些印花布送给他们,这或许是郑和留下的部属,因郑和离开这里不过 70 余年,这个地方也是郑和下西洋走得最远的地方。

1511 年葡萄牙人占领印度洋西端的马六甲,这意味着葡萄牙在印度洋海上殖民帝国的轮廓勾勒完毕,也标志着它插手太平洋海上贸易的肇始。穿过马六甲海峡,广阔的太平洋就展现在葡萄牙人面前。

如果说西班牙在北美发现的是土地,那么,葡萄牙人在远东发现的则是文明,一个高度发达的中国文明,一个比基督教文明悠久得多的文明。当西班牙人和葡萄牙人在福建外的海域相逢时,当麦哲伦 1522 年完成环球航行时,世界合围。全球化的时代开始了。

第二节　耶稣会入华

自葡萄牙人以晒海货名义在澳门长期驻扎下来以后,澳门就逐渐演化成当时中西文化交流的交汇点。由于葡萄牙在整个东方拥有护教权,打通中国、与中国建立稳定的关系、从中获得丰厚的贸易利润一直是葡萄牙人的梦想。1517年葡萄牙驻东印度总督委派皇家御医皮雷斯(Tomé Pires)访华。这是西方来华的第一个使团。当时正值明正德年间。1521年皮雷斯一行到达北京,但三个原因使这次访问流产:一是被葡萄牙灭亡的满剌加国的使臣来到北京告发葡萄牙人在马六甲海峡的劣迹;二是允许他们进京的明武宗皇帝驾崩;三是当时的通事火者亚三在北京声誉极差。结果亚三被处死,皮雷斯一行被打入死牢,最后也生死不明,只留下他的同伴在狱中写的几封信。

早期来到东方的西方人大都很不顺利。命运比皮雷斯稍好一些的是第一个来到东方的耶稣会士沙勿略(St. Francis Xavier, 1506—1552)。他先在日本传教,当时日本人就问他:中国人知道你们的宗教吗? 沙勿略说不知道。日本人就告诉他,如果中国人都不知道你的宗教,你的宗教肯定不是好宗教。沙勿略由此才知道中国文化在东亚的地位,制定下了在远东传教必须首先归化中国的方针。不久,他来到中国澳门,寻找进入中国内地的机会。后来,他被一名中国渔民带到了广州附近的一个叫上川岛的地方,岛上人烟稀少。他在这里住了一段时间却进入不了中国内地。沙勿略高喊:"岩石啊,你何时开门!"但中国的大门始终没有向他敞开。在瑟瑟秋雨中,沙勿略病逝在上川岛。

沙勿略失败了,却启发了他的后来者。此后,耶稣会在东方传教的负责人范礼安(Alexandre Valignani, 1538—1606)制定了在中国传教一定要适应中国文化的"适应路线"。第一个实行这一路线的就是意大利耶稣会士罗明坚(Michele Ruggieri, 1543—1607)。罗明坚到澳门后找了一个中国文人看图说话、学习中文。当罗明坚说着一口流利的汉语出现在广州每年对外国人开放的贸易会上时,立即引起了中国官员的注意。中国当地官员与他接触后,发现罗明坚温文尔雅,对中国文化比较熟悉,自然喜出望外。这样经过两年的交往,中国当地官员答应了罗明坚在当时两广总督所在地肇庆长期居住。1583年罗明坚来到肇庆,不久后在肇庆建起中国的第一座天主教堂,当地官员王泮起名仙花寺。接着,罗明坚把自己的同乡——意大利耶稣会士利玛窦(Matteo Ricci,1552—1610)也调到了肇庆。罗明坚为传教四处周游,他开始意识到中国是一个中央集权制国家,如果他们没做好皇帝的工作,皇帝不认可基督教,基督教是不可能有大的发展的。如何做好中国皇帝的工作呢?只有梵蒂冈的教宗亲自出面,给中国明朝皇帝写信送份厚礼,传教士们才可能见到中国的皇帝;只有赢得皇帝的好感后,他们才能提出他们的传教计划。为了实行这个计划,罗明坚被派回欧洲。哪知欧洲局势风云变幻,梵蒂冈的教宗接连病故,罗明坚的事早被教宗抛在了脑后,罗明坚最后老死故乡拿波里。

此时利玛窦独撑局面。利玛窦做了两件大事,从此打开基督教在中国的局面。第一,脱去袈裟,换上儒袍,修正过去的以"西僧"出现的面貌,改为"合儒易佛"。于是利玛窦出门坐轿,像中国的儒生一样读"四书"、念《诗经》,出入于文人墨客之间,一时,西儒利玛窦在江南名声大噪。第二,进驻北京,接近明王朝。1601年,利玛窦历经千辛万苦,终于来到北京,靠着他进呈给万历皇帝的自鸣钟,在北京住了下来,成了万历皇帝的门客。他虽然从没见过皇帝,也从不参与朝中之事,但在文人中颇有影响。不仅像徐光启、李之藻这样的晚明重臣投于他的门下,就是像李贽这样的另类文人也很欣赏他的才华,处处给利玛窦以帮助。1610年利玛窦病逝于北京,葬于西郊的栅栏。基督教从此在中国真正扎下了根。

第三节 道明我会从菲律宾进入南部中国

在哥伦布1492年发现伊斯帕尼奥拉(Hispaniola,今海地),科尔特斯1521年攻取特诺奇蒂特兰后,西班牙人从美洲获得的利益远不及葡萄牙在澳门的获利丰厚,不久他们便得知,哥伦布及其后继者并未找到契丹。1519—1521年麦哲伦的环球航行就是要找到契丹和香料,虽然麦哲伦死于途中,但他们从马鲁古群岛(Moluccas)运回的香料足以抵偿这次航海的全部费用。为了香料,葡萄牙人和西班牙人在马鲁古群岛发生了冲突,最后西班牙人承认马鲁古群岛在葡萄牙人的势力范围内。此后,西班牙人开始将兴趣转向菲律宾。尽管 1545—1548 年西班牙人在墨西哥和秘鲁发现了银矿,但他们仍不愿将香料贸易的全部利益留给葡萄牙人。1565 年 2 月莱古斯比(López de Legazpi,中国史书称"黎牙实比")率船队来到菲律宾群岛,开始了征服活动。1569 年 8 月 14 日莱古斯比被任命为菲律宾总督,1571 年 4 月 15 日他侵入吕宋岛,攻占马尼拉。占领了马尼拉后,西班牙人离中国已经近在咫尺。由于他从当地的土著人那里营救了部分遇难的福建商人,1572 年这些福建商人重返马尼拉,带来了大批用于交换的商品。从此,中国—菲律宾—墨西哥—西班牙的贸易航线开通,马尼拉成为中转点。

1574 年至 1575 年由于驻菲律宾的西班牙人与明朝官兵合作围剿了藏在马尼拉的海盗林风,双方关系较为融洽。这样在菲律宾的西班牙神父拉达和马任(Jeronimo Marin)就跟随明朝官员王望高的战舰进入中国,从 1575 年 7 月 3 日到 9 月 14 日,他们在中国待了两个多月。由于西班牙人的疏忽,海盗林风乘自制的小船逃出了西班牙人的包围,这使王望高很生气,将拉达抛于荒野。后拉达侥幸获救,返回菲律宾后写下了著名的《出使福建记》。此书是大航海后西方人最早关于中国的知识。新任的菲律宾总督桑德(Francisco de Sande)竟向西班牙国王提出用武力征服中国的计划。

这样的想法后来被葡萄牙耶稣会士桑切斯(Alfonso Sanchez)大大地发挥了。当时西班牙国王费利佩二世(Philippe Ⅱ,1527—1598)兼并了葡萄牙,他害怕在东方的葡萄牙人不服气,就派人来东方游说。1581 年 9 月桑切斯作为马尼拉主教,和道明我会会士萨拉扎(Salazar)一起来到菲律宾。1582 年 3 月,桑切斯从马尼拉启程,后漂流到福建,在 5 月 2 日到达广州被投入狱中,经罗明坚请求而被释放。就是这个桑切斯在 1586 年成功地说服了菲律宾当局,向西班牙国王费利佩二世提交一份《论征服中国》(*Sur la conquête de la Chine*)的报告,认为只要有一万到一万二千名西方人就可以征服中国。他向费利佩二世献计授策说:"这无疑将是西班牙一项史无前例的最重大的事业,王上将把世界上最大的一个民族置于自己的权力之下;……这项事业将造成一个上帝创世以来所从未有过的精神发展与现世繁荣。"①西方人早期的那种殖民主义心态毫无遮拦地表现了出来。

在传教和贸易的双重利益驱使下,荷兰人 1624 年侵入台南,西班牙人 1626 年占领了台湾鸡笼(今基隆)。荷兰人和西班牙人为了商业利益在中国台湾刀兵相见,荷兰人 1641 年和 1642 年两次派船队至鸡笼港,并在 1642 年的战争中迫使西班牙人投降,而荷兰人 1662 年被郑成功驱逐出台湾②。

在这段时间,1573 年 7 月西班牙方济各会的阿尔法罗神父(Pedro de Alfaro)首次入华,并在肇庆见到了两广总督,但后来被视为间谍驱逐出境。1631 年 1 月道明我会的意大利高琦神父(Angelo Cocchi)从马尼拉进入福建传教,在那里站稳了脚跟③。

方济各会、道明我会、奥斯丁会的入华为后来的"礼仪之争"埋下了伏笔。

---

① 裴化行:《明代闭关政策与西班牙天主教传教士》,中外关系史学会、复旦大学历史系编:《中外关系史译丛(第四辑)》,上海译文出版社,1988 年,第 266 页。参阅张铠:《中国与西班牙关系史》,大象出版社,2003 年。

② 陈宗仁:《西班牙占领时期的贸易活动》,《历史月刊》(台湾)2006 年第 222 期 7 月号。

③ 崔维孝:《明清之际西班牙方济会在华传教研究(1579—1732)》,中华书局,2006 年,第 28—29 页。

第三章　罗明坚的汉语学习

　　一个洋人来到中国第一件事就是学习汉语,学说中国话。这和当年从印度来到中国的和尚们学习汉语、翻译佛经是一样的。这些传教士在中国学习汉语是一件很有意思的事。西人汉语学习史是西方汉学史的基础,研究汉学史首先要从这里开始。所以,当罗明坚在澳门写出第一个汉字的时候,欧洲传教士汉学就拉开了它的序幕。欧洲传教士汉学首先是发生在中国的,很少有人注意到这一点。传教士的汉语学习研究使我们对明清之际的中西文化交流有一个新的认识,从而使我们对欧洲早期汉学史的研究向纵深发展。与此同时,这一研究实际开辟了另一个研究领域"汉语教育史",实际上我们今天的对外汉语教育应该从佛教传入中国就开始了,而欧洲人的汉语教育则是从传教士来华开始的。这使对外汉语教育史成为汉语教学研究的新方向,使这个长期停留在一般教学经验研究的学科获得了一种学科史的支撑。这种历史的研究对于汉语教学的重要性是不言而喻的,只要想到西方人的汉语教学已经有近四百年的历史,而新中国的对外汉语教学才不过五十多年,我们就知道应该如何注重历史的经验,从这一历史过程中汲取智慧和经验。另一个重要的方面,这一研究将对中国语言史的研究产生重大的影响,因为中国近代语言的变化,从根上讲是从传教士入华以后开始的。由于史料的匮乏以及研究的跨学科性质,学术界从这个角度来研究中国语言学史的人寥寥无几，一个广阔的学术天地有待我们开发。

对于这样一个极有价值的研究领域，我们在这里无法详细展开，只从欧洲早期汉学史的角度、从传教士汉学的角度、从罗明坚作为第一个在华定居的耶稣会士学习汉语的角度入手，力图在一个十分具体的个案研究中再现早期入华传教士汉语学习的真实情况，从中得出一种历史的经验。

第一节　罗明坚在华简史

罗明坚，字复初，意大利人。1543 年出生于意大利的斯皮纳佐拉，入耶稣会前已获得两个法学博士学位，并在市政府"任显职"①。29 岁辞官入修道院，30 岁从里斯本出发到达印度的果阿，31 岁时抵达澳门，开始了他在中国传教的事业，同时也开始了他的汉学生涯。

刚到澳门时，他遵循范礼安对在华神父应该"学习中国话及中文"②的要求开始学习汉语、了解中国的风俗习惯。由于当时大多数在澳门的传教士并不理解范礼安的用意，没有意识到学习汉语的必要性，罗明坚的做法引起了不小的反应。"诸友识辈以其虚耗有用之光阴，从事于永难成功之研究，有劝阻者，有揶揄者……"③有人认为："一位神父可以从事会中其他事业，为什么浪费大好光阴学习什么中国语言，从事一个毫无希望的工作？"④

但罗明坚不为所动，坚持学习中国语言。对于初学汉语时的困难，罗明坚在一封信中做过描述，他说："司铎写信通知我，令我学习中国的语言文字，在'念''写''说'三方面平行进展。我接到命令以后立即尽力奉行。但是中国的语言文字不单和我国的不一样，和世界任何国家的语言文字都不一样，没有字母，没有一定的字数，并且一字有一字的意义。就是对于中国人为能念他们的

---

① 费赖之：《在华耶稣会士列传及书目（上册）》，冯承钧译，中华书局，1995 年，第 113 页。
② 利玛窦：《利玛窦中国传教史（上）》，刘俊余、王玉川译，光启出版社，1986 年，第 113 页。
③ 费赖之：《在华耶稣会士列传及书目（上册）》，冯承钧译，中华书局，1995 年，第 23 页。
④ 1580 年 11 月 8 日"罗明坚致罗马麦尔古里亚诺神父书"，利玛窦：《利玛窦通信集（下）》，罗渔译，光启出版社，1986 年，第 426 页。

书也必须费尽十五年的苦工夫。我第一次念的时候,实在觉得难念,但是由于听命旨意,我要尽力遵行这件命令,并且用我所能有的毅力作后盾。"①

罗明坚最初学习中文的方法就是采取一般幼儿学习时的看图识字法,1583年他在给耶稣会总会长的信中说:"起初为找一位能教我中国官话的老师非常困难,但我为传教非学官话不可;可是老师如只会中国官话,而不会讲葡萄牙话也是枉然,因为我听不懂啊! 因此后来找到一位老师,只能借图画学习中国语言了,如画一匹马,告诉我这个动物中国话叫'马'。"②

罗明坚是一位很有毅力并有极高天赋的传教士,到达澳门后刚刚几个月,他便能认识一万五千个中国字,初步可以读中国的书籍,三年多以后他便开始用中文来写作。罗明坚学习中文是为了传教,他认为这是为归化他们必须有的步骤,"以便来日用中文著书,驳斥中文书中(有关宗教方面)的谬误。希望将来能为天主服务,使真理之光照耀这个庞大的民族"③。

罗明坚中文能力的提高大大推动了他的传教事业。他在澳门建立了第一座传道所,并开始用中文为澳门的中国人宣教。罗明坚把这个传道所起名为"经言学校",以后利玛窦称它为"圣玛尔定经言学校"。从传教史上看这是明代中国最早的传教机构之一,从汉学史上看,这也是晚明时期中国最早的外国人学习汉语的地方之一,正像罗明坚自己所说:"目前我正在这里学习中国语文……这些教友无疑的将是最佳的翻译,为传教工作将有很大的助益。"④

罗明坚能够成为晚明时天主教进入中国内地居住第一人,也与他娴熟的中文能力有直接关系。在 1581 年期间,罗明坚就曾三次随葡萄牙商人进入广州并很快取得了广州海道的信任,允许他在岸上过夜,因为广州海道认为罗明坚是一个文质彬彬的君子,"是一有中国文学修养的神父及老师"。1583 年罗明坚

---

① 裴化行:《天主教十六世纪在华传教志》,萧浚华译,商务印书馆,1936 年,第 183 页。

② 利玛窦:《利玛窦通信集(下)》,罗渔译,光启出版社,1986 年,第 446 页。这也就是后来人们所传说的,罗明坚找了一位中国画家当老师。参阅利玛窦:《利玛窦中国传教史(上)》,刘俊余、王玉川译,光启出版社,1986 年,第 114 页;龙思泰:《早期澳门史》,吴义雄等译,东方出版社,1997 年,第 193 页;费赖之:《在华耶稣会士列传及书目(上册)》,冯承钧译,中华书局,1995 年,第 2 页。

③ 利玛窦:《利玛窦通信集(下)》,罗渔译,光启出版社,1986 年,第 431 页。

④ 同上书,第 432 页。

先后同巴范济（Francois Pasio，1551—1612）、利玛窦三次进入广州，并通过与两广总督陈瑞、香山知县、肇庆知府王泮等中国地方官员的交涉，最终于 1583年 9 月 10 日进入肇庆，在中国内地立足。在这期间，罗明坚给陈瑞的中文信件和陈瑞的回信以及罗明坚流利的官话起到了关键性的作用。在中国期间，罗明坚先后到过浙江、广西传教，为天主教在中国站稳脚跟立下了汗马功劳。与此同时，作为一名汉学家，他也取得了非常显著的成绩，他编写《葡汉辞典》①以帮助入华传教士学习汉语，他用中文写出了第一部天主教教义《祖传天主十诫》，使天主教本地化迈出了关键的一步。到 1586 年 11 月，他已对中国文化有了较深入的了解，自称"我们已被视为中国人了"②。

1586 年罗明坚为请罗马教宗"正式遣使于北京"返回欧洲。由于当时教廷正逢频繁更换时期，四易教宗，即西斯笃五世（Sixtus Ⅴ，1585—1590）、乌尔班七世（Urban Ⅶ，1590）、额我略十四世（Gregory，ⅩⅣ，1590—1591）和依诺森九世（Innocent Ⅸ，1591），加之欧洲自身问题，梵蒂冈对出使中国也不再感兴趣。罗明坚最终未办成此事，"遂归萨勒诺，并于 1607 年殁于此城"。在欧期间，罗明坚又将中国典籍《大学》译成拉丁文在罗马公开发表，完成了他作为一名传教士汉学家的另一件大事。

第二节　罗明坚的汉语学习

以往了解关于罗明坚的汉语学习情况主要是通过他当时所写的信件，并不能通过具体的文献来展现他汉语学习的实际过程。近年来笔者多次到罗马耶稣会档案馆查阅文献，发现了一些罗明坚汉语学习和研究的第一手原始文献，从而使我们对传教士的汉语学习情况有了一种具体而真实的了解。

首先，我们看一下罗明坚的汉字学习。

---

① 罗明坚、利玛窦：《葡汉辞典》（*Portuguese—Chinese Dictionary*），魏若望（John W. Witek, S. J.）编，意大利国家图书馆，2001 年。

② 1586 年 11 月 8 日"罗明坚致总会长阿桂委瓦神父书"，利玛窦：《利玛窦通信集（下）》，罗渔译，光启出版社，1986 年，第 494 页。

罗马耶稣会档案馆中的 Jap. Sin Ⅰ—198 号文献是罗明坚学习汉语的重要原始文件。这份文献并未注明作者,但有两个事实说明这份文献应归属于罗明坚。第一,文献中的第 32—125 页是汉语和葡萄牙语的词汇对照辞典。关于这个辞典,杨福绵先生在音韵学上已经做了深入的研究,他认为这份词典主要是罗明坚所作,利玛窦最多做了些辅助性的工作①。第二,在这份文献的散页中夹了一份一位僧人和一名叫"蔡一龙"的人的打官司的状词。笔者在《西方汉学的奠基人——罗明坚》一文中已经考证,这位僧人就是罗明坚,这份状词是他自己所写,并可在《利玛窦中国札记》(又译《利玛窦中国传教史》)一书中得到证实②。

文献的第 24v、25、25v、26、26v 页共五页是字表,从字体看可能是罗明坚的老师所写。字表共有 378 个字。

第 24v 页上有 66 个字,它们是:

龙、来、赢、里、履;卤、老、卯、吕、了;

丰、耒、令、丽、力;立、人、几、而、儿;

耳、再、二、刃、入;肉、日、东、钟、江;

阳、支、思、齐、微;鱼、摸、皆、来、真;

文、寒、山、恒、欢;先、天、萧、豪、歌;

戈、家、麻、车、遮;庚、青、昂、兀、侯;

寻、侵,监、咸,廉、纤。

第 25 页上有 80 个字,它们是:

几、辰、晨、单、是;氏、盾、上、示、十;

石、香、兄、凶、与;起、喜、虫、火、虎;

享、七、血、黑、兀;行、黄、叶、禾、兮;

九、爻、玄、熊、隹;壶、亥、弓、枣、户;

亡、系、号、会、穴;学、衣、音、尤、夭;

鸟、印、亚、西、邑;乙、壹、一、云、云;

① 杨福绵:《罗明坚、利玛窦〈葡汉辞典〉所记录的明代官话》,《中国语言学报》1995 年第 5 期。

② 张西平:《西方汉学的奠基人——罗明坚》,《历史研究》2001 年第 3 期。

帛、口、羊、王、予；盐、负、也、永、有；

雨、酉、羽、又、用；成、亦、戈、聿、曰。

第 25v 页上有 80 个字，它们是：

走、井、左、屮、足、卩、青、金、此、且；

爨、寸、束、酋、泉、齐、自、人、司、须；

心、西、辛、么、三、先、丝、思、死、小；

素、四、岁、州、索、象、夕、舟、卮、支；

佳、章、爪、止、正、至、灸、车、齿、舛；

处、册、赤、出、尺、床、巢、士、舌、食；

身、尸、山、书、生、申、疋、首、手、黍；

豕、水、豕、舜、音、杀、色、束、臣、殳。

第 26 页上有 80 个字，它们是：

全、田、二、第、大、豆、男、能、乃、久；

竹、丑、凹、长、重、凸、丈、宁、兆、屮；

女、巴、毕、比、七、贝、半、八、辟、比；

卜、华、必、片、皮、采、鼻、步、白、帛；

门、明、麻、毛、矛、民、冥、马、皿、黾；

卯、米、面、月、戊、麦、首、系、目、木；

夫、方、风、飞、非、不、市、弗、丰、几；

父、阜、文、毋、巫、亡、尾、勿、卯、子。

第 26v 页上有 72 个字，它们是：

金、斤、高、戈、交、弓、瓜、巾、龟；

甘、工、京、光、巳、葵、韭、古、久；

鬼、九、鼓、几、升、果、见、无、勹；

更、珏、甲、角、革、谷、骨、岂、可；

口、大、欠、去、磬、曲、琴、其、白；

其、言、牙、鱼、牛、危、豕、瓦、未；

卧、月、王、岩、歹、东、多、丹、刀；

十、氏、斗、鼎、鸟、门、天、本、土。

清代著名文字训诂学家朱骏声说："读书贵先识字,识字然后能通经,通经然后致用。"识字是传教士汉语学习中的第一步,但汉字的学习对他们来说是很困难的。他们认为汉字太多。① 利玛窦在谈到学习中国的文字时说："必须牢记中文的一个音节就是一个单独的字,因为所用的各个音节就指同一个对象⋯⋯虽然每个对象都有它自己恰当的符号,但由于许多符号所组成的方式,所以总数不超过七万或八万。一个人掌握了大约一万个这样的符号,他受到的教育就达到了可以开始写作的阶段。这大概是写作通顺所要求的最低数目。"② 到曾德昭(Alvaro Semedo,1585—1658)时,他认为汉字总数约 6 万字。③ 许多传教士都抱怨中国的字太多,这是中文难学的主要原因。

从罗明坚所保留的这份字表来看,它有个明显的特点:就是简洁。全部字表的字共 378 个,它出自何书,目前笔者尚未找到出处,但字表较为简洁是很明显的。其实,汉字总数虽然比较多,但常用字并不多。《现代汉语常用字表》共收 3500 字,其中 2500 字是常用字,1000 字是次常用字。据学者的统计,现代常用汉字中的一至七画的常用字共有 791 字,而出现在许慎的《说文解字》的已经有 713 字,占 90%。④ 在这个意义上,这个字表是很简洁的,说明传教士在汉语学习阶段的汉字教育还是很实用的。安子介先生认为现代汉字的常用字有 3650 字,如果认识 500 字就可以阅读一般文章的 3/4,如果认识 2000 字,就可以读懂一般文章的 97.4%。现代对外汉语教学中识字的速度有限⑤,如何集中

---

① 入华传教士对汉字数量的认识有变化,一开始克路士认为汉字约有五千字(见 C. R. 博克舍编注:《十六世纪中国南部行纪》,何高济译,中华书局,1990 年),门多萨认为有六千多(见门多萨:《中华大帝国史》,何高济译,中华书局,1998 年)。

② 利玛窦、金尼阁:《利玛窦中国札记(上册)》,何高济、王遵仲、李申译,中华书局,1983 年,第 28 页。

③ 参见计翔翔:《十七世纪中期汉学著作研究:以曾德昭〈大中国志〉和安文思〈中国新志〉为中心》,上海古籍出版社,2002 年。

④ 李开:《汉语语言学和对外汉语教学论》,中国社会科学出版社,2002 年,第 109 页。

⑤ 《基础汉语课本》前 10 课的语音部分只学 68 个汉字;《实用汉语课本》前 12 课语音部分只学 191 个汉字;《初级汉语课本》前 15 课共学 236 个汉字。

识字,使学生在最短的时间中掌握汉语的最基本字,这个问题并未解决好。

从传教士的汉语学习来看,他们当时的汉语学习基本上仍是以中国传统的语文教学为主,仍是从识字开始。在梵蒂冈图书馆仍保留着他们当年学习汉字的《千字文》《三字经》等课本,实际上中国传统的语文教学一直是以字为中心的,从秦汉的《仓颉篇》《急就篇》到南朝的《千字文》、宋代的《三字经》和《百家姓》,这种语文教学法持续了一千多年。这里并不仅仅是一个经验的方法问题,其中包含了对汉语特点的基本性认识。赵元任先生说:"汉语是不计词的,至少直到最近也还是如此。在中国人的观念中'字'是中心主题。"①徐通锵先生也指出:"汉语的结构以'字'为本位,应该以'字'为基础进行句法研究。"②罗明坚的这个简洁的识字表更能提醒我们加强常用汉字教学的重要性,从历史的角度使我们重新认识这个问题。

罗明坚的这份文献中也有他学习词汇的记载,罗列如下。

第27页:

北京,南京,山东,山西,陕西,河南,浙江,江西,湖广,四川,福建,广东,广西,云南,贵州,大前日,前日,昨日,今日,明日,后日,大后日,去年。

第27v页:

立春,雨水,惊蛰,春分,清明,谷雨,立夏,小满,芒种,夏至,小暑,大暑,立秋,处暑,白露,秋分,寒露,霜降,立冬,小雪,大雪,冬至,小寒,大寒。

第28页:

甲乙,丙丁,戊己,庚辛,壬癸,子丑,寅卯,辰巳,午未,申酉,戌亥,四季,孟春,仲春,季春,孟夏,仲夏,季夏,孟秋,仲秋,季秋,孟冬,仲冬,季冬……

---

① 赵元任:《汉语词的概念及其结构和节奏》,袁毓林主编:《中国现代语言学的开拓和发展——赵元任语言学论文选》,清华大学出版社,1992年,第248页。
② 徐通锵:《"字"和汉语的句法结构》,《世界汉语教学》1994年第2期。

第 29 页：

声色，形影，儒道释，孟仲季，东南西北，春夏秋冬，士农工商，琴棋诗画，分寸尺丈，飞潜动植，金木水火土，青黄赤白黑，安危笑哭……

第 29v 页：

街市，门户，房屋，坛庙，寺观，弓箭，干戈，纸笔，墨砚，盘碗，椅桌，枕席，鸟兽，牛羊，龙虎，鸡犬，鱼虫，草木，枝叶，身体，手足，牙齿，口舌，肠肚，耳目，血脉，骨肉，肝肺，衣裳，鞋袜，财宝，珠玉，金银，酒饭，茶果，山川，海岳，河汉，水石，人物，君臣，父母，兄弟，夫妻，妻子，师友，弟妹，妯娌，孩童，你我，饮食，诵读，言行，问答，增减，嫁娶，吉凶，行止，利害，疾病，损益，魂魄，年节，旦夕，宫殿，楼台，室家，庭阁，馆舍，城池。

第 30v 页：

表里，异同，迎送，远近，厚薄，授受，新旧，冷热，丰荒，饥饱，老少，寿夭，贫富，奢俭，贵贱，精粗，轻重，清浊，消长，盈虚，大小，男女，长短，浅深，肥瘦，难易，方圆，首尾，出入，开闭，天地，日月，风云，雷雨，霜雪。

第 31 页：

真伪，爱恶，是非，文武，强弱，生死，存亡，浮沉，动静，抑扬，俯仰，前后，左右，长幼，尊卑，众寡，聚散，贤愚，优劣，生熟，干湿，始终，早晚，昼夜，昏明，宾主，亲疏，巧挫，顺逆，用舍，吞吐，向悖，离合，买卖。

第 31v 页：

阴阳，升降，寒暑，往来，上下，高低，内外，进退，香臭，甘苦，幽明，隐现，有无，虚实，得失，荣枯，盛衰，兴败，曲直，斜正，喜怒，哀乐，勤懒，逸劳，古今，治乱，急缓，宽窄，起倒，舒倦，钝利，美丑，横直，屈伸，善恶。

词汇是语言中词的总汇，是语言的建筑材料。在汉语教学中词汇是其重要的部分，目前我国所公布的汉语教学大纲中"初等阶段词汇（最常用）"有 764 个，从词类来说包括了名词、动词、形容词、数词、量词、代词、副词、介词、连词、助词、叹词、象声词在内的所有汉语词类。但从上面罗明坚所学习的词汇来看，双音节词较多，词类主要是复合词类型，像二十四节气的词汇、天干地支的词汇都是如此。再者，这个词汇表中反义复合词很多，这是一个很突出的特点。相反，我们现在的"初等阶段词汇（最常用）"中反义复合词很少。罗明坚在澳门学习汉语时曾写信给别人说："我在学习他们称作官话的中国语言。中国的地方官员和朝廷大臣都使用这种语言。由于它具有几乎无限众多的词汇，因此学会是很困难的，即使是中国人本身，也需要花费许多时间。"①学习复合的反义词是个好办法，从记忆上比较好记，它具有对称性，在理解上也比较容易。因此，罗明坚的这个词汇表，对我们今天的汉语教学还是很有启发的。

其次来看一下罗明坚的书面语学习。书面语和口语的区别是汉语的重要特点，传教士入华以后就认识到了这一点。利玛窦说："我认为中国语言含糊不清的性质，乃是因为自古以来他们就一直把绝大的注意力放在书面语的发展上，而不太关心口语。"②所以，传教士要想和中国人交往，学习书面语是必不可少的。

罗马耶稣会档案馆的 Jap. Sin II—161 号文献《尺牍指南》应是罗明坚所使用过的重要汉语学习文献。陈绪伦并未指出该文献的作者，但根据我的考证，此文献应归属于罗明坚，理由有二。

在文献中有改动之处，将佛教用语改为天主教的用语。在《僧家叙述己情》这一节中，第五句原文为"小僧谨守戒行诵经，愿天常福，十方诸擅挪集庄"，但被人改为"小僧谨守戒行诵经，愿天主福佑，各处擅挪肯布施"。第六句原文为"明人讲示心理，期见佛，着实修奉，希无惜教僧之幸也"，后被改为"明人讲示心理，期见先天天主，着实修奉，希无惜教僧之幸也"。这是其一。

在文献的"三自述修道修门事情"一节中，加上了天主教的论述，内容是："1. 生之修奉天主之教，天主非同神佛，乃是开天辟地生人之主，并无形相；若别神佛，俱世人修道所成，故生等奉事天地人本来之主，尊教修其本来之心，不敢二门，有别致罪。2. 生等教门法戒日夕，省察切已，恐有一念外入，坚持一心。

① 任继愈主编：《国际汉学（第二辑）》，大象出版社，1998 年，第 254 页。
② 利玛窦、金尼阁：《利玛窦中国札记（上册）》，何高济、王遵仲、李申译，中华书局，1983 年，第 28 页。

具本教务已修生前之善,祈身后天堂之自。3.生等法教与圣学仅同,与念众生佛之教迥不相同。生等明白正心诚意,顺天行事,所事天主,乃上天无声无色先天之主,非悬日月之后天也。"这说明这份文献肯定是传教士所写。

当然,最重要的是此文献的原始装帧和罗明坚所写的诗文的文献 Jap. Sin Ⅱ—159 号的原始装帧完全一样,根据这些,我们可以肯定此文献为罗明坚所有。

这份文献实际是教人如何写作和与各类人应酬,完全是文人的书面语。如第一章:"叙别词"中有"近处相叙间阔""远方间阔""叙间阔时月远近"等节,在一些引语旁有罗明坚自己做的批注,对一些词汇的解释,如"仁泽祈①福②无疆③"。在"颂赞人德行"一节中有"春风襟怀乐为何如","喜达人君养天真,珍重千金之躯,日膺万意之福"。在"瞻颂秀才"这一节中有"恭维。胸藏万卷,暂寄迹泮宫④,鹏程飞上万里,即飞腾霄汉"。在"瞻赞吏员"一节中有"素仰萧⑤曹⑥登⑦相⑧位,起⑨于⑩橡吏⑪,唯饱饫律⑫、例⑬,法⑭公⑪思⑫博⑬,日后之相⑭发迹于今日"。

从文献中的注释来看,说明罗明坚在努力学习这些书面语言。传教士在汉语学习中对书面语的重视对我们是有启发的。从当年传教士的汉语学习来看,

---

① 罗明坚注为"祈求"。
② 罗明坚注为"愿福"。
③ 罗明坚注为"无穷无尽"。
④ 罗明坚将这个词解释为"泮宫斋有半池",这是错的。泮宫指古代的学校。
⑤ 罗明坚注为"萧何"。
⑥ 罗明坚注为"曹参"。
⑦ 罗明坚注为"登到"。
⑧ 罗明坚注为"宰相"。
⑨ 罗明坚注为"起初"。
⑩ 罗明坚注为"由于",这显然不对。
⑪ 罗明坚注为"橡役史吏"。
⑫ 罗明坚注为"大明法律"。
⑬ 罗明坚注为"条例"。
⑭ 罗明坚注为"法度"。
⑪ 罗明坚注为"公道"。
⑫ 罗明坚注为"思德"。
⑬ 罗明坚注为"博大"。
⑭ 罗明坚注为"宰相"。

他们直接的教材就是"四书",他们的语言学习始终将文化作为主体。在开始阶段,他们所用的教材主要是中国当时的蒙学课本,例如《三字经》《千字文》等。因此,他们在对书面语言的熟悉和掌握上就比较好。我们目前的对外汉语教学对书面语的教学是很不够的,实际上有一种用口语教学代替书面语教学的趋势。目前,对外汉语教学的内容和中国文化严重脱节,汉语学习日益向单纯语言学方向发展,而中国文化的学习只成为课堂例句中的内容,外国学生很难读到中国优秀的书面语言的作品,而且课文内容日益幼稚化,背离了成人第二语言学习的基本特点。在这点上我们国内的对外汉语教学深度还不及国外的汉语教学,只要看看韩国和日本及欧洲汉学系的课程安排,就可以清楚看到这里的差距和问题。吕必松先生曾很明确指出,如果以汉字为本位进行汉语教学,必然引出书面教学的问题,他认为"建立书面语言教学系统是提高汉语教学效率的必由之路"①。从罗明坚的汉语学习材料说明西方人从一开始在汉语学习时,就是将书面语学习作为重要内容的。这为我们加强书面语的研究和教学提供了一种历史的依据和借鉴。

第三节　罗明坚的汉语学习成就

罗明坚 1579 年到达澳门,1588 年离开澳门返回欧洲,在华时间仅仅近十年,但他汉语所达到的程度是十分惊人的。这主要表现在两个方面。

第一,可以用中文熟练地写作。罗明坚的代表性中文著作是《圣教天主实录》②。他在 1584 年的通信中说:"我的语言学习很有收获,在内地这里得到帮助,每天都在长进。我已经完成于四年前开始用中文写的《圣教天主实录》。这本书使那些中国官员感到非常满意,他们已经同意我出版。"③也就是说,他从 1580 年到 1584 年,在四年内写出了这本书,当然这本书的出版肯定有中国文人的帮助。在罗马耶稣会档案馆所藏的 Jap. Sin. Ⅰ—198 号文献中有罗明坚

---

① 吕必松:《汉字教学与汉语教学》,《汉字与汉字教学研究论文选》,北京大学出版社,1999 年。
② 这本书有多个版本,最早的版本署名为"西僧罗明坚",后来的版本署名改为"后学罗明坚"。
③ 任继主愈主编:《国际汉学(第二辑)》,大象出版社,1998 年,第 262 页。

所写的中文的散页,从内容上看,这些散页上的中文应是在完成《圣教天主实录》前或期间所完成,在一定意义上它是《圣教天主实录》正式出版前"中介语"。因为这些散页从未公布过,我在这里将其收录如下。

第12v页:这一页只有一篇短文《解释圣水除前罪》。

> 人欲进天主之教门者,则请教门之僧代诵经文,以其天主圣水与之净首。既得天主圣水,则前日之罪恶尽弃,识其天主而生天庭矣。其余邪魔诸鬼神不敢亲近,至于死后则升天堂受福矣。若未受净首,先魂灵秽浊,罪恶多端,彼时事邪魔如君王与天主为仇怨,及其死后则魂进于地狱而同魔鬼相亲矣。若世人若欲升天受福必得从此教,方得天主之力矣。

第13—16v共8页,是罗明坚写的一篇介绍天主教的短文,无标题,但对了解他的汉语学习和思想以及他的《圣教天主实录》①一书的成书都是很有价值的。

> 中华大邦与本国辽绝,素不相通,故不知天主、不见经文。僧自天竺国,心慕华教,不远万里航海,三年前到广东肇庆府,蒙督抚军门郭□②俯锡柔远,施地一所,创建一寺名曰"仙花",请师教习儒书。幸承仕宦诸公往来教益。第审之不识天主并其经文,僧敬将经本译成华语,兼撰"实录"奉览,俾知作善降祥终升天堂受福免致魔难。今入贵境,复承诸大夫君子垂青,感不敬陈。盖天主在混沌之初,虽生成天地万物,实无形象,化成一个男子,名唤亚当,一个妇人,名唤也物。二人聪明特达,此天下原始祖公、祖母也。当初生在园内,其园景物异常,无寒无暑,花果比毕聚。天主命伊掌管天下,又命园内果品凭从采食,只有某果不许取用,倘或违旨,难免一死。彼时又有一位天神见自己美貌又掌许多天神,恣意骄傲,谋夺天主位号,遂下地狱作为魔鬼,其神心怀妒忌,即欲移祸于亚当、也物。一日化作大蛇,身长一丈,缠绕树上,与亚当、也物言曰:"天主虽云此果莫食,吾劝食之,后比识同天主。"也物感彼谗言,依取而食,又取一果付与其夫,亚当亦食,因

---

① 1583 年第一次出版时名为《新编西竺国天主实录》。
② 缺字——作者注。

此违命结党。亚当、也物子孙万代俱天主仇人,故凡世人皆得罪天主。既然得罪,相应魔难。幸赖天主慈悲,悯人地狱之苦,择一女子,年方十五名曰:妈利亚(里呀)无夫自孕,九月生世名曰辄㖟(耶稣——引者注),系天竺国乡语,即大明普救世人之说。辄㖟曾做许多好事,救许多世人。凡两耳俱聋,两目俱瞽,哑无言,凡百有病,经行除救。显应难以枚举。传授经卷,教出许多徒弟。彼辄㖟普救世人,本无罪恶。奈有一处不善之人,不肯听信,将两木做成十字架子,钉伊手足,死于架上。其徒收取身尸,殓于石棺。后三日,辄㖟魂入地狱,考较善恶,取出得道仙人,皆日前为善敬奉天主者。缘不得天主指路,入于地狱、不见光明。又三日,辄㖟魂复身尸,回生出棺见众。四十日,当众徒前白日飞升,带诸善魂上享乐。又嘱众徒周流四方,传播经卷,劝人为善,能信者劝人为受之圣水,解除夙罪。自后众徒云游不累惮千里,化缘劝善得天主德泽,通能会理各处乡语,受救众生魂消罪,做出事,亦显应。僧窃效前修,屡历寒暑,倍经险阻,前来到此。承达官长者聪明俊雅大人谈论,教益良多,极知感佩。但大人、君子、名门、巨族、公卿、甲弟声名文物抵惧天主仙经,未谙后日救拔升灵,未备倘承不外。僧喜之胜当奉经文备览,以表芹诚。其经并非暹罗等制寂灭禅语,亦非小僧私造,天主亲遣。开天未入之大明者幸弗以善幻自云。

混沌之初,未有人物,止有天主。无行,无声,无始,无终,非神之可比。然后生成天地,覆载万物;生成日月,照临万国;生成山川,流峙两间;生成人民,灵超万类;生成禽兽,为飞为走;生成草木,为夭为乔;生成药材,疗理百病。温凉寒暑,成四时;酸咸甘辛苦,成五味;又有馨香可嗅,声音可闻,形色可观,几百庶类非不备具。故天主者,其分至尊,其恩至普,为世人所当敬奉也。人苟敬奉天主,必赐庇佑,在生荣华显盛,死后魂升天堂,受诸快乐;使不敬奉,则必降殃,贫穷夭折,终坠地狱,备经苦楚。

天主者譬诸父母,子女不敬父母,更敬何人?又譬诸君长,臣民不敬君长,更敬何人?胡人不知,歹礼他神,将天主生成恩德置诸无有也。

天主慈悲,悯人地狱之苦,化为男子降生天竺,劝人为善,显灵感应,制下敬文,道理精妙,天竺人至今家弦户诵,罔不敬礼,受其庇荫。此其真实者也。

这篇文献有着多重的学术意义。首先,它可能是入华耶稣会士的第一篇宗教性论文,如果我们对照一下后来的《圣教天主实录》就会看到他们之间的重要变化。这种变化正是罗明坚对中国社会认识不断深入的表现,这里暂不做展开,待以后做专门研究。

从语言学上看,这是我们研究明代以来的天主教词汇形成和发展的一篇重要的文献。如这里将"夏娃"译为"也物",在《天主圣教实录》中则译为"厄袜"。我们在这里既看到从"音译"变换来的新词,也可看到有"意译"转换来的新词,也有受当时文化的影响的借用词。所以,"不同的语言可以相互接触。……不同语言接触的后果必然是跨越语言界限藩篱的文化扩散"①。其实汉语正是在与其他语言的接触中使自己的词汇发生了变化的,这点王力先生在《汉语史稿》、向熹先生在《简明汉语史》中都已经有论述。当代学者也有了新的研究进展,如梁晓红、马西尼、沈国威等学者已经有了可喜的成果②。但对明末清初以传教士为媒介,中文和拉丁语言接触中所产生的词汇变化研究还尚待深入。罗明坚这篇文献作为入华传教士最早的宗教性手稿,其语言史价值很大,如果研究明清入华传教士的宗教新词的历史,则必须从这篇文献开始。

从语言学习的角度来看,这是一篇特别的文章。从手稿来看,原手稿可能是当地文人所写,罗明坚尚达不到这样的中文书写能力。从文章的语气和用词来说,很可能是罗明坚写后,当地的文人做了修改。这种现象在明清入华传教士中很普遍。如果对照以后出版的《圣教天主实录》,可以发现这篇文献仍是手稿,文中有多处修改的痕迹,也有一些错字,个别语句也不太通顺。但正是这一点,使我们看到早期入华传教士汉语学习的真实面貌,看到两种语言在初期接触中所留下的真实痕迹,从而为我们研究语言的接触提供了丰富的材料。

第二,最能反映罗明坚汉语学习成果的是他写的汉文诗。他的这份汉文诗手稿收在罗马耶稣会档案馆的 Jap. Sin. Ⅱ—159。陈绪伦已经将这些汉文诗译

---

① 邹嘉彦、游汝杰主编:《语言接触论集》,上海教育出版社,2004 年,第 2 页。
② 梁晓红:《佛教词语的构造与汉语词汇的发展》,北京语言学院出版社,1994 年;马西尼:《现代汉词辞汇的形成——19 世纪汉语外来词研究》,黄河清译,汉语大词典出版社,1997 年。

为英文,并做了初步的研究①。鉴于汉语学术界尚无人研究,我在这里仅仅从西方人汉语学习史的角度做一初步的研究。

度梅岭

乍登岭表插天高,果见梅关地位豪。

今日游僧经此过,喜沾化雨湿长袍。

游到杭州府

不惮驱驰万里程,云游浙省到杭城。

携经万卷因何事,只为传扬天主名。

寓杭州天竺诗答诸公二首(之二)

一叶扁舟泛海涯,三年水路到中华。

心如秋水先②涵月,身若③菩提却④有花。

贵省肯容吾着步,贫僧至此⑤便为家。

诸君若问西天事,非是如来佛释迦。

回广邀友话情

去年小弟别离兄,兄在广城弟去京。

今日弟回思别久,请兄舟内话离情。

谢陈医官治病

昨夜医官散髮眠,梦予获病反沉坚。

来吾寺内施灵药,服了须臾病即痊。

---

① Albert Chan S. J. , "Michele Ruggieri, S. J. (1543—1607) and his Chinese Poems," *Monumenta Serica* 41(1993), pp. 129—176.

② 水先:原作"月常",后以小字旁注修改。

③ 若:原作"岂",后以小字旁注修改。

④ 却:原作"那",后以小字于地脚修改。

⑤ 至此:原作"到处",后以小字旁注修改。

圣徒三像说观者知

慈悲三像最灵通，不比人间等俗容。

左是圣儿天主化，曾开天地著元功。

中间圣母无交配，诞圣原前室女躬。

跪下右边仙气象，长成阐教度凡蒙。

贺宪司生子

十月初三上得儿，小僧初十贺迟迟。

奇逢天主慈悲大，圣泽淋头万福宜。

元日漫兴

涤去旧污入岁新，人同岁德两皆新。

笑人但爱新衣服，不爱灵台日日新①。

遇聪明子

神童天主赋聪明，天主生成公与卿。

天主教门今敬奉，天堂久后任君行。

寓广西白水围写景

绿树青山白水围，乱莺啼柳燕双飞。

茅檐瓦屋青溪上，落日村庄人自归。

偶怀

朝读四书暮诗编，优游那觉岁时迁。

时人不识予心乐，将谓偷闲学少年。

---

① 天头有小字注文云：而耻恶衣恶食之志者有在矣。

观葡萄

古木无叶，葡萄靠木而发达。葡萄抽枝发叶盛大，古木得其盖覆。

葡萄抽畅植成功，古木于中系翠丛。

细干嫩时依古木，枝多叶茂木骈蒙。

戏跏瞎相依

譬喻今之朋友互相依倚。

长衢瞎子靠跏人，跏瞎相依甚苦辛。

瞎靠跏人双目看，跏依瞎子一身行。

观水瓜缠古松叹锐茂不耐

高松累系水瓜藤，长蔓相缠惹树憎。

松树瓜藤冬景到，苍松劲节水瓜崩。

感喻二首(其一)

八年僧灌此枯木，正喜萌芽渐长成。

后日望他为梁栋，傍人不许妄残倾。

感喻二首(其二)

暮云收尽月光明，前日闲愁不我惊。

圣母今朝逢圣寿，欢天喜地福常生。

天主生旦十二首(其一)

前千五百十余年，天主无形在上天。

今显有儿当敬重，唐朝何不事心虔。

天主生旦十二首（其二）

看伊下地一贫生，圣母仙人拜甚虔。
何不敬尊天主大，人尊天主福无更。

天主生旦十二首（其三）

不要国家不要金，空虚是帝岂人惊。
特将正道来传授，教汝人心悟即明。

天主生旦十二首（其四）

神喻三王天主生，共瞻星象达皖诚。
僧将经卷来中国，远度生灵发善心。

天主生旦十二首（其五）

慈悲天主下天来，自愿救人受苦灾。
天主救人修善果，人当修善报恩台。

天主生旦十二首（其六）

儿生八日后，外肾略修皮。
革俗更新教，法水洒头奇。

天主生旦十二首（其七）

天主至尊神，下来化肉身。
将身钉十字，显度世间人。

天主生旦十二首（其八）

天主在天上，居高听下时。
若言听不得，善恶放过谁。

天主生旦十二首（其九）

信敬尊天主，此心莫外图。

守真宜志满，逐物意移虚。

天主生旦十二首（其十）

人得常清净，尊崇天主明。

道高龙虎伏，德重鬼神惊。

天主生旦十二首（其十一）

人心生一念，天主悉皆知。

善恶若无报，至尊必有私。

天主生旦十二首（其十二）

天主生时节，吾游到省城。

舟停风色劲，时送好歌声。

与一秀才相联论道（其一）

君尊天主教，予学举人文。

结拜为兄弟，君予上紫辰。

与一秀才相联论道（其二）

中举君不难，二年一度看。

登天知道狭，地狱是真宽。

录天主事实（其一）

谁分清浊定乾坤，惟仗灵通天主能。

人物生扶名教重，合修孝善报深恩。

录天主事实(其二)

天主灵通教法真,劝人为善格非心。

恶终遭堕阴司狱,善上天堂福禄增。

录天主事实(其三)

天主虽生西竺国,慈悲极大四方行。

唐朝若省修行事,好整身心入教门。

录天主事实(其四)

天地星辰妇对夫,风云雷雨兔对乌。

东西南北春夏对,天主灵通对却无。

邀友

湖广回来兄已知,今过广省拜兄迟。

与兄别久情多间,高第兄居叙一时。

一儿像左手生翼右手抱石

左手生成翼欲飞,奈何右手石难挥。

聪年正好前程去,却为家贫愿已违。

莫枉劳心

黑人洗白最为难,贱望荣华命又悭。

黑夜谁能为白昼,天高人手那能扳。

劝人修善报天主

要酬天主德,不用宝和珍。

只爱人心好,常行礼义仁。

途见古英雄石棺

石棺葬古一英豪,过客停观羡誉高。

眼见先前真好汉,心中感动为他劳。

叹唐话未正

数年居此道难通,只为华夷话不同。

直待了然中国语,那时讲道正从容。

观桃感怀二首(其一)

西竺瑶池路不赊,蟠桃每食味酸牙。

于今移种端溪上,结实香甜见贵佳。

观桃感怀二首(其二)

桃入中华见贵佳,吾身何薄物何加。

物离乡贵人离贱,古语传来果不差。

叹痴

痴坐难分痴与智,出言便识是痴真。

不如缄口无言动,若是要言学巧文。

避刚全柔之身

水里两缸浪挽推,一缸铜铸一坭坯。

铜呼坭的相邻倚,坭傍铜边免浪摧。

坭识铜金刚不坏,坭知坭土易崩开。

坭缸若靠铜缸住,浪打铜挨坭尽灾。

冤命不饶譬喻

乌鸦拿获一蜈蚣，啄食蜈蚣入腹中。
岂料蜈蚣身有毒，即伤鸦命死相同。
从来杀命还填债，自古冤家决不容。
曾子戒之当谨守，出乎反尔理无穷。

喻人外真内假

巧画描人一面头，腮颐耳鼻气相侔。
野狸不识丹青手，狐惑真为骨髓髅。
搂倒拟充饥腹饱，挹撮那有舌唇喉。
于今世上人多少，外貌堂堂内不俦。

喻鼓唆者人必恨杀

拿获敌军挈鼓兵，分言鼓手岂凶伦。
惟当忿恨持刀者，何事深仇挈鼓人。
兵听鼓声群队进，鼓催令急两兵陈。
交锋百战皆凭鼓，是鼓唆人杀战身。

善人遭难无患歌

有客泛舟浮大海，忽然风烈海涛喧。
波狂浪滚颠还倒，帆败樯倾覆又翻。
众命须臾俱没溺，客身此际独何存。
却将手挽团牌定，方把力来水面掀。
泊上岸来生已活，途中贼遇苦何奔。
奋身力战二三合，退寇天垂百万恩。
客乃善人应善报，一连两患不为冤。

七星岩写景①

坤舆重厚七星陈，天际岩标绝点尘。

石室相通南北路，洞门深锁老龙神。

生成飞凤莲花座，宝盖观音玉女身②。

多少登临冠盖③客，留题两壁万年春。

喜旧燕又来 予存其旧巢与止，见予爱物之心

旧燕飞来寻旧主，主人爱燕若娇婴。

去年旧垒留伊止，今岁新巢免别营。

旧话卸④喃新日语，新归态恋⑤旧时情。

予今物我浑忘却，由尔依栖过此生。

题塔 用王爷登塔志喜韵

役来星岩白石羊，构成宝塔现金光。

擎天柱国三才正，巩固皇图万寿长。

檐绕云霞霄汉近，顶闯月窟桂花香。

日移影射端溪睡，惊动腾蛟海表翔。

这些汉文诗是罗明坚学习汉语的一个重要方面。其一，在罗马耶稣会档案馆中，笔者发现一份名为《诗韵》的抄本⑥，该文献和罗明坚上面的汉文诗的抄本 Jap. Sin. Ⅱ—159 号及 Jap. Sin. Ⅱ—161 号的《尺牍指南》在纸张、装帧上完全一样。因而，我认为，这三份文献可能是罗明坚同时带回罗马的文献。中国古代文人作诗用韵都要使用韵书，这些韵书都是朝廷颁布的，被称为"官书"。元代编有《中原音韵》，明代修撰的官方韵书是《洪武正韵》，《诗韵》是从东韵开

① 此诗天头注"不写"，诗文以墨笔打叉，似罗氏将其删去。但仍具有研究价值，故录于此。
② 观音玉女身："观音"二字旁注"仙姑"，又此五字均被墨笔涂去。
③ 登临冠盖：小字旁注"富贵名利"，天头又注"利名来往"。
④ 卸：原作"喃"，后以小字自旁与天头修改。
⑤ 态恋：原作"恋恋"，后删去后一"恋"字，而于前一"恋"字前补"态"字。
⑥ Jap. Sin. Ⅱ—162.

始,每一韵后都标出韵词。罗明坚带回的这本韵书是那种韵书的抄本,待以后研究。这最少说明罗明坚在他的汉语学习中是学习了《诗韵》的。其二,在 Jap. Sin. Ⅰ—198 号文献的第 188 页有毛笔写下的词组"人们,时人,偷闲,少年,野僧,鱼郎",在第 189v 页上有"地门,水绿,长安,池边,清溪,山光,清山,水光,源头活水来,源白,水远,绿遍,山长,插田,山头,长沙,暮田"等词组。只要看一下这些词组,再读上面的诗,我们就可以发现这些词组在上面的诗中已经有了,如《偶怀》中的"时人不识予心乐,将谓偷闲学少年"。另外,在《偶怀》中的"朝读四书暮诗编,优游那觉岁时迁",《叹唐话未正》中的"数年居此道难通,只为华夷话不同。直待了然中国语,那时讲道正从容",这些都说明罗明坚把诗文的学习和写作作为他汉语学习的重要内容。

正是从这些文章和诗文中我们看到罗明坚汉语学习的实际状况和他汉语学习的成果。应该说,罗明坚的汉语学习是成功的,从他的汉语学习中我们可以得到启发,这不仅对于中国近代汉语史和汉语本体的研究有价值,对于西方人汉语学习史和汉语教育史的研究也是十分有益的。从这些最原初的历史文献中,我们看到西方传教士汉学的源头,而后对西方的东方观产生重大影响的传教士汉学就是在这样的学习过程中开始的。

第四章　利玛窦的适应路线："合儒易佛"

　　一群金发碧眼的洋人穿着儒袍,戴着儒冠,出门坐轿,开口"子曰",闭口"诗云"。这样的人不能不引起当时中国文人的注意。耶稣会士入华后与中国的士大夫阶层广泛地接触,从而很快赢得了晚明和清初知识分子的好感,其中一些重要的知识分子加入了天主教。因此在明末清初传教士和当时士人之间的关系是一个非常重要而又饶有趣味的问题①。

　　罗明坚和利玛窦 1582 年入住肇庆时身着僧服,自称为"西僧"。后来利玛窦的朋友瞿太素告诉他,和尚历来为文人所鄙视,如果以僧为名会引起文人们的误会。这样 1592 年利玛窦就开始考虑脱掉袈裟换儒服,1594 年在经范礼安同意后,利玛窦和他的同事们开始正式留须留发,戴儒冠,着童生服,见客时拟秀才礼。这就是后来李之藻所说的"即利氏之初入五羊也,以佛数年混迹,后遇瞿太素氏,此乃辨非僧,然后蓄发称儒,观光上国"。一旦"合儒易佛"的路线确立,结交中国传统的士大夫就成为其重要的任务和传教方式。所谓的"合儒"就是利玛窦从古代儒家中找到了"上帝"的论述,从而认为中国远古文化和基督教文化有着相近性;所谓"易佛"就是将佛教作为天主教批评的对象,同时对从佛

---

① 　徐海松:《清初士人与西学》,东方出版社,2000 年。这是一本研究传教士和清初士人关系的著作,很值得一读。

教那里吸取思想的儒学的第三个历史形态程朱理学采取批评态度。

利玛窦在《交友论》中说："吾友非他，即我之半，乃第二我也，故当视友如己焉。"①这种态度就和中国传统的五伦结合了起来。冯应京对利玛窦的这种交友态度高度赞扬："西泰子间关八万里，东游于中国，为交友也。其悟交之道也深，故其相求也切，相与也笃，而论交道独详。……视西泰子迢遥山海，以交友为务，殊有余愧……"②连冯应京这样的大儒都为之倾倒，可见其影响之大，以致当时"四方人士无不知有利先生者，诸博雅名流亦无不延颈愿望见焉"③。读一下利玛窦交友录④便可看到利玛窦交友之广泛，几乎晚明时期的主要官员、王公贵族、文人士子都和他见过面。利玛窦自己在日记中说，他在北京时一天要见数十批客人。在一定的意义上，他完全是被累死的。由于这些传教士采取了这样一种谦和的态度，很多文人学子愿意和传教士交往，但明清之际的文人们在与这些传教士的交往中却表现出复杂多重的心态。纵观明清之际的士人与传教士的交往，我们大体可以将这些文人分为两类：因求异而交往；因信仰而交往。

第一节　"幽栖即是家，春色任天涯"的西方奇人

一个西方人从相隔万里之外漂洋过海而来，而且长期生活在中国，这本身就是一件奇事，如果这个西方人手中有奇物，又知天南海北之奇事，那就更令中国人关注。当年与传教士汉学家们交往的文人中求其异者占了绝大多数。这种因异而交往的大体分三种原因。

1. 因看传教士所带的奇物而与其交往，因想从中获得炼金术而与其交往。

对当时的中国文人来说，传教士所带的物品中有两样是从未见过的：一是钟表，一是三棱镜。这两件东西可谓奇物。罗明坚和利玛窦首次到肇庆时，首

---

① 利玛窦：《交友论》，朱维铮主编：《利玛窦中文著译集》，复旦大学出版社，2001年，第107页。
② 冯应京：《刻交友论序》，同上书，第116页。
③ 徐光启：《跋二十五言》，同上书，第135页。
④ 林金水：《利玛窦与中国》，中国社会科学出版社，1996年。

先引起肇庆总督感兴趣的就是这两样东西。"他们献上表和几只三角形的玻璃镜,镜中的物品映出漂亮的五颜六色。在中国人看来,这是新鲜玩意儿,长期以来他们认为玻璃是一种极为贵重的宝石。"①在南京时,许多文人官宦听说有西方人带有奇物,纷纷前来拜访利玛窦,如刑部侍郎王明远(见《明史》卷221)、户部尚书孟南(见《明史》卷221)、礼部侍郎叶向高(见《明史》卷240)、国子监祭酒郭明龙(见《明史》卷226)、翰林院编修杨荆严(见《明史》卷226)。利玛窦将准备带到北京献给皇帝的礼物钟表和三棱镜等放在屋中供文人们参观,一时间"大家都来看稀奇,看外国人穿中国衣服,讲中国语言,看西洋的自鸣钟和三棱镜。利玛窦从此便无安静之日了"②。

凡与利玛窦接触过的人都感到"性好施,能缓急人,人亦感其诚厚,无敢负者"③。这说明利玛窦给人的印象很好,但人们看到这些传教士吃住无忧,生活得很悠闲,出手大方,"常留客饭,出密食数种"④,却不知钱从哪里来,"因疑其工炉火之术,似未必然"⑤。袁中道说"人疑其有丹方若五阳也。然窦实多秘术,惜未究"。传教士有秘术,能炼丹,这恐怕是当时的普遍看法。

当然,传教士们大多满腹经纶,熟读经书,很是令文人们喜欢,但他们航海万里来中国干什么,这使很多文人不解。晚明画家、文学家李日华赠诗给利玛窦:"云海荡朝日,乘流信彩霞。西来六万里,东泛一孤槎。浮世常如寄,幽栖即是家。那堪作归梦?春色任天涯。"他对利玛窦浪迹天涯的生活有所了解,但看到利玛窦虽近五十岁,却气质非凡,面如桃花,就觉得"窦有异术,人不能害,又善纳气内观,故疾孽不作"。看来,利玛窦气色好,使人感觉到他必会气功之类的养生之术。在南京时,有位专门研究长寿的人来找利玛窦,认为他能活二百年,希望利玛窦给他传授经验,真是闹得他哭笑不得。晚明大儒李贽对利玛窦也很欣赏,认为他"是一极标致人也。中极玲珑,外极朴实"⑥,但李贽对他来华

① 利玛窦、金尼阁:《利玛窦中国札记(上册)》,何高济、王遵仲、李申译,中华书局,1983年,第151页。
② 罗光:《利玛窦传》,先知出版社,1972年,第91页。
③ 《万历野获编》卷30。
④ 顾起元:《客座赘语》,中华书局,1987年,第194页。
⑤ 《万历野获编》卷30。
⑥ 李贽:《焚书》卷6。

的目的也捉摸不透,说"不知(利玛窦)到此为何,我已经三度相会,毕竟不知到此地何干也"。如果说他是来中国为了学孔孟之道,恐怕也太愚了,一定有别的目的①。这样,越是对这些西方人摸不透,就越觉其神奇,自然会往炼丹术上想。谈迁对汤若望的描述充满神秘色彩,说他所藏的西方的书是从左到右看,而且横排。对这样的书籍中国文人是很奇怪的。更重要的是他"有秘册二本,专炼黄白之术。……汤又善缩银,淬银以药,随未碎,临用镕之。故有玻璃瓶,莹然如水。忽现花,丽艳夺目。盖炼花之精隐入之,值药即荣也"②。谈迁说得神乎其神,而且有鼻子有眼,有名有姓,说在清兵入北京时,陈名夏逃入教堂,想跟汤若望学黄白之术,未成。所以,很多人找传教士学点金术,这并非无道理。直到南京教案时,罗列的传教士罪状之一就是"烧炼金银",不然,他们的钱哪里采?利玛窦自己也知道这一点,他在给友人的信中,谈到他在中国所以受人重视有五个原因,其中第二条就是"有谣言我通点金术,因此许多人要跟我学此术,他们十分重视此术。我告诉他们,我对此术是门外汉,而且我根本也不信这一套"③。

2. 因对传教士所介绍的西方科学与知识好奇,而与其交往。

明末清初西学传入中国之时,正是中国传统思想发生重大转变之际。从晚明开始,思想界已经不满意王学的空疏,叶适、陈亮所倡导的实学已经得到很多人的响应,徐光启所说的"实心、实行、实学"最鲜明地表达了这种实学的思想。而西学所介绍的西方科学思想所以受到士人们的欢迎,与这个大的思想背景有很大关系。

首先引起明清文人关注的是《万国舆图》。当文人们站在利玛窦的地图前时,眼睛为之一亮,看到天下原来如此之大,中国仅仅是世界的一部分,此时中国传统的华夏中心论顷刻间轰然倒塌。这个冲击是相当大的,从天圆地方到地球是圆的,这是一种世界观的转变。有的学者说这种影响"就好像于无声处听惊雷,引起明末有识之士的极大反响",事实亦是如此④。利玛窦的地图先后被

① 李贽:《续焚书》卷1。
② 谈迁:《北游录》,汪北平点校,中华书局,1997年,第278页。
③ 利玛窦:《利玛窦书信集(上)》,罗渔译,光启出版社,1986年,第188页。
④ 参见林金水:《利玛窦与中国》,中国社会科学出版社,1996年,第208页。

刻印了十二次之多，仅此就可以看出他受人欢迎的程度。仕清的“贰臣”丁耀亢和汤若望有交往，汤若望吸引他的是天文学和望远镜，如他在诗中所写的“璇玑法历转铜轮，西洋之镜移我神”①。和清初的顾、王、黄三大家都有着密切关系的方以智是中国思想史上的重要的人物，他的《物理小识》已经成为我们今天研究“西学东渐”的最重要著作。方以智的思想之所以另类，与他和传教士的直接接触有关系。崇祯十三年（1640），方以智中进士后来到北京，从此和汤若望有了直接的联系，他跟汤若望所学的就是天文学。后来他在南京又认识了耶稣会士毕方济（Francois Sambiasi，1582—1649），虽然方以智对毕方济“问事天则喜”，问历算、奇器等科学的内容则“不肯详言”颇为不满，但他还是跟毕方济学了不少西学的东西，所以才写下了赞扬毕方济的诗：“先生何处至，长揖若神仙。言语能通俗，衣冠更异禅。不知几万里，尝说数千年。我厌南方苦，相从好问天。”学者们现在已经知道，方以智的《物理小识》中其西学的内容绝大多数是抄录和转述耶稣会士们的中文著作。方以智的儿子方中通继承父业，演天学，喜算学。而他的这些西学知识除了从家学而来以外，也是跟着传教士穆尼阁（Jean-Nicolas Smogulenski，1611—1656）“学乘除历算，略知梗概”。清初启蒙思想的大家黄宗羲很可能和汤若望有过直接的交往，而他羡慕的仍是汤若望的西方历算之学，晚年作诗将汤若望比为自己的启蒙老师：“西人汤若望，历算称开辟。为吾发其凡，由此识阡陌。”②对汤若望的敬慕之情跃然纸上。

黄宗羲的公子黄百家对传教士多有褒言，在《明史》中对利玛窦等传教士介绍的西方天文历算给予了很高的评价，“利玛窦等俱精天文历法。盖彼国以此为大事，五千年以来聪明绝群之士聚而讲之，为专门之学”③。在他的《眼镜颂》中对西方器物倍加赞扬：“西人制器，无器不精。水使锯纺，钟能自鸣。重学一缕，可引千钧。种种制作，不胜俱论。”④可以看出黄百家对当时西方器物的熟悉，字里行间流露出对西学的称赞之情。清初理学名士陆陇其曾在康熙十四年

①　丁耀亢：《陆舫诗草》卷4。
②　黄宗羲：《黄宗羲全集》第11册。
③　黄百家：《明史·历志》卷下。
④　黄百家：《黄竹农家逆耳草》上册。

(1675)和康熙十七年(1678)两次到北京与南怀仁(Ferdinand Verbiest,1623—1688)和利类思(Ludovico Buglio,1606—1682)谈西学,购买西学书籍。而他最主要的兴趣仍是西方的天文历算,曾亲自向南怀仁询问过有关浑天仪的情况,并跑到传教士住的天主堂去参观浑天球,对传教士们的器物赞不绝口。清初和传教士多有交往的熊明遇对耶稣会士所介绍的西学赞扬有加:"诸公大雅宏大,殚间洽闻,精天宫、日历、算数之学,而犹喜言名理,以事天帝为宗,传华语,学华文,篝灯攻苦,无异儒生,真彼所谓豪杰之士也耶。"①在熊明遇的眼中,这些身怀绝技的传教士们真可谓儒门之英才,文人雅士中的英雄。

与空谈心性的阳明心学的末流相比,耶稣会传教士在士人面前所展现的这些西方科学,使他们有耳目一新之感。加之,晚明时徐光启和汤若望在历局已经实行了从回回历向西洋历的重大转变,尽管清初时有杨光先制造的历狱,但经康熙反拨后,从天主教在历法斗争中的胜利到"礼仪之争"之前这四十年,是康熙朝中西文化交流的黄金四十年,是康熙大力支持传教士的四十年。这样整个社会形成了很好的学习西学的氛围,学习天文历算成为文人学子们接触传教士的主要原因。利玛窦早就看到这一点,他认为自己所以受到文人的欢迎的第四条原因就是:"我通数学,把我当作托勒密第二(Ptolemy-Tolomeo altro),因为中国人日晷斜度只有三十六度,他们以为整个地球的日晷都只有三十六度高,不多也不少。他们来看我,实际上是想知道几点钟。"②

第二节 "作者有西贤,异地同心理"的西方友人

利玛窦在谈到他所以受到文人的欢迎的原因时,认为当时文人们因异而同传教士交往的第三个原因就是传教士虽为洋人,但却通儒学,这使儒生们格外好奇。传教士们因了解中国风俗而受到文人的欢迎,他说:"第一因为我是一位外国人,是他们过去未曾看见过的,且知中国的语言、学问与风俗习惯等。"③这

---

① 《天学初函(影印本)(第2册)》,学生书局,1986年。
② 利玛窦:《利玛窦书信集(上)》,罗渔译,光启出版社,1986年,第188页。
③ 同上。

是耶稣会合儒路线的一个自然结果。正如叶向高这个内阁大学士在给利玛窦的诗中所写的："言慕中华风,深契吾儒理。著书多格言,结交皆名士。"[1]传教士们的儒雅之风,对经书理解的自如与熟悉,赢得了文人们的好感。文人陈亮采在看了利玛窦的《畸人十篇》后十分感叹地说："其书精彩切近,多吾儒所推称。至其语语字字,刺骨透心,则儒门所鼓吹也。"看来利玛窦的书真是给文人们留下了刻骨铭心的印象。

我们可以从中国文人和传教士的唱和诗来看这个问题。《闽中诸公赠诗》是一份很重要的反映明清之际福建一带的文人和耶稣会士艾儒略(Jules Aleni,1582—1649)关系的诗集,这份诗集中共有 84 首诗,由 74 名儒家文人所作,其中 68 名是福建省人[2]。这些诗中流露出这些文人们对艾儒略人格与学问的敬佩。黄鸣乔在诗中说："沧溟西渡片帆轻,涉尽风涛不算程。为阐一天开后学,才能万里见先生。"他对传教士不远万里来中国,路途遥远艰辛而不畏惧的精神十分敬佩。福州王标在赠诗中说："载道南来一客身,间关廿岁不知贫。"这是对艾儒略那种宗教献身精神的感动。在这批文人眼中,艾儒略是西方一伟儒;而晋江的李世英则把艾儒略看成像孔子一样的世代宗师,是唐代文豪韩愈的化身,道德文章,千古天下,论道说理,字字落地有声,这种赞扬简直到了神化的地步："道德文章洽,如公复几人。行将师百代,岂第表泉闽。宣圣堪齐语,昌黎的此身。……字字均天响,编编掷地音。公真师百代,仪羽老有醒。"

闽中的文人们对基督教的理解并不完全一致,但认为天儒相融则是大多数人的看法,他们对艾儒略的好评也正是因为他讲的虽是天学,听起来犹如儒学,像诗人们所写的"天原腔子里,人自儒家流","作者有西贤,异地同心理"。所以,《闽中诸公赠诗》一方面证明了利玛窦所确立的合儒路线,在中国知识分子中所产生的影响;另一方面,也揭示为什么在明清之际耶稣会士们受到不少文人学子们的欢迎,这些传教士和文人的晋接的内在原因是什么。

如果说《闽中诸公赠诗》说明了耶稣会士在民间的影响和下层文人对传教

---

[1] 吴相湘主编:《天主教东传文献》,学生书局,1966 年,第 643 页。

[2] 林金水:《〈闽中诸公赠诗〉初探》,陈村富主编:《宗教文化(3)》,东方出版社,1998 年,第 77—106 页。参见潘凤娟:《西来孔子艾儒略:更新变化的宗教会遇》,天津教育出版社,2013 年。

士的接触,那么《赠言》则反映了清初北京上层士人与传教士的接触。顺治十八年(1661)农历四月初一是汤若望的七十寿辰,在京城和汤若望有过交往的文人们著文写诗给汤若望贺寿,他们中有礼部尚书胡世安,礼部左侍郎薛所蕴,礼部左侍郎、少保王铎,通家侍生金之俊、王崇简、龚鼎孳、翰林国史院庶吉士魏裔介,顺治三年的榜眼吕缵祖,顺治四年的进士庄同生,崇祯十三年的进士沈光裕,崇祯十五年的进士艾吾鼎,以及潘治、董朝仪、徐文元、霍叔瑾、荘周生、邵夔、陈详庭、钱路加等和平民史学家谈迁。这些汉人士大夫中有不少原是明的官员,清入关后为自身的利益很快归顺了清王朝。

　　作为祝寿的贺文、贺诗,少不了恭维之词,溢美之词十分明显。但还是从中看出对汤若望人格的称赞,说他"学博布以长衿,识精不以市诡,名业尊显不以形骄倨",此时,汤若望已经七十岁,学识渊博是很自然的。按照黄一农的考察,汤若望为了扩大教会的力量,还不断让顺治皇帝给他加官封爵。汤若望是出家之人,绝色、绝财是一个传教士必须要做的,但也受到了文人的赞扬,说:"吾师有三绝,财色与私意。吾师有双绝,治历与演器。"《赠言》是我们研究清初传教士和士人之间关系的重要文献。至此,我们看到汤若望以合儒为其基础,以天算历学为其手段,求其生存和发展,所获得的成功,看到清初这些文人们对汤若望的历算、天文方面的造诣的敬佩。它揭示了传教士和文人交往的一般特点,反映了文人学子和传教士相交的基本心态;同时我们又要看到,传教士汉学家和文人之间的关系除了纯粹的文化关系以外,也有着复杂多面的政治关系。这些仕清的贰臣们希望借助汤若望的影响和力量,而汤若望又通过与这些贰臣们的交往,达到巩固朝中的实力,进而维护教会在华利益。双方在政治上是相互合作的,这说明了宗教因素和政治因素的交合作用①。无论如何,一群文人士大夫,要么是朝中高官,要么是民间鸿儒,这些人和一个传教士推杯举盏,喝着洋酒,谈着天学,相互唱和,这足以说明当时文人们和传教士的关系。

　　学者们已经对利玛窦和艾儒略在中国活动期间所结交的全部人物做了统

---

① 参见黄一农:《王铎书赠汤若望诗翰研究:兼论清初贰臣与耶稣会士的交往》,《故宫学术季刊》1993年第12卷第1期。

计①,利玛窦在中国所结交的人物共 129 人,其中像徐光启这样的文人教徒 7 人,像游文辉这样入了耶稣会当修士的 8 人。这样我们看到在利玛窦所结交的人物中真正成为信徒的只有 15 人,占总数的 11%。而利玛窦交友之广实在惊人,上至皇族的王孙,下到僧人和尚,但绝大多数仍是文人和官宦,这些人中只有极个别人入了教,绝大多数是因文化的相异和相求才发生了联系。因此,这个统计很有力地说明了我们上面的论证和分析。艾儒略在华活动长达 39 年,仅在福建传教活动就有 25 年,在这 25 年间,艾儒略交友达 205 人②,其中所结交的人物中教徒 114 人,占 55%。这里我们可以看出艾儒略在交友上和利玛窦有三点不同。一是利玛窦交友多以官宦文人为主,而艾儒略除了这类人物外,"居多者则是青衿儒士和地方缙绅,如儒学教管、庠生和贡生之类,他们是艾儒略在闽传教活动的社会基础和依靠对象"③。这种不同当然和利玛窦当时地处北京,又在刚刚开教时期这些因素有关。二是利玛窦在华 28 年共结交了 129 人,而艾儒略在华 39 年,仅在福建地区的 25 年就结交了 205 人,比利玛窦多出 76 人,这说明天主教经过半个多世纪的发展,在民间社会已经有了相当的发展。三是艾儒略交友的人物中教徒的人数占 55%,比利玛窦交接的教徒人数占比高。这可以看出,艾儒略虽然在坚持利玛窦的"合儒路线",但所合之儒已经不再像利玛窦那样是地位显赫的鸿儒,而更多的则是中国基层社会的乡绅儒生。

因此,在我们讨论传教士和中国文人的晋接时,必须关注那些教徒文人,无论是像徐光启这样的鸿儒,还是像与艾儒略唱和的乡间儒生。

第三节 "潜心修德,以昭事上帝"的独行人

现在我们考察因信仰而同传教士交往的文人。在利玛窦时代士大夫真正入教的人很少,但到清康熙年间天主教已在中国有了较大的发展,如果考察中

---

① 林金水:《利玛窦与中国》,中国社会科学出版社,1996 年,第 286—316 页。
② 林金水:《艾儒略与福建士大夫交游表》,中国中外关系史学会编:《中外关系史论丛(第 5 辑)》,书目文献出版社,1996 年。
③ 同上。

国文人因接触传教士而最后改变信仰、加入天主教的，那以晚明时入教的徐光启、李之藻、杨廷筠、王徵四人最为典型，方豪将徐、李、杨三人称为中国天主教的"三大台柱"，将徐、李、杨、王称为中国天主教的"四大贤人"。限于篇幅不可能对他们四人做详尽的研究，只能概而论之。在我看来，他们从一名文人士大夫演变成为一名文人教徒有四个原因：敬佩传教士的人格魅力；敬佩传教士所传授的西方科学；理想主义的宗教观；儒耶相融的天学理论。

传教士们的儒雅之风，首先给了文人们极好的印象。"泰西诸君子以茂德上才，利宾于国。其始至也，人人共叹异之。"徐光启在给崇祯的奏疏中说，他信服利玛窦并不是一时之冲动，而是经过了很长时间的考察，看到他们生活俭朴，待人谦和，学问渊博。而且这些传教士绝不是无能之辈，他们在自己的国家都是"千人之英，万人之杰"，与这样的人相处不能不为之心动。李之藻在为利玛窦的《畸人十篇》写序时也表达了这样的感受，他说，这些传教士不结婚，不求官，每日只是"潜心修德，以昭事上帝"，可谓"独行之人"。一旦和他们接触，他发现他们手不离卷，对经书了如指掌，可以倒背如流。谈话中涉猎极广，经史子集，象纬舆地，无所不通，常常发前人未发之言，可谓"博闻有道术之人"。如果和他们相处，则发现他们内心安宁、沉静，"修和天和人和己之德，纯粹益精"。道德如此之高尚，可谓"为至人也"。"独行之人""有道术之人"表达了李之藻对利玛窦等传教士的敬佩之情。

与传教士接触，对文人们最大的冲击就是这些传教士所介绍的西方科学，这是他们前所未闻的东西。这是他们最终入教的第二个原因。关西大儒王徵在《远西奇器图说录最》中说，他和传教士相处多年，深感"畸人罕遇，绝学希闻，遇合最难"，在国家、民生需要这些西儒的奇器时，我们怎能不学，不传，因为传教士的西器太神奇。李之藻也说，他跟利玛窦学习多年，"示我平仪，其制约浑，为之刻画重圆，上天下地，周罗星曜"，所以，愿意跟随利玛窦学习西方的科学。徐光启在《泰西水法》序中说："久与之处，无不意消而中悦服者，其实心、实行、实学，诚信于士大夫也。"①这里的"实学"就是耶稣会士所介绍的天文历算之

----

① 　徐光启：《徐光启集（上册）》，王重民辑校，中华书局，1963 年，第 66 页。

学,这东西有用,特别是像利玛窦和徐光启两人所译的《几何原本》,作为一种数学的方法,可以说,无所不能用,可用农,可用工,可用兵,可用商。这样,你学的不仅仅是一种小的技巧,而是一种新的方法。就好比过去你只觉得别人的鸳鸯绣得好,但并不知如何绣的,现在传教士教给我们的是绣鸳鸯的方法,我们拿起金针就会绣,这正是"金针度去从君用,未把鸳鸯绣与人"①。爱屋及乌,这样从对人的敬仰就自然发展为对其所介绍的西学的敬佩。

由于崇敬传教士的"实学",进而接受其宗教观,这是徐、李、杨、王四贤走入天主教的共同思想逻辑。李之藻说:"儒者实学,亦唯是进修为兢兢;禠祥感召,繇人前知。"这里,他把实学向宗教和思想方向转化,认为"吾儒在世善世,所期无负霄壤,则实学更自有在,藻不敏,愿从君子砥焉"。

对现实不满,期望一个理想的世界,由此而接受天主教,这方面徐光启十分典型。徐先启在韶州时就认识了郭居静(Lazzaro Cattaneo,1560—1640),1600年路经南京时第一次结识了利玛窦,利玛窦送他一本《天主实义》和《天主教要》,整整过了三年,他又来到南京,利氏此时已经到北京,他向罗如望(Jean de Rocha,1566—1623)神父提出要加入天主教,在接受了8天的天主教神学知识教育以后,正式受洗,教名保禄(Paul)。徐光启这样的硕学鸿儒加入天主教绝非一时冲动,他有着深入的思考。万历四十四年(1616)他在为传教士辩护而写的奏疏中,公开说明了他这种信仰的理由。第一,仅靠伦理的约束不能解决人生的全部问题。徐光启说这个问题早在司马迁时就已经提出:为什么颜回有德而早逝,为什么盗跖有罪而长寿?于是后世想通过立法来解决人的道德心问题,但结果更糟,历代统治者"空有愿治之心,恨无必治之术"。正是在这个背景下佛教才传入中国,但结果怎样?徐光启说,世道人心并没有任何进步。这样,他才认为耶稣"所传事天之学,真可以补益王化,左右儒术,救正佛法者也"②。就是今天看来,徐光启的问题也是很深刻的,他揭示了中国文化的一个根本性特点:非宗教性所带来的问题。第二,传教士所介绍的天主教是一个理想的宗教。如果说上一条讲的是我们中国自己的问题,这一条讲的就是解决的

① 徐光启:《徐光启集(上册)》,王重民辑校,中华书局,1963年,第78页。
② 徐光启:《徐光启集(下册)》,王重民辑校,中华书局,1963年,第432页。

办法,那就是采用西方的天主教。为什么?因为,这个宗教在西方实行了几千年,人们和睦相处,"大小相恤,上下相安,路不拾遗,夜不闭关,其久安长治如此"①。显然,利玛窦等人只会讲天主教的好话,而徐光启也真信了。拿今天比较文学的话来说,这是文化交流中的"误读"。其实,在当时西方天主教本身所面临的问题绝不比中国的问题少,但徐光启是一个理想主义者,他当时也无法到欧洲去考察,所以,他是从理论的角度来讲的,传教士们所介绍的西方成了他的理想之地,成了他心中的乌托邦。

徐光启在这里可不是说说而已,他给皇帝上奏疏,搞不好是要掉脑袋的,所以,他也讲得很绝。他给崇祯说,如果我说得不对,有三条可以检验我的说法:其一,让这些传教士来北京,让他们把西学的书翻译出来,然后请天下的儒生们来研究,如果这些书是旁门左道,我徐某甘愿受罚;其二,把这些传教士叫来和我们的寺院的大师、道观的天师们论战,看谁说的有理,如果传教士们"言无可采,理屈词穷",立即将他们赶走,我也情愿受罚;其三,如果翻译书太慢,我们可以先译一个择选本,看看这些道理是不是真的有助教化人心,如果不是"臣愿受其罪"。徐光启在这里可谓破釜沉舟,而且他还提出一个更绝的办法,就是让朝廷在凡有天主教传播的地方做一个调查,三年中看犯罪的人是不是教徒,如果不是,给教徒奖励;如果是,轻者受罚,重者杀头。这样,就可以知天主教究竟是好是坏。从这里看出徐光启在信仰上的自信。在徐光启的全部著作和言论中,我们可以看到他对中华文化的热爱,对自己文化的坚信,对外来文化的热情和开放。自明以来,在中国思想史上,像徐光启这样雍容大度,涵养开明,既立足自己的文化,又很好地吸收外来文化的人,实属罕见。如果将他的思想和晚清以后中国文人的焦虑与不安、彷徨与无奈相比,徐光启是中国近代文化思想上最有价值的人物。

儒耶相融的天学理论,这是儒生们和传教士接触的思想基础。

当我们讲徐光启对传教士学术的坚定信念时,他不是被动地接受耶稣会士的那一套理论,他是一个在儒家文化中泡大的文人,对天主教的理解是建立在

---

① 　徐光启:《徐光启集(下册)》,王重民辑校,中华书局,1963 年,第 432—433 页。

"补儒易佛"的基础上的。他在《〈二十五言〉跋》中说,利玛窦等人所讲的道理"百千万言中,求一语不合忠孝大指,求一语无益于人心世道者,竟不可得"①。这说明他自信天主教完全符合儒家的伦理道德,而且还弥补了儒家的不足。李之藻和利玛窦相识了很久,但因有妾,一直未入教,后在北京重病之后,利玛窦每日照顾,使其深受感动,"利子劝其立志奉教于生死之际,公幡然受洗"。但他对天主教的认识,仍是建立在耶儒有其共同基础这个思想的认识之上的。他在利玛窦的《万国舆图》序中说,儒家讲事亲而推及于天,孟子讲要存养事天,这个天就是利玛窦所说的"天"。这样,从儒家的传统来说,"知天事天大旨,乃与经传所记"。其实,儒家讲的天和天主教讲的天相去甚远,但在追求终极性关怀上有着一致性,这样,李之藻由此说出了一句很有名的话:"东海西海,心同此理。"

在这"四大贤人"中,可能杨廷筠是唯一一个主要因信仰而加入天主教的,因他很少给传教士的科学著作作序,也从未像徐光启、李之藻、王徵那样与传教士合作翻译西方科学的著作。他自己也说他不懂传教士讲的那些几何、圆之类的东西。1611年4月在李之藻的介绍下,他邀请郭居静、金尼阁(Nicolas Trigault,1577—1628)等几个神父来他家小住,在这几天中,他和神父们彻夜畅谈神学和理论的问题,最后,决定正式领受洗礼,教名弥格尔②。杨廷筠的入教与他一直比较关注宗教、哲学这类问题有关,也和他看到《七克》这样的传教士所写的伦理学著作中的伦理和儒家伦理有着极大的相似性有关。但即便像他这样最关注理论思考的天主教教徒,所理解的天主教和传教士所期待的理解还是有着很大的距离。杨廷筠《代疑续篇》说得也很清楚:"唯我西方天学乃始一切扫除,可与我儒相辅而行耳。"难怪龙华民(Niccolo Longobardi,1559—1654)在和杨廷筠长谈了以后,给他写的评语是"他的见解还是中国学说式的见解"③。

明清之际入教的文人士大夫们在接受了西方的宗教理论后,尽管有了"儒

① 徐光启:《徐光启集(上册)》,王重民辑校,中华书局,1963年,第86页。
② 钟鸣旦:《杨廷筠:明末天主教儒者》,香港圣神研究中心译,中国社会科学文献出版社,2002年,第106—107页。
③ 同上书,第204页。

耶相辅"这样的理念,但文化上的冲突也时有发生,例如纳妾问题。最典型的莫过于王徵,他在入教后因其妻所生的男孩都病故,家中只有两个女儿,妻子和女儿都哭求他再续一房,父亲也严令他纳妾,以续王家香火。这样,王徵在天启三年(1623)娶了年仅十五岁的申氏为妾。作为教徒这犯了违反"十诫"的重罪,王徵六十六岁时公开写下了《祈求解罪启稿》,了断他和申氏的夫妻关系。当然,他并未将她休弃,而是留在家中,"王徵死后申氏仍被要求为王家掌理家务"①。这充分反映了中国文人在接受了天主教后所要面临的文化冲突和矛盾。

其实,这种冲突和矛盾是同时存在于传教士汉学家和士大夫双方的,如果说王徵代表了中国文人的苦恼,那么传教士汉学家面对着一个比天主教文化还要悠久得多的中国文化时,也是进退两难。虽然聪明的利玛窦想出了"合儒易佛"的高招,但他并不能解决根本问题。利玛窦尸骨未寒,他自己选的接班人,他的意大利同乡龙华民,就举起反对他的路线的大旗。一时,耶稣会内部狼烟四起,并最终发生了传教士乃至整个教会内部持续二百年的"礼仪之争"。

---

① 黄一农:《两头蛇:明末清初的第一代天主教徒》,台湾清华大学出版社,2005年,第153页。

第五章　紫禁城里的西方汉学家

耶稣会在欧洲的传教路线就是走上层传教和通过文化传教的路线。欧洲许多帝王的忏悔神父和皇族的家庭教师不少就是耶稣会士，直到今日，在欧美仍有许多大学和中学是耶稣会所办。来华的耶稣会士们也继承了他们修会的传统，将他们的触角伸到了北京的紫禁城中。

到北京去，进入皇宫，接近中国的皇帝，这始终是来华耶稣会士的梦想。罗明坚为此回到欧洲，想以教宗特使的名义进京；利玛窦故意将自鸣钟的运转机关握在手中，不告诉明朝的宦官们，也是想以此小计获得晋见万历皇帝的机会。这个梦想在汤若望身上实现，到康熙时，耶稣会士的汉学家们在宫中已经完全站稳了脚跟。在清帝国皇帝的身边开始有了一批洋教师，他们或出入宫廷，成为清帝的科学顾问，或作为帝国的外交家游走四海；他们制造西方器械，编制天文历法，修建圆明园大水法，挥笔泼墨绘清帝辉煌战绩，一时成为清朝皇宫中一批重要的人物。宫中的传教士汉学家成为清朝前期和中期政治生活中一个不可忽视的力量。

第一节　来自西方的远客——利玛窦

利玛窦这位意大利马切拉塔城（Macerata）的名门之后，1582 年 8 月和罗明坚一起从澳门来到了肇庆,成为最早长期居住在中国内地的传教士之一。1588年罗明坚从澳门登船返回罗马后,利玛窦就成了耶稣会在中国的旗手和领航人。当利玛窦在他的朋友瞿太素的劝告下脱下僧袍,换上儒装,戴上儒冠时,他的"合儒易佛"的传教路线已基本确定,同时,向北京进军也成为他在中国的战略性目标。

1. 进入北京

利玛窦曾有过三次进京的计划。1595 年利玛窦在韶州认识了奉诏进京的兵部侍郎石星,石星答应带利玛窦进北京。但他们刚到达南京就发现城中一派战争气氛,明朝正忙于与倭寇打仗。利玛窦只好作罢。1598 年利玛窦听说他在南京认识的礼部尚书王忠铭要到北京任职,就给王忠铭表达了他的愿望,王忠铭一口答应下来。但当他们到达北京时,明军在朝鲜战争中吃紧,京城气氛十分紧张,利玛窦只好坐船顺运河回去。1600 年利玛窦的朋友南京礼部给事祝世禄给利玛窦办好了再次进京的全部手续,并委托即将押丝绸贡品进京的刘太监沿路照看利玛窦。因利玛窦一行坐他的船进北京,风顺船轻,利玛窦等人一路畅通。但到山东临清这个运河的重要口埠时却遇到了万历皇帝派来的督税太监马堂,马堂为谋私利扣下了利玛窦一行。当他看到利玛窦所带的贡品后,立即给万历皇帝写了一份奏疏,禀奏利玛窦所进贡品一事。过了很长时间,有一天万历皇帝突然想起这份奏疏,问身边的太监,那个外国人献的自鸣钟在哪里? 当他得知还未进京时,立即批示:"天津税监马堂奏远夷利玛窦所贡方物暨随身行李,译审已明,封记题知,上令方物解进,利玛窦伴送入京,仍下部译审。"①1601 年 1 月 24 日利玛窦以向万历皇帝进贡的远夷使者身份进入北京。

2. 奏疏与贡品

利玛窦在进京路上遇到漕运总督刘东星和晚明大儒李贽,他们看利玛窦给皇帝的奏疏写得不够好,于是亲自给利玛窦修改,因此,利玛窦这份奏疏写得言简意赅,文笔流畅,现抄录如下,共赏其文采:

---

① 《明神宗实录》卷 354。

贡献方物疏

　　大西洋国陪臣利玛窦谨奏，为贡献土物事。臣本国极远，从来贡献所不通，逖闻天朝声教文物，窃语沾被其余，终身为氓，庶不虚生。用是辞离本国，航海而来，时历三年，路历八万余里，始达广东，盖缘音译未通，有同喑哑，因僦居，传习语言文字，淹留肇庆、韶州二府十五年。颇知中国古先圣人之学，于凡经籍，亦略诵记，粗得其旨，乃复越岭，由江西至南京，又淹五年。伏念堂堂天朝，方且招徕四夷，遂奋径趋阙廷，谨以原携本国土物，所有天帝图像一幅、天帝母图像二幅、天帝经一本、珍珠镶嵌十字架一座、报时自鸣钟二架、万国图志一册、西琴一张等物，陈献御前。此虽不足为珍，然出自西贡，至差异耳，且稍寓野人芹曝之私。臣从幼慕道，年齿逾艾，初未婚娶，无子无亲，都无系累，非有望幸。所献宝像，以祝万寿，以祈纯嘏，佑国安民，实臣区区之忠悃也。伏乞皇上怜臣诚悫来归，将所献土物俯赐收纳。臣盖瞻皇恩浩荡，靡所不容，而于远人慕义之忱，亦少伸于万一耳。又臣先于本国，忝预科名，已叨禄位，天地图及度数，深测其秘，制器观象，考验日晷，并与中国古法吻合。倘蒙皇上不弃疏微，令臣得尽其愚，披露于至尊之前，斯又区区之大愿，然而不敢必也。臣不胜感激待命之至。

　　　　　　　　　　　　　　　　　　万历二十八年十二月二十四日具①

　　利玛窦在这里讲得很清楚，他说自己是慕中华天朝，不远万里而来，为了进京，在肇庆、南京等地学习汉语，研读中国圣贤之书，现在带来了各种贡品，都是西方珍品，在中国极少看到。自己是出家之人，无子无亲，只想效忠皇帝，在本国时天文地理、日晷历算都略知一二，而且感到西法也合中国古法。若能披露于皇上之前，是他的大愿。

　　万历皇帝看到利玛窦所献的这些贡品，倍觉新奇。收下礼品，利玛窦暂时留在北京，住进了会馆。

　　3. 皇帝的门客

　　在利玛窦送万历皇帝的礼品中，最惹他喜欢的是自鸣钟。小小的自鸣钟，

---

　　①　韩琦、吴旻校注：《熙朝崇正集·熙朝定案（外三种）》，中华书局，2006年，第19—20页。

金光闪闪,小巧玲珑,万历皇帝每日拿在手中把玩,十分喜欢。后来皇后知道了此事,想把小自鸣钟拿去玩几天,皇帝害怕她不归还,就让太监将小自鸣钟的发条放松,皇后玩了几天,钟不走了,就又还给了皇帝。那座大的自鸣钟宫中无人会操作,万历皇帝就叫四名太监到利玛窦那里学习自鸣钟的使用。当宫中的御花园中建好了钟楼,将大自鸣钟放进去以后,那滴答滴答的钟声使万历皇帝格外高兴。

万历皇帝想知道欧洲宫殿的建筑样式,利玛窦的礼物中有一幅西班牙埃尔埃斯克利阿尔—地圣劳伦所宫的铜版画;万历皇帝想知道欧洲的帝王们的葬礼礼仪,利玛窦立即将刚收到的 1598 年西班牙国王菲利浦二世的殡葬图让太监们转给皇帝;万历皇帝也很喜欢利玛窦所画的《万国舆图》,他将地图分开贴在一排屏风上,这样坐卧都可欣赏。

看到利玛窦送来的那架古琴,万历也十分好奇,让利玛窦的助手庞迪我(Diego de Pantoja,1571—1618)来宫中教授太监们弹琴。利玛窦为此专门写了《西琴八曲》,将原来的西方曲调配上中文曲词,以使万历在听琴的过程中了解天主教。《西琴八曲》的题目是:《吾愿在上》《牧童游山》《善计寿修》《德之勇巧》《悔老天德》《胸中庸平》《肩负双囊》《命定四达》。

每天当太监们弹琴的声音在宫中飘荡时,万历皇帝越发想见这个西方使臣。无奈这个在中国历史中上朝最少的皇帝,平时连国内大臣都很难见到,怎能见一个外国的远臣呢?万历想了个办法,就是让画师们将利玛窦的画像送给他。

当万历皇帝还沉浸在利玛窦所献贡物的乐趣中时,礼部的奏疏送了上来:"大西洋不载《会典》,真伪不可知,且所贡天主女图,既属不经,而囊有神仙骨物等。夫仙则飞升,安得有骨!韩愈谓:'凶秽之余,不宜令入宫禁。'宜量给冠带,令还,勿潜住京师。"①这个西方人,过去从未见过,《会典》也从来记载,而且所带之物,都是神仙道士所带的那样的东西,这等不明之人怎能留得下来?神宗接到这样的奏疏肯定心中不悦,就把奏疏压了下来。礼部一看皇帝没有回旨,

---

① 谷应泰:《明史纪事本末》卷 65。

就又奏了一本:"臣等议令利玛窦还国,候命五月,未赐纶音,毋怪乎远人之郁病而思归也。察其情词肯切,真有不愿尚方赐予,唯欲山栖野宿之意。譬之禽鹿久羁,愈思长林丰草,人情固然。乞速为颁赐,遣赴江西诸处,听其深山邃谷,寄迹怡老。"①礼部这次口气软了许多,劝皇帝要替利玛窦考虑,不能将他留在京师,让他每天想家啊。就这样礼部连续上了四份奏疏,但万历皇帝就是不做回应。看到这个局面,吏部给事中曹于汴给神宗写了份奏疏,希望皇帝将两位神父留在京城。这话才说到了万历皇帝的心坎儿上,这份奏疏虽也没批复,但万历皇帝却让太监正式通知利玛窦可以长期住在北京,每月给他们相当于8个欧洲金币的生活费用,这也就是《明史》所记载的"已而帝嘉其远来,假馆授粲,给赐优厚"②。

从此,利玛窦成了万历皇帝的正式门客,拿着皇家的俸禄,在北京生活了下来,其主要使命,就是每年进宫四次,修复自鸣钟。历史就是这样巧合,小小的自鸣钟奏响了中西文化交流的序曲,一场持续二百年的欧洲和中国文明的相遇就此开始。

第二节　钦天监的洋监正——汤若望

汤若望这位来自德国莱茵河畔的耶稣会士,在明清鼎革之际留在北京。他目睹中国王朝的重大变革,在一个月中看到了三个王朝的更替。在这重大历史关头,他沉着冷静,终于躲过了可能发生的危机,并成功地获得了顺治皇帝的宠爱和尊敬。汤若望为什么如此成功呢?

现在看来大约有这么几条原因。第一,清刚入关,脚跟尚未完全站稳,它需要尽可能团结各方面的力量。这一点从多尔衮进北京后所采取的一系列政策中可以清楚地看出。特别是像天文历法这样事关全局的大事,作为新政权的清王朝是很注意的,正像当时的汉臣范文程对汤若望所说:"神父对中国历法深有研究,必知道新朝定鼎,要颁正朔于天下,现今我朝正需像神父这样的天算家,

---

① 《明神宗实录》卷361。
② 《明史》卷326。

为我朝制定历法。"当时的摄政王多尔衮在看到钦天监所呈报的历书后说："这种舛错百出的历书,其预测上不合天象,下不应地事。有一位叫汤若望的欧洲人,曾制佳之历书,尔等从速将此人唤来。"这说明,当时刚建立国家政权的清王朝需要像汤若望这样的天算家。

第二,在与大统历和回回历的竞争中,汤若望的西洋历获得了胜利。1644年9月1日,在古观象台就日食的预测,汤若望的西洋历和大统历、回回历展开了较量,结果回回历差了一个时辰,大统历差了半个时辰,只有汤若望的西洋历计算分秒不差。当时的大学士冯铨将测试的结果上报多尔衮,当年的12月23日顺治帝正式任命汤若望为钦天监监正,使他在清王朝有了一个稳定的位置。

第三,汤若望本人与孝庄文皇后建立了良好的关系。有一天汤若望的教堂来了三个满族的贵妇人,声称一位亲王的女儿生病,特被派来到神父这里询问。汤若望听完她们讲述了郡主病情后,认为病不严重,就给了她们一个圣牌,说如果亲王的女儿将这个圣牌挂在胸前,四天病就会好了。果不出所料,第五天,她们又来到汤若望这里,告诉他郡主的病已经好了。汤若望后来才知,派她们来的是皇太后,而那位郡主就是未来的皇后博尔济吉特氏。皇太后为此很感谢汤若望,并表示要做他的"义女"。后来,在9月27日顺治皇帝举行大婚的典礼上,汤若望见到了皇太后。皇太后脱下手腕上的两个手镯派宫女送给汤若望,作为他参加皇帝大婚的报答。后来,多尔衮死后英亲王阿济格想继续做摄政王,皇太后委托汤若望从中周旋,汤若望亲自去劝说英亲王,说得英亲王恍然大悟,"即日上朝,倡率百官,疏请皇上亲政。从此人心大定,朝野翕然"。从此,汤若望和皇太后一直保持着良好的关系。

顺治皇帝年轻好学的特点,也是造成汤若望特殊地位的原因之一。顺治14岁亲政,为治理朝政,他刻苦学习,为学习汉文,日夜读书,十分勤奋,以致用力过度,曾略出血。在顺治看来,汤若望无疑是一个值得格外尊重的老人,他"上知天文,下晓地理,精通历算,身怀绝技",而且,作为一名外国传教士却精通中国文化,这不能不使他敬佩。对于汤若望所介绍给他的西方科学知识和文化,顺治更是感到新奇,汤若望神父的生活方式也使他感到好奇,他曾派人暗查汤若望的生活。从魏特的《汤若望传》一书中我们可以看到,顺治帝对天文知识十分渴求,对于西方基督教知识也很好奇。顺治帝和汤若望的关系不仅仅是某种意义上的"父子关系",更多像师生的关系。顺治帝免除了汤若望进宫的所有繁缛的礼节,汤若望就座时,他把自己的貂皮褥子当坐垫,并多次将汤若望接到宫中深夜畅谈,甚至晚上入睡前也要让汤若望陪他谈话。一年之中顺治帝竟有二十四次到访汤若望的教堂,在教堂中询问各种宗教事物,充满好奇之心。所以,顺治帝将汤若望称为"玛法",反映了他们之间这种亲密无间的关系,这是一位历经磨难的沧桑老人和一位年轻帝王之间的关系,一位知识渊博年长的汉学家和一位年轻学子之间的关系。

顺治帝对汤若望的信任、尊重和宠爱是中国历史上少有的,这突出表现在他对汤若望官爵的加封上。顺治十年(1653)三月因汤若望完成了《大清时宪历》,顺治帝认为他"为朕修《大清时宪历》,迄于有成,可谓勤矣!尔又能洁身持行,尽心乃事,董率群官,可谓忠矣",特敕赐汤若望"通玄教师"。十一年三月,汤若望希望将利玛窦墓旁的地赏予他作为将来的墓地,顺治同意。十四年二月,顺治帝在城中巡视路经宣武门天主堂时说:"若望入中国已数十年,而能受教奉神,肇新祠宇,敬慎蠲洁,始终不渝,孜孜之诚,良有可尚,人臣怀此心以事君,未有不敬其事者也,朕甚嘉之。"顺治帝赏给汤若望亲笔所写的"通玄佳境"堂额一方和御制的《天主堂碑记》一篇。十五年,汤若望任职到时,当时的吏部认为他是二品官,可考虑诰赠其两代,汤若望认为自己已经是"二品顶戴加一级",希望能按一品的待遇对待,赠及三代。十六年二月初四日,汤若望这个要求获顺治恩准,得到一品身份封赠三代。但这个诰命到康熙元年(1662)二月二十五日才正式颁赐。这就是《恩荣四世录》所记:"汤若望在此一诰命中获授光禄大夫阶,其曾祖笃琭、祖父玉函以及父亲利因亦因此被赠为'光禄大大、通政使司通政使、用二品顶戴加一级',曾祖母赵氏、祖母郎氏以及母亲谢氏则均获赠为一品夫人。"①黄一农先生对汤若望在明清两代所获晋授或敕封的官衔列了一个表,十分清楚地显示了汤若望在明清两代所获的恩荣和政治待遇,现抄录如下:

---

① 黄一农:《耶稣会士汤若望在华恩荣考》,《中国文化》1992 年第 2 期,第 163—164 页。

崇祯十四年　加尚宝司卿、治理历法

顺治元年十一月　修正历法、管钦天监监正事

顺治三年六月　加太常寺少卿、掌钦天监印务

顺治六年十月　加太仆寺卿、管钦天监监正事

顺治八年二月　加太常寺卿、掌钦天监印务

顺治八年八月　通议大夫、加太仆寺卿、管钦天监监正事

顺治十年三月　敕锡通玄教师、加太常寺少卿、管钦天监监正事

顺治十二年八月　敕锡通玄教师、加二品顶戴、通政使司通政使、掌钦天监印务

顺治十四年六月　敕锡通玄教师、加通政使司通政使、用二品顶戴又加一级、掌钦天监印务

顺治十六年六月　敕锡通玄教师、通政使司通政使、加二品又加一级、掌钦天监印务

康熙元年二月　敕锡通微教师、光禄大夫、通政使司通政使、掌钦天监印务①

这样,汤若望成为在中国历史上担任官衔最高的欧洲人之一。

汤若望和顺治帝有如此之密切的关系,又被加封到如此高的官衔,他对顺治的影响到何种程度呢? 这是一个很值得关注的问题。

由于顺治帝对汤若望的信任,当时的吏部等部门对于汤若望的建议一般都采纳,据《汤若望传》的作者魏特研究,汤若望曾多次写奏疏希望给钦天监的监生们增加薪俸,1652 年 7 月 8 日汤若望要求将监生们的薪俸从二百零八两八钱增加到四百一十七两六钱八,提高幅度一倍。礼部照准。1655 年他又上奏吏部,认为观象台上只有四名观察人员,编制太少,使四名观察人员十分繁忙,他希望加到十六名,经过多次协商,吏部也同意了这个意见。后他又向礼部要求给在观象台工作的观察人员每人加件羊皮大衣,以便晚上御寒。礼部照准。从这些材料我们不仅看到汤若望是一个体察民情的好官,也可以看出汤若望在朝

---

①　黄一农:《耶稣会士汤若望在华恩荣考》,《中国文化》1992 年第 2 期,第 165 页。

中的影响。

汤若望和顺治帝的关系十分特殊。顺治帝结婚以前，做了一件不好的事，汤若望得知后觐见时并当面批评了顺治。顺治竟恼怒起来，汤若望就暂时离开了顺治帝一会。稍有片刻，顺治返回向汤若望道歉，并希望继续对他进谏。1655 年因城中闹瘟疫，顺治较长时间住在城外，为了解城中的情况，他半夜让骑兵将汤若望从教堂接到他的住处，让他反映朝中的各种情况，要毫不隐瞒，如实地将朝中的不合理、不好的事说出来。由此可见顺治对汤若望的信任。

正是由于顺治的信任，汤若望敢于在顺治面前直言进谏，当时在朝中敢这样说真话和对顺治有如此影响力的只有汤若望。下面这几件事就很说明问题。

1652 年（顺治九年）在一次战斗中一位亲王战死，而他的部下却打了胜仗，但按当时的规定这位亲王的二百多名部下将被处死，这是清入关前定下的规矩。此时，汤若望大胆上疏，希望顺治帝宽恕他们。顺治帝对这种旧规也不太满意，有了汤若望的奏疏，他更可以放心大胆地施恩泽，赦免亲王的部下死刑。这二百余名军官们得到恩赦，保存了性命，但仍一律俱皆降级。1654 年（顺治十一年）顺治帝想归省祭祖，谒陵。但当时清刚入关，全国局势不稳，那年又逢灾荒，显然此时归省祭祖不是时机。但顺治年轻气盛，脾气暴躁，执意要去。此时，汤若望出面加以劝阻，并告诫他，根据往年的历书，此时离京不吉利。顺治听从了玛法的意见，放弃了原定的东北之行。此事不仅在《汤若望传》中有记载，在谈迁的《北游录》中也有记载："上之东巡满洲也，积念久矣。累为宗勋所留。去岁弥切。甲午春（顺治十一年）锐意四月往，通玄教师汤若望以象纬止之，而终未慊也。"

顺治任性闹得最大的一件事是 1659 年（顺治十六年）5 月，郑成功反清大获全胜，几十万人马北伐，入长江，下镇江，一时局面紧急。此时顺治坐不住了。他要亲自率兵前往前线，征讨郑成功。从大局来看，这显然是冲动的行为，但顺治脾气倔强，一旦发起脾气，无人可挡。当众臣劝他冷静处理此事，万不可冒险前往前线时，他竟拔出宝剑，劈下御座的一角，并说，如果谁再阻拦他，他将把谁劈死。大臣们找来皇太后，同样没任何效果。在此局面下，大家想起汤若望，认为只有他可以劝说顺治。汤若望赶到宫中苦心劝说顺治"不要使国家到了破坏的地步,他宁可粉身碎骨,也不愿不遵守自己的职守,有所见而不言"。汤若望的忠心感动了顺治,他终于冷静了下来,宣布不再率兵到前线。汤若望对清朝的忠心,对顺治的关怀常常使顺治很感动。顺治把汤若望的奏疏编辑成册,带在身边,经常阅读。顺治说:"读了他的奏疏禀帖,我会被感动得几乎要流泪。"

汤若望和顺治的这种关系正如陈垣先生所说:"汤若望之于清世祖,犹魏徵之于唐太宗。"他对顺治朝的贡献正如他七十大寿时文人龚鼎孳在贺文中所说:"睹时政之得失,必手疏以秘陈。于凡修身事天,展亲笃旧,恤兵勤民,用贤纳谏。下宽大之令,慎刑狱之威。磐固人心,镞厉士气,随时匡建,知无不言……"①这充分说明了汤若望在清初政治生活中的作用。

当然,我们也要看到,虽然汤若望对顺治皇帝的天主宗教教化下了很大的力气,但并不成功,这点顺治在他的《天主堂碑记》中说得很清楚:"夫朕所服膺者,尧、舜、周、孔之道;所讲求者,精一执中之理,至于玄笈、贝文所称《道德》《楞严》,虽尝涉猎而旨趣茫然,况西洋之书、天主之教,朕素未览阅,焉能知其说哉?"所以,顺治对汤若望的褒奖也是从对一个老臣的角度的褒奖,而不是对其宗教的认可。同样,汤若望对自己的角色也很清楚,如陈垣所说:"若望本司铎,然顺治不视为司铎,而视为内廷行走之老臣,若望亦不敢以司铎自居。"传教不成,汤若望才希望以自己在朝中的地位来巩固天主教的地位,推动其传教事业。以汉学家身份推动传教,汤若望最为典型。应该说,无论是顺治从统治的角度,还是汤若望从传教的角度,他们双方所遵守的这种君臣关系原则,给双方都带来了好处。汤若望以老臣的身份参与顺治朝的事务,对于帮助顺治的国家治理起到了一定的作用。同时,顺治对汤若望这个老臣的褒奖,也在一定程度上扩大了天主教在华的影响。

第三节　康熙的西洋近臣——南怀仁

南怀仁,比利时传教士,1659 年随卫匡国(Martino Martini, 1614—1661)

---

① 《汤若望贺文(赠言)》,钟鸣旦、杜鼎克、黄一农、祝平一等编:《徐家汇藏书楼明清天主教文献(第二册)》台湾辅仁大学神学院,1996 年。

来华,入华后先和吴尔铎(Albert d'Orrille,1622—1662)、李方西(Jean-Francois Ronusi de Ferrariis,1608—1671)在陕西传教。后因汤若望年迈,吴尔铎和白乃心(Johann Grueber,1623—1680)又被派往欧洲,汤若望1660年(顺治十七年)2月26日向顺治皇帝推荐了南怀仁,希望他来钦天监协助自己工作。1660年5月9日,南怀仁奉诏进京,开始了他在北京的生活。1688年南怀仁病逝于北京,康熙十分惋惜地说:"南怀仁治理历法,效力有年。前用兵时,制造军器,多有裨益。今闻病逝,深轸朕怀,应得恤典,察例从优,议奏。该部知道。"①康熙又专门颁旨:"朕念南怀仁来自遐方,效力年久,踪理历法,允合天度,监造炮器,有益戎行,奉职勤劳,恪恭匪懈,秉心质朴,始终不渝,朕素嘉之。前间卧疾,尚期医治痊可,今遽尔溘逝,用轸朕怀。特赐银二佰两,大缎十端,以示优恤远臣之意。特谕。康熙二十七年正月二十七日。"②在南怀仁安葬时,康熙又特意委派了他的大臣、一等公、国舅、侍卫等人去送葬。送葬那天,八十人抬着南怀仁的灵柩,高高的铭旗上写着南怀仁的姓名、官职,队伍里抬着南怀仁的巨幅画像,彩绸装饰的十字圣台、圣像、康熙的御批,把长长的送葬队伍装扮得十分肃穆,路边挤满了看热闹的北京老百姓,一时间南怀仁的葬礼成为北京街头巷尾议论的大事。为使南怀仁的墓地更加肃穆,康熙还从国库批出银750两给传教士徐日升(Thomas Pereira,1654—1708),让他在南怀仁的墓地树碑,建立石兽。1688年4月(康熙二十七年三月)康熙又根据礼部的奏疏,赐南怀仁谥号"勤敏"。《浪迹丛谈》中说,只有一品官以上才能加谥,二品之下无谥。所以,方豪说:"怀仁为西教士在中国官级最高的。"③同时南怀仁也是来华传教士中唯一被皇帝赐谥号的传教士。陈垣先生当年曾说,利玛窦和汤若望是来华传教士中的"双雄",实际上,应有"三雄"。如果论传教士在清宫中的地位和对清廷的政治影响,汤若望和南怀仁无人可比。南怀仁的历史地位表现在以下几个方面。

1. 为清初历狱翻案,立下不朽之功。

顺治年间汤若望所制定的西洋历法毕竟是新法,不满的人相当多。汤若望

① 韩琦、吴旻校注:《熙朝崇正集·熙朝定案(外三种)》,中华书局,2006年,第167页。
② 同上书,第168页。
③ 方豪:《中国天主教史人物传》,宗教文化出版社,2007年,第341页。

在朝中的地位很快受到了挑战。1657年,吴明烜这个被汤若望革职的回族秋官首先上书,认为汤若望的历法不准,说"汤若望推水星二八月皆伏不见"。顺治让手下的大臣登观象台验证天象,结果并未像吴明烜所说的那样。按清朝律法,本应杀头,但赦免了吴明烜。1661年顺治皇帝去世,1664年9月对汤若望西洋新法早有不满的杨光先,首先发难。他上书礼部《请诛邪教状》指控汤若望三大罪状:一是指使历官李祖白所写的《天学传概》是妖书;二是汤若望所献的时宪历书上所写的"依西洋新法"的字样,有谋夺中国之意图;三是汤若望身在京城,但在全国各地布置党羽,内外勾结,图谋不轨。杨光先是个传统文人,对汤若望所介绍的天主教这一套十分不满,他自己其实并不懂天文历法,所说的这三个问题大都是从文化的角度来理解的。同时,杨光先也抓住钦天监在荣亲王葬期择日上"反用《洪范》五行,三项年月俱犯杀忌",以至连累了其母和顺治皇帝先后去世。所以,这就成了涉及重大问题的要案。但当时年幼的康熙刚刚即位,而四大辅臣中的苏克沙哈和鳌拜对顺治生前的许多政策多有不满,他们利用杨光先的上诉,令礼部会同吏部会审汤若望。

此时的汤若望已患偏瘫,四肢瘫痪,口齿不清,无法申辩,主要由南怀仁为汤若望辩护。同时被打入狱中还有传教士利类思、安文思(Gabriel de Magalhães,1609—1677),钦天监的李祖白、许之渐以及潘尽孝等人。在狱中汤若望、南怀仁等人受尽折磨,1665年4月,此案结案。判决汤若望及钦天监的李祖白等七人凌迟处死,除南怀仁等三名传教士留京外各地的传教士统统赶回澳门。然而,天有不测风云,相传就在判决的当天,北京发生地震,房倒屋塌,接着京城又发生大火。于是议论纷纷,朝中大臣都认为这是上天的愤怒和警告,皇太后看到汤若望案后,勃然大怒,斥责四名辅政大臣,怎么能这样对待先帝的宠臣。这样,1665年5月改变了原有的结论,变成为:汤若望无罪释放,李祖白等五名钦天监官员处斩,许之渐等人被罢黜,除南怀仁等四名传教士留京外,其余皆返迁广州。

至此,传教士在中国的活动跌入最低谷,中西文化交流面临中断危险。康熙亲政后对鳌拜等辅政大臣的专断早有不满,他决心从历狱案入手,彻底搞清汤若望、南怀仁与杨光先等人的历法之争的真相。康熙七年十一月二十三日命内阁大学士李霨、礼部尚书布颜等通知杨光先、吴明烜和南怀仁等人双双比试，看哪一方更为准确。康熙说："天文最为精微，历法关系国家要务，尔等勿怀夙仇，各执己见，以己为是，以彼为非，相互争兢。孰者为是，即当遵守，非者更改，务须实心将天文历法详定，以成至善之法。"①经过三天的测试，南怀仁获得"正午日影正合所画之界"的结果，说明他预测得十分准确，而杨光先一方的吴明烜则错误很多，南怀仁将其错误一一指出。这时杨光先恼羞成怒，把一个科学的问题转换为文化的问题对南怀仁攻击，他说："臣监之历法，乃尧舜相传之法也；皇上所正之位，乃尧舜相传之位也；皇上所承之统，乃尧舜相传之统也；皇上所颁之历，应用尧舜之历。皇上事事皆法尧舜，岂独于历有不然哉？今南怀仁，天主教之人也，焉有法尧舜之圣君，而法天主教之法也？"②康熙皇帝听到他的议论，大怒。此后又经二十位满汉大臣对南怀仁和吴明烜的测试结果进行再度测试，经过数天的测试，和硕康亲王奏报康熙，"南怀仁测验，与伊所指仪器，逐款皆符，吴明烜所测验，逐款皆错"③。这样，康熙皇帝在八年二月初七日下令将杨光先革职，吴明烜等人也被革职，并严加议罪。

康熙八年三月，清政府正式"复用西洋新法"④。同时，让南怀仁来管理钦天监，虽然当时没给予正式的官职，但仍按监副俸米供给，年给银100两，米25石。南怀仁主持钦天监后连续写下了《不得已辩》《妄推吉凶辩》《妄择辩》对杨光先进行反击。五月，鳌拜案发，康熙掌握实权，南怀仁又控告杨光先"依附鳌拜，致李祖白等各官正法"（《清圣祖实录》卷31）。不久，在南怀仁的请求下，当年历狱中受害的人都得到了平反，汤若望及五名被杀的官员得到了昭雪恩恤，宣武门的南堂还给南怀仁，原押禁在广州的二十五名传教士也陆续被允许返回原传教区。杨光先则被判为死刑，念其年老，从宽处埋，令其出京回籍。在返乡路上，杨光先病死。至此，清初历狱最后得到了解决。在中西文化交流史上，这是一个非常重要而关键的重大事件，正是从清初历狱的彻底平反，历史翻开了

---

① 韩琦、吴旻校注：《熙朝崇正集·熙朝定案（外三种）》，中华书局，2006 年，第 304 页。
② 同上书，第 306 页。
③ 同上书，第 308 页。
④ 《皇朝文献通考》第 256 卷，"象纬考"第 2 页下。

新的一页,中西文化交流迎来了辉煌的康熙时代,南怀仁的历史地位也由此而奠定。黄一农认为,在清初的历狱之中,荣亲王的葬期择日是一个真正的核心问题,双方"利用择日事攻讦对方(当时双方在选择术的争论,并非一场'科学'与'伪科学'的争论)"。这个看法是对的,因为,无论是西方的星占术,还是中国的五行,都是不科学的。过去,在评论这场争论中,完全说成是科学和伪科学之争,不太全面。因新公布的关于清初历狱的满文老档说明,双方的争论除历法以外,还有荣亲王择日之争。但康熙选择了南怀仁而没有选择杨光先,主要还是着眼历法上双方的较量,这点康熙在事后说得很明白:"朕幼时,钦天监汉官与西洋人不睦,互相参劾,几至大辟。杨光先、汤若望于午门外,九卿前,当面赌测日影,奈九卿中无一人知其法者。朕思,己不知,焉能断人之是非?因自愤而学焉。"(《圣祖仁皇帝庭训格言》)这说明,南怀仁对恢复天主教在朝中的地位还是很重要的。

2. 扭转天主教在华局面,当属头功。

清初历狱的平反并不等于传教士在中国就可以自由传教,因当时天主教仍被看作"邪教",列入禁止之列。南怀仁在获得了初步胜利后就将彻底地恢复天主教的地位作为其努力的最重要目标。他在为汤若望平反的上疏中,就明确向康熙皇帝说明天主教不是邪教:"惟是天主一教,即《诗经》云'皇矣上帝,临下有赫',为万物之宗主。在中国故明万历间,其著书立言,大要以敬天爱人为宗旨,总不外克己尽性、忠孝廉节诸大端,往往为名公卿所敬慕。世祖章皇帝数幸堂宇,赐银修造,御制碑文,门额通微佳境,锡若望号通微教师,若系邪教,先帝圣明,岂不严禁?"①这是南怀仁用汤若望在顺治时期所获得的荣誉和地位来证明天主教不是邪教,进而说服年轻的康熙。但此时的康熙对天主教的认识刚刚开始,处理这个问题比较谨慎,康熙八年辛月末(1669 年 9 月 5 日)大臣们上奏康熙,说杨光先捏造控告天主教系邪教。但现在看奉天主教的人,并无为恶乱行之处,不应该将天主教作为邪教,应让人自由供奉。但康熙却批复说:"其天主教除南怀仁等照常自行外,恐直隶各省,或复立堂入教,仍着严行晓谕禁止。"②

---

①　韩琦、吴旻校注:《熙朝崇正集·熙朝定案(外三种)》,中华书局,2006 年,第 312 页。
②　同上书,第 314 页。

这就是著名的康熙八年禁教谕。这说明康熙对天主教的态度仍十分谨慎。但康熙在执行这个决定时比较宽松，当南怀仁希望传教士到各地去时，只要给康熙说，他一般都同意。

历法之争激起了康熙对西方科学技术的强烈兴趣，这也就给南怀仁提供了接近康熙的机会，南怀仁曾两次随康熙巡视，一次到东北，一次到西北。他利用这些机会来向康熙介绍天主教的情况。在他所写的《鞑靼旅行记》中说："我在这次长途远征中，获得了向许多贵戚高官传布教义的机会，使他们明白我辈的使命和欧洲精神秩序的目的和性质。而且不仅限于贵戚和高官，皇族为了消磨旅途的寂寞，向我询问关于天空、星星和气象上的事情，我们的航海的情况，我回答时便趁机加进关于基督教教义和信仰的知识。""人们目睹我骑着皇帝的一匹马，看见了皇帝像在讲坛上讲演一般地来同我讨论我们的信仰，又听到了我像在大集会上讲演一样的讲话。"①

南怀仁对康熙的这些颇费心机的布道并未起到太大的效果，但至少使康熙开始了解天主教，并也开始对天主教有较好的印象与好感，使事情向着好的方向发展。康熙十五年（1676）康熙驾临耶稣会的住所慰问神父们。"御赐匾额，宸翰所书'敬天'二字，悬供堂中，谕云：朕书'敬天'即敬'天主'也。"②这清楚地表明了康熙对天主教信仰的尊重。安文思去世后，康熙十分关心，专门派侍卫龚萨等人奉旨到传教士住处询问葬礼的情况，并同意以天主教葬礼来进行安葬，还专门拨出银两给传教士们用。对南怀仁，康熙则更加爱护和关心，两人关系的密切程度远远超出了一般的君臣关系。在南怀仁随同康熙外出巡视时，南怀仁所需都在皇帝的费用之中，不需用自己的。旅行中他可以骑康熙的马，可以和康熙坐一条船，而其他大臣则无此可能。康熙常常请南怀仁到他的帐篷来，吃饭时常把御餐分一部分给南怀仁。几位皇叔说，只要皇帝和南老爷在一起就会高兴。

正是在这个过程中，康熙了解了传教士，他曾说："西洋人自南怀仁、安文思、徐日升、利类思等，在内廷效力，俱勉公事，未尝有错，中国人多有不信，朕向

①　杜文凯编：《清代西人见闻录》，中国人民大学出版社，1985 年，第 80—81 页。
②　《钦命传教约述》，徐家汇图书馆藏，第 5 页。

深知真诚可信,即历年以来,朕细访伊等之行实,一切非礼之事断不去做,岂有过错可指。"①康熙的这些认识使南怀仁有进一步促进禁教政策改变的可能。康熙十八年(1679)南怀仁引荐耶稣会士李守镰(Simon Rodrigues)进京协助南怀仁制定历法,后他不但被康熙召见,康熙还给了御书"奉旨传教",准往各省宣教。这说明康熙的天主教政策发生了很大的变化,已经完全突破了康熙八年的禁教令。

康熙朝最大的三件事——平三藩、统一台湾、抗击沙俄侵略,南怀仁都在其中发挥了特殊的作用。

康熙二十年正月,南怀仁奉旨研制火炮,并制成铜炮三百二十尊,钦定名为"神威将军",南怀仁亲自教练士兵瞄准。由于南怀仁教授了新的瞄准法,士兵发炮准确率大大提高,康熙十分高兴。康熙二十八年,南怀仁又铸"武成永固大将军"。从清康熙十四年到六十年,清政府所造大小铜炮、铁炮多达 905 门,"而其中半数以上是由南怀仁负责设计监造的。就质量而言,其工艺之精湛,造型之美观,炮体之坚固,为后朝所莫及。……南怀仁不愧为中国古代火炮发展以及中西科技交流史上卓有贡献的著名人物"②。康熙二十六年六月二十六日,康熙下诏,天主教神父可以在全国行走,不得阻拦。神父们只要持有南怀仁的印鉴就可以自由通行③。虽然,康熙并未明确解除康熙八年禁教令,但实际上已经对天主教政策做了根本性的调整。康熙三十一年正月三十日,即南怀仁逝世四年后,康熙下达了他的弛禁教谕令:"西洋人治理历法,用兵之际修造兵器,效力勤劳,且天主教并无为恶乱行之处,其进香之人,应仍照常行走,前部议奏疏,着掣回销毁,尔等与礼部满堂官、满学士会议具奏。"两天后康熙又下了一道谕令,进一步说明天主教不是邪教:"前部议将各处天主堂照旧存留,止令西洋人供奉,已经准行。现在西洋人治理历法,前用兵之际制造军械,效力勤劳,近随征俄罗斯,亦有劳绩,并无为恶乱行之处,将伊等之敬目为邪教禁止,殊属无

---

①　《钦命传教约述》,徐家汇图书馆藏,第 29 页。

②　魏若望编:《传教士·科学家·工程师·外交家:南怀仁(1623—1688)》,社会科学文献出版社,2001年,第 255—256 页。

③　同上书,第 425 页。

辜,尔内阁会同礼部议奏。钦此。"二月初三,礼部做出决定:"臣等会议议得,查得西洋人仰慕圣化,由万里航海而来,现今治理历法,用兵之际力造军器火炮,差往俄罗斯,诚心效力,克成其事,劳绩甚多。各省居住西洋人,并无为恶乱行之处,又并非左道惑众,异端生事,喇嘛僧道等寺庙宇尚容人烧香行走,西洋人并无违法之事,反行禁止,似属不宜,相应将各处天主堂俱照旧存留,凡进香供奉之人仍许照常行走,不必禁止,俟命下之日,通行直隶各省可也。"初五,康熙批复:"依议。"①

正是南怀仁的努力和作用才促使康熙最后修改了康熙八年的禁教令,颁布了这个容教令,从而带来了天主教在中国的大发展。正如学者们所指出的,从天主教在历法斗争胜利到"礼仪之争"之前,这四十年是康熙朝中西文化交流的黄金四十年,而这个基础是南怀仁奠基的②。

第四节　清朝的外交官——传教士汉学家

满人入关建立自己的政权时,葡萄牙人和西班牙人、荷兰人已经来到中国,清朝从一建国起就面临着如何处理与外部世界的关系问题,特别是如何处理与西方人的关系问题。从汤若望开始,在朝中的耶稣会士就一直扮演着大清外交官的角色,凡属处理与西方的关系,无论是顺治还是康熙、雍正、乾隆,都会让传教士们参与其中,充当外交翻译和助手。他们的这种外交官角色大体分为三个类型:一是在朝中担任翻译;二是派出担任翻译;三是派到欧洲担负外交使命。

1. 在朝中担任翻译

17世纪初荷兰人占据了爪哇岛,赶走了那里的葡萄牙人,设立了巴达维亚首府(今雅加达),并以此为据点向四周扩张。被中国人称为"红毛子"的荷兰人看上靠近广州的澳门,1622年竟派三艘船,载着几百人去攻打澳门。贪婪的欧洲人是只认利,不认理的,为了各自的利益在中国的大门口打了起来。结果,由

---

①　韩琦、吴旻校注:《熙朝崇正集·熙朝定案(外三种)》,中华书局,2006年。
②　魏若望编:《传教士、科学家、工程师、外交家:南怀仁(1623—1688)》,社会科学文献出版社,2001年,第430页。

于澳门防务坚固,荷兰人没有得手。1653年,他们派使臣到广州,见了当时的平南王尚可喜和靖南王耿继茂。两位藩王见使臣空手而来,完全不懂中国的规矩,就把来使训了一顿,告他要带表文和贡品,才能去北京。荷兰人还算聪明,第二年就带来了大批贡物,礼物之丰厚竟需要九百人来搬运。1656年7月荷兰使团到达北京。汤若望担任了这次会见荷兰使团的翻译,当时的荷兰人也早听说在清廷中有耶稣会士,使团中的尼霍夫(Johan Nieuhof)记下了他当时见到汤若望的情景:"他是一位年龄很老,胸飘长须的人物,照满洲的习俗,剃发垂辫,而着满洲服。""礼部尚书和一位西洋通事一件件清点礼物,并询问荷兰人,是否这些礼物真是来自荷兰,荷兰国家状况如何,这位通事就是有名的耶稣会士汤若望。他当时深得顺治皇帝信任,任钦天监监正。又因其谙熟西语,在清初遇西洋各国来往时,常以他为通事。"① 汤若望担任这个通事是怀有私心的,因荷兰是新教国家,当时欧洲天主教国家和新教国家闹得不可开交,他无论如何也不想让清朝和荷兰建交。另外,1622年荷兰人偷袭澳门时,汤若望正好刚到澳门,他自己参加了那场与荷兰人的战斗。这点荷兰人心里也很清楚,他们在1665年出版的《东印度公司荷使晋谒鞑靼大汗》一书中说:"汤若望在礼部大进谗言,说荷兰人是海盗,生活在小海岛上,所带的礼物是抢劫来的,力劝礼部拒绝荷兰人前来贸易。因此礼部官员多次查问荷使:是否荷兰人没有陆地,像海盗一样生活在海上?所带来的礼品是否来自荷兰?甚至同样的问题问了九次。荷使凯塞尔甚至这样报告公司:'由于这些神父或耶稣会士的大肆诽谤造谣,我们被描绘得人不像人,鬼不像鬼。'"②

但是,顺治和礼部的官员们也并未完全按照汤若望的主意办,大清国需要这种九万里之外的小国来献贡品时得到的那种感觉,顺治皇帝仍是绸、缎、丝给了荷使一大堆礼物,不过可能是汤若望的原因将荷兰国"五年一贡"改为"八年一贡"。

康熙八年五月十四日葡萄牙特使玛纳撒尔达聂(Manuel de Saldanha)一行到京,当时是由南怀仁、利类思担任葡语翻译,但由于玛纳撒尔达聂在返回途中

---

① 包乐史、庄国土:《〈荷使初访中国记〉研究》,厦门大学出版社,1989年,第37页。
② 同上书,第42页。

死于南京,这次来访没有任何结果。1678 年当年玛纳撒尔达聂使团的秘书白雷拉受澳门葡萄牙人的委托再次以葡萄牙国王的名义来访,并将一头在非洲捕获的狮子运到北京。这次在南怀仁和利类思的帮助下,澳门的葡萄牙人获得了香山至澳门陆路贸易的权利。

康熙十五年四月初三(1676 年 5 月 15 日)沙皇俄国派特使尼果赖(Nikolai G. Milescu Spathary,1636—1708)一行到达北京。俄国使团在北京期间,南怀仁作为译员,参与了双方谈判的全过程,并翻译了大量的官方文件。当尼果赖向康熙递交了沙皇给康熙的信时,康熙让南怀仁当即将信翻译成满文给他听。随后,康熙又让南怀仁将 1655 年顺治皇帝称赞俄国使团朝贡和 1670 年康熙要求俄军停止在中国黑龙江流域抢劫盘踞的两封信翻译给特使。

但并不是所有的在宫中供职的传教士汉学家们都能当好"通事",做好翻译工作。在"礼仪之争"中为接待教宗的特使多罗和嘉乐(Carlo Mezzabarba)而充当翻译的传教士汉学家有纪理安(Bernard-Kilian Stumpf,1655—1720)、白晋、李若瑟(Joseph Pereira,1674—1731)、穆敬远(Joao Mourao,1681—1726)、冯秉正(Joseph-Anna-Marie de Moyria de Mailla,1669—1748)、张诚、徐日升等,因在"礼仪之争"中的立场不同,在充当翻译的过程中带有自己的立场,从而闹出了不少问题。

德理格(Theodoricus Pedrini,1670—1746)和马国贤(Matteo Ripa,1682—1746)是最早在清宫中供职的非耶稣会传教士,因在"礼仪之争"中的立场不同,在翻译中也出了问题。1714 年 11 月当康熙知道罗马教宗已经禁止中国教徒祭祖和祭孔后,让德理格和马国贤给罗马教宗写信,告诉他们清廷的观点和立场,但他们在给罗马教宗的信中没有很好地表达康熙的观点,没有明确地告诉罗马方面,在中国的传教士如果不遵守"利玛窦规矩"将全部遣送回国,没有将康熙对多罗特使和阎当(Charles Maigrot,1652—1730)的批评告诉罗马。更重要的在于,这封信的中文和意大利文两个文稿有出入。德国的耶稣会士纪理安发现了这个问题。康熙怀疑德理格和马国贤做了手脚。康熙召集在京的传教士痛斥德理格和马国贤:"上召德理格同在京西洋人等,面谕德理格云:先艾若瑟带去论天主教之上谕,即是真的。你写去的书信与旨不同,柔草参差,断然使不得。朕的旨意从没有改。又说论中国的规矩,若不随利玛窦规矩,并利玛窦以后二百年来的教传不得中国,连西洋人也留不得。朕数次与尔说多罗、颜当的坏处,尔为何不将朕的旨意带信与教化王去,倒将相反的信写与教化王?尔这等写,就是尔的大罪。若朕依中国的律例,其可轻饶?尔害尔教,害了众西洋人。不但现在,并从前的西洋人,都被尔所害。"①

当然,整个"礼仪之争"的责任完全在罗马教廷,德理格和马国贤只是其中一个小小的插曲,但它说明了传教士汉学家利用自己的双语能力在朝廷担任翻译时也有着不同的角色,起着不同的作用,对清的外交政策或多或少也是有影响的。

2. 派出担任翻译

这方面最典型的就是张诚和徐日升参加中俄边境谈判。早在顺治十三年二月(1656 年 3 月)俄罗斯的巴伊科夫使团来北京时,汤若望就参与了谈判的过程,并发挥了一定的作用。

康熙二十八年(1689)张诚和徐日升作为清朝的使团成员参加与俄罗斯的谈判。在谈判中张诚和徐日升不仅很好地承担了翻译工作,而且也积极参与谋划,起到了顾问的作用。这次与俄罗斯人的边界谈判毕竟是清历史上,甚至是中国历史上第一个具有现代意义的外交谈判,索额图等清朝官员缺乏经验和耐心,而传教士汉学家们来自欧洲,对国家间的战争谈判比较熟悉,熟悉谈判中的技巧和策略,他们这些经验和策略对稳定清朝使团,取得谈判的胜利都是很重要的。而且,张诚和徐日升在谈判中及时揭穿俄使的欺诈,立场很鲜明。当俄方出尔反尔时,传教士们立场明确,在原则问题上决不退让。条约的内容确定后,俄方又试图在文字上做文章,他们向耶稣会士说:"不必让中国使臣知晓,因为用拉丁文缮写的条约文本内容是什么谁也不能知道。"张诚和徐日升断然拒绝了这个要求,明确说:他们永远不能做这种事,"不能辜负汗(指康熙——引者注)在这一点上给予他们的信任而背叛中国汗"②。

---

①　北平故宫博物院编:《康熙与罗马使节关系文书影印本》,1932 年,第七件。

②　苏联科学院远东研究所等编:《十七世纪俄中关系(1686—1691 年)(第二卷第三册)》,黑龙江大学俄语系翻译组、黑龙江省哲学社会科学研究所第三室合译,商务印书馆,1975 年,第 853 页。

正因此,张诚和徐日升受到了索额图的夸奖,说"非张诚之谋,则和议不成,必至兵连祸结,而失其好矣"①。康熙也表扬传教士"为议和谈判立下有成效的劳绩"②。

但同时,由于荷兰人占据了通向印度洋的海道,在华的耶稣会一直想打通陆路,通过俄罗斯开辟一条和罗马联系的通道。这个想法,从南怀仁在世时就有。因此,这次和俄罗斯的谈判中耶稣会士虽然在原则问题上站在了清政府的一边,他们在暗中也帮助了俄罗斯使团,以求获得俄罗斯的好感,为今后打通陆路交通打下基础。这点徐日升在他的日记中讲得很清楚,在条约签订后的第三天,他见到俄使戈洛文说:"我身处外国人之中,居住在中国多年,而且因为我是该国皇帝派来的,所以我不得不表现为他的忠实臣民,如果我不那样做,就会产生严重的后果。"戈洛文笑着回答:"这样你就表现得合乎你的身份;如果你不这样做,那倒是不应该的。你吃中国的饭,穿中国的衣服,因此你也必须成为一个新人,并与此相应地行事。如果你这样做了,你就表现出你是真诚的。总而言之,我们清楚地知道,我们应该多么感谢你,你为了共同的利益给了我们多么大的帮助。"③这一段对话,清楚地揭示了这些耶稣会士的矛盾心理和复杂的心态。

这样我们看到:"清朝初年,由于特定的历史条件,在华耶稣会士公开进入了中俄外交领域,形成了中俄两大帝国与耶稣会士之间的微妙关系。清廷选派耶稣会士当译员,是出于对他们的了解和信任。俄国方面,是为了争取他们。耶稣会士积极参与中俄外交的真实目的,则是为了天主教。在中俄外交事务中,耶稣会士发挥过积极作用,对于《尼布楚条约》的签订做出了一定的贡献。这是应该给予肯定的。"④

3. 派到欧洲担负外交使命

耶稣会士作为中国政府的外交代表被派往欧洲担任外交使命,最早应是波

---

①　樊国樑:《燕京开教略(中篇)》,北京救世堂,1905 年,第 39 页。

②　张诚:《张诚日记(1689 年 6 月 13 日—1690 年 5 月 7 日)》,陈霞飞译,陈泽宪校,商务印书馆,1973 年,第 59 页。

③　约瑟夫·塞比斯:《耶稣会士徐日升关于中俄尼布楚谈判的日记》,王立人译,商务印书馆,1973 年,第 208—209 页。

④　吴伯娅:《康雍乾三帝与西学东渐》,宗教文化出版社,2002 年,第 274 页。

兰的来华传教士卜弥格(Michel Boym,1612—1659)。来华的耶稣会士在明清
鼎革之际,表现出极大的灵活性。汤若望留在北京,被多尔衮所认可;毕方济、
卜弥格等跟随南明王朝,效忠隆武永历皇帝;而利类思、安文思作为"天师"则活
动在张献忠的农民起义军中。当时,永历帝已经逃到了广西,眼看着大势已去,
他们把希望寄托在耶稣会士身上,派卜弥格作为明朝的大使,返回罗马,请求罗
马教廷的帮助。这真是异想天开,白日做梦,失败是必然的。当卜弥格从罗马
返回时,狡猾的葡萄牙人不允许他在澳门登陆,因南明王朝已经灭亡,中国已是
大清的天下。此时,卜弥格虽身怀罗马教廷致永历帝的国书,但已找不到他所
效忠的永历帝。望着郁郁葱葱的南国山水,他最后郁闷地病逝在中越边境上。

　　清统一后,派往欧洲的第一个正式代表是闵明我(Philippus-Maria
Grimaldi,1639—1712)。清初历狱平反以后,闵明我冒充已从广州逃回欧洲的
原来的多明会的闵明我(Domingo Fernandez Navarrete,1618—1686)之名,被
南怀仁招到北京,帮助其修历法。闵明我人很聪明,动手能力也很强,给康熙做
过供其玩赏的水动机,这使得康熙十分宠爱他,两次到塞外巡视都带着他。当
时,康熙感到俄罗斯在黑龙江流域不断骚扰,十分不安。于是他派闵明我返回
欧洲,去见沙皇,商谈两国边界问题。这时的康熙皇帝在国家关系上实际已经
突破传统的"夷夏之分"的观念,开始以现代外交手段来解决国家间的问题。所
以,闵明我临行时,康熙送给他镶宝石的金佩带一条,荷包三个,佩刀一把,并且
完全着满人装,俨然一副大清帝国特使的装扮。闵明我的这次欧洲之行对来华
的耶稣会也很重要,南怀仁也希望他到俄罗斯后,和沙皇谈判,同时也能为来华
的耶稣会士开辟一条从陆地返回欧洲的道路。这样,闵明我返回欧洲时是双重
身份,对外是康熙派往罗马和俄罗斯的特使,对内是来华耶稣会的代办。他返
回欧洲后,在罗马见到了莱布尼茨(Gottfried Wilhelm Leibniz,1646—1716)。
当他得知莱布尼茨和沙皇关系较好时,他希望通过这个关系到俄罗斯。但俄罗
斯拒绝闵明我前往,他没有完成康熙交给的使命。不过通过与莱布尼茨的通
信,他把康熙皇帝介绍给了整个欧洲。南怀仁病故后,康熙任命他为钦天监监
正,他就匆匆返回,结束了这次大清欧洲特使的工作。

　　白晋是康熙派往欧洲的第二位特使。白晋到北京后深得康熙皇帝信任,通

过白晋和张诚的表现,康熙感到法国传教士很有能力,于是就委派白晋作为他的特使返回欧洲,觐见法王路易十四。临行时康熙送他在北京精印的书籍四十九册。但回到法国后由于少一份康熙亲笔签发的外交信件,法国不承认他的外交身份。但作为汉学家白晋写下的《康熙皇帝传》却打动了整个欧洲,此时欧洲人才知在遥远的东方有这样一个英明的君主,他的才能、坚毅和勤奋好学使很多欧洲人为之感动,他对西方科学的热情,对待不同信仰的天主教的宽容和亲善,使不少启蒙运动的思想家们从中国看到了理想的国家模式。从文化上讲,白晋很好地完成了康熙特使的任务,他不仅又从欧洲带回了一批法国的传教士,最重要的是首次显示了自己汉学家的才能,他对康熙皇帝和中国的介绍,为18世纪的欧洲中国热揭开了序幕。

康熙皇帝派往欧洲的第三批特使是在"礼仪之争"中。

多罗来华后,为了向罗马教廷表示友好,康熙提出让白晋作为多罗使团返回欧洲时的"报聘使",作为他的代表和特使给教化王送礼品,同时也作为多罗的副手。但多罗对白晋在"礼仪之争"中的立场不满意,他婉言谢绝了康熙,说已经确定他的使团中的沙安国(Mariani)作为"报聘使"。康熙同意了这个意见,第二天又派赵昌告诉多罗,"报聘使"要会说中文,这样才能解释说明他送给教化王的礼品,遂命令白晋为正报聘使,沙安国为副使。康熙给教化王的礼品由白晋携带。多罗认为康熙这样安排人事按教廷的习惯是对他的侮辱,心中极为恼火。这边康熙让白晋和沙安国尽快赶到广州,乘英国轮船赶回欧洲,而多罗这边心中的怒火终于爆发,正式给康熙发函,说明他不希望白晋担任报聘使。康熙看到后十分宽容,说这样就不让白晋去了,多罗宽心养病,也不必为此着急。

当多罗在南京宣布教宗关于禁止中国教徒祭祖和祭孔的禁令后,康熙十分生气。他认为自己关于中国礼仪的看法,罗马教廷不知道,而且他怀疑教宗1700年的禁令可能是假的。康熙皇帝一直对罗马教廷怀抱着希望,为此,康熙四十五年(1706),他委派葡萄牙传教士龙安国(António de Barros,1664—1708)和法国传教士薄贤士(Antoine de Beauvollier,1656—1708)带着他的正式外交文书出使欧洲。但天有不测风云,龙安国和薄贤士坐的船快到达里斯本时,风浪大起,船翻人落,两位传教士都落入水中,永沉大海,无法完成康熙的使命。康熙此时心中十分挂念龙安国和薄贤士,生怕路上出差错。第二年康熙又派意大利传教士艾若瑟(又名艾逊爵,Joseph-Antoine Provana,1662—1720)和西班牙传教士陆若瑟(José Raimundo Arxó,1659—1711)带着他的致教宗诏书,作为康熙的特使前往罗马。康熙四十六年(1707)艾若瑟和陆若瑟从澳门出发,康熙四十七年(1708)到达葡萄牙,康熙四十八年(1709)到达罗马。由于长期海上颠簸,艾若瑟一到罗马就生了病。不久教宗就接见了他们,当时罗马教廷对康熙这个遥远的东方的君主的意见根本没给予任何重视。教宗会见完后,陆若瑟回到了老家西班牙,想从那里回中国,不料病故在家乡的方济各会的女修道院。康熙五十二年至康熙五十六年(1713—1717)艾若瑟在米兰,尔后在意大利旅行,他所带去的中国年轻的助手樊守义在罗马学习神学和拉丁文。康熙五十八年(1719)两人从里斯本出发回中国。谁知艾若瑟受不了海上旅途的艰辛,死在旅行途中。

这期间,康熙因为四名特使杳如黄鹤一去不复返感到十分着急,而此时在中国"礼仪之争"已经闹得不可开交,康熙极希望收到罗马教廷给他的亲笔回信。康熙曾不断让沿海的地方官员们打听此事。康熙五十四年(1715)教宗克雷孟十一世(Clemens XI)颁布了《自登基之日》(the Bull Exilladie)的通谕,第二年八月转送到北京,康熙看后大怒,但他仍对罗马教廷抱有希望,认为这个通谕不一定是真的,就用朱笔写了一个红票,拉丁文、汉文、满文对照,刻印后送往欧洲。在这个红票中,他对自己派出的四名传教士外交官仍然记在心中。"于康熙四十五年,已曾差西洋人龙安国、薄贤士;四十七年,又差艾若瑟、陆若瑟奉旨往西洋去了,至今数年,不但没有信来,所以难辨真假,又有乱来之信。因此,与鄂罗斯的人又带信去,想是到去了。毕竟我等差去人回时,事情都明白之后,方可信得。若是我等差之人不回,无真凭据,虽有什么书信,总信不得。因此唯恐书信不通,写此字兼上西洋字刊刻,用广东巡抚院印,书不封缄,凡来的众西洋人,多发与带回去。"①

---

① 北平故宫博物院编:《康熙与罗马使节关系文书影印本》,1932年,第九件。

　　康熙五十九年(1720)，嘉乐来华，看到嘉乐的奏本和八项禁约后，康熙真是彻底凉了心，就在此时他又想起他派出的四名传教士外交官："朕理事最久，事之是非真假，可以明白。此数条都是严当(即阎当——引者注)当日御前数日讲过使不得的话。他本人不识中国五十个字，轻重不晓，辞穷理屈，敢怒而不敢言，恐其中国至于死罪，不别而逃回西洋，搬弄是非，惑乱众心，乃天主教之大罪，中国之反叛。览此几句，全是严当之当日奏的事，并无一字有差。严当若是正人，何苦不来辨别？况中国所使之人，一字不回，都暗害杀死。而且严当之不通，讹字错写，被中国大小寒心，方知佛道各种之异端相同乎？钦此。"[1]康熙听不到他派到欧洲的四名传教士特使的消息，真是心急如焚，他甚至认为：他的这四名特使可能被罗马方面赞成阎当观点的人暗杀了，不然怎么罗马又派来个嘉乐主教呢？为何他的意见罗马一点也不知道呢？

　　康熙五十九年六月十三日樊守义带着艾若瑟的尸体返回广州，八月二十八日到北京，九月初五到热河，九月十一日得到康熙的接见，康熙对他"赐问良久"。不知康熙见到樊守义时是何种心情，此时真是人去楼空，康熙和教廷在中国礼仪上的争执已经走到了尽头。欧洲从此失去中国。在梵蒂冈几千年历史上，这无疑是其最大的错误之一。这点我们在下面还要再论。

　　现在看来，康熙现代外交思想的形成有两个直接的外因：一是同俄罗斯就东北边境展开的战争和外交谈判，一是"礼仪之争"中同罗马教廷的交往。而这两个事件都有耶稣会士的汉学家们参与，因而在一定意义上，耶稣会士的汉学家们对康熙的全新的外交思想的形成起到一定作用，特别在实践康熙的外交思想上，他们还是前仆后继，尽了力量。

---

① 北平故宫博物院编：《康熙与罗马使节关系文书影印本》，1932年，第十三件。

第六章　欧洲天文学和数学在中国的传播

天文历法在中国古代社会具有重要意义,从政治上说,"观天"就是为王朝和帝王们的正统性获取星占术的资料。皇帝代表着上天,世俗权力的依托是天,皇帝替天行道,以天子自称。从生产上说,就是"造历",古代是农业社会,农业生产必然对天文和节令的变迁很重视,《左传》中便有"闰以正时,时以作事,事以厚生,生民之道,于是乎在矣"(《左传·文公六年》)的说法。传教士入华后逐渐了解到中国这个特点,他们将自己的学问冠以"天学"之名,就是想获得中国士大夫们的重视。

第一节　西洋历法在中国的传播

利玛窦的《乾坤体义》是传教士汉学家所介绍的第一本关于西方天文学的著作,他初步把托勒密的"九重天说"、亚里士多德的"四元行论"介绍了进来,后来由他口述,李之藻笔译成《浑盖通宪图说》。虽然这只是把利玛窦的老师丁神父 1593 年出版的《论天文仪》(*Astrolabium*)一书的部分内容翻译了过来,但也显示了利玛窦的汉学才能。不过李之藻在翻译中已经糅进了很多中国古代天文学的知识。1610 年利玛窦死后来华的葡萄牙传教士阳玛诺(Emmanuel Diaz

Junior,1574—1659)写了本《天文略》,以问答的方式介绍了西方托勒密的天文学,还配图说明太阳、月亮等天体的运动。这本书最有价值的是他首次向中国介绍了伽利略的最新著作《星际使者》,向中国的读者展示了伽利略发现的木星的四颗小卫星。要知道,当时伽利略的这本书在欧洲不过刚出版五年。

耶稣会士的汉学家向中国介绍西方的天文学知识最为成功的,也是在中国产生了重大影响的是他们和徐光启等中国科学家们一起编写的《崇祯历书》。明代一直使用的是大统历和回回历,时间久了误差逐年增大,月食和日食常常都推算得不准确,改历的呼声在嘉靖和万历年间一直都有。崇祯二年五月乙酉朔(1629 年 6 月 21 日)日食,当时的钦天监依据大统历和回回历都测算不准,而此时只有徐光启按照西方历法预推而验,改历之声再起。七月,崇祯帝同意开局修历,由徐光启主持历局。徐光启推荐李之藻、龙华民、邓玉函(Jean Terrenz,1576—1630)参加历局,后来又将在外地的汤若望、罗雅谷(Jacques Rho,1593—1638)也调到了历局。

徐光启有句很有名的话:"欲求超胜,必须会通,会通之前,先须翻译。"他认为修历首要是翻译介绍欧洲的天文学。《崇祯历书》从崇祯二年九月开始编写翻译,一直到崇祯七年十一月全部完成,历时 5 年,共有 137 卷,分 5 次呈进给明朝政府。《崇祯历书》分为五大部分:《法原》《法术》《法算》《法器》《会同基本书目》。第一部分《法原》主要是翻译的西方天文学理论,为全书的核心,共有四十余卷。学者们现在研究,传教士和历局的文人大约翻译了当时西方主要的天文学家的著作有 13 部之多,如第谷(Tycho Brahe)的《新编天文学初阶》(*Astronomiae Instauratae Progymnasmata*)、《新天文仪器》(*Astronomiae Instauratae Mechanica*),哥白尼(Nicolaus Copernicus)的《天体运行论》(*De Revolutionibus*),开普勒(Johannes Kepler)的《新天文学》(*Astronomia Nova*)、《天文光学》(*Ad Vitellionem Paralipomena*)、《哥白尼天文学纲要》(*Epitome Astronomiae Copernicanae*),伽利略的《星际使者》(*Sidereus Nuntius*)等。这绝不是凭口说而已,现在这些书全部放在中国国家图书馆的"北堂藏书"之中①。第二部分的《法数》和第三部分《法算》介绍的是西方天文学的计算系统和数学知识,第四部分《法器》讲的是测观天象的天文仪器,最后的《会同基本书目》主要是中西各种度量单位的换算表。从西方汉学的角度来看,这些传教士汉学家与中国科学家的合作很成功。《崇祯历书》是耶稣会汉学家们的一个重要成果。

《崇祯历书》是翻译和编写出来了,但崇祯皇帝却在故宫后的煤山上上吊自尽了。大明王朝就这样草草退场,清朝的铁骑踏进了北京。多亏多尔衮接受了汤若望,《崇祯历书》的成果保存了下来。新的王朝同样需要天文历法,同样要借助天文占卜证明自己的合法性。很快,汤若望被清廷接受,洋人第一次主持了钦天监,汤若望坐上了钦天监监正的宝座。汤若望将《崇祯历书》改为《西洋新法历书》在全国发行。于是,西洋历法正式在中国登场。从此,清王朝的钦天监一直由西洋人掌管长达二百年之久。

《崇祯历书》或者说《西洋新法历书》到底给国人带来了哪些新的东西呢?相对于过去的《授时历》,它的特点表现在哪里呢?

首先,和传统的历书相比,它的计算方法改变了。中国古代历书的天文学方法是一种纯代数的方法,是根据观测和实测建立起来的一套天体位置的测算方法,这个方法可以根据观察的情况,对计算的公式做不断的修改,使其更为精确。这种方法不需要任何几何图像。而《崇祯历书》则采用了西方的几何模型方法,通过构造几何模型和实际观测确定模型中的参数,"然后据此模型用几何方法演绎推导,即可获得对天体运行位置之预告;若预告与实测不合,则修改模型结构或参数,至预告与实测吻合为止"②。这实际上使中国天文学的计算方法从传统的代数学体系转变为欧洲古典的几何学体系。其次,在天文学中明确引进了地圆的概念,认为地是圆球形的,而不是"天圆地方",每250里相当于天之一度,经纬度的概念开始正式引入。这不仅对于破除旧有的观念十分重要,而且也为预测月食和日食奠定了基础。最后,引进了一整套的不同于传统天文学的度量和计算制度与方法。这包括分圆周为360度,一日96刻,60进位制,黄赤道坐标制,从赤道起算的90度纬度制和12次系统的经度制,等等。

① 参阅江晓原、钮卫星:《天文西学东渐集》,上海书店出版社,2001年,第401—402页。
② 同上书,第408页。

这样的改变使中国的天文学产生了两个重要的结果。

第一，使中国的天文学和欧洲的天文学非常接近。根据学者们的考察，当时中国的天文学的水平和欧洲也就是相差十年的时间，基本在一条起跑线上。例如，伽利略用望远镜所发现的新的天文现象，五年后就被介绍到中国，最新的欧洲天文学家的著作不到七八年在中国就有了译本，就开始被运用到天文计算中。现代天文学是在欧洲近代天文学的基础上发展起来的，四百年前，在耶稣会士的汉学家们和中国科学家的共同努力下能做到这一点，是很不简单的。

第二，促进了中国民间天文学的发展。天文占卜事关皇权，"私习天文"是犯法的，搞得不好是要杀头的。但自耶稣会士来华后，开始出版天文学方面的书籍，展示西方天文学的仪器设备，不但没被杀头，还备受欢迎。特别是汤若望主持的《西洋新法历书》在全国刊行后，有多种版本刻印。这无疑推动了民间天文学的研究，清初时在民间能产生王锡阐、梅文鼎这样的布衣天文学家，并且很有成就，这都和《西洋新法历书》在全国的刊行有着直接的关系。

如何看待耶稣会士汉学家们所介绍进来的西方天文学？这在学术界一直有争论。一种意见认为，耶稣会士的这些介绍工作促进了中国天文学和西方近代天文学的接触，对中国天文学有着积极的意义；另一种意见认为，这些来华的耶稣会士在中国没做好事，他们介绍进来的东西都是中世纪的科学，"正是由于耶稣会传教士的阻挠，直到19世纪初中国学者（阮元）还在托勒密体系与哥白尼体系之间徘徊"。对这个争论，江晓原先生已经做了很深入的研究，并较为全面地回应了后一种意见。在他看来，耶稣会士的工作促进了中国的天文学发展，他做了如下三条分析。

第一，来华耶稣会士们所介绍的托勒密天文学是合适的。在《崇祯历书》中耶稣会士们采用的是第谷的体系，而且对托勒密给予了很高的评价。《崇祯历书》在谈到托勒密时说："西洋之于天学，历数千年、经历百手而成……日久弥精，后出者益奇，要不越多禄某范围也。"[1]这里的"多禄某"就是"托勒密"。他们把托勒密的《至大论》说成"历算之纲维，推步之宗祖也"[2]。这就是批评耶稣

---

[1]　转引自江晓原、钮卫星：《天文西学东渐集》，上海书店出版社，2001年，第320页。
[2]　同上。

会士的学者的论据之一,你看,传教士们介绍的是中世纪托勒密的落后的天文学体系。但是,这种意见没有看到,哥白尼理论出现后,虽然人们开始转向日心说,而逐步抛弃了地心说,但天文学是一个逐步进步的过程,在开普勒的行星运动三大定律发现之前,人们还要采取托勒密的计算方法。耶稣会士们介绍了西方的天文学,那他们就必须说明托勒密在西方天文学历史中的地位和作用,这样,给予托勒密较高的评价是很自然的,正如江晓原所说:"《崇祯历书》成于1629—1634 年间,但基本上未超出开普勒发现行星运动三定律之前的西方天文学水平。在这个限制条件之下,根据上面的讨论,不难看出《崇祯历书》给予托勒密天文学的评价和地位基本上是恰如其分的、合理的。"①

第二,来华耶稣会士们为何采用了第谷体系而没有采用哥白尼体系? 这一点是对耶稣会士的主要批评,但在我们看来,这个观点是对历史的无知。因为在当时,哥白尼虽然最早提出了日心说,但并未发展到成熟的计算系统,而当时最为成熟的计算系统是第谷体系,更何况在当时的欧洲也尚未公认哥白尼的理论是最先进的。有人说传教士们向中国的科学家们隐瞒了哥白尼的学说,一种说法是传教士们直到乾隆时代的蒋友仁(Michel Benoit,1715—1774)来中国后才介绍了哥白尼的学说。这显然不符合基本的事实。汤若望在《崇祯历书》中就已经介绍了哥白尼(哥白泥),文中说:"悉本之西洋治历名家曰多禄某、曰亚而封所、曰哥白泥、曰第谷四人者。盖西国之历学,师传曹习,人自为家,而四家者首为后学之所推重,著述既繁,测验益密,历法致用,俱臻至极。"②汤若望在他所写的《历法系传》一书中专门为托勒密、哥白尼、第谷三个人的四部著作做了详细的提要说明。

第三,来华耶稣会士们这样做的目的何在? 耶稣会士们来中国是为了传教,的确,他们不是为中国的现代化,而是为了"中华归主"。但他们为实现这个目的,首先是以科学为手段,通过向中国文人们介绍西方的科学,进而使中国人相信西方的宗教。他们向中国文人们展示的西学是"经世致用"之学,特别是他们所用以取代回回历和大统历的西洋历法就是以测验准确而著称的。而第谷

---

① 参见江晓原、钮卫星:《天文西学东渐集》,上海书店出版社,2001 年,第 328 页。
② 转引自上书,第 334 页。

体系的特点就是测试准确,正是这一点才赢得了中国科学家们的认可。以"科学传教"为手段的耶稣会士,越想在中国获得影响,就越要拿出实用、可靠的科学技术,以吸引当时的文人士大夫。正如江晓原先生所说:"耶稣会士既想通过传播西方天文学来帮助传教,他们当然必须向中国人显示西方天文学的优越性,这样才能获得中国人的钦敬和好感。……这种东西在当时不是别的,只能是第谷天文体系。"①

第二节　欧洲天文仪器在中国

在耶稣会士入华初期,制作一些西方的天文仪器作为礼物送给中国的达官文人,这是他们常做的一件事。利玛窦就制作过天球仪、地球仪、日晷、象限仪、纪限仪等。汤若望在他和徐光启等中国学者主持的《崇祯历书》中就不仅介绍西方天文学理论,而且也介绍了西方天文学的仪器。《崇祯历书》中所介绍的西方天文仪器有以下 17 种:1. 古三直游仪;2. 古六环仪;3. 黄赤全仪;4. 古象运全仪;5. 弧矢仪;6. 纪限仪;7. 象限仪;8. 地平经纬仪;9. 平面悬仪;10. 星盘;11. 赤道经纬全仪;12. 赤道经纬简仪;13. 黄道经纬全仪;14. 天球仪;15. 演示浑仪;16. 木候仪;17. 望远镜。

根据学者们的考察,"通过《崇祯历书》的编撰,传教士们已经把 1619 年以前的绝大多数欧洲天文学仪器介绍给钦天监"②。传教士们不仅仅是在书本中介绍,也实际制作这些天文仪器,一是为了实际的天文观察,同时也是为了向皇帝们展示西方的天文仪器。晚明时传教士和中国的天文学家们也曾联合制作过一些天义仪器,但大规模的制作西方天文仪器是清初时比利时的来华传教士南怀仁。

经过清初的"历狱之争",南怀仁取得了康熙的完全信任,康熙八年(1669)礼部建议授南怀仁为钦天监监正,四月一日康熙正式下旨,让南怀仁"治理历

---

① 江晓原、钮卫星:《天文西学在渐集》,上海书店出版社,2001 年,第 316 页。
② 张柏春:《明清测天仪器之欧化:十七、十八世纪传入中国的欧洲天文仪器技术及其历史地位》,辽宁教育出版社,2000 年,第 154 页。

法"。这样南怀仁开始大规模制作西方天文仪器,根据南怀仁自己的记载,他在四年期间制作了六台大型天文仪器。康熙十三年(1674),吏部正式奏报给康熙,说"钦造之仪象告成",同时南怀仁还写下了《新制灵台仪象志》,将他所制造的各种天文仪器的制作过程以及安装到观象台的全过程做了详细介绍。

这样,六台崭新的西方天文仪器矗立在北京东南角的古观象台上,给古老的北京增添了新的气象。

那么,南怀仁制造的这些新的西方天文仪器给中国的天文学带来了哪些新的东西呢?对这个问题专家们已经做了深入研究。

首先,从中西文化交流的角度来看,传教士们制作的这些天文仪器毕竟是西方天文仪器在中国的第一次登场,它促进了当时的中西文化交流,使中国的天文学家们在传统的天文仪器制造之外,看到了地球另一个文明的天文仪器和制作方法。

其次,从纯粹技术工艺上讲,这些天文仪器的制作也有自己的特点,和中国的传统天文观测仪器相比,结构更为简洁,使用也更为灵活,机械的方法上有些更为合理。

最后,特别是望远镜的介绍和使用具有重要的意义,欧洲的近代天文学发展最主要得益于望远镜的使用。

但当南怀仁制作这些天文仪器时,他离开欧洲已经近二十年,他已经不太了解欧洲天文学的新进展,因此,如果同当时的欧洲天文仪器相比已经开始有点落后了,不过这样的设备是和他所使用的第谷天文学理论相匹配的,因此还是说得过去。但是后来的戴进贤(Ignaz Kögler,1680—1746)、刘松龄(Ferdinand Augustin von Hallerstein,1703—1774)等传教士在接替南怀仁工作后,由于受到南怀仁已定思路的影响,大体上是在这个方向做的,仍未做出超过欧洲天文学的仪器。后来欧洲的天文学有了较大的进步,这样,原本比较接近欧洲天文学的中国天文学和西方渐渐拉开了距离。所以,有的学者甚至认为,北京古观象台的这些巨大的天文仪器如果和后来欧洲所发展起来的现代天文仪器相比,好像是"科学的恐龙"。

在晨钟暮鼓中,在古观象台工作的传教士们一代接着一代,替天朝的皇帝守护着这个通天的阶梯,但很遗憾,他们在这个高高的观测台上,并没有做出任何新的科学发现,没有任何推动近代科学的发现的成果。这是为什么呢? 大概有两个原因。

第一,传教士们的心思不在科学上,科学只是他们的敲门砖。作为传教士,传教是其第一的目标,而科学只是其为达到传教目的所采取的一种手段。这点南怀仁讲得很清楚:"我们的天文学是在全中国繁育宗教的最重要的根基。"传教士们是"以天文学为借口,而实际上是更清楚地证明我们宗教的真实"①。所以,只要算得准,测天没有差误,也就过得去了。传教士们并不太关心天体运动的新规律,并不想要推动天文学的新发展,他们关心的是清朝帝王对天主教的态度,他们想推动的是天主教在中国的发展。所以,我们不能脱离历史去责难这些传教士,从传教士的角度来看,他们做得已经足够多了,已经大大超出了常规传教的范围。

第二,大清朝的帝王们也只是将观天作为维护其政治统治的手段,从未想过推动科学的发展。如果把中国天文学落后于欧洲天文学的责任推到几个传教士身上,那就想得太简单了,从根本上讲是我们中国方面自身的问题。中国天文学的传统从根本上说就具有政治性,这样帝王们关心的是要通过测准天体运动,特别是日食和月食,以证明王朝的合法性。当然也要算准季节的转换,以不误农时。这样,他们对钦天监的要求也只是算准、测准就行。主人是这样的要求,传教士汉学家们当然不可能主动请缨去研究天文学的最新发展。当传教士把代表欧洲最新科学仪器的望远镜送给乾隆皇帝时,他也只是用它来看看月亮。实际上,传教士已经把当时很多欧洲最新的发明带到了宫中,但这些都成了帝王和妃子们饭后茶余消遣的观赏品。另外,巍峨的古观象台也只是皇家科学的象征,平民是无法站在那里看北京的日出日落的,更不要说在那里连续地观察天文。这些西方的仪器并未走向民间,或为民间天文学家所利用。

从晚明汤若望执掌钦天监开始,经清初南怀仁力辩杨光先,将清初历狱彻底翻了过来,重掌钦天监,到1826年葡萄牙传教士高守谦(Serra)因病回国,西

---

① Noel Golvers, *The Astronomia Europaea of Ferdinand Verbiest*, S. J. (*Dillingen*, *1687*), Steyler Verlag, 1993, pp. 55, 93.

方传教士掌握钦天监长达二百多年。无论是天文学理论,还是天文观测仪器,西方的天文学在中国占据了主导地位,使中国的天文学发生了脱胎换骨式的变化,深刻地影响了中国天文学的发展,改变了不少优秀的民间天文学家的研究路向,推动了他们的天文学研究。

清代中国的著名天文学家梅文鼎的一首诗很好地说明了西方天文学在中国的影响。他写道:"窃观欧罗言,度数为专攻。思之废寝食,奥义心神通。简平及浑盖,臆制亦能工。惟恨栖深山,奇书亦罕逢。我欲往从之,所学殊难同。讵忍弃儒先,翻然西学攻。或欲暂学历,论交患不忠。立身天地内,谁能异初衷?"[①]正是这种"翻然西学攻"的精神,使得清代的一些天文学家虽然"曾不事耶稣",但确能吸收西学,"能彼术穷",从而出现了薛凤祚、梅文鼎等一批精通西方天文学的天文学家。从这点,我们就可以看出经传教士汉学家介绍后,西方天文学在中国的影响和传播。

第三节　西方数学在中国的传播

数学和天文历法不可分,所以传教士向中国介绍西方的天文学时,西方数学研究成果也随之介绍了进来,例如,利玛窦在他的《乾坤体义》中,上卷言天象,下卷讲算数。讲到西方数学在中国的传播,首先要提到利玛窦和徐光启合作翻译的《几何原本》。阮元在谈到西学在中国的传播时说"《天学初函》本诸书,当以《几何原本》为最",梅文鼎认为"言西学者以几何为第一义",日本学者小川琢治则把《几何原本》看成利玛窦向东方介绍的最好的纪念物。当年利玛窦死后,葬在何处成了一个问题,当时的内阁大学士叶向高说,不要说别的贡献,利玛窦就凭他的《几何原本》这一本书就足可以让皇帝赐他葬地,由此可见《几何原本》在当时的影响。

实际上《几何原本》在元代时就传入中国,但当时只是阿拉伯文,并未翻译成中文。这次利玛窦和徐光启的合作,才让中国人真正看到西方数学的真面

---

① 《绩学堂诗钞》卷2。

貌,其重要性正如徐光启所说的:"算术者工人之斧斤寻尺,历律两家旁及万事者,其所造宫室器用也。此事不能了彻,诸事未可易论。"数学如做工的斧头和尺子,如无斧子和尺子,如何造房,没有数学万事都做不成。徐光启跟着利玛窦学习数学一发不可收,1608 年前后一下子完成了三部数学著作,这就是《测量法仪》《测量异同》《勾股义》。《测量法仪》实际上一半是翻译,一半是他的创作。他把利玛窦的口述和自己对中国传统数学的理解结合起来,解释如何把西方的测量学用于实际的测量。《测量异同》是他将西方测量方法和中国测量方法的比较,而《勾股义》则是徐光启根据《几何原本》的原理对中国古代的勾股玄定理的证明。徐光启真的把《几何原本》悟透了,从中获得了灵感,劝人一定好好学习这本书,他认为《几何原本》"能令学理者祛其浮气,练其精心;学事者资其定法,发其巧思,故举世无一人不当学"①。

徐光启还和罗雅谷合作翻译了《测量全义》,介绍西方数学的三角形知识,瞿式耜和艾儒略合作翻译了《几何要法》,受老师徐光启的影响,孙元化也写下《几何用法》一书,可见当时学习西方的几何学成为士大夫们学习西学的重要内容。

对数学的介绍首推利玛窦和李之藻合作的《同文算指》。在介绍西方的笔算方面,《同文算指》的贡献最大,因为在耶稣会士们来华之前,中国的算术主要还是筹算和珠算,通过这本书西方的笔算方法被介绍了进来。它虽然从内容上看并未超过中国古代的数学传统,但毕竟介绍了一种新的方法。当时对西方数学有热情的不仅是士大夫,连皇帝也对其兴趣极大。康熙即位不久就请南怀仁为其讲授天文数学,后又将张诚、白晋等留在身边给他讲授几何学,还把《几何原本》翻译成了满文。康熙这种对数学的热情一直保持着,康熙五十二年他下令开蒙养斋,让三皇子允祉直接来管,下旨:"谕和硕诚亲王允祉等,修辑律吕算法诸书,着于养蒙斋立馆,并考定坛庙宫廷乐器。举人赵海等四十五人,系学算法之人。尔等再加考试,其学习优者,令其修书处行走。"②西方的代数学一开始传入中国时被称为"西洋借根法",也叫"阿尔热巴拉"或"阿尔朱巴尔",这都

---

① 徐光启:《徐光启集(上册)》,王重民辑校,中华书局,1963 年,第 76 页。
② 《清圣祖实录》卷 256。

是"Algebra"的译音。康熙皇帝一度对此很感兴趣,在梵蒂冈档案馆和中国的满文文献里还留下了他在承德避暑山庄跟传教士们学习"阿尔热巴拉"的文献。康熙五十二年六月十七日和素给康熙的奏报称:"西洋人吉利安、富生哲、杨秉义、杜德海将对数表翻译后,起名数表问答,缮于前面,送来一本。据吉里安等曰:我等将此书尽力计算后,翻译完竣,亦不知对错。圣上指教夺定后,我等再陆续计算,翻译具奏,大约能编六七本。"①这说明康熙当时在研究对数问题,对数学有着极大的兴趣。康熙五十一年,康熙到热河避暑山庄,将陈厚耀、梅珏成等人都带到承德,同他们讨论《律历渊源》的编写②。第二年康熙命诚亲王允祉等人"修律吕、算法诸书"③。

西方的数学书除了上面介绍以外还有邓玉函的《大测》二卷、《割圆八线表》六卷、《测天约说》二卷,汤若望的《浑天仪说》五卷、《共译各图八线表》六卷,罗雅谷的《比例规解》一卷、《筹算》一卷,这些都是收入在《崇祯历书》中的数学著作。其他还有像穆尼阁在南京传教时和薛凤祚合作的《比例四线新表》《比例对数表》。这些西方数学书以后很多被收入《数理精蕴》和《历象考成》之中。

康熙喜欢数学也并不仅仅是消遣而已,他还认识到这些西方的玩意是有用的,他重视对数学人才的培养就说明了这一点。康熙九年(1670)康熙下谕:"天文关系重大,必选择得人,令其专心习学,方能通晓精微。"④这样他开始建立了清朝的算学制度。他要求每个旗要选送 10 人,交钦天监安排在不同的科中学习,待以后钦天监缺人立即补上。康熙五十二年(1713)所设立的"蒙养斋"实际就是安排八旗子弟们学习数学、天文的地方。雍正元年(1723)《数理精微》和《历象考成》正式出版发行之时,八旗官学开始设立算学,有教习 16 人,每旗中挑选聪明孩子 30 余人学习算学。这个算学制度一直延续到了乾隆时期。乾隆三年(1738)正式停止了八旗官学的算法,但专设算学。这个机构一直存在。这说明了清廷从康熙朝开始对西方算学的重视。

---

① 中国第一历史档案馆编译:《康熙朝满文朱批奏折全译》,中国社会科学出版社,1996 年,第 878 页。
② 李迪编著:《中国数学史简编》,辽宁人民出版社,1984 年,第 266 页。
③ 赵尔巽等撰:《清史稿(第七册)》,中华书局,1997 年,第 169 页。
④ 马端临:《文献通考》。

西方数学的传入对中国数学产生了不小的影响。晚明以后,中国文人中研究西方数学的人明显增加,例如王锡阐的《晓庵新法》,薛凤祚的《天学会通》,方中通的《数度衍》,李之铉的《算法通义》《几何易简集》《天弧象限表》,杜知耕的《几何论约》《数学钥》,黄百家的《勾股矩测解》,陈世仁的《少广补遗》,梅文鼎的《历算全书》《勿庵历算书目》,黄宗羲的《割圆八线解》《西洋法假如》等。这样的人物和著作我们还可以列出一长串,方豪统计有 42 名文人写下近 73 部数学著作,这充分反映了当时西方数学在中国数学家中的影响。

实际上西方数学的传入对中国数学的影响大体分三个阶段。第一个阶段是从晚明利玛窦等人开始到康熙末年《数理精微》出版,这大约经历了一个半世纪,这一阶段主要是以翻译介绍西方数学为主。第二阶段是从雍正朝开始到基督新教入华前,此时在西方数学的影响下,更多的中国学者转入了对中国传统数学文献的整理,这当然是和当时整个的文化氛围连在一起的,但如果没有第一时期传教士所介绍的西方数学,也不可能有中国学者自觉地对自己传统的重视。第三个阶段是在基督新教入华后,西方数学的第二次传入。在第二阶段,由于"西学中源说"的观点日益被官方和不少学者接受,在对西方数学的评价上产生了分歧。有人说"西算不如中算",也有人说"中算和西算没有太大的差别",还有人说"中西算法各有自己的问题",而同意"西洋算法在中国古代早已有之"的观点为数不少。今天我们看来,其实这些争论的出现本身就说明了西方数学在中国的影响,它直接推动了中国本土数学的发展。这正是:西学之风韫新雨,古树新芽借西潮。

第七章　传教士汉学家们送给中国的新礼物——世界地图

对大航海后西方地理学知识的介绍是入华传教士汉学家们所做的一个重要工作,它首先表现在绘图上,其次是详细地介绍西方的地理学知识。这在当时中国的影响和传教士们所介绍的西方天文学、数学一样,真可谓石破天惊,一石激起千层浪,对中国人的思想产生了重要的影响。同时,传教士们也开始在西方绘制和出版中国地图,从而给欧洲拉开了中国神秘的面纱。

第一节　利玛窦的《山海舆地全图》

利玛窦在肇庆时,凡到他房间去的文人们最喜欢的东西之一就是那幅挂在墙上《山海舆地全图》。利玛窦在日记中记载,许多中国人第一次看到这幅地图时,简直目瞪口呆,不知说什么好。因为几千年来的"夷夏之分"使中国人自认为在世界上只有自己的国度是最文明的,其他地方都是蛮荒之地;中国历来地处世界的中心,是文明的中心。现在这幅地图上竟然在中国之外还有那么多的文明国家。更不能容忍的是,中国在世界上竟不处在中心地位,与整个世界相比,泱泱大国的中国竟如此之小。利玛窦看出了这幅地图对中国文人们的冲击,为了使中国人更好地接受,他重新绘制了这幅地图,只是这次将中国放在地图的中心的地位,这样可以使中国人在心理上舒服些,满足了"华夏中心"的想法。反正地球是圆的,聪明的利玛窦这样画时倒也没有违反什么原则。目前尚不能肯定利玛窦绘制地图的原本是哪本书,但大多数学者认为很可能是1570年出版的奥特里乌斯的《地球大观》(*Theatrunm Orbis Terraum*),这本书现藏北京的国家图书馆。

　　一时间,利玛窦的《山海舆地全图》成为文人的热门话题,根据洪业先生的考察,在短短时间里竟然在全国先后被翻刻了十余次:1584年在肇庆由王泮刻印的《山海舆地图》,1595年在南昌刻印的《世界图志》,1595、1598年赵可怀勒石在苏州两度刻印的《山海舆地图》,1596年在南昌刻印的《世界地图》和《世界图志》,1600年吴中明在南京刻印的《山海舆地图》,1601年冯应京在北京刻印的《舆地全图》,1602年李之藻在北京刻印的《坤舆万国全图》,1602年在北京刻印的《两仪玄览图》,1604年郭子章在贵州刻印的《山海舆地全图》,1606年李应试在北京刻印的《世界地图》,1608年宫中的太监们摹绘的《坤舆万国全图》[①]。

　　当代学者黄时鉴和龚缨晏在洪煨莲先生研究的基础上对利玛窦绘制的地图和流传做了总结性的研究,提供了大量新材料,令人耳目一新。从他们的研究中我们看出当时利玛窦地图在知识分子中的传播是相当广泛的。例如,1595年在南昌刻印的《世界图志》已经找不到了,但利玛窦在南昌时所结识的理学大家章潢却把利玛窦的《世界地图》摹绘了下来,收入了他的《图书编》中。1601年冯应京在北京刻印的《舆地全图》今天也完全看不到了,但在他的《月令广义》中却有摹本。他们在王圻的《三才图会》中也发现了《山海舆地全图》的摹绘本;利玛窦绘、冯应京刻印的《世界舆地两小图》至今尚未发现,但他们在明末程百二的《方舆胜略》中发现了它的翻刻印本;王在晋的《周天各国图四分之一》实际上是一幅东亚的投影世界地图,作者注明是利玛窦绘的,但利玛窦自己从未提到过。黄和龚两位学者认为,从地图的知识内容来看不可能是中国学者所绘,很可能就是利玛窦所绘。这至少说明当时,利玛窦地图流传之广。

---

① 　参见洪业:《洪业论学集》,中华书局,1981年,第178页。

利玛窦的地图不仅在中国广为流传,同时也传到了日本和朝鲜。朝鲜弘文馆副提学李晬光在 1614 年所写的《芝峰类说》一书中说朝鲜使臣李光庭将利玛窦的地图带回朝鲜,"我们知道,《坤舆万国全图》是 1602 年秋在北京问世的,次年即已传入朝鲜,可见其传播速度之快"。传入日本的利玛窦地图除了传教士带去的外,也有通过各种途径传入日本的。目前,藏在日本的利玛窦地图有三幅,分别藏于京都大学、宫城县县立图书馆和国立公文馆内阁文库。另外,如上面提到的中国文人所摹绘的利玛窦地图也被日本的各种书籍所转录。利玛窦的地图在日本流传之广真是超出我们的一般想象。"江户时代的著述,有三十余种利用或提到了利玛窦世界地图,另有二十五部文献中描绘的世界地图参考了利氏地图。这五十余种文献具有这样一些明显的特点:一、时间跨度长,从 1661 年一直延续到 1863 年;二、作者身份庞杂,包括官员、学者、军事家和翻译家等;三、书籍种类多,不仅有天文地理著作,而且也不乏小说随笔,以及《节用集》《唐土训蒙图绘》之类面向一般读者的简易百科辞典。通过这些不同类型的读物,在整整两个世纪中,利玛窦世界地图对江户时代各阶层人们的世界地理观产生了广泛影响"①。

后来,利玛窦到北京时,打动万历皇帝的除了那件定时会响的自鸣钟以外,还有这幅万国全图。据说,当年万历皇帝让利玛窦将这幅万国全图做成分图,然后贴在屏风上,成了屏风上的图案,每天坐卧起居之时,他都要将身边的这幅屏风地图看上几遍。万历皇帝是被地图上那些异国风情的图案所吸引,还是被地图所绘出的世界冲击了心灵,我们不得而知,不过每天几次不自觉地站在这幅地图前发呆,就足以说明他深深地被利玛窦的这幅地图吸引了。

那么,利玛窦的这幅"万国全图"给当时的中国人带来什么新的东西呢?它凭什么得到了上至皇帝下到书生们的喜欢呢?为什么它又会受到另一些人的强烈反对呢?这幅地图为何如此受到朝鲜和日本人的喜爱,被其不断地翻刻和收藏呢?

我想大约有以下两个原因。

---

① 黄时鉴、龚缨晏:《利玛窦世界地图研究》,上海古籍出版社,2004 年,第 128 页。

第一，它打破了"夷夏之分"的传统观念。"夷夏之分"是儒家的一个重要看法。远在春秋时代孔子从政治统一的观点出发在《春秋》中主张尊王攘夷；从文化的角度出发，他在《论语》中主张用夏变夷。这样夷夏之分的思想就成了儒家传统思想之一。先秦儒家通过"吾闻用夏变夷者，未闻变于夷者也"（《孟子·滕文公上》）的"夷夏之辨"确立了华夏文化的"远人不服，则修文德以来之"（《论语·季氏》）的自信心和"夷狄之有君，不如诸夏之无也"（《论语·八佾》）的优越感。宋代理学家石介所谓《中国论》说得最为明白："天处乎上，地处乎下，居天地之中者曰中国，居天地之偏者曰四夷，四夷之外也，中国内也。"①这种文化上的自信心和优越感，一直是中国士大夫天下观的支撑点。今天，在利玛窦的地图面前，文人们突然发现华夏并不等于天下，在这个世界上，中国之外也并非都是蛮夷之地，遥远的欧罗巴其文明程度几乎和中华文明一样灿烂和悠远，那里"工皆精巧，天文性理无不通晓，俗敦实，重五伦，物业甚盛，君臣康富，四时与外国相同，客商游遍天下"。这样，几千年脑中的"夷夏之分"瞬间突然倒塌，这种冲击是可想而知的。

所以，利玛窦的地图介绍的这种文化观念始终受到一些人的批评，晚明时文人李维桢看到利玛窦的地图上中国画得很小（实际上，利玛窦为了满足中国文人的华夏中心的观念，已经把中国放到了地图的中央）很生气，认为地图"狭小中国"。当时接受了西学知识的文人陈祖绶解释说："夫西学非小中国也，大地也。地大，则中国小。"那些坚决反对传教士的人更是气不打一处来："乃利玛窦何物？直外国一狡夷耳！"这些人拿出《尔雅》《说文解字》考证"亚"字，就是"小"，就是"次"，就是"丑"，就是"微"，反正是不好的意思，而利玛窦把中国所在地说成是"亚细亚洲"，居心何在？利玛窦的地图触动了几千年来的"华夏中心"的观念，这样的反对声音是很正常的。

当然，拥护、赞同利玛窦地图的人也不少。刻印利玛窦地图的郭子章有句话很典型。他在自己所刻印的《山海舆地全图》的序言中说："利生之图说"是"中国千古以来未闻之说者"。当别人说利玛窦是个老外，他怎么可能与中国古

---

① 石介：《徂徕石先生文集》，陈植锷点校，中华书局，1984 年，第 116 页。

代的天地观念一样呢？郭子章用孔子说过的"天子失官，学在四夷"为自己辩护，寻找理由。文人学子们在接受利玛窦的世界观念的同时，实际上开始逐渐走出了华夏中心的老观念。和传教士多有接触的瞿式耜说："且夷夏亦何常之有？其人而忠信焉，明哲焉，元元本本焉，虽远在殊方，诸夏也！"①这里他已经完全消除了夷夏之分，在他看来，像利玛窦这些西方人，人忠厚老实，思想深刻，待人本本分分的，虽然他们在八万里之外，但那里也和我们华夏一样，同样是礼仪之邦。李之藻在《坤舆万国全图序》中则完全突破了传统的夷夏观念，以一种开放的态度看待东方和西方，力求会通中西："昔儒以为最善言天，今观此图，意与暗契。东海西海，心通理同，于兹不信然乎？"

一幅地图，是一个新的世界观；一幅地图，是一个新的文化观。利玛窦的地图，从文化上第一次打破了中国几千年的"华夏中心论"，就此而言给予利玛窦的地图再高的评价也不为过。

第二，它打破了"天圆地方"的观念。在中国第一个宣传地圆说的并不是利玛窦，而是道明我会的传教士高母羡（Juan Cobo）。他写了一本《无极天主正教真传实录》的书，在书中已经明确提出地圆说，但这本书在中国并无流传，只是方豪1952年在西班牙的国家图书馆里发现的。而利玛窦的地图广为流传，实际上中国文人所知的地圆学说也是从利玛窦这里听到的。利玛窦在他的地图中说："地与海本是圆，而合为一球，居天球之中，诚如鸡子黄在清内。有谓地为方者，乃语其定而不移之性，非语其形体也。"（《坤舆万国全图》，禹贡学会1933年）文人们见到这样的文字感触很深，对传教士所介绍的西学一直抱有热情的杨廷筠说："西方之人，独出千古，开创一家，谓天地俱有穷也，而实无穷。以其形皆大圆，故无起止，无中边。"（《职方外纪序》）利玛窦可谓"独创新说的千古伟人"。对绝大多数的文人来说地圆之说也是前所未闻，所以刘献廷在《广阳杂记》中说："如地圆之说，直到利氏西来，而始知之。"利玛窦自己也说："他对中国整个思想界感到震惊，因为几百年来，他们才第一次从他那里听到地球是圆的。"②

---

① 艾儒略:《职方外纪校释》,谢方校释,中华书局,1996年,第9—10页。
② 转引自林金水:《利玛窦输入地圆学说的影响与意义》,《文史哲》1985年第5期。

当然,反对的大有人在,张雍敬在他的《定历玉衡》一书中的观点最为典型。他认为按照地球是圆形的观点,地球的四处都有人,如果这样,那么,在球的下面的人岂不是头朝下站着吗?球两边的人岂不是横躺在球面上吗?平常我们看到小虫爬在梁上,但如果小虫是背向下,一定会掉下来,那么,在球下面的人难道不掉下来么?由于他不懂万有引力规律,这些问题今天看起来是很可笑的。但当时张雍敬的观点受到很多人的称赞,朱彝尊说:"是书传足以伸儒者之气,折泰西之口。"而杨燮则赞扬张雍敬"以一人之独信,释千古之大疑,岂不畅然快事哉"(《定历玉衡》,《续修四库全书》本,上海古籍出版社)。同意张雍敬的人并不在少数。如果说他是从自然常识上反对地球是圆的观点,那么更有甚者,将这个基本的常识问题说成一个文化高低的问题,许大受这位对传教士一直很反感的文人认为:如果地球是圆的,那么在中午时我们不就转到了西洋人国家的下面么?这样我们巍巍中华成了"彼西洋脚底所踹之国,其轻贱我中夏甚已!"[1]由此,他甚至认为"宁可使中夏无好历法,不可使中夏有西洋人"。

当然,对利玛窦的地圆说还有另一种看法,认为中国古代早就有之,并非西方人所发明。清初天文学家梅文鼎说,"地圆之说,固不自欧逻西域始也"。这涉及中国古代的浑天说理论。如中国汉代天文学家张衡认为,"浑天如鸡子,天体圆如弹丸,地如鸡子中黄,孤居于内,天大而地小"。但这种浑天说实际上仍是主张"天圆地平"的,这点徐光启曾说过:"近世浑天之说明,即天为圆体无疑也。夫天为圆体,地能为平体……"[2]重要的是中国古代的浑天说只是一种理论的设想,而西方的地圆之说是大航海后经过实践"所证明的正确学说"[3]。这种观点是当时清初时流行的"西学中源说"的体现。其实,这种观点恰恰也说明了传教士所介绍的西学对中国学人的冲击,正是在传教士们所介绍西学的刺激下,很多文人开始重视自己的科学传统,清理自己的古代文献。不论"西学中源说"如何之理解,这种观点的产生从另一个方面反映了西学的影响,这是无可怀疑的。传教士作为汉学家其作品在中国有如此影响,就是今天的汉学家也望尘莫及。

---

① 杨光先等撰:《不得已(附二种)》,陈占山校注,黄山书社,2000年,第60页。
② 徐光启:《徐光启集(上册)》,中华书局,1963年,第63—64页。
③ 林金水:《利玛窦输入地圆学说的影响与意义》,《文史哲》1985年第5期。

第二节　西方地理学在中国的传播

西方地理学的传入在明代第一次是利玛窦所绘制的《坤舆万国全图》,第二次影响较大的就是艾儒略和中国文人杨廷筠合作出版的《职方外纪》。艾儒略是意大利人,他继承了他的老乡利玛窦的传统,走适应中国文化的传教路线,获得了很大成功。后来,他到福建传教和文人打得火热,被称为"西来孔子"。《职方外纪》就是他在中国做的一件重要的事。这本书的明刊本的署名是"西海艾儒略增译,东海杨廷筠汇记",所谓"增译",艾儒略在书的序言中说:"兹赖后先同志,出游寰宇,合闻合见,以成此书。"这些同志就是前后来到中国的耶稣会士们庞迪我、熊三拔(Sabbatino de Ursis,1575—1620)、邓玉函、鄂本笃,艾儒略根据这些耶稣会士们所带来的西方地理学的书,以及他们在世界各地的所见所闻,加以翻译和整理而成。特别是邓玉函、鄂本笃所提供的知识都是最新的世界地理知识,这样,艾儒略的这本书"不单对中国人来说是一部陌生的世界地理,而且对西方来说也是一部有着 17 世纪最新材料的世界地理"①。

这本书的名字很可能是杨廷筠的主意,很有特点。在周代的官职中就有"掌天下之图,以掌天下之地"的职方氏,在传统的职方记中无非是"四夷""八蛮""七闽""九貉""五戎""六狄"这些地方,这就是中国人心中的天下。但艾儒略以《职方外纪》为名,就是要告诉中国人,在你们传统的天下之外还有天,可谓天外有天,楼外有楼,用意十分明显。艾儒略这本书一共有五卷,卷首为万国全图和五大洲总图及分图。他的图画得不如利玛窦的地图大,但介绍的地理知识,特别是人文地理知识是前所未有的。第一卷为亚细亚总说及分说十三则;第二卷为欧罗巴图和欧罗巴总说及分说十二则;第三卷为利未亚图和利未亚总说及分说十三则;第四卷为亚墨利加图和亚墨利加总说及分说十五则,另在最后有墨瓦拉尼加总说;第五卷为四海总说,有海名、海岛、海族、海产、海状、海舶、海道等。艾儒略这本书和利玛窦地图的不同在于,他不仅仅是展示了世界

① 艾儒略:《职方外纪校释》,谢方校释,中华书局,1996 年,第 4 页。

地图,而且他比利玛窦更为详细地介绍了西方当时最新的地理知识。例如,在介绍南北美洲,即卷四南北亚墨利加和墨瓦拉尼加时说:"初,西土仅知有亚细亚、欧罗巴、利未亚三大洲,于大地全体中止得什三,余什七云是海。"应该说传教士很老实,真实地告诉中国文人,他们一开始也是只知道地球只有三个洲,其他地方是海。"至百年前,西国有一名大臣阁龙者,素深于格物穷理之学,又生平讲习行海之法……阁龙遂率众出海,辗转数月……"这里的"阁龙"就是哥伦布,它讲的是哥伦布发现新大陆的事,这是传教士首次在中国介绍哥伦布的事迹,意义重大。在人文地理方面艾儒略也做了很多的介绍,我们将在下面的章节中再加论述。

清初在介绍西方地理学方面影响最大的是南怀仁。他做了两件事,一是绘了幅世界地图,二是写了几本介绍西方地理学的书。南怀仁1676年所绘的这幅世界地图名为《坤舆全图》,尺幅很大(179厘米×432厘米),它包括两个半球图,共有8个屏幅。南怀仁在绘制这幅地图时充分地吸收了他的耶稣会同伴的成果,他和利玛窦一样,在绘制时采取了尊重中国传统天下观的做法,把中国放在世界中央。和利玛窦不同的是,他这幅地图是给康熙看的,所以,在地图的署名完全不同,南怀仁署的是他的官名,完全看不出其传教士的身份。正因为这样,这幅地图不像利玛窦的地图那样,得到很多文人们的赞扬,有多位士人们为其写序。这幅地图不如利玛窦的地图的地方在于它没有很好地吸收利玛窦地图的汉文译名,有很多地名的翻译读起来很奇怪。当然,南怀仁的地图看起来比利玛窦的地图更好看,因为他在地图上绘制了14种饰物,飘动的云,圆圆的月,被风吹起的三桅帆,这些使地图很有吸引力,我想当年康熙皇帝看后一定十分高兴。南怀仁的这幅地图不仅画得好看,在许多方面也比利玛窦的地图更为精确,例如,地图中对东亚地形的描绘、对中国曲折的东海岸的绘制都更好些。

为了使康熙帝在看这幅地图时更为方便,南怀仁接着就围绕这幅地图写了三本书《坤舆图说》《坤舆格致略说》和《坤舆外记》,这几本书在清代多次被翻刻,《坤舆图说》和《坤舆外记》分别被收入《四库全书》和《古今图书集成》之中,由此可见其被重视的程度。这几本书除介绍世界的地理知识外,也介绍了人文地理的知识,许多内容也多采用艾儒略的《职方外纪》一书。

　　南怀仁 1674 年呈献给康熙的地图是康熙接触西方绘图的开始,以后他逐渐注意绘图在治理国家中的重要性:"朕于地理从幼留心,凡古今山川名号,无论边徼遐荒,必详考图籍,广询方言,务得其正。"①传教士冯秉正在给友人的信中也曾说到这一点:"将近四年以来,我几乎无法如我所愿的那样履行传教士的职责。整个这段时间,皇帝命我测绘中国地图。陛下在不同时间里共委派了九名传教士进行这项工作。"②这里所讲的全国地图就是康熙时代由传教士所绘的《皇舆全览图》。

　　《皇舆全览图》的正式测量始于康熙四十七年四月十六日(1708 年 6 月 4 日)。白晋、雷孝思(Jean-Baptiste Régis,1663—1738)和杜德美(Pierre Jartoux,1668—1720)在康熙的安排下开始测量长城的确切位置,从而拉开了这个巨大测绘工程的序幕。接着雷孝思等人又先后完成了东北地区和北直隶地区的测绘工作。为了加快测绘的速度,康熙五十年(1711)他将测绘人员分为二队,一队由雷孝思和麦大成(Jean-François Cardoso,1676—1723)负责,绘制山东的地图;一队由杜德美和费隐(Xavier-Ehrenbert Fridelli,1673—1743)等人负责,出长城去绘制现在的哈密以东的东蒙古地区。接着,麦大成和汤尚贤(Pierre-Vincent de Tartre,1669—1721)等人完成了陕西、甘肃、山西等地的测量工作。而冯秉正和肯特雷(P. Kenderer)协同雷孝思又测定了河南的地图,几人随后又一起测绘了江南、浙江和福建的地图。汤尚贤和麦大成绘制了江西、广东和广西的地图,费隐等人则绘制了四川、云南和贵州的地图。康熙五十三年至五十六年,"又派了在钦天监学习过数学的喇嘛楚儿沁藏布兰木占巴和理藩院主事胜住同往西藏测绘。测量人员直达恒河源而止"③。

　　到康熙五十六年(1717)一月,各地的测绘工作基本完成,康熙将绘制全图的工作交给杜德美,到康熙五十七年全图合成完成。《皇舆全览图》是康熙朝中西文化交流的重要事件,也是康熙所做的大事之一,正如大臣们所说的,这是"从来舆图所未有也,……皇上精求博考,积三十年之心力,核亿万里之山河,收

---

①　章梫撰:《康熙政要》,褚家伟、郑天一、刘明华校注,中共中央党校出版社,1994 年,第 344 页。
②　杜赫德编:《耶稣会士中国书简集(中卷)》,朱静、耿昇译,大象出版社,2005 年,第 157—158 页。
③　赵荣、杨正泰:《中国地理学史(清代)》,商务印书馆,1998 年,第 135 页。

寰宇于尺寸之中,画形胜于几席之上……"(《清圣祖实录》卷283)

乾隆二十年(1755)乾隆用兵西北,收复伊犁,乾隆即下令:"西师奏凯,大兵直抵伊犁,准噶尔诸部尽入版图,其星辰分野,日月出入,昼夜节气时刻,宜载入时宪书,颁赐正朔,其山川道里,应详细相度,载入皇舆图,以昭中外一统之盛。……带西洋人二名,前往各该处,测其北极高度,东西偏度,及一切形胜,悉心考订,绘图呈览,所有坤舆全图,及应需仪器,俱著酌量带往。"(《清高宗圣训》卷217)由此,开始了《乾隆内府舆图》的绘制。参加绘制的传教士主要有蒋友仁、高慎思(Joseph d'Espinha,1722—1788)、傅作霖(Félix da Rocha,1713—1781)、鲍友管(Antoine Gogeisl,1701—1771)、刘松龄等人以及清廷大臣刘统勋、何国宗等人。乾隆二十六年(1761)六月,传教士汉学家们完成了《西域图志》,乾隆又专派一批官员修订,历时20年,于乾隆四十七年(1782)完成了《钦定皇舆西域图志》。

同时,在康熙《皇舆全览图》的基础上,吸收了乾隆二十一年、二十四年(1756,1759)两次在新疆、西藏等地的绘制成果,于乾隆二十五年(1760)编绘成全国实测地图《乾隆内府舆图》。该图由蒋友仁制成铜板104块,以纬度5度为1排,共13排,故又称"乾隆十三排图"。"《乾隆内府舆图》不仅是一幅历来被认为是奠定了今天疆域版图的中国全图,同时也是当时是世界上最早、最完整的亚洲大陆全图,其覆盖面积远远超过康熙图。"[1]

在华的传教士汉学家们和中国合作者在康熙时代绘制的《皇舆全览图》和在乾隆时代绘制的《乾隆内府舆图》不仅是"亚洲当时所有的地图中最好的一幅,而且比当时的所有欧洲地图都更好、更精确"。它表明了"中国在制图方面又再一次走在世界各国的前面"[2]。它们在清代地理学史上,乃至在整个中国地理学史上都有着重要的意义。

第一,这是中国历史上第一次在实测经纬度的基础上绘制的地图。当时传教士汉学家们所使用的主要测绘方法是三角测量法。雷孝思在给友人的信中

---

[1]　孙喆:《康雍乾时期舆图绘制与疆域形成研究》,中国人民大学出版社,2003年,第62页。

[2]　李约瑟:《中国科学技术史(第五卷　地学　第一分册)》,《中国科学技术史》翻译小组译,科学出版社,1976年,第235、238页。

说:"因为我们尺不离手、精确分割半圆、在两地间多设测定点使之连成环环相扣的三角网……持续不断进行三角法测量,还有其有利之处,这不仅可以测出一地的经度,而且可以得到该地的纬度,此后通过测定太阳或北极星在子午圈的高度加以校正。"①这是当时世界上测量地形的最先进的方法,《皇舆全览图》也是当时世界上最大的地图。正如翁文灏先生所说:"十七、十八世纪间欧洲各国大地测量亦尚未经始,或未完成。而中国全图乃告竣,实为中国地理之大业,虽出异国专家之努力,亦足见中国计划规模之远大焉。"②

第二,传教士汉学家们和中国测绘人员绘制的这些地图,对中国清代的地图绘制发生了重要的影响。到晚清时,清政府绘制的一些重要地图,如道光十二年(1832)董立方绘、李兆洛编的《皇朝一统舆地全图》,同治二年(1863)胡林翼、严树森编制的《大清一统舆图》,都是在《皇舆全览图》和《乾隆内府舆图》的基础上改进的。应该说由胡林翼、严树森编制的《大清一统舆图》受传教士所绘地图影响有限,但此后开始在民间传播。同时,传教士汉学家们绘制的这些地图也成为后来外国人绘制中国地图的蓝本,如1735年法国人唐维尔绘制的《中国分省图》《满蒙藏图》都是以《皇舆全览图》和《乾隆内府舆图》为蓝本和基础的。

第三,促成了中国传统地理学的分化和发展。我们应看到这些地图绘制的过程就是中西文化交流的过程。我们当然首先必须肯定,在清中期以前的地图绘制中,入华的传教士汉学家们起着重要的作用,或者说起着主导的作用。但在这个过程中,中国方面的作用也是十分重要的,中国的测绘人员也做了大量的工作。更重要的在于:如果没有康熙帝和乾隆帝的大力支持,这几乎是不可能的。这两幅地图的绘制实际上并不是传教士们一次单纯的科学活动,它更是一项清王朝的重要的国家行为。在这个绘制的过程中,传教士汉学家们带来了欧洲新的绘制地图的方法,中国的测绘人员也学习到了这种方法。其次,传教士汉学家们绘制这些地图使西方的绘图方法进入了中国的官方,得到了官方的

---

① J. B. 杜赫德:《测绘中国地图纪事》,葛剑雄译,中国地理学会历史地理专业委员会《历史地理》编委会编:《历史地理(第二辑)》,上海人民出版社,1982年,第209页。

② 转引自王庸:《中国地理学史》,商务印书馆,1938年,第113页。

认可,从而使原有的中国传统地图绘制方法开始分化,也就是说,开始有了一种新的绘制方法在中国出现,并居于官方地位。当然,传教士汉学家们在绘制这些地图时也大量吸收了中国传统,从利玛窦到艾儒略和南怀仁在绘制地图时,都参考和使用了中国传统地图的内容,特别是地名译名。《皇舆全览图》中西藏的地图就是中国人独立绘制的,后经传教士检查,《拉萨图》《雅鲁藏布江图》《刚底斯阿林图》有些错误,后因发生了其他事件,测绘人员无法继续测绘,从西藏撤了回来,但这些图仍附在《皇舆全览图》中。

《皇舆全览图》和《乾隆内府舆图》多次刻版,既有木刻版也有铜刻版,还有摹绘本①,在民间还是有一定的影响。但此时中国的传统绘制地图方法仍然存在,这说明它们的影响有限,康熙以后各地的地方志中大量绘图仍采用传统的方法,像《西藏图识》《西招图略》《卫藏图识》《西藏图考》等,都不著经纬,也不明比例。所以,学者们认为"清统治集团上层的制图观念深受西方的影响,某种程度上接受了西方制图术;而在地方上的地图绘制者从总体上说未被朝廷所引进的新的测绘方法和观念所触动"②。或者说,"中国古来地图,自裴秀以迄明末,即有计里开方之法与传统之通俗绘法相重叠。及清初测绘地图,经纬图法输入,而地图绘法乃成三重之局"③。清中前期中西文化交流基本正常,所以,那是一个文化开始融合的时代,文化开始出现多元的时代。在地图绘制上是一个三重奏的时代,这是一个比较客观的看法。

第三节　来华耶稣会士与中国地图的西传

中国和欧洲实在是两个差别太大的文化,来华的传教士们是一批不知疲倦的文化探险者,他们不仅向中国介绍西方的地图,同时也开始关注中国的地图,这些从教堂里走出来的神父们对中国这个广大而又陌生的土地充满了好奇之心。最早开始绘制中国地图并带回西方的是意大利耶稣会士罗明坚。罗明坚

---

① 李孝聪:《欧洲收藏部分中文古地图叙录》,国际文化出版公司,1996年,第160—182页。
② 孙喆:《康雍乾时期舆图绘制与疆域形成研究》,中国人民大学出版社,2003年,第62页。
③ 王庸:《中国地理学史》,商务印书馆,1938年,第125页。

的这部地图名为《中国地图集》(*Atlante Della Cina*)，1987 年才被人发现，它原来一直深藏在罗马国家图书馆中。1993 年经过罗马档案馆和 Istituto Poligrafico e Zecca dello Stato 的整理后正式出版，重见天日。

这本地图集共有 37 页说明和 28 幅地图，其中有些是草图，有些绘制得很精细，它有以下几个特点。

首先，它第一次较为详细地列出了中国的分省地图。罗明坚介绍了中国的十五个省份，他对每个省份都进行了分析性的介绍，从该省的农业生产、粮食产量、矿产，到河流及流向，以及各省之间的距离及各省边界、方位，对"皇家成员居住的地点、诸如茶叶等特殊作物、学校和医科大学以及宗教方面的情况"[①]也都有较为详细的介绍。

其次，在它的文字说明中，首次向西方介绍了中国的行政建构，国家的组织结构等，这正是当时欧洲感兴趣的问题。他从"省"到"府"，从"府"到"州"和"县"，按照这个等级顺序逐一介绍每个省的主要城市、名称，甚至连各地驻军的场所"卫"和"所"都有介绍，所以这个地图集的编辑者说："这部作品最突出之点也是作者试图准确地说明中国大陆的行政机器在形式上的完善性。"[②]

最后，它突出了南方的重要性。意大利学者认为罗明坚的中国地图肯定受到了中国地图学家罗洪先《广舆图》的影响，罗明坚所使用的许多基本数字大都来源于《广舆图》。但在对中国的介绍上，罗明坚却表现了西方人的观点。他不是首先从北京或南京这两个帝国的首都和中心开始他的介绍。而是从南方沿海省份逐步展开了他的介绍，"这种看待中国的方式与那个近代葡萄牙人的方式完全相同"，因为对当时的欧洲人来说，他们更关心的是与他们贸易相关的中国南部省份。

在向西方介绍中国地图方面，罗明坚之后最重要的人物就是波兰的来华耶稣会士卜弥格。这位传教士是南明永历王朝的重臣，在吴三桂的铁骑赶着永历皇帝在西南到处乱跑时，永历朝的宰相庞天寿提出派人到罗马搬兵，因为宫中一些加入了天主教，他们试图让罗马教廷来挽救永历朝。卜弥格被选为派往罗

---

① 洛佩斯：《罗明坚的〈中国地图集〉》，《文化杂志》1998 年春季号，第 6 页。
② 同上刊，第 5 页。

马的特使。这位特使历经六年之艰辛带着罗马教廷的一纸空文返回了东方。但此时，南明永历王朝已经灭亡，他到哪里去找那个早死在清军刀下的庞天寿呢？在风雨交加中，他一头栽倒在中国和越南的边界旁，从此，再也没有起来。但正是这位"中国使臣"留在罗马梵蒂冈图书馆一幅珍贵的《中国地图册》。

卜弥格这幅地图的全名是《大契丹就是丝国和中华帝国，十五个王国，十八张地图》(*Magni Catay quod olim Serica et modo Sinarum east Monarchina , Quindecim Regnorum , Octodecim geographica*)，简称《中国地图册》或者《中国拉丁地图册》，这部地图册共有十八张地图。它包括十五张当时中国的行省图、一张中国全图、一张海南岛图和一张辽东地图。从西方地图绘制史上来看，卜弥格这幅《中国地图册》有以下两个重要的特点。

首先，它比较详细地介绍了中国人文地理。在每幅地图上，卜弥格都写有说明的文字，配有图案。这些文字介绍了中国的历史、风俗和简单的社会生活。德国汉学家福克斯(Walter Fuchs)根据卜弥格在地图中的说明文字，把这些内容分成若干章，从中我们可以看出这幅地图的丰富性。这些章节是：

第一章：中国人的起源，他们认为什么样的上帝才是造物主？

第二章：中国人认为他们的国土是个什么样子？他们是如何描绘自己的地理位置的？他们对天空、星辰和星星的运行有什么样的概念？他们根据什么来计算年月？

第三章：古代的丝国和大契丹是不是中国？中国这个名称是怎样来的？

第四章：中国人的起源，他们最早的一些人，他们的皇帝和皇帝的谱系。

第六章：中国的幅员、人口、边界上的城墙、沙漠、峡谷、省份、城市、黄河和长江、给土地施肥、收成、贸易、居民的服装、礼仪和品德。

第七章：汉语、书籍、文学发展的水平、高雅的艺术和力学。

第八章：中国的教派、在中国传播福音的使徒圣托马斯、澳门。

第九章：圣方济各·沙勿略、尊敬的利玛窦和其他来华的耶稣会士神父。

　　第十章:讲授福音的情况和对未来的展望,传教士的居住条件和在中国建立的教堂,受洗的人数和皇宫里最重要人物的受洗。

　　通过这些,我们便可以看出,卜弥格的《中国地图册》实际也是一本介绍中国的书,他对人文地理的介绍十分突出。

　　其次,在地图中对《马可·波罗游记》中的介绍做了对比性的研究。因为当时的欧洲并不清楚"契丹"和"中国"的关系,大多数人认为这是两个国家。卜弥格对此下了很大的力气,可以这样说,他是近代以来欧洲最早的马可·波罗的研究者。他想全力证明的就是他的地图集的标题所说的"大契丹就是丝国和中华帝国"。

　　所以,"卜弥格的地图虽然从来没有发表过,但它在早期耶稣会的制图学中占有很重要的地位,因为它和卫匡国的地图册一样,乃是最早向西方世界提供的一部绘得很详尽的中国地图册"①。

　　在西方真正产生影响的中国地图是意大利来华耶稣会士卫匡国的《中国地图新集》(Novus Atlas Sinensis),这是因为罗明坚和卜弥格的地图虽然早于卫匡国,但都长期没有出版,只是放在图书馆中,除少数的地理学家们研究、翻阅过外,一般大众根本不知道有这两幅地图;而卫匡国这幅中国地图册,绘制精细,介绍详细,在西方一版再版,甚至到1840年鸦片战争后,西方的传教士再次来中国传教,或者那些殖民强盗们来中国淘金时,手头拿的还是卫匡国的这本中国地图册。《中国地图新集》共有17幅地图,其中全国地图一幅,各省的分图15份,附日本地图一份。这点我们在下面要专门研究,这里只是点到为止。

---

① 爱德华·卡伊丹斯基:《中国的使臣:卜弥格》,张振辉译,大象出版社,2001年,第181页。

第八章　身怀绝技的传教士汉学家：
西方物理学在中国的传播

　　南怀仁在康熙二十二年(1683)给康熙上过一个很重要的折子——《进呈〈穷理学〉疏奏》。他在这个奏疏中说：进呈《穷理学》之书，"以明历理，以开百学之门，永垂万世"。他认为，《穷理学》"是百学之根"，提醒康熙如果要学习西方的天文历算，那么最重要的是学好《穷理学》。那么，南怀仁所说的《穷理学》是一本什么样的书呢？从南怀仁所讲的作用来看，应该是西方的哲学和逻辑学，因为只有哲学和逻辑学才是所有学科之基础，正如他所说："若无穷理学，则无真历之学，犹木之无根，何从有其枝也？"当年南怀仁进呈给康熙帝的《穷理学》有六十卷之多，但大部分都遗失了，现在保留下来的也只有十余卷①。现在保留的这些卷目中，最重要的内容就是当年李之藻和傅泛济(Francisco Furtado, 1587—1653)合作翻译的《亚里士多德逻辑学》的"推理"部分内容，这部分内容没有收入当年他们两人合作翻译出版的《名理探》一书中。从这个角度看，《穷理学》的确是一部反映西方哲学的著作。但从现存的残卷内容中，我们发现《穷理学》其实并不是仅仅介绍西方哲学的著作，它实际上汇集了当时许多传教士

---

① 参阅张西平：《传教士汉学研究》，大象出版社，2005年，第84页。

关于西方各类科学著作的译本,或者说是当时西方传教士所介绍的西学总汇,介绍来华的传教士汉学家们在明清之际向中国所介绍的除天文历算之学、地理学之外的其他西方自然科学的知识。

第一节　西方物理学与机械学的传入

"嫦娥应悔偷灵药,碧海青天夜夜心。"李商隐的千年绝唱写出中国文人夜夜遥望星空的心情。耶稣会士来华以后,遥远的星空便可以更清晰地呈现在他们的面前了,这就是汤若望介绍给国人的望远镜。1609 年(万历三十七年)伽利略制成世界上第一架望远镜,第二年就根据他的观测撰写了《星际使者》;十六年后汤若望写下了《远镜说》,将伽利略望远镜的原理介绍给中国。从文化交流来看,在四百年前,这个知识传播的速度是相当快的。

汤若望所介绍的望远镜是西方近代光学知识在我国的首次传播。《远镜说》后被收入《西洋新法历书》,乾隆年间被收入《四库全书》,后又被收入吴省兰辑《艺海珠尘·木集(辛集)》,它在文人中有着广泛的影响。嘉庆二十五年(1820)阮元在广州做两广总督,写下《望远镜中望月歌》,诗中有这样的诗句:

月中人性当清灵,也看恒星同五星。

也有畸人好子弟,抽镜窥吾明月形。

相窥彼此不相见,同是团圞光一片。

彼中镜子若更精,吴刚竟可窥吾面。

吾与吴刚隔两洲,海波尽处谁能舟?

羲和敲日照双月,分出大小玻璃球。

吾从四十万里外,多加明月三分秋。[1]

从诗中,我们看出阮元在风清月白时,举着望远镜遥看明月的愉悦心情。

《远西奇器图说录最》是晚明时介绍西方物理学到中国的重要著作,这本书由德国的来华传教士汉学家邓玉函口述,王徵笔录并绘图,明天启七年(1627)

---

① 　阮元撰:《揅经室集(下册)》,邓经元点校,中华书局,1993 年,第 971—972 页。

在北京刊印。

王徵在序言中说："丙寅冬,余补铨如都,会龙精华(龙华民)、邓函璞(邓玉函)、汤道未(汤若望)三先生以候旨修历寓旧邸中。余得朝夕晤请教益,甚让也。暇日,因述《外纪》所载质之。三先生笑而唯唯,且曰:诸器甚多,悉著图说,见在可览也,奚敢妄? 余亟索观,简帙不一,第专属奇器之图之说者不下千百余种。其器多用小力转大重,或使升高,或令行远,或资修筑……然有物有像,犹可览而想象之……盖凡器用之微,须先有度有数。因度而生测量,因数而生计算,因测量、计算而有比例,因比例而后可以穷物之理,理得而后法可立也。不晓测量、计算,则必不得比例;不得比例,则此器图说必不能通晓。测量另有专书,算指具在《同文》,比例亦大都见《几何原本》中。先生为余指陈,余习之数日,颇亦晓其梗概。于是取诸器图说全帙,分类而口授焉。余辄信笔疾书,不次不文,总期简明易晓,以便人人览阅。"[1]这说明王徵赴京候任,结识了龙华民、邓玉函、汤若望三人,并接受了他们的引导与启发,对"远西奇器"产生兴趣,于是萌发出要把它们翻译成中文的念头。最后,王徵跟从邓玉函学习测量、计算、比例等数学知识,终于"信笔疾书"写下邓玉函的口授。这种传教士汉学家口授,中国文人笔译的合作方式成为当时传教士汉学家完成他们著作的主要方式。

全书共分四卷。第一卷是绪论和重解。此卷先论重之本体,以明立法之所以然。然后分四节详细论述了力学中的基本知识和原理以及与力学相关的知识,即重解、器解、力解和动解。以后又分六十一条,分别讨论了地心引力、重心、各种几何图形重心的求法、稳定和重心的关系、各种物体的比重和浮力等。这里第一次给中国人介绍了阿基米德浮力原理,王徵译为"亚而几墨得"。第二卷为器解,讲述了各种简单机械的原理与计算的问题,例如天平、戥子、杠杆、滑轮、轮盘、螺旋和斜面等,共九十二条。前两卷可以说是物理学"力学"部分的理论说明,第三卷则转入机械的应用。书为图说,共绘了五十四图,介绍各种机械原理的应用。起重有十一图说,引重有四图说,转重有二图说,取水有九图说,

---

① 　王徵撰:《王徵全集》,林乐昌编校,三秦出版社,2011年,第192页。

转磨有十五图说,解木有四图说,解石、转碓、书架、日晷、代耕各一图说,最后水铳有三幅图,但没有说明,因阅图可自明。最后一卷为"新制诸器图说",这一卷实际是王徵自己的研究,可以说是中国第一部近代物理学著作。这一卷共载九器,分别是:虹吸、鹤饮、轮激、风硙、自行磨、自行车、轮壶、代耕、连弩。

李约瑟说王徵是中国近代第一位工程师,这个评价非常客观。方豪研究后发现,王徵还另著有《额辣济亚牖造诸器图说》,在书中发明了各种奇器,如龙尾车、运重机器、千步弩、十矢连发弩、生火机等。

王徵已经完全摆脱了传统儒家的那些迂腐观念,正如他所说:"学原不问精粗,总期有济于世;人亦不问中西,总期不违于天。"①一种开放的心态跃然纸上。他认为,《远西奇器图说录最》所介绍的一切,"实有益于民生日用,国家兴作甚急也"②,爱国之心令人感动。

明清鼎革,清入关主政。这个时期,介绍西方物理学和机械学最多的就是南怀仁。他在介绍西方天文学的同时,就已经涉及物理学的不少知识,如他所编的《灵台仪象志》一书就介绍西方的近代光学知识:光的折射和色散。在他的《穷理学》一书的"形性之理推"卷9中,有"气水等差表"和"气水差全表",都是介绍光学的折射原理。南怀仁是个动手能力很强的人,他不仅在书中介绍西方的知识,而且也亲手来制作物理仪器和机械用具。1679年左右他制作了温度计和湿度计送康熙。最使康熙高兴,也是最令人震惊的是,南怀仁在北京制作了一台蒸汽自动车,这是世界上的第一台"汽车"。南怀仁在《欧洲天文学史》(*Astronomia Europaea*)一书中详细地介绍了他这台蒸汽自动车:

> 三年以前(当为康熙十七年或十八年,1678或1679),当余试验蒸汽之力时,曾用轻木制成一四轮小车。长二尺,且极易转动。在车之中部,设一火炉,炉内满装以燃烧之煤,炉上则置一汽锅。在后轮之轴上,固定一青铜制之齿轮。其齿横出,与轴平行。此齿轮与另一厘轴上之小齿相衔。故当立轴转动时,车即被推而前进。

---

① 王徵撰:《王徵全集》,林乐昌编校,三秦出版社,2011年,第192页。
② 同上书,第192—193页。

在立轴之上，别装一直径一尺之大轮。轮之全周装置若干叶片，向周围伸出。当蒸汽在较高压力之下，由汽锅经一小管向外急剧喷射时，冲击于轮叶之上，使轮及轴迅速旋转，结果车遂前进。在相当高速度之下，计可行一小时以上。——以汽锅内能发蒸汽之时间为准。①

这辆蒸汽车有闸、有舵、有方向盘，能跑、能停、能转弯，基本上具备现代汽车的主要功能。虽然南怀仁的蒸汽自动车并未对现代汽车的发展产生过影响，因为它主要是给康熙皇帝玩赏的，但南怀仁在蒸汽车历史上绝对具有重要的地位，完全可以归为"蒸汽机的先驱者之列"。如方豪所说："南怀仁之试验，其眼光及应用范围，实较西洋同时期者为远大。就利用蒸汽为行车之原动力言，较司蒂芬孙（Stephenson）之火车早一百五十年；就利用蒸汽为轮船之原动力言，较西敏敦（Symington）之轮船早一百二十年；就利用蒸汽力为汽车之原动力言，较波尔（Bolle）之蒸汽汽车早二百年；若就用汽轮于轮船言，则早于帕孙兹（Parsons）二百十八年；就利用汽轮于火车言，则早于里翁斯脱隆（Ljungström）二百四十三年。故在世界热机史上，南怀仁之试验及其广泛之建议，实为勃朗伽发明雏形冲动式汽轮后，所当大书特书者。"②当代学者谢尔（Jorgen Ditlev Scheel）费二十年之力四处收集有关南怀仁蒸汽自动车的文献，并根据南怀仁的记载，真实地重新复制了一台南怀仁式的蒸汽自动车，这更是一段佳话③。从历史上来说，意大利人乔万尼·布兰卡（Giovanni Branca）曾进行冲击式汽轮机试验，利用喷嘴喷出的蒸汽的冲击作用，转动叶轮做功。他的著作《布兰卡的动力机械》，简称《机械装置》（*Le Machine Diverse*）于 1629 年在罗马出版。南怀仁很可能读过这本书，但南怀仁并没有完全模仿布兰卡，他做了自己的改进，因而，谢尔认为"较之布兰卡的设想，这是一个显著的改进"。毫无疑问，南怀仁"制造了第一部文献记载的自动机器"④。虽然，我们将南怀仁作为当代汽车的

①　方豪：《中西交通史（下）》，上海人民出版社，2008 年，第 528 页。
②　同上书，第 529 页。
③　参阅魏若望：《传教士·科学家·工程师·外交家：南怀仁（1623—1688）》，社会科学文献出版社，2001 年，第 259—291 页。
④　同上书，第 285 页。

最早发明者有点言过其实,但从世界技术史的角度来看,南怀仁发明是应该载入史册的。所以,在今天的比利时的汽车博物馆里仍然放着身着清服的南怀仁和他制造的这辆人类最早的汽轮机车的模型的复制品,20 世纪 30 年代末,美国人维因在麻省理工学院的《技术评论》上发表《汽车之始祖》一文,介绍了南怀仁的自动机器的成果,认为南怀仁在北京利用蒸汽推动车和船的试验是前无古人之举。

制造各种机械玩具供清王朝的皇帝们玩赏,一直是耶稣会士和皇帝套近关系、保持接触的重要手段。早年的葡萄牙传教士安文思在宫中时就制造一些好玩的机械玩具,讨好年幼的康熙。有一次他就献给康熙一个机器人,"右手执剑,左手执盾,能自动自行,且十五分钟不息,又有一次献自鸣钟,每小时自鸣一次,钟鸣后继以乐声,每时乐声不同,乐止后继以枪声,远处可闻"①。

后来的法国耶稣会士蒋友仁步安文思之后尘,在机械玩具和器械的制造方面,青出于蓝而胜于蓝,从而深得乾隆皇帝的赏识。蒋友仁作为圆明园的设计者之一,其最得乾隆皇帝欣赏的便是喷泉的设计。它在大水法前设十二生肖代表十二小时,每一生肖一小时喷水一次,轮流喷水,周而复始。乾隆喜欢机械玩具是出了名的,法国耶稣会士汪达洪(Jean-Mathieu de Ventavon,1733—1787)在给友人的信中说:"我作为钟表匠被召至皇帝身边,不过说我是机械师更为恰当,因为皇帝要我做的其实不是时钟,而是稀奇古怪的机器。在我到达前一些时候去世的杨自新修士(Thibau)为皇帝制造了一头(机械)狮子和一只老虎,它们能独自行走三四十步。现在我负责制造两个能拿着一盆花走路的机器人。我已经干了八个月,还需要整整一年方可完工。"②汪达洪后来还给乾隆制造了抽气机,并给乾隆讲解了抽气机的原理,操作方式,给他表演了空气的压缩与膨胀以及其他性能③。

如果从世界机械制造史来看,1662 年日本的竹田近江利用钟表技术发明了自动机器玩偶,并在大阪的道顿堀演出。这个时间和安文思制造机器人的时

---

① 费赖之:《在华耶稣会士列传及书目(上册)》,冯承钧译,中华书局,1995 年,第 257—258 页。
② 杜赫德编:《耶稣会士中国书简集(下卷)》,吕一民、沈坚、郑德弟译,大象出版社,2005 年,第 211 页。
③ 同上书,第 58—59 页。

间大体接近,而如果和欧洲最早的机器人制造相比,安文思应是欧洲机器人制造第一人。当1738年,法国天才技师杰克·戴·瓦克逊发明了一只机器鸭,它会嘎嘎叫,会游泳和喝水,还会进食和排泄。此时大体和杨自新为乾隆制造机器狮子和老虎的时间接近。应该说,来华的耶稣会士个个身手不凡,他们在清宫中造的蒸汽自动车、机器人、机器狮子、机器虎在当时都是最新的机械发明。但所有这些大部分没有走出乾隆的皇宫,没有转化为民间实用的技术,这不能不说是一个很大的遗憾。清至乾隆时发展已到顶峰,败相已露端倪。

过去的研究认为,传教士介绍的这些西方科学技术完全没有传到民间,对中国社会基本没有发生影响。应该说,这个结论有其合理的一面,如上面我们介绍的,如果康熙皇帝将南怀仁给他制造的蒸汽自动车变成产业,把安文思的机器人加以推广,乾隆将抽气机应用于生产,那中国可能早就领先于西方,但他们没有这样做,所有这些只是一种玩赏。

但同时也要看到,虽然传教士所介绍的西方科学技术没有全部传入民间,但毕竟在清宫外的传教士还是和文人学子们有所接触,使这些技术被中国文人们注意。明末四公子之一的方以智就是这样一个典型。他在自己所写的《物理小识》一书中讲天文历算,研风雨雷电,画人体脏器,其内容大多来自传教士,书中的内容大致可与西方的历算、地球科学、生理学、医药学、生活科学、矿物学、植物学、动物学、心灵科学等相通。根据方豪的研究,清初时有黄履庄自己制造的各种光学镜二十多种,千里镜、取火镜、取水镜、显微镜等,有诗描绘他的显微镜:"把镜方知匠意深,微投即显见千斤。"可见,传教士介绍的这些西方器物,在民间仍有流传和研究。实际上,西方的物理机械介绍到中国后,虽然大部分被放在清宫中作为清帝的玩赏之物,但仍有些技术和物品对中国的历史发展和经济发展产生了一定的影响,甚至可以说是较大的影响。这就是大炮和钟表。

第二节　红衣大炮与明清历史的变革

利玛窦在《几何原本引》中已经间接地介绍了西方的火器,提出"唯兵法一家,国之大事,安危之本"。汤若望在《火攻挈要》一书中也已介绍了火炮的使用方法。当时不少天主教文人已经开始对西方火器进行研究和介绍。张焘和孙学诗合著有《西洋火攻图说》，天主教徒徐光启的弟子孙元化有《西法神机》，赵士桢有《神器谱》。黄一农认为，西方大炮的技术优于中国火炮之处主要在瞄准系统："中国虽早在13世纪中叶即已发明火炮，并于明代成为军队作战的'长技'，但几乎所有明以前的兵学著述中，均不曾定性或定量地论述火炮的瞄准技术。相对地，西方的自然哲学家则一直在尝试寻找一个正确的数学表达方式，以描述炮弹的运动。"[1]在晚明的传教士介绍西方大炮的著作中，已经将火炮和数学紧密地结合起来，并将西方火炮的瞄准系统和方法介绍了进来。

但真正开始重视西方的火器大炮还是在辽东战事吃紧之时，万历四十八年（1620）李之藻就开始派他的门生张焘和孙学诗到澳门谈购火炮之事。天启元年（1621）徐光启在奏疏中就提出，必须取西方火炮，这样才能守住城池。其间传教士毕方济、陆若汉（João Rodrigues Tçuu，1561—1634）等人参与了此事。方豪民国期间还在北京青龙桥的天主教墓地发现了当年葡萄牙炮手在北京试炮失手死亡的碑文。

学者汤开建在韩霖的《守圉全书》中发现了澳门的葡萄牙人"委黎多"的《报效始末疏》一文，并认为这是澳门的葡萄牙人第一份对明朝廷所上的奏章，"也是第一份向明廷汇报澳门开埠及澳门葡人与明廷早期关系的最为详细的中文文献"[2]。这份文献证明了明末西方火器大炮的传入对明末政治局势的影响。

按照汤开建的研究，在晚明时，为对抗后金，明王朝曾三次从澳门引火炮。第一次为万历四十八年，辽东战事紧张，"徐光启当时在通州练兵，急需西铳，万历在世时，曾报告要求派人入澳招募人铳，万历帝未批。故徐氏利用万历帝驾崩，新帝刚即位之机，移书在杭州的教中人士李之藻与杨廷筠，要李之藻派张焘、孙学诗秘密入澳购炮。"[3]由于这次购炮是徐光启等人的个人行为，他们只买了四门炮，雇了四名炮手。而澳门的商人为了讨好明王朝，使徐光启为代表

[1]　黄一依：《红夷大炮与明清战争》，四川人民出版社，2022年，第396—397页。
[2]　汤开建：《委黎多〈报效始末疏〉笺正》，广东人民出版社，2004年，第4页。
[3]　同上书，第114—115页。

的天主教官宦集团更有实力,所以很可能这次购炮的费用是澳门的商人出资的。但徐光启的这个要求并未得到熹宗皇帝的支持,而他私自购炮又受到了反对派徐如珂等人的强烈批评。徐光启只好暂停练兵,李之藻也调离了北京。

天启元年,辽东战局紧张,徐光启和李之藻重新受到熹宗皇帝的重用。徐光启和李之藻又派张焘和孙学诗前往澳门购炮,最后购买到24门炮,并随同24名铳师一起进京。这支炮队1623年5月18日受到了熹宗皇帝的接见,并在北京做了三场试炮的表演。其间发生了上面提到的在演练中炮手的死亡。反对派找到理由,熹宗皇帝也以葡萄牙人在北京水土不服为理由,让他们返回。1623年9—10月间,这支炮队离开北京,返回澳门。

宁远之役,明军由于使用了西方大炮,获得胜利。明政府更加认识到西方火器的威力。崇祯元年徐光启再次被起用,明朝再次到澳门购炮募兵。这次澳门派出了由传教士陆若汉陪同,葡萄牙军官公沙·的西劳(GonçalvesTeixeira)为领队的携带40门大炮、有32人之多的远征部队前往北京。在到达离北京附近的涿州市时,由于后金军队已经逼近,城中混乱。这支炮队很快稳定队伍,修筑工事与敌军相持。不久,后金军队自动撤回,1630年2月14日,葡萄牙的这支炮队进入北京,并进宫参拜了皇帝。

“从万历四十八年到崇祯三年输入西铳西兵的全过程。其中包括万历四十八年天主教集团私自入澳门购炮4门,天启元年葡人主动进献红夷炮26门,天启二年入澳门招募铳师24人,及崇祯元年招募葡兵32人及西铳40门等史实。”[①]其间,在是否引进西铳、西兵问题上,明王朝内部始终存在着斗争,以徐光启为代表的天主教政治集团和以广州商人及保守势力为代表的力量不断进行着博弈。而澳门议事会和耶稣会想通过献西铳和西兵的方式,引进西方的军事科学技术,帮助明朝抵御后金在辽东地区的侵扰,同时也可加强以徐光启为代表的天主教集团的政治力量。宁远大战的胜利也说明西方大炮在明清之际战争中的作用。这说明,晚明时西方技术的引进始终是和明朝内部与外部各种政治势力的斗争连在一起的。

---

① 汤开建:《委黎多〈报效始末疏〉笺正》,广东人民出版社,2004年,第15页。

　　这种技术与政治的关系在山东的登州事件后就更为明显地表现了出来。崇祯四年由于后金进入朝鲜半岛,这样,山东的登州一下就成了抗击后金的前线,此时在登州主持军务的是徐光启的弟子孙元化。天主教教徒王徵、张焘以及西方人领统公沙和他率领的葡萄牙铳师、传教士陆若汉等都在登州协助孙元化。但孙元化的部下孔有德在登州附近发生兵变,孙元化大败,西方人领统公沙和他率领的葡萄牙铳师多有战死,孙元化、王徵、张焘被押回北京,孙元化和张焘被斩首,王徵被削职回家。后孔有德和耿仲明率部从登州登船投降后金,携带大量红夷大炮等西方精良武器。这支掌握了西方火器先进技术的军队后来成为后金的主力。从此明朝和后金的军事力量发生了明显的变化。实际上除孔有德、耿仲明外,清初所封的其他二王尚可喜和吴三桂也都曾是孙元化的部属。如黄一农说:"孙元化和徐光启完全不曾预料他们借助西洋火器和葡籍军事顾问所装备和训练的精锐部队,竟然大多转而为敌人所用。"[①]西方火炮在明末清初的战争中发挥了重要的作用,对其掌握和使用,成为各种政治力量较量的重要武器,在明清之际的社会变化中发挥了不可忽视的作用。

第三节　西方自鸣钟与中国近代钟表制造业[②]

　　从西方人来到中国,钟表就随之传到了中国。上面我们也提到,利玛窦送给万历皇帝的礼物中就有自鸣钟,他就是靠着修理自鸣钟,才得以进入皇宫。当时,万历皇帝不同意礼部的意见,硬是将利玛窦留了下来,很大可能是需要他修理自鸣钟。清入关后,在康熙年间,清宫开始设立"自鸣钟处",主要是保管宫中的自鸣钟。除了上面我们谈到的安文思以外,先后有陆伯嘉(Jacques Brocard,1661—1718)、杜德美、林济格(François-Louis Stadlin, 1658—1707)、严嘉乐(Karel Slavicek,1678—1735)、安吉乐(Angelo Pavese)等 6 位传教士在宫中从事钟表制造。在这些传教士钟表匠的努力下,清宫中的造表技术不断提

---

　　① 黄一农:《红夷大炮与明清战争》,四川人民出版社,2022 年,第 257 页。
　　② 本节的写作主要参考了汤开建、黄春艳:《清朝前期西洋钟表的仿制与生产》,《中国经济史研究》2006 年第 3 期,第 114—123 页。在此表示感谢。

高。到康熙四十七年时,江西巡抚向康熙进了一件西洋钟,康熙说:"近来大内做的比西洋钟表强远了,以后不必进。"这说明,此时,清宫中的造表也已经达到相当的规模和水准。

到乾隆时期,清宫中的造表技术有了较大的发展。乾隆本人对西洋的钟表一直有很大的兴趣。他曾做过一首《咏自鸣钟》的诗:

> 奇珍来海舶,精制胜宫莲。
>
> 水火明非籍,秒分暗自迁。
>
> 天工诚巧夺,时次以音传。
>
> 针指弗差舛,转推互转旋。
>
> 晨昏象能示,盈缩度宁愆。
>
> 抱箭金徒愧,挈壶铜史捐。
>
> 钟鸣别体备,乐律异方宣。
>
> 欲得寂无事,须教莫上弦。[①]

从这里可以看出乾隆对西洋钟表的喜爱。为了获得新的西洋钟表,他常常让两广总督注意收集。如乾隆十四年二月五日,他传谕两广总督硕色:"从前进过钟表、洋漆、器皿,亦非洋做,如进钟表、洋漆器皿、金银丝缎、毡毯等件,务是在洋做者方可。"(《乾隆朝贡档》)以后,他感到仅靠进表不能满足,就进一步加强了原有在宫中让传教士制作钟表的工作,在康熙朝时已经设立了"自鸣钟处",到乾隆时"做钟处"从"自鸣钟处"独立出来并达到了鼎盛,最多时人员有一百多人。对那些制作钟表有贡献的传教士,乾隆也常有褒奖。如法国传教士沙如玉(Valentin Chalier,1697—1747)在"做钟处"制作钟表,曾两次得到过乾隆的奖赏。现在,在故宫博物院收藏有大量 18 世纪的西洋钟表,这些西洋钟表,既有乾隆时期由英国输往广州,再由粤海关监督购置,作为贡品贡进内廷的,也有清宫的做钟处的传教士和中国的匠人在宫内生产的,还有一些是英、法、瑞士等国家的使节作为珍贵的礼物赠送给中国皇帝的。以天朝自居的中国皇帝在接受礼物以后,会以超出礼物价值几倍的贵重的珠宝来赏赐他们。于是,各国

[①]　《清高宗御诗三集》卷 89。

使节在回国以后,又积极筹集一批新的钟表送来。当时欧洲各国和中国钟表的贸易量比较大,以致当时法国思想家伏尔泰也曾设计了一个和中国做钟表贸易的庞大计划,虽然这个计划最终没成功,但说明当时中国和欧洲的钟表贸易量已经不小。同时,清宫内的钟表生产也在大幅度地提高。从乾隆十一年到乾隆二十年,做钟处生产出钟表为44件,根据现存的清宫《做钟处钟表细数清册》的统计,从乾隆二十二年到五十九年,做钟处生产的钟表保存在宫中的达116件。

目前,故宫现有的西洋表大多数为铜镀金,外观金碧辉煌,绚丽多彩,造型精致,人物形象逼真,飞禽走兽栩栩如生。许多钟表装饰都有珐琅绘画,色彩鲜艳,绘画工整,人物传神,工匠们很好地利用玻璃镜反光折射作用,使这些钟表更加炫目,成为精美的艺术品。故宫收藏的西洋钟表既有代表欧洲当时制造业的最高水平作品,也有代表中国本土钟表生产的最高水平作品。这些钟表的内部机械构造复杂,钟表镶嵌在恰当部位,与机械巧妙结合为一体,还有各式的转花、跑人、水法、转轮等,随着时针的移动,伴随着钟表里人物或鸟兽的表演,不时演奏出悦耳的乐曲,使每座钟都能给人以妙不可言的享受。故宫现存最大的玩具钟表是"铜镀金写字人钟",高231厘米。上好弦,表中间的机器人就可以写下"八方向化,九土来王"的汉字。据说这个钟表是乾隆皇帝亲自设计的,他退居太上皇后,仍将这座钟表搬到他居住的宁寿宫,每日把玩坐看。

同时,西方钟表的传入也逐渐催生了中国民间钟表业的发展。根据汤开建的研究,在晚明时江南地区就开始有了民间的钟表制造。万历年间的《云间杂识》中记载:"西僧利玛窦,作自鸣钟,以铜为之。一日十二时,凡十二次鸣,子时一声,丑时一声,至亥则声十二。利师同事之人郭仰风,住上海时,上海人仿其式亦能为之,第彼所制高广不过寸许,此则大于斗矣。"这里的郭仰风就是意大利传教士郭居静,这说明传教士的钟表已经为民间所模仿。到乾隆时期民间钟表业又有所发展,上海地区的徐朝俊就是一个典型,徐氏是徐光启的五世孙,由于家学的原因对西学一直关注,曾作《高厚蒙求》一书,全书共分四集:初集"天学入门",二集"海域大观",三集"日晷测时图法、星月测图表、自鸣钟表图法",四集"天地图仪、揆日正方图表"。他在《钟表图说自序》中说:"余自幼喜作自鸣钟,举业暇余,辄借以自娱。近日者精力渐颓,爰举平日所知所能,受徒而悉告之。并举一切机关转换利弊,揭其要而图以明之,俾用钟表者如医人遇疾,洞见脏腑,知其病在何处。去病宜何方,保其无病宜何法,悉其机关何患,触手辄敝。"(《高厚蒙求》)在书中,他对钟表的名称、制作、图、组装、拆卸都做了详细的分析。方豪认为,徐朝俊的这本书是中国第一部研究钟表的著作,"在我国机械学上自有其重要地位"。有人写书,就有人读,这说明当时中国南方使用钟表的人已经有了一定数量。据学者们调查,康熙中期,南京至少有四家钟表作坊,每年每个作坊能制作十架钟。但到 1851 年南京已经有了 40 家钟表作坊,清乾嘉人钱泳说:"自鸣钟表皆出于西洋……近广州、江宁、苏州工匠亦能造。"[①]这说明当时钟表制造业在江南已经比较普遍。根据汤开建的研究,苏州的钟表业到嘉庆年间已经有了行业,钟表匠们已经有了自己的同行业墓地,而且,钟表业生产也开始有了分工,乡间生产零件,苏州作坊进行组装。他认为:"嘉庆时创设的钟表业'义冢'不仅可以证明,苏州钟表制造业发展到嘉庆时已具有了相当规模,已成为一个成熟的行业。"[②]

　　在康熙时,宫内的钟表生产数量已经很大,康熙将钟表分给每一个皇子到皇孙,雍正八年在《庭训格言》中就说:"少年皆得自鸣钟十数以为玩器。"《红楼梦》中多处提到西洋钟表,刘姥姥进大观园时,第一次看到自鸣钟,被这些西洋玩意儿"吓得不住的展眼儿"。贾宝玉手中就有一个核桃大的金表,他所住的怡红院也放有自鸣钟,第五十八回中说晴雯看到表坏了了说:"那劳什子又不知怎样了,又得去收拾。"当时,身为宗室的昭梿就感叹地说:"近日泰西氏所造自鸣钟钟表,制造奇邪,来自粤东,士大夫争购,家置一座,以为玩具。"

　　由于钟表的大量生产和进口,当时在"城市里的教堂、商馆、衙署及公共建筑,均安装自鸣钟者;人群中的官员、教士、商贾、仆役、妓女亦配有西洋表者"。当时的高官中大多都收藏西洋表,少则十架,多者达数百,著名的大贪官和珅被抄家时,从家中竟查出钟表 590 多件,由此可见西洋钟表在清前期的流传、制造和使用的广度。

①　钱泳撰:《履园丛话(上册)》,孟裴校点,上海古籍出版社,2012 年,第 216 页。
②　汤开建、黄春艳:《清朝前期西洋钟表的仿制与生产》,《中国经济史研究》2006 年第 3 期,第 117 页。

第九章　传教士汉学家们所带来的西方艺术

明清之际西方文化在中国的传播是全方位的,这些来华的传教士真是个个身手不凡,他们中不仅有科学家、数学家、物理学家,同时也有艺术家,这包括音乐家和画家等各种人才。当然,这也是康熙后期"礼仪之争"后,康熙对天主教失去兴趣,而对西方的科学技术和文化的兴趣不减,只要有这方面的人才,康熙一概接受。这个传统被雍正和乾隆继承了下来。这样康雍乾三朝,就成为西方艺术传入中国的第一个高潮时期。

第一节　紫玉凤唉箫,烟竹龙吟笛

——西方音乐在中国

乾隆时的著名诗人赵翼曾作《瓯北诗钞》,其中有一首《同北墅漱田观西洋乐器》,诗中写道:

斯须请奏乐,虚室静生白。初从楼下听,繁响出空隙。

噌吰无射钟,嘹亮蕤宾铁。渊渊鼓悲壮,坎坎缶清激。

錞于丁且宁,磬折拊复击。瑟希有余铿,琴澹忽作霹。

　　　　　　紫玉凤唤箫,烟竹龙吟笛。连㧊栙栝底,频栎锄锘脊。

　　由此可见,到乾隆时期,西方音乐已经成为北京的一景。西方音乐的传入是从葡萄牙人到澳门开始的,晚明的王临亨在他的书中记载了澳门教堂中的管风琴和古琴:"澳中夷人食器无不精凿。有自然乐、自然漏。制一木柜中,中笙簧数百管,或琴弦数百条,设一机以连之。"(《粤剑编》,明万历刻本)清初文学家屈大均在《广东新语》中说:"寺有风乐,藏革柜中,不可见,内排牙管百余,外按以囊,嘘吸微风入之,有呜呜自柜出,音繁节促,若八音并宣。"管风琴是西方教堂中的必备之物,这种乐器中国没有,自然引起人们的注意,文人梁迪在《西堂全集·外国竹枝词》中更是以诗颂之:

　　　　　　西洋风琴似风笙,两翼参差作风形。

　　　　　　青金铸管当偏竹,短长大小递相承。

　　　　　　以木代匏囊用革,一提一压风族生。

　　　　　　风生簧动众穷发,牙签戛击音砰訇。

　　利玛窦进北京时给万历皇帝的礼物就有"西琴一张",据陶亚兵考证是当时欧洲流行的"击弦式古钢琴"(Clavichord)。万历皇帝想享受一下这西洋乐,就让庞迪我到宫中教太监们学习演奏西洋古琴。太监们还真聪明,居然学得不错。庞迪我教的这个曲子的词实际上是当时意大利流行抒情诗,利玛窦将它重新填词,起名《西琴八曲》,歌词文采飞扬,典雅古朴:"呜呼!世之茫茫,流年速逝逼人生也。月面日易,月易银容,春花红润,暮不若旦矣。若虽才,而才不免肤皱,弗禁鬓白。衰老既诣,迅招乎凶,夜来瞑目也。定命四达,不畏王宫,不恤穷舍,贫富愚贤,概驰幽道。"在古朴的词中唤起对生命和死亡的追思,宗教情感悠然而生。利玛窦时刻不忘传播天主教,但传播之巧妙,对中国文化之熟悉,真是无人可比。我想,当年万历皇帝听到这西洋古琴伴奏下的古曲,也会感伤,也会发思古之幽情。到崇祯皇帝时,这位心比天高、命比纸薄的年轻皇帝常常被政务搞得心烦,就找来了当时在北京的汤若望,让他把早扔到仓库中利玛窦带来的这架古琴找来,修好再次演唱弹奏,以解心头之闷。

　　明朝的万历和崇祯只是偶尔听一下洋人们的"夷曲",解解闷,谈不上欣赏。

而真正喜欢上西方音乐的是清朝的康熙和乾隆,也正是在康乾时期,西方的音乐才真正传入中国。首先应提到葡萄牙传教士徐日升,此人的音乐修养极高,他第一次见到康熙是通过南怀仁推荐的。康熙听说他的音乐很好,就叫南怀仁先演奏一首中国的曲子,然后命徐日升弹一遍,结果徐日升弹的音调丝毫不差,康熙大为吃惊,称"是人诚天才也",马上赏缎二十四匹。看来徐日升是自幼练过视唱练耳,音记得极准。徐日升不仅琴弹得好,音乐理论修养也很好。他写下一本叫《律吕纂要》的书,应该说是第一本介绍西方音乐理论的书。这本书最早是被历史学家吴相湘发现的,但关于这本书和《律吕正义·续编》的关系有多种说法,很不统一。今人陶亚兵经过对这两个原稿的分析后认为,《律吕纂要》是徐日升自己所作。该书分为两个部分,第一部分"介绍西洋理论知识;后一部分名《律吕管窥》,介绍中国传统律学理论"①。在《律吕正义》的总序中这样评价徐日升:"有西洋博尔都哈儿国人徐日升者,精于音乐。其法专以弦音清浊二均递转和声为本。其书之大要有二:一则论管律弦度声之由,声学相合不合之故;一则定审音合度之规。用刚柔二记以辨阴阳二调之升。用长短迟速等号,以节声字之分。从此法入门,实为简洁。"

徐日升写这本书干什么呢? 它实际上是教康熙音乐的课本。白晋后来在《康熙皇帝传》中说:"康熙帝要学习西洋乐理,为此起用了徐日升神父。徐日升用汉语编写教材,并指导工匠制作各种各样的乐器,而且教康熙皇帝用这些乐器演奏两三支曲子。"从这点可以看出,徐日升实际是康熙的第一位音乐教师。

德理格是西方音乐东传中国的另一个重要人物。他是在徐日升逝世后来到中国的,由于他精通乐理,很快受到了康熙的重视,现存一封德理格和马国贤写给教宗的信,信中就讲到传教士在中国讲授西方音乐之事:"至于律吕一学,大皇帝犹彻其根源,命臣德理格在皇三子、皇十五子、皇十六子殿下前,每日讲究其精微,修造新书。此书不日告成,此《律吕新书》,内凡中国、外国钟磬丝竹之乐器,分别其比例,查算其根源,改正其错讹,无一不备羡。"②从这封被康熙亲自修改的信可以看出,康熙对学习西方音乐的重视,看出德理格在宫中所扮

---

① 陶亚兵:《明清间的中西音乐交流》,东方出版社,2001年,第48页。
② 北平故宫博物院编:《康熙与罗马使节关系文书影印本》,1932年,第六件。

演的西方音乐教师的重要角色。他不仅仅是一名音乐理论家,也是一名作曲家,在今天的中国国家图书馆的"北堂藏书"中仍藏有德理格所创作的一首小奏鸣曲。曲名是用意大利文写的,经陶亚兵整理和郑荃教授翻译为中文:"奏鸣曲,小提琴独奏与固定低音谱,作者:德理格,作品:第三号,第一部分:前奏曲,阿勒芒德舞曲(Allemande),库朗特舞曲(Correti),萨拉班德舞曲(Sarabande),加沃特舞曲(Gavotte),小步舞曲(Minuetti),及牧歌,第二部分。"①

　　笔者在国家图书馆工作时也查看过这份文献,看到德理格当年的手稿,如今保留完好,仿佛一下子回到了那个年代。在学者们看来,德理格的这首小奏鸣曲在创作方面"浓厚的复调风格也是与这一时期欧洲音乐相吻合的,与同时代的意大利作曲家 D. 斯卡拉蒂(D. Scarlatti)、德国作曲家巴赫(J. S. Bach)的一些作品的风格有相似之处"。无论如何,德理格的这首曲子是在中国最早创作的欧洲音乐曲子,具有重要的学术价值和意义。

　　乾隆皇帝继承了康熙对西学的好奇与热情的特点,对待西方音乐也同样重视,他在敕撰《律吕正义·后编》时,也同样注意到了传教士的作用,书中记乾隆六年(1741)十月三十日,他曾让张照查一下宫中懂西方音乐的传教士的情况。张照在奏疏中说:"臣问得西洋人在京师明于乐律者三人:一名德理格,康熙四十九年来京;一名魏继晋(Floran Bahr,1706—1771),乾隆四年来京;一名鲁仲贤(Jean Walter,1708—1759),今年十月内到。德理格年已七十一岁,康熙年间考定中和韶乐,纂修《律吕正义》时,伊亦曾预奔走,能言其事,较二人为明白。考其乐器,大都丝竹之音居多,令其吹弹,其音不特不若大乐之中和,较之俗乐更为噍杀促数。但德理格能以彼处乐器作中国之曲,魏鲁二人倚声和之立成,可知其理之同也。其法以乌勒鸣乏朔拉西七字统总音,乌勒鸣乏朔拉为全音,乏西为半音,可旋转为七调,则古乐之五声二变,伶人之工尺七调又同也。……可知声音之道,无间中西,特制器审音不相侔耳。"乾隆在看到这份奏疏后说:"知道了,尔与庄亲王商量,钦此。"②

　　乾隆不仅研究西方音乐,还组织了清宫中的第一支西洋乐队,在对西方文

---

① 参阅陶亚兵:《明清间的中西音乐交流》,东方出版社,2001 年,第 41—42 页。
② 转引自上书,第 60 页。

化的欣赏方面,乾隆显然是青出于蓝而胜于蓝。杨乃济先生在其《乾隆朝宫廷西洋乐队》一文中对这支宫中乐队做了详细的研究,我们看看这支乐队的规模:小提琴 10 把,大提琴 2 把,低音提琴 1 把,木管乐器 8 件,竖笛 4 件,吉他等 4 件,木琴 1 件,风琴 1 件,古琴 1 件。① 应该说,这是一个不小的乐队。为了真实,在演奏时,所有演奏者都有"行头",戴西洋假发,穿西洋古服。据学者们考证,这支中国最早的西洋乐队大约在宫中活动了十年之久。

乾隆时期,宫中不仅有乐队,也有西洋剧团。在宫中曾上演过稍加改动的意大利歌剧《好姑娘》,上演过西洋木偶戏(Puppetshow),在这些演出中,西洋乐队都发挥了重要的作用。

实际上,清宫中的这些活动对整个社会对西方音乐的了解促进并不大,特别是到乾隆时期,西洋音乐完全成了他玩赏、消遣的对象。但从西洋音乐理论来说,《律吕纂要》《律吕正义》的编撰对西方音乐在中国的传播还是起到了积极的作用。而在民间,西方音乐在中国的传播主要是通过教堂的宗教活动中的宗教音乐,使文人和民众对西方音乐有所了解。正如清人赵翼诗中所写的那样:"万籁繁会中,缕缕仍贯脉。方疑宫悬备,定有乐工百。"

第二节　迥出西洋臣,丹青照中华
——西方绘画在中国

西方绘画艺术传入中国也要从利玛窦说起。在利玛窦献给神宗的礼物中就有"天主图像一幅,天主母图像二幅",他也把天主图和天主母图常挂在家中,让来访的文人学子们观看,还重新刻印作为传教的手段来发放,所以,民间看到利玛窦带来的西洋画的人并不算少。徐光启第一次看到圣母的画像后,触动很大,半天说不出话来,如他所说:"入堂宇,观圣母像一,心神若接,默感潜孚。"据说,后来徐光启加入天主教与他看到这幅油画有一定的关联。利玛窦展示的西洋画的不同画法也引起文人们的关注,顾启元在谈到利玛窦的圣母画像时说:

---

① 　参见杨乃济:《乾隆朝宫廷西洋乐队》,《紫禁城》1984 年第 4 期。

"所画天主,乃一小儿,一妇人抱之,曰天母。画以铜板为桢,而涂五彩于上,其貌如生,俨然隐起桢上,脸之凹凸处,正视与生人不殊。人问画何以致此?答曰:'中国画但画阳不画阴,故看之人面躯正平,无凹凸相。吾国画兼阴与阳写之,故面有高下,而手臂皆轮圆耳。'"(《客座赘语》卷6)利玛窦本人的画技也算可以,他在《万国全图》上画的那些中国人从未见过的小动物倒也吸引了不少人的注意。20世纪80年代,在辽宁博物馆发现了一幅据说利玛窦画的油画《野墅平林图》,一时引起轰动,但至今尚无确凿的证据说明这是利玛窦所作。不过利玛窦翻刻了四幅西洋版画是确凿无疑的,这四幅西洋版画是:《信而步海,疑而即沉》《二徒闻实,即舍空虚》《淫色秽气,自速天火》《古代圣母(天主)像》。据伯希和考证,第四幅画为金尼阁在日本时所作,其他三幅的原作者均为当时欧洲的名家。利玛窦将这四幅画以及他所配的中文和拉丁文的说明一起给了明代的版画家程大约,程大约将其收入《程氏墨苑》中发表,一时洛阳纸贵,这本书卖了个好价钱。

利玛窦的这四幅版画及文字说明使中国的读者获得两个重要的收获,一是知道了"西洋画及西洋画理盖俱自利氏而始露萌芽于中土也"[1],二是开创了汉字拉丁字母拼音之先河。所以,利玛窦的这四幅版画以及说明在中国艺术史和文化史上都有着重要的意义。

晚明时翻刻西方的版画的书还有罗如望的《诵念珠规程》,这本书共有版画14幅。西方学者认为,这14幅版画的作者可能和董其昌有关,中国学者认为是不是董其昌尚不能肯定,但"至少可以肯定,这些版画的制作者是生活在南京地区具有相当实践经验的专业画家与雕版家"[2]。汤若望的《进呈书像》有画六十四张,图四十八张。艾儒略的《天主降生出像经解》,又称《出像经解》,也刊出了大量的木刻版画。特别值得一提是中国修士游文辉所画的利玛窦像。他信奉天主教后曾到日本学习过油画,这幅油画虽然并不杰出,"但却十分重要,因为这幅画可能是可以考察到的最早留下名字的中国画家用西方绘画的方式画

---

① 向达:《明清之际中国画所受西洋之影响》,《唐代长安与西域文明》,生活·读书·新知三联书店,1987年,第499页。

② 莫小也:《17—18世纪传教士与西画东渐》,中国美术学院出版社,2002年,第116页。

出的作品"①。这里也有个误会,苏立文(Michael Sullivan)认为传教士毕方济的《画答》是关于论述西方绘画的著作,其实完全不是,这是一本关于天主教伦理的著作,和绘画无关。②

这个时期西方的绘画在中国有了一定的流传,对中国画家在画技上还是有一定的影响,国内学者莫小也将这种影响概括为四个方面:透视知识,明暗关系,构图形式,人物比例及动态。③ 日本学者则认为,这种影响已经是"众所周知的事实了"。

康熙时期来华的西人中对传播西方绘画的主要是两个人:切拉蒂尼(Giovanni Gheradini)、马国贤。他们二人都是意大利人,都继承了文艺复兴的传统,擅长绘画。切拉蒂尼是白晋在欧洲招募传教士时一时兴起跟着白晋来到了中国。他和耶稣会士们不同,是个世俗的画家,在中国待了四年就回欧洲了。但他还是在中国历史上留下了他的痕迹,主要是在北京教堂的绘画装饰上做了不少工作。当年在北京的传教士杜德美在给别人的通信中讲了他对切拉蒂尼教堂绘画的感受,说:"这座教堂的建造和装饰用了整整四年的时间……会客厅中陈列着路易十四、法国大主教及历代君王、西班牙摄政王、英国国王及其他许多君王的肖像……天花板全由绘画组成。它分三部分:中间绘有开阔的苍穹,布局绚丽多彩;……两侧是两幅椭圆形的充满欢乐令人愉悦的油画。祭坛后部放置的装饰上与天花板一样也有绘画;两侧的远景画使教堂更显深远。"④在切拉蒂尼的工作下,北堂可以被称为是"东方最漂亮、最正规的教堂之一"。清代文人谈迁曾谈到南堂的宗教绘画,他以为是郎世宁(Giuseppe Castiglione,1688—1766)所画,其实应为切拉蒂尼所作。谈迁说:"南堂内有郎世宁线法二张,张于厅室东、西两壁,高大一如其壁。立西壁下,闭一眼以觑东壁,则曲房洞敞,珠帘尽卷。"⑤这说明切拉蒂尼的教堂绘画对当时的中国文人是有影响的。

---

① M.苏立文:《东西方美术的交流》,陈瑞林译,江苏美术出版社,1998年,第48页。

② 参见钟鸣旦、杜鼎克主编:《耶稣会罗马档案馆明清天主教文献(第六册)》,台北利氏学社,2002年,第379—402页。

③ 莫小也:《17—18世纪传教士与西画东渐》,中国美术学院出版社,2002年,第122—123页。

④ 杜赫德编:《耶稣会士中国书简集(中卷)》,朱静、耿昇译,大象出版社,2005年,第2页。

⑤ 谈迁:《北游录》,汪北平点校,中华书局,1960年,第45页。

马国贤是在"礼仪之争"中罗马梵蒂冈的传信部为抑制耶稣会在华势力而直接派到中国的神父。马国贤到中国后在广州停留期间,康熙通过两广总督赵弘灿考察了马国贤的绘画能力,对他的绘画能力十分满意(参阅《康熙朝汉文朱批奏折汇编》)。他于康熙四十九年(1710)十一月二十七日离开广州,前往北京,第二年二月五日到达。马国贤是作为画师被引进到宫中来的,觐见康熙后,他就开始了他的画室工作。如他在回忆录中所说:"根据陛下的旨意,2月7日我进宫,被带到了一个油画家的画室。他们都是最早把油画艺术引进中国的耶稣会士年神父的学生。一番礼貌的接待之后,这些先生给了我一些画笔、颜料和画布,让我可以开始画画。"①

如果从中西绘画交流史的角度来看,马国贤的历史性贡献在以下两个方面。

第一,开创了中西绘画结合之路。在马国贤之前的切拉蒂尼画的只是教堂里的宗教画,至今没有文献记载他的绘画是如何与中国绘画发生关系的。马国贤不同,他生活在宫中,实际上是御用的帝王画师。他的绘画并不完全是自由的,他必须考虑自己的绘画是否使康熙满意的问题,而这就使他必须面对西方绘画和中国绘画两个传统的如何处理的问题。他在自己的回忆录中也说:"我知道自己的技艺只是在设计艺术上,就从来不敢去画自己发明的题材,而是把我的雄心都限制在临摹工作上。但是因为临摹一点都不为中国人看重,我发现自己不只是有一点点麻烦了。无论如何我必须观察所有别的画家(大约七八个人)的作品,然后鼓起勇气来仅仅画一些风景和中国的马匹。皇上对人物画没有什么兴趣……对于任何一个只有中等人物画知识的人来说,是没有办法画好风景画的,我只能把自己的努力交给天主的指引了,开始做一些我从来没有做过的工作。很高兴我取得了如此的成功,以至于皇帝非常满意。"②

马国贤早期画了一些人物画,如《桐荫仕女图屏》《各国人物屏》《通景山水屏》等。在画这些作品时,他一定注意了中国画家的作品,如他所说:"无论如何

---

① 马国贤:《清廷十三年:马国贤在华回忆录》,李天纲译,上海古籍出版社,2004 年,第 48 页。译者将 Gerardino 译为耶稣会的神父有误,实际此人就是切拉蒂尼。

② 同上。

我必须观察所有别的画家(大约七八个人)的作品。"同时,他在制作铜版画时,对中国画家的作品也按照西洋画的特点做了修改。当时,中国的画家绘了避暑山庄三十六景,然后由一位中国的刻工来制作。马国贤说:"他是忠实地根据画家的设计,把线条大致转刻到板子上。可是他没有理解光和影的和谐,因此图画从他的板子上揭下来的时候,外观非常糟糕。"①以后,马国贤重新制作这些铜版画时,就将西方绘画的透视学的知识应用在中国画家的这些作品上,从而获得了极大的成功。从艺术角度讲《御制避暑山庄三十六景诗图》铜版画是中西绘画的结合,这个完成者就是马国贤。所以,苏立文说得好:"马国贤是一个关键的人物,他把西方艺术介绍到中国来,但更多是把中国审美观念传递到欧洲。"②

第二,将西方的铜版画介绍到中国。马国贤来华前也并未制作过铜版画,只是听过一些课,有些基本的了解。但他在中国自己,动手制作了制作铜版画的设备,自己试验并取得了成功。马国贤的镂刻铜版的技术已经成熟后,康熙五十二年(1713)康熙命马国贤主持印制铜版《御制避暑山庄三十六景诗图》的工作。它是在木刻本《御制避暑山庄三十六景诗图》完成后的次年完成的。如果将木刻本和铜版印本两个版本相较,铜版印本景物刻画更为繁细,注重透视的表现,明暗对比强烈,立体感极强。这是因为马国贤在镂刻铜版画时已经糅进了西洋画的特点,在这个意义上,铜版诗图实际是对木刻本的再创造,是中西绘画艺术、版画雕造艺术珠联璧合的第一次完美结合。马国贤作为中国镂刻铜版画的创始人而载入中国艺术史。

康熙年间中国画家中吸收西洋画法最有影响的作品是焦秉贞的《耕织图》。焦秉贞在钦天监任职,和传教士有较多的接触,了解了西方画法的特点。莫小也认为:"焦氏所绘组画采用透视画法是十分明显的,即使清中、后期重绘的《耕织图》也没有焦氏组图画中那样显著的西方特色。"张庚在《国朝画征录》中谈到焦秉贞的绘画时说:"焦秉贞,济宁人,钦天监五官正,工人物,其位置之自远而近,由大及小,不爽毫毛,盖西洋法也。"

① 马国贤:《清廷十三年:马国贤在华回忆录》,李天纲译,上海古籍出版社,2004 年,第 63 页。
② 黄时鉴主编:《东西交流论谭》,上海文艺出版社,1998 年,第 326 页。

康熙以后在清王朝服务的西方传教士画家有郎世宁、王致诚(Jean Denis Attiret,1702—1768)、艾启蒙(Ignace Sichelbart,1708—1780)、潘廷章(Joseph Panzi,1733—1812)、安德义(Giovanni Damascenus Salusti,1727—1781)、贺清泰(Louis de Poirot,1735—1813)等,这些传教士画家各有特长。

王致诚是法国耶稣会士为平衡郎世宁,作为葡萄牙传教区的势力而被派到中国来的,来华以前他已经是一名职业画家,至今在欧洲的许多博物馆还可以看到他的一些作品。他以《三王来朝》这幅画赢得了乾隆的赞扬,并成为皇帝的专业画家。在外人看来,做帝王的画师是很荣耀的,其实所受的苦也只有他自己知道。正像他给友人的信中所说的,他一大早就要起来,穿过层层由警卫把守的大门,来到皇帝专门给他的画室。这个画室夏天奇热无比,冬天冷得手握不住画笔。乾隆对他十分宠爱,常常赏其饭菜,而这些御菜拿到他的面前时,早已冰凉,无法进口,但他也只好强装笑脸吃下。最为痛苦的是,在绘画上他并不完全自由,他必须放弃自己原来喜爱和擅长的油画,而主要来画乾隆所喜欢的水彩画。这一度使王致诚内心很苦恼,但经过郎世宁的劝导,王致诚逐渐适应了自己作为帝王画师的角色,先后创作了清代人物画像200多幅,成为一位深受乾隆喜爱的西方画师。

艾启蒙是乾隆最喜爱的三位西方画家中的一位,地位和影响虽不及郎世宁和王致诚,但亦深得乾隆宠爱。有一次,在宫中举行庆典时,乾隆问他为何手不停地发抖。当得知艾启蒙已经七十岁时,乾隆说应该为他祝寿。几天后,乾隆亲自接见了他,赐给他绸缎六匹,朝服一领,玛瑙一串,御笔"海国耆老"匾一方。乾隆接见后,又命艾启蒙乘坐八抬大轿,前面以十字架开路,乐队随其后,在北京城内转了一周,真是风光一时。

在来华的传教士画家中影响最大、最受乾隆喜爱的无疑是郎世宁。郎世宁于康熙五十四年(1715)十一月二十二日到达北京,乾隆三十一年(1766)六月十日在北京病逝,中国生活长达51年,历经康雍乾三朝,创作了近百件反映清中前期社会文化生活的作品。他创作的《聚瑞图》《百骏图》《平安春信图》《岁朝图》《羚羊图》《十骏图》《八骏图》《十骏犬图》《哈萨克贡马图》《准噶尔贡马图》《木兰图》《春郊阅骏图》,都成为中国绘画史上的重要作品。郎世宁除了自己从事繁重的绘画工作以外,还为清廷培养和造就了为数众多、兼通中西画艺而又各有独特专长的宫廷画家。早期他教授徒弟中的班达里沙、王玠等在学习西方油画很有成就,他们的画也都曾得到雍正皇帝的高度评价。后来他教授的徒弟中有王玠之子王幼学、王儒学、张为邦、丁观鹏、戴正等,其中以丁观鹏、王幼学、张为邦画艺为高。流传于世的名作有丁观鹏《十八罗汉图》、陈枚《耕织图》等,这些画都有明显的西洋画风。

　　杨伯达先生在谈到郎世宁在中国绘画史上的贡献时讲了二条。其一,"郎世宁是内廷线法画的创始人"。在清宫中称焦点透视为"线法",称焦点透视画为"线法画",实际上这就是西方绘画中的"透视学"。年希尧所编的《视学》就介绍了郎世宁关于西方绘画透视学的基本理论,他在书中说:"近数得与郎先生讳世宁者往复再四,研究其源流。凡仰阳合复,歪斜倒置,下观高视等线法,莫不由一点而生。"年希尧将其称为"定点引线之法",他认为郎世宁所介绍的这种点线之法,妙不可言,它是"泰西画法之精妙也哉"。其二,"郎世宁是融合中西画法的新体绘画的创始人和推动者"。他将西方的绘画理论通过中国的画笔、颜料、纸绢等东方的材料去表现静物、工笔花鸟、人物肖像,都取得了很突出的成就。他这种"以西法为主,适当参酌中法"的画法,与明清之际受西画影响的曾鲸、焦秉真、冷枚等中国画家的那种"以中法为主、西法为用的画法完全不同",这就形成了独特的"郎世宁新体绘画的特征"①。

　　谈到郎世宁,我们必须谈乾隆时期的反映乾隆战功的铜版画系列。铜版画传入中国从康熙朝开始,到乾隆时达到高潮。乾隆为表现自己两次平定准噶尔,一次平定回部,两次平定金川,一次平定台湾,一次攻打缅甸,一次征伐安南,两次攻打廓尔喀的"十全武功",采取以画记史的方法,让宫中传教士制作了8套铜版画,共98幅,从而使铜版画在中国的传播达到了高潮。这8套铜版画分别是:《乾隆平定准部回部战图》共16幅、《平定两金川得胜图》共16幅、《平定台湾得胜图》共12幅、《平定安南得胜图》共6幅、《平定苗疆得胜图》共16幅、《云贵战图》共4幅、《平定廓尔喀得胜图》共8幅、《圆明园东长春园图》共20

---

　　① 杨伯达:《郎世宁在清内廷的创作活动及其艺术成就》,《清代院画》,紫禁城出版社,1993年,第170—171页。

幅。这些铜版画是宫中传教士画家和中国画家的集体之作,郎世宁、王致诚、艾启蒙、潘廷章、安德义等都参加了创作。

当时首先创作的是《乾隆平定准部回部战图》,或称《乾隆平定西域得胜图》。这组图共 16 幅,每幅纵 55.4 厘米、横 90.8 厘米,纸本印制,真实地记载了当时的历史。例如,在《平定伊犁受降》的铜版画中,就记录了 1755 年平定准噶尔部达瓦齐叛乱后的史实。"画面描绘了大军抵达伊犁后,准噶尔部众载道欢迎的场面。他们'有牵羊携酒,迎叩马前者;有率其妻子,额手道旁者'。威武雄壮的清军马队佩带弓箭从山谷林木中列队进入一片空地,欢迎民众里有乐队在吹奏乐曲,情绪甚为欢快。远景中尚有众多蒙古族牧民牵携马匹、骆驼及物品渡河来归。"《凯宴成功诸将士》描绘的是乾隆在大内西苑中的紫光阁设宴庆功的场面。西征中立有战功的傅恒、兆惠、班弟、富德、玛常、阿玉锡等 100 多人的画像被置于紫光阁内,以示表彰。这组铜版画的作者是在清宫中的传教士画家意大利人郎世宁、法国人王致诚、波希米亚人艾启蒙和意大利人安德义等人。

1762 年,乾隆命郎世宁起草《乾隆平定准部回部战图》的小稿 16 幅,三年后这四位传教士画家奉命每人绘制正式图稿一幅。同年 5 月,乾隆亲自审阅已经完成的 4 幅图稿。这 4 幅图稿是郎世宁画的《格登鄂拉斫营》、王致诚画的《阿尔楚尔之战》、艾启蒙画的《平定伊犁受降》和安德义画的《呼尔满大捷》。乾隆皇帝阅后颇为满意,并规定画家其余的 12 幅底稿,分三次绘制呈进。

郎世宁等 4 人的图稿完成后,乾隆在每幅画前均有御笔题诗。乾隆皇帝决定将它送往欧洲制作成铜版画。经多次协商,把这批图稿送往巴黎制作成铜版画。当时的法国著名雕刻家勒巴(Le Bas)、圣多本(St. Dubin)、德劳内(N. de. Launay)等参加了制作,前后历时 11 年,乾隆三十九年这批铜版画全部完成,并运回中国。关于《乾隆平定准部回部战图》绘画和制作,法国汉学家伯希和在《乾隆西域武功图考证》和聂崇正在《清朝宫廷铜版画〈乾隆平定准部回部战图〉》中都有详细的研究。

《平定两金川得胜图》《平定台湾得胜图》《平定安南得胜图》《平定苗疆得胜图》《云贵战图》《平定廓尔喀得胜图》这六套战图完全在国内制作,就说明当时中国的艺匠很可能已经消化了技术性很强的铜版画制作技法。

　　清代时西方绘画在民间的影响主要是通过教堂中的宗教题材的绘画。如文人蒋士铨在《泰西画》中对西洋画的特点格外赞扬："有阶雁齿我欲登,蹋壁一笑看文綾。乃知泰西画法粗能精,量以钿尺累黍争。纷红骇绿意匠能,以笔着纸纸不平。日影过处微阴生,远窗近幔交纵横。……若对明镜看飞甍,一望浅深分阔明,就中掩映皆天成。"①其实,这种影响不仅在中国,对当时的东亚其他国家的文人、使者都有影响。如当时的朝鲜来使朴趾源在其《热河日记》中写下了他看到西方绘画时对其冲击和震撼:"今天主堂中,墙壁藻井之间,所画云气人物,有非心智思虑所可测度,亦非言语文字所可形容。吾目将视之,而有赫赫如电,先夺吾目者,吾恶其将洞吾之胸臆也?吾耳将听之,而有俯仰转眄,先属吾耳者,吾惭其将贯吾之隐蔽也。吾口将言致,则彼亦将渊默而雷声。"②西洋画震撼了他的全身,五官所致,天翻地覆,是全方位的冲击。

　　尽管郎世宁所代表的西洋画派从中西文化交流的角度来看,其成就远远超过他们的前辈,但对其批评之声也始终存在。正如莫小也所说:"就郎世宁画风来看,中西结合毕竟是折中,它并没有尽力去发挥各自的优势,而是一味地调和。因为工笔接近西洋画法,似乎以此可以完成中西绘画的融合,岂知这仅是表面的参用。当郎世宁强调西洋绘画科学性一面时,艺术性一面就有所丧失了。"③同时,我们也应看到,要求一个传教士去理解中国文人画,去理解那种人与自然的融合给人的精神境界带来的提升,这几乎是不可能的。历史是不可能设计的。郎世宁创作的那些为乾隆所欣赏的绘画随着他和传教士的去世,已成明日黄花,但郎世宁等人的作品及其西方的绘画理论毕竟如涓涓细流,汇入变动中的中国绘画艺术之中。

---

①　钱中联主编:《清诗纪事(九)乾隆朝卷》,江苏古籍出版社,1989年,第5714页。
②　朴趾源:《热河日记》,朱瑞平校点,上海书店出版社,1997年,第326页。
③　莫小也:《17—18世纪传教士与西画东渐》,中国美术学院出版社,2002年,第260页。

第三节 金碧荧煌五彩合,珠帘绣柱围蛟螭

——西方建筑在中国

西方建筑艺术在中国的传入首先要从澳门讲起。当时葡萄牙人入住澳门后一般在高处建房,而原来的澳门居民一般住在平地。《香山县志》称:"因山势高下,筑屋如蜂屋蛭蚁者,澳夷之居也。"这些葡萄牙人所建的"高栋飞甍,栉比相望"的楼房主要是传教士们居住的教堂和葡萄牙商人们居住的洋房。

康熙二十三年,钦差大臣、工部尚书杜臻在他的《香山澳》诗中这样描写澳门的教堂:

> 西洋道士识风水,梯航万里居于斯。
>
> 火烧水运经营惨,雕墙峻宇开通衢。
>
> 堂高百尺尤突兀,丹青神像俨须眉。
>
> 金碧荧煌五彩合,珠帘绣柱围蛟螭。

澳门的望德堂,建于 1568 年,是澳门主教的座堂。堂前现存十字架一座,上有拉丁文"望德十字架,1637 年立"。因为当时教堂建在疯人院附近,当地人又称"发疯堂"。《澳门纪略》中说:"东南城外有发疯寺,内居疯蕃,外卫以兵。"圣老楞佐堂,建于 1558—1560 年左右。圣安多尼堂,建于 1558 年,当地人称为"花王堂",是教友举行结婚仪式的地方。圣保禄堂,始建于 1602 年,第二次重建完成于 1637 年,这就是有名的"大三巴"。汤显祖在《牡丹亭》中称它为"多宝寺"。在 1762 年葡萄牙当局奉葡王之名驱除耶稣会以前,它一直是耶稣会在东方传教的中心。它在 1835 年的大火被焚毁之前,一直是澳门最为雄伟的建筑。康熙年间任过两广总督的吴兴祚写过一首关于大三巴的诗,题曰《三巴堂》,最为有名:

> 未知天外教,今始过三巴。
>
> 树老多秋色,窗虚迎月华。
>
> 谁能穷此理,一语散空花。
>
> 坐久忘归去,闻琴思伯牙。

在澳门除教堂外,西洋式的民间建筑也是其特色之一。《澳门纪略》中说:"多楼居,楼三层,依山高下,方者、圆者、三角者、六角者、八角者、肖诸花果状者;以覆俱为螺旋形,以巧丽相尚;垣以砖或筑土为之,其厚四五尺,多凿牖于周垣,饰以垩。牖大如户,内阖双扉,外结琐窗,障以云母。楼门皆旁启,历阶数十级而后入。……己居其上,而居黑奴其下。门外为院,院尽为外垣,门正启。又为土库楼下,以殖百货。"正如当时的诗人所写:"有户皆金碧,无花自陆离","到门频拾级,窥牖曲通楼"。一种新的建筑风格和艺术在澳门开始出现。

当传教士在中国内地开始传教并得到发展时,随着教会的发展,西洋式的教堂也开始在内地出现。在北京最著名的教堂是汤若望所建的南堂,这是一座典型的欧洲教堂建筑,体现了当时欧洲的巴洛克风格。教堂的全部地基作十字形,长八十尺,宽四十五尺。魏特在《汤若望传》一书中对教堂的建筑做了详细的介绍:"教堂内部借立柱之行列把教堂之顶格辟为三部。各部皆一圈,作窀穸形,有若三只下覆之船身。其中顶格之末端作圆阁状,高出全部教堂,圆阁上绘种种圣像。中部顶格两边之顶格,为一块一块方板所张盖。教堂正面门额上,用拉丁大字母简书救世主名字 HSJ 三字(实为耶稣会的标志——作者注),四周更以神光彩饰。"[①]徐日升与闵明我改建后,在教堂两侧建高塔两座,一塔置大风琴,一塔置时钟,悬大小不等之钟,能发中国曲调之钟乐。当时的方济各会神父利安当(Antonio de Santa Maria Caballero)来到北京看到教堂后说:"北京居民无不惊奇不止,前来瞻仰者,势如潮涌。"

由于康熙时期的天主教政策较为温和,天主教在各地得到较大的发展,这样各地的教堂纷纷建立。杭州的天主教教堂在康熙时是最为宏伟的,当时的建筑风格"造作制度,一如大西"。当年法国耶稣会士李明(Louis le Comte,1655—1728)路经杭州时对杭州天主堂的建筑赞不绝口:"杭堂之美,未能以笔墨形容。堂中所有,悉镀以金;壁画挂图,无不装潢精致,秩然有序……陈饰物中有金花及其他贵重品,为世界之大观。"

西洋建筑随着教堂的建立,其风格和建筑方法在民宅中也逐渐被采取。

---

① 魏特:《汤若望传(第一册)》,杨丙辰译,台湾商务印书馆,1949 年,第 250 页。

《浮生六记》在描述广州的外国商行建筑时说:"十三洋行在幽兰门之西,结构与西洋画同。"十三洋行是西方人的建筑,这当然是可以理解的,但在中国人的民宅中也同样开始采用西方的建筑法。《浮生六记》也记载了安徽所见的民宅的建筑风格:"南城外又有王氏园,其地长于东西,短于南北,盖北紧背城,南则临湖故也。既限于地,颇难位置,而观其结构,作重台叠馆之法。重台者,屋上作月台为庭院,叠石栽花于上,使游人不知脚下有屋。盖上叠石者则下实,上庭院者则下虚,故花木仍得地气而生也。叠馆者,楼上作轩,轩上再作平台。上下盘折,重叠四层,且有小池,水不漏泄,竟莫测其何虚何实。其立脚全用砖石为之,承重处仿照西洋立柱法。幸面对南湖,目无所阻,骋怀游览,胜于平园。真人工之奇绝者也。"当时,采用西方建筑法在江南一带已经比较普遍,李斗在其《扬州画舫录》中记载了扬州的"澄碧堂"的建筑风格:"盖西洋人好碧,广州十三行有碧堂,其制皆以连房广厦,蔽日透月为工。是堂效其制,故名澄碧。"

　　清代西洋式建筑最为典型和辉煌的是乾隆时期在圆明园中的西洋楼。西洋楼位于圆明园的长春园北界,始于乾隆十二年(1747),乾隆四十八年(1783)最终添建成高台大殿远瀛观,标志工程的最后完工。整个西洋楼是由郎世宁设计的,喷水池是由蒋友仁设计的,整个工程是由中国匠师建造的。这是中国首次仿建的一座欧式园林,它由谐奇趣、黄花阵、养雀笼、方外观、海晏堂、远瀛观、大水法、线法山、线法桥等十余座欧式建筑和庭院组成。在整个建筑的过程中乾隆十分关注,几乎是每天要到建筑工地去一次。为了让蒋友仁更方便组织建设,甚至"宫苑任何时候对他都是敞开的,他可随意独自前往"[①]。西洋楼的这些建筑在体形及立面上的柱式、檐口基座、门窗细部俱为欧式建筑作法,但细部雕饰也掺杂了中国式的纹样。学者们认为"西洋楼建筑是欧洲建筑文化第一次传入中国的完整作品,也是欧洲与中国两大园林体系首次结合的创造性尝试"。《御制圆明园图咏》中有咏西洋楼之境的词,在其序中说:"用泰西水法引入室中,以转风扇,泠泠瑟瑟,非丝非竹,天籁遥闻,林光逾生净绿。郦道元云:'竹柏之怀,与神心妙达;智仁之性,共山水效深。'兹境有焉。"

---

① 杜赫德编:《耶稣会士中国书简集(下卷)》,吕一民、沈坚、郑德弟译,大象出版社,2005年,第67页。

西洋楼是中西文化平等交流之见证,1860 年英法联军的强盗们一把火将其烧毁,犯下了不可饶恕的罪过。西洋楼建于西人之手,后又毁于西人之手,百年之间,中国和西方的关系发生了翻天覆地的变化,西洋楼记载了中西文化交流史上的悲欢离合。如今,在荒草中茕茕孑立的残垣断壁,留给人们无限的深思。

第十章　西方社会思想及文学在中国

　　来华的耶稣会士汉学家们个个都是学富五车、满腹经纶的高手,他们来华之前已经在西方受过严格的学术训练。无论在民间还是在皇宫,他们所展现的自己对天文历法的熟悉,所表现的在绘画、制图、机械上的技能,所有这些都只有一个目的:证明其宗教信仰的正确与伟大。科学只是手段,传教才是目的。这样,我们在研究这些经传教士所介绍的西方文化时,就不能仅仅停留在对他们所介绍的科学文化的评价上。只有对其所介绍的思想文化、文学宗教观念进行分析,我们才能把握住这些洋教士们所介绍的西学的核心是什么。同时,正是他们在以印书的形式传播其宗教时,显示出了他们特有的汉学成就和汉学研究的特点。

第一节　传教士对西方社会文化的介绍

　　利玛窦第一次去见建安王时,见面礼就是赠送他的新著《交友论》。此时利玛窦在中国已经生活了十三年,知道友道是中国的五伦之一,所以闭口不谈宗教,滔滔不绝地大讲了一番西方的交友之道,博得中国文人好感。冯应京感叹地说:"益信东海西海,此心此理同也。"实际上利玛窦在《交友论》中已经开始介绍西方的思想文化。据方豪考证,《交友论》共引用了 26 位西方名人的格言,其中亚里士多德 7 条,奥古斯丁 7 条,苏格拉底 2 条,西塞罗 13 条,柏罗多亚尔各8 条,塞内加 6 条,这些人物全部是西方思想文化的名人,这可能是中国人第一次听到希腊和文艺复兴时期的著名哲学家的格言。

艾儒略,这位被闽中儒生们称为"西来孔子"的传教士,在向中国文人介绍西方文化时有一本很有名的著作《西学凡》,对西方文化作了整体性介绍。如许胥臣在序言中所说:"艾氏所述西方之学者,读其凡,其分有门,其修有渐,其诣有归。"他说西方的学问共分六科:一为"文科",一为"理科",一为"医科",一为"法科",一为"教科",一为"道科"。然后,他对这六科分别加以介绍。为什么要把"文科"作为六科之首呢? 他认为:"语言止可觌面相接,而文字则包古今,接圣贤,通意胎于远方,遣心产于后世。故必先以文辞诸学之大路。"他所说的文科和中国的学问很近似,它包括:读古圣贤之名训学各国之历史念各种诗文练写作,学文章之章法。这实际是文艺复兴时的人文学科概念。

艾儒略的《西学凡》是写给中国的读书人看的,显示出他的汉学水准。后来,南怀仁要给年轻的康熙讲课,介绍西方的文化,就自己另编了一本书《御览西方纪要》,将艾儒略等传教士关于介绍西方的书做了个简编。他将欧洲各国的国土、土特产、国家制度、国王名姓、国家的历史、每个国家的风俗习惯、穿着服饰、法律制度、道德伦理、经济贸易、饮食习惯、医药卫生、城市建筑、国防兵备、老百姓的婚丧娶嫁、离婚、续弦与女人的守贞、天文历法、数术占卜与择日等一一做了介绍。康熙也经常和传教士们讨论中国和欧洲之间的文化比较,有一次康熙听到白晋介绍欧洲人的建筑情况后,问白晋是否西方人大都住在楼式的建筑中,白晋答是。康熙大笑,说看来西方人的土地太少了,无法住平房,而住楼房。正是在和传教士的长期接触中,康熙、乾隆对西方社会有了更多的了解,从而视野比较开阔,初步具有了中国历代帝王中所没有的那种对整个世界的知识与看法。蒋友仁在一封信中详细记载了在耶稣会士潘廷章给乾隆画肖像时乾隆与蒋友仁的谈话,从这个谈话中我们可以看到乾隆所关心的问题以及传教士们给乾隆介绍的西方的知识,从而看出西学在清宫中的传播情况:

(皇帝)问道:是国王派你们来的,还是你们自己要来中国的?

（我）答道：康熙朝时，这位君王赏赐法国人在宫墙内建起了教堂；我们国王得知了这一善行后便命令我们耶稣会的长上在本会中遴选数学家和各类艺术家，给他们提供了可助其完成使命的仪器和其他物品后把他们派到了这里，因为伟大的康熙皇帝赏赐文明建立教堂也正是出于同样的目的。……

问：你们长上选派你们到这里来时是否需要告诉国王？

答：我们都是奉国王之命由他出资并搭乘到广州的法国船只来华的。

问：那么你们的船只是到广州的了？

答：是的，陛下让雕刻的铜版画和《得胜图》版画也正是它运来的。

问：看来雕刻家要数贵国的最能干了？

答：欧洲其他某些王国也有很能干的雕刻家；使我们感到荣幸的是广东总督更喜欢敝国，所以他委派我们的船长执行这项工作。

问：莫非是尔等之辈从这里指定了你们王国并为此写了信？

答：我们是修道士，在世俗社会中无任何职权，因此绝不会把涉及陛下的如此重大的事情揽在自己身上。……

问：你们欧洲铜版画中有不少是展现你们历代君王的胜利的，他们对谁取得了这些胜利？他们要战胜哪些敌手？

答：为了本国利益，他们要战胜损害其利益的其他国家。

问：在你们欧洲的众多君主中难道没有一个可以以其权威来结束其他君王间可能出现的纷争，因而凌驾于其他君主之上的君主吗？例如这个中华帝国以前曾被好几个各自独立的君主统治过，其中之一后来成了他们的首领，于是拥有了"皇帝"称号。

答：德国是由许多诸侯国组成的，这些诸侯国的君主中有一个凌驾于他们之上、拥有皇帝称号的君主；尽管拥有皇帝称号，他只是本诸侯国的君主，有时还要抵御其他诸侯国向他发动的战争。

问：你们欧洲诸多王国各自实力不同，是否会出现这样的情况，即某个较强的国家吞并了几个较弱的国家后进一步增强了实力，逐步再去吞并其他较强的国家，从而慢慢成了全欧洲的主宰呢？

答：自欧洲所有国家都接受了基督教起，人们就不该设想这样的动乱了。基督教劝导臣民服从君主，同时劝导君主们相互尊重。一个君主或许会丢失几个城池、几块土地甚至几个省份，然而如他面临倾国之险，其他君主便会站在他一边帮助他保全其国家。

问：你们国王是如何处理继位问题的？

答：在我国由王长子或其孙子(如果他有孙子的话)继位。如长子已去世且无嗣，则有王次子或其子孙继位。

问：俄罗斯那里女子可继承王位，你们那里是否也有奉行此法之国家？

答：我们那里有些国家的女子可继承王位，但敝国自君主制确立之初便已立法不准女子继承王位。

问：若贵国君主死后无嗣，王位由谁继承？

答：多少世纪以来，上帝厚爱我主，使其不仅有足够的子孙继位，还可为欧洲其他王室提供继位人。[1]

在这次谈话中乾隆还询问了欧洲国家之间的战争各种问题、关于俄罗斯的问题、关于欧洲国家间交往的语言等问题，通过这个谈话，我们可以看到当时传教士们在清宫中所介绍的西方社会知识的一般情况。

在传教士们的笔下，欧洲是一个天堂和乐园。庞迪我在他的《七克》中介绍了西方司法制度的公正，他说："太西之俗，罪人有未服者，得上于他司更谳。国王费理薄视朝，怒一大臣，辄欲论死。其臣不服曰：'当上他司更谳耳。'王愈怒曰：'更谁居我上者，得谳尔。'答曰：'今王怒，更上于王不怒，更谳则是矣。'后王怒解。果明其无罪贳之。"法权高于王权，这显然是针对中国来讲的。这种法律健全不仅表现在对帝王权力的限制，也表现在对民众不良习惯的限制上。如他介绍说在西方有专门禁酒的法律，庞迪我说："太西诸国之俗，好酒者不得与闻国事。防不密也。"人喝酒易醉，醉后胡说八道，所以好酒的人不得参与国事。"太西国之俗，生平尝一醉者，讼狱之人，终不引为证佐，以为不足信。故也或罚

① 杜赫德编：《耶稣会士中国书简集(下卷)》，吕一民、沈坚、郑德弟译，大象出版社，2005年，第35—36页。

人以醉,则为至辱,若挞诸市焉。"人喝了酒,就不能当证人,不能起诉别人,因为酒鬼嘴里无真言。这种法律真是很厉害。正因为此,庞迪我说,在西方国家,人人谈酒色变,女人如果喝了酒,如同失身与其他男人有了奸情;少年男子在三十岁前要滴酒不沾。西方人将酒和淫看成两大罪恶。中国的文人们听到庞迪我的这种介绍,一定肃然起敬,因喝酒对中国人来说是人生之快事:"对酒当歌,人生几何?"在中国文人看来,喝酒多了也会有问题,但绝不会将其列为罪恶之列。

在传教士们笔下,西方人的道德规范绝不低于中国人。尽管,他们实际上给中国人介绍的是天主教的伦理观,但他们在对西方伦理做介绍时,尽量淡化其宗教色彩,侧重从社会文化的角度来介绍西方的伦理,这是一个相当高明的方法。高一志在《修身西学》《齐家修学》《幼童教育》,庞迪我在《七克》,利玛窦在《畸人十篇》中都是从社会文化的角度来介绍西方的道德伦理,从这个角度展示西方社会文化的文明程度和社会发展水平。在传教士所展示西方文化中,最震动中国文人们的是西方社会的婚姻制度。

利玛窦在《天主实义》中说:"道德之情至幽至奥,人心未免昏昧,色欲之事,又恒钝人聪明焉。若为色所役,如以小灯藏之厚皮笼内,不益朦呼?岂能达于道妙矣!绝色者如去心目之尘垢,益增光明,可以穷道德之精微也。"

这里,利玛窦实际上是在介绍西方中世纪的那种将"色"与"智"对立起来的观点,似乎有了情,脑袋就会糊涂。但在早期儒家的思想中也有这样的思想,孔子所提出的"君子三戒",就有戒色之说,告诫青年时期"血气未定,戒之在色"(《论语·季氏》),所以他这个说法是会被人接受的,也显示出这些传教士所介绍的西方社会伦理之高尚。

如果说利玛窦还是在一般意义上介绍西方的婚姻伦理,那么,庞迪我则直接将批评的矛头指向了中国婚姻制度中的纳妾问题。他在《七克》中首先介绍西方各国在婚姻制度上一夫一妻制的合理,他说:"敝乡千国之俗,皆以伉俪为正,上自国主,下至小民,一夫特配一妇,莫或敢违,妇没,得更娶正妻,不得娶妾也。"他在论证一夫一妻制的合理性之后,就直接批评了中国的一夫多妻制,即纳妾制。庞迪我认为纳妾制有以下的问题。

第一,纳妾会造成社会不安。如果一个男性有多个女性为妾,就必然会使另一部分男性无妻。再者,如果一个男人纳多个妾,天下哪有那么多的女人呢? 所以,纳妾"苟为不然,不将使世有旷夫,而无女可配乎? 失一正配,即失多子女,是害人类也"。

第二,纳妾制必导致家庭不和。男人在一个家庭中有妻又有妾,妻妾成群,必然引起妻妾不和,因为他认为:女人多欲、多疑、易忿、易妒,在多个女人面前如何平衡? 这是很难办的事。"妻恃尊,妾恃宠,两相不下,其乱不已;两妇为仇,两妇之子,岂得相合? 是一家犯罪,罪悉由尔,尔之负罪不已重乎?"庞迪我所说的这些观点在张艺谋所导演的《大红灯笼高高挂》中得到了艺术地再现,不管他从什么动机出发来讲这件事,他的确揭示了中国社会的一个严重的问题,而这一切是在四百年之前。

第三,纳妾制真正的受害者是男女双方。男人由于有妻又有妾,无心照顾孩子,同时,妻妾也在争爱,无心照顾孩子。"父好色,母惟色,欲其贞心,不亦难乎!"这样父尽不到父道,母尽不到母责。最终双方也都受了害。

当然,庞迪我实际上是从天主教的禁欲思想来谈纳妾的问题的,但整个论述的方式"适应晚明社会中人对劝善书既有的理解,在用语与编撰形式上与劝善书相似"①。所以这本书受到不少文人的认同。山东按察司副使陈亮采在《七克》的序中说:"其书精实切近,多吾儒所雅称。至其语语字字,刺骨透心,则儒门鼓吹也。"这也说明庞迪我的汉语写作水平已经相当之高。

耶稣会士们向中国的儒生们所描绘的西方世界,的确使儒生们产生了"误读",徐光启竟然认为在基督教的影响下,西方各国"千数百年以至于今,大小相恤,上下相安,路不拾遗,夜不闭关,其久安长治如此。然犹举国之人,兢兢业业,惟恐失坠,获罪于上主。则其法实能使人为善,亦既彰明较著矣。此等教化风俗,虽诸陪臣自言;然臣审其议论,察其图书,参互考稽,悉皆不妄"②。其实,当时的欧洲问题绝不少于中国,以性伦理为例,15 世纪的英国,"由诺福克(Norfolk)法庭所审理的 73 件淫乱案件中有 15 件涉及教士;在里斯本(Ripon)的 126 个同类案子中则有 24 个与教士有关;在兰勒斯(Lambeth)的 58 个同类

---

① 何俊:《西学与晚明思想的裂变》,上海人民出版社,1998 年,第 274 页。
② 徐光启:《徐光启集(下册)》,王重民辑校,中华书局,1963 年,第 432—433 页。

案子中有 9 个与教士有关——犯规教士是犯规总人数的 23％左右,而教士人数却不到总人数的 2％”①。异文化之间在相遇时,对双方的认识都有各自的想象,而这种想象是由其自身的文化背景决定的。16—18 世纪中西文化交流史最有魅力之处就在于:双方都在想象着对方,都将对方当成自己乌托邦的理想。由此产生了文化的互动,双方文化的变异和发展。

第二节　西方文学在中国的传播

传教士对西方文学的传播首先表现在对古希腊《伊索寓言》的翻译和介绍。据中国学者最近研究,明清之际在华传教士或译或讲,一共介绍了近五十则伊索寓言(孙红梅《伊索寓言在中国》抽样本)。第一个介绍《伊索寓言》的是利玛窦。天主教史专家裴化行(Henri Bernard,S. J.)在他的《利玛窦传》一书中对利玛窦给文人们传播《伊索寓言》也有记载,他说:“有一位官员见了一本讲述救世主事迹的小册子,竟看得出神,我便说这是我们教中的书籍,不能相赠……却送了他一本《伊索寓言》,他欣然收下。”

利玛窦在他所写的《畸人十篇》中介绍了《伊索寓言》。这是利玛窦和十位中国文人围绕道德伦理谈话的一本书,如李之藻在序中所说:“其言关切人道,大约淡泊以明志,行德以俟命,谨言苦志以褆身,绝欲广爱以通乎天哉。”利玛窦在书中将“伊索”翻译成“阨琐伯”,他说:“阨琐伯氏,上古明士。不幸本国被伐,身为俘虏,鬻于藏德氏,时之闻人先达也,其弟子以数千。”这里他对伊索本人做了简要的介绍。利玛窦在《常念死候备死后审》这篇谈话中引用了伊索的《肚胀的狐狸》的寓言,他写道:“野狐旷日饥饿,身瘦癯。就鸡栖窃食,门闭无由入。逡巡间,忽睹一隙,仅容其身,馋亟则伏而入。数日,饱饫,欲归,而身已肥,腹干张甚,隙不足容。恐主人见也,不得已,又数日不食,则身瘦癯,如初入时,方出矣。”也是在这篇谈话中他还引用了《伊索寓言》中的《孔雀丑足》的寓言。他在同李水部谈话的《斋素正旨非由戒杀》一文中引用了《伊索寓言》中的《两猎犬》,

---

① 林中泽:《晚明中西性伦理的相遇》,广东教育出版社,2003 年,第 162 页。

在《善恶之报在身之后》的谈话中引用了《伊索寓言》中的《狮子和狐狸》及《两树木》,在《富而贪吝,苦于贫婆》一篇中用了《伊索寓言》中的《马和驴》。这样,利玛窦在《畸人十篇》中共引用了《伊索寓言》中的六篇寓言。

戈宝权在研究了庞迪我的《七克》后认为,在《七克》中庞迪我一共引用了《伊索寓言》中的七则,并将《七克》的明刻本和晚清刻本中的这七个寓言做了对比性研究。《七克》中所介绍的七个《伊索寓言》中的故事分别是:

1.《乌鸦与狐狸》卷 1,《戒德誉》一章内;

2.《树木与橄榄树》卷 1,《戒好贵》一章内;

3.《孔雀丑足》卷 1,《戒好贵》一章内;

4.《贫人鬻酒》卷 2,《解贪篇》内;

5.《兔子与青蛙》卷 4,《以忍德敌难》一章内;

6.《驴与马》卷 5,《塞饕篇》内;

7.《狮子、狼与狐》卷 6,《戒谗言》一章内。[1]

庞迪我的《七克》对《伊索寓言》的引进和介绍是该书获得成功的重要因素,正如学者所说:"读《七克》时,中国的文人自会将东西方不同风格但同样富有教育意义的寓言相比较,这时他们自然也会惊叹:原来在八万里之外的西方国家,也有警世的寓言啊! 这无形中增加了中国知识分子对西方传教士的几分敬重。"[2]

《伊索寓言》全面地被介绍到中国则是明天启五年(1625)由金尼阁口述、张赓笔译的《伊索寓言》的全译本《况义》的出版。这位西海金公在中西文化交流史上是个重要的人物,他不仅将《利玛窦中国传教史》一书带回欧洲,改写成拉丁文出版,一时轰动欧洲,而且又和关西大儒王徵合作写下了《西儒耳目资》,开始了汉字拼音化的研究。《况义》则是他介绍西方文学的一个重要性成果。戈宝权先生对此书的出版、翻译等情况都做了认真地研究,他指出在巴黎的一个《况义》藏本后所附的《黑说》和《蝲蝲》两则寓言并不是《伊索寓言》的内容,而是

---

① 戈宝权:《中外文学因缘——戈宝权比较文学论文集》,北京出版社,1992 年,第 391—400 页。

② 张铠:《庞迪我与中国》,北京图书馆出版社,1997 年,第 426 页。

中国文人柳宗元所作①。《况义》是西方文学在中国流传的一个标志性的事件，"它的出现，欲在文学史上替西书中译的过程奠下一个明显的里程碑"②。

耶稣会士不仅仅在中国介绍了《伊索寓言》，还介绍了其他希腊和罗马的寓言，这些寓言在文学的类型上都是欧洲的"证道故事"。在西方，教士们通过这些《圣经》或文学作品的故事讲述来隐喻宗教的思想，是西方文学中的一个重要的文类。在西方，"证道故事"这类文体并非耶稣会所发明，但耶稣会士却正是采取这种形式，使欧洲的文学和中国文学首次相遇。为什么传教士们较多地采取这种形式来传播宗教思想呢？或者说，为什么他们更乐意采用文学的形式来表达其宗教的关怀呢？李奭学给了一个很好的回答："在中国，寓言本是先秦诸子的看家本领，从庄子到韩非子都能说善道。七国既亡，寓言在中国有江河日颓之势，迄有明一代方才重振，是以郑振铎极称明世为'寓言复兴'。……耶稣会士赶在此时刻入华，难免濡染时代的文风。"③过去，很长时间对耶稣会士在文学上的贡献研究较少，对其布道中所采取的文学形式也较少研究，继戈宝权先生之后，李奭学将这个问题做了彻底的研究，他认为："我们如果从中西文学关系——甚至是从善书文化合流——的角度再看，当会发现此时耶稣会士有一封号仍然有待追加：他们也曾化身变成中世纪圣坛上'讲故事的人'，在明室国祚犹苟延残喘之际把源于希腊罗马的证道故事大致用纸用笔就细说起来，而且为数可观，从而为中国文化加砖添瓦，再增文学上的文类新血。"④这样的写作方法和技巧也表现了这些传教士汉学家在中文写作上的成熟与老到。

第三节　西方宗教哲学在中国

对来华传教士在中西文化交流史上地位和作用的研究中，其所介绍的西方哲学和宗教在中国文化史的作用评价最低。目前的研究也主要集中在他们所

---

① 戈宝权：《中外文学因缘——戈宝权比较文学论文集》，北京出版社，1992 年，第 419 页。

② 张错：《利玛窦入华及其他》，香港城市大学出版社，2002 年，第 77 页。

③ 李奭学：《中国晚明与欧洲文学——明末耶稣会士古典型证道故事考诠（修订版）》，生活·读书·新知三联书店，2010 年，第 126 页。

④ 同上书，第 400—401 页。

介绍的西方科学等方面。这是一个重大的忽略,因为传教士来中国传教是目的,科学与文化只是其传教的手段,他们用心最多、下力最大的是西方的哲学和宗教著作,如果我们缺少了对传教士这一部分的研究,"我们就无法把握传教士在华活动的全貌,甚至抓不住他们在华活动的心魂所在"①。

来华耶稣会士在他们的中文著作中对希腊哲学多有介绍。高一志在《幼童教育》一书中说:"古学名宗罢辣多(即柏拉图——作者注)治国妙术,凡著述正道之书,必重酬之。著述非道之书,必严罚之。"这是对柏拉图的介绍。在说到亚里士多德时,庞迪我在《七克》中说:"亚利思多者,古名师也,西国之为格物穷理之学者宗焉。"耶稣会士们在介绍希腊的思想时是很有针对性的,他们已经发现中国思想的特点之一是逻辑性较弱,如利玛窦所说:"在学理方面,他们对伦理学了解最深;但因他们没有任何辩证法则,所以无论是讲或写的时候,都不按科学方法,而是想直觉能力之所及,毫无条理可言。"②这样,他们在介绍希腊思想时,对亚里士多德的逻辑学介绍格外注意。

艾儒略在《西学凡》中说,西方的哲学源于"西士古贤,观天地间变化多奇",而"亚里士多德,其识超卓,其学渊源,其才广逸"。亚里士多德的功劳之一就是开创了"落日加"(即逻辑学——作者注),使逻辑学成为"立诸学之根基,辨其是与非,虚与实,表与里"。传教士汉学家们对亚里士多德逻辑学的介绍首推傅泛济和李之藻合作翻译的亚里士多德的《逻辑学》,中文书名为《名理探》。当时,李之藻已经 65 岁高龄,眼睛有疾,虽然书全部翻译出来,但没有全部定稿,只出了上半部分,后半部分被南怀仁编到了他的《穷理学》中。《名理探》在中国的出版是件很有意义的事,他们对亚里士多的逻辑学的介绍对当时的中国思想文化来说有着重要的意义。这是西方逻辑学在中国的第一次登场,中国古代虽然有"墨辩",但以后中国自己的逻辑并未发展起来,这对中国文化的特点形成有着重大的影响。因此,在这个意义上,亚里士多德逻辑学的传入对中国思想来说是一次革命的变革。当年,李之藻翻译这本书时,难度是很大的,这本书的翻译为中国近代逻辑学的发展奠定了基础。以后严复在翻译《穆勒名学》时,不少逻

---

① 张西平:《中国与欧洲早期思想交流史》,北京大学出版社,2021 年,第 194 页。
② 利玛窦:《利玛窦中国传教史(二)》,刘俊余、王玉川译,光启出版社,1986 年,第 23 页。

辑学的概念就是直接借用了李之藻翻译时的概念。

对基督教哲学的介绍是来华耶稣会士们的着力之处。从罗明坚开始，耶稣会士们就很重视基督教义的翻译，罗明坚的《圣教天主实录》是传教士在中国出版的第一本基督教教义著作。阳玛诺的《圣经直解》是最早介绍《圣经》的书，阳玛诺在书的序中说："祖述旧闻，著为直解，以便玩译。"因此，这本书并不是《圣经》的直译，而是"此则解经意也"。贺清泰的三十四卷的《古新圣经》是对《圣经》的直译，但流传不广。特别值得一提的是利类思和安文思两人所翻译的中世纪神学哲学家托马斯·阿奎纳（Thomas Aquinas，约 1225—1274）的《神学大全》(Summa Theologica)一书。《神学大全》是托马斯·阿奎纳的代表作，也是中世纪神学的代表作，被称为"是一部空前绝后的巨著"。利类思在《超性学要》序中说：这本书为"诸理之正鹄，百学之领袖，万圣之师资"。这部书的翻译，标志着来华传教士将西方中世纪基督教神学的基本理论和基本概念都介绍给了中国。

由于中国教区广大，所来的欧洲神父远远不够管理中国这个庞大的教区，所以从利玛窦时代起，就决定将出版神学哲学著作作为其弥补人手不足的一个重要的办法。来华的传教士汉学家们在写书和翻译书籍上用力之勤，所出版的中文书籍之多，是我们想象不到的。传教士所写的和翻译出版的中文书籍至今仍未有一个总书目，对其中所翻译和出版的介绍西方哲学和基督教神学的著作的数量也未有一个比较明确的统计和说明。我们在这里可以将来华传教士的汉语文献的情况做一个简单的梳理，这样也可考察一下当时他们所出版的有关西方宗教和哲学著作的情况。

法国学者裴化行在他的《欧洲著作之汉文译本》一文中列举出了七种目录中所记载的传教士汉文著作的情况：

1.1627 年西班牙文本的目录用西班牙文记载了 35 种汉文书目；

2.1643 年拉丁文本的目录中用拉丁文记载了 59 种汉文书目；

3.1642 年葡萄牙文本的目录中用葡文记载了 119 种汉文书目，其中天主教教理和道德的书有 68 部，哲学数理的书 51 部；

4.1654 年卫匡国在罗马所做的目录中用拉丁文记载了 55 种汉文

书目；

　　5.1667 年基歇尔（Kicher）所做的目录中用拉丁文记载了 38 种汉文书目；

　　6.1676 年苏士卫（Southwell）所做的目录中用拉丁文记载了 136 种汉文书目；

　　7.1686 年在《圣教信证》和《道学家传》两本汉文书目的基础上翻译成拉丁文的目录中记载 251 种汉文书目。①

　　以上均为在外文文献所记载的传教士和信徒们用中文所写的关于基督教和中西文化交流的书目，在中文文献中对这批重要的书籍和文献也有记载，这点下面章节中我们还要做专门研究，这里不做展开。

　　在传教士汉学家的中文著作中关于基督教教理和西方基督教神学哲学的著作约占 70%②。由此可见，来华的传教士的重心仍是以传教和宣传基督教神学为其根本的目的。从文化交流的角度来看，来华的传教士这样的做法无可厚非，因为历史上宗教是文化间交流的重要桥梁，宗教体现了各个文化的本质特点，在宗教思想的交流中，文化交流的其他侧面也就展开了。就西方来说，整个中世纪是基督教神学的世纪，传教士们在介绍基督教教义和中世纪神学哲学的同时，也就把希腊思想，把西方思想的基本特点介绍了进来，这对于中国人理解世界文化的多元性，对改进中国人的思维方式都是有益的。同时，传教士所介绍的这套基督教教义和基督教神学哲学对中国思想界来说是全新的，它必然在中国文人中产生完全不同的反应。风乍起，吹皱一池春水。一场思想文化的冲突由此展开。

第四节　中国文人对西方宗教思想的反映

　　方豪当年在谈到明清之际天主教在中国的传播时，认为以利玛窦为代表的

---

① 参见冯承钧译：《西域南海史地考证译丛（第二卷）》，商务印书馆，1995 年，第 195—242 页。
② 参见张西平：《传教士汉学研究》，大象出版社，2005 年，第 189 页。

耶稣会士所以能在中国站住脚有八个原因：一是当时中国科学的需要；二是耶稣会士上层传教策略的成功；三是入教人士的信仰坚定；四是传教士和教徒的安分守己；五是传教士们所确定的合儒策略的正确；六是传教士采取的书籍传教方法的正确；七是中国教徒勇于护教；八是教徒也同样致力于儒耶会通。尽管方豪的这些观点有明显的"扬教"心态，但也揭示了一个基本的事实。利玛窦入华后，天主教在中国已经被一些儒家知识分子所接受。梁启超在《中国近代三百年学术史》中说："当时治利（玛窦）徐（光启）一派之学者，尚有周子愚、瞿式耜、虞淳熙、樊良枢……瞿汝夔、曹于汴、郑以伟、熊明遇、陈亮采、许香臣、熊士旂等人，皆尝为著译各书作序跋者。又莲池法师，亦与利玛窦往来，有书札见《辨学遗牍》中，可想见当时此派声气之广。"

　　从现在来看，当时的儒生们接受传教士所介绍的西学大体有以下几个原因。首先，利玛窦所确立的"合儒路线"起到了作用，不少文人们认为，天学和儒学是相通的。谢肇淛在《五杂俎》中说："天主国在佛国之西，其人通文理，儒雅与中国无别。"他认为利玛窦所写的《天主实义》"往往与儒教相互发明……余甚喜其说为近世于儒，而劝世较为亲切"。而那些已经入教的儒生教徒们其信仰的根基，也是建立在这样的基础上的，张星曜说得最为明白："天学非泰西创也，中国帝王圣贤无不尊天、畏天、事天、敬天者，经书具在，可考而知也。……爰据中国经书所载敬天之学，与吾泰西之教有同符者，一一拈出，颜曰合儒。"其次，天学迎合了晚明时儒学发展的趋势。阳明心学到晚明时日趋空疏，经世致用的实学之风日渐高涨，求"实文、实行、实体、实用"（颜元《习斋记余》卷3）已成大势。此时，以科学为其手段的天学必然受到儒生们的欢迎。如徐光启所说："久与之处，无不意消而中悦服者，其实心、实行、实学，诚信于士人大夫也。"[①]最后，儒生士人们的心态也较为健康。陆九渊的名言成为当时儒生们看待天学的一个重要思想基础，这就是"东海有圣人出焉，此心同也，此理同也；西海有圣人出焉，此心同也，此理同也"（陆九渊《象山全集》卷36）。仅从对待传教士所介绍的宗教思想来说，绝大多数儒生都是从儒家本体的角度来理解天主教的，只讲

---

①　徐光启：《徐光启集（上册）》，王重民辑校，中华书局，1963年，第66页。

其同,而忽略其异。如闽王弼在《天儒印正》的序中说:"略四子数语,而故以天学解之,以是为吾儒达天之符印也。"文化交流中的任何会通必然是自身文化基础上的变异,是从自我对"他者"的解释。从今天来看,以徐光启为代表的这批儒生所写下的著作是中国思想上的重要的历史文献,直到今天仍有很高的思想和学术价值。这批著作可谓真正的"汉语神学"的奠基者。

但在明清之际,接受这种西方宗教学说的人只是一部分,反对者的力量仍然很大。代表批评天主教的著作主要有两本,一本是《圣朝破邪集》,一本是《不得已》。《圣朝破邪集》主要是福建漳州的黄贞收集僧俗文人的各类文章汇集而成,《不得已》是晚清时被反基督教的人们称为孟子之后第一人的清初历狱中的重要人物杨光先所作。虽然"理学家反对西学的论著,大多出自草野山林之儒生,鲜有独到精辟的宏论"[①],但他们对天主教的批评还是揭示了中西文化的重大差异。

这些儒生们反对天主教的理论的主要依据仍是"夷夏之辨"和儒家传统思想。从"华夏中心论"出发,他们认为天主教文化是一种邪教,传教士们"潜入我国中,公然欲以彼国之邪教,移我华夏之民风,是敢以夷变夏者也"(《圣朝破邪集》卷5)。从传统儒家思想来看天主教最难理解其天主论。反对天主教的儒生认为:"细查天主之义,谓天主生天、地、人、禽兽、草木之魂。禽兽草木死则随灭,独人死,其魂不灭。所作善恶,俱听天主审判。"儒家对这种西方的灵魂论是完全生疏的。从宋明理学出发,天即理,即道,即心,即性,"吾儒惟有存心养性,即事天也"。因此,对于人格神的天,对于基督的"道成肉身",一般儒生们是很奇怪的,正像他们所说这种:"削越祖宗,丢抛神主,排礼法,毁典籍,滴圣水,擦圣油,崇祀十字刑枷,而以碧眼高鼻者为天主乎?"(《圣朝破邪集》卷6)不能说这些儒生们对天主教的批评全无道理,就是已经加入天主教的杨廷筠在理解基督教的天主概念时仍是从儒家的观念出发的,他在谈到对待天主的态度时说:"论名分,天主视人无非其子,无贵贱,无贤愚,皆一大父所出。故谓之大父母,尊而且亲,无人可得远之。子事父母惟力自视,善事父母者则谓之能竭其力,岂

---

① 陈卫平:《第一页与胚胎——明清之际的中西文化比较》,上海人民出版社,1992年,第224页。

有父母之前,可一日不尽其分。"①将神人关系比喻成血缘关系,将对父母的亲孝之情比作对天主的崇敬之情,这是典型的基督教中国化的表述。杨廷筠尚且如此理解天主,对那些反对天主教的儒生来说是很自然的。

今天看来,儒家思想和基督教思想是东方和西方不同的文化表达形式,无高低之分。在这场文化的对话中其实"传教士仍如同中国文人一样,无意中也成了一整套文明的代表者。如果他们如此经常地遭遇到传统的困难,那是由于不同的世界观和人生观而以不同的逻辑通过语言表达出来的"②。谢和耐通过这场文化的对话揭示了中国文化和西方文化本质之别,从而指出中国基督教化是不可能的,这个观点并没有错。不仅利玛窦没有从理论上解决这两种文化的会通问题,就是在今天人们也未完全解决这个问题。无论是传教士还是那些反天主教的儒生们,他们的价值在于揭示了两种文化相遇后所产生的问题。谢和耐的问题在于,他没有看到即便是两个在本质上有区别的文化仍可以会通,只是这种会通再不可能是原有的两种文化,而是新的文化变体。这段历史应引起我们注意的原因在于,近些年来不少基督教理论的研究者仍然主张要原汁原味地将基督教介绍到中国,他们对文化间交流的历史所知甚少,对其中西文化相遇所产生问题的理解尚达不到利玛窦的水平,这是很可惜的。理论必须接受历史的考验,而历史已经给理论指出了发展的方向,我们应从历史中汲取智慧。关于这个问题我们在下面还要再做深入的研究。

---

① 杨廷筠:《代疑篇》,吴相湘主编:《天主教东传文献》,学生书局,1966年,第567页。

② 谢和耐:《中国和基督教:中国和欧洲文化之比较》,耿昇译,上海古籍出版社,1991年,第3页。

第十一章　天主教在明清之际的发展

传教士们来到中国目的是要"中华归主",在中国建起基督教王国。为了达到这个目的,他们采用了迂回的方式,通过向中国介绍西方的科学技术、艺术文化来吸引中国皇帝和士人,通过这种手段来扩大天主教的影响。从宗教社会学的角度来看,这也无可厚非,任何宗教的传播无不是如此,这也正是宗教作为文化交流的手段时所体现出来的基本特点。因此,在研究中西文化交流史时,在研究这些传教士汉学家在中国的活动时,由他们所推动的中国天主教史自然应成为我们研究的内容。在一定意义上,天主教在中国的发展是这些传教士汉学家最重大的成果。

第一节　明代天主教的发展

一、利玛窦时期的中国天主教

利玛窦的传教路线是"合儒易佛",表现出两个特点。一是传教对象基本上是上层的知识分子,以儒生士人为主。这样的路线就决定了他传教的第二个特点——传教的规模不是很大。西方学者邓恩的一段话很全面地概括了利玛窦的传教路线和传教特点：“从今以后的策略更应注重智力传教。在京城并以京城为起点，建立一个遍布全国的、高层的友好人士的网络，同时也要在大众中传播天主教。与之相伴的、间接地受益于该策略的传播福音的工作和吸收天主教徒的工作，也要在北京和其他省份展开。总的方针有了，执行的方法是：静静地渗透和文化上的适应；要摒除'欧洲人主义'；与欧洲人，特别是与在澳门的葡萄牙人的接触，要保持一个低水平；传教工作需要的资金可以从中国获得。只要在资金上还须求助澳门，就要'小心从事，尽量少用'；当天主教教义上不存在妥协问题时，避免同中国人的偏见和猜疑发生不必要的冲突；传教的工作要慎重、不声张，用好的书籍和有理性的辩论向学者证实我们教义的真实性，让他们知道我们的宗教是没有害处的，只会给帝国带来好的朝政和平安的局面。”[1]

到利玛窦逝世时，天主教在中国各地的发展情况是：肇庆，当年罗明坚、利玛窦、麦安东（Antoine d'Almeyda，1556—1591）、孟三德（Edouard de Sande，1547—1599）等人在此传教；韶州，利玛窦 1589 年到此开教，利氏离开以后郭居静在此传教，到 1606 年时教徒已经有八百多人；南昌，利玛窦 1595 年 3 月 11 日来到南昌，买下一间房，开始传教，后李玛诺（Emmanuel Diaz Senior，1559—1639）在此经营，1609 年时有教徒三四百人左右；南京，1599 年利玛窦在此开教，以后成为江南最大的教区，并引发了南京教案，下面专门论述；北京，利玛窦 1601 年正月进入北京，1605 年购到一房开始建堂，这就是北京的第一座教堂——南堂，利氏定居不久，在北京就接受教徒二百余人[2]，并成立了北京的第一个天主教教友团体“圣母会”；上海，郭居静 1608 年到徐光启家，并于当年在上海开教；杭州，李之藻 1611 年回杭州期间，郭居静在杭州开教，此时利氏刚刚去世 1 年。

二、南京教案

利玛窦去世以后，他的同乡龙华民接替他成为中国教会的掌门人。龙华民

---

[1]　邓恩：《从利玛窦到汤若望：晚明的耶稣会传教士》，余三乐、石蓉译，上海古籍出版社，2003 年，第 71 页。

[2]　参见樊国樑：《燕京开教略（中篇）》，北京救世堂，1905 年。

长期在韶州农村传教，与中国文人的接触并不多，对利玛窦的传教路线理解也很成问题。他不同意利玛窦的合儒路线，反对教徒祭孔祭祖，这点我们在礼仪之争一章中还要专门研究。龙华民这种做法肯定在当时引起反应。南京教案的直接发起者是沈㴶，他是浙江乌程人，和李之藻、杨廷筠是同乡。万历四十四年五月他以礼部侍郎署南京礼部尚书的名义与给事中晏文辉等人一起联合上疏，题为"远夷阑入都门，暗伤王化，恳乞圣明申严律令，以正人心，以维风俗事"。

在奏疏中沈㴶认为天主教来华后动摇了儒学之本。他从中国的政体出发，认为天主教所提出的七政七重天说完全背离了传统。"今彼夷立说，乃曰七政行度不同，各自为一重天，又曰七政诸天之中心，各与地心不同处所，其为诞妄不经，惑世诬民甚矣。《传》曰：'日者，众阳之宗，人君之表，'是故天无二日，亦象天下之奉一君也。惟月配日，则象于后，垣宿经纬以象百官，九野众星以象八方民庶。今特为之说曰：日月五星各居一天，是举尧舜以来，中国相传，刚维统记之最大者，而欲变乱之，此为奉若天道乎，抑亦妄干天道乎？以此名曰慕义而来，此为归顺王化乎？抑亦暗伤王化乎？"①沈㴶对龙华民所推行的不让教徒祭祖祭孔的做法极为不满："又闻其诳惑小民，辄曰祖宗不必祭祀，但尊奉天主，可以升天堂，免地狱。……今彼直劝人不祭祖先是教之不孝也。繇前言之，是率天下而无君臣，繇后言之，是率天下而无父子。何物丑类，造此矫诬，盖儒术之大贼，而圣世所必诛。"②沈㴶希望皇帝立即将传教士赶出中国，将其头目处死。沈㴶对天主教的仇恨可见一斑。当然，沈㴶的奏疏也并非偶然，在他上书后的1617年，在南昌也有三百学子秀才写了份请愿书，要求驱除传教士，禁止天主教。③

沈㴶的奏疏上报以后，万历皇帝根本没当回事，只批了"知道了"三字。此事很快被徐光启得知，他马上直接给万历皇帝写了份《辨学章疏》的奏疏，直接

---

①　周骎方编校：《明末清初天主教史文献丛编（二）》，北京图书馆出版社，2001 年，《破邪集》卷 1。

②　同上。

③　参见邓恩：《从利玛窦到汤若望：晚明的耶稣会传教士》，余三乐、石蓉译，上海古籍出版社，2003 年，第 114—115 页。此事目前尚未查到中文文献，邓恩在分析中说中利玛窦的传教路线动摇和危害了科举制度，因此才有秀才们的请愿书。这个说法值得商榷。

说明自己的观点,旗帜鲜明地为传教士辩护。他说:"然臣累年以来,因与讲究考求,知此诸臣最真最确,不止踪迹心事一无可疑,实皆圣贤之徒也。且其道甚正,其守甚严,其学甚博,其识甚精,其心甚真,其见甚定,在彼国中皆千人之英,万人之杰。所以数万里东来者,尽彼国教人,皆务修其身以事上主,闻中国圣贤之教,亦皆修身事天,理相符合,是以辛苦艰难,履危蹈险,来相印证,欲使人人为善,以称上天爱人之意。……诸陪臣所传事天之学,真可补益王化,左右儒术,救正佛法者也。"①徐光启的奏疏对传教士可谓情深意切,对大明王朝也忠心耿耿。但万历皇帝也是批了三个字"知道了",显然是要平息此事。

而沈㴐此时却心急火燎,在三个月后又写了第二份奏疏,列举了传教士王丰肃四条罪状:第一,教堂建在明太祖陵山之西,教堂中挂蛮夷之像;第二,给每位教徒发三两白银,而且每位教徒的详情均有登记;第三,每月有四天聚会,每次做礼拜少则五十人,多则二百多人;第四,在城外的教堂在明孝陵之前,"狡夷伏藏于此,意欲何为";第五,奏疏七月初上报,中旬传教士便知此事,传教士们消息如此神速,实在危险。

沈㴐一面上报朝廷,一面开始在南京对传教士动手,传讯王丰肃和谢务禄,抓捕教徒 24 人。同时,他在当年十二月第三次上疏,重申前两次奏疏的理由,并根据听到的从闽南传来的新的消息,说传教士以天主教为名"欺吕宋国主,而夺其地,改号大西洋"②。他忧心忡忡地说,闽和广东的狡夷是一类,不像在中国的传教士所说,他们来自八万里之遥,狡夷久在家门口,就在吕宋,"总之根本重地,必不可容一日不防者也"③。从现在掌握的史料来看,沈㴐的担忧并非完全没有道理,因为西班牙占领菲律宾后的确有一个进攻中国的计划④。

沈㴐在朝中也并非一人。他三次上疏,南京的晏文辉、余懋孳、徐如珂等也都有奏疏和沈㴐相互呼应。这样,万历皇帝终于"纳其言,至十二月,令(王)丰肃及(庞)迪我等,俱遣赴广东,听还本国"⑤。一时风起云涌,形势大变。传教

---

① 徐光启:《徐光启集(下册)》,王重民辑校,中华书局,1963 年,第 431—432 页。
② 夏瑰琦编:《圣朝破邪集》,香港建道神学院,1996 年,第 66 页。
③ 同上书,第 67 页。
④ 张铠:《中国与西班牙关系史》,大象出版社,2003 年。
⑤ 《明史》第 326 卷,列传 214。

士分别藏于杭州杨廷筠等人家中。

1617 年 3 月 16 日沈㴶亲自在公堂审讯王丰肃和谢务禄,在堂上重打王丰肃,然后将两人装入木笼押往广州。此时庞迪我和熊三拔也已经到了广州,将王、谢二人送至澳门。此时南京教堂被拆毁,堂中之物被毁。与两名传教士同时入狱的 24 名教徒也分别治罪,钟明仁、钟明礼两名修士被判重刑,终生钉镣,罚做苦役。

南京教案不久,万历皇帝逝世,魏忠贤掌握朝中权力。沈㴶与魏忠贤勾结,成为礼部尚书兼东阁大学士。沈㴶又告天主教和山东的白莲教有关系,呼应沈㴶的有南京的徐如珂、余懋孳等人,这样的形势对传教士十分不利。传教士艾儒略、郭居静等人藏在杨廷筠家,李玛诺、史惟贞等人藏在徐光启家。天启初年,沈㴶气焰嚣张,在朝中多有积怨。首辅叶向高上疏,要求皇上将其弹劾,否则难以服众。沈㴶最终被罢免,怏怏而归,不久病故。这样南京教案的风波算过去了。①

三、天主教其他修会入华

在耶稣会试图进入中国的同时,另外三个修会,即奥斯丁会（1565）、方济各会(1579)和道明我会(1584)也定居马尼拉(而耶稣会士于 1581 年抵达菲律宾首府),目的是进入中国。"在沙勿略逝世和罗明坚与利玛窦抵达中国之间的 30 年间,好几个传教团体都试图进入中国。至少有 25 名耶稣会士,22 名方济各会士、2 名奥斯丁会士和 1 名道明我会士,试图定居中国都未成功"②。1579 年 6 月西班牙的方济各传教士佩德罗·德·阿尔法罗等 7 人从广州的珠江口进入中国,虽然最终被广东当局驱除出境,但拉开了方济各会入华的序幕。1634 年 11 月方济各会士利安当和马芳济 (Franciso de la Madre de Dios)进入了福建并于 1649 年 8 月(顺治六年)再次进入中国,在当时在北京的耶稣会士

---

① 南京教案研究可参见张维华《南京教案始末》(《齐大月刊》1930 年第 1 卷第 2 期,第 93—106 页)、万明《晚明南京教案新探》(王春瑜主编:《明史论丛》,中国社会科学出版社,1997 年)、李春博《南京教案与明末儒佛耶之争:历史与文献》(复旦大学硕士论文,2004 年)。

② 柯毅霖:《晚明基督论》,王志成、思竹、汪建达译,四川人民出版社,1999 年,第 57 页,注释 24。

汤若望的帮助下,在山东济南开教,"顺利地开辟了方济各会在中国的第一个教区,为方济各会在中国的进一步发展和壮大打下了坚实的基础"①。

道明我会也是天主教著名的托钵修会之一,第一个来华的道明我会士是克鲁士(Fr. Gaspar da Cruz)。他虽然在中国传教没有成功,但写下的《中国志》在西方产生了较大的影响②。道明我会进入中国前在菲律宾传教,会士高母羡在菲律宾写下了《华语基督教义》《西班牙语与他禄语的基督教义》(*Doctrina Cristiana en Lengua Espariola y Tagala*)③和《辩正教真传实录》三本汉文传教书籍。高母羡的这三本汉语传教文献不仅在中国印刷史上有着重要的意义,在天主教远东传教史上也有着重要的意义④。

1631 年道明我会在台湾的负责人高琦和他的同伴谢拉(Thomas de la Sierra)被派往大陆,代表在菲律宾的西班牙人前往福建商谈贸易问题。后来在福建当局将他们送回去时,高琦潜留了下来,在福安村开始传教。1633 年 7 月黎玉范(Juan Bautista de Morale)在高琦的接应下和方济各会的利安当一起进入中国福建的福安地区。这样道明我会开辟在中国大陆的第一个传教点,到"1647 年(顺治四年)前后来华的传教士共有 36 人。由于他们在马尼拉都曾在华人地区做过传教工作,大多数人都会讲华语,对中国人的文化习俗有较深刻的了解。到 1700 年,道明我会传教区大约有'四万五千人受洗入教会'"⑤。

奥斯丁会最早来华的传教士是拉达。当时,他作为在菲律宾的西班牙当局来到福建商量合作围剿海盗林风的事,在访问中国后他写下了《记大明的中国事情》和《出使福建记》两本书,这两本书成为西方最早对中国的报道的文献⑥。1586 年道明我会神父白乐望(Alvaro de Benavente)和利贝拉(Juan de Ribera)进入广州,在方济各会的帮助下,很快在肇庆和南雄两地开教。到 1701 年时,

---

① 崔维孝:《明清之际西班牙方济会在华传教研究(1579—1732)》,中华书局,2006 年,第 40 页。
② 参见 C. R. 博克舍编注:《十六世纪中国南部行纪》,何高济译,中华书局,1990 年。
③ 何塞·安东尼奥·希门尼斯:《西班牙神父在远东:高母羡及其著作〈实录〉》,周振鹤、徐文堪译,黄时鉴主编:《东西交流论谭(第二集)》,上海文艺出版社,2001 年,第 385 页。
④ 参见方豪:《明万历间马尼拉刊行之汉文书籍》,《方豪六十自定稿(下册)》,台湾学生书局,1969 年,第 1518—1524 页。
⑤ 崔维孝:《明清之际西班牙方济会在华传教研究(1579—1732)》,中华书局,2006 年,第 45 页。
⑥ 参见 C. R. 博克舍编注:《十六世纪中国南部行纪》,何高济译,中华书局,1990 年。

道明我会在华有传教士 6 人,会院 7 座,教堂 4 间。①

四、南明王朝的天主教

晚明时期耶稣会在华的传教事业也有了新的发展,特别是高一志努力使陕西绛州一时成为当时中国最为兴盛的教区。耶稣会此时在中国有了 9 个永久性的会院,他们分布在中国 15 个省中的 7 个省,传教士有了 18 名,中国修士有了 6 名。何大化(Antonio de Gouvea,1592—1677)在湖广开教,利类思和安文思在四川开教。毕方济在南京、潘国光 (Francois Brancati,1607—1671)在上海的传教使这两个老教区有了新的发展。当时上海有了 18000 到 20000 名天主教徒,成为全国最出色的天主教中心之一。特别值得注意的是龙华民在皇宫中发展了两名太监成为天主教教徒,一名是后来在南明王朝起到重要作用的庞天寿,一名是姓王的太监。这位王太监后来在崇祯朝的宫女中发展了 21 名教徒,到"1639 年时有 40 人,1642 年达到了 50 人。她们形成了一个不平常的天主教团体"②。根据后来卫匡国提供的数字,中国的教徒"1627 年,1.3 万人;1636 年,4 万人;1640 年,6 万人至 7 万人。十一年之后,这个数字达到 15 万人"③。

耶稣会传教士毕方济和南明的弘光、隆武、永历三帝都有结交。弘光帝在他的《圣谕欧逻巴陪臣毕方济》一文中说他"诚事于天,端于修身,信义素孚"。隆武朝时,毕方济进《修齐治平颂》。唐王则在诗中称毕方济为"毕今梁西域之逸民,中国之高士"。在永历朝活动的传教士是瞿安德(Andreas Wolfgang,1613—1651)和卜弥格。瞿安德使王太后、马太后、王后、皇太子以及许多宫女和太监受洗,这成为中国天主教史上的重要事件。卜弥格则携带南明王朝的国书返回罗马,使罗马和中国的一个王朝有了直接的联系。

当时永历朝的局势十分动荡,太后决定派波兰神父卜弥格返回欧洲,向罗马教廷报告永历朝的情况。卜弥格作为南明王朝的使臣,带着庞天寿所写的给罗马教宗、耶稣会会长等一系列罗马要人的信返回罗马。1910 年张元济在欧洲

---

① 徐宗泽:《中国天主教史概论》,上海书店,1990 年,第 244 页。
② 邓恩著:《从利玛窦到汤若望:晚明的耶稣会传教士》,余三乐、石蓉译,上海古籍出版社,第 296 页。
③ 同上书,第 299 页。

考察时发现了这批文献原始中文本,后《东方杂志》的主编杜亚泉以高劳的名义撰写了《永历太妃遣使于罗马教宗考》在《东方杂志》上发表。黄一农先生在他的《两头蛇:明末清初第一代天主教徒》一书中对卜弥格带回的三份中文文献《王太后致谕罗马教宗因诺曾爵书》《王太后敕耶稣会总会长书》《司礼太监庞天寿上罗马教宗因诺曾爵书》根据顾保鹄神父从罗马带回的原始文献的胶片做了新的校正,这是明清中国基督教史的重要文献。

王太后致谕罗马教宗因诺曾爵书

　　大明宁圣慈肃皇太后烈纳致谕于因诺曾爵、代天主耶稣在世总师、公教皇主、圣父座前。窃念烈纳本中国女子,忝处皇宫,惟知闺中之礼,未谙域外之教。赖有耶稣会士瞿纱微在我皇朝,敷扬圣教,传闻自外,予始知之,遂尔信心,敬领圣洗。使皇太后玛利亚、中官皇后亚纳及皇太子当定,并请入领圣洗,三年于兹矣! 虽知沥血披诚,未获涓埃①答②报。每思躬诣圣父座前,亲聆圣诲;虑兹远国难臻,仰风徒切。伏乞圣父向天主前,怜我等罪人,去世之时,赐罪罚全教。更望圣父与圣而公一教之会,求天主保佑我国中兴太平。俾我大明第拾捌③代帝,太祖第拾贰④世孙,主臣等,悉知敬真主耶稣。更冀圣父多遣耶稣会士来,广传圣教。如斯诸事,俱维怜念;种种眷慕,非口所宣。今有耶稣会士卜弥格,知我中国事情,即令回国致言我之差圣父前,彼能详述鄙意也。俟太平之时,即遣使官来到圣伯多禄、圣保禄台前,致仪行礼。伏望圣慈鉴兹愚悃。特谕。永历四年十月十一日。⑤

---

　　①　据黄一农研究原文为"溾",实应为"埃"。方豪用"埃"。参见黄一农:《两头蛇:明末清初第一代天主教徒》,台湾清华大学出版社,2005 年,第 358 页;方豪:《中国天主教史人物传(上)》,中华书局,1988 年,第 295 页。

　　②　据黄一农研究原文为"荅",通"答"。方豪用"答"。

　　③　冯承钧本用"十八",见冯承钧译:《西域南海史地考证译丛(第三卷)》,商务印书馆,1999 年,第 77 页。

　　④　冯本用"十二"。

　　⑤　黄一农的标点和方豪的标点亦有不同,这里不再一一标出。方豪:《中国天主教史人物传》,宗教文化出版社,2007 年,第 206—207 页。

王太后敕耶稣会总会长书

大明宁圣慈肃皇太后烈纳敕谕耶稣会大尊总师神父：予处官中，远闻大①主之教，倾心既久，幸遇尊会之士瞿纱微，遂领圣洗，使皇太后玛利亚、中官皇后亚纳及皇太子当定并入圣教，领圣水，阅三年矣。今祈尊师神父并尊会之友，在天主前祈保我国中兴太平②，俾我大明第拾捌③代帝、太祖第拾贰④世孙，主臣等悉知敬真主耶稣。更求尊会相通功劳之分，并多送老师来我国中行教。待太平之后，即著钦差官来到圣祖总师依纳爵座前，致仪行礼。今有尊会士卜弥格尽知我国事情，即使回国，代传其意，谅能备悉。可谕予怀。钦哉！特敕。永历四年十月十一日⑤

司礼太监庞天寿上罗马教宗因诺曾爵书

大明钦命总督粤闽恢剿、联络水陆军务、提调汉土官兵、兼理财催饷，便宜行事；仍总督勇卫营、兼掌御马监印、司礼监掌印太监庞亚基楼、契利斯当，膝伏因诺增爵代天主耶稣在世总师、公教真主、圣父座前。窃念亚基楼职列禁近，谬司兵戎，寡昧失学，罪过多端。昔在北都，幸遇耶稣会士，开导愚懵，劝勉入教，恭领圣水，始知圣教之学，蕴妙洪深，夙夜潜修，修心崇奉，二十余年，罔敢稍息。获蒙天主庇佑，报答无繇。每思躬诣圣座，瞻礼圣容，讵意邦家多故，王事靡盬，弗克遂所愿怀，深用悚仄！但罪人一念之诚，为国难未靖，特烦耶稣会士卜弥格，归航泰西，代请教皇圣父，在于圣伯多禄圣保禄座前，兼于昔天下圣教公会，仰未天主，慈炤我大明，保佑国家，立际升平，俾我圣天子，乃大明拾捌代帝、太祖第拾贰世孙、主臣、钦崇天主耶稣，则我中华全福也。当今宁圣慈肃皇太后圣名烈纳、昭圣皇太后圣名玛利亚、中官皇后圣名亚纳、皇太子圣名当定，虔心信奉圣教，并有谕言致圣座前，不以宣之矣。及愚罪人，恳祈圣父，念我去世之时，赐罪罚全赦；多

---

① 方豪已经指出，冯本第 78 页，改为"天主之教"。
② 冯本无"太平"。冯本第 78 页。
③ 冯本用"十八"。
④ 冯本用"十二"。
⑤ 方豪：《中国天主教史人物传》，宗教文化出版社，2007 年，第 208 页。参见爱德华·卡伊丹斯基：《中国的使臣者：卜弥格》，张振辉译，大象出版社，2001 年，第 340 页。

令耶稣会士来我中国,教化一切世人悔悟,敬奉圣教,不致虚度尘劫,仰徼大造,实无穷矣!肃此,少布愚悃,伏维慈鉴不宣。永历四年、岁次庚寅阳月弦日书。慎余。①

卜弥格在罗马整整等了三年多,教廷终于消除了对他身份的疑虑。1655年12月18日亚历山大七世接见了他,并给他教宗给王太后和庞天寿的信。同时,他回来时也带了耶稣会会长给王太后的信。很可能是在卜弥格离开罗马时将罗马方面给南明王朝的这些回信给他在罗马的保护人基歇尔看了,基歇尔抄录后在《中国图说》上公开发表了这三封信②。三年后,1670年在《中国图说》的法文版中这些信又被翻译成法文。这些回信使我们看到了卜弥格代表南明王朝在整个欧洲之行的最后结果,同时也看到教廷在不同时期对待中国的不同态度。

教宗亚历山大七世致南明永历王皇太后复信内容如下:

明皇太后:

教宗亚历山大问候亲爱的女信徒。在这一期间,你仍然沐浴在天主的恩泽里平安无事吧?请你领受我最崇尚的福祉。你写来的书信,文字优美,情思洋溢。皇太后领会了天主的慈善和全智全能,脱离黑暗世界,走向真理的光明大道,这个真理的根源在造物主天主那里。人们犯了罪,使天主感到震怒。但是,天主任何时候都以慈悲为怀,施恩于人们,使之结出真理的佳果。虽然皇太后在天主面前是一位卑贱的罪人,但是天主施与恩惠,正在保护着你。天主希望人人都把天主当做慈悲的主加以敬拜,但不希望惧怕的人敬拜。过去不知道有偌大的你的国家,所以魔鬼占领了它,但是今天它信仰耶稣基督了。有谁知道天主的这种宏大的意愿呢?人们议论说,在遥远的地方有一个很大的国家,那个国家的官民信仰错误的宗

---

① 方豪:《中国天主教史人物传》,宗教文化出版社,2007年,第203页。参见爱德华·卡伊丹斯基:《中国的使臣·卜弥格》,张振辉译,大象出版社,2001年,第341—432页。

② "自称代表明廷'出使'的卜弥格,于1656年3月搭船离开里斯本,随身携带着两封教宗的复信、六封耶稣会总会长致明廷中人的信、两封葡萄牙国王约翰四世致永历帝和庞天寿的信,而法国国王路易十四(Louis XIV,1643—1715)据说当时亦曾致函皇太后,其中葡王或是唯一有具体回应的,他应允将提供明廷军援。"黄一农:《两头蛇:明末清初第一代天主教徒》,台湾清华大学出版社,2005年,第383页。参见《中国的使者臣·卜弥格》,张振辉译,大象出版社,2001年,第128页。

教。了解这个大国的人毕竟是少数,不了解的人太多了。有谁敢于前往这个遥远的国家传播真经实道呢?这个国家是一个遥远而险阻的地方,远隔波浪滔天的重洋,层峦叠嶂,沙漠横亘,是一个似乎星星也不一样的地方,是一个屹立着禁门的、外国人不能进入的地方,是一个虽然有需要拯救的灵魂但不能传教的地方。天主选拔了自愿献身的服务人员,命令他们到这个地方去传教。他们告别了留恋的故乡,不考虑家庭、名誉和利益,不畏艰险,前赴这个地方,传播真理。人们聆听传播真理的声音,领悟和信仰真理。应该永远铭记和感谢天主的这个恩惠,还要向子孙后代诉说这个恩惠,使他们恪守天主的诫命,坚定对天主的信赖。据悉,皇太子当定和宫闱中的许多人效法皇太后的榜样,也信仰天主,这是令人欣慰的事情。将来随着信徒的增多,明帝国内部的错误的宗教会消逝的,当我预想到这一点时,感到由衷的高兴。我恳求天主应许受到祝福的皇太后、皇太子和皇后的诉请,并真诚祈祷皇太后的国土得到重新统一,享有和平,皈依信仰。

1655 年 1 月重 8 日①

教宗亚历山大七世致庞天寿的复信如下:

亲爱的庞天寿:

亲爱的信徒,首先你将拥有信仰天主的人应得的福祉。能看到你的书信,我感到十分高兴。无论在东西南北的什么地方,天主都会恤悯你,施与大慈大悲。慈悲的天主以圣水的洗礼纯洁身躯,今天把你称为吾儿。你将由于耶稣的圣教,得到天国的欢乐。你在信中说,这个神圣的宗教,是中国人应当尊奉的楷模。如果认知天主,就会明白怎样采取一切行动。应该在你的大帝国里开展大事业(传教事业)。如果是这样,你的名誉得到提高,你的信仰不会动摇;爱心多如云彩,驾驭万物。如果具有这种信仰和爱心,

---

① 参见爱德华·卡伊丹斯基:《中国的使臣·卜弥格》,张振辉译,大象出版社,2001 年,第 340 页。参见沙丕烈:《明末奉使罗马教廷耶稣会士·卜弥格传》,冯承钧译:《西域南海史地考证译丛(第三卷)》,商务印书馆,1999 年,第 136—137 页。

即使拥有世界大部分的帝国,也无所畏惧。今天我举双手表示欢迎的缘由是,即使在我们之间横亘着大海,出现任何困难,潜伏着任何危险,我对于你和你的国家的人民的热情不会减退,我将热心地施与你福音。

于罗马圣伯多禄殿

1655 年 12 月 16 日

耶稣会总会长答王皇太后的信如下:

耶稣会总会长高斯温·尼格尔上大明中国睿智大皇帝书:忆昔会士利玛窦趋赴大明中华,进呈天主图像及天主母图像于今先祖睿智万历皇帝,得蒙俯赐虔心收纳,并敬谨叩拜。嗣是中邦钜公,奉行天条者不乏其人。又有帝王亲当敝会士多人,褒扬圣道。近皇太后遣敝会士卜弥格来此,得知寰宇对陛下崇敬圣像,均表敬仰。深信陛下不久必能师法皇太后,倾心圣教,恭领圣水。亟愿至尊天主赐四溟升平,止沸定尘,一如昔时唐太宗文皇帝、玄宗至道皇帝、高宗大帝、建中圣神文武皇帝时代,使大明皇图璀璨,德合天地。耶稣会全会为此祝祷,为此不断虔求天主。谨请敝会瞿、卜二会士与其他将赴中夏敷扬圣教者,托庇于陛下,并愿为大皇帝陛下竭诚效忠。1655 年 12 月 25 日吾主耶稣基督圣诞瞻礼日肃。罗马。①

第二节　清顺康时期天主教的发展

一、清初历狱

清初历狱源于布衣文人杨光先对汤若望的攻击。顺治十六年 (1659)杨光先写《选择议》一文,批评汤若望在选择荣亲王葬期时间上有严重的错误。第二年又写《辟邪论》,全面批评了天主教的各项政策和理论。接着,他在 1661 年又向礼部上诉《正国体呈》,认为汤若望将原来的崇祯历书改为西洋新法历书是

---

① 方豪:《中国天主教史人物传》,宗教文化出版社,2007 年,第 217 页。参见爱德华·卡伊丹斯基:《中国的使者臣·卜弥格》,张振辉译,大象出版社,2001 年,第 343 页。

"暗窃正朔之权以予西洋"。恰恰在 1661 年,汤若望的政治后台顺治皇帝去世,一时风起云涌。1664 年(康熙三年)杨光先在上疏礼部的《请诛邪教状》中又告汤若望,说汤若望"借历法以藏身金门,窥视朝廷机密,若非内勾外连,谋为不轨"。不久,吏部将汤若望、南怀仁、利类思、安文思等传教士打入牢中。在钦天监工作的李祖白、宋可成、宋发等人也一起打入狱中,李祖白的《天学传概》成为杨光先攻击汤若望的重要材料。

近年来关于清初历狱的《满文密档》陆续发表,从这些珍贵的文献中我们可以看到,这场争论既有宗教信仰上的冲突,也有中西两种不同科学之间区别所引起的矛盾。下面我们抄录一段审讯李祖白和传教士关于《天学传概》一书中"谁是天地之主宰"这一主题时的记录,很说明问题:

> 讯李祖白:据尔所著《天学传概》载称,上帝乃天地之主,故曰天主,实我要真学,渊源悠久,云云。此言出自何史?
>
> 供称:中国史册不载,小的仅依据天主、西洋传教士所传而编著。等语。
>
> 讯汤若望、南怀仁、利类思、安文思:据李祖白供称,仅依据传教士所传而编著,云云。尔等所谓上帝为天主,实至要真学,渊源悠久者,何以见得?
>
> 供称:天主二字,乃利玛都来中国之后所名者矣,而我西洋人谓之斗司(Deus 的直译——作者注)。斗司二字,即有万物之根本之意。上帝乃万物之根本,故名天主。天主与上帝无异。而要真学者,则为敬天者矣。自开天辟地以来,莫不有敬天者,故曰渊源悠久。等语。
>
> 讯李祖白:在尔教中,并不称上帝为天主,然于尔所著《传概》一书中,则称天主耶稣于西汉元寿年间降生在德亚国(即以色列——作者注)伯利恒,云云。又见尔等所给画像中,将天主耶稣以及另外二人,皆谓贼,俱被钉死。对此等降生于西汉时期,又被钉死于木架上之人,尔等竟感称为上帝、天主,实我至要真学,渊源悠久,云云。此事怎讲?
>
> 供称:中国人称上帝,西洋人称天主,虽然称谓各异,但意义雷同。概而言之,皆谓天地之主。耶稣者,系西汉元寿年间天主之再生之身。再,该被钉死于木架上者,乃耶稣替人受难,救赎人罪者矣,故而为至要。时因恶徒诬陷谋叛,将被钉死于木架上,且于两侧钉死二贼,以示凌辱。倘若欲明

其事,可问西洋传教士便知。等语。

　　讯汤若望、南怀仁、利类思、安文思:尔等令著之该书内称,天主耶稣于西汉元寿年间降生在如德亚国伯利恒,云云。又尔等所绘画像中,谓尔等天主耶稣以及另外二人为贼,俱被钉死。据李祖白供,时因恶徒诬陷谋叛,被钉死于木架上,云云。尔等何以称降世于西汉时期,又因谋叛而被钉死于木架上之耶稣为上帝、天主?

　　供称:天主特为世人造天地万物,劝人行善升天。若人有罪,各自难释,不能升天,故由天主上帝转化成人,降生于世。由此可见,耶稣即有天主之性,又有世人之质,以世人之质受难而死,以天主之性利济于人。况该降生于西汉时期,又被钉死于木架上者,确非上帝,乃上帝转化成人,再降生于世,特受难救赎者矣。此并非人之所逼而为,乃己之所愿也。犹如成汤,因旱祈雨,已作供奉牺牲。所赞誉矣。天主降生,亦为如斯,替受万民之罪,亦如供奉牺牲,被钉死在木架上,以济于民。可见,伊之崇尚不减,而仁德益彰焉矣。时因恶徒诬陷,罗织谋叛罪名,是于木架上钉死属实,原非谋叛。等语。[①]

从这一问一答中,我们可以看到中西在宗教观念上的差别和不同。在以往的研究中大都认为杨光先对汤若望是完全的诬陷,但根据《满文密档》的材料,我们可以看到在荣亲王葬礼的择日问题上,按照中国五行学说,历局所选的日期是有问题的。虽然这个日期并不是汤若望所选,是他委托下面人所选,但他作为钦天监还是有责任的。这一点被杨光先抓住了把柄。汤若望在回答时用西方的星占术来解释择日的问题,结果,双方谁也说服不了谁。作为一个传教士对中国的五行不熟悉是很自然的。以往,一般学者认为汤若望所依据的西方的天文学所计算的日期应比中国的五行计算的日期要准确。但实际上,当时汤若望等人在择日的计算上所依据的也是中世纪的星占术,星占术和五行说之较无高低之分,这是两种文化中孕育出的两种完全不同的学说,很难相互比其

---

　　① 　以上内容转引自张承友、张普、王淑华:《明末清初中外科技交流研究》,学苑出版社,1999年,第110—111页。此文献为安双成先生从满文原档翻译。

高低。这点当代学者黄一农先生有着很深入的研究。

清初历狱既是中士和西士在钦天监位子上的权力之争,也是两种文化的冲突,杨光先有其狭隘之处,汤若望等人也有对中国本土文化的不理解之处。这也说明汤若望作为一名传教士汉学家,虽在中国生活几十年,但要真正深入中国文化内核也有一定困难。

清初历狱的结果是因在宣判的当晚,北京发生了地震。在皇太后出面干涉下,汤若望等人被释放出狱,李祖白、宋可成、宋发、朱光显、刘有泰等五人被处斩;其他中国大员御史许之渐、臬台许缵曾、抚台佟国器等,"均因奉教之故罢黜"①。

前面已经说到在康熙执政以后,在南怀仁的努力下康熙逐渐改变了对传教士的看法。康熙五年五月初五日利类思、南怀仁、安文思为汤若望平反昭雪给康熙写了奏疏:

> 具呈。利类思、安文思、南怀仁呈为诡随狐假,罔上陷良,神人共愤,恳斩党恶,以表忠魂事。痛思等同乡远臣汤若望,自西来住京四十八载,在故明时即奉旨修历,恭逢我朝廷鼎革,荷蒙皇恩,钦敕修历二十八余载,久合天行,颁行无异。哭遭恶棍杨光先,其载明时以无籍建言,曾经廷杖,今倚恃特权奸,指为新法舛错,将先帝数十年成法妄谮。幸诸贝勒大臣,考正新法,无有不合,蒙恩命南怀仁仍推新历,此已无容置辨。惟是天主一教,即《经》云"皇矣上帝,临下有赫",万物之宗主者。载西洋三十多国如一家,千三百年如一日,是可大可久之教也。即在中国万历年间,西士利玛窦东来创宇行教,已八十余载,其著书立言,大要以敬天爱人为宗旨,总不外克己尽性、忠孝节廉诸大端,往往为名公卿所敬慕。世祖皇帝,数幸堂宇,赐银修造,御制碑文,门额"通微佳境",锡望"通微教师"。若系邪教,先帝圣明,岂不严禁?今为光先所诬,火其书而毁其居。又光先诬望谋叛,思等远籍,跋涉三年,程途九万余里,在中国不过二十余人,俱生于西而来于东,有何羽翼,足以谋国?今遭横口蔑诬,将无辜远人二十余人押送广东羁绁,不容进退;且若望等无抄没之罪,今房屋令人居住,坟墓被人侵占,此思等负不

---

① 徐宗泽:《中国天主教传教史概论》,商务印书馆,2015年,第151页。

平之鸣者。今权奸败露之日,正奇冤暴白之时。冒恳天恩,俯鉴覆盆,恩赐昭雪,以表忠魂,生死衔恩。

上呈

康熙八年五月初五日①

经过礼部、诸贝勒的努力,康熙八年十月给汤若望下祭文一篇,表示清初历狱的彻底昭雪。康熙的祭文如下:

> 鞠躬尽瘁,臣子之芳踪;恤死报勤,国家之盛典。尔汤若望来自西域,晓习天文,特畀象历之司,爰锡通微教师之号,遽尔长逝,朕用悼焉,特加恩恤,遣官致祭。呜呼! 聿垂不朽之荣,庶享匪躬之报。尔如有知,尚克歆享。②

至此,杨光先所掀起的清初历狱得到了彻底的平反,开启了天主教在康熙朝传播的新阶段。

二、清初教会在中国的发展

1669 年罗马教廷将中国分为十二个主教区:1. 澳门教区,广东、广西隶属其下;2. 南京教区,江南、河南隶属其下;3. 北京教区,直隶、山东、辽东隶属其下;4. 福建教区;5. 云南教区;6. 四川教区;7. 浙江教区;8. 江西教区;9. 湖广教区;10. 山西教区;11. 陕西教区;12. 贵州教区。

1664 年教会在全国各地的教堂和教徒数量,徐宗泽有一个表③如下:

---

① 韩琦、吴旻校注:《熙朝崇正集·熙朝定案(外三种)》,中华书局,2006 年,第 393—394 页。
② 同上书,第 396—397 页。
③ 徐宗泽:《中国天主教传教史概论》,商务印书馆,2015 年,第 162—164 页。"徐宗泽统计缺漏颇多……广东、广西等地的广州、桂林、太原、济宁、浦城、兰溪等六座城市均未有统计数。所统计城市教堂数亦有出入,如西安,徐宗泽表为教堂 10 座,而费赖之关于李方西的传中记:1663 年陕西西安府有教堂二所,诸县属有教堂八所,诸村镇有教堂五十所,小堂无数。"汤开建、赵殿红、罗兰桂:《清朝前期天主教在中国社会的发展及兴衰》,任继愈主编:《国际汉学(第九辑)》,大象出版社,2003 年,第 84 页。

省别	地名	教堂数	教徒数
直隶	北京	3（南堂、东堂、利玛窦墓堂）	15000
	正定	7	不详
	保定	2	不详
	河间	1	2000
山东	济南	10（全省）	3000
山西	绛州		3300
	蒲州		300
陕西	西安	10（城内1，城外9）	20000
	汉中	21（城内1，城外5，会口15）	40000
河南	开封	1	不详
四川	成都、保宁、重庆		300
湖广	武昌	8	2200
江西	南昌	3（城内1，城外2）	1000
	建昌	1	500
	吉安		200
	赣州	1	2200
福建	汀州		800
	福州	13（含兴化、连江、长乐）	2000
	延平		3600
	建宁		200
	邵武		400
	彝山、崇安	多所	
浙江	杭州	2	1000

续表

省别	地名	教堂数	教徒数
江南	南京	1	600
	扬州	1	1000
	镇江		200
	淮安	1	800
	上海	城内老天主堂、南门、九间楼、乡下共计 66 处	42000
	松江		2000
	常熟	2	10900
	苏州		500
	嘉定		400
	太仓、昆山、崇明		

　　方豪统计到清初时教徒人数达 156400 人,而据法国当代耶稣会神父荣振华(Joseph Dehergne,S. J.)统计,清初耶稣会的教堂有 159 座,教徒达 20 万人。以上仅是耶稣会在中国传教的情况。道明我会(Dominicans)1587 年进入澳门,到康熙三年(1664)时已经建教堂 21 座,住院 11 处,受洗教徒 3500 人;方济各会(Franciscans)到 1660 年时在中国拥有教堂 13 座,住院 11 处,受洗人数3500 人。

　　到康熙四十年(1701)中国的天主教发展达到高潮,从以下的各修会在中国的住院、教堂和传教士人数都有较大的增长。

耶稣会

省别	住院	圣堂	教士
直隶	6	21	11
江南	16	130	15
山东	4	12	1

续表

省别	住院	圣堂	教士
山西	3	10	2
陕西	4	4	1
河南	2	2	1
湖广	8	8	3
江西	8	8	6
浙江	4	4	2
福建	7	7	6
广东	1	1	1
广西	7	7	10
共计	70	214	59

方济各会

省别	住院	圣堂	教士
江南	2	2	2
山东	6	6	10
江西	4	4	5
福建	3	2	3
广东	3	3	5
广西	5	7	
共计	23	24	25

道明我会

省别	住院	圣堂	教士
江南	1	1	
浙江	2	2	3
福建	5	3	5
共计	8	6	8

奥斯丁会

省别	住院	圣堂	教士
湖广	1		
江西	1		
广东	4	4	6
广西	1		
共计	7	4	6

巴黎外方传教会

省别	住院	圣堂	教士
浙江	2		
福建	3		
湖南	1		
江南	1		
广东	5	2	2
云南	1		
四川	1		2
共计	14	2	4

遣使会

省别	教堂	教士
四川	2	2

再加上一些不入会教士和教堂,到 1701 年在华传教士已有 115 人(实际数要大于这个数),教堂 257 座,传教地区达 14 个省,教徒达 30 万人。这说明,到康熙晚年,天主教的发展达到其在华历史的最高潮①。

---

① 以上表格和数据转引自汤开建、赵殿红、罗兰桂:《清朝前期天主教在中国社会的发展及兴衰》,任继愈主编:《国际汉学(第九辑)》,大象出版社,2003 年,第 87—90 页。

第三节 清雍乾时期天主教的发展

一、雍正时期的中国天主教

雍正继位后一改康熙时的天主教政策,登基第二年就采取严厉的禁教政策。其导火索就是福建福安县修建教堂一事。1718 年,道明我会到福安后,未经领票就开始四处传教,并筹建教堂。这件事引起了曾是教徒的一名乡间文人的不满,于是,在雍正元年(1723)开始联络一些人将传教士的活动告发到官府。这件事在传教士的西文书信中也有记载。冯秉正在 1724 年 10 月 16 日的信中说:"点燃全面迫害之火的最初火花是去年 7 月在福建省福宁州福安县出现的。……一名信基督教的秀才对某个传教士不满,放弃了信仰,随之又串连了另外几名秀才,把自己的不满告诉了他们。他们联名向地方官递了诉状,其中有多项指控。从官员的命令中可以看到,这些指控主要是说欧洲人躲在幕后,却用信徒的钱盖起了大教堂,教堂里男女混杂,还指定幼女当修女等等。"①

福安知县傅植接到诉状后不久就收到闽浙总督满保的命令,令其"张贴告示,严加禁止"。六月初一,傅植在奉命查禁时遭到正在修建教堂的郭玉宣等教徒的抵制和冲撞。满保马上下令将郭玉宣等教徒抓捕,同时在全县范围内查找传教士,无论有票无票,一律不许传教,并全部驱逐到澳门,将福安县内的 18 所教堂全部改为公用。八月初,满保又和福建巡抚黄国材联手,向全省发布公告,在福建全省禁教。

满保于七月二十九日将福安情况密报朝廷,并建议"西洋人除常住京城外,外省不准西洋人私自居住,或俱送京城或遣送广东澳门。各省所设天主堂皆予改用,不得再建"。雍正在奏报上朱批:"卿此奏甚是,多为可嘉,著遵照办理。如此缮本俱奏。"②满保受到皇帝的支持,做起来更加理直气壮。十月二十四日

---

① 杜赫德编:《耶稣会士中国书简集(中卷)》,朱静、耿昇译,大象出版社,2005 年,第 314—315 页。

② 中国第一历史档案馆译编:《闽浙总督满保等奏报西洋人于福安县传教惑众等情折》,《雍正朝满文朱批奏折全译(上册)》,黄山书社,1998 年,第 258 页。

又专缮题本,上报朝廷,并更为明确地提出禁教的主张。奏疏中说:"今若听其在各省大府州县起盖天主堂大房居住,地方百姓渐归伊教,人心被其煽惑,毫无裨益。恳将西洋人许其照旧在京居住外,其余各省不许私留居住,或送京师,或遣回澳门,将天主堂尽行改换别用,嗣后不许再行起盖。"①满保的奏疏说到了雍正的心上,雍正帝下令:"该部议奏。"

礼部有了皇帝的朱批,马上复议后再报:"查西洋人留京者,有供修造历日及闲杂使用,至于在外各省并无用处,愚夫愚妇听从其教,起盖天主堂,以诵经为名,会集男女,于地方毫无裨益。应如该督所请,除奉旨留京办事人员外,其散处直隶各省者,应通行各该督抚转饬地方官,查明果系精通历数及其有技能者,起送至京效用,余俱送至澳门安插,其从前曾经内务府给有印票者,尽行查处送部,转送内务府销毁。所起盖之天主堂,皆令改为公所,凡误入其教者,严行禁谕,令其改易。如有仍前聚众诵经等项,从重治罪。地方官不实心禁饬,容隐不报者,该督抚查参,交与该部严加议处可也。"②

顷刻间,康熙朝的天主教基本政策已被改变,朝廷已经从康熙的容教政策转变为禁教政策,对传教士的态度完全变为一种纯粹的技术使用的态度。雍正在批复礼部的奏疏时,态度坚决,只是作为一国之主,在方法上多了些大度,注意了些礼节而已:"依议。西洋人乃外国之人,各省居住年久,今该督奏请搬移,恐地方之人,妄行扰累,著行文各省督抚,伊等搬移时,或给予半年数月之限,令其搬移,其来与安插澳门者,委官沿途照看送到,毋使劳苦。"③

此时,在北京的传教士们个个如热锅上的蚂蚁,展开了紧张的活动,巴多明(Dominique Parrenin,1665—1741)、白晋、戴进贤等四处活动,先后找了怡亲王允祥、庄亲王允禄等人,托他们将戴进贤写的陈情书交给皇帝。陈情书写得悲悲切切:

> 臣戴进贤率其他欧洲人以挚深的敬意将此陈情书进呈陛下,恳请陛下

① 中国第一历史档案馆编:《清中前期西洋天主教在华活动档案史料(第一册)》,中华书局,2003年,第56页。
② 同上书,第57页。
③ 同上。

赐我们以恩典。

　　自利玛窦起,我们——您忠实的臣民——漂洋过海来到东方已经近二百多年了。你们显赫的天朝以恩德待人,丝毫不把我们视为外人,致使我们把中国当成了自己真正的祖国:我们奉其习俗,在此专心善事和自身的完善,我们传播的不是伪教。

　　……陛下仁慈大度之心包容庇护海内外一切事物。我们这些年老力衰、无依无靠、没有田产、没有援助的人虽然受了惊吓,但仍不禁要烦扰陛下,冒昧地希望陛下以高贵之心来对我们格外加恩,使我们不被逐出广州。此恩此德,我们将深深感谢,永志不忘。请陛下以怜悯之心看看外省这些不幸的传教士,他们已年高体弱,几乎不能动弹了。您的恩典是如此巨大,使我们——您忠实的臣民——简直不敢向您祈求了。①

或许传教士的陈情书写得太悲切,雍正帝同意接见巴多明、白晋、戴进贤三人,雍正开诚布公地向传教士们讲述了自己所确定的天主教政策。他说:

　　朕的先父皇教导了朕四十年,在朕的众兄弟中选定朕继承皇位。朕认为首要之点是效法于他,一点也不偏离他的治国方略。福建省某些洋人试图坏吾法度,扰乱百姓,该省主管官员们向朕告了他们的状。朕必须制止混乱,此乃国家大事,朕对此负有责任。如今朕不能够也不应该像朕只是一个普通亲王时那样行事了。

　　你们说你们的宗教不是伪教,朕相信这一点;朕如果认为它是伪教,谁能阻止朕摧毁你们教堂,把你们赶走呢?

　　利玛窦于万历初来华。朕不想评论当时中国人的做法,朕对此不负责任。但当时你们的人数极少,简直微不足道,你们的人和教堂也不是各省份都有,只是在朕先父皇当政时期各地才建起了教堂,你们的宗教才迅速传开。我们当初看看这一切,却什么也不敢说。但纵然你们欺骗得了朕的先父皇,别指望也来欺骗朕。

　　你们想让所有中国人都成基督徒,这是你们的宗教的要求,朕很清楚

---

① 杜赫德编:《耶稣会士中国书简集(中卷)》,朱静、耿昇译,大象出版社,2005年,第336页。

这一点。但这种情况下我们将变成什么呢？变成你们国王的臣民。你们培养的基督徒只承认你们，若遇风吹草动，他们可能惟你们之命是从。朕知道目前还没有什么可担心的，但当成千上万的船只到来时就可能出乱子。

中国北面有不可小看的俄罗斯人的王国，南面有更值得重视的欧洲人和他们的王国，西面则有策妄拉布坦（鞑靼头目，已与中国人打了八年仗——原注），我怕他们到中国兴风作浪，因此把他们约束在其地盘内不许进入中国。随沙皇使臣伊斯迈罗夫（Ismailoff）一起来华的兰给（Lange）请许俄罗斯人在各省设立代理商行，但遭到拒绝，我们只准他们在北京和土库班沁（Tchu-kou-pai-sing）互市，最多也只能扩大到喀尔喀（Kalkas）地区。同样，朕允许你们留在这里和广州，只要你们不贻人任何抱怨的口实，就可以一直住下去；但日后你们若引起抱怨，那么无论在这里还是在广州，朕都不让你们住了。朕绝不愿意你们在地方各省居留。朕先父皇屈尊俯就，让你们居留外省，他在文人们心目中的威信就大受损害。先贤之法不容任何更改，朕绝不允许朕当朝期间在这方面给人留下什么把柄。朕的子孙即位后，他们将按他们认为合适的方式行事，朕对此事无须操心，正如朕对万历的做法不会操心一样。

此外，你们不要以为朕对你们有什么敌意或朕想压迫你们，你们知道朕在只是皇子的时候是如何对待你们的。辽东有位官员是你们的一个基督徒，因不祭祖而受到全家的反对，你们当时很为难，求朕帮助，朕调解了这件事。朕如今是以皇帝身份办事，唯一关心的是治理好这个国家。朕朝夕为此操劳，甚至不见朕的孩子和皇后而只见负责国家事务的大臣，这种状况在三年守孝期间将继续下去。孝期满后朕可能照常召见你们。①

雍正帝这个谈话的全文很清楚地说明了，他当时有文化上的理解，但更多是从国家安全的角度来处理基督教问题的，在谈话中他也明确指出基督教和西方国家之间的关联，在当时欧洲尚未完成政教分离的情况下，雍正帝的这些担

---

① 杜赫德编：《耶稣会士中国书简集（中卷）》，朱静、耿昇译，大象出版社，2005年，第338—339页。

忧是有其合理性的。

但从康熙到雍正,在天主教政策上发生这样一百八十度的翻转,还有其他的内在原因值得我们思考。我想大约以下三个是雍正的天主教政策有别于康熙的内在原因。

第一,传教士参与宫廷事务,触犯了雍正的政治利益。在康熙去世前,康熙的皇子之间围绕着未来皇位问题展开了储位之争。在康熙的诸子中八阿哥胤禩最为精明能干,在朝中有众多的党羽,后来又和皇九子胤禟联合起来,成为当时储位之争中最有力量的一个集团。但康熙认为胤禩过于聪明,结党拉派,不宜立储。

传教士在顺治朝已经卷入宫中事务,最著名的莫过于汤若望和顺治皇帝的关系,这点陈垣先生多有论述。① 康熙朝期间在京耶稣会士也同样深深地卷入了立储之争。葡萄牙传教士穆敬远于康熙三十九年(1700)来华,后担任北京南堂的会长,曾在宫中作翻译,与朝中官员多有交往,后渐渐和胤禩、胤禟拉上了关系,在胤禟处行走有七八年之久。他有三件事使当时的皇四子胤禛怀恨在心。一是他为胤禟效力。他到西北拉拢当时握有军权的年羹尧,当着年羹尧的面说:"胤禟相貌好像有大福气,将来必定要做皇太子的,皇上看他也很重。"② 他还代表胤禟送给年羹尧小荷包。但他万没有想到此时年羹尧早已经成为胤禛的死党。其二,穆敬远教胤禟学用西方文字,后来雍正帝认为穆敬远这样做是为了他和胤禟之间秘密通信。但这点穆敬远并不承认,在审讯时坚决地说:"若这一件果然有我教他的字,就杀我就是了。"③第三件事是,雍正上台后,胤禟和穆敬远一起发放西宁,两人仍秘密联系④。这样,在储位之争时,穆敬远站在胤禛的对立面,在雍正上台后穆敬远仍继续与其政敌胤禟联系,密谋结党。雍正得知这些后,立命川陕总督钟琪在雍正四年(1726年)将其从西北押回北京。当时,穆敬远"身被九链,严刑拷问,迫其自陈。然敬远自承无罪。帝命人

① 陈垣:《汤若望与木陈忞》,陈垣等:《民元以来天主教史论集》,辅仁大学出版社,1985年。
② 方豪:《中国天主教史人物传》,宗教文化出版社,2007年,第517页。
③ 同上。
④ 同上书,第518—519页。

将其重押解至谪所授意解者杀之。八月五日敬远抵谪所次日始悉食中有毒,越十二日殁于西宁"①。

其实,当时不仅穆敬远一个人卷入宫中之事,除穆敬远外,巴多明、苏霖(Joseph Suarez,1656—1736)等和努尔哈赤的四世孙苏努亲王关系密切,而苏努亲王在政治上是胤禛的敌人,他和胤禛的对手胤禩、胤禟关系密切,积极拥戴胤禩、胤禟争夺储位,这必引起胤禛的仇恨。雍正即位后将苏努定为"结党构逆,靡恶不为",发配到山西。在苏努亲王发配期间,传教士与其一家保持着极为密切的关系,一家中多人洗礼,使苏努家族成为一个基督教家庭。传教士甚至不顾雍正严禁传教士离开北京的禁令,两度前往山西看望苏努一家,在苏努被抄家后,教会又及时送去钱财。对苏努一家的关心和爱护在传教士的书信集中记载得十分清楚。传教士在雍正眼皮底下的这些活动,不可能一点风声不走漏,雍正绝对不可能完全不知。这就可以理解为何雍正当着宋君荣(Antoine Gaubil,1689—1759)的面把天主教"大骂一通,并把它与那些邪恶教派相提并论"②。

第二,皇权和神权之争。传教士的活动触犯了胤禛的政治利益,这是造成双方冲突的直接原因。雍正的天主教政策显然不仅仅是个人的因素所造成的,它有着更为深刻的原因。这就是中国和当时西方政治制度的不同所造成的。当耶稣会士们来到中国时,欧洲虽然有着一个个君主制的国家,但此时整个欧洲的政治体制是神权高于世俗政权,真正的民族国家真正诞生是18世纪末的事。但中国皇权历来是至高无上的权利,皇权本身就是神权,"天子受命于天"。从董仲舒的汉代经学开始,在儒家外衣下的皇家政权,本身就肩负着与天沟通、替天行道的使命。如董仲舒所说:"古之造文者,三画而连其中而谓之王。三画者,天、地与人也;而连其中者,通其道也,取天、地与人之中,以为贯而参通之,非王者,孰能当是。"(《春秋繁露·王道通三》)皇权具有神圣的使命,从而使世俗政权的性质和西方的世俗君主国有较大不同。天主教传入中国后,耶稣会士虽然采取了一种"合儒"的传教路线,但在如何处理神权和国家政权的关系上,在如何处理宗教信仰和国家政权的关系上,他们并未有任何的新的观点。而

---

① 费赖之:《在华耶稣会士列传及书目(上册)》,冯承钧译,中华书局,1995年,第569页。
② 杜文凯编:《清代西人见闻录》,中国人民大学出版社,1985年,第166页。

"礼仪之争"中罗马教廷更是表现出一种欧洲中世纪的政教合一、神权高于皇权的立场,这些不能不引起中国皇帝的担忧。康熙在和罗马教廷使者的交往中已经敏锐地感觉到这一点。雍正执政后对此认识得十分清楚,他在和传教士的谈话中明确地说明:

> 你们想让所有中国人都成基督徒,这是你们的宗教的要求,朕很清楚这一点。但这种情况下我们将变成什么呢? 变成你们国王的臣民。你们培养的基督徒只承认你们,若遇风吹草动,他们可能惟你们之命是从。朕知道目前还没有什么可担心的,但当成千上万的船只到来时就可能出乱子。

雍正的这种认识在审讯苏努家族的案件中大大加深了。本来雍正对待苏努家族也并不想严厉惩罚,在审讯其子乌尔陈时,只要乌尔陈肯弃教认罪,可以"万事皆休"。但乌尔陈却为自己的信仰宁死不屈,甚至说:"若皇上循天主之戒律,赐我一死,我死,皇上亦将负杀我之恶名,以吾乃天主教徒也。"[1]这样强硬的态度,显然是对皇权的挑战。特别是乌尔陈是满族人,是皇亲,竟然这样迷恋外国的信仰,完全放弃"我国之礼教,从欧人之伪律",不能不使雍正警惕,从国家安全的角度,从皇权的神圣性的角度,来考虑和处理天主教的问题。

所以,在葡萄牙来华使者麦德乐向雍正提出给所有传教士发执照时,雍正回答得很明确:"朕不想那样做。朕会惩罚恶人,会认识谁是好人的。但是,朕不需要传教士,倘若朕派和尚到尔等欧洲各国去,尔等的国王也是不会允许的嘛。"[2]

最后是雍正自己信仰的作用。雍正信佛,这是有目共睹的事,从少年时他就喜欢读佛家经典,成年后谈法论佛,兴趣不减。他执政后与僧人过从甚密,日理万机仍不忘佛事,在宫中经常举行法会,自己亲自编辑佛学语录。正因为如此,他对传教士的批佛路线极为反感。他曾说过:"西洋天主化身之说,尤为诞幻。天主既司令于冥冥之中,又何必托体于人世? 若云奉天主者即为天主后身,则服尧服、诵尧言者皆尧之后身乎? 此则悖理谬妄之甚者也!"[3]由于他自

---

① 杜文凯编:《清代西人见闻录》,中国人民大学出版社,1985年,第158页。
② 同上书,第145页。
③ 王之春:《清朝柔远记》,赵春晨点校,中华书局,1989年,第65页。

己有宗教信仰,他常从宗教比较的角度对天主教批评。在跟传教士的谈话中,他说:"尔等也有和中国各种教派一样的荒唐可笑之处。尔等称天为天主,其实这是一回事。在回民居住的最小村庄里,都有一个敬天的'爸爸'(即阿訇——译者注),他们也说他们的教义是最好的……可是尔等却有一个成为人的神(指耶稣——译者注),还有什么永恒的苦和永恒的乐,这是神话,是再荒唐不过的了。……大多数欧洲人谈什么天主呀,大谈天主无时不在、无所不在呀,大谈什么天堂、地狱呀等等,其实他们也不明白他们所讲的究竟是什么,有谁见过这些? 又有谁看不出这一套不过是为了欺骗小民的?"①

在谈到天主教的批佛时,他认为天主教不宽容,人数不多"却要攻击其他一切教义"②。对天主教的这种做法,他在给臣下的旨谕中曾说过:"向来僧家、道家极口诋毁西洋教,西洋人又极诋毁佛老之非,相互讪谤,指为异端,此等识见,皆以同乎己者为正道,异乎己者为异端,非圣人所谓异端也。孔子曰:'攻乎异端,斯害也已。'岂谓儒教之外,皆异端乎? 凡中外所设之教,用之不以其正,而为世道人心之害者,皆为异端也。如西洋人崇尚天主。天以阴阳五行化生万物,故曰万物本乎天,此即主宰也。自古有不知敬天之人,不敬天之教乎? 如西洋之敬天,有何异乎? 若曰天转化为人身,以救度世,此荒诞之词,乃借天之名蛊惑狂愚率从其教,此西洋之异端也。……总之,人心不公,见理不明,以同己为是,异己为非,相互诽讥,几同仇敌,不知人品类不齐,习尚不一,不能强异,亦不能强同,且各有长短,惟存其长而弃其短,知其短而不昧其所长,则彼此可以相安,方得圣帝明王明通公浦,而成太和之宇宙矣。"③这实际上是站在一个帝王的角度,从宗教多元论的角度来批评天主教的。

尽管在雍正时采取了严厉的禁教政策,但传教士仍通过各种渠道进入中国,在各地传教,因此天主教在这一时期仍有一定的发展。雍正十二年(1734)北京领洗者有1157人,领圣体者7200余人,雍正十三年(1735)江南有1072人入教,1400余叛教者重新回头入教。雍正十二年(1734)一年内中国神父樊守

---

①　杜文凯编:《清代西人见闻录》,中国人民大学出版社,1985年,第145—146页。

②　同上。

③　王之春:《清朝柔远记》,赵春晨点校,中华书局,1989年,第64—66页。

义就在直隶以及辽东地区付洗成人 290 人,儿童 315 人,听告解 1260 人,领圣体 1246 人。[1]

这一时期在中国内地传教的各个传教修会的人数也有所增加。从雍正六年(1728)到乾隆十年(1745),这期间在华传教的耶稣会传教士名单如下[2]:

清朝前期天主教在中国社会的发展及兴衰

会籍	国籍	姓名	传教时间及地区
耶稣会	葡	高嘉乐(Charles de Rezende)	1696—1746 年在北京、正定
	法	聂若望(Jean Duarte)	1700—1751 年在湖南
	法	张貌理(尔仁;Maurice de Baudory)	1712—1732 年在广州
	意	谈方济(Tristano d'Attimis)	1744—1748 年在江南
	奥	米来迩(Balthaxar Miller)	1724 年在广东新会
	法	卜日生(Jean Baborier)	1723—1736 年在湖广、江浙
	葡	麦安东(Antoine de Melle)	1725 年在海南
	法	顾铎泽(Etienne-Joseph le Couteulx)	1727—1729 年在湖广
	法	巴若翰(Jean-Baptiste Bataille)	1731 年在湖广谷城
	法	胥孟德(Joseph Labbe)	1731 年开教湖广
	葡	何云汉(Etienne Peixoto)	1734—1744 年在海南、淮安、镇江
	法	赫苍碧(Julien-Placide Herie)	1724—1732 年在广州
	意	徐茂盛(Jacques-Philippe Simonelli)	1731—1735 年在江南
	葡	安玛尔(Martin Correa)	1735 年在江南,前后 50 年
	法	德玛诺(Romin Hinderer)	1735—1741 年在云南、山西、江苏
	意	罗怀忠(Jean-Joseph da Costa)	1724—1747 年在北京
	葡	黄安多(Antoine-Joseph Henriques)	1734—1748 年在江南

---

[1] 参见张泽:《清代禁教时期的天主教》,光启出版社,1992 年,第 28—32 页。

[2] 汤开建、赵殿红、罗兰桂:《清朝前期天主教在中国社会的发展》,任继愈主编:《国际汉学(第九辑)》,大象出版社,2003 年,第 92—93 页。

续表

会籍	国籍	姓名	传教时间及地区
耶稣会	葡	纽若翰(Jean-Sylvain de Neuvialle)	1740—1746 年在湖广磨盘山
	葡	迦尔范(Zérissme de Carvalho)	1739 年在松江
	法	费若瑟(Joseph-Louis le Febvre)	1740 年在江西
	法	赵圣修(Louis des Roberts)	1740 年在湖广
	葡	纪类思(Louis de Sequeira)	1740 年在湖广
	德	魏继晋(Florian Bahr)	1740 年在北京
	奥	南怀仁(Goefroid-Xavier de Laimbeckhoven)	1743 年在武昌、德安
	葡	傅作霖(Félix da Rocha)	1743—1746 年在河间府
	葡	徐懋德(Andreas Pereira)	1726—1743 年在广州、北京
	葡	索智能(Polycarpus da Sousa)	1728—1757 年在江南、北京
	葡	房日升(玉章：François de Corder)	1724—1732 年在广州、佛山
	法	卜文气(如善：Louis Porquet)	1724—1741 年在广州、浙江
	法	罗班(Loppin)	1740—1743 年在湖广、河南
	法	嘉类思(Louis du Gad)	1738—1752 年在湖北、河南
	葡	朱耶芮	1732 年前在广州
	法	彭加德(觉世：Claude Jacquemin)	1724—1732 年在江南、广州

二、乾隆时期的中国天主教

乾隆登基后考虑到康熙治国失之过宽而雍正治国又失之过严的教训，在治国策略上采取了"宽猛互济"的政策。对待天主教的政策基本上是他这一国策的延续和在宗教领域中的表现。他对待天主教没有雍正那种因涉及个人政治利益冲突而产生仇恨，因而他也说过："西洋所奉天主教乃伊士旧习相沿，亦如僧尼、道士、回回，何处无此异端？然非内地邪教开堂聚众，散札为匪可比。"[1]

---

[1] 《宫中档乾隆朝奏折(第八辑)》，台北故宫博物院，1982 年，第 415 页。

特别是他很欣赏在京传教士的科学和艺术方面的才能,这样,他不可能完全地将天主教禁止。但作为一国之主,面临着西力东渐日强的局面,他也清醒看到传教士代表着西方国家的利益,因而对其活动越来越警惕。这样,乾隆的天主教政策体现在对待在中国的传教士上就具有两面性:"收其人必尽其用,安其俗不存其教。"①

但从总体上讲,他继承了雍正的禁教政策,而且有日益严厉的趋势。这表现在乾隆时期三次较大的禁教事件中。

乾隆元年(1736)高宗大赦雍正朝时被关押的皇亲贵族,其间一官员被大赦回家举行了一个"庆生宴",但他的信奉天主教的妹妹却认为这是一种迷信活动而拒绝参加,惹得这位官员十分生气,立即向朝廷奏疏要求禁止天主教。礼部很快就批准了这道奏折并上报了乾隆皇帝,乾隆批复"国家用西洋人治历,以其勤劳可嘉,故从宽容留。满汉人民概不准信奉其教"②。一时各地抓捕天主教教徒,特别是满人信教受到严厉的惩罚。

传教士为了挽回局面,派乾隆最喜欢的郎世宁向皇帝相求,但乾隆的回答是:"一般的满族人信奉天主教是不应该的。政府不禁止天主教,也不认为天主教是虚伪的邪教。传教士可自由传布天主教。"③此时乾隆并未明确地全面提出禁教的主张,只是将禁教限制在满人的范围内。

乾隆十一年(1746)四月福建的福宁知府董启祚、福宁镇臣李有用向乾隆报告了他们在福安县发现天主教活动的情况。他们在奏疏中说,他们在福安的几个村庄抓住了部分的教徒,同时在屋中查出"天主像、番经、洋货、番衣等物",初步了解这个县"约有三四百人"是教徒,但他们认为"该县境内历久相沿,从教者不可胜数"。乾隆收到奏疏后朱批谓:"办理甚妥,知道了。董启祚尚能如此留心,亦属可嘉也。"④由此开始了乾隆年间的第二次的禁教。福宁的地方官员接旨后开始认真查找天主教在当地的活动,结果抓到"西洋夷人费若用(Juan

---

① 《清朝文献通考(二)》,浙江古籍出版社,1988年,卷298,《四裔》六,第7471页。
② 樊国樑:《燕京开教略(中篇)》,北京救世堂,1905年。
③ 冯作民编译:《清康乾两帝与天主教传教史》,全史书局,1996年,第115页。
④ 中国第一历史档案馆编:《清中前期西洋天主教在华活动档案史料(第一册)》,中华书局,2003年,第80页。

Alcober Figuera——作者注)、德黄正国(Francisco Serrano——作者注)、施黄正国(Francisco Diaz——作者注)、白多禄(Pedro Sansy Jorda——作者注)、华敬(Joachim Royo Perez——作者注)等五名,各村堂主教长生员陈绅,监生陈廷拄,民人郭惠人、陈从辉、刘荣水、王鹗荐等五名,女教长郭全使、缪喜使二口,并从教男犯陈楻等十一名,从教女犯及守童贞女一十五口"①。董启祚说"各省潜藏行教之夷人,以福安一邑例之,恐尚不少",他还从审供中得到了传教士在各地活动的具体消息,说明在其他各地仍有传教士在各处传教。因此,他希望乾隆"密饬督抚,务各彻底搜查,不使一名潜藏内地"②。董启祚的奏报使乾隆深为震惊,雍正朝已经对天主教严禁,但现在各地仍在传教,他不得不定下禁教的决心。六月二十六日乾隆下旨:"传谕各省督抚等密饬该地方官……按法惩治,其西洋人俱递解广州,勒限搭船回国,毋得容留滋事。倘地方官有不实心查拿,容留不报者,该督抚即行参处。"③这样,从福安县开始的这个禁教活动就演变成为一个全国性的禁教活动,在福安被抓捕的四名道明我会传教士也都被处死④。第二年在苏州的道明我会葡萄牙传教士黄安多和意大利传教士谈方济也以"散布邪说,煽惑良民"的罪名被处死。同年,在江西传教士李世辅被抓,判其"永远牢固拘禁"⑤。同时,为了防止传教士从澳门等地潜入内地,乾隆十三年(1748)发布了严查海关的旨谕,乾隆二十二年(1757)又宣布了关闭漳州、宁波、云台山等海关,并强调,如果在各处发现西洋人"图谋设立天主堂等事,皆当严行禁逐"⑥。

---

①　中国第一历史档案馆编:《清中前期西洋天主教在华活动档案史料(第一册)》,中华书局,2003年,第85页。这五名传教士均为西班牙道明我会传教士,冯作民的书中列出五名传教士的外文原名,但尚不能一一和上面的五名传教士相对照。参见冯作民编译:《清康乾两帝与天主教传教史》,全史书局,1966年,第125页。

②　中国第一历史档案馆编:《清中前期西洋天主教在华活动档案史料(第一册)》,中华书局,2003年,第90页。

③　《清实录·高宗实录》卷269。

④　参阅冯作民编译:《清康乾两帝与天主教传教史》,全史书局,1966年,第133—134页。

⑤　《清实录·高宗实录》卷288。

⑥　王之春:《清朝柔远记》,赵春晨点校,中华书局,1989年,第103页。

　　第三次发生在 1784—1785 年间的教案最为严重。1784 年澳门主教又分三次派出了三批传教士潜入内地。前两批潜入内地的传教士以及传教的活动并不为官府所知,但乾隆四十九年(1784)五月所派的第三批传教士是由广州的教徒蔡伯多禄陪同的 4 名传教士,同时又邀请了乐昌人谢伯多禄、高要人谢禄茂一起从广州出发到陕西传教。他们采取的方法是每到一个传教点就有新的教徒陪同护送,再到下一个传教点。这样,他们路经湖南湘潭,然后到湖北樊城,但在往襄阳城时在教徒刘绘川、刘十七家中被官府发现。当此事报乾隆时,乾隆大为吃惊地说:"西洋人面貌异样,无难认识,伊等由粤赴楚,沿途地方员弁何无一稽查,至襄阳始行盘获?"[1]为何传教士从广州出发,走到了襄樊,一路上千里尚未被发现,直到襄樊才被发现? 传教士到陕西干什么? 由此,乾隆令各地严查:"西洋人潜赴内地传教惑众,最为人心风俗之害,自不可不按名查拿。"[2]一时,各地纷纷上报查拿天主教的情况[3]。这实际上是在乾隆直接指挥下的一次全国性的对传教士的搜捕,从乾隆四十九年(1784)至乾隆五十年(1785),两年之间全国各地上报的奏报有 207 件之多,其报告之密是前所未有的。

　　经过大搜捕,全国抓获了数十名传教士,数百名教徒。传教士和中国的神职人员和一般教徒被采取了不同处理的办法。外国的传教士被押送回澳门,乾隆说:"此等人犯不过意在传教,尚无别项不法情节,且究系外夷,未谙国法,若永禁图圄,情殊可怜,俱着加恩释放,交京城天主堂,安分居住。如情愿回洋者,著该部派司员,押送回粤,以示柔远至意。"[4]对中国籍神职人员则十分严厉,谕曰:"内地民人称有神父者,即与受其官职无异,本应重治其罪,故念愚民被惑,且利其财物资助,审明后应拟发往伊犁,给厄鲁特为奴。"[5]对一般的教徒,则因"内地民人因祖父相传,持戒供奉,自当勒令悛改,即将呈出经卷等项销毁,照例

<hr>

①　《清实录·高宗实录》卷 1213。
②　《清实录·高宗实录》卷 1218。
③　参见中国第一历史档案馆编:《清中前期西洋天主教在华活动档案史料(第一册)》,中华书局,2003年,第 344—776 页。
④　王之春:《清朝柔远记》,赵春晨点校,中华书局,1989 年,第 40—41 页。
⑤　《清实录·高宗实录》卷 1219。

办理,毋庸深究"①。对稽查不力的官员则处严惩,如让广州哆罗夷馆的担保商人潘文岩罚银二十万两②。

乾隆朝的三次大的禁教一次比一次严厉,一次比一次规模大,涉及面广,我们不禁要问:为何乾隆的天主教政策较之雍正时期还要严厉呢?从历史的角度加以审视,有以下两点值得我们深入地思考。

第一,政治统治的原因。乾隆并不像他的父亲雍正那样和传教士有着很深的积怨,因此,一开始他对天主教的看法并不极端,认为和佛道无别。乾隆二年,皇帝谕旨:"夫释道原为异端,然诵诗书而罔顾行检者其得罪圣贤,视异端尤甚,且如星相杂流及回回、天主等教,国家功令未尝概得禁绝,彼僧道亦未尝概行禁绝,彼僧道亦不过营生之一术耳。"③乾隆显然并未把天主教看作太严重的问题,对民间仍有人信奉天主教也不以为然,将其看作和民间宗教或星相杂流类似的宗教。

但由于在雍正期间已经宣布了对天主教的禁教政策,传教士在中国只能在民间秘密传教,"基督教团体愈是遭到像秘密会社那样的待遇,愈是被迫像秘密会社一样活动"④,如湖北磨盘山地区的传教⑤。同时,民间的秘密会社反过来也利用天主教的秘密地下传教的特点来发展自己,乾隆十七年湖北发生的马朝柱反清事件就利用"西洋"这个符号,声称"西洋出有幼主","西洋不日起事,兴复明朝",这样,"乾隆疑虑重重,将在华的西洋人想象为马朝柱的同伙"⑥。最后马朝柱的反清虽然查明和天主教无关,但却给乾隆留下这样的疑虑。

1784—1785年的大教案开始引起乾隆的高度重视,也是因为他怀疑传教士前往陕西和那里的回民苏十四起义有关。所以他接到这个消息后说:"西洋人与回回向属一教,恐其得有逆回滋事之信,故遣人赴陕,潜通消息亦未可定,

① 《清实录·高宗实录》卷1219。
② 《清实录·高宗实录》卷1216。
③ 转引自于本源:《清王朝的宗教政策》,中国社会科学出版社,1999年,第214页。
④ 费正清编:《剑桥中国晚清史:1800—1911年(上卷)》,中国社会科学院历史研究所编译室译,中国社会科学出版社,1985年,第602页。
⑤ 参见康志杰:《上主的葡萄园:鄂西北磨盘山天主教社区研究(1636—2005)》,辅仁大学出版社,2006年。
⑥ 参见吴伯娅:《康雍乾三帝与西学东渐》,宗教文化出版社,2002年,第199页。

福康安、毕沅当密为留心稽察防范也。将此六百里各传谕知之。"①六百里快马传递消息给全国,足见乾隆对此事的重视。满族打败明朝,得了天下,如何稳定其政治的统治始终是顺康雍乾四朝关心的大事。正是在这个背景下,雍正实行了禁教的政策,乾隆基本继承了这个政策,并更加明确地害怕西方天主教和国内反清势力的结合。如马克思所说:"推动这个新的王朝实行这种政策的更主要的原因,是它害怕外国人会支持很多的中国人在中国被鞑靼人征服以后大约最初半个世纪里所怀抱的不满情绪。由于这种原因,外国人才被禁止同中国人有任何来往。"②马克思的这个观点有一定道理。

乾隆二十二年(1757),"清廷的外贸政策发生重大变化。乾隆下令将四口通商改为一口通商,并明确指出:洋船只许在广州收泊交易,不得再赴宁波等地"③。同时,乾隆强调指出:"如市侩设有洋行及图谋设立天主堂等事,皆当严行禁逐。"④乾隆这个外贸政策的改变很可能和乾隆十九年(1754)两江总督鄂容安、苏州巡抚庄有恭在当年五月的奏疏有关,在这份奏疏中他们就提出要严查各处海口,防止传教士再度进入中国内陆。

乾隆年间的这种对外政策的演变很值得我们思考。当时中国和外部世界联系的主要桥梁是传教士,虽然当时和西方在经济上已经有了来往,但外商主要在广州,而且进入广州的时间也有明确的规定。宗教作为文化交流的桥梁古已有之,佛教传入中国是最典型的例子。但宗教作为文化交往的媒介是有局限性的,它并不能完全承担起文化交流的全部使命,它往往借助于国家和政治力量来传播。当然,佛教传入中国时没有国家力量的介入,但基督教东来是和大航海后西方国家的东来紧密地联系在一起的,耶稣会的入华是在葡萄牙王室的支持下完成的,澳门是葡萄牙在东方的势力据点。葡萄牙是欧洲第一个民族国家。不仅西班牙当时有入侵中国的具体计划,就是葡萄牙人初来时也和明军在海上发生了冲突,只是由于中国强大,葡萄牙才改变了策略。同时这些西方国

---

①　《清实录·高宗实录》卷 1213。

②　《马克思恩格斯全集(第九卷)》,人民出版社,1961 年,第 115 页。

③　参见吴伯娅:《康雍乾三帝与西学东渐》,宗教文化出版社,2002 年,第 201 页。

④　王之春:《清朝柔远记》,赵春晨点校,中华书局,1989 年,第 103 页。

家为争夺他们在远东的利益,在中国的近海也时有冲突,最典型的就是荷兰人和葡萄牙人为争夺澳门展开的斗争。西方人在中国周边的活动清朝当局也是知道的。乾隆在谈到此事也说过:"吕宋为天主教聚集之所,内地民人在彼甚多,商船往来难免无传递信息之事。又本年二月间,吕宋夷船到厦,有携带书信至漳州府龙溪县严登家内者,其严登之子严廪、严谅,现住吕宋未回等语。内地民人潜往外洋,例有严禁。……此等民人,潜在彼地行教,且书信往来,若非确查严禁,于海疆重地,所关非细。可传谕喀尔吉古善等,嗣后务将沿海各口私往吕宋之人,及内地所有吕宋吧黎往来踪迹,严密访查,通行禁止。并往来番舶,亦严饬属员,实力稽查,留心防范,毋致仍前疏忽。"①

这说明由于当时基督教的东来和一些西方国家利益相连,清王朝为维护自己的国家利益,对于这些西方国家利益的代表宗教——天主教采取防范的措施是有其合理性的。但同时由于中国和西方国家之间交往的桥梁最主要的是天主教这种宗教形式,这样它就有双面性:一方面通过天主教这个宗教的形式,中国和西方相识,拉开了近二百年的文化交流序幕;另一方面,由于天主教和其西方国家的利益紧密相关,中国对其就有防范,从而使它不但不能很好地起到文化交流的桥梁作用,反而起到了反面的作用,其宗教行为过于突出,使当时的乾隆政权将其对天主教的防范演变成对西方国家的防范,进而演变成对外部世界的防范。结果是两败俱伤:不仅天主教未能很好地进入中国,最重要的是中国开始向着闭关锁国的方向发展。

第二,信仰的原因。"礼仪之争"以后,天主教停止了将其宗教本地化的步伐,停止了与中国文化的交流和融合,回到了严格的天主教原教旨主义的立场。基督教是一个唯一神的宗教,本质上具有排他性。这样一种立场,这样一种传教策略,它和中国的文化冲突是必然的。乾隆元年的教案就是因一位官员的妹妹不行中国礼节所造成的,而乾隆十一年的教案福建的地方官员所以如此卖力地缉拿传教士和教徒,甚至将四位神父杀掉,很重要的一个原因就是不满意传教士所宣传和实行的那套天主教的信仰以及宗教生活的方式和形式。福建巡

① 《清实录·高宗实录》卷315。

抚周学建在回答军机处的来函时说:"西洋风土,原与中国相似,独行教中国之夷人,去其父子,绝其嗜欲,终身为国王行教,甚至忘身触法,略无悔心。至中国民人,一入其教,信奉终身不改。且有身为生监,而坚心背道者。又如男女情欲,人不能禁。而归教之处女,终身不嫁。细加查究,亦有幻术诡行。"①这说明当时的中国官员们对天主教的真实认识,说明了天主教的这些做法和当时的社会习俗格格不入。在1784—1785年的大禁教中,乾隆也这样看待天主教:"西洋人传教惑众,最为风俗人心之害。"②至此,我们可以清楚地看到"礼仪之争"对当时中西文化交流所产生的重大的负面影响,看到它对天主教在中国的传播所产生的致命的危害。

如果说乾隆因禁教而走向了闭关锁国之路,对中国未来的发展产生了深远的影响,那么,天主教因"礼仪之争"拒绝了利玛窦的路线,拒绝了同异于自己的中国文化对话,拒绝吸收其他文化之长,拒绝将天主教本地化,从而也对整个清代的天主教在中国的发展产生了重大的影响。据初步估计,1705年中国有教徒大约30万人,一百年后,即1800年,中国的天主教总数在20万到25万人之间。如果将中国人口在19世纪增加了一倍这个背景考虑进去,实际上在清前期,特别是在雍乾时期,中国信仰天主教的人数占中国总人口比例大幅度地减少。如赖德烈所说:"如果1835年以后传教士进入中国的人数逐渐减少而不是增加,那么,教会可能在几代人时期内不复存在,不会留下不可磨灭的痕迹。"

清中前期的天主教政策和天主教在华传播的政策奠定了以后整个清廷同外部世界关系的基调,也预示了基督教未来与中国文化和社会更大的冲突。

来华传教士汉学家在中国的传教活动构成了明清之际中国天主教的主线,这一时期天主教在中国的发展都受在华传教士的主导。当时欧洲的汉学家就是这些在中国的传教士汉学家,这些传教士一方面研究中国文化,另一方面著书立说,以汉学家身份传教。因此,中国天主教史一方面是中国历史的一部分,另一方面也是欧洲传教士汉学史的一部分,这就是传教士汉学的

---

① 《清实录·高宗实录》卷275。
② 《清实录·高宗实录》卷1219。

重要特点。

　　而由于天主教作为中西文化交流桥梁的狭小，天主教在华政策走向封闭、保守，与此互动的清廷宗教政策，及至对外政策也日益走向保守，从而在清廷对外部世界日益走向封闭的同时传教士汉学也走向衰落，这也是历史的必然。

第十二章 传教士汉学家介绍的西学与明清之际中国文化思想变迁

由明清之际传教士入华开始的"西学东渐"是中国几千年历史上西方文化第一次大规模地进入中国。通过前面的介绍可以看到,当时由传教士介绍的西方文化范围之广,传教士们著书之多,是中国过去从来未有的。历史上中国文化有两次大规模同外来文化接触,一次是从东汉初年开始佛教的传入,一次就是明清之际基督教代表的西方文化的传入。西方文化的传入与中国近代思想文化的本身的变迁相交,从而对中国近代思想的发展产生了重大的影响。

另一方面,西学传入中国所引起中国本身思想的变化,从根本上说是这些传教士汉学家的学术理论活动和实践活动所推动和导致的。在这个意义上,考察明清之际中国思想的变化就内在地和传教士汉学研究联系在一起。如果说上一章是中国天主教史,从实践活动来考察在华传教士汉学家的影响,那么本章则是从明清之际的思想史、观念史角度考察在华传教士汉学家的影响。

第一节 传教士汉学家介绍的西学与晚明思想的演进

晚明是中国一个非常重要而特殊的时代,特点在于:它是中国社会从传统农业社会向近代社会转变的时期,正如万明等学者所指出的:"晚明整体社会变迁是社会形态转变的开始,表现在经济、政治、思想、文化诸方面,以白银货币化为主线,标志着六个不同层面的深刻变迁:一是货币层面,从贱金属铜钱向贵金属白银转变;二是赋役层面,从实物税和力役向货币税的转变;三是经济结构层面,从小农经济向市场经济转变;四是社会关系层面,从人身依附关系向经济关系转变;五是价值观念层面,从重农抑商向工商皆本转变;六是社会结构层面,从传统社会向近代社会转变。"①清入关后,社会政治生活虽然变动,但整个社会的发展仍沿晚明的方向前进,中国社会所发生的变迁在继续进行。

　　这样一种认识对于我们的研究是很重要的。西学传入始于晚明,如果探讨西学与晚明社会的关系,首先要认清晚明社会的基本特点。以往的研究中将晚明社会看成一个完全封闭的社会,或者仅仅从一个王朝的角度,将其看成一个"制度已趋于烂熟且部分发生变质,面临解体"的社会,而没有把晚明和清初社会作为一个联动的整体看待,没有从世界的角度,从中国社会发展的长时段上看待从晚明到清初社会的重要变化。这样,在看待传教士所带来的西学和中国思想文化之间的互动时,过多地强调了传教士所带来的西学的影响,似乎明清之际的思想变迁是由于西学传入所引起的。显然,这样的看法有一定的问题。我们并不否认传教士所带来的西学的影响,但是应看到,传教士所介绍的西学之所以产生影响,是由于中国社会本身发生了变化,这是西学受到重视的根本原因。只有从中国本土观念的变迁和外来西学的互动中我们才能揭示出西学对当时中国思想的影响和发生的作用。

　　前面各章已经介绍了传教士汉学家所介绍的西学在中国社会的反响,对当时文人们接触传教士的各种原因做了初步的分析。这里我们强调的是,传教士所带来的西学与当时明清之际的思想的关系。

一、李贽与利玛窦

　　张尔歧在《蒿庵闲话》中说:明初,"学者崇尚程朱……自良知之说起,人于

---

　　① 万明主编:《晚明社会变迁问题与研究》,商务印书馆,2005 年,第 27 页。参见樊树志:《晚明史:1573—1644 年(上、下卷)》,复旦大学出版社,2003 年。

程朱敢为异论,或以异教之言诠解'六经'。于是议论日新,文章日丽"。王学起,而文章日丽,特别是到泰州学派时,心学发展到高潮。李贽是晚明王学的最极端者,如果说泰州学派是王学左派,那么李贽则是王学左派中最激烈的"异端"①,而恰恰是李贽竟和利玛窦有过三次交往。李贽第一次和利玛窦相见是在南京焦竑家中,第二次是在一次南京文人的聚会上,这时李贽对利玛窦更为注意,特意赠给了利玛窦一首诗:"他赠给利玛窦神父一个纸折扇,上面写有他作的两首短诗。"②其中一首诗就是《赠利西泰》:

<blockquote>
逍遥下北溟,迤逦向南征。

刹利标名姓,仙山纪水程。

回头十万里,举目九重城。

观国之光未?中天日正明。
</blockquote>

这里李贽把利玛窦比作《庄子》中北海巨鲲,飞十万里之遥来中国,诗句中流露出欣赏之情。万历二十八年(1600)利玛窦第二次进京时路经山东济宁,在这里又遇到了李贽。李贽看到利玛窦给皇帝的奏章时,感到写得不好,就亲自动笔修改了利玛窦的奏疏③,这就是著名的《上大明皇帝贡献土物奏》④,这是"今存利玛窦与明廷正式交往的唯一一份政治文件"⑤。这样一份重要的文件是李贽帮助利玛窦所改,可见两人关系之深。也就是在这一年,他在《续焚书》的《与友人书》中又写到利玛窦,说:"承公问及利西泰,西泰大西域人也。到中国十万余里,初航海至南天竺,始知有佛,已走四万余里矣。及抵广州南海,然后知有我大明国土先有尧、舜,后有周、孔。住南海肇庆几二十载,凡我国书籍无不读,请前辈与订音释,请明于《四书》性理者解其大义,又请明于《六经》疏义者通其解说。今尽能言我此间之言,作此间之文字,行此间之礼仪,是一极标致

---

① 参见容肇祖:《明代思想史》,齐鲁书社,1992年。

② 利玛窦、金尼阁:《利玛窦中国札记(上册)》,何高济、王遵仲、李申译,中华书局,1983年,第359页。

③ 利玛窦:《处玛窦中国传教史(下)》,刘俊余、王玉川译,光启出版社,1986年,第332页。在金尼阁的改写本中未提此事,见利玛窦、金尼阁:《利玛窦中国札记(上册)》,何高济、王遵仲、李申译,中华书局,1983年,第385页。

④ 朱维铮主编:《利玛窦中文著译集》,复旦大学出版社,2001年,第229页。

⑤ 朱维铮:《利玛窦与李卓吾》,《文汇读书周报》2001年8月4日。

人也。中极玲珑,外极朴实,数十人群聚喧杂,雠对各得,傍不得以其间斗之使乱。我所见人未有其比,非过亢则过谄,非露聪明则太闷闷聩聩者,皆让之矣。但不知到此何为,我已经三度相会,毕竟不知到此何干也。意其欲以所学易吾周、孔之学,则又太愚,恐非是尔。"①

从这里我们可以看到李贽对利玛窦的评价是很高的。为何他对一个万里之外来的这样一个西方人这样感兴趣呢?笔者认为有三条原因。其一,李贽和利玛窦对程朱理学看法一致。利玛窦虽然提出了"合儒"的路线,但他对儒是做了区分的,他批评后儒,特别是对程朱理学多有批评,在《天主实义》里明确说:"太极之说不能为万物本原也。"②这点和李贽有共鸣之处,李贽是作为"儒学的叛逆者"出现的,"嘉靖以后,从王氏而诋朱子者始接踵于人间"③。李贽继承王学的这一特点,反对以孔子是非为是非,反对将孔子视为万世师表,他说:"夫天生一人,自有一人之用,不待取给于孔子而后足也。若必待取足于孔子,则千古以前无孔子,终不得为人乎?"④他已经察觉到利玛窦不是来学习儒学的,如果那样九万里来中国学儒学"则太愚"。这是李贽欣赏利玛窦的重要原因。其二,求异是当时的风尚。顾炎武说:"自弘治、正德之际,天下之士,厌常喜新,风气之变,已有其所从来。而文成以绝世之资,唱其新说,鼓动海内。"⑤利玛窦来自九万里之外,但熟读中国经书,谈吐儒雅,待人彬彬有礼,这本身就是奇事。利玛窦的出现正赶上晚明那种求新、求异的心态,所以才会出现文人墨客争相求见的场面,才会出现李贽将利玛窦的《交友论》抄写多份,发给弟子和友人的故事。其三,晚明是一个思想高度自由的时代,在思想上没有定于一尊的东西,包容是那个时代的特点之一。这样,他感到利玛窦不同于一般的儒生,"中极玲珑,外极朴实",待人不卑不亢,机智、聪明、稳重,李贽所见过的人中无人可以和利玛窦相比。李贽当时是天下第一狂人,竟然对利玛窦有如此高的评价,实属罕见。虽然李贽最终也不知利玛窦究竟来中国做什么,但他欣赏利玛窦。这就

①　张建业主编:《李贽文集(第一卷)》,社会科学文献出版社,2000年,第33页。
②　利玛窦:《天主实义》,第二篇。
③　顾炎武:《日知录》卷18。
④　李贽:《圣教小引》,《焚书》卷2。
⑤　顾炎武:《日知录》卷18。

是当时那种宽容的思想氛围所决定的。

李贽和利玛窦的交往说明了当时晚明王学兴起对西学传入之间的关系。如朱维铮所说:"从晚明到清初,人们反对王学,只是因为在空谈误国这点上,王学信徒已变得同程朱信徒毫无二致。但谁也不否认王学信徒接受外来文化,皈依西方宗教。这就反映出一个事实,即王学蔑视宋以来的礼教传统,在客观上创造了一种文化氛围,使近代意义的西学在中国得以立足。"①在如何理解这个问题上,学术界看法并不一致,不少人认为正是传教士所介绍的西学才使中国的思想界开始有了近代的思想,这是典型的用晚清来推晚明的思维。实际上,恰恰相反,正是中国自身思想的变迁,才使传教士介绍进来的外部思想在中国发酵。朱维铮先生说得好:"假如说,西学输入恰逢王学盛行是偶然的话,那么这样的偶然性恰在晚明出现,不正说明那时的中国也同当时的欧洲一样,已经有走出中世纪的必然性在起作用?"②这就是说,中国自有自身的发展的逻辑,那种按照美国中国学的"冲击—反应"模式来解释晚明西学的传入和中国思想的关系的观点显然是有问题的。如果从中国内部发现历史,那么晚明就是中国的近代的开始,不是传教士给中国带来的新旧混合的知识开启了中国思想的变革,而是利玛窦等传教士所介绍的西学恰好迎合了中国思想自身的变化,由此,西学才发挥了独特的作用③。

二、传教士与实学思潮

晚明时当王学走到了泰州学派时就开始有了反弹,一些士人开始批评晚期王学的空疏,他们极力反对空谈,而主张实学。如冯友兰所说的:"实学这两个

---

①　朱维铮:《走出中世纪》,上海人民出版社,1987年,第161—162页。有此看法的还有:"王学风行天下造成了因儒学思想权威动摇而好ುం求新的文化氛围,而对西学发生兴趣正是这一文化氛围的产物。"参见陈卫平:《第一页与胚胎——明清之际的中西文化比较》,上海人民出版社,1992年,第62页。"西学的输入恰逢王阳明心学传播盛行之际,王学那种特有的自由解放的精神,既在客观上为西学的传播创造了一种文化氛围,同时也为某些士大夫倾向西学提供了一定的思想准备。"沈定平:《明清之际中西文化交流史——明代:调适与会通》,商务印书馆,2001年,第526页。

②　朱维铮:《走出中世纪》,上海人民出版社,1987年,第160页。

③　参见沟口雄三:《中国前近代思想之曲折与展开》,陈耀文译,上海人民出版社,1997年。

字,是道学对禅宗所下的转语,是针对佛学的讲虚说空而言。"①对泰州学派的这种批评在晚明时主要出自以顾宪成(1550—1612)和高攀龙(1562—1626)为代表的东林党人。东林书院创建于万历三十二年(1604),禁毁于天启五年(1625),是晚明时期由顾宪成、高攀龙这些学者希望借书院形式恢复一种儒家道德理想而形成的一个士人团体。他们"代表传统儒家价值观念与现实恶劣政治势力斗争的一个典范,他们是一支重整道德的十字军,但不是一个改革政治的士大夫团体"②。顾宪成为东林书院撰联曰:"风声雨声读书声,声声入耳;家事国事天下事,事事关心。"他们将学术的追求和对国家政治命运的关心结合起来,举起经世致用的旗帜,强调办实事,求实功,与当时的阉党进行了殊死的斗争。黄宗羲称赞他们为"一堂师友,冷风热血,洗涤乾坤"(《东林学案序》)。

巴利托利在他的《耶稣会历史》中最早注意到耶稣会士和东林学派关系,以后德国学者布施、谢和耐及国内学者沈定平也都做过研究③。耶稣会传教士和东林学派的人士交往甚密,这一点是完全有根据的,是被研究者所公认的。东林党人邹元标和利玛窦以及耶稣会士郭居静有交往,曾写下《答西国利玛窦》④。晚明重臣叶向高,更是与利玛窦、艾儒略有很深的交往。东林党人曹于汴曾为利玛窦修改过给万历皇帝的奏疏,为庞迪我的《七克》写序。东林党人张问达和传教士金尼阁、教徒王徵过从甚密;熊明遇和阳玛诺、庞迪我、毕方济等传教士有着广泛的交往⑤。在与传教士交往的过程中,他们开始吸收传教士所介绍的西方科学,将西学作为自己奉行的"实学"的参照系,正如法国汉学家谢和耐所说:"利玛窦及其某些教友的部分布教活动属于当时被称为经世致用的'实学'范畴。欧洲最早的算学、天文学、地理学以及后来的机械学、水利学和铸

---

① 冯友兰:《通论道学》,《中国社会科学》1986年第3期。

② 参见樊树志:《晚明史:1573—1644年(上卷)》,复旦大学出版社,2003年,第591—592页。由此,樊树志先生认为将他们称为"东林党人"是不对的。

③ 谢和耐:《入华耶稣会士与中国明末的政治和文化形势》,安田朴、谢和耐:《明清间入华耶稣会士和中西文化交流》,耿昇译,巴蜀书社,1993年;沈定平:《明清之际中西文化交流史——明代:调适与会通》,商务印书馆,2001年。

④ 邹元标:《愿学集》卷3。

⑤ 参见方豪:《明末清初西人与士大夫之晋接》,《方豪六十自定稿(上册)》,台湾学生书局,1969年,第255—272页。

炮技术等概念的传入又加强了这些学科支持者们的潮流,它们被认为有利于帝国的防务和繁荣。"①

明亡后,在清初时实学思想得到进一步的发展,崇尚实学,抨击王学末流的空疏之风。特别是明清易代,对当时的文人是个极大的刺激。在总结明亡之原因时,空谈心性的王学末流被认为是导致政权更替的主要原因之一。黄宗羲说:"儒者之学,经纬天地。而后世乃以语录为究竟,仅附问答一二条于伊洛门下,便厕儒者之列,假其名以欺世。治财赋者则目为敛聚,开阃扞边者则目为粗才,读书作文者则目为玩物丧志,留心政事者则目为俗吏。徒以生民立极,天地立心,万世开太平之阔论,钤束天下。一旦有大夫之忧,当报国之日,则蒙然张口,如坐云雾,世道以是潦倒泥腐。"②不问实事,不求实学,使儒学这一经纬天地之学,在这些人手中成为坐禅谈性的把戏,而一旦国难当头,这些人全是一帮腐儒。顾炎武更激烈地批评了这些王学之后是"不习六艺之文,不考百王之典,不综当代之务,举夫子论学论政之大端一切不问,而曰一贯,曰无言。以明心见性之空言,代修己治人之实学。股肱惰而万事荒,爪牙亡而四国乱,神州荡覆,宗社丘墟"③。

这样,我们看到传教士所介绍的西学和当时中国思想文化中的实学思想的切合有着一种历史性原因。这表现为两个方面。

第一,从政治上讲,明清易代这一重大的历史事件,使文人们开始重新考虑和反思在晚明盛行的王学思潮的问题所在。传教士所介绍的西学,主要是科技方面的知识,所体现的内容正好和实学思潮所倡导的经世致用精神有内在的联系。这样,西学被明清之际持实学的知识分子所介绍、所接受是很自然的事。

第二,从思想上讲,实学所主张的经世致用的路向开始动摇长期以来儒学思想中以修养心性为本的取向,为文人们接受传教士所介绍的西方科技提供了思想的空间。实学思想并不否认修身养性为儒学之重要内容,但认为这并不是

① 谢和耐:《入华耶稣会士与中国明末的政治和文化形势》,安田朴、谢和耐:《明清间入华耶稣会士和中西文化交流》,巴蜀书社,1993年,第101页。

② 黄宗羲:《南雷定公后集》卷3。

③ 顾火武:《日知录》卷7。

唯一的内容,"而是要求把儒家学问从专注于个人的心性涵养拓展到一切涉及国计民生的'实用之学'"①。如高攀龙并不反对程朱的"格物穷理",但他强调的是不能将"格物穷理"仅仅局限在心性的范围内。"天地间触目皆物,日用间动念皆格"(《高子遗书》卷9),他主张格"一草一木之理"。这实际上就开始把程朱的心性之学扩展到了崭新的领域:自然,这样的理解就和西学有了呼应。

通过上面的分析我们看到,传教士所介绍的西学在明清之际是受到了当时知识分子的重视和欢迎的。学者们认为,"实学和王学是同步发展起来的,但两者的学术路线和运思倾向则大相径庭,然而却成了西学流播的思想基础的两翼。相反相成的辩证法在这里再次得到了表现"②。这说明一种文化被另一种文化所接受、所理解主要在于接受者本身,接受者总是根据自身的需求来解释和理解外来的文化。因此,从传教士汉学家一方来看,耶稣会所确立的"适应"路线是符合中国特点的传教路线,但其被接受主要在于中国文化自身的发展。每一种思潮对西学的吸收都有着自己的解释维度,尽管这些思潮之间是相互冲突的。这也说明外来的文化只是一个文化变化的外因,过分地强调耶稣会的西学在中国前近代的文化思想发展中的作用是不对的。同样,完全否认耶稣会传教士所带来的西学的影响也是不对的,只有立足于本土思想的变迁,才能合理说明西学在明末清初的接受和推进。

第二节　传教士汉学家介绍的西学与清初思想变迁

清初顺康两朝对传教士政策宽容,特别是康熙热衷西学,对西学在中国的传播起到重要的作用,后来的江永(1681—1762)有一段话说明了清初时西学盛行的情况:"至今日而此学昌明,如日中天,重关谁为辟? 鸟道为谁开? 则远西诸家,其创始之劳,尤有不可忘者。"(《数学》)由此可见当时西学之影响。

清初传教士汉学家们所介绍的西学对当时的中国思想转变起到什么作用呢? 我们应从中国前近代思想的演变来考查西学。从中国思想史的研究来说,

---

① 陈卫平:《第一页与胚胎——明清之际的中西文化比较》,上海人民出版社,1992年,第70页。
② 同上书,第75页。

从宋明理学到清代经学,这是儒学的一个重要的转变。宋明理学为何转变成清代的经学呢?这两个在治学取向上有着重大的区别的思潮的内在联系是什么?上面我们对晚明思想与西学的分析已经初步接触了这个问题,也就是说,只有从实学与西学的关系入手我们才能揭示出清初思想的变迁。沿着这样的思路,传教士汉学家们所介绍的西学对清初思想的影响主要体现在两个方面:一是沿实学路向发展起来的科学思潮与西学的关系;一是沿实学路向发展起来的考据学和西学的关系。

一、传教士汉学家介绍的西学与清初的科学思潮

晚明徐光启、李之藻等接受西方科学,开启了中国文人对西方科学的研究和兴趣。特别是《崇祯历书》在中国历史上第一次全面采用了西洋历法,也大大刺激了清初知识分子们对西方历算的学习。如梁启超所说:"自《崇祯历书》刊行以后,治历学者骤盛。若黄梨洲及其弟晦木,若毛西河,若阎百诗,皆有所撰述。"①清初的科学思潮实际上是晚明开始的实学思潮的新发展。

在从明末到清初的实学思潮发展中,方以智(1611—1671)起到关键性的作用。方以智是当时"接武东林,主盟复社"的著名明季四公子之一,是明清之际有重要影响的思想家。他和传教士汤若望、毕方济都有过接触,还写了首《赠毕今梁》的诗,诗中写道:"先生何处至,长揖若神仙。言语能通俗,衣冠更异禅。不知几万里,尝说数千年。我厌南方苦,相从好问天。"(《流寓草》卷4)

他认为天下的学问分为三类:"问宰理,曰:'仁义',问'物理',曰:'阴阳刚柔',问至理,曰:'所以为宰,所以为物者。'"(《仁树楼别录》)这里的"宰理",指的关于社会生活的学问。这里的"物理",指的是关于自然的学问,也就是他后来说的"质测之学","物有其故,实考究之,大而元会,小而草木蠹蠕,类其性情,征其好恶,推其常变,是曰质测"(《物理小识》)。这里的"至理",也就是他说的"通几之学",实际上指的是哲学。方以智对西学研究会通的著作主要是《物理小识》和《通雅》,这主要是对传教士汉学家所介绍的西方科学成果的吸收。

---

① 梁启超:《中国近三百年学术史》,崇文书局,2015年,第130页。

　　他在这两本书中介绍了当时他能看到的传教士介绍的西方科学知识,涉及西方的天文学、地圆说、九重天说、五大洲说、西方医学、数学、物理、化学等①。方以智对传教士所介绍的西方科学有自己的看法,传教士汉学家们在介绍这些西方科学时总是将这些科学知识和天主教的信仰混在一起。方以智看到了这一点,他在介绍这些知识时"便系统地删去了一切与宗教观念有关的著作"②。

　　方以智通过对西学的吸收所形成的学术思想在中国思想上的意义就在于:经方以智而使宋明理学和清代经学有了一个连接的中介,宋明理学和清代经学之间再不是思想的断裂。在方以智这里,我们从中看到西学在中国自身演变过程中的作用,正如研究方以智的学者张永堂所说:"明末方氏学派肇始于方学渐。他曾撰《心学宗》一书阐扬心学。但他有觉阳明心学末流的弊端,因此提出了'挽朱救陆'的主张,意欲以朱子学矫正阳明学的缺失。三传至方以智则提出'藏理学于经学'的口号,与顾炎武'经学即理学'的主张不谋而合,象征宋明理学转入清代经学的里程碑。他所撰《通雅》被四库全书馆誉为开清代经学考据之先河;他的《物理小识》则被目前的学界公认是科学研究之著作。而方氏家学四传则有方中德《古事比》、方中通《数度衍》、方中履《古今释疑》,则更显明清代学术之特色。根据方氏家学的发展,我们起码可以得出以下一些结论:一、方氏家学五代的演变可以说是明末清初由宋明理学演变为清代经史考证的一个缩影;二、由方以智同时撰述《通雅》与《物理小识》(该二书原拟合刊发行)可以看出经学考证与科学研究是同步发展,而且内容上有同质性;三、'挽朱救陆'的主张,显然企图以朱子学矫正阳明学流弊。换言之,方氏想用朱子的格物说来补阳明格物说的不足;四、明末清初科学与经学的兴起,从思想层面说都是朱子格物说的一种发展。"③这段话以方氏家学为线索,以方以智为中心,清楚地勾画出了晚明思想学术和清初思想学术之间的关联,论述清晰明确。

　　张永堂的这个结论意义在于:在如何解释中国前近代科学兴起的问题上,

----

　　①　参见罗炽:《方以智评传》,南京大学出版社,1998年。

　　②　谢和耐:《中国和基督教:中国和欧洲文化之比较》,耿昇译,上海古籍出版社,1991年,第88页。参见徐海松:《清初士人与西学》,东方出版社,2000年。

　　③　张永堂:《明末清初理学与科学关系再论》,学生书局,1994年,第2页。

一方面应该看到耶稣会士传进来的西学的作用和影响,另一方面,更应从中国思想自身发展的逻辑中摸清这条线索。通过方以智,我们看到中国前近代的科学家们在接受西学的同时,更有着中国本身思想的支撑和根由,"程朱理学因而在方氏学派中不断得到发展,甚至提出通几与质测的方法以补程朱与陆王两派格物方法之不足"①。这样,方以智就架起了理学与科学的内在关系。所以,既不能因为耶稣会的宗教立场而否认其带来的西方科学对中国近代科学发展的作用,也不能将耶稣会的这种外在作用过分夸大,而忽视了这种外来的异质的文化所以发挥作用的根本原因在于中国自身的原因。"在中国发现历史",将耶稣会介绍的这种西学放在一个中国的思想文化背景中去理解,我们才能得出更为合理的结论②。

　　方以智对清初思想和学术产生了重要的影响,他不仅使他的三个儿子中通、中履、中德沿着他的学术方向发展构成清初经学与科学互动的一条重要线索,同时对清初的顾、王、黄三大家也都有影响。在治学方法上,在对明末空疏学风的批评上,在经世致用学风的提倡上,在对待理学和经学的关系上,顾炎武和方以智都很一致,相互有所影响。顾炎武后来写诗怀念方以智:"久留踪迹在尘寰,满腹笈珠岂等闲。可奈长辞归净土,哪堪别泪洒人间。"③王夫之对方以智的学术路向加以肯定:"与其公子为质测之学,诚学思兼致之实功。盖格物者,即物以穷理,惟质测为得之。"(《搔首问》)王夫之也认为只有对外部世界的研究,才是格物穷理的正确方向,在道德学问和事功学问之间应像方以智那样兼而有之。黄宗羲和方以智同为复社巨子,两人交往更深,在经学和科学的关

---

　　①　张永堂:《明末方氏学派研究初编:明末理学与科学关系试论》,文镜文化事业有限公司,1987年,第3页。

　　②　李约瑟说:"中国和它的西方邻国以及南方邻国之间的交往和反应,远比一向所认为的多得多,尽管如此,中国思想和文化模式的基本格调,却保持着明显的、从未间断的自发性。这是中国'与世隔绝'的真正涵义。过去,中国是和外界有接触的,但这种接触从来没有多到足以影响它所特有的文化以及科学格调。""在耶稣会传教士进入中国后,中国的科学便和全世界的科学汇成一体了。"参见李约瑟:《中国科学技术史(第一卷 总论 第二分册)》,《中国科学技术史》翻译小组译,科学出版社,1975年,第337页。参见侯外庐主编:《中国思想通史(第四卷下册)》,人民出版社,1960年;樊洪业:《耶稣会士与中国科学》,中国人民大学出版社,1992年;曹增友:《传教士与中国科学》,宗教文化出版社,1999年;刘大春、吴向红:《新学苦旅:科学、社会、文化的大撞击》,江西高校出版社,1995年;李志军:《西学东渐与明清实学》,巴蜀书社,2004年。

　　③　转引自罗炽:《方以智评传》,南京大学出版社,1998年,第326页。

系上，黄宗羲着力更多，"他自己撰写有关自然科学著作达 22 种，其中天文、历算类 16 种，地理类 5 种，乐律类 1 种"①。清初重要的天文历算家梅文鼎对方以智更是敬仰，称其为"学海之宗"，他在诗文中表达了对方以智的仰慕之情："太空无留去，逝水无停渊。无地有始终，况乃天地间。谁云盛名累，委顺皆自然。生死既同条，洞观无始先。吁嗟我浮公，往来胡撼焉！所叹哲人萎，畴与传无方。教体见真一，岂必逃苦禅！遗书在天壤，诵之增涕涟。"(《浮山大师哀诗二首》)

梁启超在《中国近三百年学术史》中给方以智高度的评价，认为："桐城方氏，在全清三百年间，代有闻人，最初贻谋之功，自然要推密之。"②如果总结中国近代以来的思想变化，方以智无疑是一个重要的转折点：他通过对传教士汉学家所介绍的西学的吸收与改造，使传统的儒学有了新的气象，赋予理学以新的意义，并使以考据为长的经学和儒学原有的传统有了衔接。如果沿着这个方向发展，中国传统的儒学无疑可以与现代思想相通。很可惜，方氏的学问路向到方苞时发生变化，这也预示着传统儒学在清代转换的失败。

余英时先生在《方以智晚节考》自序中说："明清之际，桐城方密之以智才思照耀一世，然身后品藻则已屡经改易。当乾隆之世，汉学鼎盛，四库馆臣极称许《通雅》，所重者显在其考证，此第一期也。密之早年治学，博雅所及，兼通物理，与并世耶稣会诸子颇上下其议论。'五四'以来，远西郲子见重于中士，言密之者率多推其为近世科学与音韵学之先驱，此第二期也。泊乎最近，学风再变，思想与社会之关系最受治史者注目。密之少负澄清天下之志，接武东林，主盟复社，言思所涉，遍及当时社会问题之各方面，则宜乎今人之特有爱于密之者转在其为一时代之先觉矣。此第三期也。"③余英时这一论述揭示了方以智思想对当代思想之意义，由此，我们看出明末清初西学与经学关系对整个中国近代思想文化之意义。

①　罗炽：《方以智评传》，南京大学出版社，1998 年，第 326 页。
②　梁启超：《中国近三百年学术史》，崇文书局，2015 年，第 135 页。
③　余英时：《方以智晚节考(增订版)》，生活·读书·新知三联书店，2004 年。

二、传教士汉学家所介绍的西学与清代考据学的关系

徐宗泽在谈到这个问题时说:"有明一代承宋代之弊,专究明心见性之空谈,而不务经世致用之实学,沿至明末,已奄奄一息,无复生气矣。适此时利玛窦来吾国,以西国治学之精神,求学之方法,研究吾国经籍,而发现吾国经典受宋代理学派之层层注疏,重重诠释,将经籍客观本有之面目,以主观之意见,改换其真相矣;利子于是主张直读原文,不拘泥于程朱陆王等之疏解,庶古人之真旨,可以复明于后世。利子本此宗旨,研究古籍,事若无关大体,而其影响之所至,实给当时启蒙之汉学派一大助力焉;清代之考据学、音韵学,尤为显著者也。利子而后,接踵而来之西士,亦大都本利子治学之法,研究中国书籍,而当时吾国学者与散居全国之西士晋接者,亦莫不受其深刻之印象,而在彼等之著作中,不无蛛丝马迹之可寻,如胡适之在辅仁大学演讲'考证学方法的来历'中有一段说,谓:'中国大考据家祖师顾亭林之考证古音著作,有音韵五书,阎若璩之考证古文尚书,著有《古文尚书疏证》,此种学问方法,全系受利玛窦来华影响。"①

这样的判断说明了当时西学传入与清初考据学派的关系。17世纪时的考据大家阎若璩年轻时和与传教士有密切关系的熊明遇有过交往,从他的读书范围来说是应该读过利玛窦的《天主实义》等传教士的书籍的。"根据容肇祖先生的归纳统计,阎若璩的考据实证方法至少有15种之多:实物作证例、实地作证例、地理沿革考证例、官名考证例、时历考证例、典礼制度考证例、文学文体考证例、句读文义考证例、逸文前后引异考据例、训诂考证例、假设通则例、统计归纳例、继续追求例、决定不疑例、阙疑例。阎若璩能够将这么多的方法,用于考证,用的就是演绎逻辑推理。没有西学严密逻辑学的影响和启迪,仅靠传统的经学方法是做不到的。"②从阎若璩的例子我们看到,清代的考据家所使用的方法受到了传教士汉学家所介绍的西方逻辑的影响。

胡适在《清代学者的治学方法》一文中认为,清代考据学的方法就是将演绎

---

① 徐宗泽:《明清间耶稣会士译著提要》,中华书局,1989年,第8页。
② 李志军:《西学东渐与明清实学》,巴蜀书社,2004年,第198页。

和归纳综合使用。① 王力先生在谈到这个问题时说："有人寻求清代小学发达的原因，以为清儒躲避现实，走向考据。这是不能说明问题的。同样是躲避现实，晋人则崇尚清谈，清儒则钻研经学，可见躲避现实决不能成为学术发展的原因。相反地，资本主义萌芽倒是清代学术发展的原因。其次，西方科学的发达，对清代汉学虽没有直接的影响，却有间接的影响。举例来说，明末西欧天文学已经传入中国，江永、戴震都学过西欧天文学。一个人养成了科学脑筋，一理通，百理融，研究起小学来，也就比前人高一等。因此，我们把清代语言学发达的原因归结为资本主义上升时期的影响，并不是讲不通的。"② 王力这里说的"资本主义萌芽"就是我们在前面所讲的明末清初的社会发展的程度已经到了一个新的阶段，这是从中国自身的原因来讲的。西学的传入，西方天文学中的逻辑等方法的传入则是重要的外因。这两点王力先生都讲到了。

清儒对西学的吸收不仅仅表现在将其西方逻辑学的方法、实证的研究方法运用到音韵学、训诂学的研究上。同样他们也将从传教士那里学来的观点运用到思想的分析上，这最突出地表现在戴震（1724—1777）的思想上。

戴震是清考据学的大家，"是中国 18 世纪具有科学知性精神的学者的杰出代表。他鲜明地提出了'学者当不以人蔽己，不以己自蔽'的近代命题，以科学的精神去破除中世纪蒙昧主义所造成的种种假象；……他推崇西方自然科学的公理演绎法，强调探求事物的'所以然之理'，将从徐光启开始的变革狭隘经验论的传统方法、铸造科学'新工具'的事业推向前进"③。戴震当时参加了四库全书的编撰工作，其中徐光启和利玛窦的《几何原本》一书的提要是他写的。"其书每卷有界说，有公论，有设题。界说者，先取所用名目，解说之；公论者，举其不可疑之理；设题则据所欲言之理，次第设之。先其易者，由浅而深，由简而繁，推之至于无以复加而后已。"（《四库全书总目》卷 107）在这里，戴震对利玛窦和徐光启介绍的逻辑方法推崇备至。这对他后来的学术研究起到了重要的作用。

---

　　① 胡适说过："清代考据之学有两种涵义：一是认明文字的声音与训诂往往有时代的不同；一是深信比较归纳的方法可以寻出古音与古义来。前者是历史眼光，后者是科学的方法。"胡适：《戴东原的哲学》，安徽教育出版社，1999 年，第 102 页。

　　② 王力：《中国语言学史》，复旦大学出版社，2006 年，第 140 页。

　　③ 萧萐父、许苏民：《明清启蒙学术流变》，辽宁教育出版社，1995 年，第 654 页。

萧萐父和许苏民认为,戴震"最大的贡献还是把依据公理而作严密的逻辑推导的方法引入中国哲学的研究,使他的哲学论说远比前人严谨,自成体系,而不像其他哲学家那样,要靠今人运用逻辑去把他们的零零散散的言论汇集起来加以排比而形成体系。他的《孟子字义疏证》,就是一部比较自觉地运用形式逻辑的公理演绎方法写成的哲学著作"①。笔者认为,这是一个比较中肯的说法。目前关于戴震的《孟子字义疏证》这部著作和西学的关系学者有多种看法,有的认为戴震吸取了利玛窦的《天主实义》的宗教和哲学思想,甚至可将其称为"儒学阿奎纳"②。对此有的学者提出商议,他们认为"戴震可能受到了《天主实义》批宋儒的启发或鼓舞,带着《天主实义》激励起来的这种批判精神,他去重新审视理学宇宙论"③。从戴震的整个哲学倾向来说,戴震的哲学具有启蒙性质。他的《孟子字义疏证》提出了"'欲、情、知'三者相统一的自然人性论,以'欲、情、知'的全面发展为'自然之极则',深刻揭露宋代理学摄取佛道,借助宗教异化来强化伦理异化、'以理杀人'的本质,对理欲关系做出了近代人文主义的解说"④。戴震说得很清楚:"人生而后有欲,有情,有知,三者,血气心知之自然也。"(《孟子字义疏证》卷下)这样,儒家所说的仁义礼智不过就是怀生畏死、饮食男女而已。从这个角度看,戴震的哲学不可能与传教士所介绍的中世纪宗教哲学达成内容的共识。虽然西方是从阿奎纳开始将新柏拉图主义转向了以亚里士多德的哲学为主,从而开启了一个新的哲学和时代,为后来的泛神论的产生打下了基础,但以阿奎纳为代表的中世纪哲学和近代西方思想之间,仍有较大的距离。

在笔者看来,戴震《孟子字义疏证》对西学的吸收主要体现在对格物致知的看法上,由这个方法而产生了对"知"的重视。"由血气之自然,而审察之以知其必然,是之谓理义;自然之与必然,非二事也。就其自然,明之尽而无几微之失焉,是其必然也,如是而后无憾,如是而后安,是乃自然之极则。若任其自然而

---

① 萧萐父、许苏民:《明清启蒙学术流变》,辽宁教育出版社,1995 年,第 663—664 页。
② 李天纲:《〈孟子字义疏证〉与〈天主实义〉》,王元化主编:《学术集林(卷二)》,上海远东出版社,1994 年,第 209—213 页。
③ 张晓林:《天主实义与中国学统:文化互动与诠释》,学林出版社,2005 年,第 313—314 页。
④ 萧萐父、许苏民:《明清启蒙学术流变》,辽宁教育出版社,1995 年,第 697 页。

流于失,转丧其自然,而非自然也。故归于必然,适完其自然"(《孟子字义疏证》卷上)。其实,"知"对戴震不是一个局部性的概念,而是根本性的概念。他批评程朱的基本路向就是"用穷理致知的结果来反攻穷理致知的程朱"。正如胡适所讲:"戴氏论性,论道,论情,论欲,也都是用格物穷理的方法,根据古训作护符,根据经验作底子,所以能摧破五六百年推崇的旧说,而建立他的新理学。戴震的哲学,从历史上来看,可说是宋明理学的根本革命,也可以说是新理学的建设——哲学的中兴。"①

戴震的这种新的"穷理致知"方法哪里来的呢?一种观点以为这是从传教士汉学家所介绍的西学吸收而来。但另一种观点则认为,这种方法主要是中国思想自己的传统转化而来的②。

第三节　传教士汉学家介绍的西学与中国的文艺复兴

胡适在谈到中国文化时说,中国文化在历史上经历了四次文艺复兴,第一次是佛教的传入及其中国本土的适应,中国本土佛教禅宗的诞生;第二次是11世纪宋儒的出现,对宋代的思想文化产生了重大的影响;第三次就是13世纪戏剧的兴起,长篇小说的出现,对世俗生活的歌颂;第四次就是17世纪对宋明理学的反叛,传统的经学研究中严格考证方法的诞生③。

这一次文艺复兴的历史背景是什么呢?胡适将其定位于17世纪耶稣会士来华,他认为"17世纪耶稣会在中国的巨大成功,就是文化间'一见钟情'的好例子,与19世纪中国与西方强国的失败接触形成富有启迪意味的对比"④。胡适认为来华的耶稣会士在学习了中国的语言和文化后同中国的知识分子建立了良好的关系,从而使一些文人皈依了基督教。这一时期耶稣会士的汉学家们获得了巨大的胜利,最重要的表现就是从明末开始中国的天文学计算方法开始

---

①　胡适:《戴东原的哲学》,安徽教育出版社,1999年,第61页。

②　参阅李开:《戴震评传》,南京大学出版社,1992年;许苏民:《戴震与中国文化》,贵州人民出版社,2000年;周兆茂:《戴震哲学新探》,安徽人民出版社,1997年。

③　胡适:《中国的文艺复兴》,外语教学与研究出版社,2001年,第181—182页。

④　同上书,第170—171页。

以西方天文学为基础,从而使西方的天文历算在中国得到了广泛的传播。

在研究戴震的哲学时,他认为戴震哲学的革命性在于:他采取了一种科学的方法做考据,将从宋明以来的理学改造为"一种科学的致知穷理的中国哲学"①。当代学者研究证明了戴震在《孟子字义疏证》中已经表现出他对耶稣会士汉学家中文著作的熟悉,这主要是他在考据时所使用的演绎和归纳的方法。胡适的《戴东原的哲学》写于1925年,他的《中国的文艺复兴》写于1933年。这里一个重大的变化在于对17世纪的考据学的来源做了新的说明。他认为,考据学的传统起源于朱熹,这就是朱熹所提出的"极物而穷其理""以求至乎其极"。按照这样的思路,新儒家们在《大学》中找到了"致知在格物",朱熹这种求实求疑的精神表现在他对《尚书》中内容的真实性的怀疑,只是朱熹没有做出"'圆满的成绩',因传统的分量对朱子本人,对他以后的人,还太沉重了"。但17世纪的考据学派们继承了朱熹的这个学术路向,和利玛窦有过交往的焦竑(1540—1620)及他的朋友陈第(1541—1617)完成了当年朱熹未完成的对《诗经》音韵的研究,而考据大家阎若璩则花了几年完成了朱熹当年提出的《尚书》的考证。这样,胡适就将11世纪的宋学和17世纪的考据学连接了起来:"这部历史开端在11世纪,本来有一个很高大的理想,要把人的知识推到极广,要研究宇宙万物的理或定律。那个大理想没有法子不缩到书本的研究——耐心而大胆的研究构成中国经学传统的'典册'的有数几部大书。一种以怀疑和解决怀疑做基础的新精神和新方法渐渐发展起来了。这种精神就是对于涉及经典的问题也有道德的勇气去怀疑,就是对于一份虚心,对于不受成见的影响的、冷静的追求真理,肯坚持。这个方法就是考据或考订的方法。"②

在美国讲学时,他先发表了《中国的文艺复兴》这篇讲演,将17世纪的欧洲和中国做了个对比,说明当时中国和欧洲的优秀学者都在按照科学精神研究,西方学者研究的是自然科学,中国学者研究的是人文历史,结论是"这些中国人产生了三百年科学的书本学问;那些欧洲人产生了一种新科学和一个新世界"。但后来胡适在作《中国哲学里的科学精神与方法》时,认为这样讲对中国学者不

---

① 胡适:《戴东原的哲学》,安徽教育出版社,1999年,第138页。
② 胡适:《中国的文艺复兴》,外语教学与研究出版社,2001年,第444页。

公道,认为 17—18 世纪的乾嘉考据学派"所推敲的那些书乃是对于全民族的道德、宗教、哲学生活有绝大重要性的书。那些伟大人物觉得找出这些古书里每一部的真正意义是他们的责任"①。这就是说,在中国 17—18 世纪的考据学派在学术上的成绩和西方同时期的近代科学的兴起有着同样的意义。

　　近来余英时先生在他的《论戴震与章学诚》一书中对宋明理学和清乾嘉学派之间的关系也做了深入的研究。他认为以往在谈到这个问题时主要是两种观点:一种观点认为考据学派的产生主要和当时清代的政治环境有关,这种观点着眼于政治;另一种是侯外庐的观点,认为清代的这种学问代表了当时的市民阶级,是一种启蒙思想,这主要是从经济上着眼的②。显然,他不同意这两种观点,他认为在宋明理学和清代考据学之间有种"内在的理路",这是儒学自身发展的必然结果。在朱熹那里"尊德性"和"道问学"是同时存在的,但后来在陆王那里不再重视"道问学",而把"尊德性"发展到了极致。即便这样,双方在论战中,都需要回到原典,如王阳明为替他的良知说找到根据,就要重定《大学古本》,这样,知识论的传统并未断绝,清代的学问就是在这样的背景下展开的,他们一方面全面整理儒家的典籍,另一方面做思想的还原,找出儒家观念的原始意义。因此,表面看宋明理学和清乾嘉学派似乎没有关联,"其实若从思想史的综合观点来看,清学正是在'尊德性'与'道问学'两派的争执不决的情况下,儒学发展的必然归趋,即义理的是非取决于经典。但是这一发展的结果,不仅使儒家的智识主义得到了实践的机会,因而从伏流转变为主流,并且传统的朱陆之争也随之而起了一种根本的变化"③。

　　笔者认为,胡适和余英时的观点有以下几点值得我们注意。

　　第一,胡适将 17—18 世纪的考据学派的思路追溯到了朱熹的穷理格物的提出。在以往许多对朱熹思想的研究著作中很少有人注意到朱熹的这个路向。胡适实际上想从宋学开出科学的传统。余英时的论述更为全面,真正从中国近

---

　　① 胡适:《中国的文艺复兴》,外语教学与研究出版社,2001 年,第 446 页。
　　② 参阅余英时:《论戴震与章学诚:清代中期学术思想史研究》,生活·读书·新知三联书店,2005 年,第 323—324 页。
　　③ 同上书,第 310 页。

世思想发展的本身找出了它的内在理路。如果有了这样的认识,那种认为在中国思想史上有宋汉轮回的看法值得研究。这样的认识使我们对清学的发生有了新的认识。因这涉及如何看待朱熹所代表的宋明理学和清学的关系的问题,我们上面在讲到方以智时已经提到张永堂的这个观点。因这不是本书研究的重点,故这里暂时不论①。

第二,如果按照胡适和余英时的理解,徐宗泽在谈到考据学派的产生原因所说的"此种学问方法,全系受利玛窦来华影响"的结论显然是有问题的,他夸大了耶稣会的活动对中国思想的影响。目前,仍有学者沿着这样的思路来论证耶稣会的贡献,显然需要反思。中国文化的发展有其自身的原因和内在的逻辑,耶稣会进入中国后采取了正确的策略和传教的方法,这些传教士汉学家们所介绍的西学对明末清初的文化转型和发展起到了重要的作用,但"中国走出中世纪、迈向现代化及其文化蜕变,是中国历史发展的产物;西学的传入起过引发的作用,但仅是外来的助因"②。

这是一个根本性的观点,思想的变迁,特别是中国近代从"理学"到"考据学"这样重大的变化,中国思想内在的逻辑推动是根本的,传教士汉学家们所介绍的西学只是一个很重要的外因。

第三,胡适认为 17 世纪的中西文化交流是文化间"一见钟情"的典型,他充分肯定了来华耶稣会士所介绍的西学对当时社会思想的影响。关于来华耶稣会士和清初学问家之间的关系仍需要我们继续深入研究,例如方以智和西学的关系、清初的音韵学和传教士对中国语言的注音的关系等。在研究清代学问产生的外在原因时,他们和西学之间的关系研究是最为薄弱的③。

第四,来华的耶稣会士汉学家们所介绍的西学对"中国的文艺复兴"起到了积极的作用,这是文化间传播与接受历史上一个极有意思的现象。一个反对欧洲基督新教改革的保守修会,一个在欧洲坚决地维护旧有秩序的修会,一个在欧洲

① 参见张立文:《宋明理学研究》,中国人民大学出版社,1985 年;侯外庐、邱汉生、张岂之主编:《宋明理学史(上、下卷)》,人民出版社,1984 年;陈来:《中国近世思想史研究》,商务印书馆,2003 年;余英时:《朱熹的历史世界:宋代士大夫政治文化的研究(上、下)》,生活·读书·新知三联书店,2004 年。

② 萧萐父、许苏民:《明清启蒙学术流变》,辽宁教育出版社,1995 年,第 24 页。

③ 参见徐海松:《清初士人与西学》,东方出版社,2000 年。

的"右派"，在东方成为新思想的推动者，成为推动中国走出中世纪的思想外援，成为一个中国思想运动中的"左派"。这就是历史的吊诡，这就是历史的辩证法。

第四节　传教士汉学家们介绍的西学在中国遭遇到的反对

传教士在中国的文化活动和传教活动并非一帆风顺，也并非所有的文人认为他们在推动着中国的有益事业。如同他们获得赞誉一样，他们也受到了批评。这种批评同样构成了明末清初中国文化和思想的一条重要线索，在我们研究西学在中国的传播和发展时，这是我们必须要考察和注意的一个方面。

一、理学与天学之争

来华耶稣会士在确立"合儒易佛"的路线时，对儒家思想就已经做了割裂。他们所合的儒是"原儒"，利玛窦在《天主实义》说"吾天主，即华言上帝"，接着引用《诗经》《尚书》等中国传统经典文献的话来证明自己的这个观点，结论是"历观古书，而知上帝与天主特异以名也"。利玛窦等传教士对于"后儒"，即宋儒采取了批判的态度。他们认为在原儒中从来就没有"太极"的概念和"理"的概念，这两个概念在宋明理学中都成了根本性的概念。传教士汉学家们对程朱理学中的"理"展开了批评，如利玛窦所说："如尔曰：理含万物之灵，化生万物，此乃天主也，何独谓之理，谓之太极哉！"(《天主实义》第二篇)[1]

来华耶稣会士的这些观点受到了不少中国传统文人的质疑，利玛窦在南京时就同理学家做过讨论，到北京后又同太学生韩恢论战。儒学阵营同利玛窦讨论最有名的是钱塘儒士虞淳熙所写的《破利夷偕天罔世》，他站在正统的儒学立场上批评利玛窦。在利玛窦写了《辨学遗牍》后[2]，他又写《答西利泰书》《天主实义杀生辩》等文。虽然他是站在佛教立场上来写的，但理学观点是渗透其中的。南京教案时的主角沈㴶向皇帝三上《参远夷疏》，这都说明当时的思想界并不平静，儒学界对天主教的传入并非没有反应。在这个过程中代表儒学思想闹

---

① 参见张西平：《中国与欧洲早期思想交流史》，北京大学出版社，2021年，第七章。

② 关于这篇文献的真正作者孙尚扬在《基督教与明末儒学》(东方出版社，1994年)一书已做考证。

得最大的当然是杨光先这位反对天主教的重要人物。杨光先对教会和传教士的不满除去有具体的历史原因外,也有着思想深处的原因。他的想法有一定代表性,如他在谈到天主、上帝这个概念时说:"朱子云:'乾元是天之性,如人之精神,岂可谓人自人,精神自是精神耶?'观此,则天不可言自是天,帝不可言自是帝也。万物所尊者,惟天;人所尊者,惟帝。人举头见天,故以上帝称天焉。非天之上,又有一帝也。"①从理学出发,反对将天人格化,杨光先的思路很清楚。

在谈到上帝创世时,杨光先完全从理学的立场出发,对传教士所介绍的创世说进行批评:"噫,荒唐不诞亦至此哉!夫天二气之所结撰而成,非有所造而成者也。子曰'天何言哉,四时行焉,百物生焉',时行而物生气,二气之良能也。天设为天主之所造,则天亦块然无知之物矣,焉能生万有哉?天主虽神,实二气中一气,以二气中一气,而谓能造生万有之二气,于理通乎?无始之名,窃吾儒无极而生太极之说。"②这里我们看到传教士想批倒理学并非易事,儒学发展到宋明理学时,在理论上已经十分成熟。理学和天学之间的理论冲突是显然而见的。

林启陆在谈到天主的概念时说:"细查天主之义,谓天主生天、地、人、禽兽、草木之魂。……嗟乎!上古帝王,未尝不以钦若天命、简在帝心者为致治垂世之宗。即历代师儒亦各以'畏天命'之语淳淳然相告诫也。且曰:'天者理也,帝者以主宰而言也。'夫天之生民,有物必有则。人能顺天理,协帝则,自可以主宰万物,统制乾坤,辅宇宙之缺陷,正世代之学术,此吾儒之所谓天主也。"③

这样的冲突其实不能简单地将杨光先等人视为保守人士就可以解决。从根本的理论上来说,传教士汉学家们所传播的这种基督教理论与中国原本思想之间的冲突带有本质性,或者说,这是完全不同的两种宇宙论和世界观冲突。在宋明理学那里完全没有一个超越人世、无所不能的人格神,新儒家们所追求的是在日常生活中达到精神的提升,向着圣人努力,以内圣外王为其人生的精

---

①　转引自谢和耐:《中国和基督教:中国和欧洲文化之比较》,耿昇译,上海古籍出版社,1991年,第288页。

②　杨光先等撰:《不得已(附二种)》,陈占山校注,黄山书社,2000年,第17页。

③　夏瑰琦编:《圣朝破邪集》,香港建道神学院,1996年,第283页。

神目标。正如谢和耐所说："基督教教义与一个人格化和超越一切的上帝有关，纯粹是一种神灵。它把人类误认会有永久命运的本世和本世没有共同之处的彼世对立起来了。中国人的天则完全相反，它是一种把世俗和宗教表现形式融为一体的观念。在基督徒们看来，'天'字仅为一种指上帝及其天使、天堂及'上帝选民'的一种隐喻，而中国人则认为该词具有实际的意义。它同时是神和自然、社会和宇宙秩序的表现。"①

对天主的认识不仅仅是一个哲学的问题，对传教士和中国的儒生们来说同时也是一个政治问题。传教士所信奉的是神权在皇权之上，神权高于一切的政治理念，这对于那些认为皇权高于一切的文人来说是不可理解的。这样，对宗教和政治关系的不同理解就会演化成一个很严重的政治问题。张广湉说："据彼云，国中君主有二。一称治世皇帝，一称教化皇帝。治世者摄一国之政，教化者统万国之权。治世者相继传位于子孙，而所治之国属教化君统，有输纳贡献之款。教化者传位则举国中习天教之贤者而逊焉。是一天二日，一国而二主也。无论尧舜禹汤文武周公孔子之正教纪纲，一旦变易其经常，即如我皇上可亦为其所统御，而输贡献耶？嗟夫！何物妖夷，敢以彼国二主之夷风，乱我国一君之统治。"②山阴的王朝式对天主教在中国的传播十分担忧，他担心如果民众归化了天主教，那样"我中国君师两大权尽归之耶稣会里，大明一统天下之天下尽化为妖狐一窟穴也，岌乎殆哉"③。

这些正统思想的士大夫在了解了来华耶稣会士的思想和理论后，对其保持着高度的警惕，许大受甚至认为这些传教士是西方国家的间谍，在澳门他们"高筑城垣，以为三窟。且分遣间谍，峨冠博带，闯入各省直地方，互相勾结。……频年结连吕宋、日本，以为应援。凡我山川厄塞去处，靡不图之于室。居恒指画某地兵民强弱，帑藏多寡，洞若观火，实阴有窥觊之心。时时练兵器、积火药，适且鼓铸大铳无虚日，意欲何为？此岂非窥伺中国、睥睨神器之显状耶？"④

① 谢和耐：《中国和基督教：中国和欧洲文化之比较》，耿昇译，上海古籍出版社，1991年，第284页。
② 张广湉：《辟邪择要略议》，夏瑰琦编：《圣朝破邪集》，香港建道神学院，1996年，第276页。
③ 王朝式：《罪言》，夏瑰琦编：《圣朝破邪集》，香港建道神学院，1996年，第172页。
④ 许大受：《圣朝佐辟》，夏瑰琦编：《圣朝破邪集》，香港建道神学院，1996年，第227页。

对于基于天主论的天堂地狱说,儒生们更不能接受。黄贞说,生活的意义在于"活泼泼之乐趣","中国儒学无天学,惟仁义而已,故生死皆不失其正"。根据传教士们的解释,中国先贤和圣人因是多妻也都要入地狱,黄贞愤怒地说:"奸夷设天主教入我中邦,以尧舜、周孔入地狱,此千古所未有之胆也。"①

从这些儒生文人的论述中我们可以看到,这些人对基督教的反对、批评乃至敌视"不能简单地以仇外心理予以解释。对人生的不同体验和哲学思维,对宇宙、世界和人事进行哲学思考时采用的不同的思维路向,都是士大夫反对天主教的重要原因。当然,完全以理性主义来概括明末反西学的士大夫的态度之本质,并不全然符合历史事实,因为造成他们全面反西学的重要原因是他们担心儒学道统有可能被心存补儒超儒之志的传教士天学取代之"②。

但另一方面,我们又可以看到,这些儒生们对待外来文化有一种居高临下的自豪感,华夏文化中心论是他们的基本观点。因从秦以来中国文化就是以"华夏"和"夷狄"之分来对待外来文化的。佛教文化虽然对儒家思想产生了重要的影响,但并未从根本上动摇儒家文化的自信心。如反教文人李灿所说:"佛弟子达摩西来,直指人心见性成佛。此理正与孔子一日克己复礼天下归仁之旨,吻一无二。故自汉以及我明,道互发明,薪传不绝。"③而明清之际传教士所介绍的西学其文明程度不低于华夏文化,其文化特点与华夏文化迥然不同,这样,在文化心理上就有了问题,原有的华夏中心论开始被动摇。如冯友兰所说:"佛教的输入似乎使许多中国人认识到除了中国人也还有另外文明人的存在。……所以佛教的输入,尽管对中国人的生活产生巨大影响,也并没有改变中国人自以为是人间唯一文明的信念。由于这些看法,所以中国人在十六、十七世纪开始与欧洲人接触时,就认为他们也是与以前的夷狄一样的夷狄,称他们为夷。因此,中国人并不感到多大的不安,即便在交战中吃了败仗也是如此。可是,一发现欧洲具有的文明虽与中国的不同,然程度相等,这就开始不安了。"④

① 夏瑰琦编:《圣朝破邪集》,香港建道神学院,1996 年,第 176 页。参见何俊:《西学与晚明思想的裂变》,上海人民出版社,1998 年。
② 孙尚扬:《基督教与明末儒学》,东方出版社,1994 年,第 252 页。
③ 李灿:《辟邪说》,夏瑰琦编:《圣朝破邪集》,香港建道神学院,1996 年,第 273 页。
④ 冯友兰:《中国哲学简史》,涂又光译,北京大学出版社,1996 年,第 163—164 页。

因此,从杨光先等人的言论可以看出,他们在文化心态上过于狭小,缺乏一种宽容、大度文化的心态。当时的实际情况来看,耶稣会士汉学家们带来的这种外来思想与国家间的利益和冲突无关,它和晚清时的情形完全不同,这种文化冲突表现为一种"比较纯粹的文化冲突"。杨光先等人的这种理解如果同徐光启等人的那种"并蓄兼收","藉异己之物,以激发本来之真性"(《邹子愿学集》卷3),"欲求超胜,必须会通"的态度相比,显然有很大的差距。不过文化交流与会通从来是要在两个方面同时展开才能顺畅。传教士所代表的西方文化也应从这段历史中反思,他们必须认识到中国的文明"不是仅仅在某些方面,而是在一种悠久传统中使人熟悉的所有方面都相差悬殊"①。利玛窦为沟通这两个有着重大差异的文明迈开了重要的一步,很可惜,"礼仪之争"后,西方又退回了这一步。以后的历史告诉我们,只要西方的基督教世界不随着利玛窦的步伐继续前进,杨光先、许大受这些儒生们所提出的问题对中国的思想界就永远有警世的意义,尽管我们不完全接受他们所提出的解决问题的方法。②

二、佛学与天学之争

耶稣会入华的初期完全按照佛教的形式来活动,他们和佛教徒之间有着平和的交往,传教士初来时学习汉语的课本也是佛教的经文③。但后来在决定采取"合儒易佛"的路线后,传教士和佛教之间的关系就开始紧张起来。根据利玛窦自己的记载,他在信佛的官员李汝桢安排下,曾经和当时的著名佛教禅师雪浪洪恩会见,两人作了交谈④。但这次会谈和辩论在佛教文献中没有记载。传教士们认为这次初步的讨论因利玛窦雄辩,"众人称善,三槐(即三淮,号雪浪洪恩)理屈不能对"(艾儒略《大西利先生行迹》)。后来利玛窦又与当时著名的禅

---

① 谢和耐:《中国和基督教:中国和欧洲文化之比较》,耿昇译,上海古籍出版社,1991年,第356页。

② 近一段时期中外学术界对谢和耐的《中国和基督教:中国和欧洲文化之比较》多有微词,一些神父汉学家们对谢和耐的结论更是不满,一些中国学者也随之应和,平心而论,谢和耐从理论上揭示出的基督教世界观和儒家世界观之对立并不错,这是一个基本事实,正如《破邪集》中反基督教的文人的批评其合理性一样,至于如何解决这种文化冲突那是另一个问题。

③ 参见张西平:《中国和欧洲早期思想交流史》,北京大学出版社,2021年。

④ 参见利玛窦、金尼阁:《利玛窦中国札记(上册)》,何高济、王遵仲、李申译,中华书局,1983年,第365—367页。

师云栖袾宏(1535—1615)展开了讨论,从袾宏回复虞淳熙的信中可以看出,他读过利玛窦的《天主实义》《畸人十篇》,云栖袾宏对天主教的这些书的看法是:"然格之以理,实浅陋可笑,而文亦太长可厌。"(《云栖法录》)后来他开始重视天主教的传播,因他的不少信徒改信了天主教,同时,当时信奉天主教有不少显赫的儒生,他感到显然对佛教是一个威胁:"现前信奉士友,皆正人君子,表表一时,众所仰瞻,以为向背者,予安得避逆耳之嫌,而不一罄其忠告乎?"(《云栖法录》)由此,袾宏连续写了《天说》回应和批驳天主教。他在《天说一》中开宗明义曰:"一老宿言:'有异域人,为天主教者,子何不辨?'予以为教人敬天善事也,奚辨焉。老宿曰:'彼欲以此移风易俗,兼之毁佛谤法,贤士良友多信奉故也。'因出其书示予,乃略辨一二。"

云栖袾宏的《天说》所运用的论辩方式,是先将佛教自家的天说概述之,转而指责天主教虽崇事天主而实际是不知何谓天,再浓笔重墨地辨析了杀生的问题。这不仅因为佛家茹素,主要还是因为云栖袾宏特别提倡净土法门,戒杀放生为云栖一门之特别的标志招牌。故而云栖袾宏一再引用佛教经典来论证和申述"一切有命者不得杀"(《天说二》)的佛家道理。"其曰:'所杀者彼之色身,而行杀者一念惨毒之心,自己之慧命断矣。'"(《天说余》)所论大致如此。然而,"《天说》诸篇并未辨析天主教的义理,只是立足在佛教教义上回应对方的一些质问。语气言辞平和,也没有使用'幺魔'称谓,惟呼吁那些转而归信天主教的正人君子能迷途知返,'惟高明下择刍荛而电察焉'(《天说一》),殷切之情溢于言表"[1]。

从时间上看,以利玛窦名义所写的《复莲池大和尚〈竹窗天说〉四端》一文肯定是利玛窦以后的天主教徒所写,实际上早在《天主实义》一书的第五篇,利玛窦就专门批评了佛教的杀生说和轮回说。以后艾儒略在《三山论学记》中,陆安德在《真福直指》中,特别是杨廷筠在《天释明辨》中对佛教做了深入的批评。

传教士和天主教信徒们的这些著作不能不引起佛教方面的注意和反弹,特别是当天主教方面编撰出一个在上次的辩论中"云栖被驳而理屈,三槐(雪浪)

---

① 周齐:《由明末清初佛教与天主教之论辩看宗教宽容之尺度》抽样稿,本节写作中受其文启发很大,在此对周齐提供给笔者这篇抽样稿表示感谢。

受难而词穷"①的说法，更引起佛教徒的气愤。他们认为如不反驳，"我云栖师翁，雪浪大师，至于重泉抱屈，大义未伸"②。这次佛教的反击从两个方面展开，一是佛教本身的反驳，一是佛教儒家信徒的联合反驳。

崇祯八年(1635)宁波天童释圆悟作《辨天初说》，派禅客送到杭州天主堂，希望和传教士傅泛济展开辩论。"接着他又写了《辨天二说》《辨天三说》，再次要求和传教士辩论。并称'理无二是，必须归一'，'欲与辩论，以决是非。'自信心溢于言表，口气也咄咄逼人，但傅泛济仍是婉言谢绝，就不出面论战。圆悟斥传教士'食言'。"③

被誉为明末四大禅师之最后一位的蕅益大师也是一位反对天主教的重要人物。他的俗名为钟始声，字振之。钟始声在《刻辟邪集序》中说："有利玛窦、艾儒略等，托言从太西来，借儒术为名，攻释教为妄，自称为天主教，亦称天学。……迩来利艾实繁有徒，邪风益炽，钟振之居士于是乎惧，著《初证》《再证》，以致际明禅师。"④钟振之所以写这两篇文章反驳天主教，是因为当时天主教对佛教不断的批评，当时他看到了传教士所著的《三山论学记》《圣教约言》等书，这说明当时的佛耶论战之激烈。

佛教儒家信徒的联合对天主教的反驳，主要代表著作就是上面提到的《圣朝破邪集》。这本书是儒士佛教信徒黄贞所编。当时艾儒略在福建传教影响很大，黄贞本人直接和艾儒略有过辩论。崇祯八年(1635)，黄贞写下《不忍不言》，对儒佛各界批评天主教不力不满。崇祯十年(1637)，黄贞将福建文人们的批耶文章汇编成《破邪集》。接着他带着自己所写的这些反对教会的文章来到浙江，天童寺和尚密云、圆悟等人支持他的立场。崇祯十二年(1639)，黄贞将《破邪集》交给了浙江"佛门同志"费隐通容。接着佛门弟子浙江的盐官徐昌治和费隐通容将福建和浙江两地"破邪"之作汇辑为《圣朝破邪集》。这部作品实际是儒佛共同合作之作。《圣朝破邪集》中收入僧人释圆悟、释普润、释通容、云栖的弟

---

① 黄贞：《不忍不言》，夏瑰琦编：《圣朝破邪集》，香港建道神学院，1996年，第321页。

② 同上书，第322页。

③ 参见夏瑰琦：《论明末中西文化的冲突》，宗志罡主编：《明代思想与中国文化》，安徽人民出版社，1994年。

④ 周骃方编校：《明末清初天主教史文献丛编(四)》，北京图书馆出版社，2001年，第250页。

子释大贤、释成南等人的文章。《圣朝破邪集》中士人的文章占了大多数,这些作者为:吴尔成,明万历三十二年进士;徐从治,明万历三十五年进士;施邦曜,明万历四十一年进士;吴起龙,明崇祯元年进士,官福州知府;黄廷师,明万历四十七年进士,历官湖广金事,入清,起光禄寺卿,任广西副使等①。实际上明末信佛的理学家很多,"明末居士有两大类,一类是亲近出家的高僧而且重视实际修行的,另一类则信仰佛法,与明阳学派有关,所谓左派的阳明学者,便是理学家中的佛教徒,而且这一批居士对明末佛教重新振兴,有着不可磨灭的功劳"②。

天主教认为佛教在常识上、在学理上都有问题,利玛窦运用西方近代的一些科学知识来批评佛教,认为佛教的许多道理"吾西儒笑之而不屑辨焉"(《天主实义》第七篇)。佛教徒和儒生们对天主教的批评多有意气之语,但也并非全是恶意攻击,同样有着学理上和逻辑上的分析。钟始声在批评天主教时列出二十二条道理质问天主教,如:"彼大主宰,有形质耶? 无形质耶? 若有形质,复从何生? 且未有天地时,住止何处? 若无形质,则吾儒所谓太极也。太极本无极,云何有爱恶?"③这里的逻辑力量是很强的。在《天学再征》中,"对所读书中三十处不通之说逐条辨析之。如,天主教引中国经典证明其天主即中国自古所说之上帝,《再征》亦引经据典指出中国之天上帝乃苍苍之天,乃赏善罚恶之治世之天,乃本有之灵明之性,而非天主教之生世之天。诸如此类,《再征》显示了蕅益大师深厚的儒学功底和理论辨析水平"④。

通过以上佛教与天主教在明末清初的辩争我们可以得出以下几个结论。

第一,天主教与佛教之争实际上是西方宗教文化同中国本土宗教文化之争。禅宗完全是中国化的佛教,本质上是中国本土的一种宗教,它虽然来自佛教,但却是佛教本地化的产物。特别是在晚明时,禅学与王学合一,焦竑等人正是在这种背景下提出"三教合一"的。传教士所提出的"合儒易佛"的策略被居

①　参见周骃方编校:《明末清初天主教史文献丛编(一)》,北京图书馆出版社,2001年,第107—108页。
②　释圣严:《明末佛教研究》,东初出版社,1992年,第20页。
③　参见周骃方编校:《明末清初天主教史文献丛编(四)》,北京图书馆出版社,2001年,第251页。
④　周齐:《由明末清初佛教与天主教之论辩看宗教宽容之尺度》抽样稿。

士儒生们看得一清二楚,钟始声说得很清楚:"阳排佛而阴窃其秕糠,伪尊儒而实乱其道脉。"①所以,天主教同佛教的争论绝不是两种外来宗教的争论,而是中国本土宗教对天主教入华在思想上的反映。

第二,天主教"合儒易佛"策略的检讨。利玛窦确定这个传教策略,表面上有其合理性,因佛教作为一种宗教和天主教的分歧是明显的②。但实际上这个策略说明了传教士汉学家们对佛教的理解并不深入,尤其是对中国自身的禅宗和儒家之关系并未深入理解,完全不知二者之间的内在关系。另从策略的角度看,佛教作为一种宗教与天主教的相同之处比天主教与儒家的相同之处要多得多,所以,天主教也应从佛教中找到一种切合点,这样也许天主教能更好地适应中国文化③。因此,从历史的角度来看,当年利玛窦所确定的这个传教策略未必是最佳的传教策略。这个策略的确立反映了他对中国本土宗教认识上尚不深刻。

第三,从佛教对天主教的反辩来看,理性色彩是有的,许多反驳也的确揭示了天主教的问题,并从中说明了儒家文化的基本特点。但长期以来就有的"华夏中心论""夷夏之分"的观念限制了这些儒生与和尚们的视野,如与徐光启等人的"会通中西"的看法相比,显得十分狭隘④。也正如研究者所说的,佛教这些对天主教的批评"固然具有极强的批判精神,但却毫无疑问是缺乏晚明思想与社会所真正需要的正面建设"⑤。不过应看到,这种反驳本身就反映了中国传统文化在走向近代文化时所必然产生的那种焦虑感。如何在坚守本土文化的同时,以开放的心态接受其他外来文化,这场争论给我们留下了重要的文化遗产,需要我们认真地反思。

第四,双方都缺乏宗教宽容的精神。这场争论显示出双方都处在前近代思维的特点,双方都缺乏一种现代文化的宽容精神。如果由宗教标榜的基本精神

---

①　周骃方编校:《明末清初天主教史文献丛编(四)》,北京图书馆出版社,2001年,第251页。

②　Iso Kern, *Buddhistische Kritik am Christentum im China des 17. Jahrhunderts*, Peter Lang, 1992.

③　弥维礼:《利玛窦在认识中国诸神宗教方面的作为》,《中国文化》1990年12月。

④　例如在谈到利玛窦万国全图时魏浚说:"谈天衍谓中国居天直八分之一,分谓九州,而中国为赤县神州,此其诞妄又甚于衍矣。"夏瑰琦编:《圣朝破邪集》,香港建道神学院,1996年,第184页。

⑤　何俊:《西学与晚明思想的裂变》,上海人民出版社,1998年,第267页。

看,特别地谈论宗教的宽容,其本身似乎就是很吊诡的问题,因为宗教无不是标榜仁爱、容忍等精神的,宽容就应该是所有宗教理所应当的一种基本表现。但粗略地检索明末清初佛教与天主教论辩的这段历史,也可以看出,这是一段以宗教纷争为突出表现的历史,虽然冲突时缓和时紧张,但却着实难以看出宗教宽容的鲜明突出的表现①。

三、从顺治待汤若望与木陈忞的态度看天主教与佛教之争

佛教和天主教并不仅仅是一种纯粹的理论和文化的争论,在明清之际这种争论涉及双方生存的政治空间,这点我们从清初顺治帝对待汤若望和木陈忞的态度中可以更深刻地认识到。

在前面我们已经介绍了汤若望在顺治朝的地位,他所受的皇帝恩荣是来华传教士中仅有的,就是在中国历史上也不多见。但顺治对汤若望的重视并未一直继续下去,汤若望对顺治皇帝的影响也受到了限制,这一切都来自佛教力量的抗衡。这就是以木陈忞为代表的佛教势力。

因宫中的太监信佛的较多,木陈忞禅师和太监们往来密切。他是在玉林禅师返归山林时,由玉林推荐给顺治的。顺治信佛教后对待这些禅师很好,顺治曾抄写唐朝诗人岑参的诗赠送给天童寺。"洞房昨夜春风起,遥忆美人湘江水。枕上片时春梦中,行尽江南数千里。"这是他对已故董妃的思念,多情天子,念念不忘与美人共枕的时光。这本属皇帝的私情,他能将其讲给和尚们,足见顺治和木陈忞关系之深。在这些禅师的影响下,顺治一度想出家当和尚,这也看出佛教对其影响之深。顺治十四年十月初四日,顺治将憨璞禅师召到万善殿。问他:"从古治天下,皆以祖祖相传,日对万机,不得闲暇。如今好学佛法,从谁而传。"憨璞说:"皇上即是金轮王转世,夙植大善根、大智慧,天然种性,故佛法不化而自善,不学而自明,所以天下自尊也。"②憨璞真是会说话,说得顺治心里高兴。《北游录》中记载,顺治信佛教后晚上只能一人睡觉,当他将此情况告诉和尚

---

① 周齐:《由明末清初佛教与天主教之论辩看宗教宽容之尺度》抽样稿。
② 转引自陈垣:《汤若望与木陈忞》,陈垣等:《民元以来天主教史论集》,辅仁大学出版社,1985年,第114页。

后,禅师说:"皇上夙世为僧,盖习气不忘耳。"顺治说:"朕想前身的确是僧……"又说:"财宝妻孥,人生最贪恋摆拨不下底。朕于财宝固然不在意中,即妻孥觉亦风云聚散,没甚关系。若非皇太后一人罣念,便可随老和尚出家去。"①顺治是个性情中人,如果不是汤若望和皇太后的劝阻,他可能真的出家当了和尚,因当时他已经在宫中削发,以示其出家的决心。这说明当时汤若望对顺治的影响已经十分有限,而佛教却对顺治帝产生了重要的影响。

按照陈垣先生的分析,"由顺治八年至十四年秋,七年间为汤若望势力。由顺治十四年冬至十七年,四年之间,为木陈忞等势力"②。由此,我们看出天主教和佛教在清初宫中势力的消长。为何天主教在顺治帝的最后时间里处于劣势呢?根据陈垣先生的分析有以下几点原因。

第一,宫中太监的力量。顺治原本不信佛教。顺治十年时,顺治帝与大学士陈名夏谈起治天下之大道,他就明确地说,那些"动言逐鬼"的人,"不过是欲惑人心耳"。人在世"思孝子顺孙,追思祖父母父母,欲展己诚,延请僧道,尽心焉耳,岂真能作福耶"③。但宫中的太监信佛教者颇多,这些禅师和宫中的太监又有很好的关系,这在外围形成一定的影响。

第二,佛教禅师们的劝说影响加大。魏特在《汤若望传》中说:"顺治由杭州召了最有名的僧徒来,劝诫他完全信奉偶像。若望尽他能力所及,使这被眩惑的人恢复他的理性,他向皇帝呈递一本严重的奏疏,皇帝并不见怪。他说'玛法这谏正是对的,但是无多时日,竟又成了僧徒手中的傀儡,玛法竟被视为讨厌不便的谏正者,而被推至一边。'"④在顺治身边的这些僧侣不是一般的禅师,他们大都是曾与直接同天主教论战的佛教人物有着这样或那样的关系的人。憨璞是百凝元的传人,而百凝元是当年一手编辑《破邪集》的费隐容的孙子;费隐容和木陈忞也都是密云悟的传人,密云悟曾著有《辨天说》,费隐容除编辑《破邪集》外还写有《辟邪说》,所以陈垣说:"木陈忞与憨璞固与天主教夙不相容者也。"

①　转引自陈垣:《汤若望与木陈忞》,陈垣等:《民元以来天主教史论集》,辅仁大学出版社,1985 年,第114 页。
②　同上书,第 128 页。
③　同上书,第 114 页。
④　同上书,第 129 页。

第三,汤若望外学不如木陈忞。汤若望的外学是天文历法,而释子们都以世俗之学为外学。陈垣说:"两人之外学完全不同。若望以天文历法为外学。木陈忞则以当时儒者之学为外学。天文历算为国家所急,而非帝王所好,故言之无味。儒者之学为帝所习,故话能投机。且也若望以外学进,而欲与谈道,其势逆。木陈忞以禅进,而能与谈外学,其势顺。故结果木陈胜也。"①

木陈忞是中国人,熟悉中国的典籍文章,能和顺治论书法之道,品小说优劣,两人在一起时常常读词谈诗,兴趣盎然,这是汤若望做不到的。这样,顺治和木陈忞在一起时很快乐,有意思,和汤若望在一起时索然无味。这实际上说明佛教作为一种外来文化早已经融进中国文化之中,而天主教刚刚进入中国,在认识中国文化的核心问题上,在了解中国人的情趣上,在传教士的文化知识修养上,根本无法和佛教相比。

顺治在临去世那年甚至同意了木陈忞等人的反对天主教的主张,《北游录》中说:"上一日语师,昨在宫看先和尚语录,见《总直说》中有《辨天三说》,道理固极透顶透底,更无余地可臻矣。即文字亦排山倒海,遮障不得,使人读之胸次豁然。朕向亦有与他辨析一番。今见先和尚此书,虽圣人复起,不易斯言。固已命阁臣冯诠及词臣制序剞劂,使天下愚民,不为左道所惑。"顺治问木陈忞,是否看过先和尚密云悟的书,木陈忞说看过,顺治接着说:"汤若望曾将进御,朕亦备知其详,意天下古今荒唐悠谬之说,无逾此书,何缘惑世,真不可解。"②顺治还想发布一道御旨反对基督教,只是他早早去世,事情未发展到那一步③。

虽然在这场争取顺治的斗争中汤若望以彻底的失败而告终,佛教取得了完

---

① 转引自陈垣:《汤若望与木陈忞》,陈垣等:《民元以来天主教史论集》,辅仁大学出版社,1985年,第122页。
② 同上书,第129—130页。
③ "在最后的岁月里,汤若望是越来越被疏远了,尽管皇帝从未对他的这位年老的顾问和朋友失去好感。但是他新的生活取向与汤若望所信奉的一切准则则是格格不入的。在这种情况下,汤若望所继续给予的口头的和书面的规劝,对皇帝来说就成为很麻烦的事了。它们就是令皇帝讨厌的,也是皇帝不再希望汤若望带给他的了。然而,年轻的皇帝有时一定也突然感到内疚,在1660年7月28日他捎了个便条给汤若望,人们从中感觉到一种表示抱歉的暗示:'你的规矩(天主教)已经广泛地传播了。通过你的努力,天文科学已经变得很知名了。这样,若望,为帝国做事的工作。不要把皇帝的喜与怒放在心上!若望,你知道国家应该如何管理。鉴于这一原因,来找我,我们将讨论这一问题。若望,把我这些话保存在心里。'"邓恩:《从利玛窦到汤若望:晚明的耶稣会传教士》,余三乐、石蓉译,上海古籍出版社,2003年,第337页。

全的胜利,但这说明无论在民间还是在皇宫,天主教在明末清初时期已经成为当时政治生活和精神生活的一个比较重要的方面,在中国文化的近代发展历程中是我们必须面对的一个问题。这也说明虽然汤若望作为汉学家在当时的传教士中已属佼佼者,但他们对中国文化内核的理解,对中国文化情趣的把握还差得很远。这深刻地揭示了传教士汉学作为西方汉学的一种形态的问题所在。

第十三章　明清之际来华传教士汉学家的汉文写作成就

第一节　来华传教士的汉文写作

在考察西方汉学的历史的时候,绝大多数学者关注的是传教士用西方语言写作并在西方出版的作品。实际上欧洲早期汉学在传教士这个阶段,汉学家分为两批人,一批是在中国的传教士,一批是从中国返回的欧洲传教士和在欧洲的世俗汉学家。这两批人在用两种语言写作,在中国的传教士主要用中文写作,返回欧洲的来华传教士和欧洲本土的世俗汉学家主要是用欧洲语言写作。因此,在华的传教士们用中文写作的这批中文文献是我们考察欧洲早期汉学时不可缺少的一个重要部分。从汉学的角度来说,这部分文献甚至是传教士汉学家们的最高学术成就,就是从今天的汉学发展的标准来看,这些传教士的汉文作品在整个西方汉学史上也是一个令人惊叹的高峰。从那以后,西方汉学界在汉文的写作上再未超越过这个高峰,尽管有个别的汉学家也可以用汉文写作,但从 1800 年以后西方汉学界再也没有出现过有这样一批汉学家在一个相对集中的时段,用汉语写出如此多的作品。

在谈到传教士汉学家的这批汉文作品时有一点必须强调,就是他们在写作时得到了中国文人的帮助。以利玛窦为例，崇祯元年（1628）李之藻编《天学初函》，将利玛窦的《交友论》《天主实义》《二十五言》《畸人十篇》《辩学遗牍》《几何原本》《测量法义》《同文算指》《浑盖通宪图说》《乾坤体义》等十部著作收入其中。一个外国人能有十余部中文著作，不要说在四百年前，就是在今天也是奇迹。但是利玛窦的不少中文著作也是和中国文人合作的结果，这点利玛窦自己也是承认的，如他在《译几何原本引》中说："东西文理，又自绝殊，字义相求，仍多阙略，了然于口，尚可勉图，肆笔为文，便成艰涩矣……则吴下徐太史先生来，太史既自精心，长于文笔，与旅人辈交游颇久，私计得与对译成书不难。"①在这个过程中正是一个"口传"，一个"笔受"，两人"反复展转，求合本书之意，以中夏之文，重复订政，凡三易稿"②，才最终成书。这说明《几何原本》应是利、徐二君共同努力的结果。同样的情况还有《浑盖通宪图说》，《四库全书》收入子部"天文算法类"一之中，书中说《浑盖通宪图说》为"明李之藻撰"，而李之藻在序中则说："昔从京师利先生……示我平仪，其制约浑……耳受手书，颇亦镜其大凡。"③说明此书仍是利氏口授，李氏笔演。《同文算指》亦是"西海利玛窦授，浙西李之藻演"④。与此相同的还有《测量法义》《勾股义》《园容较义》等书。我们所以指出这一点，旨在说明这些著作虽名为利玛窦所著，但实际上是利玛窦与明代文人们的共同成果，是中西文化交流的结晶。利玛窦的不少中文著作是由他和中国文人合作而成。

　　尽管如此，这毕竟是传教士们的汉学著作的一部分，从利玛窦的《天主实义》和罗明坚的汉文著作和诗作来看，他们的汉文水平是很高的。利玛窦与中国文人的合作著作大都是关于科学技术方面的著作，而像《交友论》《二十五言》等宗教和人文哲学性著作主要是他们自己所写，在书中并未注明是哪位文人润笔。我想这大概是由于在翻译科技方面的著作时需要斟酌比较合适的汉文概念，这种知识对中国来说几乎是全新的，如果没有中国文人的合作很难用中文写作。相反，一般

---

①　徐宗泽：《明清间耶稣会士译著提要》，中华书局，1989 年，第 262 页。
②　同上。
③　同上书，第 264 页。
④　同上书，第 265 页。

性的人文社会伦理和宗教性的著作对利玛窦等人来说这样的困难少些。

来华传教士汉学家的这批汉文汉学著作的另一个特点就是它们不仅仅是作为西方汉学作品而存在,更重要的他们同时也是作为中国明清史文献的一部分而存在的。这批文献是中国天主教史的基础性文献。敦煌文献所留下的唐代景教的经文只有九篇,元代的方济各会的中国文献几乎完全失传。如果研究中国天主教史,特别是明清天主教史,最基础、最宝贵的就是明清的这批以传教士为主所写的历史文献。

从历史研究来看,这批文献是研究中国近代社会变迁的最重要文献。传教士引进了西方近代科学,介绍了西方近代和古代文化,使中西文化开始了第一次大规模的文化交流。科学的传播,宗教的交流,使中国明清社会发生了变化。特别是许多传教士或长期生活在清宫或长期生活在中国民间,他们记录下了大量关于明朝、清朝,关于康、雍、乾三代皇帝,关于中国明清间中国民间社会的历史文献,这对研究中国明清史、中国和欧洲文化交流史、中国近代史都极为重要。

所以,传教士汉学家在中国用汉语所写的这批汉文文献有着多重的学术价值和学术意义,其中一个长期被学术界所忽略的就是其汉学的意义,必须将这批文献作为欧洲早期汉学发展史上最重要的成果加以研究。

从汉学角度对这批汉文文献展开研究的工作刚刚起步,在这里,笔者主要从文献目录学的角度对这批文献的基本情况做一个简要的回顾性说明。在这批汉文文献中不仅包括传教士的中文著作,也包含中国文人信徒的中文著作和反对天主教的中文著作,但主体是传教士的中文著作。

第二节 明清时期对传教士汉文文献整理和研究

第一次对这批传教士汉学家的中文文献整理的是明末的李之藻,他以《天学初函》为题共收录了传教士和中国文人的著作二十篇,其中"理编"十篇,"器编"十篇。收入理编的有:《西学凡》(附唐景教碑)、《畸人十篇》(附西琴八章)、《交友论》《二十五言》《天主实义》《辩学遗牍》《七克》《灵言蠡勺》《职方外纪》;收入器编的有:《泰西水法》《浑盖通宪图说》《几何原本》《表度说》《天问略》《简平仪说《同文算指》《圜容较义》《测量法义》《勾股义》《测量异同》。

李之藻在《天学初函》的序中说："时则有利玛窦者,九万里抱道来宾,重演斯义,迄今又五十年,多贤似续,翻译渐广……顾其书散在四方,愿学者每以不能尽睹为憾!"

这可以看出他的学术眼光,他的整理使晚明和清初的学者们可以重新看到这批文献,陈垣先生以后评价说:"《天学初函》,在明季流传极广,翻版者数次,故守山阁诸家均获见之。"

《四库全书》是官方首次收入传教士汉学家的文献,在四库采进书目中的西学书见下表:

四库采进书目中之西书一览表

编号	1	2	3	4		5		6			7		8
采进书目名称	直隶省呈送书目(二三八种)	江苏省第一次书目(一五二种)	两江第一次书目(一〇二九种)	两江第二次书目(三〇〇种)		两淮盐政李续呈送书目(四七〇种)		浙江省第四次汪启淑家呈送书目(五二四种)			浙江省第六次呈送书目(五五三种)		浙江省第七次呈送书目(二一〇二种)
书名卷数	空际格致(二卷)	几何原本(六卷)	天学初函(五十二卷)	西儒耳目资(不分卷)	乾坤体义(二卷)	同文算指(十卷)	邓玉函奇器图说四卷	天学会通一卷	浑盖通宪图说二卷	浑盖通宪图说二卷	职方外纪五卷	二十五言一卷	远西奇器图说(三卷)
撰(译)者	(高一志)	(利玛窦、徐光启)	李之藻编	金尼阁	(利玛窦辑)	(李之藻演)	西域人	穆尼阁	李之藻	李之藻	艾儒略增译	利玛窦	(邓玉涵)
采进本数	二本	四本	十二本	十本	一本	八本	六本	二本	一本	四本	两本	一本	二本

续表

编号	1	2	3	4	5	6	7	8
备注	卷数、撰人原并阙今补补	卷数、撰人原并阙今补补	卷数原阙，今订补	卷数原阙，今订补；将作者误作书名，作者却谓西域人	玛窦薛凤作撰	玛窦傅泛济撰六卷；卷数撰人原并阙，今订补		

编号	9			10			11	
采进书目名称	安徽省呈送书目（五二三种）			武英殿第一次书目（四〇〇种）			武英殿第二次书目（五〇〇种）	
书名卷数	同文算指前编（二卷）	同文算指通编（八卷）	浑天仪图说	同文算指（十卷）	七克（七卷）	律吕纂要（二卷）	寰有诠（六卷）	坤舆图说（二卷）
撰（译）者	（利玛窦、李之藻）	（利玛窦、李之藻）	（利玛窦）	（利玛窦、李之藻）	（庞迪我）	（徐日升）	（傅泛济）	（南怀仁）
采进本数	一本	四本	一本	六本	二本	一本	六本	二本
备注	卷数，撰人原并阙，今订补			卷数，撰文原阙，今订补			卷数，撰文原阙，今订补	

　　由于《四库全书》在编纂时对待传教士等介绍的西学指导思想是"节取其能,禁传其学术"的原则,因此除收录了一部分有关科学的书以外,对属宗教和人文方面的书则能不收就不收,即便收入也做了改动,例如李之藻的《天学初函》原是二十篇,却改为十九篇,将《西学凡》后所附的《唐景教碑》略去,理由很简单,编者认为"西学所长在于测算,其短则在于崇奉天主,以眩惑人心"。这样被采进的西学书并未全部收入到四库中,被收录到四库的西学书见下表:

《四库全书》著录之西书一览表

部	类	属别	书名	卷数	撰(译)者
经	乐		律吕正义续编	一	(意)德理格编撰
经	乐		御制律吕正义后编	一二六	清高宗勒纂(意)德理格、(德)魏继晋(捷)鲁仲贤参与修律　清圣祖御定、(葡)徐日升、
史	地理	外纪	职方外纪	五	(意)艾儒略
史	地理		坤舆图说	二	(比)南怀仁
子	农家		泰西水法	六	(意)熊三拔
子	天文算法	推步	乾坤体义	二	(意)利玛窦
子	天文算法		表度说	一	(意)熊三拔
子	天文算法		简平仪说	一	(意)熊三拔
子	天文算法		天问略	一	(葡)阳玛诺
子	天文算法		新法算书	一	明徐光启、李之藻、李天经与西洋教士(意)龙华民、(德)邓玉函、(意)罗雅谷、(德)汤若望等人所修

续表

所据版本	内府刊本		两江总督采进本	同府藏本	两江总督采进本	两江总督采进本	两江总督采进本	两江总督采进本	两江总督采进本	编修陈昌齐家藏本
备注	为御定律吕正义的第三部分，系取西洋律吕考证古法。		上述三人虽未列名官臣，但实际贡献所学。							

部											
类						谱系					
属别					算书			器物			
书名	测量法义	测量异同	勾股义	浑盖通宪图说	圜容较义	御定历象考成后编	御制仪象考成	天步真原	同文算指	几何原本	御定数理精蕴	奇器图说
卷数	各一卷	二	二	十	三○	一	前编二通编八	六	五三	三		

续表

撰（译）者	所据版本	备注
（德）邓玉函授明王徵译		
清圣祖勒纂		
西洋欧几里得撰（意）利玛窦译徐光启笔受	两淮盐政采进本	
明李之藻演（意）利玛窦译	两江总督采进本	
（波）穆尼阁原著清薛凤祚译	两江总督采进本	
清高宗敕纂（德）戴进贤、（德）刘松龄、（德）鲍友管参与修纂	浙江汪启淑家藏本	
清高宗敕纂（德）戴进贤、（英）徐懋德参与修纂。		
明李之藻撰亦（意）利玛窦所授		
明李之藻	两江总督采进本	
首卷（意）利玛窦所译	两江总督采进本	
明徐光启撰	两江总督采进本	

许多有关西方宗教的书，《四库全书》是"只存书名"，不收其书。这样有些书未被《四库存目》收入，存目所有的有关天主教著作共有 15 种，其中收入子部杂家类的 11 种，收入史部地理类的 2 种，收入经部小学类的 2 种。具体书名如下：

《四库全书》存目中著录之西书一览表

书名	律吕纂要	西儒耳目资	别本坤舆图说	西方要纪	辩学遗牍	二十五言	天主实义	畸人十篇附西琴曲意	交友论	七克	西学凡附录大秦寺碑一篇	灵言蠡勺	空际格致	寰有铨	天学初函
卷数	二	无	一	一	一	一	二	一	一	七	一	二	二	六	五二
撰(译)者	不著撰人名氏	(法)金尼阁	(比)南怀仁	(意)利类思(葡)安文思(比)南怀仁	(意)利玛窦	(意)利玛窦	(意)利玛窦	(意)利玛窦	(意)利玛窦	(西)庞迪我	(意)艾儒略	(意)毕方济	(意)高一志	(葡)傅泛济	明李之藻编
所据版本	内府藏本	两江总督采进本	大学士英廉购进本	编修程晋芳家藏本	两江总督采进本	浙江巡抚采进本	两江总督采进本	两江总督采进本	两江总督采进本	两江总督采进本	两江总督采进本	两江总督采进本	直隶总督采进本	浙江汪启淑家藏本	两江总督采进本
备注															

以上诸表说明了当时《四库全书》对西学著作的收入情况①。

---

① 以上图表转引于计文德《从四库全书探究明清间输入之西学》(汉美图书有限公司,1991 年)一书的第 119、252、336 页。表中人名用字仍沿用原表中名未加修改。

晚清时教内信徒对明清天主教的文献也有记载,同治年间的教徒胡璜著《道学家传》①,书中对入华传教士的中文文献也做了介绍,提到的文献有:利玛窦《天主实义》《畸人十篇》《辩学遗牍》《交友论》《西国记法》《乾坤体义》《二十五言》《圜容较义》《几何原本》《西字奇迹》《测量法义》《勾股义》《浑盖通宪图说》《万国舆图》;罗明坚《天主实录》;郭居静《性灵诣旨》;苏若汉②《圣教约言》;龙华民《圣教日课》《念珠默想规程》《灵魂道体说》《地震解》《圣若撒法行实》《急救事宜》《死说》《圣人祷文》;罗如望《启蒙》;庞迪我《七克》《人类原始论》《天神魔鬼论》《受难始末》《庞子遗诠》《实义续篇》《辩揭》;费奇规《振心总牍》《周年主保圣人单》《玫瑰十五端》;高一志《西学修身》《西学治平》《西学齐家》《四末论》《圣母行实》《则圣十篇》《斐禄汇答》《幼童教育》《空阶格致》《教要解略》《圣人行实》《十慰》《譬学》《环宇始末》《神鬼正记》;熊三拔《泰西水法》《简平仪》《表度法》;阳玛诺《圣经直解》《十戒真诠》《景教碑诠》《天问略》《轻世金书》《圣若瑟行实》《避罪指南》《天神祷文》;金尼阁《西儒耳目资》《况义》《推历瞻礼法》;毕方济《灵言蠡勺》《睡答》《画答》;艾儒略《耶稣降生言行记略》《弥撒祭义》《万物真原》《西学凡》《性学粗述》《西方问答》《降生引义》《涤罪正规》《三山论学》《性灵篇》《职方外记》《几何要法》《景教碑颂注解》《玫瑰十五端图象》《圣体祷文》《利玛窦行实》《熙朝崇正集》《悔罪要旨》《四字经文》《圣体要理》《圣梦歌》《出像经解》《杨淇园行略》《张弥格遗迹》《五十言》;曾德昭《字考》;邓玉函《人身说概》《测天约说》《正球升度表》《奇器图说》《黄赤距度表》《大测》;傅泛济《寰有诠》《名理探》;汤若望《进呈画像》《主教缘起》《真福训诠》《西洋测日历》《星图》《主制群徵》《浑天义说》《古今交食考》《远镜说》《交食历指》《交食表》《恒星表》《恒星出没》《测食略》《大测》《新历晓或》《历法百传》《民历铺注解或》《奏书》《新法历引》《新法表略》《恒星历指》《共译各图八线表》《学历小辩》《测天约说》;费乐德《圣教源流》《念经劝》《总牍内经》;伏若望《助善终经》《苦难祷文》《五伤经规》;罗雅谷《斋克》《圣记百言》《哀矜行诠》《求说》《天主经解》《周岁警言》《比例规解》《五纬

①　钟鸣旦、杜鼎克、黄一农、祝平一等编:《徐家汇藏书楼明清天主教文献(第三册)》,辅仁大学神学院,1996 年。

②　费赖之书称"苏若望"。

历指》《筹算》《五纬表》《黄赤正球》《日历考昼夜刻分》《圣母经解》《月离历指》《日躔表》《测量全义》《历引》;卢安德《口铎日抄》;瞿西满《经要直解》;郭纳爵《原染亏益》《身后编》《老人妙处》《教要》;何大化《蒙引》;孟儒望《辩镜录》《照迷镜》《天学略义》;贾宜睦《提正篇》;利类思《超性学要目录》《三位一体》《天神》《灵魂》《主教要旨》《昭事经典》《七圣事礼典》《天主行体》《万物原始》《型物之造》《首人受造》《不得已辩》《司铎典要》《司铎课典》《圣教简要》《狮子说》《圣母小日课》《已亡日课》《正教约徵》《进呈鹰论》《善终瘞茔礼奠》;潘国光《圣体规仪》《天神会课》《未来辩论》《十戒劝论》《圣教四规》《天阶》;安文思《复活论》;卫匡国《灵性理证》《逑友篇》;聂仲迁《古圣行实》;柏应理《百问答》《圣波尔日亚行实》《周岁圣人行略》《永年瞻礼单》《四末论》;鲁日满《问世编》《圣教要理》;殷铎泽《西文四书直解》《耶稣会例》;南怀仁《圣体答疑》《象疑志》《康熙永年历法》《历法不得已辩》《熙朝定案》《教要序论》《象疑图》《告解原义》《测验记略》《验气说》《坤舆全图》《简平规总星图》《坤舆图说》《赤道南北星图》;陆安德《真福直指》《圣教问答》《默想大全》《善生福终正路》《默想规矩》《圣教约说》《万民四末图》《圣教撮言》《圣教要理》。

　　《道学家传》一书是明清时期入华传教士生平简介和著作收录较全的著作之一,也是目前笔者所知的李之藻后教内中国教徒对明清天主教文献著录整理的著作较全的一部著作,有着很高的学术价值。全书共收录了传教士 89 人,其中有中文著述的 37 人,共写下中文著作 224 部。

　　康乾期间入华的耶稣会士也十分重视对他们这批中文文献的收集和整理,梵蒂冈图书馆所藏的中文书中有两份文献专门记载了这批书目①。在书目的 Raccolta Generale Oriente 部分的编号 R. G. Orientel 3(a)这份文献上有两个书目《天主圣教书目》②和《历法格物穷理书目》,前者居上,后者居下。在书目前有一个"引",现抄录如下:

---

①　Paul Pelliot, *Inventaire sommaire des manuscrits et imprimés chinois de la Bibliothèque Vaticane. A posthumous work*, revised and edited by Takata Tokio, Italian School of East Asian Studies, 1995. 有关这个目录的情况下面我还要专门介绍。该目录 2007 年在中华书局出版了中文版。

②　此文献是单页雕版印刷,59 厘米×117 厘米,页上有"catalogus librorum sinico rum app. soc. Jesu. editorum",页下有"极西耶稣会士同著述"。

夫天主圣教为至真至实,宜信宜从,其确据有二:在外,在内。在内者则本教诸修士著述各端,极合正理之确,论其所论之事虽有彼此相距甚远者,如天地、神人、灵魂、形体、现世、后世、生死等项,然各依本性自然之明,穷究其理。总归于一道之定向,始终至理通贯,并无先后矛盾之处。更有本教翻译诸书百部一一可考,无非发明昭事上帝,尽性命之道,语语切要,不设虚玄。其在外之确据以本教之功行踪迹,目所易见者,则与吾人讲求归复大事,永远固福辟邪指正而已。至若诸修士所著天学格物致知,气象历法等事,亦有百十余部,久行于世,皆足徵。天主圣教真实之理,愿同志诸君子归斯正道而共昭事焉。

《天主圣教书目》所列的中文文献目录如下:《昭祀经典》一部;《庞子遗诠》二卷;《灵魂》六卷;《圣体规仪》一卷;《圣体要理》一卷;《周岁主保圣人单》一卷;《圣教约言》;《三山论学》一卷;《十四(戒劝论)》一卷;《圣教源流》一卷;《真福训诠》一卷;《善生福终正路》一卷;《原染亏益》三卷;《不得已辩》一卷;《蠓观》;《理生物辩》一卷;《司铎课典》一部;《教要解略》二卷;《首人受造》四卷;《圣人行实》七卷;《圣体答疑》;《天神魔鬼说》;《圣教简教》一卷;《正教约徵》一卷;《五十言》一卷;《经要直指》一卷;《四末真论》一卷;《求说》一卷;《告解原义》一卷;《七克》七卷;《未来辩》一卷;《辩镜录》一卷;《司铎典要》二卷;《天主降生》六卷;《圣若瑟行实》一卷;《超性学要目录》四卷;《弥撒祭义》二卷;《性灵诣主》一卷;《百问答》;《真福直指》二卷;《圣母小日课》;《圣教要理》一卷;《照迷镜》一卷;《周岁警言》一卷;《避罪指南》一卷;《圣梦歌》一卷;《耶稣会例》;《熙朝崇正集》四卷;《圣经直解》四卷;《天主性体》六卷;《复活论》二卷;《圣教实录》一卷;《主制群徵》二卷;《圣依纳爵行实》一卷;《提正篇编》六卷;《圣教略说》一卷;《古圣行实》;《四末论》四卷;《景教碑诠》一卷;《人类原始》一卷;《涤罪正规》一卷;《劝善终经》一卷;《圣教信证》一卷;《天主经解》一卷;《三位一体》三卷;《降生引义》一卷;《教要序论》一卷;《灵魂道体说》一卷;《圣方济格·沙勿略行实》;《主教缘起》五卷;《寰宇始末》二卷;《瞻礼单解》;《辩学遗牍》一卷;《天神会课》一卷;《灵言蠡勺》一卷;《临罪要指》二卷;《二十五言》一卷;《推历年瞻礼法》一卷;《圣母经解》一卷;《万物原始》一卷;《天主实义》二卷;《畸人十编》二卷;《进呈画像》一卷;《圣

玻而日亚行实》一卷;《天学略义》一卷;《圣教问答》一卷;《圣像略说》一卷;《轻世金书》二卷;《灵性理证》一卷;《哀矜行诠》二卷;《死说》;《则圣十篇》一卷;《七圣事礼典》一卷;《天神》五卷;《出像经解》一卷;《天主降生言行记略》八卷;《主教要旨》一卷;《蒙引》一卷;《圣若撒法行实》一卷;《圣教撮言》一卷;《四字经》一卷《每日诸圣行实瞻礼》;《天阶》一卷;《十五端图像》一卷;《斋克》一卷;《永年瞻礼单》一卷;《十慰》一卷;《十戒直诠》一卷;《形物之造》一卷;《圣母行实》三卷;《周岁圣人行略》;《实义续篇》一卷;《万物真原》一卷;《启蒙》一卷;《圣教要理》一卷;《口铎日抄》三卷;《圣记百言》一卷;《默想规矩》一卷;《日课经》三卷;《身后编》二卷;《物原实证》;《问世编》一卷。①

《历法格物穷理书目》所列的中文文献目录如下:《简平仪》;《日躔考昼夜刻分》;《康熙永年历法》二十二卷;《测食略》二卷;《历引》;《同文算指》十一卷;《简平规总星图》《西学治平》;《地震解》一卷;《泰西水法》六卷;《西学凡》一卷;《进呈鹰论》一卷;《仪象志》十四卷;《浑盖通宪图说》二卷;《恒星历指》;《大测》二卷;《学历小辩》一卷;《筹算》一卷;《坤舆全图》;《性学粗述》一卷;《述友篇》一卷;《西儒耳目资》三卷;《字考》一卷;《仪像图》二卷;《圜容较义》一卷;《恒星出没》二卷;《西洋测日历》;《测量法义》;《测量记略》一卷;《乾坤体义》二卷;《熙朝定案》二卷;《交友论》一卷;《奏书》四卷;《远镜说》一卷;《浑天仪说》五卷;《五纬表》十卷;《恒星表》五卷;《正球生度表》《新历晓或》一卷;《寰有诠》《历法不得已辩》一卷;《职方外记》二卷;《坤舆图说》二卷;《况义》一卷;《辩揭》;《天问略》一卷;《五纬历指》九卷;《月离历指》四卷;《表善说》一卷;《共译各图八线表》一卷;《比例规解》二卷;《空际格致》二卷;《西方问答》二卷;《奇器图说》三卷;《西国记法》一卷;《利玛窦行略》;《测天约说》二卷;《古今交食考》;《月离表》四卷;《新

---

① 法国国家图书馆 Mauriee Courant 编号"7046"有无名氏所作的《圣教要紧的道理》,这篇文献后附有六篇其他的文献,其中第七篇(一)是《北京刊天主教书目》,该书目有明清间的天主教文献 123 本,其中除《辟妄》《鸮鸾不并鸣》《经要直指》《答客论》《拯民略说》《助善终经》《同善说》等七本书《天主圣教书目》未收外,其余和《天主圣教书目》所收的书相同,而《天主圣教书目》中共有 122 种文献,其中除《理生物辩》《圣母小日课》《古圣行实》《助善终经》《教要序论》《瞻礼单解》《斋克》《物元实正》等八本书外,其余和古朗数目的"7064"号所收的书相同。参见郑安德编辑:《明末清初耶稣会思想文献汇编(第 47 册)》,北京大学宗教研究所,2003 年。

法历指》一卷;《勾股义》;《测量全义》十卷;《西学修身》十卷;《斐录问答》二卷;《验气说》一卷;《西字奇迹》;《杨淇园行略》;《黄正球》一卷;《日躔历指》一卷;《交食表》九卷;《新法表异》三卷;《几何原本》六卷;《天星全图》;《西学齐家》;《励学古言》;《劈学》;《画答》一卷;《张弥克遗迹》;《黄赤距离表》;《日躔表》二卷;《交食历指》七卷;《历法西传》一卷;《几何要法》四卷;《赤道南北星图》;《童幼教育》二卷;《名理探》十卷;《人身说概》二卷;《睡答》一卷;《狮子说》一卷。①

清初入华的传教士叶尊孝(Basilio Brollo,1648—1704)有抄本的《字汇拉丁略解》(汉字西译)现藏于梵蒂冈图书馆,编号为 Vat. Estr, Or. 2②。这份文献的最后六个不同的书目,虽然不少书是上面已经提到的书,但书目前标有书的刻版处,提供了十分重要的信息,特别是列出的入华方济各会的中文书目十分罕见。现抄录如下。

《福州钦一堂书版目录》:《圣人行实》七卷;《七克》七卷;《口铎日抄》八卷;《降生言行记略》八卷;《天学实义》四卷;《性学粗述》四卷;《庞子遗诠》二卷(后附:《鬼神说》《人类原始说》);《圣母行实》三卷;《职方外纪》六卷;《涤罪正规》四卷;《畸人十篇》二卷;《善终助功》一卷;《天释明辩》一卷;《教要解略》一卷;《弥撒祭义》二卷;《代疑篇》一卷;《灵言蠡勺》二卷;《实义续篇》一卷;《几何要法》一卷;《唐景教碑颂诠》一卷;《十慰》一卷;《历修一鉴》一卷;《振心总牍》;《不得已辩》(附《御览西方要记》一卷);《天问略》一卷;《三山论学》一卷;《圣教实录》一卷;《辩学遗牍》一卷;《圣母经解》一卷;《万物真原》一卷;《圣经要理》一卷;《辟妄》一卷;《西学凡》一卷;《交友论》(附《二十五言》);《圣若撒法行实》一卷;《圣记百言》一卷;《五十余言》一卷;《圣像略说》(附《死说》);《远镜说》一卷;《圣水记言》一卷;《圣梦歌》一卷;《圣教约言》一卷;《悔罪要旨》一卷;《圣经略言》一卷;《西字奇迹》一卷;《小涤罪正规》一卷;《小弥撒祭义》一卷;《四字经文》一卷;

——————————

①　法国国家图书馆 Maurice Courant 编号"7046"有无名氏所做的《圣教要紧的道理》,这篇文献后附有六篇其他的文献,其中第七篇(二)是《历法格物穷理书目》,该书目有明清间的天主教文献 89 本,内容和上面的《历法格物穷理书目》完全相同。

②　另有三种附本 Borg. Cinese,392—393;Vat. east. 7;Borg. Cinese. 495.

《圣教启引》一卷;《圣教日课全部》。[1]

《北京刊行圣教书目》:大体和上面提到的《天主圣教书目》相同。《北京刊天主圣教书目》有明清间的天主教文献 123 本,其中除《辟妄》《鹗鸾不并鸣》《经要直指》《答客论》《拯民略说》《助善终经》《同善说》等七本书《天主圣教书目》未收外,其余和《天主圣教书目》所收的书相同。而《天主圣教书目》中共有 122 种文献,其中除《理生物辩》《圣母小日课》《古圣行实》《助善终经》《教要序论》《瞻礼单解》《斋克》《物元实正》等八本书外,其余和《北京刊天主圣教书目》相同。[2]

《历法格物穷理书目》和上面的《历法格物穷理书目》完全一样,不再重复。

《浙江杭州天主堂刊书目》:《圣经直解》《圣人行实》《七克》《天学实义》《哀矜行诠》《圣水记要》《述友篇》《天主教要》《景教碑颂》《善终助功》《泰西水法》《圣母行实》《出象经解》《庞子遗诠》《畸人十篇》《教要解略》《天主圣教实录》《拾慰》《理证》《大日课》《小日课》《圣教小引》《二十五言》《西方答问》;《辟妄》《天主降生引义》《辟妄条驳合刻》《万物真原》《天主经解》《圣体要理》《圣教约言》《要理六端》《答案问》《天问略》《辩学遗牍》;《三山论学》。

《广东书版书目》:《圣母行实》《真福直指》《天神会课》《妄推吉凶辩》《豁疑论》《天主圣教略说》《教要序论》《善生福终正路》《三山论学记》《妄占辩》《推验正道论》《万物真原》《圣教问答指举》《圣教要理》《圣教简要》。

《广东圣方济各会堂书版目录》:《天主实义》《圣体要理》《涤罪正规》《永福天衢》《初会问答》《十戒劝谕》《童幼教育》《教要序论》《辟妄》《成人要集》《默想神功》《三山论学》《圣教约言》《圣教小引》《圣教要训》《永哲定衡》《大总牍》《圣母花冠》《本末约言》《圣教领洗》《圣教要略》《圣教要言》《同善说》[3]。

叶尊孝书后所附的这几个目录中最有价值的是入华方济各会的目录,这个

① 法国国家图书馆 Maurice Courant 编号"7046"有无名氏所做的《圣教要紧的道理》,这篇文献后附有六篇其他的文献,其中也有这个书目,这两个书目大体相同,只是 7046 号的书目中有《西方问答》《圣水记言》《圣教约言》《悔罪要旨》《睡画二答》是 Vat. Estr,Or. 2 目录中所没有的。

② 法国国家图书馆 Maurice Courant 编号"7046"有无名氏所做的《圣教要紧的道理》,这篇文献后附有六篇其他的文献,其中第七篇(一)也有《北京刊天主圣教书目》,参见郑安德编辑:《明末清初耶稣会思想文献汇编(第 47 册)》,北京大学宗教研究所,2003 年。

③ 在《广东方济各会各会堂书版目录》后另有一页目录,标题为"圣教书目",内抄录耶稣会士的中文书目三十本,其中只有《劝修一鉴》为罕见本,其余均为常见的刻本,故不再抄录。

目录使我们改变以往那种认为只有耶稣会士从事中文写作的看法。

《圣教信证》是中国的信徒张庚和韩霖合写的一部著作①,其目的在于说明天主教在教理上的可信,同时编辑出入华传教士的生平、著作,"续辑以志,源源不绝之意"。这本书可能是最早记录入华传教士生平、著作的书之一,全书记录了92位传教士的简要生平,著录了37位传教士的232部中文文献②。为避免和上面的《道学家传》的书目重复,这里只按传教士人名列出其著述的数量和与《道学家传》不同之处。

利玛窦:13部;罗明坚:1部,《道学家传》书名为《天主实录》,《圣教信证》为《圣教实录》;郭居静:1部,《道学家传》书名为《性灵诣旨》,《圣教信证》为《性灵诣主》;苏若汉:1部;龙华民:8部;罗如望:1部《道学家传》书名为《启蒙》,《圣教信证》未记;庞迪我:7部;费奇规:3部,《周年主保圣人单》③;高一志:15部,但《道学家传》有《神鬼正记》而《圣教信证》没有,《圣教信证》,有《励学古言》而《圣教信证》没有;熊三拔:3部;阳玛诺:8部;金尼阁:3部,其中《推历瞻礼法》,《圣教信证》名为《推历年瞻礼法》;毕方济:3部;艾儒略:25部,其中《道学家传》中的《耶稣降生言行记略》《弥撒祭义》《景教碑颂注解》《玫瑰十五端图象》《四字经文》在《圣教信证》中书名分别为《天主降生言行记略》《昭事祭义》《景教碑颂》《十五端图象》《四字经》;曾德昭:1部;邓玉函:6部;傅泛济:2部;汤若望:25部,其中《道学家传》的《民历铺注解或《圣教信证》没收录,《道学家传》的《进呈画像》在《圣教信证》中为《进呈书像》;费乐德:3部;伏若望:3部;罗雅谷:19部,《道学家传》少《日躔历指》《月离表》2部;卢安德:1部,《圣教信证》缺《口铎日抄》;瞿西满:1部;郭纳爵:4部,《圣教信证》缺《老人妙处》《教要》;何大化:1部;孟儒望:3部;贾宜睦:1部;利类思:21部,其中《圣教信证》缺《善终瘗荤礼奠》,《圣母小日课》《已亡日课》《型物之造》,而《道学家传》少《六日工》;潘国光:6部;安文思:1部;卫匡国:2部;聂仲迁1部,《圣教信证》另有二部,但字体不

---

①　此文献现藏于法国国家图书馆(Bibliothèque Nationale de France)古郎书目"chi ds 6903"。该书笔者2002年4月在法国图书馆读书时认真翻阅过,但并没抄录全书,幸有郑安德先生的整理本,可以使用。

②　其中部分文献的书名已经无法辨认,郑安德先生没有标出书名,这样的文献有14种。

③　郑本将《周年主保圣人单》误为"同年主保圣人单"。

清,未注明①;柏应理:8 部,其中有 2 部字迹不清,另《道学家传》少《圣若瑟祷文》;鲁日满:2 部;殷铎泽:2 部;南怀仁:16 部,其中《圣教信证》比《道学家传》多 2 部,但这 2 部字体不清,另《仪象志》在《道学家传》中为《象疑志》;陆安德:11 部,其中《圣教信证》比《道学家传》多 2 部,但这 2 部字体不清,另《道学家传》没收入《圣教要理》。

雍乾教难以后,天主教发展处于低潮,从而使得许多天主教方面的书只有存目,不见其书,到清末时一些书已经很难找到,如陈垣先生所说:"童时阅四库提要,即知有此类书,四库概屏不录,仅存其目,且深诋之,久欲一赌原书,奥中苦无传本也。"②

第三节　民国年间中国学术界对传教士汉文文献的收集与整理

民国初年在整理这批文献方面最有贡献的有三人:马相伯、英敛之、陈垣。

马相伯是清末民初的风云人物,由于他的宗教经历和宗教信仰的背景,晚年时极力主张天主教的本色化。

他在明末清初的入华耶稣会的中文著作中找到了心中的理想,"找到一种天造地设的契合,而利民所译最切近这理想"③。

他曾写下了《重刊〈辩学遗牍〉跋》《重刊〈主制群征〉序》《书〈利玛窦行迹〉后》《重刊〈真主灵性理证〉序》《重刊〈灵魂道体说〉序》《重刊〈灵言蠡勺〉序》等多篇有关整理明末清初天主教文献的文字。他在和英敛之等人的通信中曾提到,他自己过眼的明清天主教文献有 26 部之多④。为做好这件事,他曾和英敛之、

---

① 参见郑安德编辑:《明末清初耶稣会思想文献汇编(第 41 册)》,北京大学宗教研究所,2003 年,第 30 页。

② 方豪:《李之藻辑刻天学初函考》,李之藻编:《天学初函》,学生书局,1965 年。

③ 李天纲:《信仰与传统——马相伯的宗教生活》,朱维铮等:《马相伯传略》,复旦大学出版社,2005 年,第 138 页。

④ 马相伯所提到和过眼的文献有:《辩学遗牍》《主制群徵》《景教碑》《名理探》《利先生行迹》《天学举要》(阳玛诺)、《真主性灵理证》(卫匡国)、《灵魂道体说》《铎书》《天教明辨》《圣经直解》《圣教奉褒》《圣教史略》《圣梦歌》《寰宇诠》《童幼教育》《超性学要》《王觉斯赠汤若望诗翰》《天学初函》《七克》《教要序论》《代疑论》(阳玛诺)、《畸人十篇》《三山论学记》《遵主圣范》《灵言蠡勺》。

陈垣多次通信,对陈垣的工作非常赏识,在给英敛之的信中说"援庵实可敬可爱"①。在推动明清天主教文献的整理方面,马相伯发挥了重要的作用。

英敛之早年正是在读了利玛窦、艾儒略等人的书后才加入了天主教的。民国初年,他经十余年努力找到了《天学初函》的全本,并重新刊印其中的部分文献。他在重刊《辩学遗牍》的序言中说:"《天学初函》自明季李之藻汇刊以来,三百余年,书已希绝。鄙人数十年中,苦志搜罗,今幸寻得全帙。内中除器编十种,天文历法,学术较今稍旧,而理编则文笔雅洁,道理奥衍,非近人译著所及。鄙人欣快之余,不敢自秘,拟先将《辩学遗牍》一种排印,以供大雅之研究。"②

陈垣对英敛之这方面的努力十分敬佩,说"余之识万松野人,因《言善录》也。《言善录》每述明季西洋人译著,有为余所欲见而不可得者:《灵言蠡勺》,《七克》,其尤著也"③。英敛之的《万松野人言善录》是他收集和研究明清天主教文献的重要著作,但到目前为止,笔者一直未读到。

他们三人中当属陈垣学术成就最高,他的《元也里可温教考》一举成名,奠基了中国天主教史研究的基础,在明清天主教文献的收集和整理上他也着力最大。

他不仅整理和出版了入华传教士的著作,如《辩学遗牍》《灵言蠡勺》《明季之欧化美术及罗马字注音》《利玛窦行迹》等,而且在教外典籍中发现了许多重要的文献,他所写下的《从教外典籍见明末清初之天主教》《雍乾间奉天主教之宗室》《泾阳王徵传》《休宁金声传》《明末殉国者陈于阶传》《华亭许缵曾传》《汤若望与木陈忞》等一系列论文,不仅在学术上大大加深了天主教入华传教史的研究,在历史研究和文献研究上也开辟了一个崭新的领域。陈寅恪在陈垣先生的《明季滇黔佛教考》的序言中说,"中国乙部之中,几无完善之宗教史,然其有之,实自近岁新会陈援庵先生之著述始"。这说明了陈垣先生在中国宗教史特别是在中国基督教史研究上的地位。

陈垣先生对这批文献的整理有着很远的学术眼光。他曾专程到上海看望

①　朱维铮主编:《马相伯集》,复旦大学出版社,1996年,第369页。

②　方豪:《李之藻辑刻天学初函考》,李之藻编:《天学初函》,学生书局,1965年。

③　同上。

马相伯,并到徐家汇藏书楼访书,事后说:"在徐汇藏书楼阅书四日,颇有所获。明末清初名著,存者不少,恨无暇暑遍读之也。"①

在谈到这批文献的整理时,他认为应该继承李之藻的事业,把《天学初函》继续出版下去。他在给英敛之的信中说:"顷言翻刻旧籍事,与其请人膳抄,毋宁径将要籍借出影印。假定接续《天学初函》理编为天学二函、三函……分期出版,此事想非难办。细想一遍,总胜于抄,抄而又校,校而付排印,又再校,未免太费力。故拟仿涵芬楼新出《四部丛刊》格式,先将《超性学要》(21册)付影印,即名为《天学二函》,并选其他佳作为三函,有余力并复影初函。如此所费不多,事轻而易举,无缮校之劳,有流通之效,宜若可为也。乞函商相老从速图之。此事倘行之于数年前,今已蔚为大观矣。"②

为此,他曾肆力搜集有关史料,并计划仿《开元释教录》及《经义考》《小学考》体制而为《乾嘉基督教录》,为中国天主教的文献做一次全面的清理,也为《四库全书总目》补阙拾遗。

这一计划最终仅完成了一部分,即附刊在《基督教入华史略》后的《明清间教士译述目录》。这个目录限于当时的条件只收集了有关天主教史的教理和宗教史的部分,尚未更多收集到天文、历算、地理、艺术等方面的传教士重要的著述。但在徐宗泽《明清间耶稣会士译著提要》和罗马梵蒂冈教廷及巴黎图书馆珍藏目录公布之前,他的这份目录是当时搜聚天主教文献最多的一个目录,其中未刊本较多于已刊,由此可见其搜访之勤。

为聚集、调查天主教文献,他遍访国内公私收藏,并远足日本。陈垣先生的设想,直到今天仍未能实现。

但他的这一计划已经成为中国天主教史研究者的一个目标和理想。正是在马、英、陈三人的努力下,民国初年,这批文献的收集和整理、出版取得了显著的成绩。

在《天学初函》以外,他们发现并开始抄录和整理了《名理探》《圣经直解》《利先生行迹》《天学举要》《真主灵性理证》《灵魂道体说》《铎书》《天教明辩》《正

---

① 陈智超编注:《陈垣来往书信集》,上海古籍出版社,1990年,第3页。
② 同上书,第2—3页。

教奉褒》《圣教史略》《寰宇诠》《圣梦歌》《主制群徵》《幼童教育》《超性学要》《王觉斯赠汤若望诗翰》《教要序论》《代疑论》天释明辩》《豁疑论》《辟妄》《代疑编》《代疑续编》《答客问》《天教蒙引》《拯世略说》《轻世金书直解》《古新经》《三山论说》《遵主圣范》。

此外，陈垣本人还在教外典籍中发现了一批明清士人、王室人员和天主教有关的文献，并发表了一系列重要的论文，上面已经提到，不再赘述。

民国中后期在这批文献的整理上最有贡献的有五位先生，他们是：向达、王重民、徐宗泽、方豪、阎宗临。

向达先生是治中外关系史的大家，他在敦煌学、目录学等方面的贡献大多为学界所知，在收集和整理明清入华天主教史文献上也有显著成绩，却为许多人所不知。

在这方面，他不仅写下了《明清之际中国美术所受西洋之影响》等重要论文，还整理和收集了部分天主教史的书籍，点校的《合校本大西西泰利先生行迹》是他把法国、罗马等地的几个刻本统一校勘后整理出来的，是目前最好的校本。

他自己还收藏了许多珍本，"上智编译馆"曾公布过他所藏有关天主教书目，现抄录如下：

《视觉》，年希尧作序

《睡画二答》，西海毕方济撰，云间孙元化订（Chinois 3385，3387）

《五十言余》，艾思及先生述（Courant 3406）

《进呈鹰论》，耶稣会士利类思撰译（Courant 5635）

《六书实义》，温古子述（Chinois 906，907）

《交友论》，欧逻巴人利玛窦撰述（Chinois 3371）

《狮子说》，耶稣会士利类思撰译（Courant，Chinois 5444，Chinois 5025）

《原本论》，刘凝撰述

《开天宝钥》，清陈薰著（Chinois 7043）

《睿鉴录》，大西高一志手授，晋中韩云撰述

《达道记言》上下二卷，太西高一志手授，晋中韩云撰述（Chinois 3395）

重刊《二十五言》,大西利玛窦述(Courant 3376—3377)

《厉学古言》,远西耶稣会高一志述(Chinois 3393)

《樊绍祚奏》(N. F. Chinois 3178)

《远镜说》,汤若望(Courant 5657)

《西国记法》,泰西利玛窦诠,晋绛朱鼎(Courant 5656)

《斐录答汇》,上下两卷(Courant 3394)

《鲵言》,清严谟保定獣氏著

《易原订余》附《再与颜大老师书》,闽漳严谟保定獣氏著

《诗书辩错解》,闽漳严谟保定獣氏著

《海西丛抄第一篇》(《答客问》,朱宗元;《拯世略说》,朱宗元;《崇一堂日记随笔》王徵

《泰西利先生行迹》,西极耶稣会士艾儒略述(Chinois 1016)

《思及先生行迹》,绥奉教人李嗣玄德望著(Chinois 1017,1018)

《阅杨淇园先生事迹有感》,晋江门生张庚(此附杨淇园先生事迹内,非另一书)

《张弥格尔遗迹序》,浙西郑圃居士杨廷筠撰(此为张弥格遗迹序,非另一书)

《张弥格尔遗迹》,进贤熊士起旃初稿,晋江张憼参补

《悌尼削世纪》,玛窦张氏传

《通鉴记事本末补附编卷》,钱江张星曜紫臣氏编次(Chinois 1023)

《许嘉禄传》,何世贞(Chinois 1022)

《皇清敕封太孺人显妣太宜人行实》清许玉撰(Chinois 1025)

《南先生行述》耶稣会士徐日升、安多同述(Chinois 1032)

《安先生行述》,远西同会利类思、南怀仁同述(B. N. Chinois 1024)

《泰西殷觉斯先生行略》(Chinois 1096)

《杜奥定先生东来渡海苦迹》,方德望、王清甫译,王徵良甫述(Chinois 1021)

《南京罗主教神道碑记》,郭宝六廷裳撰(Chinois 4935)

《畏天爱人极论》，明泾阳王徵葵心父著，武进郑鄭鉴父评（Chinois 6868）

《天学传概》明闽中黄鸣乔撰，附答乡人书，署徐光启撰（Chinois 6875）

《熙朝崇正集》二卷（不著撰人）

《熙朝崇正集》，闽中诸公赠诗（不著撰人）

《天学辩敬录》，耶稣会孟儒望著，同会梅高、傅泛济、阳玛诺同定，值会艾儒略准

《熙朝定案》（Courant Chinois 1329）

向达先生的这个目录给我们提供了许多重要的文献，其中许多是他从海外的图书馆直接复制回来的①。

王重民先生是我国著名的目录学家、文献学家、敦煌学家，他在明清天主教文献的收集和整理上有着重要的贡献。1934 年他和向达先生被北京图书馆派往欧洲进行学术考察。在欧洲访问期间，他把收集明清天主教文献作为其在欧洲访书的第二项任务。他在访问巴黎国家图书馆和罗马的梵蒂冈图书馆时，对这类书格外关注，并从欧洲带回了部分重要文献。他先后写下了有关明清间陕西地区重要的基督徒韩霖的著作《跋慎守要录》和有关明人熊人霖著作的《跋地纬》，以及《王微遗书序》《跋王徵的王端节公遗集》《跋爱余堂本隐居通义》《跋格致草》《文公家礼仪节》《道学家传跋》《经天该跋》《历代明公画谱跋》《尚古卿传》《程大约传》《跋慎守要》《关于杨淇园先生年谱的几件文档》《海外希见录》《罗马访书录》等有影响的文章。他和陈垣先生一样想编一个入华传教士译著的书目，并定名为《明清间天主教士译述书目》。这本书已有初稿，但没有完成，书稿也已丢失②。

徐宗泽是徐光启的第十二代世孙，21 岁时入耶稣会，并到欧美学习，1921 年返回中国后不久，担任了《圣教杂志》的主编和徐家汇天主堂图书馆的馆长。

①　为找到向先生这些书，笔者曾和向先生的后人通话，从他们那里得知，"文化大革命"期间，向先生整整三大房间的书散落。

②　王重民：《冷庐文薮（下）》，上海古籍出版社，1992 年，第 937 页。笔者曾就职于中国国家图书馆 6 年，对王先生一直心怀敬意，每当想起他因"文化大革命"未完成《明清间天主教士译述书目》，更感我辈之责任。

在此期间,他发表了一系列有关明清天主教史的论文和著作。他的主要代表性著作如下:《明末清初灌输西学之伟人》《中国天主教传教史概论》《赠徐文定公集》《徐文定公逝世三百年纪念文汇编》《徐氏庖言》《名理探》《徐文定公诗文目》。

在文献学方面,除上面的著作外,他最有影响的还是关于明清天主教史的中文著作目录。他的首篇目录《梵蒂冈图书馆所藏明清间中国天主教人士译著简目》发表在 1947 年的《上智编译馆馆刊》第二卷第二期,但当年便因病逝世。《上智编译馆馆刊》第二卷第四、五期合刊上发表了他的遗著《上海徐家汇藏书楼所藏明清间教会书目》,1949 年中华书局出版了他编著的《明清间耶稣会士译著提要》。这本书的学术价值直到今天仍然很高,它有两个贡献是其他任何同类工具书所不及的:其一,他同时公布了世界上主要图书馆所藏明清间天主教史的书目;其二,他公布了 210 篇文献的序、跋、前言、后记。

在今天看来,这本书仍有不足处,如他公布的书目中,徐家汇藏书楼藏有 398 本文献,巴黎国家图书馆藏有 733 本文献,梵蒂冈图书馆藏有 169 部文献,这些数字都有出入;另外,他所公布的序跋在文字上个别地方也有错误①。但这本书的学术贡献是极大的,这些个别不足之处瑕不掩瑜。

方豪先生是继陈垣先生后,在明清天主教史和明清天主教文献研究方面最有成就的学者,他不仅继承了马相伯、英华等教内之人的传统,也和学术界的董作宾、傅斯年、胡适、陈垣等人有交往,特别是和陈垣先生交往更深。方豪先生自信“史学就是史料学”的格言,在文献和史料上着力最深,在这段时间内写下了一批有关明清天主教历史文献和史料考证的重要文章。笔者在这里列出当年《上智编译馆馆刊》第二卷第六期上所发表的《方杰人司铎论著要目》一文中所列的有关明清天主教文献的目录②:《十六世纪我国通商港 Liampo 位置考》《明季西书七千部流入中国考》《望远镜传入中国考》《伽利略与中国关系之新资

---

①　徐宗泽此书在统计上的问题,杜鼎克已经详细指出,参见:Adrian Dudink, "The Zikawei Collection in the Jesuit Theologate Library at Fujen University (Taiwan): Background and Draft Catalogue", *Sino-Western Cultural Relations Journal*, 1996(18), pp. 1–40。

②　这个目录中的文章并未全部收入以后的《方豪文录》和《方豪六十自定稿》中,故这里列出仍有其学术价值。

料》《拉丁文传入中国考》《嘉庆前西洋画流传我国史略》《孙元化手书与王徵交谊始末注释》《康熙雍正二帝之提倡拉丁文》《天主实义发覆》《徐文定公耶稣像赞校异》《遵主圣范译本考》《明理探译刻卷数考》《家谱中的天主教史料》《"辩学"抄本记略》《四明朱宗元事略》《从清晖阁赠贻尺牍见王石谷之宗教信仰》《明末西洋火器流入我国之史料》《康熙前钦天监以外研究天文之西人》《顺治刻本西洋新法历书四种题记》《徐光启师友弟子记略》《东林党人与天主教》《十七世纪时的杭州修院事业》《康熙间西洋教士测绘贵州余庆舆图简史》《来华天主教士传习生物学事迹概述》《康熙测图之新史料》《与向觉明先生论孙元化及毛文龙事》《南怀仁尺牍》《杭州本西儒耳目资辨伪》《考性理真诠白话稿与文言底稿》《圣清音集卷上校言》《圣清音集卷上再校》《李我存年谱》《杨淇园先生年谱》《明清间译著的底本》《跋坤舆格致略说》）。

这一时期他的代表性著作是胡适题词的《方豪文录》。

方豪以神父身份从事天主教史研究，在 20 世纪学术界独树一帜，对推进中西文化交流史研究贡献颇大。

陈垣先生当年在给他的信中说："公教论文，学人久不置目，足下孤军深入，一鸣惊人，天学中兴，舍君莫属矣。"①他自己一生以陈氏私淑弟子自居，陈寅恪曾说他是"新会学案第一人"②，实不为过。有的学者认为方豪是"史料学派理论最佳的阐释者与实践者，称其为台湾，甚或中国史料学派的最后一人不为过"③。

在这一期间还有两位学者我们不能忘记，这就是阎宗临先生和冯承钧先生。阎先生是当时为数不多的能到欧洲有关图书馆访书的学者。为完成他的博士论文，阎先生曾几次前往罗马梵蒂冈图书馆查阅文献，抄录档案。这些档

---

①　陈智超编注：《陈垣来往书信集》，上海古籍出版社，1990 年，第 306 页。

②　见牟润孙：《敬悼先师陈援庵先生》，转引自李东华编注：《方豪先生年谱》，"国史馆"，2001 年，第 262 页。

③　李东华编注：《方豪先生年谱》，"国史馆"，2001 年，第 262 页。当然随着学术的推进，以及陈垣、方豪为代表的中国天主教史研究无论在史料还是在观点上也都有待改进之处，黄一农的《明末清初天主教传华史研究的回顾与展望》（《新史学》1996 年第 3 期）已经做了说明，但其学术地位已不可动摇，江山代有人才出，各领风骚数百年。

案在抗战期间大多数发表在《扫荡报》的《文史地》上①。冯先生是治中西交通的大家,他的《西域南海史地考证译丛》中的译文也十分重要。

值得一提的是方豪先生从 1946 年 9 月到 1948 年 7 月主持《上智编译馆馆刊》,历时两年,共出版《上智编译馆馆刊》三卷十三期。这十三期《上智编译馆馆刊》成为当时收集和整理明清天主教史文献最为重要的学术阵地,也是在民国时期在这批文献的收集和整理上所达到的最高水平。在文献的校勘、标点、研究上,直到今天我们仍必须汲取他们的成果。

笔者每当翻阅《上智编译馆馆刊》时,都被陈垣、英敛之、方豪、王重民、向达等前辈严谨治学的态度和学术热情所打动。

民国期间,学术界努力整理这批文献时,天主教内部实际上一直在使用这批文献,从而出版了一批明末清初时期天主教的文献。根据《民国时期总书目(宗教)》②的著录,有以下书被重新出版:南怀仁《教要序论》《善恶报略说》;高一志《教要解略》;柏应理《天主圣教百问答》《四末真论》《徐太夫人传略》(又名《一位中国奉教太太:许母徐太夫人事略》);陆安德《真福直指》;利类思《超性学要》《论天主》《论万物原始》《论天神》《论人灵魂肉身》《论宰治》《论天主降生》《圣母小日课》;孙璋《性理真诠提纲》;艾儒略《天主降生引义》《万物真原》《涤罪正规》《圣人言行》《言行记略》《大西西泰利先生行迹》《弥撒祭义》《圣人德表》;冯秉正《盛世刍荛》《圣年广益》(上、下);庞迪我《七克》;潘国光《天阶》;沙守信《真道自证》;阳玛诺《圣经直解》(1—6)、《天主圣教十诫直诠》《唐景教碑颂正诠》;徐光启《辟释氏诸妄》;朱宗元《拯世略说》;杨廷筠《代疑编》《代疑续编》;利玛窦《天主实义》《天主实义》(文言对照)、《畸人十篇》;浙江杭州仓桥天主堂编《杨淇园、李我存两先生传略》;丁志麟《杨淇园先生超性事迹》。

---

① 在此笔者感谢阎先生的公子阎守诚先生将其父当年在罗马复制的胶片送我阅读。

② 北京图书馆编:《民国时期总书目(宗教)》,书目文献出版社,1994 年。民国再版的这批书多有差错,使用时需加辨析。

第四节　20世纪50年代至21世纪10年代
对传教士汉文文献的收集和整理

　　这一时期中国台湾在原始文献的收集和整理上要比中国大陆学术界进展得更为扎实。1964年吴相湘得知罗光主教手头有他替胡适所准备的、从罗马复制的《西国记法》,十分高兴,想将其复印,后又闻罗光还有代人所藏的《天学初函》,就决定先复印《天学初函》,将其作为"中国史学丛书"第23集。方豪先生在复印本前写了《李之藻辑刻天学初函考——李之藻诞生四百周年纪念论文》的长文,《天学初函》的再版开启了台湾明末清初天主教中文文献的整理工作。一年后,吴先生以《天主教东传文献》为题,作为他主编的"中国史学丛书"第24集出版了第二本明末清初的天主教中文文献。两年后作为"中国史学丛书"第40集,《天主教东传文献续编》全书三册出版,共收入20篇文献。方豪先生对每一篇文献都做了版本学的说明,使读者对每本书的来龙去脉有一个清楚的了解。接着1971年《天主教东传文献三编》作为"中国史学丛书续编"第21集出版,全书六册,共收入16篇文献。

　　《天学初函》和《天主教东传文献》初、二、三编所收文献详目如下:

《天学初函》篇名

编号	作者	篇名	备注
1		理编总目	第一册
2	艾儒略	西学凡	第一册
3		唐景教碑附	第一册
4	利玛窦	畸人十篇(附西琴曲意八章)	第一册
5	利玛窦	交友篇	第一册
6	利玛窦	二十五言	第一册
7	利玛窦	天主实义	第一册
8	利玛窦	辩学遗牍	第二册

续表

编号	作者	篇名	备注
9	庞迪我	七克	第二册
10	毕方济	职方外纪	第二册
11	艾儒略	灵言蠡勺	第二册
12		器编总目	第三册
13	徐光启	泰西水法	第三册
14	利玛窦　李之藻	浑盖通宪图说	第三册
15	利玛窦　徐光启	几何原本	第四册
16	熊三拔	表度说	第五册
17	阳玛诺	天问略	第五册
18	熊三拔	简平仪	第五册
19	利玛窦　李之藻	同文算指	第五册
20	利玛窦　李之藻	圜容较义	第六册
21	利玛窦　徐光启	测量法义	第六册
22	利玛窦　徐光启	测量异同	第六册
23	利玛窦　徐光启	勾股义	第六册

《天主教东传文献》篇目

编号	篇　名	作者	备注
1	西国记法 原本篇第一 明用篇第二 设立篇第三 立象篇第四 定识篇第五 广资篇第六	泰西利玛窦诠著	

续表

编号	篇　名	作者	备注
2	熙朝定案	南怀仁	
3	不得已辩	利类思	
4	不得已辨	南怀仁	
	辩依西洋新法五字并中国奉西洋正朔		
	测验为诸辨之据		
	新法历遵圣旨为无庸辨之原		
	辨光先第一摘以为新法　不用诸科较正之谬		
	辨光先第二摘以为新法　一月有三节气之谬		
	辨光先第三摘以为新法　二至长短之谬		
	辨光先第四摘以为新法　夏至日行迟之谬		
	辨光先第五摘以为新法　移寅官箕三度人丑官之谬		
	辨光先第六摘以为新法　更调觜二宿之谬		
	辨光先第七摘以为新法　删除紫气之谬		
	辨光先第八摘以为新法　颠倒罗计之谬		
	辨光先第九摘以为新法　黄道算节气之谬		
	辨光先第十摘以为新法　止二百年之谬		
	辨书夜一百刻之分		
	辨光先闰月之虚妄		
	合朔初亏先后之所以然		
	交食测验七政并凌犯历疏密		
	光先欺世饰罪		
	光先计图修历以掩奸欺		
	地为图形实证		
	新旧二历疏密		
	历日自相矛盾数端		

编号	篇　名	作者	备注
	代疑篇		
	答造化万物一归主者之作用条		
	答生死赏罚惟系一主百神不得添其权条		
	答有天堂有地狱更无人畜鬼趣轮回条		
	答物性不同人性人性不同天主性条		
	答戒杀放生释氏上善西教不断腥味何云持齐条		
	答佛由西来欧逻巴既在极西必所亲历独昌言无佛条		
	答既说人性以上所言报应反涉粗迹条		
	答西国義理书籍有万部之多若非重复恐多伪造条		
	答地四面皆人所居天有多层重重皆可测量条		
	答九万里程途涉海三年始到条		
	答从来衣食资给本邦不受此中供养条		
5	答人伦有五止守朋友一伦尽废其四条	杨廷筠述	
	答礼惟天子祭天今日日行弥撒礼非愆即渎条		
	答谓窘难益德远于人情条		
	答疑西教者籍籍果尽无稽可置勿问条		
	答天主有形有声条		
	答降孕为人生于玛利亚之童身条		
	答天主有三位一体降生系第二位费略条		
	答被钉而死因以十字架为教条		
	答耶稣疑至人神人未必是天主条		
	答耶稣为公教圣神相通功条		
	答遵其教者罪过得消除条		
	答命终时解罪获大利益条		
	答十字架威力甚大万魔当之立见消陨条		

续表

编号	篇　名	作者	备注
6	熙朝崇正集　闽中诸公赠泰西诸先生诗初集		

《天主教东传文献续编》篇目

编号	篇名	作者	备注
1	天学说	邵辅忠	第一册
2	辩学疏稿	徐光启	第一册
3	鸮鸾不并鸣说	杨廷筠	第一册
4	天帝考	严保禄	第一册
5	天主实义续编	庞迪我	第一册
6	天释明辨	杨廷筠	第一册
7	三山论学记	艾儒略	第一册
8	主制群征	汤若望	第二册
9	辟妄	徐光启	第二册
10	景教流行中国碑颂正诠	阳玛诺	第二册
11	天主圣教实录	罗明坚	第二册
12	天学略义	孟儒望	第二册
13	辟邪集	沙门智旭	第二册
14	建福州天主堂碑记		第二册
15	天儒印	利安当	第二册
16	天学传概	李祖白	第二册
17	不得已	杨光先	第三册
18	儒教实义	马若瑟	第三册
19	盛世刍荛	冯秉正	第三册
20	熙朝定案		第三册

《天主教东传文献三编》篇目

编号	篇名	作者	备注
1	逑友篇	卫匡国	第一册
2	正学镠石	利安当	第一册
3	圣教信证	韩霖　张赓	第一册
4	五十余言	艾儒略	第一册
5	勤修一鉴	李九功	第一册
6	天主圣教豁疑论	朱宗元	第二册
7	造物主垂象略说	徐光启	第二册
8	譬学	高一志	第二册
9	达道纪言	高一志	第二册
10	崇一堂日记随笔	汤若望　王徵	第二册
11	空际格致	高一志	第二册
12	痛苦经迹	汤若望	第三册
13	圣母行实	高一志	第三册
14	圣经直解卷1—卷5	阳玛诺	第四册
15	圣经直解卷6—卷10	阳玛诺	第五册
16	圣经直解卷11—附录	阳玛诺	第六册

　　笔者认为罗光、方豪等台湾前辈学者在文献的整理和出版有两条重要的经验。

　　第一，沿着《天学初函》的思路，整理中国天主教史的基本文献。这点，罗光和方豪讲得十分清楚。罗光说："李之藻编辑《天学初函》，收集天主教人士的译著，他的心中，曾看到佛教的大藏和道教的道藏。佛僧自魏晋到唐宋，译经疏经，积成了宋高宗所刻的大藏经。道教的典籍，虽然芜杂，然赖宋真宗的御旨，也编成宝文统录。之藻收集初期天主教人士的译著，名曰《天学初函》，理想着后来有人继续编刻二函，三函，以至千百函，可以和佛藏道藏相抗衡。"[①]

---

　　① 罗光：《天学初函影印本序》，李之藻编：《天学初函》，学生书局，1965 年。

第二，提供了一种整理文献的模式：考究版本，影印出版，注重序言。明末清初的天主教文献版本很多，后世翻刻者不计其数，各种版本的差别很大，在使用这些版本时万不能拿来就用。方豪等前辈所印之书对版本的来历都一一交待，使以后的使用者十分清楚。由于中国天主教史和中国的政治文化紧密相连，后人在各种整理本中都有所删节或修改，使以后的研究者难以窥到历史的真实面貌。方豪说："但为存真起见，实以不动原文为宜。"①这样影印成为基本的方法和原则。笔者特别推崇方豪在《天主教东传文献续编》中所写的序言的做法，虽然这样做难度大些，但有序和无序差别很大。

以方豪为代表的台湾学术界所做的这些努力功不可没，20 世纪 80 年代以后，大陆学术界对天主教史的研究慢慢兴起，可以这样说，在历史文献上如果没有《天主教东传文献》初、二、三编，在研究上如果没有《方豪六十自定稿》，大陆的学术研究要慢许多年②。

《徐家汇藏书楼明清天主教文献》（5 册），这是 1996 年由辅仁神学院出版的一套重要的中文文献，由钟鸣旦、杜鼎克、黄一农、祝平一等联合编著。顾保鹄在序中说，这批文献是 1949 年从上海徐家汇藏书楼运往马尼拉，1976 年迁至辅仁大学神学院。这套文献实际并非全部是明末清初的天主教文献，它共收入了 37 种文献，"计选自 17 世纪者 17 种，18 世纪初至 19 世纪 40 年代者 7 种，19 世纪 40 年代至 20 世纪初业者 13 种"，但"此集所收各书各文件，实为中国天主教史的宝贵遗产，是史学家的稀世之珍"。杜鼎克在《中西文化交流杂志》（*Sino-Western Cultural Relation Journal*）1996 年号上发表了这批文献的详目③。

---

① 方豪：《影印辩学疏稿序》，吴相湘主编：《天主教东传文献续编》，学生书局，1966 年，第 4 页。

② 近年来常有个别学者对方豪的研究颇有微词，但李东华先生却认为："方豪一生毫无疑问是史料学派阵营中的一员健将。他远承明清之际西洋教士的科学方法，近接当代实证主义者胡适之'大胆假设，小心求证'之考据癖，一生服膺欧陆科学史派传人傅孟真'近代的历史学只是史料学的箴言，复自乾嘉考据学传人陈援庵习得'采山之铜'，'竭泽而渔'的工夫，益以本身过人的外文基础，丰富的教史知识，乐此不疲地长期从事'历史专题研究'的写作，累积了丰富的研究成果。"李东华编注：《方豪先生年谱》，"国史馆"，2001 年，第 267—268 页。

③ Adrian Dudink, "The Zikawei Collection in the Jesuit Theologate Library at Fujen University (Taiwan): Background and Draft Catalogue", *Sino-Western Cultural Relations Journal*, 1996(18), pp. 1—40.

　　2002 年台湾利氏学社出版了由钟鸣旦和杜鼎克编辑的《耶稣会罗马档案馆明清天主教文献》(12 册)，这些文献全部选自罗马耶稣会档案馆，陈绪伦 (Albert Chan) 对藏在罗马耶稣会档案馆的明清天主教文献已经做了很好的目录，为文献的选编奠定了一个扎实的基础，这点下面我们会专门介绍。编者在前言中说："本选编的 100 多种文献即出自上述的收藏。编撰材料时，编者采用了下列三项标准：第一，这些材料须大约成书于 1820 年以前。第二，这些材料必须尚未在任何现代选辑中出版。……第三，这套选辑包含了许多稀有的善本，其内容有传教士所撰写的教义问答类文本、中国教徒所写的教义书籍和中国各修会的规约。"这套文献有许多珍贵文献，如利玛窦的《圣经约录》，以往研究者从未提到，是首次公布，特别是所公布的中国信徒李九功、严谟、朱宗元等人在礼仪之争中的文献极为宝贵。这两套文献，前者是中国学者和西方学者合作的结果，后者则完全是西方学者所做，因为毕竟是以中文在中国出版，我们就放在这一节一起讨论。

　　我们把《徐家汇藏书楼明清天主教文献》和《耶稣会罗马档案馆明清天主教文献》所公布的文献的篇名列表如下：

《徐家汇藏书楼明清天主教文献》篇目

编号	篇名	作者	备注
1	斋旨	利玛窦	第一册
2	辟释氏诸妄	徐光启	第一册
3	奏疏	庞迪我,熊三拔	第一册
4	策怠警喻	熊士旂	第一册
5	万物真原	艾儒略	第一册
6	杨淇园超性事迹	丁志麟	第一册
7	童幼教育	高一志	第一册
8	睡画二答	毕方济	第一册
9	推验正道论、咨周偶编	王一元	第一册
10	齐家西学	高一志	第二册

续表

编号	篇名	作者	备注
11	铎书	韩霖	第二册
12	天学四镜	孟儒望	第二册
13	毕方济奏折	毕方济	第二册
14	思及艾先生行迹	李嗣玄	第二册
15	天主圣教约言等		第二册
16	汤若望贺文(赠言)		第二册
17	利类思安文思南怀仁奏疏		第二册
18	道学家传		第三册
19	(奉天学)徐启元行实小记	陆丕诚	第三册
20	钦命传教约述		第三册
21	安南副教先生		第三册
22	性理参证		第三册
23	息妄类言	方墌	第四册
24	圣教书籍记篇	黄鸣乔	第四册
25	格致奥略	罗明尧	第四册
26	本主教类思罗		第五册
27	昭然公论		第五册
28	诬谤论	南格禄	第五册
29	护教奏疏	黄恩彤	第五册
30	天主教奏折		第五册
31	醒心编		第五册
32	圣教喻稿		第五册
33	驻扎上海主教中法职官表	黄伯禄	第五册
34	教堂买地公件		第五册
35	天主堂基石记		第五册
36	李公问渔书札		第五册

续表

编号	篇名	作者	备注
37	江南育婴堂记		第五册

《耶稣会罗马档案馆明清天主教文献》篇目

编号	篇名	作者	备注
1	天主实录	罗明坚	第一册
2	圣经约录	利玛窦等	第一册
3	教要解略	王丰肃	第一册
4	天主教要	无名氏	第一册
5	天主圣教启蒙	罗儒望	第一册
6	诵念珠规程	罗儒望	第一册
7	庞子遗诠	庞迪我	第二册
8	天主圣教约言	苏如汉	第二册
	天主圣教约言	苏若望	第二册
9	天主圣教四字经文	艾儒略	第二册
10	天主圣教入门问答	施若翰	第二册
11	圣教源流	朱毓朴	第三册
12	振心总牍	费奇规	第三册
13	默想规矩	无名氏	第三册
14	天主降生出像经解	艾儒略	第三册
15	天主降生言行记略	艾儒略	第四册
16	涤罪正规	艾儒略	第四册
17	哀矜行诠	罗雅谷	第五册
18	圣教四规	潘国光	第五册
19	推定历年瞻礼日法	柏应理	第五册
20	善终诸功规例	伏若望	第五册

续表

编号	篇名	作者	备注
21	临丧出殡仪式（早期抄本）	李安当	第五册
	临丧出殡仪式（近期抄本）	李安当	第五册
22	丧葬仪式（早期抄本）	李安当	第五册
	丧葬仪式（近期抄本）	李安当	第五册
23	天主教丧礼问答	南怀仁	第五册
24	善恶报略说	南怀仁	第五册
25	象数论	无名氏	第六册
26	性学粗述	艾儒略	第六册
27	画答	毕方济	第六册
28	睡答	毕方济	第六册
29	圣梦歌	艾儒略	第六册
30	民历补注解惑	汤若望	第六册
31	预推纪验	南怀仁	第六册
32	口铎日抄	艾儒略	第七册
33	圣水纪言	孙学诗	第八册
34	圣教规诫箴赞	徐光启	第八册
35	天学证符	张赓	第八册
36	同善说	无名氏	第八册
37	辟邪论	姜佑	第八册
38	天主教原由	无名氏	第八册
39	萝渡山房悬钟集	郭多默	第八册
40	问答汇抄	李九功	第八册
41	易书	无名氏	第九册
42	礼俗明辨	李九功	第九册
43	摘出问答汇抄	李九功	第九册

编号	篇名	作者	备注
44	证礼议(早期抄本)	李九功	第九册
	证礼仪(近期抄本)	李九功	第九册
45	慎思录	李九功	第九册
46	醒迷篇	无名氏	第九册
47	辟妄条驳合刻	徐光启、张星曜、洪齐	第九册
48	觉斯录	刘凝	第九册
49	性说	夏玛第亚	第十册
50	泡制辟妄辟	夏玛第亚	第十册
51	赣州堂夏相公圣名玛第亚回方老爷书	夏玛第亚	第十册
52	生祠缘由册	夏玛第亚	第十册
53	生祠故事	夏玛第亚	第十册
54	祭礼泡制	夏玛第亚	第十册
55	礼记祭制撮言	夏玛第亚	第十册
56	(礼仪问答)	夏玛第亚	第十册
57	中国各省寺庙录	无名氏	第十册
58	闽中将乐县丘先生致诸位神父书	丘晟	第十册
59	述闻篇	丘晟	第十册
60	辨祭参评	李西满	第十册
61	祀典说	张星曜	第十册
62	(礼仪答问)	无名氏	第十册
63	京都总会长王伯多禄等十八人致外省各堂会长书	王伯多禄等	第十册
64	祭祖考	严谟	第十一册
65	木主考	严谟	第十一册
66	辨祭(早期抄本)	严谟	第十一册

续表

编号	篇名	作者	备注
	辩祭(近期抄本)	严谟	第十一册
67	草稿	严谟	第十一册
68	辩祭后志	严谟	第十一册
69	致穆老师文两首,附跋一首	严谟	第十一册
70	草稿(草稿抄白)	严谟	第十一册
71	李师条问	严谟	第十一册
72	考疑	严谟	第十一册
73	祭祀问答	洪依纳爵	第十一册
74	刍言	何某	第十一册
75	丧礼哀论	无名氏	第十一册
76	家礼合教录	张象灿	第十一册
77	圣事礼典	利类思	第十一册
78	斐禄汇答	高一志	第十二册
79	本草补	石铎琭	第十二册
80	圣意纳爵传	高一志	第十二册
81	圣方济各沙勿略传	高一志	第十二册
82	大西利西泰子传	张维枢	第十二册
83	大西西泰利先生行迹	艾儒略	第十二册
84	西海艾先生行略	李九功、沈从先、李嗣玄	第十二册
85	西海艾先生语录	李嗣玄、李九功	第十二册
86	远西景明安先生行述	利类思、南怀仁	第十二册
87	利先生行述	南怀仁、闵明我、徐日升	第十二册
88	奏疏	利类思、安文思	第十二册

续表

编号	篇名	作者	备注
89	礼部题稿	汤若望	第十二册
90	辞衔问答	南怀仁	第十二册
91	熙朝定案	南怀仁	第十二册
92	广东至北京路程表	无名氏	第十二册
93	湖广圣迹	无名氏	第十二册
94	圣母会规	洪度贞	第十二册
95	天主耶稣苦难会规	洪度贞	第十二册
	会规总要(nos.96—98)		第十二册
96	仁会会规	无名氏	第十二册
97	圣方济各会规	无名氏	第十二册
98	圣母会规	无名氏	第十二册

从 20 世纪 60 年代开始,到 2002 年,在台湾共出版整理了明末清初的天主教文献 183 部。①

在香港出版的明末清初的天主教文献,最值得一提的是内地学者夏瑰琦整理的《圣朝破邪集》。它是"基督教与中国文化史料丛刊"的第一种,1996 年由香港建道神学院出版。

大陆(内地)学术界 1950 年以后的整理工作首推上海图书馆对原徐家汇藏书楼文献的整理。上海图书馆在 50 年代分别在内部整理出来了《徐家汇藏书楼所藏天主教图书目录初编目次》(1958)、《徐家汇藏书楼所藏西文图书分类表》(1958)、《徐家汇藏书楼所藏古籍目录初稿》(1957)、《徐家汇藏书楼所藏中文(平装)图书目录》(不详)、《徐家汇藏书楼所藏杂志目录初稿》(1957)、《徐家汇藏书楼所藏报纸目录初稿》(1957)、《徐家汇藏书楼所藏地方志目录初稿》

---

① 钟鸣旦、杜鼎克所编辑的《耶稣会罗马档案馆明清天主教文献》仅是该馆所藏的中文文献的一部分,该馆藏书详目见 Albert Chan, S. J. , *Chinese Books and Documents in the Jesuit Archives in Rome*, Routledge, 2002。

(1957)、《徐家汇藏书楼所藏基督教图书目录初稿》(1958)、《徐家汇藏书楼西文藏书目录初稿》(1957)等一系列目录①。

在《徐家汇藏书楼所藏天主教图书目录初编目次》中，笔者初步统计 1843 年以前出版的文献有 28 种，其目录如下：

阳玛诺译：《圣经直解》，十四卷，1790 年京都始胎堂刻本；②

利类思译，鲁日满订：《圣母小日课》，1672 年刻本；

朱明撰：《圣若瑟大主保经》，1715 年刻本；

艾儒略撰：《天主圣教四字经文》，一卷，1798 年北京共乐堂刻本；

阳玛诺等译，(西洋)利类思等重校：《天主圣教总牍汇要》，1755 年领报堂本；

《圣教日课》，三卷，1795 年上海慈母堂刻本；③

《日课撮要》，1837 年刻本；

艾儒略撰：《万物真原》，一卷，1791 年刻本；

万济国撰：《圣教明征》，1677 年刻本；

白多玛撰：《圣教切要》，一卷，1842 年上海慈母堂刻本；

《圣教要理选集》，1811 年刻本；

庞迪我撰：《七克》七卷，1798 年京都始胎堂刻本；

阳玛诺撰：《天主圣教十诫》，二卷，1798 年京都始胎堂刻本；

石振铎撰：《哀矜炼灵说》，一卷，1824 年共乐堂刻本；

冯秉正撰：《盛世刍荛》，1796 年刻本；

艾儒略撰：《三山论学记》，一卷，1694 年北京天主堂刻本；

孙璋撰：《性理真诠》，四卷卷首一卷，1753 年北京首善堂刻本；

石振铎撰：《初会问答》，一卷，1822 年刻本；

①　在此感谢李天纲赠送笔者以上书目。在对徐家汇藏书楼所藏明清天主教文献的研究中，李天纲的《徐家汇藏书楼与明清天主教研究》最为深入。李天纲：《徐家汇藏书楼与明清天主教史研究》，卓新平主编：《相遇与对话：明末清初中西文化交流国际学术研讨会论文集》，宗教文化出版社，2003 年，第 510—533 页。

②　这个目录中含有部分在日本刻印的天主教书籍。

③　应为龙华民所作，见费赖之：《在华耶稣会士列传及书目(上册)》，冯承钧译，中华书局，1995 年，第 68 页。

　　林德瑶译:《圣依纳爵九日敬礼》(附圣方济各沙勿略九日敬礼),1780
年上海慈母堂铅印本;

　　阳玛诺译,朱宗元订:《轻世金书》,四卷,1815 年刻本;

　　沈若瑟译:《易简祷艺》,三卷,1758 年京都圣若瑟堂刻本;

　　白多玛:《四终略意》,四卷,1705 年,真原堂刻本;

　　柏应理撰:《四末真论》,1825 年共乐堂刻本;

　　《圣母圣衣会恩谕》,1759 年上海慈母堂刻本;

　　峨德斐理铎撰:《圣母领报会规程》,1778 年京都大堂刻本;

　　艾儒略撰:《天主降生言行纪略》,八卷,1796 年京都始贻堂刻本;

　　高一志译:《圣母行实》,三卷,1798 年刻本;

　　冯秉正译:《圣年广益》,1815 年刻本[①]。

　　在这个目录中还有一些 1843 年以后再版的明清天主教著作,这些著作虽
出版晚些,但也有不少稀有的本子,如石振铎的《大赦解略》、马若瑟的《圣若瑟
传》《圣母净配圣若瑟传》、龙华民的《死说》、卫方济(François Noël,1651—
1729)的《人罪至重》等;有些书虽然没注明作者,但当从书名上分析应为明末清
初的天主教文献,如《圣教理证》《玫瑰十五经》等著作。由于笔者只是根据目录
分析,无法进行实际的版本学的研究,很难对这部分文献做出准确的判断。

　　大陆学者早期由于到欧洲不便,在文献的整理上不可能像台湾学者那样侧
重于整理藏在国外的文献。在对大陆所藏文献的发掘和整理上,他们做了许多
重要的工作,如王重民先生对徐光启文献的整理和出版、李之勤先生对王徵文
献的整理和出版都做得不错。张维华的《明史欧洲四国传注释》、戴裔煊的《〈明
史·佛郎机传〉笺正》虽然是中外关系史的文献研究,但涉及天主教史。河南教
育出版社出版的《中国科学技术典籍通汇》的数学卷、技术卷、天文卷采取影印

---

　　①　李天纲在《徐家汇藏书楼与明清天主教研究》中认为目录中 1843 年前的刻本和抄本有 28 种,但他
漏了有明确年代的《圣教要理选集》和《三山论学记》两种,而将另外两种尚无明确年代的著作列入其中,他估
计为 1843 年前的著作。这个做法不无道理,但目录中疑似的著作绝不仅仅两本,为慎重起见,我这里将所有
其余疑似的著作不列其中。参见卓新平主编:《相遇与对话:明末清初中西文化交流国际学术研讨会论文
集》,宗教文化出版社,2003 年,第 471 页。

方式,其中也包含了部分传教士的著作。

在澳门回归之际,一些有关澳门的文献和史料得到整理和出版,其中也有不少涉及天主教史的珍贵文献,如中国第一历史档案馆编《中葡关系档案史料汇编》《明清时期澳门问题档案文献汇编》。大陆学人还出版了一些重新排版的整理本或标点本,从而使文献的使用更为方便,这方面大陆学者比台湾学者工作要做得多些。如谢方先生做的《职方外纪校释》、中华书局出版的《元明史料笔记丛刊》、汤开建整理的《澳门史料汇编》,包含了不少常用的重要中文文献,如《客座赘语》《万历野获编》等。文物出版社出版的《中国古代地图集》明代卷和清代卷则公布了一些有关利玛窦、南怀仁地图的新发现和研究。有些学者的著作中也整理了明末清初的天主教文献,如王庆成的《稀见清世史料并考释》整理了《武英殿监修书官寄西洋人书》《改杭州天主堂为天后宫碑记》等重要文献,阎宗临在其《阎宗临史学文集》中公布了他在罗马抄回的康熙朝白晋读《易》等有关天主教史和中西关系史的原始文献。

特别值得一提的是朱维铮先生主编的《利玛窦中文著译集》和周骐方编校的《明末清初天主教史文献丛编》。前者收集和标点了利玛窦的中文著作和地图,后者则整理和点校了明末清初的七篇文献,它们分别是《辩学遗牍》《代疑篇》《三山论学记》《天学传概》《破邪集》《辟邪集》《不得已》。这种选好的底本,参校不同版本,对文献加以标点注释的方法,显然要比简单的影印的方式要难得多,而且价值也要大得多。虽然我们不能将所有明末清初天主教文献都加以标点整理,但这项工作显然是要继续做下去的,王重民先生、李之勤先生、朱维铮先生、周骐方先生给我们开了一个好头。①

20 世纪 80 年代至 21 世纪头 10 年,大陆学术界整理的明末清初天主教文献具书目如下:

1.《圣教入川记》,古洛东,四川人民出版社,1981 年;

2.《明史欧洲四国传注释》,张维华著,上海古籍出版社,1982 年;

---

① 对文献的标点、注释和整理,在文献学上有一套章法,如果不遵守这套方法,整理的本子便无法为学界真正使用。近年来这方面亦有教训,内部发行的《明末清初耶稣会思想文献汇编》便是一例,此汇编虽在文献收集上颇有贡献,但在整理上形式上很不规范,疏漏较多。

3.《徐光启著译集》,徐光启撰,上海市文物保管委员会主编,上海古籍出版社,1983年;

4.《徐光启集》,徐光启撰,王重民辑校,上海古籍出版社,1984年;

5.《徐光启年谱》,梁家勉编著,上海古籍出版社,1981年;

6.《〈明史·佛郎机传〉笺正》,戴裔煊著,中国社会科学出版社,1984年;

7.《郎世宁画集》,聂崇正编,天津人民美术出版社,1998年;

8.《王徵遗著》,王徵著,李之勤校点,陕西人民出版社,1987年;

9.《澳门记略》,印光任、张汝霖著,赵春晨点校,广东高等教育出版社,1988年;

10.《明泾阳王徵先生年谱》,宋伯胤编著,陕西师范大学出版社,1990年;

11.《中国科学技术典籍通汇·数学卷》,任继愈主编,河南教育出版社,1993年;

12.《中国科学技术典籍通汇·技术卷》,任继愈主编,河南教育出版社,1994年;

13.《中国科学技术典籍通汇·天文卷》,任继愈主编,河南教育出版社,1993年;

14.《历史遗痕——利玛窦及明清西方传教士墓地》,林华等编,中国人民大学出版社,1994年;

15.《职方外纪校释》,艾儒略著,谢方校释,中华书局,1996年;

16.《不得已(外二种)》,杨光先等撰,陈占山校注,黄山书社,2000年;

17.《明末清初天主教史文献丛编》,周骎方编校,北京图书馆出版社,2001年;

18.《利玛窦中文著译集》,朱维铮主编,复旦大学出版社,2001年;

19.《利玛窦世界地图研究》,黄时鉴、龚缨晏著,上海古籍出版社,2004年。

20.《明末天主教三柱石文笺注:徐光启　李之藻　杨廷筠论教文集》,

徐光启、李之藻、杨廷钧著，李天纲编注，道风书社，2007 年。①

从以上的研究概述我们可以看出，对明末清初中西文化交流史和传教士汉学家的中文文献的整理绝非今日开始，这批文献的学术整理史已有近四百年。在这个过程中，前辈学者做出了许多努力和成就，使我们今天的研究有了一个好的起点。近年来国外的汉学界在这方面取得了令人瞩目的成绩，如高田时雄对伯希和目录的整理，余东对梵蒂冈目录的整理，陈绪伦对罗马耶稣会档案馆文献的整理，杜鼎克所做的辅仁大学所藏徐家汇藏书楼明清天主教文献的目录等，这几个目录和提要使我们对明末清初天主教中文文献有了一个更为清晰的认识。钟鸣旦、杜鼎克以及他们和黄一农、祝平一所整理出版的两套文献，在方豪前辈的基础上重新开启了文献整理的工作。钟鸣旦主编的 *Handbook of Christianity in China*, *Volume One*：635—1800 尽管是以总结西方学术界的研究为主，但对近年来中文研究领域在文献整理上的进展也给予了足够的重视。

以上仅仅是从中国天主教史文献学的角度对明清间天主教文献的整理历史做一初步梳理。这里有两点基本的思考。

第一，中国学者应更为关注这批中文文献的收集和整理。近年来一些国外学者和汉学家做了不少工作，他们功不可没，但疏漏颇多，整理的形式也不规范。这方面中国本土学者应更多地参与和投入这项工作，以保证其学术水准，同时也真正继承由李之藻所开创的这一事业。

第二，这批文献的主体部分是来华的传教士汉学家，从欧洲汉学史来说，从传教士汉学的研究来说，这是一批极为重要的汉学史基本文献。从传教士汉学研究的角度切入这批文献的整理和研究是一个重要的方向，亟待展开。

---

①　这里列出的只是著作部分，对个别文献的发现和研究，大陆学者还有不少成果，因篇幅有限，这里不再一一列举。

第十四章 "礼仪之争"与中国文化西传

"礼仪之争"是明清之际中国和西方关系中最重大的历史事件。一开始,这个争论完全是来华传教士内部的争论。以后演化成清政府和梵蒂冈之间的争论,争论并没有使中国和梵蒂冈达成任何和解,相反,清政府和梵蒂冈以及整个西方的关系发生了根本性的逆转。这场争论给中国西方带来了完全不同的结果:对中国来说,从此逐步关上了与世界联系的大门;对西方来说,由此打开了一扇东方文明的大门,并推动了欧洲的启蒙运动的发展,中国文化开始在欧洲广泛传播。

第一节 "礼仪之争"的内容

"礼仪之争"最初仅仅是一个译名之争。基督教中的造物主 Deus 如何翻译成中文。罗明坚首先将这个词翻译为"天主"或"上帝",利玛窦继承这种翻译,并从他所明确的"合儒"政策出发,认为这样的翻译符合中国的文化传统,因为这两个概念均为中国传统中自己的概念。利玛窦的说法不错,很多文人儒生在接受和理解天主教时,大都认为天主教和中国三代时讲的上帝是有共同性的。另外,还有祭祖和祭孔的问题,传教士们争论这两种仪式算不算宗教仪式。这两个问题看似简单,实际上表明了传教士们是从自己的文化背景对中国文化的发问,问题的实质是中国文化的宗教性,即从基督教的宗教观念来审视中国文化的宗教性问题。

利玛窦认为祭祖和祭孔不是宗教活动。"每月之月初及月圆,当地官员与秀才们都到孔庙行礼,叩叩头,燃蜡烛,在祭坛面前的大香炉中焚香。在孔子诞辰,及一年的某些季节,则以极隆重的礼节,向他献死动物及其他食物,为感谢他在书中传下来的崇高学说,使这些人能得到功名和官职;他们并不念什么祈祷文,也不向孔子求什么,就像祭祖时一样……关于来生的事,他们不命令也不禁止人们相信什么,许多人除了儒教外,同时也相信另外那两种宗教,所以我们可以说,儒教不是一个正式的宗教,只是一种学派,是为了齐家治国而设立的。因此他们可以属于这种学派,又成为基督徒,因为在原则上,没有违反天主教之基本道理的地方。"①

很明显,利玛窦认为中国的祭祖和祭孔没有任何宗教性,也并非迷信,这只是中国文化的一个重要的传统而已。利玛窦的这个理解奠定了天主教在中国文人中发展的基础,正是基于这样一种理解,利玛窦才吸收了像徐光启、杨廷筠和李之藻这样的高级知识分子入教。天主教才开始在中国站住了脚跟。

第二节 "礼仪之争"的过程

一、耶稣会内部的争论

利玛窦尸骨未寒,来华耶稣会士内部就开始因中国礼仪问题发生了争论。利玛窦自己所选定的接班人,他的意大利同乡龙华民开始带头反对利玛窦的这种解释。起因是当时的耶稣会在远东的负责人接到在日本的耶稣会的报告说,在不少日本人看来利玛窦所解释的"天主"和"上帝"概念有问题,从中国的理学观念来看,中国文化中的这两个概念和基督教所说的创造万物的"上帝"概念根

---

① 利玛窦:《利玛窦中国传教史(上)》,刘俊余、王玉川译,光启出版社,1986 年,第86—87 页。

本不是一回事。耶稣会在远东的负责人就写信给龙华民,让他调查此事。龙华民就向中国的著名基督教徒徐光启和李之藻询问此事,他们当然是完全赞同利玛窦的理解和解释的。龙华民心中不悦,就联合与他观点相同的熊三拔给耶稣会上级写信,反对利玛窦的这种理解,主张在中国和日本教区禁止使用"上帝"和"天主"这两个概念,同时也要禁止教徒去祭祖和祭孔。龙华民真是辜负了利玛窦对他选拔和希望。当然,在耶稣会内部坚持利玛窦路线的人仍是多数,当时,耶稣会在远东的负责人卫方济就让庞迪我和高一志这两个传教士对这个问题发表意见,他们很显然是站在利玛窦路线一边的。卫方济将他们的意见转给熊三拔看,熊三拔和龙华民不服,又写文章主张彻底废除使用"上帝"和"天主"的概念,直接用音译的"徒斯"一词代替。耶稣会的会长和远东的视察员不同意龙华民和熊三拔的意见,于是1612年耶稣会在澳门召开会议讨论此事。结果会议一致同意继续执行利玛窦的路线,否定了龙华民等人的解释。但龙华民这个人丝毫不退让,反而写书把利玛窦的《天主实义》逐条加以反驳,高一志立即回击龙华民。于是来华的耶稣会士于1628年在嘉定召开第二次会议讨论这个问题,结果是双方妥协,在祭祖和祭孔的问题上按利玛窦的理解,在 Deus 的译名上按龙华民的意见办①。

二、各修会之间的争论

一波未平一波又起。当耶稣会内部争论不休时,来华的道明我会和方济各会也开始对这件事发表自己的意见。道明我会的黎玉范把自己对祭祖和祭孔的看法写了17条直接寄给了罗马的教宗。他不仅给教宗写拉丁文的书信,同时,还写了一份中文的文献递交教宗,用来说明他对待中国文化的态度。这份文献的题目是《圣教孝亲解》②。他在文章中说:天主教并不反对孝敬父母,在十戒中就有孝敬父母一条,那么为何反对中国教徒祭祖呢?他认为:"人死则腐肉残骨,何知饥饱,祭以饮食,胡为也。"道明我会在福建传教,他们看到的是中

① 参见戚印平:《Deus 的汉语译词以及相关问题的考察》,《世界宗教研究》2003 年第 2 期,第 88—97 页。

② 伯希和编:《梵蒂冈图书馆所藏汉籍目录》,高田时雄校订补编,郭可译,中华书局,2006 年,第 76 页。

国民间的信仰,这和利玛窦的那种出门坐轿,结交的都是些会写诗论道的知识分子完全不同,道明我会的传教士们也不可能理解中国文化中的"大传统"和"小传统"的区别以及联系这样根本性的问题。黎玉范在文章的最后说:"铎德黎玉范,回到罗玛京都,颛求教皇,颁定大明教中该行什么礼规,上疏云云。教皇吴依巴诺,先命诸先生中极高明博学者。聚论黎某疏事,至几阅月始定。嗣后教宗意诺增爵即位,随颁定云:大明教中人,不该祭祖先,不该祭孔子,更不该祭城隍。讲道时节,该传我主即耶稣降生救世受难诸情,该立耶稣苦象于主台。教中人家,不该设祖牌,不该放利钱……"结果,远在几千里之外的罗马教廷竟然赞成了黎玉范的意见,因为在整个天主教神学的解释上道明我会在罗马的地位要比耶稣会高得多,要知道,当年宗教审判所的神学家们主要是道明我会的人①。所以,依诺森十世(Innocentius X)在 1645 年 9 月 12 日很快就下达了禁止中国教徒祭祖和祭孔的禁令是完全可以理解的②。

在华耶稣会知道了罗马的这个禁令后,一下子慌了神。他们很清楚这意味着什么,如果按照这个禁令去做,那么利玛窦以来耶稣会的努力和成果就可能付诸东流。于是,在华耶稣会马上派卫匡国返回欧洲,向罗马教廷申述耶稣会的立场,希望罗马教廷收回 1643 年的禁令。卫匡国果然不负耶稣会重托,在罗马又重新说服了教宗,使其站在了耶稣会一边,因为,这时教宗已经是亚历山大七世(Alexander Ⅶ)。亚历山大七世在 1656 年 3 月又批准中国教徒参加祭祖和祭孔。他批复中说:"尊孔堂里没有有关偶像崇拜的司祭人员,尊孔堂里的一切都不是为偶像崇拜而安排的,只是儒生们和文人们对孔子行拜师礼。他们的礼仪,自始至终都是公认民俗性的和政治性的,仅仅是为表示民间世俗的尊敬。"③

罗马教廷的教宗不断更换,政策也不断变化,前后两个完全不同的文件使在华的传教士们左右为难。道明我会的传教士于是写信问罗马教廷,我们究竟

---

① 参见李天纲:《中国礼仪之争:历史·文献和意义》,上海古籍出版社,1998 年。
② 苏尔、诺尔编:《中国礼仪之争:西文文献一百篇(1645—1941)》,沈保义、顾为民、朱静译,上海古籍出版社,2001 年。
③ 同上书,第 8 页。

应该执行哪个文件。罗马的圣职部 1669 年的答复也很巧妙，两个文件都有效，"后者并不废除前者"①。此时，在中国的传教士正处在杨光先教案的困难时刻，大部分传教士被集中在广州。他们在广州开了 40 天会议，会议认为应该执行 1656 年亚历山大七世颁发的文件。显然，耶稣会的意见占了上风。但会议后西班牙籍的道明我会士闵明我从广州逃出，返回欧洲后出版了《中国的历史、政治与宗教》。在这本书中他发表了龙华民的《论中国宗教的几个问题》②，这篇文献实际上是龙华民在耶稣会内部讨论时所写的《简单的回答》，文中介绍了宋明理学的基本思想和概念，主要采用了张居正《性理大全》中的卷 26"理气一"，卷 27"理气二"，卷 28"鬼神"等内容③。闵明我的书在欧洲出版后引起了轩然大波，许多欧洲重要的思想家都读过这本书，这在下面我们还要谈到。此后不久教廷直接派到福建的主教阎当又一次挑起战火。他命令所有在福建的教堂将康熙所题的"敬天"匾额拿下，所有教徒不许祭祖和祭孔，并且再次给罗马教宗写信。阎当的信使罗马又一次动摇，经过多次讨论，1704 年 11 月 20 日教宗克雷孟十一世发出禁令，禁止中国教徒参加祭祖祭孔仪式，并明确指出卫匡国的报告不实。在克雷孟十一世禁令的备忘录中附有阎当主教的训令，在这个训令中他说："传教士在任何情况下都不允许基督徒主持、参与或出席一年数度例行的祭孔、祭祖的隆重仪式，我们宣布这种供祭是带有迷信色彩的。"④从此，罗马教廷结束了政策的混乱，开始了全面否认耶稣会利玛窦路线的时期。

第三节　中国和梵蒂冈的文化冲突

罗马方面为了表明自己的立场，也为了统一在华各修会传教士之间的口径和观点，正式派多罗主教来华。这样，天主教在华的各修会之间的争论到此告

---

① 罗光：《教廷与中国使节史》，传记文学出版社，1983 年，第 86 页。
② 此文最近被李文潮收入了他和 Hans Poser 编的《中国自然神学论》一书，Gottfried Wilhelm Leibniz, *Discours sur la Théologie Naturelle des Chinois*，edited by Hans Poser and Wenchao Li, Klostermann，2002。
③ 李文潮：《龙华民及其〈论中国宗教的几个问题〉》，《国际汉学》2014 年第 1 期，第 61—78 页。
④ 苏尔、诺尔编：《中国礼仪之争：西文文献一百篇（1654—1941）》，沈保义、顾为民、朱静译，上海古籍出版社，2001 年，第 17 页。

一段落,一个纯粹的文化问题终于演化成了清政府和梵蒂冈的关系问题。

耶稣会得知多罗将来华,就提前做康熙皇帝的工作,使其赞同耶稣会的观点。耶稣会在这方面是老手,这样的上层活动曾使他们在欧洲的不少国家频频得手。康熙三十九年十月二十日(1700 年 11 月 30 日)在宫中传教的耶稣会的闵明我、徐日升、安多(Antoine Thomas,1644—1709)、张诚等人很恭敬地给康熙帝写了一封信表达他们对中国文化的看法,信中说:

> 窃远臣看得,西洋学者闻中国有拜孔子及祭天地祖先之礼,必有其故,愿闻其详等语。臣等管见,以为拜孔子,敬其为人师范,并非祈福佑、聪明、爵禄而拜也。祭祀祖先,出于爱亲之义,依儒礼亦无求佑之说,惟尽忠孝之念而已。虽立祖先之先碑,非谓祖先之魂在木牌之上,不过抒子孙报本追远如在之意耳。至于郊天之礼典,非祭苍苍有形之天,乃祭天地万物根源主宰,即孔子所云:郊社之礼,所以事上帝也。有时不称上帝,而称天者,犹主上不曰主上,而曰陛下、曰朝廷之类,虽名称不同,其实一也。前蒙皇上所赐匾额,御书"敬天"之字,正是此意。远臣等鄙见,以此答之,但缘关系中国风俗,不敢私寄,恭请睿智训诲,远臣不胜惶悚待命之至。

当天康熙看到传教士们的奏疏后就批下:"这所写甚好,有合大道,敬天及事君亲敬师长者系天下通义,这就是无可改处。钦此。"①

耶稣会做好康熙皇帝的工作后,开始做罗马方面的工作。康熙四十二年(1703)耶稣会派卫方济与庞嘉宾(Gaspard Kastner,1665—1709)到罗马,向新上任的教宗申诉耶稣会的立场。这次耶稣会做了充分准备,他们带了中国各个教区的教徒们亲手写的誓状,上面说明祭祖、祭孔是什么含义,教徒们如何理解天主和上帝的概念。每份誓状都有教徒们签字画押,耶稣会士们将其翻译成拉丁文。但此时巴黎外方传教会的梁弘仁(Artus de Lionne,1655—1713)也到了罗马,双方唇枪舌剑,一番论战。一年后,康熙四十三年(1704),教宗克雷孟十一世和教廷的枢机委员会终于再次做出裁决:"(一)圣部决定不应用欧洲人对真神称谓的译音。使用这些译音并无价值。这些汉字译音很难以表达原有的

---

① 韩琦、吴旻校注:《熙朝崇正集·熙朝定案(外三种)》,中华书局,2006 年,第 189—190 页。

含义,很难唤起中国人理解事物的原意。(二)不允许把有争议的牌位放在基督教的教堂里,如果放了,则要拿掉。(三)不允许基督徒以任何方式、任何理由主持、参与、出席在每年春分和秋分时隆重地举行的祭拜孔子和祭拜祖宗的仪式。这些祭拜仪式都带有迷信色彩。(四)按中国人的风俗,他们在自己的家里存放上面写某某之位或某某之灵的他们先人的牌位,他们认为先人的灵魂有时候附在牌位上。对于基督徒是不允许这样做的。而且还禁止其他写上某某之灵或某某之位类似牌位的东西,哪怕缩写也不行。"①这样,11 月 20 日著名的克雷孟十一世的谕旨就公布了,正式判定"中国礼仪"为异端,应予禁止。

一、多罗来华

1705 年 4 月 2 日(康熙四十四年)多罗使团终于到达澳门,4 月 5 日进入广州。7 月 17 日在宫中的耶稣会正式将多罗特使到华一事告诉了康熙,康熙便让广东巡抚好好接待,并派人随同多罗特使一起来京,又派张诚等传教士到天津迎候多罗使团。9 月 9 日多罗使团坐船从广州出发北上,出发前多罗忽然中风,半身不遂。多罗年纪太大,罗马教廷让这样的老人来完成这样重大的历史使命,实在难为他。从广州走水路缓慢,康熙皇帝数月仍未见到多罗使团的消息,十分惦记,又怕水路旅途漫长、辛苦,遂派亲王到山东临清迎候使团,改为陆路进京。康熙此时的心情可略见一斑,他对多罗使华寄予了希望。12 月 4 日多罗使团进京,下榻北堂。

1705 年 12 月 31 日康熙热情地召见了多罗,接待的规格前所未有,元宵节时由太监陪伴观灯,并多次送他食物。康熙在接见时询问罗马方面关于礼仪问题态度,多罗总是支支吾吾,不敢正面回答。多罗来华后,在 1706 年 3 月从马尼拉方面得知了罗马教廷 1704 年 11 月 20 日的决定,但此时康熙完全不知罗马方面对待中国礼仪的态度。1706 年 6 月 29 日康熙在畅春园第二次接见多罗,多罗仍不敢正面回答他的问题,躲躲闪闪,总是说教化王让他来给康熙请安。康熙聪明过人,他认为多罗一定带有教化王的使命,绝不会让多罗跑几千

---

① 苏尔、诺尔编:《中国礼仪之争:西文文献一百篇(1654—1941)》,沈保义、顾为民、朱静译,上海古籍出版社,2001 年,第 38—39 页。

里海路来而只是给他代问个好。所以,康熙畅春园游玩时就明确地告诉多罗,中国几千年来奉行孔子之道,如果在华的传教士反对中国的礼仪,那将很难在中国留下来。这话说得很合理,多罗无言以对,只好说不久有一位精通中国问题的神父要来北京,这就是福建主教阎当。在北京的耶稣会士看到多罗这样办事,心中也很着急,害怕他会使耶稣会几十年的努力前功尽弃,于是耶稣会士闵明我就给多罗写信劝他说:"你初来时曾说,面奏谢恩之外并没有什么事,如今只管生事不已。我们在中国也不多,不在中国也不少。我们甚是无关系。你当仰体皇上优待远臣恩典,自今以后再不可听阎当等言语生事。万一皇上有怒将我们尽行逐去,那时如何?你后悔也迟了。不如听我们的话,悄悄回去吧。"①

康熙看到多罗躲躲闪闪,身体也不好,但仍是宽以相待,让他安心养病。后听说多罗病好了,康熙很怜悯他,就下谕将自己的看法全部写了出来。康熙在谕中说:"近日自西洋所来者甚杂,亦有行道者,亦有白人借名为行道,难以分辨是非。如今尔来之际,若不定一规矩,惟恐后来惹出是非。也觉得教化王处有关系,只得将定例,先明白晓谕,命后来之人谨守法度,不能少违方好。以后凡自西洋来者,再不回去的人,许他内地居住;若近年来明年去的人,不可叫他许住。此等人譬如立于大门之前,论人屋内之事,众人何以服之,况且多事。更有做生意、跑买卖等人,益不可留住。凡各国各会皆以敬天主者,何得论彼此。一概同居同住。则永无争竞矣。为此晓谕。"②这话说得很合理,很大度,只要准备在中国长期居住的都可以居住,只在这里住几天又要说三道四,那是不行的。

康熙在第二次接见多罗以后,很快到了热河行宫。8月1日就召多罗所介绍的中文翻译阎当来见,结果,阎当说一口福建话,还要巴多明翻译。康熙问他读过《四书》吗,他说读过,但当康熙问他是否记得起,他又说记不住,记忆在欧洲不是很重要。康熙就问他自己御座后面的"敬天法祖"四个字如何读,阎当只能读出一个字,这使康熙大为恼火。第二天康熙就写下御批:"愚不识字,擅敢妄论中国之道。"两天后康熙气仍未消,下谕说:"颜当既不识字,又不善中国语

①　中国第一历史档案馆编:《清中前期西洋天主教在华活动档案史料(第一册)》,中华书局,2003年,第10页。

②　北平故宫博物院编:《康熙与罗马使节关系文书影印本》,1932年,第二件。

言,对话须用翻译。这等人敢谈中国经书之道,像站在门外,从未进屋的人,讨论屋中之事,说话没有一点根据。"①当康熙从阎当那里得知有五千名教徒是信奉阎当那种不祭孔、不祭祖的礼仪时,康熙说:"如果这五千人信奉你并遵守你的规章,如果敬天、尊孔和祭祖都是罪恶,则这五千人断不是中华子民。"②

康熙对"礼仪之争"的态度已经十分清楚。康熙自见了阎当以后对多罗心生厌恶,当多罗向康熙请求离京时,康熙立即应允。

多罗离开北京后,康熙在 1706 年 12 月 7 日颁旨,宣布遵守利玛窦规矩的传教士可以领票,12 月 18 日在京的所有耶稣会士被召到内廷宣布康熙的御旨:"朕念你们,欲给尔等敕文,尔等得有凭据,地方官晓得你们来历,百姓自然喜欢进教。遂谕内务府,凡不回去的西洋人等,写票用内务府印给发,票上写明西洋某国人,年若干,在某会,来中国若干年,永不复回西洋,已经来京朝觐陛见,为此给票,兼满汉字,将千字文编成号数,挨次存记,将票书成款式进呈。钦此。"③有了这个票便可以在中国生活和传教。不仅在北京的耶稣会士领了票,在外地的方济各会的传教士也领了票。学者们研究的结果是,西班牙方济各会的传教士有 17 人领了票④。

多罗到南京后,于 1707 年 2 月 7 日发布了罗马教廷关于中国礼仪问题的教令。在这份教令中,多罗说:"如果他们(指教徒——作者注)被问到在神律中是否有与中国传统的教导的不同之处,他们必须回答:有许多不同。当要求他们举例说明时,他们可以尽他们所想到的,阐明算命、祭天、祭地、祭太阳、祭月亮、祭其他星宿和神灵等的意义。基督徒只能祭万物的创造者天主,他们从天主那里得到祸或福。当他们被问到敬孔子和祖宗的焦点问题时,他们应该作如下回答:不行。我们不能奉献这样的祭品。我们不允许听从神律的人们祭孔和

---

① 转引自罗光:《教廷与中国使节史》,传记文学出版社,1983 年,第 117 页。

② Claudia von Collani, *Kilian Stumpf-Mediator Between Würzburg and China*, 1998 年在杭州举行的中西文化交流史国际研讨会论文集。转引自余三乐:《中西文化交流的历史见证:明末清初北京天主教堂》第 286 页,广州人民出版社 2006 年。

③ 韩琦、吴旻校注:《熙朝崇正集·熙朝定案(外三种)》,中华书局,2006 年,第 364 页。

④ 参见崔维孝:《明清之际西班牙方济会在华传教研究(1579—1732)》,中华书局,2006 年,第 343 页。这是近年来研究方济各会在华传教的第一部著作,是一本很值得读的好书。

祭祖。同样地,关于中国人习惯使用牌位以尊重死去的祖宗,回答是:不行。当他们被问到'上帝'或者'天'是否是基督徒的真正的天主时,回答:不是。"①作为罗马的特使,他尽了使命。他从未来过中国,所以坚守的宗教观点完全是罗马教廷的观点,这也在情理之中。

康熙得知这个消息后立即下谕将阎当和他的秘书 Guetti 以及浙江主教何纳笃(Mezzafalce)驱逐出境,将多罗的秘书、在华的传教士毕天祥(Luigi Antonio Appiani)遣回他原传教的四川就地拘禁。

康熙并未灰心,他仍在耐心地做传教士的工作。1707 年 4 月 19 日他路经苏州时接见那些领了票的传教士,对他们说:"自今后,若不遵利玛窦规矩,断不准在中国住,必逐回去。若教化王因此不准尔等传教,尔等既是出家人,就在中国住着修道。教化王若再怪你们遵守利玛窦,不依教化王的话,叫你们回西洋,朕不叫你们回去。倘教化王听了多罗的话,说你们不尊教化王,得罪天主,必定叫你们回去,那时朕自然有话说。说你们在中国年久,服朕水土,就如中国人一样,必不肯打发回去。教化王若说你们有罪,必定你们回去,朕带信与他,说徐日升等在中国,服朕水土,出力年久。你必定叫他们回去,朕断不肯将他们活打发回去,将西洋等人头割回去。朕如此带信去尔教化王。万一再说尔等得罪天主,杀了罢。朕就将中国所有西洋人等都查出来,尽行将头带与西洋去。设如此你们的教化王也就成个教化王了。你们领过票的,就如中国人一样,尔等放心,不要害怕领票,俟朕回銮时在宝塔湾同江宁府方西满等十一人一同赐票。钦此。"②

实际上,康熙此时并不想完全和罗马教廷一刀两断,在他看来,罗马教廷做出这样的决定完全是阎当这样的人造成的。正因为这样,康熙在 1706 年派出了他所信任的龙安国和薄贤士返回欧洲,向罗马教廷讲明他的态度。1707 年 10 月他又派出了艾若瑟和陆若瑟两名耶稣会士返回欧洲。但天不助康熙,薄

---

① 苏尔、诺尔编:《中国礼仪之争:西文文献一百篇(1654—1941)》,沈保义、顾为民、朱静译,上海古籍出版社,2001 年,第 50—51 页。

② 中国第一历史档案馆编:《清中前期西洋天主教在华活动档案史料(第一册)》,中华书局,2003 年,第 12 页。

贤士和龙安国死于海难,艾若瑟和陆若瑟到达了罗马,陆若瑟病逝故乡,艾若瑟病逝返回中国的途中。这样,罗马方面倒是知道了康熙的想法,而康熙始终不知教廷的观点是否在见到艾若瑟后有所变化。而在梵蒂冈和中国之间第一次承担起外交关系的多罗,离开广州就落入了澳门教会手中,耶稣会终于可以在那里发泄他们的不满。最后,多罗客死在澳门,永远没再回到罗马。

二、嘉乐来华

1720 年(康熙五十九年)6 月,随同艾若瑟返回罗马并将艾若瑟尸骨带回的中国年轻人樊守义在热河受到了康熙的接见。罗马方面也派人告知康熙,他们将再派特使嘉乐来华。康熙一方面让耶稣会了解嘉乐的情况,另一方面答应罗马方面的要求,同意嘉乐来华。嘉乐到北京城外窦店时,康熙派人问嘉乐来华之使命,嘉乐说:"一件求中国大皇帝俯赐允准,着臣管在中国传教之西洋人;一件求中国大皇帝俯赐允准,中国入教之人,俱依前岁教王发来条约内禁止之事。"①嘉乐开门见山,直话直说。康熙也毫不客气地批示说:"尔教王所求二事,朕俱俯赐允准。但尔教王条约与中国道理,大相悖逆戾。尔天主教在中国行不得,务必禁止。教既不行,在中国传教之西洋人,亦属无用。除会技艺之人留用,再年老有病不能回去之人仍准存留,其余在中国传教之人,尔俱带回西洋去。"②

康熙这样一讲,耶稣会几十年的努力就要付诸东流。于是,在北京的传教士就开始和嘉乐讨论一种妥协办法,尽量将梵蒂冈的要求和康熙的要求协调起来。这样,在北京的耶稣会士就商量出八条办法:1.准许教徒在家祭祖,但在牌位旁要注明天主教孝敬父母的道理;2.准许教徒对亡人追悼的礼仪,但应是非宗教性的社会礼节;3.准许非宗教性的祭孔;4.准许在亡人的棺材前磕头;5.准许在丧礼中焚香点烛,但不从迷信;6.准许在亡人棺材前放供果,但声明不是迷信;7.准许节日在牌位前磕头;8.准许在牌位前焚香点烛,但声明不是迷信。③

---

① 北平故宫博物院编:《康熙与罗马使节关系文书影印本》,1932 年,第十三件。
② 同上。
③ 同上。

耶稣会士真是煞费苦心。

康熙对嘉乐来朝一事的处理有理、有据,宽严适度,显示了他很高的统治水平和艺术。第一次接见嘉乐时,康熙赐酒给嘉乐并问他,为何西洋图中有生羽翼之人。嘉乐热情解释其中的道理,康熙听后说:"中国人不解西洋字义,故不便辨尔西洋事理。尔西洋人不解中国字义,如何妄论中国之是非?朕此问即此意也。"①这个对话显示了康熙的机智和聪明。嘉乐是梵蒂冈的外交使臣,康熙以礼相待,赐他貂冠,赠他青缎袍,并让嘉乐带话回去给教化王,一收礼物,二表谢意。但对嘉乐的观点,康熙据理驳斥,毫不留情。十二月十七日,康熙召见嘉乐和传教士,问嘉乐:从利玛窦以来,传教士们在中国有何违反你们天主教的地方?嘉乐说利玛窦称天帝,给亡人设供牌就不合教规。康熙认为,这等小事何必拿到此来讨论。嘉乐申辩,康熙批驳,并说要与他辩论到底。在嘉乐的坚持下,传教士们将教宗的禁约翻译成汉文,读给康熙听。康熙听后完全明白了教廷的用意,认为这些禁约完全是阎当的那套理论,这也说明教廷方面完全没有听康熙派到罗马的使臣们的意见。康熙甚至怀疑艾若瑟和陆若瑟是否是被罗马方面所害。康熙大怒,下旨:"览此《条约》,只可说得西洋人等小人,如何言得中国之大理。况西洋人等无一人通汉书者,说言议论令人可笑者多。今见来臣《条约》竟是和尚、道士,异端小教相同,彼此乱言者莫过如此。今后不必西洋人在中国行教,禁止可也,免得多事。钦此。"②康熙的禁教令标志着"从1692年康熙颁布'容教令'到此时,天主教在中国只得到短短12年完全自由传布的时间"。嘉乐被礼貌地送出了中国,中国和罗马教廷的第二次外交以双方的分歧而结束。

康熙虽然颁布了禁教令,但从未认真执行,他对那些领票的传教士仍厚爱有加。1720年(康熙五十九年)11月18日,康熙将在京的严嘉乐、白晋、巴多明、戴进贤、麦大成、费隐、雷孝思、冯秉正、殷弘绪(François-Xavier d'Entrecolles,1664—1741)、罗怀忠等18名传教士召到乾清宫西暖阁,就"礼仪之争"问题再次重申了他的意见:"尔西洋人,自利玛窦到中国,二百余年,并无

---

① 北平故宫博物院编:《康熙与罗马使节关系文书影印本》,1932年,第十三件。
② 同上。

贪淫邪乱,无非修道,平安无事,未犯中国法度。自西洋航海九万里之遥者,为情愿效力。朕因轸念远人,俯垂矜恤,以示中华帝王不分内外,使尔等各献其长,出入禁庭,曲赐优容致意。尔等所行之教与中国毫无损益,尔等去留亦毫无关涉。因自多罗来时,误听教下阎当不通文理,妄诞议论。若本人略通中国文章道理,亦为可恕。伊不但不知文理,即目不识丁,如何轻论中国理义之是非。即如以天为物,不可敬天,譬如上表谢恩,必称皇帝'陛下''阶下'等语。又如过御座,无不趋跄起敬,总是敬君之心,随处皆然。若以陛下为阶下座位,为工匠所造,岂忽可呼?中国敬天亦是此意。若依阎当之论,必当呼天主之名,方是为敬。甚悖于中国敬天之意。据尔众西洋人修道,起意原为以灵魂皈依天主。所以苦持终身,为灵魂永远之事。中国供神主,乃是人子思念父母养育。譬如幼雏物类,其母若殒,亦必呼号数日,思其亲也。况人为万物之灵,自然诚动于中,形于外也。即尔等修道之人,倘父母有变,亦自哀恸。倘置之不问,即不如物类矣,又何足与较量中国敬孔子乎?圣人以五常百行之大道,君臣父子之大伦,垂教万世,使人亲上死长之大道。此至圣先师之所以应尊应敬也。尔西洋亦有圣人,因其行事可法,所以敬重。多罗、阎当等知识偏浅,何足言天?何知尊圣?前多罗来俱是听教下无赖妄说之小人,以致颠倒是非,坏尔等大事。今尔教主差使臣来京,请安谢恩。倘问及尔等行教之事,尔众人公同答应,中国行教俱遵利玛窦规矩。"[①]

"礼仪之争"是中西文化交流史的一个重要的事件,从这个事件中我们可以看到天主教在面临中国文化时所产生的问题,无论是阎当所代表的巴黎外方传教会及道明我会、方济各会等反对利玛窦路线的传教修会,还是多罗和嘉乐所代表的罗马教廷,都表现出一种强烈的欧洲中心主义的倾向,表现出一种按照欧洲文化来裁剪其他文化的倾向。康熙和教廷之间当然存在着皇权和教权之争,但这主要不是一种权力之间的争论,如果把这场争论仅仅归结为一种权力之争就大大消减了对其文化意义的理解。如学者所说,这是一场纯粹的文化之

① 中国第一历史档案馆编:《清中前期西洋天主教在华活动档案史料(第一册)》,中华书局,2003 年,第34—35 页。

争①。因为,在"礼仪之争"之前,康熙对天主教曾表现出强烈的兴趣,而正是"礼仪之争"让他看到了天主教的僵化观念。作为一国之君,他在"礼仪之争"中表现出了泱泱大国的气度和成熟的外交技巧。无论从历史上来看还是从今天来看,天主教都需要做真正的反思。"礼仪之争"是留给西方人一份重要的文化遗产,直到今天,西方仍应认真反思这份宝贵的文化遗产,从这个事件中检讨他们对待东方和其他不同文化的态度和立场。很可惜,在"礼仪之争"后不久,中国和西方之间的力量发生了变化,西方沿着一种自我扩张的殖民主义路线在中国和东方发展。他们完全忘记了这个重要的历史事件对他们的意义。今天,当中国和东方重新回到世界秩序的中心时,西方需要彻底地反思他们同中国打交道的历史,需要彻底地反思自己那种文化扩张主义的问题,而这个思考的起点就是"礼仪之争"。

正是从"礼仪之争"开始,基督教停止了融入中国文化的步伐,开始了长达数百年的与中国文化长期冲突的历史,中国基督教进入了它的艰难时期。同时,中国方面也逐渐失去了接触西方世界的桥梁,伴随着基督教蛮横的文化态度,中国也渐渐失去了观察世界的窗口。对罗马教廷和中国清政府来说,这是一个双败的结局,但在这个重要的历史事件中却有一个收获者,这就是欧洲社会。

第四节　中国文化的西传

"礼仪之争"在中国和西方产生了完全不同的两种结果。在中国,由于教廷不再遵守"利玛窦规矩",从康熙到雍正、乾隆,逐步冷淡传教士,甚至出现全面禁教的情况,从而使已经取得显著成就的中西文化交流中断,在宗教形式下的西方科技、文化的传播受到了直接的影响。

然而,对西方来说,"礼仪之争"却产生了一个令人意想不到的结果——欧洲持续的中国热和汉学的兴起,从而使中国文化和思想传入西方。正如当时法国最大的史学家圣西门公爵在《人类科学概论》中所说的:"有关中国的争论在

---

① 参见李天纲:《中国礼仪之争:历史·文献和意义》,上海古籍出版社,1998年。

尊孔和祭祖等问题上开始喧嚣起来了,因为耶稣会会士们允许其新归化的教徒们信仰之,而外方传教会则禁止其信徒们实施之,这场争执产生了严重的后果。"①

正是在礼仪之争中,来华的各修会传教士为维护自己的传教路线,多次派人返回欧洲,向罗马教廷和欧洲社会申诉自己的观点。他们著书立说,广泛活动,将自己所了解的中国介绍给欧洲,以争取同情和支持。在考狄的书目中关于礼仪之争的著作就有 260 余部。一个有辽阔的国土、悠久的历史、灿烂的文化的东方大国的形象一下子就涌现到了欧洲读者面前。"17 世纪欧洲关于中国的消息十分迅速地增长。"②一时间谈论中国成为最热门的话题。中国对欧洲有了"一种特殊的魅力"③。欧洲在"礼仪之争"之中了解了东方,了解了中国,"在几乎所有的科学部门中,中国变成论战的基础"④。它为欧洲的启蒙运动直接提供了思想的材料。所以,欧洲是"礼仪之争"的受惠一方。

金尼阁是较早被派回欧洲的传教士,利玛窦托他带回了自己写的《利玛窦中国传教史》,他在途中将其从意大利文改译为拉丁文,并于 1615 年在欧洲公开出版,书名为 De Christiana expeditione apud Sinas(Augusbug,1615)。这部书在欧洲产生了轰动,是自门多萨的《中华大帝国史》以来在西方影响最大并产生持续影响的书。

在第五章中,利玛窦对儒家学说做了简要的介绍,他说:"虽然不能说在中国哲学家就是国王,但可以说国王是受哲学家牵制。"⑤这显然指的是儒家。在对中国哲学派别的介绍中,利玛窦对儒家着笔最多,介绍得最为详细:

> 中国最大的哲学家是孔子,生于公元前 551 年,活了七十余岁,一生以言以行以文字,诲人不倦。大家都把他看为世界上最大的圣人尊敬。实际上,他所说的,和他的生活态度,绝不逊于我们古代的哲学家;许多西方哲

---

① 安田朴、谢和耐等:《明清间入华耶稣会士和中西文化交流》,耿昇译,巴蜀书社,1993 年,第 178 页。

② Edwin J. Van Kley, "Chinese history in Seventeenth—century European reports," *Actes du IIIe colloque international de Sinologie, Chantilly, 1980*,Les Belles Lettres, 1983,p. 195.

③ 帕尔默、科尔顿:《近现代世界史(上册)》,孙福生等译,商务印书馆,1988 年,第 189 页。

④ 利奇温:《十八世纪中国与欧洲文化的接触》,朱杰勤译,商务印书馆,1962 年,第 91 页。

⑤ 利玛窦:《利玛窦中国传教史(上)》,刘俊余、王玉川译,光启出版社,1986 年,第 21 页。

学家无法与他相提并论。故此他所说的或所写的,没有一个中国人不奉为
金科玉律;直到现在,所有的帝王都尊敬孔子,并感激他留下的道学遗产。
他的后代子孙一直受人尊重;他的后嗣族长享有帝王赐的官衔厚禄及各种
特权。除此之外,在每一城市和学官,都有一座极为壮观的孔子庙,庙中置
孔子像及封号;每月初及月圆,及一年的四个节日,文人学子都向他献一种
祭祀,向他献香,献太牢,但他们并不认为孔子是神,也不向他求什么恩惠。
所以不能说是正式的祭祀。①

这是西方学术著作中对孔子的一次较为详细的介绍。在这里,利玛窦不仅
介绍了孔子本人的生平,而且介绍了孔子在中国的地位,说明了儒学作为官学
的特点。尤其值得注意的是对儒学礼仪形式的介绍,指明"他们并不认为孔子
是神"②,肯定儒家礼仪是非宗教式的礼仪。这个介绍和定性在以后的"礼仪之
争"中有着决定性的作用。耶稣会反击那种认为儒家搞偶像崇拜,并由此攻击
耶稣会的儒家观的观点;而进步的启蒙思想家们则从中受到启示,将儒家作为
无神论或自然神论来理解,以此范例为批判基督教,这点我们下面还要展开。

为了在中国传播天主教,利玛窦采取"合儒排佛"的政策,主要是一种策略
上的考虑,这点他说得很明白:"从开始我们的信仰就受到了儒家的保护,原来
儒家的道理没有任何与天主教相冲突的地方。否则,如果神父他们必须应付所
有的教派,那么四面八方都是敌人,将难以对付。"③

为了说明耶稣会这种"合儒"政策的正确性,利玛窦在向西方人介绍儒家时
又将儒家一分为二,以孔子为代表的"原儒"是可取的,以"理学"为代表的"后
儒"则是不可取的。鉴于这个区分,利玛窦对中国的原始宗教,尤其是早期儒家
学说给予了很高的评价,他说:"在欧洲所知道的外教民族中,关于宗教问题我
不知道有什么民族比古代中国人纯正,错误观念更少。"④

为什么错误观会更少呢? 因为"儒教没有偶像,只敬拜天地,或皇天上帝,

---

① 利玛窦:《利玛窦中国传教史(上)》,刘俊余、王玉川译,光启出版社,1986 年,第 23—24 页。
② 同上书,第 24 页。
③ 同上书,第 83 页。
④ 同上书,第 80 页。

他似乎是掌管和维持世界上一切东西的"①。他说,他在中国的古书中发现了中国人一直崇拜"皇天上帝"或叫"天地",这是中国的"最高神明"。

这一点,利玛窦在《天主实义》中做过详尽的论证。他说:"吾天主,乃古经所称上帝也。"然后他引用一系列的中国典籍来证明自己的这个观点。所以他的结论是:"历观古书,而知上帝与天主,特异以名也。"②

《天主实义》作为利氏的中文著作,主要是为取得儒家的信任,与儒家采取统一战线,以便和佛教斗争,使天主教在中国立住脚。而《利玛窦中国传教史》作为西文著作,主要是告诉西方人,中国人原本也是信上帝的,耶稣会采取的"合儒"政策是站在护教的立场上的,肯定原儒以说明在华传教事业之必需,这样方能得到西方社会对在中国传教的支持。利玛窦在这两个方面,侧重和目的各有不同,但通过我们的综合研究可以看出,在对儒家信仰的评价上大体是一致的。

《利玛窦中国传教史》是经过金尼阁改写后用拉丁文发表的。金尼阁为了维护耶稣会在"礼仪之争"中的观点和经历,对利玛窦的原著做了添加和改写,这深刻反映了"礼仪之争"对来华传教士汉学的影响。

以后被来华耶稣会派回欧洲"陈述传教会之需要"的是曾德昭,"他1637年在澳门登舟出发,1638年在果阿完成其《大中国志》,于1640年安抵葡萄牙,1642年至罗马"。《大中国志》又称《中华大帝国志》(*Imperio de la China. I cultura evangelica en èl, por los religios de la Compañia de Iesus*),是来华耶稣会士的第一部关于中国历史的著作。

曾德昭的《大中国志》在西方产生了影响。他认为孔子是作为一个四处奔走的教育家和哲学家,总希望各国君主采纳他的哲学,尽管屡遭挫折,但孔子不屈不挠。曾德昭对孔子的人格给予很高的评价。他说:

> 孔夫子这位伟人受到中国人的崇敬,他撰写的书,及他身后留下的格言教导,也极受重视,以致人们不仅把他当做圣人,同时也把他当先师和博

---

① 利玛窦:《利玛窦中国传教史(上)》,刘俊余、王玉川译,光启出版社,1986年,第83页。
② 利玛窦:《天主实义》,朱维铮主编:《利玛窦中文著译集》,复旦大学出版社,2001年,第21页。

士,他的话被视为是神谕圣言,而且在全国所有城镇修建了纪念他的庙宇,定期在那里举行隆重仪式以表示对他的尊崇。考试的那一年,有一项主要的典礼是:所有生员都要一同去礼敬他,宣称他是他们的先师。①

曾德昭认为,孔子的主要贡献就是他写了"五经",显然这个评价有误,孔子并不是"五经"的作者。对于"四书",他没有谈更多,但提到"四书"一部分来自孔子,一部分来自孟子,他认为"四书"是在强调一个圣人政府应建立在家庭和个人的道德之上。他说:"这九部书是全国都要学习的自然和道德哲学,而且学位考试时要从这些书中抽出来供学生阅读或撰写文章的题目。"②

在对孔子及其儒家世界观的介绍上,他基本遵循了利玛窦的路线,他介绍了儒家所强调的五种道德——仁、义、礼、智、信,介绍了儒家在处理父子、夫妻、君臣、兄弟、朋友之间关系的原则,这就是孟子在《孟子·滕文公上》中所说的"父子有亲,君臣有义,夫妇有别,长幼有序,朋友有信"。虽然曾德昭注意到儒家的世界观表现为天、地、人三个方面,但他对儒家所强调的天人合一、人天相通的基本立场并不太感兴趣。

他所关注的和利玛窦一样,是早期儒家的崇拜上帝和敬天的传统:

> 他们以孔夫子为宗师。他们不崇信浮屠即偶像,但承认有一个能奖惩的上天,即神祇。不过他们没有礼拜神祇的教堂,也没有他们作礼拜的神职,或者念唱的祈祷,没有牧师、教士为神祇服务。他们在书籍里很崇敬地记述和谈到他们的先师,把他当作神人,对他不可以有丝毫不敬的事,如我们的祖辈之对待他们的神灵。但因为他们并不完全清楚地认识真实的上帝,他们礼拜世界上三样最著名的强有力的东西,他们称之为三才(San, Cai),即天、地、人。只有在北京和南京的宫廷才有祭天、地的壮丽庙宇,但这只属于皇帝,也只有皇帝本人才能献祭。……

> 至于来世的灵魂,他们既不期望,也不祈求,他们仍然要求今世的现实利益、财富,并能取得佳绩和成就。

---

① 曾德昭:《大中国志》,何高济译,上海古籍出版社,1998年,第59页。
② 同上书,第60页。

他们以此去激发人们的信仰，因为他们把天地当做自然父母去礼拜，他们同样可以尊敬自己亲生父母；同时，因为前代著名的圣贤得到崇敬，他们因此极力去仿效他们，又因他们去世的前辈备受祭享，他们可以学习如何孝敬活着的父辈。总之，在可能导致家族内的治理、和谐、安宁、和平时，他们把一切都安排妥善，并实施德行。①

曾德昭对儒家宗教信仰特点的介绍基本真实，尤其是对敬天以及如何祭祀的介绍颇为具体，这些以后在西方产生了较大的影响。从社会伦理的侧面来看，他认为儒教主要在于教导人们对家族中父亲的崇拜，对圣人政府的尊敬，从而演化成一种社会生活层面上的伦理实践。在这点上，曾德昭倒是看得比较准确。

曾德昭这本书的另一特点是对中国基督教史，尤其是对明末南京教案的介绍。这个报道可使人们感受到在东方传教的困难与特点，使西方人进一步了解到儒家对基督教的态度以及它的宗教观念，同时这也是对中国明代社会的一个实际报道，使欧洲人进一步加深入了对中国的认识②。曾德昭对南京教案的介绍反映了他试图通过对这一典型事例说明耶稣会在华传教路线的正确性，他本人作为案件的亲历者就更有说服力。

受同样使命返回欧洲的卫匡国也是来华耶稣会士中的早期的汉学家，他的《中国新地图集》《中国上古史》（*Sinicae Historiae decas Prima*）、《鞑靼战纪》（*De bello Tartarico Historia*）更为详细地介绍了中国的情况。下一章我们再作专门介绍。

柏应理 1680 年返回欧洲，留居期间"诸国研究华事之学者若克莱耶（Andre Cleyer）、蒙采尔（Mentsell）、穆勒（Müller）、泰沃奈（Thevenet）、皮克特（Louis Picquet）等应理皆与缔交"③，他因"刊布其著述，留居欧洲甚久，影响人心实

---

① 曾德昭：《大中国志》，何高济译，上海古籍出版社，1998 年，第 104—105 页。
② 参见计翔翔：《十七世纪中期汉学著作研究：以曾德昭〈大中国志〉和安文思〈中国新志〉为中心》，上海古籍出版社，2002 年。
③ 费赖之：《在华耶稣会士列传及书目（上册）》，冯承钧译，中华书局，1995 年，第 314 页。

深"①。他在欧洲刊布的著作中影响最大的当属《中国哲学家孔子》(*Confuius Sinarum Philophus*)。此书实际上是来华耶稣会士在杨光先教案期间汇聚在广州共同完成的,参与的人有殷铎泽(Prosper Intorcetta)、恩理格(Christian Herdericht)、鲁日满(François de Roagemont,1624—1676)等。这部书在欧洲产生了持久的影响,被誉为"来华耶稣会士适应中国文化的最高成就",对欧洲人了解孔子和儒家思想产生了重要的影响,这点我们下面还将专门展开论述。

1688 年在巴黎所出版的葡萄牙来华传教士安文思的《中国新史》是西方早期汉学发展史上一部重要的著作,它与在此前发表的利玛窦的《利玛窦中国传教史》(1615),曾德昭的《大中国志》(1642),卫匡国的《鞑靼战纪》(1654)、《中国地图新集》(1655)、《中国上古史》(1658)一起构成了欧洲 17 世纪关于中国的知识的最重要的来源②。

从汉学的角度来看,这本书对中国的介绍十分详细。安文思在中国生活了二十多年,对中国社会历史和文化有着很深入的了解。在这本书中作者对中国的名称、地理位置、历史、语言、风俗、民众的实际物质生活、自然矿产、交通航运以及国家政治制度和国家机构做了一个全景式的介绍。

这本书的原名是《中国十二绝》,实际上讲的是中国的十二条优点。这本书的特点是以下两个方面。

第一,对北京城的介绍。安文思在北京生活了多年,对北京城可以说是了如指掌。这本书不仅介绍了北京的大小胡同,还介绍了皇城,包括皇城的大小,皇城中的二十个宫殿。如果不是在北京皇城中生活多年,他绝不可能做出如此详细的描写。例如书中说:"每年运进宫廷粮仓的米面达四千三百三十二万八千八百袋;一千三十五万五千九百三十七个盐块,每块重五十磅;二百五十八磅极细的朱砂;九万四千七百三十七磅漆。"这些数字大大加深了我们对清代经济生活、皇宫的经济生活的了解。

---

① 费赖之:《在华耶稣会士列传及书目(上册)》,冯承钧译,中华书局,1995 年,第 313 页。

② 国内学者计翔翔认为这部著作是西方早期汉学第一个发展阶段的总结和第二个发展阶段的开始,甚至认为这本书已经走出了传教士汉学的范围。应该承认计翔翔的《十七世纪中期汉学研究:以曾德昭〈大中国志〉和安文思〈中国新志〉为中心》是目前国内学术界唯一的一本系统研究安文思的著作,多有创意,但笔者认为《中国新史》仍处在"传教士汉学"的阶段,属于欧洲早期汉学的范围。

第二,对清代历史的介绍。书中对清代历史的介绍可以弥补中文文献的不足。例如,书中说,1669 年 12 月 8 日,皇帝命三位官员到汤若望的墓地焚香,其目的是向他做特殊的敬礼,又命令赏给三位神父三百二十五克郎,支付汤若望的丧葬费用。这点在中文文献《正教奉褒》中也有记载,但安文思说,第二天康熙皇帝在宫中宴请大臣时,让他们三个神父也参加了宴请,并且安排到了第三排的第一张桌子。这点在中文文献中没有记载。

安文思继承了利玛窦的思想和路线,对中国文化和文明给予了高度的赞扬,在第五章中介绍了"中国人的智慧和他们的主要经典"。这一章实际上是对中国以儒家为代表的思想的介绍。他在介绍中国的典籍时介绍的就是中国古代的"五经"和"四书",他说:"第一部书叫《书经》,这是中国人尊敬和崇拜的五位帝王的编年史①。……第二部书叫做《礼记》,即典仪之书,包括法律、风俗及礼仪。……第三部书叫做《诗经》,包括韵文、传奇和诗歌。……第四部书是孔夫子撰写的,包括了他的故乡鲁国——现在山东省境内——的历史。……第五部书叫做《易经》。"②

接着他也介绍了"四书"的基本情况。从知识论的角度来看,尽管他的介绍并未比曾德昭、卫匡国等人的介绍更为详细,但对当时的欧洲来说,这种简单的知识介绍仍然是很有价值的,它可以巩固、加深当时关于中国的知识。从现在来看,这些介绍虽然很简单,但并未有错误,仅这一点也是有意义的。

他对中国和中国文化的态度很值得我们注意分析。他首先充分肯定了中国文化和中国人的智慧:

> 古人告诉我们,亚洲人富有大智慧。如果他们有关于中国的知识,他们就会更加坚持自己的看法。因为,如果说最快和最易做出最好发明的人,可以说中国人是比其他人更为聪明和聪慧,中国人应当被视为优于其他民族,他们首先发明了字、纸、印刷、火药、精瓷及他们自己的语言和文字。尽管他们因缺乏与其他人民的交流而对科学无知,但他们擅长道德哲

---

① 关于安文思对中国编年的研究,参见计期翔:《十七世纪中期汉学著作研究:以曾德昭〈大中国志〉和安文思〈中国新志〉为中心》,上海古籍出版社,2002 年,第 282—296 页。

② 安文思:《中国新史》,何高济、李申译,大象出版社,2004 年,第 60—62 页。

学,在极大程度上他们独自致力此项研究。他们才思敏捷……①

首先,在耶稣会来华后,他们对中国文化与文明的评价和西方人在1840年后的评价判若两人。应该说,这时他们尚无19世纪后的"西方中心主义"观点。当然并不是说,他们在对待其他文明上都是像对待中国文明这样,他们在南北美洲的行为将作为西方的耻辱记在他们的历史上②。在这个意义上,萨义德的《东方学》的观点并不全面反映了西方的东方学的历史和观点。西方人也有着向东方学习的历史。正像欧洲在文艺复兴时期曾经向阿拉伯人学习一样,他们也曾向中国人学习。那种按照19世纪后的文化状态来推演历史的观点是不正确的。

其次,安文思在赞扬中国人的同时并未放弃他的基督教立场。他说,中国人真是很聪明,他们竟然理解了天主教的三位一体的神学思想,同时中国人的思想中充满了迷信,特别是在道教和佛教那里③。这说明文化的解释都是有自己的立场,这在文化间的理解是正常的。但并不能因此就否认安文思对中国的介绍的真实性部分,将其全部的介绍说成一种毫无真实性的"意识形态"。在安文思这里,我们清楚地看到一个真实的中国和一个想象的中国的混合,一个对待中国文化的赞扬态度和一种基督教的普世主义立场的混合。这就是欧洲早期汉学的特点。后现代主义的那种把文化间的理解完全"乌托邦"化和完全"意识形态"化的两种做法是不可采取的。

李明也是法国来华耶稣会士中奉命重新返回欧洲的人。返回欧洲以后,他直接参与了"礼仪之争",著《中国近事报道》(*Nouveaux mémoires sur l'état présent de la Chine*),站在护教的立场上,"致力于对中国的宗教的介绍"。虽然李明在华时间不长就返回欧洲,对中国的了解有限,但由于当时正值"礼仪之争",书一出版立即有了强烈反响。反对者有,赞同者有,告状者有,该书一时成为争论的焦点。

这些被派回欧洲的传教士在中国居住少则几年,多则十几年;返回欧洲以

---

① 安文思:《中国新史》,何高济、李申译,大象出版社,2004年,第56页。
② 普雷斯科特:《秘鲁征服史》,周叶谦等译,商务印书馆,2011年。
③ 参见安文思:《中国新史》,何高济、李申译,大象出版社,2004年,第56—63页。

后,有的重回中国,有的后来因各种原因再未返回中国。他们著书立说,介绍中国文化;他们广交社会名流,与当时欧洲思想界的许多重要人物如莱布尼茨、孟德斯鸠等,都产生过各种联系;他们的这些著作和活动大大促进了当时欧洲对中国的了解。

传教士这方面的著作还有很多,不可能一一列举。略举一二,可见一斑。

宋君荣,著有《中国天文学史》(*Histoire abrégée de l'Astronomie Chinoise*)、《成吉思汗与蒙古史》(*Histoire de Gentchiscan et de toute la dynastie des Mongous*)、《大唐史纲》(*Abrégé de l'histoire chinoise de la dynastie Tang*)。

钱德明(*Jean-Joseph-Marie Amiot*,1718—1793),著有《乾隆御制盛京赋》(*Eloge de la ville de Moukden et de ses environs*)、《满汉字典》(*Dictionnaire Mandchoue-Français*)、《中国古史实证》(*L'antiquité des Chinois prouvée par les monuments*)、《中国兵法考》(*Art militaire des Chinois*)、《中国古今乐记》(*Mémoire sur la musique des Chinois, tant anciens que modernes*)。

马若瑟(Joseph-Henri-Marie de Prémare,1666—1735),著有《中国语文》(*Arte del'Idioma Cinico*)。

韩国英(*Pierre-Martial Cibot*,1727—1780),著有《中国古史》(*Essai sur l'antiquité des Chinois*)、《洗冤录》。

传教士有关中国的著作寄回欧洲后,大大激发了欧洲人对中国的兴趣,在欧洲先后出现了三种有关中国的期刊,专门收集发表在华耶稣会教士们的通信和著作,从而进一步推动了中国文化的西传。

第一种是《耶稣会士中国书简集》(*Lettres Édifiantes et Curieuses, écrites des missions étrangères par quelques missionnaires de la Compagnie de Jésus*),由巴黎耶稣会总书记雷里主编,从1702年到1776年,共出了34册。此刊所载的传教的通信,包括南北美洲和印度的报道,但最引人注意的是有关中国的报道。《耶稣会士中国书简集》不同于《中华帝国全志》之处在于,它保持了史料的原来面貌,不像杜赫德(Jean-Baptiste Du Halde)那样对材料做了精心的修改和编辑。

第二种是 1735 年在巴黎出版的由杜赫德主编的《中华帝国全志》,准确讲应是《中华帝国及其鞑靼地区的地理、历史、编年、政治、物理之记述》(*Description géographique*,*historique*,*chronologique*,*politique et physique de l'Empire de la Chine et de la Tartarie*)。这部集刊是经过杜赫德精心选编而成的,收集了大量的耶稣会士的通信、著作、研究报告等。据日本学者石田幸之助说,这本书被重视有两个原因,一是因其中的内容,二是因为此书第一次将中国的详细地图公布于欧洲。杜赫德的四大本《中华帝国全志》"在西欧的中国研究史上,成为一种创时期的可以大书特书的工作"。

第三种是 1776—1841 年间出版的《中国杂纂》,准确讲应是《北京传教士所写的关于国人之历史、科学、艺术、风俗习性的论考》(*Mémoires concernant l'histoire*,*les sciences*,*les arts*,*les mœurs*,*les usages*,*& c. des Chinois* / *par les missionaires de Pékin*),书背上简称为 *Mémoires concernant les Chinois*,故译为"中国杂纂"。此书是接续着《耶稣会士中国书简集》的,因 1773 年教宗克雷孟十四世(Clemens XIV)宣布解散耶稣会,在这种情况下《书简集》无法出版,那些在法国的耶稣会士们便另做了这一套书。

这三种期刊反映了 18—19 世纪欧洲对中国认识的最高水平,它们在中国文化西传和欧洲早期本土汉学的形成中起到重要的作用。以往的研究者,除个别学者外,对中国文化西传的过程和细节深入研究不够。以下几章我们将为读者展示这个丰富的历史过程。

正是在礼仪之争的这几百年间,中国文化传入西方,西方早期汉学兴起①。以下我们将分章研究这个历史过程。

---

① 关于这个问题张国刚、吴莉苇在《礼仪之争对中国经籍西传的影响》(《中国社会科学》2003 年第 4 期)一文有很好的研究,但文中所列举的中国文化西传的书籍的数量有待进一步研究。

第十五章　卫匡国与中国文化西传

第一节　卫匡国：传教士汉学的奠基人之一

卫匡国，意大利人，1640 年启程前往中国，明崇祯十六年（1643）到达中国澳门，1643 年到达上海。耶稣会士潘国光教他汉语，并给他取中文名"卫匡国"，"寓有'匡扶明室，以济康泰'之意，以表示他振兴明朝之愿，达到与中国士大夫为伍的目的"①。1643 年他到达杭州，开始在那里传教，当时，清军已经入关，时局极为混乱。1645 年清军占领杭州时，他逃出城，后受艾儒略的召唤到了福建。当时，福建仍在南明王朝的手中，他们顽强地抵抗清军。南明王朝的官员们知道卫匡国懂得数学，于是就封他个小官，专门负责铸造大炮。后来，他周游各地。但好景不长，清军很快攻下杭州，逼近温州。南明王朝的人撤退以后，卫匡国只身一人留在温州城中。此时城中一片混乱，清军在到处杀掠抢劫，形势非常危险。这时卫匡国临危不惧，可能他想起了《三国演义》中诸葛亮空城计的故事。于是，将屋门大开，门上贴上"泰西天学修士"六个大字。然后，他在院中摆上书桌，放上书籍和他从西方带来的各种奇异之物，一杯清茶，轻摇羽扇，

---

① 许明德：《杰出的意大利历史学家、地理学家——卫匡国》，许明龙主编：《中西文化交流先驱》，东方出版社，1993 年，第 136 页。

安然自得地读着书。卫匡国也很有运气,路经此屋的带队的清兵小头目也许是个粗通文墨的人,看到这个场景十分惊讶,认为此人定是不凡之西人。"于是他告诉卫匡国,朱明王朝已经毫无希望,奉劝他立刻转投到新政权旗下。随后,他命人给卫匡国穿上满族服装,剃了头发,并将脑后的头发梳成辫子。这样,卫匡国脱离了险境,躲过了牢狱之灾。"①随后不久,修会让他到北京协助汤若望工作,但汤若望并不喜欢卫匡国,也害怕他在南明王朝任职的消息被清廷知道,对两人都不好,就让他返回了杭州。这样从南到北,又从北到南的旅行使他对中国的地理更为熟悉②。回到杭州后,在华耶稣会的上司又委以重任,派他代表在华耶稣会向罗马教宗申述耶稣会在"礼仪之争"中的立场。1651 年 3 月,他带着一位中国的仆人,从福建出发离开了中国。在路经巴塔维亚时,又被荷兰人扣留了八个月,后于 1653 年返回欧洲。在挪威登陆,路经德国,于 1654 年到达荷兰,在那里他受到了当地学者的欢迎。正是在这里,他写下了《中国文法》一书。这是欧洲最早的关于中国语言的语法书,虽然后来一直没有出版,但这部手稿在欧洲汉学界广为流传。近年意大利汉学家白佐良对照各个不同版本,将此书整理收入了《卫匡国全集》之中③。接着,他在安特卫普又出版了他的《鞑靼战纪》,此书成为在欧洲报道中国明清鼎革的最新书籍,一时洛阳纸贵。在欧洲期间他还出版了两部著作,一部是《中国上古史》,一部是在欧洲备受欢迎的《中国新地图集》。卫匡国在欧洲期间将早期欧洲汉学推向了一个新的高潮。

　　在罗马期间,他也不负众望,亲自撰写了关于耶稣会对中国礼仪问题的陈情书,申述了耶稣会的立场和看法,将这份文件提交了罗马教廷。1656 年初卫匡国从热那亚那乘坐一艘荷兰的船前往葡萄牙。路经西班牙海岸时遭遇了法国的海盗,在同海盗的战斗中,卫匡国表现得异常勇敢,在甲板上救护伤员,鼓

---

　　①　白佐良(Giuliano Bertuccioli):《十七世纪,卫匡国让欧洲认识了中国》,《卫匡国:地图册》抽样本,意大利特伦托大学卫匡国中心,2003 年。参见费赖之:《在华耶稣会士列传及书目(上册)》,中华书局,1995 年,第 261 页。

　　②　马雍先生认为卫匡国在 1646—1650 年间的行踪缺乏记录(马雍:《近代欧洲汉学家的先驱马尔蒂尼》,《历史研究》1980 年第 6 期),其实,这段时间卫匡国就在北京和返回杭州的途中。

　　③　白佐良:《卫匡国的〈中国文法〉》,白桦译,任继愈主编:《国际汉学(第十五辑)》,大象出版社,2007年,第 220—231 页。

舞海员士气。最后,他们仍寡不敌众,被海盗所俘虏。但"卫匡国非凡的谈判才能发挥了作用,在他的努力下,他和伙伴们最终获得释放,并得以继续旅行"①。返回热那亚后,他在那里得到了教宗亚历山大七世 1656 年 3 月 23 日所发布的关于赞成耶稣会在"礼仪之争"中立场的圣谕。

1657 年 4 月卫匡国从里斯本出发踏上了返回中国的路程。一路风急浪高,几度遇险,但终于在 1659 年 6 月回到了杭州。在这里他全心投入了传教的工作,在当时浙江巡抚佟国器的支持下,在杭州盖起了当时中国最华丽的教堂。同时,在此期间,他写了《天主理证》《灵魂理证》和《述友篇》三部中文著作。其中《述友篇》在中国士人中产生了很大的影响。由于积劳成疾,卫匡国不幸生病,于 1661 年 6 月 6 日去世。他既未看到他投入极大心血的教堂的落成,也没有看到使他在中国名声大扬的《述友篇》的刊行。

卫匡国死后遗体久放而不腐,一下放了竟有十年之久,一时成为神奇之事,远近的人纷纷来朝拜这个圣人的遗体。根据德国 17 世纪的汉学家巴耶尔的文章,他认为卫匡国当时患的是肠胃病,病情并不太重。但他吃的大黄太多,是正常量的几十倍,从而导致了他的死亡。而死后遗体长期不腐很可能和他体内大量的大黄有关②。

第二节　卫匡国与明清鼎革史西传欧洲

卫匡国在欧洲出版的第一本书是《鞑靼战纪》,1654 年在安特卫普出版了拉丁文版 *De Bello Tartarico Historia*,同年在伦敦就出版了英文版 *Bellum Tartaricum, or The Conquest of The Great and Most Renowned Empire of China*。以后此书又被翻译成意大利文、法文、德文等多种欧洲语言,从 1654 年到 1706 年间,这本书先后再版了 20 多次,在欧洲产生了重大的影响,卫匡国获

①　白佐良:《十七世纪,卫匡国让欧洲认识了中国》,《卫匡国:地图册》抽样本,意大利特伦托大学卫匡国中心,2003 年。

②　参见 Knud Lundbæk,*T. S. Bayer*(1694—1738):*Pioneer Sinologist*,Curzon Press,1986。

得了巨大的成功①。《鞑靼战纪》在欧洲早期汉学发展史上有着重要的学术地位，它的学术价值表现在以下三点。

第一，它是欧洲汉学史上第一部中国现代政治史。对中国历史的介绍是传教士汉学的重要特点，但在卫匡国这本书出版以前，传教士对中国历史的介绍主要侧重于对中国古代史的介绍。例如，门多萨的《中华大帝国史》、曾德昭的《大中国志》和利玛窦的《利玛窦中国传教史》都用了大量的篇幅介绍中国古代史，虽然也涉及明代史的内容，但很凌乱，不系统。而拉达和克鲁士的著作只是介绍了明代的情况，不涉及清代历史。

卫匡国正是在这个方面大大超过了他的前辈，他将主要笔墨用在明清之间社会变动的历史介绍上，从 1616 年满人在辽东攻下辽源城开始到 1650 年 11 月 24 日攻下广州，不久又攻下永历的南明王朝为止，《鞑靼战纪》将近 50 年的中国现代史呈现在西方人的面前。卫匡国的这本书是 1654 年出版的，书中的内容讲到 1650 年，对欧洲来说这是最新的关于中国当代情况的消息和著作。更重要的在于，书中记载的历史事实不是卫匡国道听途说得到的，绝大多数是作者的亲身经历。整部书虽然来自个人的经历，但毫无个人游记的色彩，他从宏观上很好地把握了明清之间那种多变、激荡的历史过程。书中既有李自成和张献忠两支农民义军败落的过程，又有明朝义士对满人的抵抗。鲁王政权的腐败，隆武皇帝的无能，永历皇帝的悲剧，史可法抗清的英勇，在书中一一展示了出来。在当时的传教士的汉学著作中这样全面介绍中国当代史的著作只有卫匡国这本书。所以，方豪先生称其为"欧洲第一部中国政治史"②。

第二，《鞑靼战纪》对中国的介绍开始向更为客观的立场过渡。为了取得欧洲对耶稣会在华传教的支持，以往的传教士在介绍中国时，尽管也真实地介绍了中国不少的内容，但护教成分仍较大，在他们的笔下中国是欧洲的楷模。当然，从当时中国和欧洲的实际情况来看，中国的整体发展程度高于欧洲，但并不意味着中国不存在问题。卫匡国在《鞑靼战纪》开始逐渐摆脱这种一味赞扬中

---

① D. E. Mungello, *Curious Land : Jesuit Accommodation and the Origins of Sinology*, Studia Leibnitiana Supplementa, 1985.

② 方豪：《方豪文录》，北平上智编译馆，1948 年，第 92 页。

国的倾向,在叙述过程中采取了一种较之以前更为客观的方式,从而使传教士汉学向更为成熟的方向发展。

卫匡国在书中对中国也给予了很高的评价,说汉民族热爱和平,"中国人相信他们的先哲的教导,认为既然可以用别的方法保持国家的和平与安宁,那就不应该再对别人发动战争"①。

但他同时将较为真实的中国的另一面展现在欧洲人的面前。如南明王朝的腐败无能,内部无休止的争权夺利,使鞑靼人长驱直入。当时虽然也有史可法这样的忠臣,宁死不屈,坚决抗清,但整个南明王朝的士气和精神已经完全瓦解。"中国军队人数众多,只要他们脱下鞋子就可以筑成一座巨大的屏障,使所有鞑靼骑兵都不能越过。但是,坚定的决心和勇敢决定战争的胜负,而不是人数的多少。鞑靼人刚登上渡船,中国兵好像见了狼的羊一样全都逃跑了,整条河岸都失去了防卫。鞑靼人渡过河以后没有遭到任何抵抗就到了南京,很快占领了整个中国北部地区。"②在书中,他也描述了张献忠的残暴。在他的笔下张献忠完全是一个杀人狂,他每日满嘴就是"杀"和"死",部下稍有过错就被株连全家,连小孩和孕妇也不放过,甚至因一个人的过错,他会将整条街的人全部杀掉,真可谓杀人如麻。卫匡国对农民起义军也并非一味地抹黑,他说了李自成起义军不少好话,认为他的军队纪律严明,从不骚扰百姓,但入城后大开杀戒,军队迅速地堕落。卫匡国说:"而如果他贤明仁慈的话,也许会保住江山。"③

明清之际是中国社会极度动荡的时代,政权更替,民族矛盾尖锐,明王朝贪婪腐败,清军残暴野蛮,这些给人民带来了极大的痛苦。卫匡国身临其境,感受很深,在《鞑靼战纪》中比较真实地反映了当时中国的动荡和苦难。正如马雍先生所说:"《鞑靼战纪》能反映出这样一个时代的悲惨面貌。无论对明朝或是对清朝,他都没有偏袒之词。他直言不讳地指责明崇祯皇帝的贪残,讽刺唐王的怯弱,揭露明朝士大夫党争之徇私误国;但对于为明朝尽忠死难的孙承宗、黄德功、史可法、瞿式耜则予以高度的颂扬。他对清朝军队在各地的屠杀、对清朝贵

①　杜文凯编:《清代西人见闻录》,中国人民大学出版社,1985年,第4—5页。
②　同上书,第33页。
③　同上书,第27页。

族在各地的暴行描述得非常详细、具体；但对于满族人民的热情好客,对多尔衮的军事才能也予以表彰。"①

第三,《鞑靼战纪》在史学上补中国历史之阙略。《鞑靼战纪》中所记载的内容并非全部是卫匡国的亲身经历,有些内容是他听到的,有些则是传教士通过通信方式告诉他的,因而书中对明清之际的历史记载并不全面。他自己也说,"我不想把鞑靼的所有战争都写下来,只写我们记忆中和我所见闻到的"②。

尽管如此,他对明清史的记载仍是十分珍贵的,如马雍所说:"有关明末清初这段时期的野史杂记汗牛充栋,但是,马尔蒂尼的《鞑靼战纪》却应当占有一个相当重要的地位。第一,因为这部书撰写的时间与事件发生的时间极为接近,它可以列入最早的一批记录之内。第二,因为作者亲身游历过许多地方,得知当地人士口述的材料较多。第三,因为作者是一个外国人,一个局外人,除了他个人世界观的偏见外,不受中国当时所谓政府、民族、党派、地域等色彩的影响,忌讳较少,颇能反映一些真实情况。"③

这个观点笔者是赞同的。书中作者对毛文龙被袁崇焕毒死、袁崇焕被崇祯所杀的描写,对李自成攻下北京后细节的介绍,对江西提督金声恒反清归顺永历皇帝与清军在江西争夺的记录,对山西原明将姜瓖反清的介绍,以及多尔衮抽调八旗兵与姜瓖的决战的描写,都为明清史的研究提供了宝贵的参考材料。特别是书中对张献忠的报道在西方是首次,因为,安文思和利类思报道张献忠的书当时在西方还未出版。

从卫匡国的这本书我们看到,传教士汉学具有双向的作用。一方面,他们的书直接推动当时欧洲汉学的发展,向西方传播了中国的知识;另一方面,他们的书记载了丰富了中国史的内容,从而推动中国史的学术研究。

当然,当《鞑靼战纪》在欧洲出版时,书还是发生了变化。出版商并未来过中国,所以,他是按照欧洲的想法来理解《鞑靼战纪》的内容。这在拉丁文版中的插图可以看出。拉丁文版出版时有两幅插图:一幅是清军围攻城市的插图,

---

①　马雍:《近代欧洲汉学家的先驱马尔蒂尼》,《历史研究》1980 年 6 期。

②　参见杜文凯编:《清代西人见闻录》,中国人民大学出版社,1985 年,第 2 页。

③　马雍:《近代欧洲汉学家的先驱马尔蒂尼》,《历史研究》1980 年 6 期。

清军穿着阿拉伯式的服饰,城堡则完全是欧洲式的建筑;另一幅插图是李自成入城后,一派欧洲帝王装束的崇祯皇帝用剑亲自杀死女儿的图,图中崇祯的女儿乳房高高耸起,胸口在流血,图中的所有士兵都是欧洲军队的装束。最有意思的是,这本书在欧洲出版后,一些戏剧家将明清间三种政治势力的斗争的故事改编成了一个欧洲的戏剧,受到了人们的欢迎。

第三节　向欧洲展现中国:《中国地图新集》

返回欧洲后卫匡国在荷兰结识了当时著名的出版商让·布劳(Jean Blaeu,1596—1673),1655年在阿姆斯特丹出版了他在欧洲最重要的著作《中国地图新集》。书一出版立刻受到欧洲学术界的重视,当年就出版了法文版和荷兰文版,1656年出了德文版,1658年出版了西班牙文版,同时整部书也被收入泰弗诺(Melchisédec Thévenot)的《未刊布的神奇游记集》(*Relations de Divers Voyages Curieux*，*Qui n'Ont Point Esté Publiees*，*ou Qui Ont Esté Traduites d'Hacluyt*，*de Purchas*，*Et d'Autres Voyageurs Anglois*，*Hollandois*，*Portugais*，*Allemands*，*Espagnols Et de Quelques Persans*，*Arabes*，*Et Autres Auteurs Orientaux*)的第三卷中[①]。这本书实际上是卫匡国在返回欧洲的途中编写的[②]。

《中国地图新集》第一版发表时内有80页的长篇的序言,后为十七幅地图:中国全图;北直隶(Pecheli);山西(Xansi);陕西(Xensi);山东(Xantung);河南(Honan);四川(Suchuen);湖广(Huguang);江西(Kiangsi);南直隶(Nanking,Nanchihli);浙江(Chekiang);福建(Fokien);广东(Quangtung);广西(Quangsi);贵州(Queicheu);云南(Yunnan);附录了一张日本地图。书出得十

[①]　D. E. Mungello, *Curious Land*：*Jesuit Accommodation and the Origins of Sinology*, Studia Leibnitiana Supplementa，1985，p.116.

[②]　方豪认为此书"必成于顺治七年回欧之前"(参见方豪:《方豪文录》,北平上智编译馆,1948年,第93页)。但高泳源先生认为方豪这个结论有误,因卫匡国在书中的"广西太平府"的文字中说:"当接到奉召回欧洲的时候,编纂工作方才开始,带了五十多种中文著作上船,以备战胜晕船,也是为了排遣长途航行的沉闷。"参见高泳源:《卫匡国(马尔蒂尼)的〈中国新图志〉》,《自然科学史研究》1982年第1卷第4期,第367页。

分精致,尺寸是 32.5 厘米×50 厘米,每幅地图都包含有蓝、红、粉、金黄、绿等多种颜色。地图反映了欧洲巴罗克时代的审美情趣,每幅图上都配有精美的关于中国的图案。地图上不仅很详细地注明了山脉、河流、湖泊,而且还附录了整个中国的经纬目录。这个目录是由 Golius 做的。

关于《中国地图新集》的参考原本是什么,一直有不同的看法。F. V. 李希霍芬认为卫匡国的图"根本是引用了中国的著作",桑得罗斯(Antonius Sanderus)认为卫匡国的地图是根据十五种中国的地理书编辑而成的,而克拉普洛斯(Klaproth)则认为《中国地图新集》是根据明代的《广舆图》编成的,孟德卫认为卫匡国图的参考原本是朱思本的地图①。中国学者马雍认为,卫匡国绝不是简单抄录中国的地理书,而是在参阅了大量的中文地理书后根据自己的研究而写出来的,他说:"根据他的体例,北直隶省真定府下的行唐县属于定州所领,但据《明史·地理志》,行唐县于洪武二年属于定州,至正统十三年改卫直隶真定府。可见,此处所用的材料属正统十三年(1448)以前。又,北直隶所领诸卫种有龙门卫,按龙门卫始置于宣德六年七月,可见此处所根据材料属宣德六年(1431)以后。……根据上述的证据,表明他对北直隶省所采用的材料,期限当在宣德六年至正统十三年之间(1431—1448)。"②马雍的这个看法比较客观,卫匡国在前言中自己也说,他在编写这部书时参考了大量的完全可靠的中国本身的地理书,"我从中国带回意大利的地图和书籍对我也很有帮助,它们对我而言无疑是一个宝藏"③。在《卫匡国全集》的第三卷第一册的第 10—12 页,意大利汉学家白佐良已经将卫匡国所引的中文地理书目全部列了出来,并且在编辑卫匡国这部著作的意大利文版时将卫匡国书中的全部引文逐一做了核对,证明卫匡国在编辑时参考了这些著作,"这些中文著作根据其重要性排列为:《广舆

① 参见高泳源:《卫匡国(马尔蒂尼)的〈中国新图志〉》,《自然科学史研究》1982 年第 1 卷第 4 期,第 372 页;方豪:《方豪文录》,北平上智编译馆,1948 年,第 92 页;D. E. Mungello, *Curious Land*:*Jesuit Accommodation and the Origins of Sinologg*, Studia Leibnitiana Supplementa, 1985, p.120.

② 马雍:《近代欧洲汉学家的先驱马尔蒂尼》,《历史研究》1980 年 6 期。

③ Martino Martini, *Opera Omnia. Volume III*:*Novus Atlas Sinensis*,Univesità degli studi di Trento, 2002, p.297.

考》《广舆图》《图书编》《三才图会》《皇舆考》和《明史》"①。

从今天地理学的角度来看,卫匡国《中国地图新集》的错误不少。如高泳源先生所指出的,书中对中国山系的标注有不少错误。但从西方汉学史的角度来看,这部书的贡献就太大了。在卫匡国以前来华的传教士也出版或描绘了一些中国地图。例如,上面说到的罗明坚返回欧洲后也绘制了一幅中国地图,但这幅地图只是罗明坚的手稿,并未出版。在欧洲只有极少数的地理学家在图书馆中看过这部手稿,它在欧洲汉学史上有历史地位,但当时无任何影响②。1655年葡萄牙传教士曾德昭的《大中国志》英文版在欧洲出版,15 年后即 1670 年波兰来华耶稣会士卜弥格所绘的《中国地图册》在欧洲出版,但卜弥格的地图在内容上跟卫匡国相差很远③。"正如巴尔达奇(O. Baldacci)所说的:'自卫匡国的《中国地图新集》问世后,从前在公众中广泛传播的所有介绍中国的印刷品通通成了废纸。'"④

如果从中国文化向欧洲的传播的历史来看,从欧洲汉学自身发展的历史来看,卫匡国的《中国地图新集》有以下几点重要的意义。

首先,《中国地图新集》向欧洲展示了一个全新的中国。发现中国是 16—17 世纪以来欧洲最重要的事件,在卫匡国以前,对中国的介绍要么只停留在文字上,使欧洲的读者在字里行间体会中国这个遥远的神秘国度,要么地图的绘制过于简单,不能给人一个完整的中国形象。卫匡国的地图解决了这些问题,他的地图集不仅地图绘制精美,而且文字介绍详细,图文并茂地将中国的形象展现在欧洲人的面前。地图集的文字使用的是欧洲当时通用的拉丁文,所使用的绘图方法是欧洲人所熟悉的制图技术,这样,"逐渐地,一个建立在文化基础之上的崭新的世界形象在他的笔下形成。这里所说的文化基础,指的是一套符

---

①　Martino Martini, *Opera Omnia. Volume III : Novus Atlas Sinensis* ,Univesità degli studi di Trento, 2002, pp. 10—12.

②　参见张西平:《中国和欧洲早期思想交流史》,北京大学出版社,2021 年。

③　爱德华·卡伊丹斯基:《中国的使臣:卜弥格》,张振辉译,大象出版社,2001 年。

④　See Martino Martini, *Opera Omnia. Volume III : Novus Atlas Sinensis*, Università degli studi di Trento,2002.

合欧洲人对新大陆和新大陆上的居民的认知需求的标准及价值观体系"①。由于卫匡国在中国做过长途旅行,到过当时中国 15 个省份中的直隶、山西、河南、浙江、南直隶、福建、广东等 7 个省,这样他在地图的绘制上要比过去的中国地图精确得多。"在《中国新图志》(即《中国地图新集》——作者注)问世之前,欧洲出版的中国地图所表示的海岸线,真实程度不高,尤其是把山东、浙江之间的海岸线都画作笔直的南北行,这就截掉了山东半岛。《中国新图志》一改旧观,将海岸线的走向和轮廓形状表示得相当准确。"②另外,在卫匡国的地图中朝鲜半岛不再是一个孤立的岛屿,而是与大陆相连,从山东半岛到福建和福建到广东这两条海岸线也不再是一条直线,而是较为符合实际的半月形。在这个意义上,卫匡国的《中国地图新集》应该受到表扬,因为他是整个 17 世纪中欧洲人在中国地理学方面最优秀的著作。"这部著作一直到 1735 年始终处于领先地位。尽管其他耶稣会士也绘制了一些中国地图,但毫无疑问,卫匡国是 17 世纪来华的 200 多名耶稣会士中最有天才和最具有学术水准的地理学家。"③

其次,《中国地图新集》提供了当时第一份中国经纬表。卫匡国来中国前曾向他的老师基歇尔学习过用磁针偏差来测定经纬度的方法,这样在卫匡国的地图中提供了 1754 个经纬度的数据,中国和日本被分为 2100 块。这个成就无论在西方还是在东方都是前所未有的,经纬线在西方直到 1832 年才出现在地图的坐标上,在中国直到 19 世纪才最终用经纬法取代了传统的地理学绘制法。

高泳源先生将卫匡国给中国绘制的经纬线和现在地理学所绘制的经纬线作了个比较。从下面的表④中,我们可以看到卫匡国当时所绘制的经纬度与现在所绘制的相差不多。

① 利卡铎·斯卡尔德志尼(Riccardo Scartezzini):《地理发现与新制图法》抽样本。

② 高泳源:《卫匡国(马尔蒂尼)的〈中国新图志〉》,《自然科学史研究》,1982 年第 1 卷第 4 期,第 369 页。

③ D. E. Mungello, *Curious Tand*: *Jesuit Accommodation and the Origins of Sinology*, Studia Leibnitiana Supplementa, 1985, p. 121.

④ 高泳源:《卫匡国(马尔蒂尼)的〈中国新图志〉》,《自然科学史研究》,1982 年第 1 卷第 4 期,第 372 页。

卫匡国所测各地经纬度(以北京为本初子午线)与现今实测结果

(取北京经度为东经116°25′)对比表

地点	卫匡国的测值	现今实测值	差值	地点	卫匡国的测值	现今实测值	差值
太原	北纬38°33′ 西经4°35′	北纬37°51′ 东经112°34′	+42′ +44′*	重庆	北纬30°23′ 西经10°23′	北纬29°31′ 东经106°33′	+52′ +31′
济南	北纬37° 东经0°30′	北纬36°39′ 东经117°	+21′ −5′**	南昌	北纬29°13′ 西经1°36′	北纬28°41′ 东经115°53′	+32′ +1°04′
开封	北纬35°50′ 西经2°54′	北纬34°43′ 东经114°19′	+1°07′ +48′	长沙	北纬28°50′ 西经5°03′	北纬28°11′ 东经112°55′	+39′ +1°33′
西安	北纬35°50′ 西经8°18′	北纬34°15′ 东经108°55′	+1°35′ +48′	贵阳	北纬26° 西经11°46′	北纬26°34′ 东经106°42′	−34′ +2°03′
南京	北纬32°40′ 东经1°26′	北纬32°03′ 东经118°16′	+37′ −25′	福州	北纬25°58′ 东经2°40′	北纬26°04′ 东经119°18′	−06′ −13′
成都	北纬30°04′ 西经12°38′	北纬30°36′ 东经104°05′	−32′ +18′	昆明	北纬25° 西经14°25′	北纬25°03′ 东经102°41′	−03′ +41′
安庆	北纬13°20′ 东经0°20′	北纬30°29′ 东经117°02′	+51′ −17′	柳州	北纬25°10′ 西经8°42′	北纬24°20′ 东经109°24′	+50′ +1°41′
杭州	北纬30°27′ 西经3°10′	北纬30°14′ 东经120°09′	+13′ −34′	广州	北纬23°15′ 西经4°02′	北纬23°04′ 东经113°15′	+11′ +52′

*如以北京为本初子午线,则太原的经度为西经3°51′,与卫匡国的测值相差44′。

**如以北京为本初子午线,则济南的经度为东经35′,与卫匡国的测值相差5′,以下依次类推。

再次,《中国地图新集》是在欧洲出版的第一本中国地理志。该书名曰地图集,实际上图仅有17幅,而文则有200多页,仅前言就有80页,实际上这是一部"以志文为主,以图为辅的著作"。在叙述的方式上,他采取了中国传统的地理志的方法,首先介绍总的自然或人文地理,然后再按行政单位或省或府加以详细地介绍,从地名、风俗、名胜古迹、军事要塞、矿产物产、建制沿革、气候城镇一一加以详细地介绍,展现中国自然地理和人文地理的全貌。

例如,在介绍总体情况时,他列出了一个表格,将中国各省所产的稻米、丝绸、马料、食盐产量以及户数和人口的统计都列入其中,这样,使读者对当时中国的国家财力有一个总的了解。

编号	地点	户数	人丁	稻米(袋)	丝绸(磅)	马的草料(捆)	盐(磅)(24盎司为一磅)
1	北京和135个所属城市	418,989	3,452,254	2,274,022	45,135	8,737,284	180,870
2	山西5个府,下属92个县	589,939	5,084,015	1,929,057	4,770	3,554,850	420,000
3	陕西	831,051	3,934,176	2,812,119	9,128	1,514,749	⋯⋯
4	山东6个府,下属92个县	770,555	6,759,675	2,414,477	54,990	3,824,290	⋯⋯
5	河南8个府,下属100个县	519,296	5,106,270	6,106,660	9,959	2,288,744	⋯⋯
6	四川省	464,729	2,204,170	2,167,559	6,339	⋯⋯	149,177
7	湖广下属15个大城市	531,686	4,833,590	1,616,600	17,977	⋯⋯	⋯⋯
8	甘肃13个府,下属62个县	1,363,629	6,549,800	5,995,034	11,516		
9	南京14个府,下属110个县	1,969,816	9,967,429	2,510,299	28,452	5,804,217	5,804,217
10	浙赣有11个大城市,下属92个县宅盛产稻米	1,242,135	4,525,470	883,115	2,574	8,704,491	444,763

续表

编号	地点	户数	人丁	稻米（袋）	丝绸（磅）	马的草料（捆）	盐（磅）（24 盎司为一磅主）
11	福建 8 个府，下属 48 个县	509,200	1,802,677	1,017,777	600		
12	广东或广州有 10 个府，下属 73 个县	483,360	1,978,022	1,017,772			37,380
13	广西 12 个府，下属 100 个县	186,719	1,054,760	431,359			
14	贵州 8 个府，下属 10 个县	45,305	231,365	47,658			
15	云南 12 个府，下属 84 个县	132,958	1,433,110	1,400,568			

又如，在介绍浙江省时，他说在金华附近的九天山上有老虎和大蛇，但这些蛇无毒，也不伤害人。在介绍江西时，他对景德镇做了详细的介绍，说明了瓷器的基本做法。在标出严州府桐庐县的富春江时，他说在这座山七里的地方是纪念著名哲人严于陵的胜地。在介绍嘉兴时，他说："在嘉兴地区的水塘里生长着一种圆形的果实，大小类似我们这里的栗子，中国人称为荸荠。荸荠的果皮颜色稍黑，极薄，果肉很白，味美多汁，比苹果略硬而微酸，可食用。如果将一枚铜钱与荸荠同时放在嘴里，只需要用嘴嚼荸荠的力量，就能很容易地用牙齿将铜钱咬断。我自己尝试过多次，亲自证实了这种大自然的神奇。"①这说明，在这些地理志中，卫匡国也并不是全部抄中国地理书的，还是有自己的内容。

一个 17 世纪的欧洲人对中国的自然地理和人文地理如此熟悉，真是让人

---

① 卫匡国：《中国新地图集·浙江》，王蕾蕾译，白玉昆译校，意大利特伦托大学，2003 年。

十分吃惊。这个侧面也说明了卫匡国地图的价值。

最后,《中国地图新集》在地名学上的贡献。卫匡国是第一个将"Sina"即"秦"之译音者①。另外,卫匡国是继利玛窦考证出马可·波罗游记中所说的"汗八里"(Cambalu)是"北京"后,对《马可·波罗游记》中地名考证做出重要贡献的人物,因他在地图集中考证出马可·波罗所说的"Quinsai"就是"杭州","Singui"就是"苏州",而"Cugui"就是"衢州","Cingian"就是"镇江"。卫匡国这个工作的意义在于,"当马可·波罗成为批评对象和怀疑的对象时,已经有人怀疑马可·波罗是否真的到过中国。可以说,卫匡国完成了连接历史的任务,这一项工作的完成直到今天仍有很大的现实意义"②。

第四节　《中国上古史》对欧洲的思想意义

《中国上古史》也是卫匡国返回欧洲后在欧洲出版的西文书,1658 年和1659 年分别在慕尼黑和阿姆斯特丹出版了拉丁文版,原书的标题是 *Sinicae historiae decas prima, res a gentis origine ad Christum natum in extrema Asia, sive Magno Sinarum Imperio gestas complexa*。中文书名有多种:《中国上古史》《中国历史十卷》《中国历史概要》等。全书 413 页,另有索引。内容从盘古开天地到西汉哀帝元寿二年(前 1),全书十卷。第一卷叙述中国远古的神话传说,然后历述了伏羲、神农、黄帝、少昊、颛顼、喾、尧、舜八代帝王的历史,每一个帝王用一节介绍。第二卷介绍夏代,自禹到桀。第三卷介绍商朝,从汤到纣。第四卷为周朝,从周武王到周考王。第五卷接着讲周朝,从威烈王(前425)到公元 255 年。因东周末期有些周王无事可记,他改变了每代帝王占一节的惯例,将几个帝王合为一节,终于周赧王,赧王亡后又接着写了"周君"一节,

---

① 参见方豪:《方豪文录》,北平上智编译馆,1948 年,第 92 页;劳费尔(M. B. Laufer):《"支那"名称考》,《通报》1912 年第 2 集第 13 册,第 729 页。"支那"名称来源问题是一个很复杂的问题,参见张星烺编注:《中西交通史料汇编(第一册)》,朱杰勤校订,中华书局,1977 年,附录《"支那"名号考》;伯希和:《"支那"名称之起源》,冯承钧译:《西域南海史地考证译丛(第一卷)》,商务印书馆,1995 年,第 36—48 页。

② See Martino Martini, *Opera Omnia. Volume Ⅲ：Novus Atlas Sinensis*, Università degli studi di Trento,2002.

而以秦昭王五十二年为终结。第六卷为秦代,自昭王五十三年(前254)至子婴灭亡为止。第七卷以下皆为汉代。第七卷写高祖,第八卷自惠帝至武帝,第九卷从昭帝写到宣帝(这一卷终昌邑王贺单标一节),最后一卷自元帝至哀帝。

在欧洲汉学史上这是第一次如此详细地介绍中国的上古史。卫匡国说他还写了下卷,从东汉写到明末清初,但未出版,手稿也不知落于何处。在法国来华耶稣会士冯秉正在1777年出版的《中国通史》以前,在近一百年的时间里西方社会对中国历史的了解主要是通过卫匡国这本书。因此,这本书在欧洲学术界和汉学界是很有名的,它是欧洲汉学界认识和了解中国历史过程中不可缺少的一个重要的环节。

另外,《中国上古史》对孟子的学说也做了介绍,他认为孟子是一位"非常高尚和极有雄辩能力的哲学家",他还把孟子与梁惠王的谈话转译成了拉丁文。站在基督教的立场上卫匡国认为孟子"有些学说是有碍于基督教的"①。

由此看来,卫匡国的《中国上古史》是儒学西传史中的一篇重要文献。他对中国教史的介绍,"对于欧洲了解关于中国的消息产生了重要的影响"②。

另外,卫匡国对《易经》十分重视。在《中国上古史》中,他认为这是中国最古老的书,并且依据中国上古史的年表和事实提出,《易经》"是中国第一部科学数学著作"。他像后来的许多欧洲汉学家一样,被《易经》中的六十四卦的变化深深吸引。在他看来,周易与数学知识的高度一致,表明了他从一种普遍性提升为一种更为抽象的普遍性。通过对《易经》的研究,他得出结论:中国古代的哲学家大都认为,"所有的事物都是从混沌开始的,精神的现象是从属于物质的东西的。《易经》就是这一过程的典型化"③。

卫匡国的《中国上古史》对欧洲思想史的价值要远远大于它对欧洲汉学史的价值。卫匡国在书中介绍的中国历史和宗教哲学的知识是很重要的,是欧洲

---

① *Giogio Melis*,"*Chinese Philosophy and Classics in the Work of Martino Martini S. J.* (1614—1661)",*International Symposium on Chinese-Western Cultural Interchange in Commemoration of the 400th Anniversary of the Arrival of Matteo Ricci*,*S. J. in China*, Taipei, 1983,p,483.

② *D. E. Mungello, Curious Land: Jesuit Accommodation and the Origins of Sinology*, Studia Leibnitiana Supplementa,1985,p. 110.

③ Ibid. , pp. 128—129.

汉学知识积累的一个部分。正像在华耶稣会士的中文汉学著作深深地影响了中国思想文化进程一样，欧洲传教士汉学从诞生时起就和欧洲的近代思想的变迁连在一起，《中国上古史》所介绍的中国历史纪年已经超出了当时的汉学界，在欧洲思想界产生了影响，或者说这本书直接卷入了当时欧洲思想变革的进程之中，所以仅仅从知识的角度来看这本书是远远不够。传教士汉学的这个功能是以后的专业汉学所完全不具备的。

《中国上古史》的副标题是"从人类初始到基督诞生前中国的历史"。他认为中国真实的历史是从伏羲元年开始的，即公元前 2952 年。这说明在《圣经》所记载的大洪水时期以前，中国的历史就已经存在了。按照《圣经》的说法，亚当诞生于公元前 4004 年，而大洪水期在公元前 2349 年，可是按当时的文字记载，伏羲在公元前 2952 年就已经存在了。

显然，中国的历史纪年对西方的《圣经》历史观是一个严峻的挑战，中国历史成为一个极敏感的政治、宗教问题。来华的耶稣会士同样被这一问题困扰。但他们都仍然坚守着《圣经》的历史观，为了做到既符合《圣经》的历史观，又坚持利玛窦的传教路线，承认中国文化和历史，以便在中国扎下根，他们大体采取两种办法，一种办法是从西方文献中找解决的办法，他们发现了希腊本的《圣经》是公元前 2957 年，比拉丁本的《圣经》公元前 2349 年早了 600 多年，希腊本的《圣经》的历史纪年大体能和中国的历史纪年相融。中国历史上也有大洪水时期的记载，如大禹时期，这样可以把中国人看作诺亚的后代。

但这样做也是前后矛盾的。在中国的大禹时期，约在公元前 2357 年，这个和拉丁本《圣经》中记载的洪水期公元前 2349 年大体接近，而如果采用希腊本《圣经》的历史，人类的洪水期发生在公元前 2957 年，这点无法和中国历史相协调。

用希腊本《圣经》的历史记年可以和中国历史上的伏羲记年相一致，但与中国的洪水期不一致；反之，用拉丁本的《圣经》的历史记年可以和中国大禹时期相一致，但又无法说明伏羲为何早 600 多年而存在。

卫匡国的书在欧洲引起人们的注意，包括后来柏应理在《中国哲学家孔子》一书中所附的中国纪年表都进一步推动了欧洲启蒙思想家对《圣经》纪年重新认识。人们发现如果中国的历史纪年"真实可信的话,那就不得不承认,《圣经》的纪年表一文不值"①。以中国历史纪年来批评《圣经》历史观最有影响的人物是法国启蒙运动的领袖伏尔泰。"伏尔泰和夏德莱夫人在西雷宫中就花了很多时间来检视《圣经》,指出其中的自相矛盾之处,批判其谬误和谎言。"②伏尔泰在介绍中国历史时,对《圣经》的历史观和索隐派的观点进行了尖锐的批评。伏尔泰说,中国的历史是有文字记载所证明的,中国古代的"这些古籍之所以值得重视,被公认为优于所有记述其他民族起源的书,就是因为这些书中没有任何神话、寓言,甚至丝毫没有别的国家缔造者所采取的政治诈术"③。显然这是批评以《圣经》为代表的历史观,因为神迹是《圣经》历史观的重要特征。伏尔泰认为,即便中国历史文献有不足之处。例如,"伏羲氏自称看到他的法律写在有翼的蛇的背上",即使如此,他认为,也"不该由我们这些远处西方一隅的人来对这样一个在我们还是野蛮人时便已完全开化的民族的古典文献表示怀疑"。这里,伏尔泰表现出了博大的胸襟和对待东方民族历史的敬仰态度。他明确指出,虽然中国历史的纪年不同于《圣经》历史的纪年,虽然中国历史在《圣经》上所说的大洪水时期以前已经存在,但中国的历史是可靠的。他说:"中国这个民族,以它真实可靠的历史,以它所经历的、根据推算相继出现过三十六次日蚀这样漫长的岁月,其根源可以上溯到我们通常认为发生过普世洪水的时代以前。"④

他认为不能以西方自己的历史来度量、纠正东方民族的历史。他说:"中国的读书人,除了崇拜某一至高无上的上帝以外,从来别无其他宗教信仰。他们尊崇正义公道。他们无法了解上帝授予亚伯拉罕和摩西的一系列律法,以及长期以来西欧和北欧民族闻所未闻的弥赛亚的完善的法典。"⑤但中国人的历史是无可怀疑的,在西方人还处在野蛮的偶像崇拜之中时,中国这个古老的国家早已"培养良俗美德,制定法律",成为礼仪之邦。伏尔泰在他的《风俗论》这部

---

① 艾田蒲:《中国之欧洲(下卷)》,许钧、钱林森译,河南人民出版社,1992年,第219页。
② 孟华:《伏尔泰与孔子》,新华出版社,1993年,第53页。
③ 伏尔泰:《风俗论(上册)》,梁守锵译,商务印书馆,1994年,第241页。
④ 伏尔泰:《路易十四时代》,吴模信、沈怀洁、梁守锵译,商务印书馆,1996年,第597页。
⑤ 同上书,第597—598页。

世界史著作中将中国放在第一章,以说明中国历史的古老与可靠①。到 18 世纪的后期已经有许多人根据中国的纪年来批评《圣经》,中国的历史纪年已经成为启蒙思想家们用来向教会进攻的最好的武器,如果"接受了中国古老历史的事实,那就彻底地改变了世界史"②,这已经成为不可抗拒的潮流。

卫匡国在写作《中国上古史》时是在为耶稣会在华传教路线辩护,说明中国文明和基督教文明的相同性,特别是在中国远古时代其信仰是很接近基督教的。但他万没有想到这本书却燃起了欧洲启蒙思想界批评教会世界史观、批评《圣经》历史观的大火。这就是历史的吊诡③。

---

① 艾田蒲:《中国之欧洲(下卷)》,许钧、钱林森译,河南人民出版社,1992 年,第 14—15 章,在这两章中作者详细论述了伏尔泰与中国纪年问题。

② 维吉尔·毕诺:《中国对法国哲学思想形成的影响》,耿昇译,商务印书馆,2000 年,第 321 页。该书的第二编第一章(第 212—322 页)全面地论述中国纪年对当时欧洲思想的影响。

③ 参见吴莉苇:《当诺亚方舟遭遇伏羲神农:启蒙时代欧洲的中国上古史论争》,中国人民大学出版社 2005 年。这是目前国内学术界对这一问题论述最为全面的一部著作。

第十六章 《中国图说》与中国文化在欧洲的传播

中国文化西传过程中形成的传教士汉学家是由两部分人组成的,一是在中国的传教士,二是在欧洲的传教士。前者将关于中国的文献带回或寄回欧洲,后者则在欧洲加工、整理和出版。研究欧洲早期汉学就要梳理出欧洲早期汉学形成过程中中国的知识是如何传播到欧洲的,研究传播的过程和机制。本章以《中国图说》为例来说明这一点。

第一节 基歇尔和他的《中国图说》

阿塔纳修斯·基歇尔(Athanasius Kircher,1602—1680)是欧洲 17 世纪著名的学者、耶稣会士,1602 年 5 月 2 日出生于德国的富尔达(Fulda),1618 年 16 岁时加入了耶稣会,以后在德国维尔茨堡(Würzburg)任数学教授和哲学教授。德国三十年战争期间,他迁居罗马,在罗马公学教授数学和荷兰语。他兴趣广泛,知识广博,仅拉丁文著作就有 40 多部。有人说他是"自然科学家、物理学家、天文学家、机械学家、哲学家、建筑学家、数学家、历史学家、地理学家、东方学家、音乐学家、作曲家、诗人","有时被称为最后的一个文艺复兴人物"①。

　　基歇尔著述繁多,1667 年在阿姆斯特丹所出版的《中国图说》是他一生中最有影响的著作之一。《中国图说》拉丁文版的原书名为 *China Monumentis*, *qua Sacris qua Profanis*, *Nec non variis Naturae et Artis Spectaculis*, *Aliarumque rerum memorabilium Argumentis illustrate*,中文名为《中国宗教、世俗和各种自然、技术奇观及其有价值的实物材料汇编》,简称《中国图说》,即 *China illustrata*②。

　　这本书共分六个部分。第一部分介绍在西安出土的大秦景教碑,共有六章,分别从字音、字义、解读三个方面全面介绍了大秦景教碑,并公布了一幅在西安出土的大秦景教碑的手抄临摹本。这是在 17 世纪欧洲出版物中第一次公布这么多的汉字,这个碑文的汉字和拼音在欧洲早期汉学上产生了重要的影响。

　　第二部分介绍历史上西方前往中国旅行的路线,共十章,记录从马可·波罗以及元代来华的方济各会传教士柏朗嘉宾、鲁布鲁克、鄂多立克来华的路线和见闻,到明清间来华的耶稣会士白乃心、吴尔铎返回欧洲时的西藏之行。基歇尔将所有这些游记加以汇总,勾勒出从历史上到他生活的 17 世纪中叶从西方通向中国的所有旅行路线。同时,他也对中国、中亚、南亚的许多风俗人情、宗教信仰做了详细介绍。

　　第三部分介绍中国及亚洲各地的宗教信仰,共七章,除了介绍欧洲已经熟悉的印度的婆罗门教及其在南亚大陆的传播外,重点介绍了日本和中国的宗教信仰,特别是中国的儒、释、道。

　　如果说前三部分是在东方学的框架中涉及中国,那么,第四部分以后的剩余三部分则是对中国的专题介绍。第四部分共有十一章。从中国的地理位置、自然环境到中国人生活风俗,基歇尔都做了详细的介绍。基歇尔身上有着那种文艺复兴时期的人物们所具有的强烈的好奇心,这一部分对中国的动物、矿产等细节也做了极为生动的描述。

---

①　Georg Joseph Rasenkranz,*Aus dem Leben des Jesuiten Athanasius Kicher*:*1602—1680*,1850,Vol I, p. 8.

②　朱谦之先生在《中国哲学对欧洲的影响》(上海人民出版社,2005 年)一书中对此书做过介绍,但是将该书第一版出版时间说 1664 年是不对的。

第五部分向欧洲展示中国的庙宇、桥梁、城墙等建筑物。虽然只有一章,却妙趣横生。

第六部分介绍中国的文字,共有五章。基歇尔是个语言学家,1643 年所写的《复原的埃及语》(*Lingua Aegyptiaca restituta*)和 1652 年所写的《埃及的俄狄浦斯》(*Oedipus Aegyptiacus*)奠基了西方的埃及学。在这里他首次向西方人展示了中国文字的各种类型。

《中国图说》第一版于 1667 年在阿姆斯特丹出版后,在欧洲引起了很大的反应。神奇的内容,美丽的插图,百科全书式的介绍,给欧洲人打开了一扇了解东方的大门,打通了一条通向中国精神世界的道路。一时洛阳纸贵,第二年就出了荷兰文版①,1670 年出版了法文版②,1669 年出版了英文版,它的内容被许多书籍广泛引用③。这本书不仅被当时的欧洲学者所看重,如莱布尼茨案头就有这本书,他的东方观受其影响;同时它又为一般读者所喜爱,因为书中的插图很美,以至于欧洲许多藏有《中国图说》的图书馆中的这本书的插图不少被读者撕去。关于这一点,法国学者艾田蒲(Rene Etiemble)的话很有代表性:"《耶稣会士阿塔纳斯·基歇尔之中国——附多种神圣与世俗古迹的插图》,此书的法文版见于 1670 年,尽管编纂者是一个从未去过亚洲的神父,但此书的影响比金尼阁的《游记》影响还要大。"④《中国图说》1986 年英文版译者查尔斯·范图尔(Charles D. Van Tuyl)说,在"该书出版后的二百多年内,在形成西方人对中国及其邻国的最初印象方面,《中国图说》可能是独一无二的最重要的著作"⑤。

---

①　*Toonneel van China , door veel , zo geestelijke als weereltlijke geheugteekenen , verscheide vertoningen van de natuur en kunst , en blijken van veel andere gedenkwaerdige dingen , geopent en verheerlykt* , translated by Jan Hendrick Glazemaker, Johann Jansson, 1668.

②　*La Chine d'Athanase Kirchère , de la Compagnie de Jésus , illustré de plusieurs monuments tant sacrés que profanes , et de quantités de recherches de la nature et de l'art* , Johann Jansson, 1670.

③　Johannes Nieuhof, *An Embassy from the East — India Company of the United Provinces , to the Grand Tartar Cham , Emperor of China , Deliver'd by their Excellencies , Peter de Goyer and Jacob de Keyzer , at his Imperial City of Peking* , 1673.

④　艾田蒲:《中国之欧洲(下卷)》,许钧、钱林森译,河南人民出版社,1992 年,第 269 页。

⑤　查尔斯·范图尔:"英译者序",阿塔纳修斯·基歇尔:《中国图说》,张西平、杨慧玲、孟宪谟译,大象出版社,2010 年,第 18 页。

考察中国文化的西传和西方早期汉学史时,基歇尔的这本书是必须研究的①。它是中国文化在西方传播史上最重要的一个环节,是西方早期汉学发展史上的一个重要的基本性著作。

第二节 大秦景教碑与中国文字西传

基歇尔并未到过中国,但他和来华的耶稣会士们有着很好的关系。他是卫匡国在罗马时的数学老师,他和白乃心有良好的个人关系,他是代表南明王朝来罗马的波兰传教士卜弥格的保护人。正是通过与这些来华传教士的广泛接触,他收集了大量来自中国的第一手材料,这些材料后来绝大多数都被他放入了《中国图说》之中。

《中国图说》一书对卜弥格的材料引用最多,以至于有些学者认为"基歇尔这部伟大的著作——他在和他同时代的学者中,比他任何一部别的著作都赢得了更大的荣誉——所吸取和利用的卜弥格的材料是那么的多,以致它的基础部分都属于卜弥格了"②。这个观点大体是正确的,我们在下面的分析和研究中可以很清楚地看到这一点。

基歇尔在《中国图说》中的一大贡献就是公布了卜弥格对大秦景教碑的介绍。

在卜弥格返回欧洲之前,曾德昭在他的《大中国志》一书中最早对在西安发现的这块景教碑做了报道。

基歇尔说,曾德昭是第一个目睹碑文的神父。这个判断是正确的③。他在罗马见到了曾德昭也是真实的。他说:"当这位巡游者在罗马时,他把他所看到的一切都讲给了我听。"④

接着,他在罗马又见到了卫匡国,卫匡国亲自给基歇尔讲解了碑文,并在他

---

① 朱谦之先生的《中国哲学对欧洲的影响》是国内最早对该书研究的著作,朱先生将基歇尔译为"刻射"。

② 爱德华·卡伊丹斯基:《中国的使臣:卜弥格》,张振辉译,大象出版社,2001年,第230页。

③ 参见计翔翔:《十七世纪中期汉学著作研究:以曾德昭〈大中国志〉和安文思〈中国新志〉为中心》,上海古籍出版社,2002年,第176—224页。

④ 阿塔纳修斯·基歇尔:《中国图说》,张西平、杨慧玲、孟宪谟译,大象出版社,2010年,第18页。

自己的《中国地图新集》一书中介绍西安的这一重大发现,基歇尔在书中也引用了卫匡国的这个介绍。基歇尔是最后见到卜弥格的,对我们今天的中国研究者来说,《中国图说》中公布的一封信是我们研究卜弥格和大秦景教碑发现史的珍贵史料。卜弥格关于景教碑的信是这样写的:

> 纪念天主教信仰的石碑是在中国一个特殊地方发现的,它用大理石制成,上面刻有中文和被称作"埃斯特伦吉洛"(Estrongelo)的叙利亚文,以及迦勒底神父的签名,这个石碑刻于约一千年前。

> 不久前,阿塔纳修斯·基歇尔神父在他的《普罗兹罗莫斯·科普图斯》中将碑文译成拉丁文,随后中国教区的曾德昭把它译成意大利文。他亲眼看见过这个纪念碑,这些译文每行都紧跟着中文的铭刻,但是来自中国神父的叙利亚文刻文,迄今尚未被接受。我很高兴把基歇尔的拉丁文译文(伴以中文)发表出来,并有叙利亚文的铭刻,以及基歇尔的注释与中文资料,作为对天主教信仰的丰富证明。总之,我向全世界的人们展示公元782年刻有中文的这个石碑。人们由此可以看到:现代天主教的教义一千年前的公元636年在世界的另一边就已经被宣讲了。碑文的原拓本一份保存在耶稣会罗马学院的博物馆中,另一拓本则存放在专门的档案库中。我还带回一本和石碑同一时期的中国学者和官员所写的书,印在书中的字体,其优美程度可同石碑上的字媲美。

> 书的引言劝说所有的中国人到大西去拜访圣师(The Masters of the Great West)(正像他们所称的耶稣会士),去聆听这些人对教义的讲解,是否就是一千年前被中国古人和中国皇帝已经接受的准则。在石碑被发现前,耶稣会士在中国印刷的书也有着同样的看法。这本书只不过讲述了大理石碑是如何被发现的。

> 在圣方济各·沙勿略死在上川岛后,可敬的利玛窦神父和其他耶稣会士把基督福音带到中国内地,并在少数几个省修建住房与教堂,上帝的信仰在陕西省的传播也取得了进展。在1625年,一位耶稣会士被王徵进士请到他在三原的家,给二十个人施洗,耶稣会士还和这位进士一块去看石碑。这块石碑是几个月前在西安府附近的鳌屋(Cheu che)发现的,当时他

们在那里为一个墙挖地基。这个人报告了石碑的发现,后被其他神父证实。这些神父在西安建住所和教堂,和他们一块劳动的还有基督教徒以及他们的亲戚。他们说这个石碑有五掌宽,它的顶部呈角锥形,较宽的两个边有两掌长,较窄的一边是一掌长。顶端雕刻成一个神圣的十字架,上面刻有浮云。十字架的支架像水仙。在雕刻的中文的左边和下边有叙利亚神父的叙利亚文的名字。即使今天的中国教徒也常常拥有几个名字,一个是他们原来的中国名字,另一个是受洗名,通常以某个圣徒的名字为自己起名。地方长官听说石碑的事情,被这件罕见的事情所惊动,并把它看成是一个征兆,因为他的儿子在同一天死了。他还令人写了一篇赞美的文章以庆贺石碑的出土,并用大理石制作了一个石碑的仿制品。他下令将石碑和仿制品供奉在僧人居住的崇仁(Tau Su)寺院里,这个寺院距离西安府的城墙约一英里。

随后的若干年中,天主教在中国的许多其他遗物也被发现了,而这正是上帝所想明示众人的时间。因为此时,通过耶稣会所进行的对信仰的宣讲已遍及全中国。过去的和现在的对同一宗教信仰的证据同时出现,福音的真理对每一个人都应是不说自明的。类似的十字架的形像于1630年在福建省被发现。1635年异教徒在甘肃省看见奇异的神光。同样地,1643年在福建省和泉州(Cyuen Chen)的山上也发现了一些十字架。不仅如此,当可敬的利玛窦神父第一次进入中国时,他听到了"十字教"(Xe Tsu Kiao)这一名称,也就是"十字架学说"(The Doctrine of the Cross)的意思。中国早期的基督教徒被称作"十字架学说的信徒"(Disciples of the Doctrine of the Cross)。在三百年前鞑靼人第一次侵入中国时,基督教徒人数大增,而在马可·波罗时代他来到契丹(或中国)时,那里曾有回教徒、犹太教徒、景教徒以及其他异教徒。

不能肯定的是,圣多默还是其他一些使徒向中国人宣讲的福音。金尼阁神父从马拉巴尔(Malabar),圣多默的基督教徒称之为塞拉(Serra)教堂收集证据。据说这位圣徒曾在那里讲道,也在梅里亚坡以前被称作卡拉米纳(Catamina)的地方宣讲过,此地现在被葡萄牙人称作圣多默。① 在有关圣多默的资料中,可以看到:"由于圣多默的布道,中国和埃塞俄比亚归信真理;圣多默使天国插上了翅膀,降落在中国。"②赞美诗说:"埃塞俄比亚、印度、中国和波斯为了纪念圣多默,向你的圣名表达爱慕之意。"一部老的宗教经典说:"区域大的教省,也就是说中国、印度和帕塞斯(Pases)的大城市,都一致赞同。"③同样,当葡萄牙人到达时,管理塞拉教会的这个人声称他是掌管印度和中国的大主教。可是在仔细考虑证据(这在金尼阁到来后弄清楚了)后,人们还不能就此下结论说圣多默本人曾把福音带到中国。可是当可汗(Heu Han)家族统治这三个王国时,基督教的信仰遍及全国的证据非常清楚了。第三个证据就是现在被称作南京的地方。在江苏省一条河的岸边,人们发现了一个重约三千磅的铁十字架,十字架上铭刻的文字说,它是在开始于公元 239 年的中国的某朝代被建立起来的,因而基督教徒与传教士应在 1415 年以前就生活在华南的中国人中间。岁月流逝,忘却的基督教义又被来自大秦(Taeyn)④的犹太人(Judea)或叙利亚人(Syria)在陕西传播开来,这是在公元 636 年唐朝统治时期,正如石碑上所言。当传教士的名字被中国教徒采用时,圣多默或任何其他圣徒的名字却未被提及。因而事情已很清楚:那些树碑以永恒纪念基督教流传中国的人应该提到圣多默或其他圣徒,那些来自大秦的传教士不知道圣多默或任何其他使徒是否向中国人传过教。因此,人们不能作这样的猜想。说得更准确些,从证据看尚不能下这样的判断。最可能的是:来自圣多默教堂(也称巴比伦的教堂,当时受马拉巴尔统治)的神父,正如以后葡萄牙人所发现

---

① 关于圣多默是否到过中国传教是一个尚未定论的问题。穆尔说:"关于圣多默到过中国的传说几乎没有超过'西嫩休姆'(Sinensium,艾伯哲苏斯语),'那边的秦纳斯'(Ulteriores Sinas,阿姆鲁斯语)和《圣务日课》中的模糊词句。"参阅阿·克·穆尔:《一五五〇年前的中国基督教史》,中华书局,1984 年,第 32—33 页。——原书注

② 使徒们早就在印度和中国宣讲基督教义。奥伊泽比乌斯(Eusebius)说,巴塞洛缪(Bartholmew)在印度宣讲基督教义(*Ecci Hist*. V. X. 1—4)。——原书注

③ (Ebed-*Jesus*,*Collect*,*can*,*Tracl* VⅢ,Cap, ⅪX. See, A. Cue)y,"Le monument Chrétien de Singan-fou:son texte et sa significalion",*Memoires de L'academie royale des scienees*,*des lettes*,*et des beaux-arts de Belgique* 53(1859—1898),p,106。——原书注

④ 这里的"大秦"即景教碑中所称的大秦。——原书注

的,被派出宣教,去建立一个主教辖区,把信仰带给中国人。这是中国基督教徒使用古代叙利亚语言的缘由,这种被称作埃斯特伦吉洛(Estrangelo)的古代叙利亚语言曾为叙利亚和巴比伦人长期使用。传教士为何称赞圣多默是易于解释的,因为由于这位圣徒的功绩,圣多默教堂派出的第一批传教士来到中国并转化了中国信徒,中国信徒的转变的功绩也因此归功于他。尽管如此,因为在有关传教的记录中没有提到圣多默或任何其他圣徒,我们不能断定他和任何其他圣徒曾在中国传教。

许多世纪后,人们发现长老约翰的基督教徒,我认为他们就是十字架学说的崇拜者,他们是同鞑靼人一块或在他们以前不久来到中国的。这些来自犹太人(更可能是叙利亚——迦勒底或马拉巴尔)的基督教徒比鞑靼的基督教徒在中国停留的时间更长,因而他们要求他们的追随者被称作"光明学说或金朝(Kin Kiao)的信徒"。我也相信这些传教士不是犹太人,而是叙利亚人,正如他们的叙利亚语言和叙利亚姓名所显示的。他们说自己来自犹太人是因为他们宣讲的理论是从那里诞生的。我们现在把叙利亚神父来自何处以及叙利亚文石刻的问题留给基歇尔神父和他涉猎广泛的评论文章。他在这方面做的事更值得信赖,我把我们的同事——年轻的中国贵族沈安德的一篇书法作品留给他。沈安德从一本在全帝国流行的、著名的中国学者印刷的书中亲手临摹了中文汉字,我逐字将其译成拉丁文,并标注上符号。这本书是碑文的准确的印本,被放置在我们的博物馆中珍藏。一起陈列的同时还有我亲自手写的一个证明,以及来自中国的其他文献。

景教碑的目睹者,对该碑曾予以描述的:

卜弥格神父

中国人沈安德

中国人罗若瑟

1635 年 11 月 4 日于罗马①

卜弥格的这封信对研究大秦景教碑的出土地点、时间而言是一个重要的文

---

① 阿塔纳修斯·基歇尔:《中国图说》,张西平、杨慧玲、孟宪谟译,大象出版社,2010 年,第 22—26 页。

献,可以进一步促进关于大秦景教碑的研究。大秦景教碑的出土地点、时间是一个很有争议的问题,卜弥格的这封信也是争论的焦点之一①,我们从评价基歇尔的角度来看,他全文发表这封信在文献学上是很重要的②。

尽管在大秦景教碑的出土时间和地点上,大家对卜弥格的说法有争论,但不可否认他对大秦景教碑的介绍贡献是很大的。这主要是他第一次在西方公布了大秦景教碑的中文全文和第一次将碑文全部用拉丁字母注音。

在卜弥格到达罗马之前,卫匡国虽然已经将碑文的拓本带到了罗马,但从未在出版物中公布过碑文的中文全文。正是在卜弥格到罗马后,他将手写的大秦景教碑的碑文给了基歇尔,基歇尔在《中国图说》中全文发表。

这是当时在欧洲第一次发表这样长的中文文献。所以,法国汉学家雷慕沙(Rémusat)说,基歇尔所公布的卜弥格的这个碑文全文"迄于今兹,是为欧洲刊行的最长汉文文字,非深通汉文者不足辨之"③。这些中文后来长期影响了欧洲人对中文的了解。

对大秦景教碑碑文的注音和释义是《中国图说》中另一个引起当时欧洲人关注的方面。这个工作完全是卜弥格和他的助手沈安德做的,基歇尔在书中也说得很清楚:"最后到来的是卜弥格神父,他把这个纪念碑最准确的说明带给我,他纠正了我中文手稿中的所有的错误。在我面前,他对碑文又做了新的、详细而且精确的直译,这得益于他的同伴中国人沈安德(Andre Don Sin)④的帮

---

① 沙丕烈(Robert Chabrié)在他的《明末奉使罗马教廷耶稣会士卜弥格传》一书中认为卜弥格汉学学术研究"近于肤浅"的结论是不公正的,卜弥格在中国地图的绘制,对中国植物和医学的研究在整个来华耶稣会士中都是很突出的。参见冯承钧译:《西域南海史地考证译丛(第三卷)》,商务印书馆,1999年,第151页。

② 卜弥格的这封信曾在1656年在维也纳出版的他所写的《中国植物志》一书中公布。信中所说的罗若瑟,伯希和认为应是白乃心带到欧洲的随从。同上书,第158页。关于大秦景教碑的有关讨论请看洪业:《洪业论学集》,中华书局,1981年,第56—63页;计翔翔:《十七世纪中期汉学著作研究:以曾德昭〈大中国志〉和安文思〈中国新史〉为中心》,上海古籍出版社,2002年,第176—224页;林悟殊:《唐代景教再研究》,中国社会科学出版社,2003年。

③ 冯承钧译:《西域南海史地考证译丛(第三卷)》,商务印书馆,1999年,第159页。

④ 费赖之说,卜弥格前往罗马时庞天寿遣其左右二人随行,一人名罗若瑟,一名沈安德。冯承钧先生认为"罗若瑟原作Joseph k'o,沈安德原作André Sin,Kin,兹从伯希和考之名改正,而假定其汉姓为罗为沈"。参阅费赖之:《在华耶稣会士列传及书目(上册)》,冯承钧译,中华书局,1995年,第275页。此处有误,伯希和认为:"此信札题卜弥格名,并题华人沈安德与另一华人玛窦(Mathieu)之名。安德吾人识其为弥格之伴侣,玛窦有人误识其为弥格之另一同伴罗若瑟。惟若瑟因病未果成行,此玛窦应另属一人。"冯承钧译:《西域南海史地考证译丛(第三卷)》,商务印书馆,1999年,第203页。

助,沈安德精通他本国的语言。他也在下面的'读者前言'中对整个事情留下一个报道,这个报道恰当地叙述了事件经过和发生的值得注意的每个细节。获得了卜弥格的允许,我认为在这里应把它包括进去,作为永久性的、内容丰富的证明。"①卜弥格的做法是将碑文的中文全文从左到右一共分为 29 行,每一行从上到下按字的顺序标出序号,每行中有 45—60 个不等的汉字。碑文全部共有1561 个汉字,这样碑文中的中文就全部都有了具体的位置(行数)和具体的编号(在每行中的从上至下的编号)。在完成这些分行和编号以后,卜弥格对景教碑文做了研究。这点我们在下面的章节中还要专门介绍,这里不再展开。

第三节 《中国图说》对南明王朝的报道

卜弥格对《中国图说》的另一个贡献就是他给基歇尔介绍了南明王朝的有关情况。卜弥格关于中国历史的文献有《中华帝国简录》《中国事物概述》②《中国天主教状况与皇室皈依略记》。但基歇尔最看重的是卜弥格作为南明王朝的使臣,带着庞天寿所写的给罗马教宗、耶稣会会长等一系列罗马要人的信。所以,在《中国图说》中他将这些信件全部发表了。这些文献在东方最早是被日本学者发现并开始研究的。1910 年张元济在欧洲考察时发现了这批文献,后《东方杂志》的主编杜亚泉以高劳的名义撰写了《永历太妃遣使于罗马教宗考》在《东方杂志》上发表。以后关于这一事件的研究论文浩如烟海③。但如果要追踪这段历史,则必须回到《中国图说》。这是《中国图说》一书在中西文化交流史上的重要贡献之一。

基歇尔《中国图说》的价值在于,它早在 1667 年就以拉丁文的形式公布了

---

① 阿塔纳修斯·基歇尔:《中国图说》,张西平、杨慧玲、孟宪谟译,大象出版社,2010 年,第 21 页。

② 卜弥格的这两部著作在费赖之的《在华耶稣会士列传和书目》中未列出(参阅其书上册(冯承钧译,中华书局,1995 年)第 278—280 页),在沙不列的《明末奉使罗马教廷耶稣会士卜弥格传》中也没有列出(参阅冯承钧译:《西域南海史地考证译丛(第三卷)》,商务印书馆,1999 年,第 151—168 页),只有在爱德华·卡伊丹斯基《中国的使臣卜弥格》(张振辉译,大象出版社,2001 年)中提到这两本书(参阅此书第 83 页)。

③ 参见黄一农:《两头蛇:明末清初第一代天主教徒》,台湾清华大学出版社,2005 年,第 358 页注 43、44。

这个重要的文献,黄一农先生在他的《两头蛇:明末清初第一代天主教徒》一书中,对于卜弥格带回的三份中文文献《王太后致谕罗马教宗因诺曾爵书》《王太后敕耶稣会总会长书》《司礼太监庞天寿上罗马教宗因诺曾爵书》,根据顾保鹄神父从罗马带回的原始文献的胶片做了新的校正。在前面的章节中我们已经对这几篇文献作了介绍,这里不再重复。

卜弥格在罗马整整等了三年多。终于,教廷消除了对他身份的疑虑,1655年12月18日亚历山大七世接见了他,并给了他教宗给王太后和庞天寿的信。同时,他回来时也带了耶稣会会长给王太后的信。此时,卫匡国已经到了罗马,教廷已经知道南明王朝为期不长,因此教宗给南明朝的信"不着边际","措辞空洞",不痛不痒,这也是很正常的。很可能是在卜弥格离开罗马时将罗马方面给南明王朝的这些回信给他在罗马的保护人基歇尔看了,基歇尔抄录后在《中国图说》上公开发表了这三封信。三年后,1670年在《中国图说》的法文版中这些信又被翻译成法文。过去我们读到的这些信是从法文版翻译成中文的①,这是冯承钧先生在几十年前做的。方豪在《中国天主教史人物传》上册中也公布了这批信。

从历史学的角度来看基歇尔在《中国图说》中发表的这些信,使我们看到了中国与梵蒂冈教廷代表的西方的第一次正式外交的全过程,看到了卜弥格整个欧洲之行的最后结果,同时也看到教廷在不同时期对待中国的不同态度②。

人世沧桑,当基歇尔在罗马发表这些文献时,南明的永历王朝已经垮台,从罗马又返回东方的卜弥格因此无法进入澳门,葡萄牙人怕因此得罪已经掌握全国政权的清王朝。卜弥格带着他忠诚的伙伴沈安德,奔走在中国与安南的边境线上,这位从大西洋回来的使臣还想着他效忠的南明王朝。在风雨飘摇之中,卜弥格积劳成疾,一头栽倒在中国的边界线附近。此时是1659年,历史翻开了新的一页。八年后,基歇尔的《中国图说》在罗马正式出版,公布了这段中国和西方的极为特殊的外交历史。

---

① 冯承钧译:《西域南海史地考证译丛(第三卷)》,商务印书馆,1999年,第136—137页。注意法文版的中译本只公布了教宗致纳烈皇后和庞天寿两封信。

② 正像西方派往中国的第一个外交使臣皮尔资无功而返殁于广州一样,卜弥格走了一条相反的路线,得到大略相同的结果。

第四节 欧洲"中国风"的第一页

一、《中国图说》中的图

基歇尔的《中国图说》以图而著名。这本书所以在当时和整个 18 世纪受到读者的普遍欢迎,重要的原因就是有图,它给西方世界展现了一幅中国社会生活的画面。当代西方学者认为,从这本书以后,西方对中国的关注就开始渐渐热了起来,对中国的关心开始从文化和思想、宗教界转向了普通大众。在《中国图说》的第二部分第九章后,基歇尔附了五幅大图,一组十一幅小图。

其中康熙和汤若望这两幅图估计是白乃心所画。因他是汤若望从北京派出返回欧洲的,他离开北京时汤若望已经当上钦天监的监正。

因白乃心是从青海经西藏,进入南亚次大陆,然后返回欧洲的。所以,他也画了一些关于西藏的画。这是西方首次公布关于西藏的图画,在中西文化交流史上有重要的意义。

基歇尔在《中国图说》中发表了一些卜弥格所绘的反映明朝社会生活的图,这些图对西方社会认识中国起到了一定的作用。

利玛窦和徐光启这幅有名的画,笔者分析应是卜弥格画的。因当时明清之间正在战争之中,白乃心从清人占据的北京返回欧洲,不可能画明朝的人物。而当时在罗马的还有卫匡国,主张教廷放弃对南明的支持。卜弥格画这幅画也算是对明朝的一种支持。

两幅中国妇女图可以肯定是卜弥格所画的。这是汉族服饰的两名女子,图旁边的文字中介绍说这是中国皇宫的皇后和妃。基歇尔说:"皇帝和皇子们选妃子时,只注重女人的外表美丽与否,而不论她是否贵族出身。高官不向往与皇族联姻,因为做皇帝的嫔妃非常可怜无助,她们被限制在宫中,而再也见不到她们的家人。有些妃子是由政府官员挑选的,少数是由皇帝自己选。只有皇帝最初的妻子一个人被认为是合法的。皇帝和皇子可以有九个妃子和三十六个更低级的妃子,所有这些人都是皇帝的嫔妃。他们还拥有数不清的姬妾,既不是皇后也不是妻子,只是供皇帝和皇子随意取乐的。"①波兰汉学家卡伊丹斯基(Edward Kajdański)认为,这两幅图中的人物很可能是南明朝的妃子。

卜弥格通过在一组十一幅的小图,全面地反映了当时中国各阶层人物形象,有陕西、河南的农家妇女,湖广、四川的农民,广西、云贵的南朝王朝士兵,朝中的文人学士。特别要注意第七幅画,这是南明永历皇帝和皇后,因为卜弥格在永历朝生活过,见过他们。这是在欧洲历史上第一次公布中国皇帝和皇后的图像,如果中国历史本身没有留下永历皇帝和皇后的像,这两幅图,对中国南明史的研究也很有意义。除了人物图像外,基歇尔在书中公布了卜弥格画的多幅中国植物图,这对西方了解中国的植物、中草药有着重要的价值。

二、从《中国图说》看西方早期汉学的特点

基歇尔和卜弥格都是耶稣会士,在笔者看来此时西方对中国的认识处在"传教士汉学阶段"。从《中国图说》这个具体的个案我们看到传教士汉学有以下几个特点。

第一,传教士汉学家开始比较真实地将中国介绍到西方。和《马可·波罗游记》所代表的西方"游记汉学"相比,传教士汉学家长期生活在中国,特别是在耶稣会士利玛窦确立"合儒易佛"的路线后,他们开始读中国文化的典籍,从而在精神层面上对中国有了更深的了解。这个时期传教士们向西方介绍的中国绝大部分是真实的。以卜弥格为例,他所介绍的大秦景教碑内容,所介绍的南明王朝的情况,所介绍的中国的地理和植物等情况,基本上是真实的。正是这些真实的知识推进了西方对中国的认识在日益精确化。

第二,传教士们由于自己本身的信仰和文化的背景,在介绍中国时总是自觉或不自觉地受到自身文化身份的影响。以卜弥格为例,在卜弥格带到罗马的南明王朝给教廷的信中,他们把慈炫称为皇太子,但我们可发现这些系于永历四年实际上慈炫(教名当定)并未被立为皇太子,因他直到五年十月始被册立为东宫。此次遣使赴欧应是由内廷中奉教之人所主导的半官方行为,王太后和庞

---

① 阿塔纳修斯·基歇尔:《中国图说》,张西平、杨慧玲、孟宪谟译,大象出版社,2010年,第214页。

天寿或期盼能借其个人崇高之身份地位,以争取欧洲教会领导人的同情与支持,故有意地在函中夸大慈炫的名分,虽然慈炫成为皇太子本就是众人所预期的。此外,司礼太监的庞天寿,亦被卜弥格抬举成内阁中唯一的阁老,希望能使人相信遣使一事乃得到永历帝的同意①。法国汉学家伯希和也有这样的看法,按理说在卜弥格回欧洲时已经知道广州被清兵占领,但他回罗马后一直未说此事,这是因为他想"保全他的面目,故作此言"②。

第三,西方在接受来华耶稣会士从东方传来的消息时,也根据自己的需要对这些消息做了自己的加工。任何一种文化在接受另一种文化时都受其自身文化的影响,解释学已经告诉了我们这个道理。这在16—18世纪的西方中国观中表现得比较明显。以基歇尔的《中国图说》为例,我们就可以清楚看到这一点。

例如,基歇尔在讲卜弥格介绍给他的中国文字时,就已经被他的基督教文化观过滤了:"在洪水泛滥约三百年后,当时诺亚后代统治着陆地,把他们的帝国扩展到所有地方。第一个发明文字的人是皇帝伏羲,我毫不怀疑伏羲是从诺亚的后代那里学到的。"③他把中国人看成是诺亚的后代。其实,当时也并不只有基歇尔一个人这样想。这本书出版两年后的1669年,英国人约翰·韦伯(John Wehb)写了一本叫《有关中华帝国的语言有可能是最早语言的历史论著》(*An Historical Essay Endeavoring a Probability that the Language of the Empire of China is the Primitive Language*)的书出版,这本书根据《圣经·创世纪》第11章第11节中的一段话认为,在创造巴别塔时,人们的原始语言是汉语,即汉语应是耶和华乱了人们的语言前的世界通用的原始语言。这说明当欧洲人第一次面向汉字时,他们只能根据自身的文化,自身的历史来解读汉字,解读中国。他们的文化是基督教的文化,《圣经》是基督教文化之母体,他们的历史观当时仍处在基督教的历史观中。由此出发,他们已把中国文字、中国文化纳入自身的话语系统。基歇尔这种解释也是这样。

基歇尔在收到卜弥格和白乃心这些图后,在制作成铜版画时也根据欧洲的

① 参见黄一农:《两头蛇:明末清初的第一代天主教徒》,台湾清华大学出版社,2005年,第379—380页。
② 冯承钧译:《西域南海史地考证译丛(第三卷)》,商务印书馆,1999年,第206页。
③ 阿塔纳修斯·基歇尔:《中国图说》,张西平、杨慧玲、孟宪谟译,大象出版社,2010年,第389页。

想象做了修改。如当时拉萨是不可能有四轮马车的,但基歇尔在拉萨的图中加上欧洲人熟悉的四轮马车;如卜弥格画的图中是不可能有清朝人的,但不少图被加上清代人的装束,这些很可能是基歇尔在做铜版画时加上的。所以,西方早期汉学是真实知识和文化想象混杂在一起的。

但当我们这样说时,我们并不完全同意后现代史学的观点,因为在他们看来,任何文化对他文化的理解和接受都是一种"集体想象",如同后现代主义者巴特(Roland Barthes)所说的"历史推论在本质上是意识形态经营下的一种形式,或者更正确一点,是想象的惨淡经营"①。

应该看到欧洲早期汉学中的想象、幻觉部分一直是有的,但这种想象的成分和幻觉的成分与他们对中国认识的精确知识的增长是交织在一起的。我们既不能说欧洲早期汉学完全是意识形态的产物,是虚幻的,毫无真实性可言,也不能说此阶段的汉学研究完全以真实材料为准,毫无虚幻,这点在基歇尔的《中国图说》中表现得很清楚。我们研究者的任务是分析出哪些成分、哪些内容是意识形态的产物、是想象,哪些内容是精确知识的推进。当然,即便是想象,我们也不否认其价值,也还可以从想象部分入手探究欧洲早期汉学的另一面,即在欧洲文化变迁史中的作用。

所以,对西方早期汉学必须做具体的分析,而不能一概而论。在西方对中国认识的历程中真实知识的增长和想象部分之间,在不同的时期其比例也是不一样的,应做历史性的具体分析,勾画出二者之间的互动与消长,不能一概认为西方的东方知识统统是幻觉。推而广之,在任何历史研究中,不可能没有推论的部分,因为史学的基本方法是在史料基础上的叙事与解释,而史学家无论采取其中哪一种方法,都会受时代意识形态的影响。也就是说,后现代主义的史学观揭示出历史研究中的意识形态因素是对的,但不能由此而把历史研究完全看成主观推论,完全是意识形态的结果,历史从此失去真实性②。

---

① Roland Barthes, "The Discourse of History," Keith Jenkins (ed.), *The Postmodern History Reader*, Routledge, 1997, p. 121.

② 张西平:《基歇尔笔下的中国形象:兼论形象学对欧洲早期汉学研究的方法论意义》,《中国文化研究》2003 年 3 期。

第十七章　柏应理与中国儒学西传①

16—18 世纪间中国文化在欧洲的传播,最有影响的就是比利时传教士柏应理主编的《中国哲学家孔子》一书。我们甚至可以这样说,不了解这本书就无法真正知道中国文化在 18 世纪欧洲的影响,就无法真正理解 18 世纪欧洲思想的变迁。传教士汉学深深地卷入欧洲思想的变迁,此书便是一个明证。

第一节　柏应理生平与著作

柏应理 1623 年 5 月 31 日生于比利时距鲁汶城北 20 千米的麦克林(Mechlin)。他 1632—1640 年在家乡的耶稣会学校学习,1640 年 8 月被当时比利时教省的省长 Fr. Johannes Tollenaere 批准成为耶稣会见习修士,10 月 11 日,进入麦克林的教会见习学院(house of probation),并在那里和鲁日满及南怀仁成了好朋友。1641 年年底三人曾一同申请前往西班牙的南美殖民地智利传教。1642 年 10 月,柏应理去 Collegium Lovaniense 学习哲学,后被派往 Coutray 大学,1645 年离开后前往安特卫普的学校,在那里教授教理学。他1647 年在家乡教授希腊语,同年和南怀仁一同申请前往墨西哥,1647 年 5 月 2

①　本章由张西平和骆洁共同写作。

日到达西班牙的加的斯(Cadiz)码头。但是西班牙当局阻止了他们的出行,他只好回到比利时,继续学习。1648 年,柏应理在 Courtray 大学任教,1648 年教授人文学,1649 年教授修辞学。他 1651 年秋天再次前往鲁汶的耶稣会学校,两年之后以优异成绩通过了神学考试。他 1654 年听了返回欧洲的耶稣会士卫匡国的讲演,被激发了对中国教区的热情,并被允前往中国。① 1654 年 11 月 25日,他在布鲁塞尔与鲁日满和 I. Hartoghvelt 一同被祝圣成为神父,同年前往阿姆斯特丹。他 1655 年前往里斯本,1656 年 3 月 30 日离开里斯本前往果阿,1656 年 11 月 6 日抵达果阿,从果阿去 Reiapur,但没从那去成中国。返回果阿后,他计划从孟加拉经陆路到达阿瑜陀(Ayuthia)。1658 年 6 月,他离开暹罗前往澳门,12 月与 10 名神父一起(其中有四名比利时人),在当时钦天监汤若望神父的交涉下,被允入华。柏应理陆续传教于江西、福建、湖广、浙江、江南等省,而在江南之松江、上海、嘉定、苏州、镇江、淮安、崇明等地传教时间为最长②。1664—1670 年杨光先发动教案期间,他被流放广州,教案平息后往江南传教。他 1679 年被选为中国副教省的代理人,1681 年 12 月 5 日从澳门出发返欧,1683 年抵达欧洲,在欧期间往来于教廷、皇室及学者中,宣讲中国教区的情况,为中国文化西传做出了贡献。1692 年,他在返回中国途中不幸逝世。

柏应理的著作分为两类:一类是中文教理性的书籍,这些书有《百问答》《永年瞻礼单》《圣教铎音》《四末论》《圣玻尔日亚行实》《周岁圣人行略》《圣若瑟祷文》《徐光启行略》,影响较大的是《四末论》;第二类是西文著作,主要有《徐太夫人传记》《中国哲学家孔子》《中国历史年表》等。此外他还写了大量给教会的信和传教报告。③

---

① Peter Gordts, "Philippe Couplet of Mechlin, a Jesuit in Belgium," Jerome Heyndrickx (ed.), *Philippe Couplet*, S. J. (1623—1693). *The Man Who Brought China to Europe*, Institute Monumenta Serica and Ferdinand Verbiest Foundation (Leuven), 1990, p. 32.

② 参见费赖之:《在华耶稣会士列传及书目(上册)》,冯承钧译,中华书局,1995 年,第 311—312 页。按韩德力所撰柏应理小传所述,柏应理还曾往四川传教,see Jerome Heyndrickx (ed.), *Philippe Couplet*, S. J. (1623—1693). *The Man Who Brought China to Europe*, Institute Monumenta Serica and Ferdinand Verbiest Foundation (Leuven), 1990, p.18。

③ 费赖之:《在华耶稣会士列传及书目(上册)》,冯承钧译,中华书局,1995 年,第 314—316 页。

第二节 柏应理在中国的活动

　　柏应理来到中国时"礼仪之争"已经开始,这场争论对他也产生了重要的影响。他来到中国后,成了利玛窦适应策略的坚决拥护者。在这场冲突中,柏应理站在拥护利氏政策的立场上。例如,在如何展示耶稣形象的问题上,他认为应该把穿上衣服的耶稣的形象展示在中国人尤其是中国妇女的面前,而这种做法在欧洲也是有先例的①。当柏应理在福州时,前去拜访他的荷兰人 B. Bort 也曾看到了柏应理的传教地区的耶稣形象:只是耶稣的上半身像,头上没有光轮(halo),也没有十字架。B. Bort 认为这是传教士们适应中国习俗以传教的一种做法②。

　　柏应理的这种态度,也反映在他出使欧洲期间所著的中国天主教徒的传记《许太夫人传略》中③。该书是在欧洲出版的第一部介绍中国天主教徒事迹的传记作品,开头便说要将太夫人的"芳迹懿行,写出来给教中妇女观摩效仿"④。柏应理此举也是为了向欧洲宣传中国教友的德行,以展示耶稣会在中国传教策略成功的典型范例。在书中他对中国的风土人情(如婚礼习俗、丧葬习俗等)做了介绍,并具体分析了在传教活动中如何对待中国的这些风俗,哪些风俗有利于天主教传播,哪些风俗不利于天主教传播。例如书中详细介绍了当时松江上海等地的教会团体情况⑤,提到关于中国人对先贤的祭祀仪式,认为"这礼仪只

---

① Optandum esset, ut in posterum imago Christi, in Sinis, veste tecta exhibeatur praecipue apud mulieres, et facile erit id impetrare cum in variis Europea locis, modo etiam, olimetiam, crucifixi aliqui, togat in usu fuerint. 转引自陈纶绪《耶稣会士柏应理对中国教会的贡献》, see Albert Chan, "Towards a Chinese Church. The Contribution of Philippe Couplet, S. J. (1622—1693)," Jerome Heyndrickx (ed.), *Philippe Couplet*, S. J. (1623—1693). *The Man Who Brought China to Europe*, Institute Monumenta Serica and Ferdinand Verbiest Foundation (Leuven), 1990, p. 70, note 17.

② Paul Demaerel, "Couplet and the Dutch," Jerome Heyndrickx (ed.), *Philippe Couplet*, S. J. (1623—1693). *The Man Who Brought China to Europe*, Institute Monumenta Serica and Ferdinand Verbiest Foundation (Leuven), 1990, p. 98.

③ 此书原为拉丁文著作,后译为法文(1688 年),1691 年译为西班牙文,1690 年译为佛莱芒文,1882 年许采白神父节译为汉文本,题为《许太夫人传略》,1927 年由沈锦标神父重订。1938 年徐允希神父又从法文本译为汉文全本。

④ 柏应理:《一位中国奉教太太许母徐太夫人事略》,徐允希译,上海土山湾印行,1938 年,第 1 页。

⑤ 同上书,第 32—36 页。

是一种国俗,表示崇敬之心,与学生叩拜师傅、儿女叩拜父母无异,并无奉敬神明之意"。"虽然中国风俗,每遇朝廷与督抚庆节佳辰,民间杀猪宰羊,咸相称祝庆乐,则不得视为祭祀之礼。盖西国亦有此种礼俗。"①出于对中国礼俗的这种认识,柏应理等在江南传教的神父采取了尽量不冒犯中国本土习俗的种种变通方式。书中叙述教士们对妇女们的传教情形时说:"教士施行圣事,非常谨慎。"②

柏应理的这种传教立场也表现在他对待中国神职人员的态度上,他一直主张尽快在中国培养中国本土的神父,这点从他和著名画家吴历的关系中看得很清楚。著名的"清初六大家"之一的吴历(字渔山)和鲁日满及柏应理有很深的交往并且受到了他们的很大的影响,后成为中国最早的本土神父之一,并为中国天主教事业做出了巨大贡献,这和柏应理对他的帮助是分不开的。柏应理1681年离开江南时,带着吴历前往澳门并计划携之入欧学习。1669—1671年柏应理在广东时和第一位华人耶稣会神父郑维信(Emmanuel de Siqueira,1633—1673)有所往来③。"郑维信对欧洲文化学习的成功经历一定鼓舞了柏应理将中国人带往欧洲培养的信念。"④吴历也曾经对其学生赵仑说:"教宗命我为司铎何意乎,恐大西人在中国,或有致命之日,则中国行教无人也。"⑤后来,柏应理计划返回欧洲的时候,吴历计划随行前往欧洲,但由于年事偏大,被留在澳门学习天主教神学理论。吴历晚年写诗怀念他和柏应理的交往,在《墨井诗抄》中写道:"风舶奔流日夜狂,谁能稳卧梦家乡? 计程前度太西去,今日应过赤道旁。""西征未遂意如何,滞叴冬春两候过。明日香山重问渡,梅边岭去水程多。""征帆出海渺无津,但见长天不见尘,一日风波十二险,要须珍重远归身。""春风日日送行程,谁送天涯九万程? 自古无情是杨柳,今朝欲折昨朝生。"⑥

---

① 柏应理:《一位中国奉教太太许母徐太夫人事略》,徐允希译,上海土山湾印行,1938年,第37—38页。

② 同上书,第94页。

③ 郑维信1645年离开澳门前往欧洲,1650年抵达罗马,在罗马学院(Collegio Romano)接受耶稣会士的训练。1657—1660年在同一所学校教授Crammatica和Litterae humaniores。1660年,转到博洛尼亚学习神学,在科因不拉完成神学学习。大概在1664年,成为第一名中国籍神父。1668年返回中国,在广东一带工作,得遇柏应理。

④ 齐皎瀚(Jonanthan Chaves),*Singing of the Source：Nature and God in the Poetry of the Chinese Painter Wu Li*,University of Hawaii Press,1994,p.52.

⑤ 陈垣:《陈垣学术论文集(第二集)》,中华书局,1982年,第249页。

⑥ 原注:柏先生约予同去大西,入叴不果。参见吴历:《墨井集》,上海土山湾印书馆,1909年。

耶稣会传教士在被囚禁广州时就开始讨论培养本地神职人员的问题,并希望神父在中国做弥撒时可以采用中文。如果让中国本地神父来承担起这些工作,这是一个必须解决的问题。耶稣会派殷铎泽神父代表中国传教士到罗马重新请示,希望教廷能够允许用中文做礼拜,向中国人授予神职等。但是由于传信部是在教宗保禄五世的特许令颁布之后成立的,他们不太积极重新将教宗保禄五世的特许令付诸实施。由于他们的阻挠,殷铎泽没有完成任务①。此次行动失败的另外一个原因就是受到了当时在欧洲的道明我会士闵明我的阻挠。我们已经知道,道明我会是极力反对耶稣会在中国的做法的。而闵明我是在广州会议上不满耶稣会士们所做的各项决议,逃回欧洲的一个传教士。逃回欧洲的途中,他在马达加斯加遇到了 Mgr. Pallu。他们两个人对中国教区的情况进行了讨论,Mgr. Pallu 听了闵明我的片面之词,在 1671 年 8 月 1 日写信给传信部说中国教区的情况不应该像耶稣会士们所说的培养当地的神职人员,而应当由欧洲派来的神父们传播福音②。而 1672 年闵明我本人到达了罗马,他在 1673 年 1 月 6 日向传信部提出了关于中国教区情况的 119 条疑问的文件,抨击中国教徒的某些做法是异教徒的行为③。

在这种情况下,耶稣会必须向罗马派出自己新的代表,向梵蒂冈说明自己的立场,柏应理由此受命返回了欧洲。

第三节　柏应理在欧洲的活动

殷铎泽出使教廷的活动失败以后,时任中国教区副省长的南怀仁神父深恐教宗听信反对耶稣会的意见,便派柏应理神父为代表,带了很多中文书籍(其中包括弥撒经、礼仪书、伦理神学纲要的中文译本)专程去罗马活动。当时,柏应

---

① See Albert Chan, "Towards a Chinese Church: The Contribution of Philippe Couplet, S. J. (1622—1693)," Jerome Heyndrickx (ed.), *Philippe Couplet, S. J. (1623—1693). The Man Who Brought China to Europe*, Institute Monumenta Serica and Ferdinand Verbiest Foundation (Leuven), 1990, pp. 66—67.

② Ibid., p. 68, note 14.

③ Ibid., p. 69. See J. S. Cummins (ed.), *The Travels and Controversies of Friar Domingo Navarrete, 1618—1686*, Cambridge University Pres, 1962.

理在中国传教已经 21 年,对中国教区的情况和中国文化都有了相当的了解。柏应理返回欧洲是为了完成教区使命的,但是正是因为特殊的任务,使得他将中国文化展示在欧洲人面前。他到欧洲之后,通过介绍中国情况,当然主要是和中国历史、思想文化及礼仪有关的情况来赢得欧洲教廷以及上层社会对耶稣会的支持。在他动身去欧洲前结识了一位当医生的中国天主教徒,此人的儿子就是后来追随柏应理前往欧洲的中国人沈福宗(Michael Alphonsus)①。

柏应理返回欧洲后主要做了三件事。

首先,他将中文的弥撒书、福音书和礼仪书的译本带到了罗马②。他将这批许太夫人所送的中文书籍,包括中国经典著作和传教士们译著的中文书籍献

① See Theodore Nicholas Foss, "The European Sojourn of Philippe Couplet and Michael Shen Fuzong, 1683—1692," Jerome Heyndrickx (ed.), *Philippe Couplet, S. J. (1623—1693). The Man Who Brought China to Europe*, Institute Monumenta Serica and Ferdinand Verbiest Foundation (Leuven), 1990, p. 122. 有资料认为随同柏应理去欧的中国人还有另外一位。ARSI, Jap. Sin, 163, 166r. Also see Albert Chan, "Towards a Chinese Church: The Contribution of Philippe Couplet, S. J. (1622 — 1693)," Jerome Heyndrickx (ed.), *Philippe Couplet, S. J. (1623—1693). The Man Who Brought China to Europe*, Institute Monumenta Serica and Ferdinand Verbiest Foundation (Leuven), 1990, p. 75, note 23. 沈福宗是柏应理带往欧洲的中国人中唯一留下姓名的。1681 年 12 月 20 日,刚刚继任南怀仁成为副省长的毕嘉(Giandomenico Gabiani, 1623—1694)从澳门给耶稣会总长写信说柏应理带了两名中国人在身边。见日本一中国卷,163, f. 166。三名在巴达维亚和柏应理相遇的方济各会士说和柏应理在一起的还有另外一名中国年轻人,但我们不知道关于此人的详细情况。据其中一个叫叶尊孝的方济各会士描述:"柏应理神父返回欧洲时,随身带了两名对中文和中国情况十分了解的年轻的中国人。"见 *Sinica Franciscana VI, pars altera*,第 825—826 页。另外一名叫伊大仁(Bernardin della Chiesa, 1643—1721)的方济各会士,后来成了北京的宗教代牧,1682 年 11 月 23 日从暹罗的 Luvo(Lovo, 现在的 Lopburi)给柏应理写信,向他以及与他同行的两名中国人表示欢迎:"—Quam et sociimei tibi cupiunt aliisque dilectis plurimum in Christo duobus iuvenibus sinensibus—",同上,pars prior,第 458 页。

② 日本—中国卷藏书,124, ff. 129—133 中记述了利类思关于是否应该向中国人授予神职和是否允许用中文做礼拜而向耶稣会总长阐述的意见。他认为对于那些愿意学习拉丁文的中国年轻人来说可以让他们学习。但是对于那些已经成年的神职人员候选人来说,学习拉丁文是一件很难的事情。由于早期的在华传教士已经得到了教宗保禄五世将罗马弥撒书译成中文的特许。当时那些传教士并未将此项特许付诸实施是因为当时天主教徒的数量还不大,而传教人员的数量相对可观。现在天主教徒的数量上升了,需要大量的传教人员。"现在在上级的允准下,我负责将罗马弥撒书、礼仪书和福音书译成中文,并给中国的神职人员候选人以训导。我已经翻译了大部分,还有一大部分正在进行当中"(北京,1678 年 5 月 19 日)。罗马耶稣会档案馆保存着两份罗马弥撒书的中文译本,题为《圣事典礼》,它们是合为一卷的。出版于康熙十四年(1675)。扉页上有用拉丁文写的如下文字:*Manuale ad Sacramenta ministranda, iuxta ritus S. Rom. Ecc.*, Sinice redditum a Ludovico Buglio Soc. Iesu. Pekini in collegio. Eiusd Soc. An. 1675. 封底有用中文写的如下文字:泰西利类思的中文名字;*Nihil Obstat*:同会安文思和鲁日满;南怀仁省长准。又见 BONTINCK, *op. cit*, 200 (12)。神学研究方面,利类思 1654—1677 年间将《神学大全》(*Summa Theologiae*)的一部分翻译成了中文。其中的《复活论》(*On the Resurrection*)是由安文思翻译的,出版于 1677 年前。见日本—中国卷,第一卷,108。

给了教廷。在和教宗亚历山大七世的会见中,他献上了 400 余部传教士写的汉语著作。现在梵蒂冈图书馆所藏的很大一部分中文著作就是柏应理此次欧洲之行带去的①。柏应理献上这批书的目的是很清楚的,他想通过传教士的这些中文著作来说明在中国传教应采取"合儒"的路线,同时为以后中国神父用中文做弥撒这个要求做准备。

其次,向教宗申请中国教区传教中的本地化问题。1684 年 12 月份,柏应理抵达罗马②。他向教宗请求说中国教区已经完全具备了实施教宗保禄五世特许令的条件,弥撒书和礼仪书已经被译成了中文,教宗完全可以批准实行这项特许令。他还向教宗请求允许向中国人授予神职,让他们按照罗马礼仪书的规定用中国语言做弥撒和执行圣事。这是因为中文缺少拉丁文的某些发音,可能会使中国神父们在按照圣事礼仪操作时遇到困难,并且影响圣事仪规的有效性。按照早期教会的传统,要向年事成熟的人授予神职,这就使得他们不可能学会拉丁文。还需要考虑到的是,不可能向中国的年轻人教授拉丁文,因为中国的年轻人不准学习外语。另外,教会需要本土神职人员协助传播福音,尤其是教难时期当外籍神父被驱逐出境的时候。同时,作为代理人的柏应理又向教宗提供了一份中国天主教情况的调查,提到 1681 年中国天主教徒大概有二三十万,各个修会已经在教区内建立了 184 座教堂、小礼拜堂和祈祷室,在华耶稣会传教士·共有 16 人,而且有很多虔诚的宗教团体。

作为中国教区的代表,柏应理于 1685 年 6 月 6 日受到教宗的接见,教宗好像对在华传教士们颇有好感。尽管如此,他不能理解为什么教宗保禄五世的特许令从未得到实施。柏应理解释说这是因为弥撒书和礼仪书还没有被翻译成中文,并且在中国没有可以祝圣神职人员的宗教代牧人。由于这项请求被提交给了传信部讨论,教宗并没有直接下达指令。同时传信部召开了一次会议来考察请求的内容,会议认为这件事情非常重要,应该留待下一次会议讨论。

---

① 参见柏应理:《一位中国奉教太太许母徐太夫人事略》,徐允希译,上海土山湾印行,1938 年,第 106 页。

② 此处及下文关于柏应理在教廷活动的情况,引自 Albert Chan, "Towards a Chinese Church: The Contribution of Philippe Couplet, S. J. (1622—1693)," Jerome Heyndrickx (ed.), *Philippe Couplet, S. J. (1623—1693). The Man Who Brought China to Europe*, Institute Monumenta Serica and Ferdinand Verbiest Foundation (Leuven), 1990, pp. 74—82.

1685 年 7 月 16 日,在传信部的大会上,传信部开始讨论柏应理提出的一系列请求,这些请求可以概括如下:1. 对于中国人来说,他们不可能准确读出拉丁文中的某些发音,但是这对圣事仪规是至关重要的;2. 被授予神职的中国人应该是已经成年的中国人;3. 如果成年的中国人还需要学习拉丁文,可能会对教区的事业造成损害;4. 为了维持和发展传教事业,向当地人授予神职是很必要的。

红衣主教们认为此事关系重大,他们无法作出裁决,于是将此事转交给了圣部(Holy Office)讨论。

不幸的是,在 1685 年 7 月 13 日的传信部会议上,传信部依然没有批准柏应理的请求。

与此同时,法国方面传来消息说路易十四希望召见柏应理。于是柏应理不得不返回了巴黎。离开罗马之前,他受到了教宗的第二次接见,教宗向他许诺说将亲自就中文弥撒一事和相关负责的红衣主教交涉。柏应理对此事充满了希望,于是写了一份描述 1671 年教难以后传教士们结束流亡生活后的中国教区情况的汇报,题为 *Breve relazione dello stato et qualità delle missioni della Cina, composta da P. Filippo Couplet, fimaengo della Compagnia di Gesù, Procuratore a Roma per quella missione, dedicata alli Em. SS. Cardinali*。在这份报告中,柏应理首先驳斥了欧洲对在华耶稣会士们大量的诋毁之词,并指出中国教区存在的一个严重的问题,那就是一直到那时中国教区还没有建立传播和发展天主教的坚实基础。只有培养当地的神职人员,才能建立坚实的传教基础。然后他继续阐述,没有中文的弥撒书是不可能培养中国的本土神职人员的。

柏应理还指出,尽管天主教早在一个世纪以前就传入中国,但是传教事业尚处于基础阶段。这从中国人一般都对外国人心存疑忌,对洋教有所怨恨就可以看出来。中国人自满、贪婪、野心勃勃、自负还有一夫多妻制等都使得西方人很难和他们打交道。要赢得他们的理解和信任需要很长的时间。由于有一定的天文学知识,有些传教士在宫廷里面服务,整个教区事业便依赖于这些传教士们暂时的稳定地位。谁知道南怀仁神父(钦天监监正)去世以后会发生什么样的情况呢？很显然，中国人会很高兴看到欧洲人被驱逐出境。他们都很清楚西班牙人是如何征服了菲律宾，日本人又是怎样将试图进入他们国家的传教士杀死的。这些事实曾经促使教宗保禄五世允许那些被授予神职的中国人使用中国语言诵读弥撒。但是传信部还是坚决反对这项特许令的实行，尽管 25 年来他们一直指示宗教代牧及时向他们提供关于学习拉丁文困难的情况。

接着，柏应理试图将教宗保禄五世颁布中文弥撒特许令的原因归纳为下述三点。①

1. 在过去的岁月里，曾经有过允许某些民族使用他们的民族语言执行弥撒的先例，比如希腊语、拉丁文、科普特文、亚美尼亚语和斯拉夫语等。

2. 由于具体情况不同，例如在中国，中华民族有他们自己的法律制度和生存方式。他们尤其拒绝外国人进入他们的国家。

3. 让中国人准确发出拉丁文中的某些发音，简直是不可能的。柏应理又进而解释了他的反对者可能提出的某些问题，如怎么解释教宗保禄五世的特许令迟迟没有得到施行一事。柏应理尽力指出要想找到合适的神职人员候选人是很不容易的，不容易找到独身而又适合成为神职人员的中国文人。② 缺少能够授予神职的主教是他们面临的另外一个问题。从政治角度而言，明朝覆亡给教区事业带来了震荡。还有一些上级人物由于缺乏和中国人的接触，不了解中国人而认为中国人不配授予神职。

---

① 日本—中国卷，124，f.215v，216r，柏应理试图给出了一句拉丁文的例子，让我们看一下它在中文中是如何发音的。拉丁文是："Hoc est enim corpus meum"，中文发音变成了 "Ho ke nge su te nge nim co ul pu su me um"，当这些发音被写出来时，它们就会被完全不同的汉字来表示，除了能看出发音之外，没有任何意义。柏应理给出了一些例子：
1. 河格额事厄宁各尔不使摸脉翁
2. 火客厄斯德额宁哥尔补死默翁
3. 何克额稣特厄佞锅二布锡麦翁
他又给出了这些拉丁文的中国文言的翻译：
1. 盖此即吾躯体也　　　Caj cu cie ngu ku ti ye.
2. 盖此即吾身也　　　　Caj cu cie ngu xin ye.
3. 此乃吾体也　　　　　Cu nai ngu ti ye.
② 1685 年 10 月 15 日，北京的宗教代牧人 Mgr. della Chiesa，指示他的秘书给传信部写信说培养中国年轻人成为神职人员将会耗资巨大，而且让他们学会一门对他们而言没有用的欧洲语言是很困难的事情。唯一的解决办法就是向那些成年的并被认为是良好的天主教徒授予神职；但是这样的人是不容易找到的。罗文藻说他可以找到可以信任的成年人来授予神职，但是学习拉丁文来说对他们是很困难的事情。

尽管付出了很多努力,还有一些支持柏应理观点的神学家们的帮助①,但是当 1685 年 12 月 12 日柏应理离开罗马时仍然是无功而返。

最后,对欧洲早期汉学的推动。柏应理作为一名来华传教士汉学家,在这次返回欧洲的活动中在张扬中国教会的成就的同时也极大地推动了欧洲早期汉学的发展。这表现在以下三点。

第一,会见欧洲各国王室,激发了欧洲的中国热。柏应理首先被法国国王接见。1684 年 9 月 15 日他们前往凡尔赛宫接受法国皇帝的接见。柏应理献给法皇一些中国绘画和古董,据报道说国王对这些礼物很感兴趣。作为回报,他为柏应理一行的旅途提供了慷慨的资助。当时的报纸报道了国王对柏应理一行的接待情况:

> 第二天,在国王吃饭的时候,他们被邀请去参加一次特别的会见。他们一到,国王就命令自己身边的人腾出地方,让柏应理和沈福宗到他的桌边太子和太子妃坐的位置。国王开始和柏应理攀谈,并且问到柏应理是否曾经看到过喷泉。柏应理说他没有看到过也不应该受到这样的礼遇。但是国王却说他们应该看一看,并命令当柏应理一行到花园参观的时候,所有的喷泉都要打开。这是国王给予柏应理的最大荣誉,因为喷泉只在接待高贵的使节或者王公贵族的时候才打开。

> 国王让沈福宗在众人面前用中文大声朗诵了 Pater Noster,AveMaria 和 Credo。在此之前的一天,太子妃曾经见过沈福宗用他习惯使用的小象牙筷子吃饭的情景。所以她请求国王可以再看看沈福宗是如何吃饭的,国王很快就叫了一份用金盘装的食品来,沈福宗站在国王身边的桌子前表演

---

① 1685 年 11 月 26 日传信部召开的大会上,国务卿 Mgr. Cibo 提出了柏应理的请求,与此同时,他也说明了教宗希望看到保禄五世的特许令能够得以实行的愿望。尽管如此,传信部的红衣主教们还是没有批准柏应理的请求。三天以后在另外一次会议上,Honoré Fabri,S. J,神父,曾经作过咨询员的一位神学家,应 Mgr,Cibo 之邀就中国礼仪的问题发表看法,他的看法是比较肯定的:"Omnino cendeo... linguam Sinensem nobilem etlitterariam esse adhibendam",也就是说:"我完全同意……在礼仪圣事中使用中国文言。"Albert Chan,"Towards a Chinese Church: The Contribution of Philippe Couplet, S. J. (1622—1693)," Jerome Heyndrickx (ed.),*Philippe Couplet, S. J. (1623—1693). The Man Who Brought China to Europe*,Institute Monumenta Serica and Ferdinand Verbiest Foundation (Leuven),1990,p. 82.

了用筷子吃东西。之后柏应理一行去了花园,欣赏了喷泉表演。①

法王在枫丹白露宴请柏应理和沈福宗成为法国日后中国热的重要原因,中国的瓷器,中国的茶叶,总之,来自中国的器物,逐渐成为社会上层热衷的东西②。后来路易十四等人向柏应理和沈福宗提出了一系列的问题,例如:如果他作为卫匡国史著续文,而阐述清楚了自公元后中国的纪年,那么中国人的史学家及其史著的权威性和忠实性如何? 那里现在是否仍在继续以同样精益求精的精神工作? 尊敬的耶稣会士神父们是否对中国的经纬度做了某些具有相当规模的考察? 这些问题充分反映了当时欧洲对中国的兴趣和认识,同时,正是柏应理的出使,使法国开始考虑在中国和远东传教的问题。③

1685年,柏应理和沈福宗离开法国后,应邀出访英国。英国国王詹姆士二世(Jemas Ⅱ,1633—1710)也是一个中国文化的崇拜者,他看过关于中国的戏剧,读过关于中国的小说。当时,柏应理因出版《中国哲学家孔子》要返回巴黎,于是他把沈福宗托付给了其他耶稣会士照看。"沈福宗被带到了圣·詹姆斯皇宫并且受到了詹姆斯二世的接见。国王对这位年轻的中国人很感兴趣,并且命令Sir Godfrey Kneller为中国人绘制一幅身着中国服装的全身画像。画像完成之后将会悬挂在国王的卧室附近。……这幅画像展现了沈福宗儒雅逼真的形象。"④英王对沈福宗的接见在英国文化界引起了反响,中国热在英国渐渐兴起。

1685年6月6日柏应理和沈福宗见到了教皇的第二天,他们在罗马会见了瑞典的Christina皇后并且送给了她一些中国古董,"这让她十分高兴。他向柏应理等人询问了中国人习惯喝的茶叶的情况。第二天P.-T. Van Hamme神父就给她送了一些茶叶来,同时还送给她一些煮茶的工具和泡茶的茶杯"⑤。

17世纪的欧洲,中国刚刚被发现,柏应理带着一个会讲拉丁文的中国年轻

---

① Jerome Heyndrickx (ed.), *Philippe Couplet*, S. J. (1623—1693). *The Man Who Brought China to Europe*, Institute Monumenta Serica and Ferdinand Verbiest Foundation (Leuven), 1990, p. 130.

② 参见许明龙:《欧洲18世纪"中国热"》,外语教学与研究出版社,2007年。

③ 关于这些问题的详细内容参见维吉尔·毕诺:《中国对法国哲学思想形成的影响》,耿昇译,商务印书馆,2000年,第502—504页。

④ Jerome Heyndrickx (ed.), *Philippe Couplet*, S. J. (1623—1693). *The Man Who Brought China to Europe*, Institute Monumenta Serica and Ferdinand Verbiest Foundation (Leuven), 1990, p. 136.

⑤ Ibid., p. 133.

人返回欧洲,将一个生动的中国形象展示在欧洲人面前,这引起欧洲王室的注意是很自然的,这样从欧洲上层社会开始,逐步影响到整个社会,一个中国热就慢慢兴起了。

　　第二,将沈福宗引荐给欧洲东方学家,开启欧洲早期汉学研究。在访问英国期间,应牛津大学的阿拉伯语教授海德之约,沈福宗去牛津合作编辑牛津大学博德莱安图书馆的中文藏书目录。海德向他询问了中国语言的特点,据他们当时交谈的笔记,沈福宗尊敬地称海德为"德老爷"。后来海德在他自己的著作中记载了他们来往的书信和关于中国情况的介绍,如关于度量衡的单位、围棋的下法、"升官图"的游戏规则、中国的地理、汉语的语法等。他们的见面虽只有数星期,但合作得非常愉快,海德称沈福宗为"最尊敬的朋友"。从博德莱安图书馆所藏的大量中国医书(约在 1600 年通过荷兰东印度公司购得)来看,中国医学很可能是沈福宗和海德交谈的主要话题之一。这些中国医书,多为万历年间南京"金陵书林"和福建"建阳书林"所刻,可能是东印度公司经过江苏、福建这两个沿海城市时购得①。海德可以称为英国第一位汉学家,而沈福宗是他的汉语学习的启蒙老师。

　　第三,完成了对法国耶稣会士来华的安排,为传教士汉学的发展奠定了基础。柏应理动身返回欧洲时,南怀仁就给他交代一个重要的任务:争取让法国派出耶稣会士,以支持教会在东方的传教事业。当时,在 1680 年到 1681 年之间法国的部分天文学家就和时任路易十四大臣的柯尔贝尔(Jean-Baptiste Colbert)商量是否可能派一些耶稣会士到中国去进行天文观察。但当时,法国直接向中国派出传教士的条件并不成熟。后来,南怀仁亲自写信给法国的天文

---

　　①　参见潘吉星:《沈福宗在十七世纪欧洲的学术活动》,《传统文化与现代化》1994 年第 1 期;李长春:《柏应理在欧洲早期汉学发展中的贡献》,《社会科学战线》1998 年 1 期。

　　文献中曾记载英王和海德关于沈福宗的一段对话:"在沈福宗离开牛津几周之后,詹姆士国王到牛津大学参观的时候碰到了海德博士并且问他:海德博士,那个中国人来过这儿吗? 海德回答道:是的,但愿您能喜欢这件事情,我从他那里学到了很多东西。然后国王又说:他有点讨厌,对吗? 海德说是的,并且补充说所有的中国鞑靼,以及世界的东方都有些眼界窄。然后国王说:我已经将他的全身画像挂在了我市旁边的房间里。"然后国王告诉海德有一本耶稣会士翻译自中文的关于孔子的书(一共四本,《中国哲学家孔子》),他问图书馆是否有这本书。海德说图书馆是有这本书。Anthony Wood, *The Life and Times of Anthony Wood, Antiquary, of Oxford, 1632 – 1695, Described by Himself*, Vol. 3, Andrew Clark(ed.), Clarendon Press, 1894, pp. 236-237.

学家洪若翰(Jean de Fontaney,1643—1710),希望法国的天文学家能来中国。这件事的最后确定是 1684 年 12 月暹罗国使团到达巴黎后才决定的。由于暹罗国使团的这次到访,路易十四决定先派四名,后来又改成六名耶稣会士数学家,乘坐送法国大使到暹罗阿育的船只前往中国。1685 年初,洪若翰、白晋、张诚、李明等人乘船前往中国。法国耶稣会士的入华是传教士汉学发展历史上的重要事件,从法国耶稣会士入华后,不仅仅是打破罗马当局和葡萄牙保教权之间僵局的一个重要事件,也是传教士汉学发展的一个转折点。自从法国耶稣会士入华以后,传教士汉学研究的重镇就从意大利、葡萄牙转向了法国。

柏应理在欧洲主要行使了中国教区代理人的职责,虽然他的出使目的最后没有达到,但正是在此活动中,他向欧洲人展示了中国情况。而耶稣会士们的策略就是"文化传教",为了说服欧洲人接受这种传教策略的有效性,柏应理将数百部中国著作带到了西方①。与此同时,柏应理还带着沈福宗在欧洲旅游并和欧洲学术界的学者们进行了关于中国文化的一些交流。这些活动都直接促进了当时的中西文化交流。

第四节　《中国哲学家孔子》的基本内容

一、《中国哲学家孔子》的成书史略

柏应理等编撰《中国哲学家孔子》经历了一个长期的过程。前面我们讲过,从罗明坚开始,来华耶稣会士就一直将翻译儒家经典作为其基本任务,在曾德昭、卫匡国和李明等人的著作中都有对儒家著作章节的翻译。17 世纪中叶,金尼阁将"五经"翻译成拉丁文,并附有解释,书名为 *Pentabiblion Sinense*。此书

---

① 柏应理在罗马时红衣主教 D'Etrées 在数次会见他时,问了很多有关中国的问题,尤其是关于北京,关于这个国家的政府机构和政策。柏应理都作了令人满意的回答。但是由于柏应理只在 1664 年教案发生时被从苏州押解到北京,随即谪往广州,他以一贯的诚恳表示有些问题回答不了,遂将随身携带以备不时之需的安文思手稿呈送给了红衣主教,红衣主教很高兴地阅读后,让克劳德·伯努(Abbé Claud Bernou)将其译为法语。见计翔翔:《十七世纪中期汉学著作研究:以曾德昭〈大中国志〉和安文思〈中国新志〉为中心》,上海古籍出版社,2002 年,第 239—240 页。

天启年间（1626）印于杭州，但很遗憾未流传下来。方豪认为金尼阁的这个译本是"我国经籍最早之西文译本"①。耶稣会士郭纳爵曾经将《大学》译成拉丁文②，1662年经殷铎泽神父刻于江西建昌府，题为《中国的智慧》（*Sapientia Sinica*），其中除了《大学》之外，还有两页的孔子传记以及《论语》第一章前五节的译文，他称为《上论》。这本书共93页，1页前言，2页孔子的生平，24页的《大学》译文。建昌版《大学》的每个中文字的旁边都注上了拉丁读音，又在中文之下，附拉丁文解释。此书的出版是"刘迪我神甫核准刊行，铎泽所题年月为1662年4月13日，附《孔子传》及《上论》译本"③。方豪认为此书是郭纳爵和殷铎泽"二人合译"，但这种可能性不大，因殷铎泽于1659年来华，不可能在那么短的时间内达到翻译经典的水平。此书现藏罗马耶稣会档案馆④。1667年（康熙六年），殷铎泽又在广州刊印《中庸》，但未完成，过了两年又续刻于印度果阿。题为《中国政治道德哲学》（*Sinarum Scientia Politico-Moralis*），内有殷铎泽写的一篇短序，54页的《中庸》拉丁文译文，8页的孔子的书目，但这个书目和《中国的智慧》后所附的孔子书目不同⑤。这本书的编者是殷铎泽，但参与者有郭纳爵等16名耶稣会士。很显然，这些传教士都是在杨光先教案时被送到广州的，1672年，泰弗诺将这本书翻译成法文，在他的《未刊布的神奇游记集》一书的第四部分中发表，题目改为《中国之科学》，其中《中庸》和孔子传记比广州版和果阿版有了较大的改进⑥。另外，Jacopo Carlieri 在其所编的 *Notizie varie dell'imperio della China e di qualche altro paese adiacente con la vita di Confucio il gran savio della China，e un saggio della sua morale* 一书中收入了《中庸》译本，这样，殷铎泽所译的《中庸》除了广州和果阿版以外，在欧洲有了

---

① 方豪：《方豪六十自定稿（上册）》，台湾学生书局，1969年，第190页。

② 费赖之：《在华耶稣会士列传及书目（上册）》，冯承钧译，中华书局，1995年，第226页。

③ 同上书，第331页。

④ 参见 Henri Cordier, *Bibliotheca Sinica*, 5 Vols. Paris, 1905—1906, 2, cd. 1386; *L'imprimerie Sino-Europeénne en Chine*, Paris, 1891, pp. 16—17; C. R. Boxer, "Some Sino—European Xylographic Works, 1662—1718," *Journal of the Royal Asiatic Society*, Volume 79, Issue 3—4, January 1947, p. 199, 202.

⑤ 罗马耶稣会档案馆的"An Annotated Catalogue of Chinese-Western in Jap. Sin"书目的第三卷"Jap Sin Ⅲ 3b"就是殷铎泽的这本书。1998年笔者在罗马耶稣会档案馆借阅了这本书。

⑥ 参见泰弗诺：《未刊布的神奇游记集（第2卷）》。

两种版本,从而产生影响。

梵蒂冈图书馆和罗马耶稣会档案馆中藏有上述书稿。其中建昌版的"四书"翻译题为《中西字大学论语》,包括对《论语》和《大学》的翻译,两书的标页是各自独立的。先是《论语》的译本,然后是《大学》的译本,接着是殷铎泽写的一篇序言,还有对孔子生平的一个介绍①。根据其中的引言,《论语》一书的翻译是以张居正的《四书直解》(Jap-Sin I,14)为蓝本的。而张居正的书是为年幼的万历皇帝所写的"四书"读本,语言比较浅显易懂。但是译者并没有完全依照张居正的阐述,同时还参阅了其他知名士人的阐述,又加入了自己的意见。中文文本来自朱熹编的南京版的"四书"(Jap-Sin I,10)。中文的"卷"被译为拉丁文的 Pars,一个对页简写为 f,一页则用 p 表示,符号 § 表示一个章句。当拉丁文的词汇正好和中文文本相对应时,相应的词汇下面就会有横线标明。第一页的第一段给出了译本中的一些缩略语的用法,例如:子曰=Cd(Confucius dixit),门人=D(Discipuli),问=q(quaeritur),答=r(respondit)②。《大学》由郭纳爵翻译,书中写明由同会聂伯多(Pierre Canevari,1594—1675)、何大化、潘国光、柏应理和鲁日满订,值会刘迪我(Jacques Le Favue,1610—1676)准。其中有1660 年 10 月 26 日郎安德(Andrea Ferran)写的一篇拉丁文序言。

殷铎泽的《中国政治道德哲学》中有仲裁者(imprimatur)和审查者(censors)的中文名字,旁边还有拉丁化的拼音,后面是他们的欧洲名字和国籍,一共有 16 位耶稣会士的名字③。其中有中文原文和 26 个对开的拉丁文译文。第 1 个对开至第 12 个对开在广东刊行,第 13 个对开至第 26 个对开是在果阿刊行的④。第 1 个对开至第 12 个对开是木刻本,拉丁文译文在左边,中文原文在右边。中文原文的每一部分上边都有一个圆环,圆环中有对开的页码和

---

① Albert Chan, *Chinese Books and Documents in the Jesuits Archives in Rome: A Descriptive Catalogue Japonica-Sinica I—IV*, M. E. Sharpe, 2002, pp. 474—475.

② Ibid. , p. 475.

③ Ibid. , p. 478. 这些传教士就是 1665 年在杨光先教案中被流放广州会士,仲裁者 4 人:郭纳爵,刘迪我,利玛弟,成际理;审查者 12 人:何大化,聂伯乐,潘国光,李方西,洪度贞,聂仲迁,穆迪我,毕嘉,张玛诺,柏应理,鲁日满,恩理格;作者:殷铎泽。

④ Ibid.

朱熹所编的南京版的中文原文中的对应页码。中文的格式是传统的中国方式写出来的,也就是从右到左,从上到下写下来的。在每个字的右边有该字的拉丁拼音。当拉丁文译文和中文原文正好对应时,它们就会被标上相同的阿拉伯数字①。果阿版和广东版所用的印刷字体不同,前者所用的字体较大②。

《中国哲学家孔子》就是在以上基础上形成的。成书的关键是在杨光先教案中,在华传教士全部被集中在广州,1667 年 12 月 18 日到 1668 年 1 月 26 日传教士们在广州开会。在这个会议上,针对在中国传教的礼仪问题通过 42 条议题,第 41 条是对礼仪问题的决议,以耶稣会为代表的利玛窦传教政策占了主导地位③。方济各会士利安当向在场的同仁要求自己不签名,因为他对第 6、20、22 和 41 一项有所保留,愿意另作说明④。

广州会议上讨论的另一个问题是,如何以统一的名词来称呼天主教所敬的唯一真神,用"天主"或者"上帝"? 在这里利安当强调不能用"上帝"一词来代表"天主"。他说,利玛窦为使人易于了解,使用了中国古代的"上帝"一词,但是"上帝"这个名称已在 1629 年江苏省的嘉定会议上,被教廷视察员 Andreas Palmeiro 正式明文禁止了。他还说,用"上帝"名称来代表"天主",为的是使人易懂,是在说明天主教所称"天主"就是从前中国古人所称的"上帝"。但是这里有一个危机存在,就是"上帝"严格地来说,并不能说是那位造天地、万物、神人、有形无形者的真天主,因为"上帝"已是个受造之物,或者至多是"第一物质"(materia prima),而不是全能、全知、无形无象的天主。关于这一点许多耶稣会士也是持反对意见的。可以说,教士们被发往广州是遭受到了中国反教势力的压制;而广州会议的讨论则充分暴露了教会内部对不同传教方式的分歧。两种危机都清楚地摆在了维护利玛窦"适应策略"的传教士们的面前。 面对前者,积

---

① Albert Chan, *Chinese Books and Documents in the Jesuits Archives in Rome*: *A Dscriptive Catalogue Japonica-Sinica I—IV*, M. E. Sharpe, 2002, p. 478.

② Ibid. , p. 479.

③ 参见赵殿红:《关于"杨光先教案"期间扣押在广州的传教士活动之考察》,《基督宗教研究》2002 年第 1 期。

④ 参见韩承良:《中国天主教礼仪之争的来龙去脉》,《中国天主教研究资料汇编》,光启社内部读物,1991 年 12 月,第 126 页。

累了数十年传教经验的耶稣会士们自然会进一步推进"适应策略"；面对后者的挑战，耶稣会士们又不得不极尽力量来解释传教方式的可行性和合理性。柏应理在此过程中发挥了举足轻重的作用。

这时耶稣会通过杨光先教案更感受到坚持利玛窦路线的重要性，于是利用所有传教士在广州的机会，集中力量对儒家的主要文本进行翻译。而广州会议期间各修会间的争论对传教士们理解这些儒家著作以及在如何翻译这些著作方面产生了重大的影响，甚至我们可以说书中的许多观点是直接针对广州会议上方济各会那些反对耶稣会路线的修会展开的。这样，耶稣会在广州会议期间的一个重要成果就是将"四书"中的三部书翻译成了拉丁文。但是我们知道，这项工作是早在郭纳爵翻译《大学》的时候就开始了，广州的流亡生活只不过给了他们一个集中修改加工的机会。那么他们为什么还要将此前罗明坚、利玛窦翻译过的"四书"重新翻译一遍呢？① 一个重要的原因就是礼仪之争的开始。由于传教士们在广州会议之前很早就开始了对礼仪问题的探讨，而且此事还一直闹到了教廷，所以拥护利玛窦适应策略及主张中国教区本土化的传教士们一直想对中国传统文化进行进一步解读。《中国哲学家孔子》的出现可以看作是利玛窦"适应策略"在17世纪的持续性结果。当《中国哲学家孔子》在巴黎出版时，西方世界刚刚了解了一些在礼仪之争中反对耶稣会的反对意见。这些意见来自龙华民的一篇文章，这篇文章发表在道明我会士闵明我的一本书中②。而且我们也关注到《中国哲学家孔子》不同于之前的任何一种译本，它不再是一种简单的翻译，而是彻底的解读，虽然这种解读带上了很多西方神学色彩，并不是对儒家思想真正的理解，但它同时也是一种文化的介绍，其中还对利玛窦的策

---

① 当代汉学家孟德卫认为利玛窦所译的"四书"是来华传教士们学习汉语的课本，他认为利玛窦的"四书"译本未完成，而由后来的传教士们多次不断修改增删，"四书"的翻译是一种延续的工程，并认为郭纳爵、殷铎泽和柏应理等的"四书"译本也是对利玛窦译本的一种继承。参见 D. E. Mungello, *Curious Land : Jesuit Accommodation and the Origin of Sinology*, Studia Leibnitiana Supplementa, 1985, p. 250。笔者不倾向于这种观点，因为利玛窦自己在信中说他已经翻译完了"四书"，郭纳爵等人，尤其是柏应理等人的译著应是为了阐明中国教区政策，反对其他修会关于中国教区本土化的一项独立工程。柏应理主编的《中国哲学家孔子》和利玛窦的"四书"译本没有太大关系。至今利玛窦的"四书"译本丢失，如果将来找到便可对此有一个明确的答案。

② 《论中华帝国的历史、政治、民族和宗教》，1673年和1679年出版于欧洲，参见安田朴：《中国文化西传欧洲史》，耿昇译，商务印书馆，2000年，第297页。

略及由来做了详细叙述。可以说,这部书不但是一本汉学译著,还是一本介绍中国教区历史,尤其是传教士汉学家们理解中国思想的重要著作,在传教史和文化史和西方汉学史上都占有举足轻重的地位。

二、《中国哲学家孔子》的版本

陈纶绪对于耶稣会档案馆所藏的《中国哲学家孔子》是这样描述的:殷铎泽、恩里格、鲁日满和柏应理著,一卷本,欧洲方式装订,1 页的扉页,还有 7 页未标页码的文字,1687 年出版于巴黎。陈纶绪说:"当中国'礼仪之争'发生时,人们开始讨论有关上帝的译名问题,传教士内部产生了不同意见。因此耶稣会士们开始研究孔子的著作和中国的经典著作。研究其中上帝的含义,他们在此著作中阐述了他们认为正确的上帝的含义。"

笔者手中译本题为 *Confucius Sinarum Philosophus*, *Sive*, *Scientia Sinensis Latine Exposita*(意为"中国哲学家孔子,或,中国知识的拉丁文译本")。扉页上写明由殷铎泽、恩理格、鲁日满和柏应理四位耶稣会传教士所著,并说明该著作后面附有《中国历代帝王年表》(从上古到当代,但是笔者拿到的著作并不包含《年表》),出版地是巴黎,出版年份是 1687 年。第一部分是写给法王路易十四的信,其中提到孔子是中国最著名的、最有智慧和德行的圣人(信件第 2 页),信件第 3 页又说这个最富有智慧的哲学家,从理性之光中了解到了自然之光。信件的末尾有柏应理的署名。第二部分是"序言"(第 9—104 页),"序言"又分为两个部分。第一部分分为八段,其中介绍了中国人的权威思想著作——四书五经;中国后世解读经典的著作,谈到了《性理大全》一书);中国的道教、佛教以及其他的信仰;理学家对先儒学说的阐说;最后还谈到了《易经》的来龙去脉,以及后世对《易经》的看法。"序言"的第二部分共十二段,介绍中国教区的一些具体问题,是特别针对那些即将来中国的新的传教士们而写的。其中介绍对比宋明理学家对古代观念的阐释,对"太极"和"理"的观念多有论述;又介绍中国有多种学说的存在,包括原始儒家学说和后世的解释;还谈到利玛窦在中国传教的一些策略和说法,包括对"上帝"观念的理解,对中国古典文献中某些记载的神学性阐释等,还介绍了利玛窦著作中对神的介绍;此外,还从中国的古书中得出结论认为中国人也曾信奉过神,并且考察了古代中国对天主的称谓,介绍了理学家们对"上帝"的解释;特别提到了中国历史上曾经发生的大洪水;最后引用了古代使徒们的传教方法来印证中国的传教策略。

"序言"第一部分的作者是否是柏应理尚不清楚,但据丹麦著名汉学家龙伯格考证,柏应理应该是"序言"第二部分的作者①,因为结尾有他的署名。在这一部分中,柏应理极力推崇利玛窦的适应策略,反对闵明我和方济各会士利安当等人的诘责。②

"序言"后面是一幅孔子的画像。画像后面是孔子传记(*Philosophorum Sinensium Principis Confucii Vita*,CXVⅡ—CXXIV),通过对孔子的生平和观点的记述,认为孔子在中国古代曾向人们宣传天主教神的信仰,就像使徒保禄说雅典祭坛上希腊诗人的诗句是为上帝而写的一样。传记后面依次是《大学》《中庸》和《论语》的译本,每个译本的开头都有对该经典著作的作者、出版情况的简介。《大学》和《中庸》是用连续的阿拉伯数字标注在一起的,《论语》的翻译分为 10 个部分,第一部分单独用阿拉伯数字标注页码(1—21),其余的九个部分的页码是连续的(1—159)。各个译本均用 f 表示一个对开页,用 p 表示一个单页,用 § 表示一个章句的翻译,有时候只是一句话的翻译。《大学》被称为 *Liber Primus*,共 39 页,14 个对开张。《中庸》被称为 *Liber Secundus*,共 69 页,31 个对开张。《论语》的篇幅最长,称为 *Liber Tertius*。我们发现,每一部分的翻译都不是简单的字句翻译,而是耶稣会士们对孔子思想的解读。美国学者孟

---

①　龙伯格在《中国哲学家孔子中的理学思想》一文中描述了《孔子》一书的手稿情况。他说法国国家图书馆有拉丁文藏本第 6277 号,2 卷本。第一卷,纸质良好,字迹清晰,Fol. I—XXXⅡ,第 1—369 页;内容,序言的第一部分,《大学》《中庸》及《论语》的第一部分的翻译。第二卷,1. 质量稍差的棕色纸张,Fol. 2—23(Fol. 1 缺失);2. 可能是来自中国的很好的纸张,Fol. 24—243;3. 纸质同 1,Fol. 244—258,Fol. 259 缺;4. 纸质同 2,Fol. 260—281。1 和 3 的字迹都很潦草有很多错误和被修改之处,2 和 4 字迹清晰;内容,1 和 3,序言第二部分,2 和 4,论语第二部分。参见龙伯格《中国哲学家孔子中的理学思想》,K. Lundbaek, "The Image of Neo—Confucianism in Confucius Sinarum Philosophus," *Journal of the History of Ideas*, Vol. 44, No. 1 (Jan. — Mar., 1983), pp. 19—30.

②　《中国哲学家孔子》一书的写作是对当时有关中国教区的传教方法的争论的一种直接反映,用来反对闵明我、利安当等人的诘责。参见龙伯格《17—18 世纪末欧洲文学中的理学观念》,K. Lundbaek, "Notes sur l'image du néo—confucianisme dans la littérature européenne du XVII à la fin du XIX siècle in Appréciation par l'Europe de la Tradition chinoise à partir du XVII siècle," *Actes du III colloque international de sinology* (*1980*), Paris, 1983, p. 135.

德卫认为《中国哲学家孔子》是耶稣会士的集体成果,这个意见有道理。因为,正是在广州会议期间,耶稣会士们集体讨论了郭纳爵和殷铎泽的译本,根据会议中的讨论和分歧,进一步修改了以往的译本。孟德卫认为《中国哲学家孔子》可能就是当年利玛窦所译的《四书》,他被作为传教士们的汉语教材而被流传下来了,所以他说:"《中国哲学家孔子》实际上是入华耶稣会士一代一代的承传的结果。"①因为《中国哲学家孔子》的另一个名字《西文四书直解》,实际上,《中国哲学家孔子》并不是将《四书》全部翻译成了拉丁文,它只是"三书",缺少《孟子》,但利玛窦在给耶稣会长的信中明确说明他已经翻译完了《四书》,并寄回了罗马。二者之间的关系有待进一步研究。

三、《中国哲学家孔子》所介绍的儒家思想

《中国哲学家孔子》第一次全面系统地向西方世界展示了中国文明的重要组成部分——儒家思想。孟德卫认为,这本书是来华耶稣会士贯彻利玛窦的"合儒"路线的"最高成就"。这种"合儒"的成就表现在以下三个方面。

第一,首次在欧洲刊印了孔子的画像。② 在这个画像中孔子身着中国古代传统服装,手中拿一笏牌。画像的背景综合了孔庙和西方图书馆的风格。孔子身后的两侧是排满了中国经典的书架。左侧的第一排从上至下写明《书经》《春秋》《大学》《中庸》和《论语》;右侧从上至下依次是《礼记》《易经》《系辞》《诗经》和《孟子》。书架最底层是孔子门徒的牌位,左右各九人。左侧从外向内依次可辨是曾子、孟子、子贡、子张、闵子虔等;右侧是颜回、子思、子路等。身后的庙宇式的门上写"国学"(应该来自"国子学"或"国子监")二字,下方写"仲尼"二字,右侧和左侧的字连起来是"天下先师"。这种描述大致上是中国古代孔庙的样子。画像下端的文字说明是孔子家乡、名讳等,说孔子有弟子三千,出众者72人,其中有10人是在国子学的牌位上出现的。在儒学西传史上,这幅孔子的肖像具有重

---

① D. E. Mungello, *Curious Land: Jesuit Accommodation and the Origins of Sinology*, University of Hawaii Press, 1989, p. 257.

② 参见李长林:《柏应理在欧洲早期汉学发展中的贡献》,《社会科学战线》1998年第1期,第76页。

要的学术史意义,既向欧洲展示了儒学的基本文献,也表现了儒学的学统①。

第二,更为详细地向欧洲介绍了孔子的生平。《孔子传》在欧洲首次出现是在郭纳爵译的《中庸》里,但在《中庸》的拉丁译本中孔子的生平介绍只有 2 页纸,而在《中国哲学家孔子》中,孔子传有 8 页之多,内容更为丰富。书中说孔子是在基督诞生前 550 年在中国的鲁国出生的,大体和毕达哥拉斯同时代,比苏格拉底要早些。作者认为孔子自幼聪慧,很小时就掌握了当时所有的知识和典籍。"孔子崇高的精神极为优秀,他的品德极为杰出。他受到称赞是因为他的仁慈、谦虚、真诚和节制以及他对财富的鄙视。"②传记不仅介绍了孔子一生的活动,还介绍了孔子的教育实践和教育思想,基本反映了孔子在教育中注重伦理,注重实践磨砺的特点。

第三,对孔子思想解释。该书对孔子给予了很高的评价,作者是在耶稣会的立场上阐述了孔子的思想。作者批评两种倾向:一种认为在孔子的思想中有"无神论的观点",耶稣会士们认为这是"毫无根据的";另一种倾向认为孔子思想中包含了一个完整的上帝观念,作者说,认为孔子承认有一个全知全能的人格神的想法也是"不能加以肯定的"。在这个意义上,耶稣会士们认为,孔子思想应加以肯定的是在他的思想中表现了"纯粹和理性的东西"③。就此而论,孔子思想同希腊罗马思想相比,没有任何不足之处,没有任何低于希腊罗马思想的地方,无论是在今天或是在古代,孔子的这些思想都是"杰出的、崇高的"。从批评的角度说,作者认为,就孔子在中国的地位而言,除少数读书人以外,大多数人对待孔子的态度已有一种宗教的倾向和情绪。就此而言,以孔子为代表的思想体系"主要部分是一种混合体,即混合了印度神话中的异教徒的偶像崇拜和充满迷信的寓言"④。

---

① 参见 Lionel M. Jensen, *Manufacturing Confucianism: Chinese Traditions and Universal Civilization*, Duke University Press, 1998.

② Josephus Tela, *The life and morals of Confucius, a Chinese philosopher, who flourished above five hundred years before the coming of Jesus Christ; being one of the choicest pieces of learning and morality remaining of that nation*, reprinted from the edition of 1691, J. Souter, 1818, p. 12.

③ Ibid.

④ Ibid., p.16.

很显然,柏应理等人的这种解释实际上是在批评龙华民为代表的那种将孔子思想完全看成无神论的观点,进而否认利玛窦"合儒路线"的做法。同时,他们又指出孔子思想中的偶像崇拜的因素,这样"补儒"才具有合理性。

四、《中国哲学家孔子》对周易的介绍

对《周易》的介绍是《中国哲学家孔子》的一个亮点。首先,他介绍了《周易》中的阴阳两卦(图一),然后列出了由阴阳两爻所产生的四种图像(图二)。接着他列出了八卦的图像(图三),根据八卦又列出了八卦方位图(图四),最后列出了一幅六十四卦图(图五)。关于八卦图的图式有朱熹作和蔡元定作两种说法,从柏应理所介绍的图式(图六)来看,他的图很可能来自朱熹所作的八卦次序图。

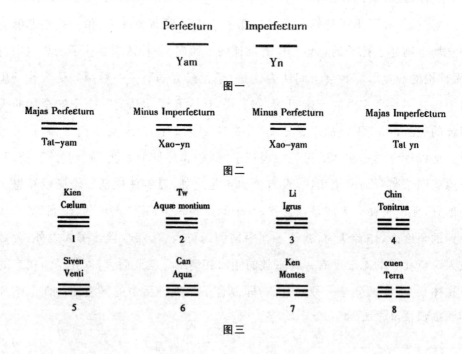

图一

图二

图三

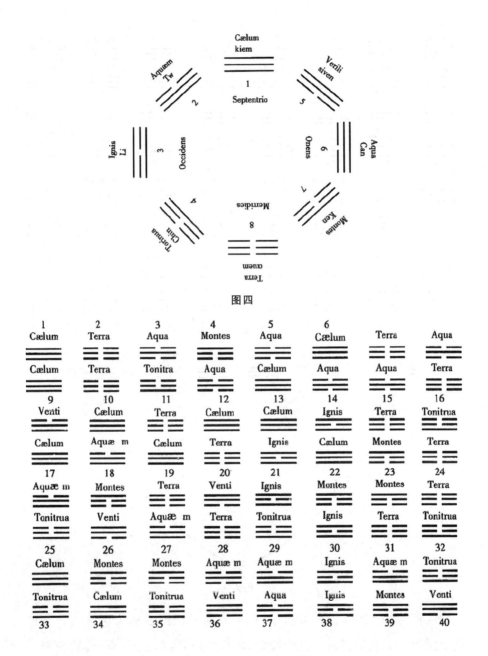

图四

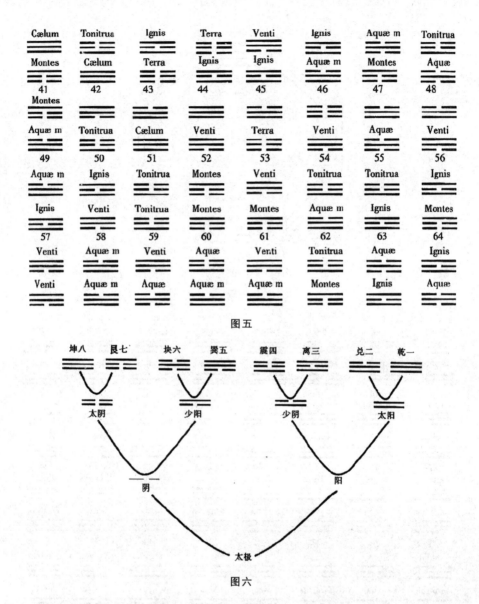

图五

图六

　　柏应理的八卦方位图则取自于《周易本义》,此图或称为伏羲八卦方位图,
又称小园图。朱熹解释说:"乾南坤北,离东坎西,震东北,兑东南,巽西南,艮西
北。自震至乾为顺,自巽为坤为逆。"

　　六十四卦的画卦人自今无法确定,众说纷纭,但这个卦图被后人所认可。
"其中从《乾》卦至《离》卦凡三十卦为上经,从《咸》卦至《未济》卦凡三十四卦为下经。"①朱熹在他的《周易本义》中专门列出了《上下经卦名次序歌》,将六十四卦的卦名次序编成了七言诗,以便记忆。柏应理的六十四卦图就是按照朱熹所确定的卦序来画的。

柏应理对《周易》的介绍在国人看来似乎只是很简单的常识,但如果将其放入西方汉学的历史过程,就可以显示出其学术的价值。在此之前虽然门多萨、曾德昭在西方初步介绍过《周易》,特别是卫匡国在《中国哲学家孔子》出版前27年在他的《中国上古史》中已经介绍了《易经》的六十四卦图②。但像柏应理这样详细地从两爻开始,进而从四象到八卦,一步步地介绍,最后画出六十四卦图,这在西方是第一次。也就是说,卫匡国从文字上已经初步介绍了《周易》,而柏应理则从图像上全面介绍了《周易》,这是《中国哲学家孔子》一书的贡献所在。

五、《中国哲学家孔子》与《中国古代帝王年表》

在谈到柏应理对西方汉学的贡献时,除了对他在《中国哲学家孔子》一书的出版上做的工作外,《中国古代帝王年表》是他的一部重要的著作。如果说《中国哲学家孔子》他只是作者之一,是全书的组织者,那么,《中国古代帝王年表》则主要是他完成的著作。

孟德卫教授认为"《中国古代帝王年表》是17世纪欧洲出版的关于中国的最重要的作品之一"③。当时《中国古代帝王年表》是和《中国哲学家孔子》一起

---

① 张善文:《象数与义理》,辽宁教育出版社,1993年,第5页。

② 参见张西平:《中国和欧洲早期思想交流史》,北京大学出版社,2021年,第349—350页。

③ Jerome Heyndrickx (ed.), *Philippe Couplet, S. J. (1623—1693). The Man Who Brought China to Europe*, Institute Monumenta Serica and Ferdinand Verbiest Foundation (Leuven), 1990, p. 183—184. *Tabula Chronologica Monarchiae Sinicae juxta cyclos annorum LX.* (TC), *Ab anno post Christum primo, usque ad annum praesentis Saeculi 1683. Auctore R. P. Philippo Couplet Belgā, Soc. Jesu, Sinensis Missionis in Urbe Procuratore. Nunc primum in lucem prodit e Bibliotheca Regia.* 巴黎,标题页上并没有注明出版者,但是有可能是出版了《中国哲学家孔子》的 Daniel Horthemels 出版了这本书,1686,cum privilegio Regis;Praefatio, pp. i-xx;(text 2697B. C. — A. D. 1)pp. 1-20;(second title page) *Tabula Chronologica... Ab anno post Christum primo, usque ad annum praesentis Saeculi 1683*;(second) Praefatio, pp. 23-35;(text A. D. 1-1683)pp. 36-106;map of China signed by Couplet;Imperii Sinarum et Rerum in eo Notabilium Synopsis (pp. 105-108);*Tabula Genealogica Trium Familiarum Imperialium Monarchiae Sinicae à Hoam Ti primo gentis Imperatore per 86 successores, & annos 2457 ante Christum. E Sinico Latine exhibita à R. P. Philippo Couplet, pp. 1-8.*

出版的。《中国哲学家孔子》有 280 页对开,这样使得作为附录出现且只有 126 页的《中国古代帝王年表》在整个书中不太被人注意。但实际上《中国哲学家孔子》和《中国古代帝王年表》是柏应理参与的两部同样重要的汉学著作。前面我们已经说明《中国哲学家孔子》是来华耶稣会士的集体著作,柏应理是其主要的代表。实际上,《中国古代帝王年表》在 1686 年就印刷了,但是直到 1687 年《中国哲学家孔子》完成之后才在巴黎和《中国哲学家孔子》一道出版。

17 世纪初,第一个在欧洲介绍中国历史纪年的是卫匡国,他的《中国上古史》第一次给欧洲人展示一个有着悠久文明历史的中国的历史纪年,这点我们在前面的研究中已经做过介绍。但应看到卫匡国《中国上古史》中他的中国历史的纪年结束于耶稣诞生,即中国东汉的汉哀帝统治时期(约公元前 6—前 1)。卫匡国的书实际上主要是先秦以前的历史,书名翻译为《中国上古史》是很合适的,所以,他并未提供一个完整的中国纪年[①]。柏应理在写作《中国古代帝王年表》时一定看到了卫匡国的书,卫匡国在他的书中认为中国古代的历史可以追溯到公元前 2952 年的伏羲时代,但是直到在叙述公元前 2697 年的黄帝统治时代开始,他才开始使用干支纪年的方法。柏应理也是从公元前 2952 年伏羲统治的时代来叙述中国历史的,从黄帝统治的公元前 2697 年开始使用干支纪年的方法。"柏应理的第一部分记叙从黄帝时代开始到汉平帝时代为止。第二部分从公元 1 年起开始,一直记述到了 1683 年"[②]。这样,他和卫匡国一起就给了欧洲人一个中国历史全貌。

关于柏应理在《中国古代帝王年表》一书中所起的作用,西方学术界也多有争议。但有一点是明确的,《年表》的两个序言肯定是他写的,因为写作的时间都标明是在 1683 年,这说明是柏应理在 1682 年 10 月返回欧洲后写的[③]。孟德

[①] 当代的研究者认为,卫匡国的中国历史纪年并非只到西汉末年,因 1664 年泰弗诺在他的《未曾刊布的神奇游记集》中曾有一篇《中国帝王世系纲要》,这个纪年是从伏羲到 1425 年的明仁宗。这样有的学者认为这篇文章很可能是卫匡国的手稿。这不失为一种说法。参见吴莉苇:《当诺亚方舟遭遇伏羲神农:启蒙时代的欧洲上古史争论》,中国人民大学出版社,2005 年,第 125 页注 1。

[②] Jerome Heyndrickx (ed.), *Philippe Couplet*, S. J. (1623—1693). *The Man Who Brought China to Europe*, Institute Monumenta Serica and Ferdinand Verbiest Foundation (Leuven), 1990, p. 190.

[③] *Analectes pour servir à l'histoire eeclé siastique de la Belgique*, IX, 1872, p. 29.

卫说得比较客观,他认为"要确认柏应理的作者身份还有待于对《年表》手稿的仔细研究,但是同时我们至少可以公正地认为柏应理是两个序言的主要作者"①。

卫匡国在 1658 年发表了他的《中国上古史》的以后,欧洲人就开始对中国纪年对《圣经》纪年产生的挑战争论不已②。当时的欧洲 Vulgate 版本的《圣经》有较大的影响,Vulgate 版本的《圣经》认为,创世纪发生在公元前 4004 年,诺亚(Noadic)时代的大洪水发生在公元前 2349 年③。这样的纪年在欧洲被大多数人接受,已经成为一个常识。所以当卫匡国在他的《中国上古史》中说中国历史起源于伏羲时代的公元前 2952 年的时候,这显然是对 Vulgate 版本的《圣经》的挑战。按照 Vulgate 版本的《圣经》的解释,整个人类是公元前 2349 年大洪水后唯一的幸存者诺亚的后代,而按照中国纪年,人类历史早于大洪水 603 年。这就等于说《旧约》中所讲的全世界的人类都是诺亚的后代是错误的,诺亚不再是人类唯一的始祖,从而,《旧约》的神圣性就被动摇。

面对这样重大的问题一些耶稣会士和欧洲学者建议用 Septuagint 版本的《圣经》来取代 Vulgate 版本的《圣经》。因为 Septuagint 版本的纪年认为创世纪发生在公元前 5200 年,大洪水发生在公元前 2957 年,这样一来中国传统历史纪年开始于伏羲统治时期的公元前 2952 年也就说得通了。

但这样做时又会产生新的矛盾。Septuagint 版本的希腊文《圣经》的记载大洪水的时间比较早,可以和中国历史纪年开始的时间公元前 2952 年相协调,但和大洪水时间公元前 2349 年相差太远,无法说明大禹治水的时代。反之,Vulgate 版本的拉丁语《圣经》记载人类史开始于公元前 2349 年,这倒和中国历史纪年中的大禹治水的时间公元前 2357 年大致相同,却又和中国历史始于伏

---

①　Jerome Heyndrickx(ed.), *Philippe Couplet, S. J. (1623—1693). The Man Who Brought China to Europe*, Institute Monumenta Serica and Ferdinand Verbiest Foundation (Leuven), 1990, p. 191.

②　Ibid., p. 192, note 26.《"发现"中国和书写世界历史》一文对这一问题有更加详细的评论。(Edwin J. Van Kley, "Europe's 'Discovery' of China and the Writing of World History," *The American Historical Review*, Vol. 76, No. 2 (Apr., 1971), pp. 358—385.)

③　James Ussher, Thomas Smith, Thomas Barlow, *Annales Veteris et Novi Testamenti, a prima mundi origine deducti : una cum rerum Asiaticarum et Aegyptiacarum chronico, a temporis historici principio usque ad extremum templi et reipublicae Judaicae excidium producto*, Apud Gabrielem De Tournes et Filios, 1722.

羲的公元前 2952 年的记载相差太远。

柏应理在中国历史纪年和《圣经》纪年的问题上主张采用希腊文本的《圣经》纪年,他认为"中国人有关创世纪的古老传说不仅提供了反对世界永久性假设事例,而且还提供了与《创世纪》中的事实相吻合的内容。因此,中国的历史远不具有危险性,相反却是变成了对《圣经》历史的一种旁证"①。柏应理的这个态度对在华的耶稣会也很重要,从 1686 年后来华的耶稣会士对中国历史纪年问题的态度就确定了下来,"《圣经》是唯一可以帮助中国人澄清其早期历史上混沌时代的一本必备书,柏应理神父的纪年体系成为一种供未来来华传教士使用的理论书"②。

卫匡国和柏应理带给欧洲人的这两份年表在欧洲产生了巨大的思想影响,这是柏应理完全没有想到的。当时的法国学者在谈到这个问题时说,"倘若他们的纪年表真实可信的话,那就不得不承认,《圣经》的纪年一文不值"③。伏尔泰在这个问题上的立场十分明确,他认为中国的历史是真实的、可靠的。特别是后来他看到宋君荣的《中国天文学史》后,更加坚信中国历史纪年的真实性。他批评西方的学者用西方《圣经》的历史观来套东方的历史观和中国的历史观,他说中国"这些古籍所以值得重视,被公认为优于所有记述其他民族起源的书,就是因为这些书中没有任何神话、寓言,甚至丝毫没有别的国家缔造者所采取的政治诈术"④。对于中国历史和信仰与西方的不同,伏尔泰给予充分的理解:"中国的读书人,除了崇拜某一至高无上的上帝以外,从来别无其他宗教信仰。他们尊崇正义公道。他们无法了解上帝赋予亚伯拉罕和摩西的一系列律法,以及长期以来西欧和北欧民族闻所未闻的弥赛亚的完善的法典。"⑤

---

① 维吉尔·毕诺:《中国对法国哲学思想形成的影响》,耿昇译,商务印书馆,2000 年,第 244 页。
② 同上。关于来华耶稣会士在历史纪年上的认识发展及其态度吴莉苇在《当诺亚方舟遭遇伏羲神农:启蒙时代欧洲的中国上古史争论》一书中做了很好的研究,这是近年来对中国和欧洲关于中国历史纪年问题最为深入的著作。
③ 艾田蒲:《中国之欧洲(下卷)》,许钧、钱林森译,河南人民出版社,1992 年,第 219 页。
④ 伏尔泰:《风俗论(上册)》,梁守锵译,商务印书馆,1994 年,第 241 页。
⑤ 伏尔泰:《路易十四时代》,吴模信、沈怀洁、梁守锵译,商务印书馆,1996 年,第 597—598 页。关于欧洲思想界对中国上古史认识的争论参见孟华:《伏尔泰与孔子》,新华出版社,1993 年;张西平:《中国与欧洲早期思想交流史》,北京大学出版社,2021 年;吴莉苇:《当诺亚方舟遭遇伏羲神农:启蒙时代欧洲的中国上古史争论》,中国人民大学出版社,2005 年;张国刚、吴莉苇:《启蒙时代欧洲的中国观——一个历史的巡礼与反思》,上海古籍出版社,2006 年;等等。

柏应理在这本书中的另一个重要贡献是在他的《年表》的第二个序言中发表了一份中国历代王朝和帝王的简要表格,从伏羲开始直到1683年的康熙皇帝为止。柏应理的这个表格在欧洲早期汉学史上有着重要的贡献,因为这是在欧洲出版的第一部完整的中国历代王朝年表,介绍了中国历代22个王朝的最简单情况,包括每个王朝的名称、帝王的人数、统治的年数。

TABULA NUMERICA XXII. FAMILIARUM[①]

Imperialium,Imperatorum,Annorum

Familia.	Impp.	Anni.	Familia.	Impp.	Anni.
I. Hia.	17.	458.	XII. Suy.	3.	29.
II. Xam.	28.	644.	XIII. Tam.	20.	289.
III. Cheu.	35.	873.	XIV. Heuleam.	2.	16.
IV. Cin.	3.	43.	XV. Heu tam.	4.	13.
V. Han.	27.	426.	XVI. Heu cin.	2.	11.
VI. Heuhan.	2.	44.	XVII. Heu han.	2.	4.
VII. Cin.	15.	155.	XVIII. Heu cheu.	3.	9.
VIII. Sum.	7.	59.	XIX. Sum.	18.	319.
IX. Ci.	5.	23.	XX. Yuen.	9.	89.
X. Leam.	4.	55.	XXI. Mim.	21.	276.
XI. Chin.	5.	32.	XXII. Cim.	2.	40.

显然,柏应理这里列举的22王朝并不能代表整个中国历史,因为中国历史还有更为复杂的一面,这个表格中并未反映出来,但大体上来说"柏应理的年表所反映的中国朝代纪年在很大程度上和当代的中国朝代记载是很接近的"[②]。

柏应理在《年表》第二个序言的结尾对中国历史年表做了总结(第36页),他说在上面提到的22个朝代之前,曾经有8个帝王统治过中国,这8个帝王统

---

① Jerome Heyndrickx (ed.), *Philippe Couplet*, S. J. (1623—1693). *The Man Who Brought China to Europe*, Institute Monumenta Serica and Ferdinand Verbiest Foundation (Leuven),1990, p. 198. 这里的这个表是取自他的《中国哲学家孔子》一书第36页。

② Jerome Heyndrickx (ed.), *Philippe Couplet*, S. J. (1623—1693). *The Man Who Brought China to Europe*, Institute Monumenta Serica and Ferdinand Verbiest Foundation (Leuven),1990, p. 198.

治了中国 737 年。中国的历史可以分成 73 个甲子,另外还有就是伏羲和神农统治时期的 255 年是并不十分可靠的历史。"柏应理对中国历史记载的准确性和完整性印象很深并且把这种印象传达给了欧洲读者。对中国历史记载可靠性的传播是《年表》的主要贡献之一。"①

和中国古代历史记载相关的一部很重要的著作是《易经》。由于人们认为这部著作是伏羲创作的,所以这部著作和中国历史记载的开始密切相关。很有趣的是,柏应理在《年表》中对《易经》的评论比在《中国哲学家孔子》的序言中对《易经》的评论要积极得多。在"序言"中,柏应理对《易经》在四书五经中的古老地位的认可很勉强,因为耶稣会士们认为《易经》玷污了宋代理学家的无神论和物性论的哲学主张。②

《年表》中另一个值得我们注意就是他对《易经》的解释。按照孟德卫教授的研究,他在《年表》中对《易经》的研究和他说明中国的纪年方法有关。因为中国的历史纪年采取的是干支纪年系统。尽管柏应理并未能够说明《易经》中的六十四卦和干支纪年之间存在任何关系,但他感觉到二者之间的关系。柏应理在《年表》的第一个序言的第二部分中深入阐述了干支纪年的体系。他解释说这种体系用 10 个字来表示天干,用 12 个表示时间的数字来代表地支(第 xiv 页)。柏应理解释说这两个系列的组合有 60 种可能性,这样就得到了一个 60 年的循环,通过这个 60 年的循环往复,就产生了无穷无尽的历史记载(第 xij 页)。"无论如何,柏应理非常清楚地阐明了干支纪年是一种巧妙细致的结构,为中国历史记载的可靠和缜密提供了纪年工具。"③

特别让人感兴趣的是柏应理在《年表》中对《易经》的看法和他主编的《中国哲学家孔子》一书中对《易经》的看法不同。在《中国哲学家孔子》一书的"序言"

---

① Jerome Heyndrickx (ed.), *Philippe Couplet*, S. J. (1623—1693). *The Man Who Brought China to Europe*, Institute Monumenta Serica and Ferdinand Verbiest Foundation (Leuven), 1990, p. 198.

② 见柏应理和其他耶稣会士所著《中国哲学家孔子》,巴黎,1687 年,pp. xviij,xxx—viij—xxxix。又见孟德卫的相关论述,D. E. Mungello, *Curious Land: Jesuit Accommodation and the Origins of Sinology*, University of Hawaii Press, 1989, pp. 263—264.

③ Jerome Heyndrickx (ed.), *Philippe Couplet*, S. J. (1623—1693). *The Man Who Brought China to Europe*, Institute Monumenta Serica and Ferdinand Verbiest Foundation (Leuven), 1990, p. 195.

中,他试图将《易经》的内容解释得和天主教信条尽量一致,因此他竭力回避当时盛行的理学对《易经》的解释。由于宋代理学家认为《易经》是他们所持哲学观念的理论来源,因此耶稣会士们自然对《易经》持批判态度,以说明理学在理论根源上的问题。但柏应理在《年表》中的态度则有很大不同:"他试图通过《易经》来认定历史来源的真实性,因此对于他来说,对《易经》持有积极态度是有利的。柏应理认为《易经》是包含了中国文字来源的线条的纪念碑著作(第 viij页)。这些线条式的文字(也就是八卦),据说是为了替代最早的结绳记事而发明的(第 ix 页)。柏应理认为《易经》是中国文字的来源,因此也是中国历史记载的奠基之作。"①

第五节　《中国哲学家孔子》的变异性

应该说柏应理对孔子的这些介绍从知识论的角度是有价值的,它毕竟向欧洲人展示了东方哲人的形象和生平。但作为"他者"的孔子和儒家思想,在耶稣会士的眼中也发生了变异,因他们介绍的孔子是传教士汉学家眼中的孔子,他们无疑是从天主教的理论和思想出发来解释孔子及儒家的。所以,我们在研究《中国哲学家孔子》时必须注意他们这种"变异性"的解释。这种变异性的介绍主要表现在柏应理为这本书所写的"序言"上。

第一,对中国远古思想和孔子言论的神学化解读。

首先,书中认为中国人在自然理性的指引下过着有道德的生活,这并不妨碍他们日后崇奉上帝。柏应理认为,中国人不信奉什么神明,远古时代他们生活在所谓的"黄金时代"(Golden Age),也就是自然理性起作用的时期。当时的人们虽然未受到上帝之光的照耀,但是也不迷信,他们依靠这种自然之光生活。在中国,这一时期持续了很长时间,从尧、舜、禹到文王、武王、周公等。(第 lxviii 页)这种看法是继承利玛窦在中国教区形成的思想。他认为中国人凭自然理性曾得到过关于上帝真理的认识,甚至认为像文王、孔子已得到救赎。

① Jerome Heyndrickx (ed.), *Philippe Couplet*, S. J. (1623—1693). *The Man Who Brought China to Europe*, Institute Monumenta Serica and Ferdinand Verbiest Foundation (Leuven), 1990, p. 195.

这种想法来源于托马斯·阿奎纳的理论。在托马斯·阿奎纳的学说中,自然法则指的是人合乎理性地参与、禀赋上帝的永恒法则。"自然理性是上帝的荣光在人身上留下的痕迹,是我们赖以辨别善恶的自然理性之光。"他认为人由此而对什么是正义和善具有足够的知识,并能以此规范自身的行动,人凭自己的理性能够趋向普遍的善,能够认识上帝的真理。托马斯·阿奎纳在改造性地运用亚里士多德哲学时,引进了理性这个概念,其目的在于调和天启神学与自然科学之间的关系,其旨在于使人相信人既可以通过启示,也可以通过自然理性(由于天地万物和认识的观察和思考)得到关于上帝的"真理"①。

其次,作者认为中国人是上帝的子民,中国上古时期就有信奉上帝的传统。柏应理认为中文中 Shem 的发音是生命的意思,而这个词正好和亚当的儿子 Shem 的名字相吻合,因此柏应理认为中国人是亚当的后代。而亚当的子女从上帝那里得到过真正的神启,这正暗示了中国人是 Shem 的后代,也就是亚当的后代,自然也就从上帝那里得到过神启。(第 lxxiv 页)从这里我们看到,从利玛窦到柏应理在汉学研究中都有索隐派的倾向,后来法国入华传教士白晋等人形成更为系统的索隐派思想绝非偶然。再有,柏应理认为黄帝曾经为上帝建造神庙②,又认为"上帝"是远古中国人对 God 的称呼③。这也是来自利玛窦的传统,利玛窦曾在《天主实义》第二篇说:"吾天主,即华言上帝。"④

最后,在译文中对中国古代思想做神学化的理解。例如《大学》第一句:"大学之道,在明明德,在亲民,在止于至善。"《中国哲学家孔子》译为:"人们,尤其是那些地位高尚的人们做学问的目的,在于精炼或改进我从上天汲取而来的理性(rationalem naturam),这就如同一面最明亮的镜子,唯有扫除了蒙于其上的

---

① 赵敦华:《基督教哲学 1500 年》,人民出版社,1994 年,第 367 页。

② De primo quidem Fundatore Fo hi, jam satis, ut arbitror, liquet: de eo qui ordinetertius fuit Hoam ti dictus annales constanter referunt quod aedificaverit Templum (fortasse totius orbis primum) Xam ti, hov est, Supremo Imperatori.

③ Dico igitur apud Priscos Sinas, nomen illud, quo verum Deum nuncuparunt, fuisse Xamti. Cuius nominis antiquitas eadem est, quae ipsarummet litterarum quarum rudimenta à Fo hi gentis sinicae conditore posita, sub tertio vero Hoam ti Imperatore opera Cam kie magis expressa &. degesta in ordinem commemorantur: de quo Imperatore refertur etiam quod Palatium seu Templum contruxerit ipsi Xam ti, quod adeò factum fuerit annis circiter 600 ante natum Abrahamum, si modo annalibus&.70,《序言》第 LXXXIX 页。

④ 利玛窦:《天主实义》,利氏学社,1985 年,第 120 页。

邪欲瑕疵,才必然会恢复它那无比的清澈。(伟人们做学问的目的)还在于通过他们自身的模范和规劝使人民得到更新和再生(renovando Seu reparando)。(伟人们做学问的目的)还在于保持最大的德行。"①在这一段中,我们发现耶稣会士们用到了很多欧洲传统哲学中的概念。例如"镜子"(Mirror of the Soul)的比喻就是欧洲灵修哲学中常用的概念。而"最大的德行"(summum bonum)则是托马斯·阿奎纳哲学中的用语。而将"明明德"说成从上天汲取理性,这显然不是儒家之原意。可以说,耶稣会士们是在用中世纪士林哲学家和神学家的眼光去考虑中国古典哲学。

再比如《中庸》第一段的第一句原文为:"天命之谓性,率性之谓道,修道之谓教。"《中国哲学家孔子》译为:"上天置于人们心中的东西叫做自然理性。法则由自然理性造成,并对之加以模仿,法则和自然理性是协调发展的。反复勤奋地按照这种法则实践并亲身遵循之,那就叫做教育或学善之学问。"②此处中文中"性"的本义是从道德观上来讲的一种概念,但是耶稣会士们却把"性"翻译成自然理性(natura rationalis),之所以这样,是因为他们受到了 17 世纪天主教神学思想的影响。当时托马斯·阿奎纳的神学理论就是利用自然理性的概念在神学和哲学之间寻求一种调和。

又例如《中庸》里的"予怀明德,不大以声色"。此处的"明德"就是"美德"之意,耶稣会士却又将"明德"和"理性"混为一谈。他们利用《中庸》里的"性之德也"这句话,说"德"与"性"是互相关联的。既如此,"明德"也应与"性"相互关

---

① Magnum adeoque virorum Principum, Sciendi institutum consistit in expoliendo, seuexcolendo rationalem naturam a caelo inditam; ut scilicet haec, ceu limpidissimum speculum, abstersis pravorum appetitucum maculis, ad pristinam claritatem suam redire possit. Consistit deinde in renovando seu reparando populum, suo ipsius scilicet exemplo & adhortatione. Consistit demum in sistendo firmiter, seu perseverando in summo bono, per quod hîc c Interpretes intellligi volunt summam actionum omnium cum recta ratione conformitatem。参见《中国哲学家孔子》之《大学》译本第 1 页。此处转译自鲁尔《孔子还是孔夫子:耶稣会士对儒家学说的解读》,Paul A. Rule, *Kung-tzu or Confucius? The Jesuit interpretation of Confucius*, Allen and Unwin, 1986, pp. 121—122.

② Id quod à caelo est homini inditum dicitur natura rationalis;quod huic conformaturnatura & eam consequitur ,dictur regula,seu consentaneum rationi,restaurare quoad exercitium hanc regulam se sua que per eam moderando,dicitur institutio,seu disciplina virtutum。参见《中国哲学家孔子》,《中庸》之翻译,第 40 页。此处转译自 D. E. Mungello, *Curious Land：Jesuit Accommodation and the Origins of Sinology*, University of Hawaii Press,1989, p. 284.

联。而"性"从何而来呢？他们说《中庸》开卷第一句就是"天命之谓性"，所以"性"是从天而来的。既如此，"明德"也应与"天"相关联。于是乎，一句简单的"明德"便被他们译成"上天给予人们的理性中的一部分"。

再如《中庸》中的"辟如天地之无不持载，无不覆帱，辟如四时之错行，如日月之代明，万物并育而不相害，道并行而不相悖，小德川流，大德敦化，此天地之所以为大也"。此处仍然是一种德行上的评介，认为道德的作用可以化育万物，是典型的中国哲学道德论的观点。但是耶稣会士们认为这段表明了宇宙中的万事万物一起生育成长，进行活动，又互不相扰，最终原因就在于有一种无限强大的力量，作为万物的源泉与根基，按照各种事物的性能与需要，向各方面经常不断输送动力，从而促使万物繁殖成长，无所匮缺。天地的崇高即自此而来。神父们认为这里指的是"上帝"①。

在文本之余的阐释中我们也可看出耶稣会士们对中国思想的观点。在对《中庸》中孔子谈论鬼神的一段话进行翻译后②，耶稣会士们评论说孔子是信奉上帝的。理学家们把终极的力量解释为阴阳、冷热、善恶或者光明和黑暗的转换是不对的，这一切都应该是上帝掌管的东西。《书经》中曾说舜曾经祭祀过上帝。

第二，对礼仪之争的一个回答。

在书中柏应理讨论了在利玛窦思想的基础上发展有关传教方式的问题。如何向中国人说明被缚在十字架上的耶稣基督的问题，他认为中华民族是一个善良但是高傲的民族，反对外来的新鲜事物，不相信缚在十字架上的耶稣基督是造物主的形象。③ 如何向中国人解释孔子等先哲未获救赎的事实，柏应理援引早期教会吸引教徒的做法来解决中国教区的某些问题。他最先引用了使徒

① 参见《中国哲学家孔子》中《中庸》翻译，第87页。
② 子曰："鬼神之为德，其盛矣乎！视之而弗见，听之而弗闻，体物而不可遗。使天下之人，齐明盛服，以承祭祀，洋洋乎如在其上，如在其左右。《诗》曰：'神之格思，不可度思，矧可射思。'夫微之显，诚之不可？如此夫！"耶稣会士们的解读见《中国哲学家孔子》中对《中庸》的翻译，第50页。
③ 《中国哲学家孔子》，《前言》第LXII—LXIII页。Quid seperari tandem posse de illa quae tam nova esset as peregrina，quae mollis ac superbae gentis ingenio tam contraria，res annuntiaret tam prima spece incredibiles，uti est Homo-Deus and hic crucifixus.

保禄在雅典布道的情况，保禄利用了雅典当地的情况，当他得知圣坛（Altar）是为不知名的神所建时，就向雅典人说这个不知名的神就是耶稣基督，强调耶稣创世者的身份，而不是他受难的遭遇。① 柏应理还数次引用了奥古斯丁（Aurelius Augustinus，354—430）（见《前言》，第 LXIII，XCVIII，XCIX 页）、杰罗姆（Jerome，347—420）（见《前言》，第 XCI，CIV 页）和阿奎纳的例子②。还有早期拉丁教父拉克坦提乌斯（Lucius Caecilius Firmianus Lactantius）的 Divinarum institutionum libri VII 中的 opus maximum，他认为真正的宗教的支持可以来自异教中的某些启示录（见《前言》，第 LXXV，LXXXII—LXXXⅢ，XCI—XCⅡ，XCIX 页）。

前面我们说过，对中国人祭孔祭祖的看法是"礼仪之争"的一个重要分歧。拥护利玛窦适应策略的耶稣会士们都认为祭祖祭孔并非偶像崇拜，不妨碍天主教徒敬奉上帝的纯洁信仰。孔夫子在讲到武王和周公对于亡人的崇拜时，曾经说过，"敬其所尊，爱其所亲，事死如事生，事亡如事存，孝之至也"。柏应理神父针对这段文字指出："在世的子女和侄儿，对已故先人表示永远知恩的孝敬行为，这种创举值得赞许。因为，当子女看到父母对已故的先辈如此虔诚和始终尽孝时，这种榜样就会教育和激励子女对其在世的父母尽孝道，尤其是在他们寿诞良辰时的活动更为隆重。"③可见，耶稣会的汉学家们并不认为敬奉先人是一种偶像崇拜，而只不过是一种表达孝道的方式而已。这种理解和解释是在直接回应道明我会认为中国人的祭祖是崇拜偶像的观点，有着鲜明的耶稣会立场。

---

① 《中国哲学家孔子》，第 LXIIII 页，Verumtamen ne ipsum quidem Apostolum Gentium quamvis arderet mori pro Christo, praedicaret que Christum & hunc crucifixum, accepimus inicisseviam hanc & rationem, Christi praedicandi in Sapientum Areopago, ubi quamtumvis incitaretur spiritus ejus in ipso videns idolatriae deditam civitatem, sic tamen CHRISTI Redemptoris &hominis mentionem facit, ut primum Creatoris ac Dei, & Sic ncrsum Redemptoris, sed ut à, mortuis. Prodigiosé suscitati, sed humanum genus gloriosè judicaturi; Idem vero Apostolus cum apud gentes alias tot signa tamque miranda patraverit, in hoctamen ingeniorum & sapient-ae theatro judicavit solidis rationum ponderibus, Deo adspirante ease permovendos.

② Exemplo scilicet Doctoris & Apostoli Gentium, qui non dubitaverat authoritatibus &quidem Poeticis Ethnicorum uti inter evangelizandum; exemplo (ut testatur S. Hieronymus citatus à tempore Apostolorum usque ad tempora ipsius Hiernonymi immiscuerunt sacra Scripture sapientiam et eloquentiam sacularem).

③ 《中国哲学家孔子》，《中庸》之翻译，第 58 页。

第三,对宋明理学的批判。

《中国哲学家孔子》的译者和出版者们说他们在此书中描述的儒家思想并不是他们当时在中国见到的儒学,而是他们在一些古代典籍中见到的古代哲学的核心思想。他们将此与后世的新的阐释,尤其是宋儒的阐发做了比较,不同意后世理学家们对孔子著作的解释。

耶稣会士们在他们的著作中谈论到了很多关于理学观念的看法。他们是通过阅读永乐年间编订的《性理大全》①了解到的理学界的情况。当代汉学家龙伯格认为耶稣会士的汉学家们主要阅读了其中的两部著作:周敦颐的《太极图说》和第 26 册题为《性理》的一篇文章,传教士们尤其仔细研究了两篇著作中关于太极的叙述。②

耶稣会士的汉学家们十分关注被理学家们推崇至上的"太极"的观念。"序言"第二部分的第一章就是叙述耶稣会士们对理学的理解的,题为"古代中国和当代中国观念中物质的第一原则,这种原则是物质性的,也是有效的"(Explicatur quod Principium rerum tam materiale quam efficiens constituerint Sina tam prisci quam Moder ni)。其开篇就提到了《性理大全》中将物质运行的原则称为"太极"(Tai kie)③。柏应理集中论述了"太极"在中国历史上的来源。他认为"太极"一词从来没有在中国古代的重要经典著作中出现过,而只是出现在《易经》的附录《系辞》一篇中④。这样一来,就不能将"太极"置于最高位置。理学家们仅根据这么一篇文章中的概念建立了他们认为是理学的核心概念的"太极"。理学家们将"太极"比喻成各种各样的基本、本质的东西,认为"太极"先于一切物质而存在,但是又存在于一切物质之中——所有的事物都和"太极"

① 1415 年出版,明胡广等奉敕撰。

② K. Lundbaek, "The Image of Neo-Confucianism in Confucius Sinarum Philosophus," *Journal of the History of Ideas*, Vol. 44, No. 1 (Jan.-Mar., 1983), p. 22.这点值得继续研究,笔者认为耶稣会的汉学家的阅读范围上绝不仅仅局限在这篇文献中。

③ 参见《中国哲学家孔子》,《序言》,第 55 页。

④ "是故《易》有太极,是生两仪,两仪生四象,四象生八卦"。Ye yue tai kie:Xi sem leam y:leam y sem su siam su siam:su siam sem pa qua, 翻译是:Mutafiocontinet magnum axem seu cardinem;Hic produxit duas virtutes produxerunt quatuor imagines,quatuor imagines produxerunt octo fifguras pendulas.参见《中国哲学家孔子》之《序言》,第 LV 页。

拥有相同的性质。"太极"动而生"阳",静而致"阴"。"太极"的活动使世界处在永恒的变化之中。对此,传教士们认为,"太极"并不是中国古已有之的观念,因此不能具有至上的地位,更不用说和天主教中的"天主"相提并论了。利玛窦就曾说:"余虽末年入中华,然窃视古经书不怠,但闻古先君子敬恭于天地之上帝,未闻有尊奉太极者。如太极为上帝——万物之祖,古圣何隐其说乎?"[1]

既然理学家们将"太极"的观念说得那么的完满,是第一位的、最高的、最隐秘的、最完美的东西,是一切事物的模板,无始无终。这样柏应理说:"那又有什么原因说理学家们说的不是天主教中的神呢?""太极"就是我们的哲学家(西方哲学家)所说的第一物质(Prime Matter)。理学家们只不过给了它另外一个名字,那就是"理"。这个词清楚地表明了我们的 ratio 一词的概念。他们(理学家们)解释太极时说,事物的不同就来自这个 ratio。在理学家们的哲学观念中,"太极"似乎代表了某种宇宙的完满性。虽然不同的事物个体有不同的性质,但是不同的种类和个体当中都贯穿有"太极"。因此我们有理由相信他们所说的"太极"就是"第一物质"(Prime Matter),"理"一词则表示了一种 ratio 或者是具有区别属性的形式。[2]

柏应理在此处的观点有两个特点。一方面,他认为"太极"的概念并非中国古典哲学中的思想,是不能作为世界的本原和最高的,因为理学家们在此处滑向了无神论。另外一方面,他又将"太极"的观念极力附会为西方哲学中的"第一物质",这和利玛窦合儒补儒的策略是一脉相承的。

"太极"(理)作为正统理学中的核心范畴,可以说类似于希腊的柏拉图哲学中的"理念"和后来黑格尔哲学中的"绝对观念"的作用。它是士大夫们用来解

---

① 利玛窦:《天主实义》,利氏学社,1985 年,第 106 页。

② Sed enim quod meram materiam primam cum Philosophis quoque notris intelligant,confirmatur ex eo quod aliud quoque nomen suo illi Tai kie adscribant Li illud vocant:Quaevox apud Sinas haud secus atque Toratio apud Latinos, pater latissimè:H? c attem dicto cocabtul sic rursus exponunt dictum Tai Kie ut essentiales rerum differentias ab hac una ratione dicant promanare de qua sic etiam philosophantur, ut videantur universale quodpiam à parte rieconstituere, quod idem per species individuaque rerum sese insinuat:Quo probabilius est,eossicut per Tai Kie rectè intelligunt materiam primam, sic per To li vere rationem quamdam seu formam rerum constitutivam & ab aliis distinctivam intelligi. 参见《中国哲学家孔子》,《序言》,第 LVI 页。此处转译自 K. Lundbaek, "The Image of Neo-Confucianism in Confucius Sinarum Philosophus," *Journal of the History of Ideas*, Vol. 44, No. 1 (Jan.-Mar., 1983), p. 24.

释宇宙、人性、道德的支柱,全面否定、拒斥这个范畴将意味着造成"天学"与儒学的全面、尖锐的对立。利玛窦曾经对"太极"做出过同上述判断类似的解释。一方面,他反对"太极"作为万物主宰的观点:"若太极者,止解之所谓理,则不能为天地万物之原矣;盖理亦依赖之类,不能自立,曷能立他物哉?"①另一方面,他也看到了"太极"和"上帝"概念的相似性。在《天主实义》刊刻后的一年,利玛窦写信给耶稣会总长(1604),对"太极之理"作了较为全面的解释:"此种太极论是一种新的论说,它产生于50年前(年代显然有误)。如果你仔细考察,它在某些方面同中国古圣人的说教是矛盾的,后者对上帝有更为正确的概念。倘按时下的所说,太极不过是理学家们所说的哲学的本体问题,因为它绝不是一种实体,他们甚至说它不是一种事物,它贯穿于万物。他们说它不是一种精灵,它没有悟性,尽管有人说它是万物之理,但他们所说的理不是某种真实的或智力的东西,而且与其说是一种理性的理,不如说是推想的理。事实上,问题不仅仅是他们各有各的解释,而且还有很多荒唐的说法。因此,我们认为在这本书(《天主实义》)中,最好不要抨击他们所说的东西,而是把它说成同上帝的概念一致,这样我们在解释原作时就不必完全按中国人的概念,而是使原作顺从我们的概念。同时,为了不冒犯统治中国的士大夫,我们宁可对各种解释提出不同看法而不针对原理(太极)本身。而如果最后,他们终于理解太极是基本的、智力的和无限的物质原理,那么我们将同意说这正是上帝。"②柏应理等人完全是跟随了利玛窦的这个思想,从基督教的教义和立场对理学做了阐释。

通过上面的分析我们可以看出,《中国哲学家孔子》的作者们对原始儒家学说和理学的看法都是和利玛窦的看法一脉相承的。他们的理解有以下几点是我们应注意的。

第一,他们虽然是以传教士的身份,以西方神学的眼光来解读中国哲学,但还是看到了中国哲学的特点,尤其将原始儒学和基督教的一神论相比较,有其合理性。这说明至少他们看到了中国思想的演变,这个眼光是相当深刻的。

第二,当然,他们完全未了解理学产生的背景和意义,它在中国思想史上应

---

① 利玛窦:《天主实义》,第110页,台湾利氏学社1985年出版的中英文对照本。
② 谢和耐:《中国和基督教:中国和欧洲文化之比较》,耿昇译,上海古籍出版社,1991年,第17—18页。

有的地位。传教士对理学的批判,很大程度上是从他们的信仰出发的。这说明在两种文化的理解和交流中,文化传递者的自我立场几乎是不可避免的。

第三,尽管他们在对儒家思想和理学的思想的理解上存在问题,但这种"误读"在文化交流史上是一种正常的现象。也就是说,即便是一种误读性的介绍,他们仍将儒学中的一些重要的思想和观念介绍到了西方,这在 17 世纪中西文化交流史上,有着不可磨灭的贡献。

以柏应理为代表的来华耶稣会的汉学家们的这部著作在以后的近二百年中成为欧洲思想家的必读之书。在伏尔泰那里,在莱布尼茨那里,在卢梭那里,可以这样说,在儒学西传的历史过程中,在理雅格和卫礼贤的儒家经典译本在西方出版之前,没有任何一个译本的影响可以超过《中国哲学家孔子》。

传教士汉学家的特点就在于他们的汉学研究。汉学著作,无论是中文的汉学著作,还是西方语言的汉学著作,都深刻地影响了中国和西方近代思想的发展和形成。这是以后的专业汉学所完全不具备的。正是这一点构成传教士汉学最重要特点。

第十八章　来自东方的书信(上)

基督教在中国传教史上经历过一个从以葡萄牙耶稣会传教士为主转变为以法国耶稣会传教士为主的过程。正是这种转变,传教士汉学发展到了一个新的阶段,同时,在法国耶稣会士的推动下,欧洲 18 世纪的"中国风"开始形成。

第一节　法国耶稣会士来华

中国教区在经历了杨光先教案后,实力大损。当时主持中国教会的南怀仁希望尽快从欧洲派遣传教士入华。上面所讲到的柏应理返回欧洲就是受南怀仁的委托,回欧洲招聘新的传教士来华。1684 年 9 月柏应理应邀赴法国,并在凡尔赛宫受到了法王的召见。这是一次非常重要的会见,它标志着法国开始把眼光投向了中国。早在 1660 年,法国的传教会就在 F. 玻吕(François Pallu)的推动下在传教会的条例中规定,"在中华帝国、胶州王国及交趾支那布教和建立贸易关系"。1664 年建立的法国东印度公司已经开始将贸易发展到了中国,根据档案记载,"约在 1660 年,欧洲航行远东的船舶估计在 2 万艘,其中荷兰占约1600 艘,而法国不到 600 艘"[①]。但在 17 世纪末时,德国正在经受奥格斯堡联

[①]　利奇温:《十八世纪中国与欧洲文化的接触》,朱杰勤译,商务印书馆,1962 年,第 15 页。

盟战争的苦难，西班牙王室在闹内讧，法国的实力明显上升。法国想迅速扩大其在远东的海外势力。同时，法国的文化和科学在这一时期也得到快速的发展。法国 1663 年设立了铭文与奖章学院（Académie des Inscriptions et Belles-lettres），1666 年建立了皇家科学院（Académie des Sciences）。法国日益成为欧洲文化和科学的中心，当时法国的皇家科学院已经向太平洋、大西洋、地中海、美洲等地派出了自己的科学考察团，唯独因为中国属于葡萄牙的势力范围，这项工作一直没有在中国展开。

从法国在远东的商业、科学和文化以及政治势力发展的角度，法王路易十四同意了他的大臣柯尔贝尔（Jean-Baptiste Colbert，1619—1683）关于直接向中国派出传教士的建议。1685 年 1 月 28 日路易十四亲自签署了任命书："为了使我们的海运事业日趋安全和我们的科学技术日益发展，并为了稳定取得成果，我们已作出了我们的充分准备，并认为有必要从欧洲派出一些富于实地考察能力的学者前往印度和中国，基于此目标，经过审查，我们认为耶稣会某某神父是最佳人选，我们观察到他的突出才能，深为器重，依我王国权力遴选某某为'王家数学家'，并经国王特准任命。"①

初选的这六名"王家数学家"是洪若翰、张诚、李明、刘应（Claude de Visdelou，1655—1737）、白晋和塔夏尔（Guy Tachard，1648—1712），路上塔夏尔留在了暹罗。

1687 年这剩下五名法国耶稣会传教士取道宁波登陆，然后经扬州到达北京。这个特殊的进京路线标志着来华的法国耶稣会士开始摆脱在华葡萄牙耶稣会士的控制，中国的传教进入了葡萄牙和法国共同掌握的时代。由于这五名法国耶稣会士个个身怀绝技，很快得到康熙皇帝的支持和信任。这种信任到刘应带来的金鸡纳霜奉献给康熙，治好了他的疟疾病，和张诚很出色地完成了在中俄尼布楚条约谈判中的任务，使合约顺利签约时，达到了顶点。1692 年正是在法国传教士的努力下，康熙下达了著名的"容教令"。1693 年白晋奉康熙之名重返法国招募法国的传教士来华，同年七月康熙批准了法国传教士的独立再

① 朱静编译：《洋教士看朝廷》，上海人民出版社，1995 年，第 13 页。

建一座供法国耶稣会士单独使用的教堂——北堂的请求。这样,法国来华的耶稣会士在中国确立了自己独特的地位。正如伯希和所说的:"路易十四派遣的耶稣会士们于 1688 年到达中国,形成了独立于葡萄牙会士之外的一个特别的集团。他们越来越想显示自己的本领和加强自己的力量。"①

第二节　法国来华耶稣会士的汉学研究成就

来华的法国耶稣会士不同于在此前的来华传教士的特点在于,他们不仅肩负着传教的使命,同时也肩负着法国国家科学院交给他们的科学研究使命。因此,他们到中国后对中国历史、文化和自然的研究更为自觉。如洪若翰一到中国就给法国科学院写信谈他的在华研究计划和任务是:"第一,中国天文学和地理学史,为了配合中国观象台的观察,每天都要坚持在中国观天;第二,中国古今通史,汉字的起源;第三,中国的动植物和医学等自然科学史;第四,中国各门艺术史,既包括自由七艺,也包括工艺;第五,中国的现状、国家治安、政局和习俗、矿藏和物产等。"②这个研究计划如此广泛和周密,目标如此明确,分类如此清楚,这已经和现代汉学(中国学)的研究相差无几。

正是基于这种自觉性,来华的法国耶稣会士在中国文化的研究上取得了前所未有的成就,在法国的《皇家科学院论丛》的第七卷上他们发表了有关中国自然、数学、天文学和地理学诸方面的资料;在第八卷上他们发表了有关中国年代学的论著。法国的科学家们对他们的研究给予了高度的评价:"无论这些考察工作是在印度还是在中国进行的,他们都堪称皇家科学院的骄傲,因为作者是在科学院的配合下或根据科学院的指示而展开工作的。"③

来华的法国耶稣会士一直保持着这样的传统。在以后的来华传教士中,法国的耶稣会士人才辈出,像巴多明、马若瑟、冯秉正、雷孝思、宋君荣、钱德明,个个都是著作等身,在汉学研究上取得了很高的成就。可以这样说,法国来华耶

---

① 叶理夫:《法国是如何发现中国的》,耿昇译,《中国史研究动态》1981 年 3 期,第 27 页。
② 同上书,第 29 页。
③ 同上书,第 27 页。

稣会士把传教士汉学推向了顶峰,真正显示出传教士汉学的水准和成就。

如果我们以沙勿略 1552 年登上上川岛作为西方传教士汉学的起点,那么到法国耶稣会士入华前,即 1552 年至 1687 年,在这 135 年中,传教士汉学取得了巨大的成就。像上面我们所讲的,这些传教士汉学家已经开始研读中国文化经典,他们开始在中国长期生活,他们开始用中文和西方语言写下一些重要的著作。可以这样说,这 135 年是传教士汉学的初创期。

王漪认为 1687 年法国耶稣会士的来华开创了传教士汉学的新时期,法国耶稣会士的到来是来华传教士汉学发展史的一个分水岭。这种学术上的进步表现在:在研究的内容上 1687 年以前的传教士汉学家的著作主要集中在宗教学的范围,虽然也有其他领域的研究,如卫匡国的《中国地国新集》、卜弥格的《中国植物志》,但在总体上是侧重宗教学的,而法国传教士来华后,研究的内容大大地扩展了;在研究方法上,1687 年前的传教士汉学家的著作转述性和介绍性著作比较多,无论是介绍西方学术和文化还是介绍中国文化,但法国耶稣会士来华后,更多的是一种研究性的著作,像宋君荣的《中国天文学史》对自然科学的研究,像白晋的《易经》研究系列对中国文化和哲学的研究。在研究的数量上,两个时期也有较大的差别,据王漪统计,法国来华耶稣会士的著作数量比意大利、葡萄牙两国的耶稣会士的汉学著作总和还多 15.8%。[①]

关于来华耶稣会士汉学研究的这两个时期,王漪列出图表来表示二者之间的联系和区别,现摘录王漪的图表如下。

1552—1687 年在华教士国籍之统计

国籍	人数	百分比	备注
葡萄牙	65	43.9	
意大利	35	23.6	

---

① 王漪:《明清之际中学之西渐》,(台湾)商务印书馆,1979 年,第 83 页。在笔者看来,这样的总体性评价来华耶稣会士的汉学著作,在现阶段是必要的,我们需要在初步研究的基础上有一个总体性的分析。但这样的结论总是有局限的,因我们并未逐一地将来华传教士的著作全部的研究。因此,在当下,最重要的仍是文献的整理和个案的研究。宏大的叙事尽管需要,但我们必须看到是有局限的,任何宏大叙事著作和结论在今后都将受到检验。

续表

国籍	人数	百分比	备注
法国	14	9.5	
西班牙	8	5.4	
其他	26	17.6	包括瑞士、德国、波兰、比利时等
总计	148	100	

1687—1773 年在华教士国籍之统计

国籍	人数	百分比	备注
葡萄牙	81	37.7	
意大利	26	12.1	
法国	85	39.5	
其他	23	10.7	
总计	215	100	

1552—1687 年教士汉学著作之量化分析

类别	数目	百分比	备注
1.综合报道	21	30.4	
2.礼仪问题	17	24.3	
3.历史	11	16	
4.天文地理	2	2.9	
5.宗教哲学	3	4.3	
6.自然科学	2	2.9	
7.译书	4	5.8	
8.字典与文法	9	13	
总计	69	100	

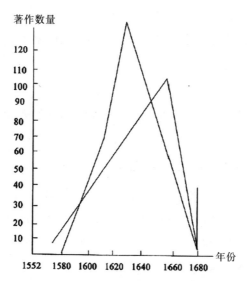

1552—1687 年传教士中西文著作逐年统计图

1687—1773 年传教士汉学著作之量化分析

内容	百分比	与 1552—1687 年比较	
		数量	百分比
1.综合报道	21.4	＋48	－9
2.礼仪之争	8	＋9	－16.3
3.历史	7.8	＋14	－8.2
4.地理天文	17.4	＋54	＋14.5
5.宗教与哲学	9.7	＋28	＋5.4
6.自然科学	13	＋40	＋10.1
7.译书	13.4	＋39	＋7.6
8.字典与文法	9	＋20	－4.04

　　从这上述图表中我们可以看到,法国来华的耶稣会士在汉学研究的成就上大大向前推进了一步,从他们来华之始,一个以法国耶稣会士为主题的传教士汉学时代就开始了。法国来华耶稣会士的汉学著作很多,我们在这里不能一一列举和介绍。如果从对西方文化思想影响的角度、从在法国的影响角度来说,

有四部著作我们是必须加以注意的,它们代表了法国来华耶稣会士以西方语言为载体的汉学著作的最高水平:《中国近事报道》《耶稣会士中国书简集》《中华帝国全志》《中国杂纂》。

第三节 《中国近事报道》的汉学研究价值

《中国近事报道》(*Nouveaux Mémoires sur L'état Present de la Chine* 1687—1692)是法国首批来华的耶稣会士李明的作品,李明返回巴黎后为了申明耶稣会的立场写了这本书,上面我们在介绍"礼仪之争"时已经初步作了介绍。如果现在我们从西方汉学史的角度来看,李明这部著作还是很有特点的。

首先,这本书对清康熙年间的许多重要情况做了较为详细的介绍。前述著作大都是晚明或清初期的,对康熙时期情况的介绍有限,而李明这本书介绍得较为深入。书中多处介绍和描述了传教士和康熙的谈话,如第二封信中说:"在我看来,皇帝是中等以上的身材,比欧洲自炫长得匀称的普通人稍胖,但比一般中国人希望的稍瘦一点;面庞丰满,留有患过天花的疤痕,前额宽大,鼻子和眼睛是中国人式的、细小的,嘴很美,面孔的下半部长得很好。他的气色也很好。人们可以注意他的举止行为中有某种东西使他具有主宰者的气派,使他与众不同。"①这使欧洲的读者对中国的皇帝有了一种形象的认识。在第十三封信中,对康熙在 1692 年所批准的礼部关于善待入华传教士,并允许天主教自由传教的议奏一事做了很详细的介绍,这使我们可以根据中文文献对这一重要的事件做更为深入的研究②。也正是通过李明等入华法国传教士的介绍,康熙的这个"1692 年宽容敕令"在当时的西方产生了广泛的影响。书中有许多细节也很有意思。例如康熙为了解传教士的真实想法,曾在传教士身边安插了人,每天把其言行向他汇报;又如康熙在平三藩之乱时,令南怀仁铸火炮,但如何将火炮运到前方是个大问题,最后南怀仁采取了先在北京铸成火炮的部件,然后运到前方组装的方法解决了这个问题。这样的细节书中还有不少,而这正是在中文文

---

① 李明:《中国近事报道(1687—1692)》,郭强、龙云、李伟译,大象出版社,2004 年,第 54 页。
② 参见吴伯娅:《康雍乾三帝与西学东渐》,宗教文化出版社,2002 年。

献中所缺乏的。在这个意义上,此书可以补清史中文文献之不足。

对康熙年间的中国天主教史的介绍也是该书的一个重要特点。从曾德昭的《大中国志》到利玛窦的《利玛窦中国传教史》,早期汉学都始终把中国天主教史作为基本的内容,因为此时的汉学基本上是在传教学的框架中发展的。但对中国学术界来说,传教士汉学却提供给了我们研究明清天主教史的基本文献和许多重要的细节,这些事实和细节在中文文献中很难找到。例如,李明在第十二封信中介绍了他本人在中国传教的经历,当时传教士在中国的分配情况,以及当时中国基督徒的信仰生活。"在中国我们拥有非常精心编制的教理书,书中清楚明白地解释了基督教的全部教义、生命、奇迹、我主的死以及上帝和教会的戒律。我们在书中可以看到对四福音书特别的阐述、有关伦理道德和基督教道德的论著,以及有理有据和众人皆可参与的论战;还有一生中不同阶段下所要进行的精神上的宗教修行仪式、圣事惯用的祈祷和训言和针对学者们的神学,因为我们部分地翻译了圣托马斯(Saint Thomas)的《概论》;最后是为教会所译的圣依纳爵①的《修炼》。编制这本书目的在于使福音传教的神圣种子四处传播,大量地开花结果。我们曾经期望拥有弥撒经本的译文,目的在于根据我们已经得到的准许用中文唱弥撒,我们还期望得到圣经的全译本。"②这使我们知道当时传教士们传教的基本情况。中国基督教史的研究始终是中国宗教史研究中的薄弱环节,特别是对传教士传教的方法、使用的经文及信徒的信仰等的研究不够。我们只要对比一下中国佛教史的研究就可以明显地感觉到这一点。当然,在传教士汉学家的这些书中有很强的护教和宣教的成分,但这并不妨碍我们从他们的介绍中获得一些教会史的基本情况。一个没有传教内容和教徒信仰内容的宗教史总是一种不全面的宗教史,即便是从学术的角度而不是从信仰的角度来看,宗教史的研究也是这样。正是基于这种理解,李明的书是有其学术价值。

其次,《中国近事报道》在欧洲文化思想史上的价值。李明的《中国近事报道》真正的影响并不是在以上方面,以上方面只是从今天中国学术研究的角度

---

① 圣伊纳爵·罗耀拉(Ignace de Loyola)是耶稣会的创始人。

② 李明:《中国近事报道(1687—1692)》,郭强、龙云、李伟译,大象出版社,2004 年,第 305 页。

来看的。作为一本汉学著作在当时的欧洲它的影响是极大的，可以说，在一定的意义上，它的影响要比它以前的所有传教士汉学著作都要大。原因在于这本书卷入了当时的礼仪之争，在研究礼仪之争时这本书是无论如何也绕不过去的。罗光主教在他著名的《教廷与中国使节史》中说，当时李明的著作出版以后受到了反对中国礼仪的神学家们的批评，先后"开会 30 次，于 1701 年 10 月 18 日判决……有悖于神学原则"①。李明在哪些方面违背了神学原则？这就是对中国祭孔、祭祖风俗的肯定，对孔子思想的赞扬。他在第七封信中详细介绍了孔子的生平和事迹，并翻译了部分孔子的语录。他说："孔子是中国文学的主要光辉所在，如果不就他作专门的介绍，那么，我对您所作的介绍就不可能具有一定的深度和广度。因为这正是他们理论最清纯的源泉，他们的哲学，他们的立法者，他们的权威人物。尽管孔子从未当过皇帝，人们却可以说他一生中曾经统治了中国大部分疆土，而死后，以他生前宣扬的箴言以及他所作出的光辉榜样，任何一个人在治理国家中所占的位置都不能胜过他，所以，他依然是君子中的典范。"②而且，李明从耶稣会的立场出发，认为孔子并不是神："全国上下敬他为圣人，并鼓励后人对他的崇敬之情，这种感情显然将与世长存。国君们在他死后在各省为他建立庙宇，学者们在某些时刻前去致以政治的敬意。在许多地方可见大字书写的荣誉称号：致大师；致第一学者；致圣人；致皇帝和国君之师。然而，非常不同寻常的是，中国人从来没有把他造成一座神。"③

　　他甚至认为，从中国的历史编年史来看，作为诺亚后代的中国人对上帝的信仰比欧洲还要早，比欧洲还要纯洁。在第十封信谈到中国的宗教信仰时，他说："草创之初，中国也并不比世界其他民族高明多少，他们几乎是从人类的起源中寻觅到了神灵和宗教的最初事迹。诺亚的儿女散布到了东亚大地，很可能建立了这个王国；大洪水时期，他们领教了造物主的威力，从而也认识了造物主，子子孙孙都对他有莫名的恐惧。时至今日，从中国人的历史中还可以找到

①　罗光：《教廷与中国使节史》，传记文学出版社，1983 年，第 89 页。
②　李明：《中国近事报道(1687—1692)》，郭强、龙云、李伟译，大象出版社，2004 年，第 177 页。
③　同上书，第 187 页。

那些雪泥鸿爪,所以这一点几乎是不容置疑的。"①这显然是一种索隐派的观点,其实我们只要认真研究利玛窦的著作,就可以发现,那里已经有了以后白晋等人的索隐派的基本观点,只不过白晋等人走得更远些罢了。这里李明也是如此。

如果到此为止,巴黎索邦神学院的神学家们也说不出什么。但李明却以此来批评欧洲:"我们仔细研究一下中国历史就不难发现,此后三百年的周幽王时期——即耶稣诞生前八百年左右,偶像崇拜还没有影响到人们的精神境界所以,中国人连续两千年都保持了对上帝的膜拜和景仰,简直可以作为基督徒的表率和说教。"②"我们可以发现,许多世纪以来,中国的民间都打上了这些名副其实的宗教遗痕。当然我们也可以作另外一种思考,借此来证明宇宙中的上帝。有时候,我们又觉得很奇怪,自耶稣诞生以来,中国和印度始终都淹没在偶像崇拜的雾霭之中,而希腊、部分非洲国家和整个欧洲却笼罩在基督信仰的光环之中。我们却没有发现,两千多年以来,中国一直保持着真正的上帝信仰,谨守着最纯洁的道德准则;相对而言,欧洲和其他地方却谬误百出,思想堕落。"③

正是这两句话惹恼了正统的神学家。平心而论,李明在这本书中并没有只赞颂中国,在许多方面同样对中国做了批评,有许多批评在今天看来也是合理的。而他的这本书所以被教会所禁是与当时欧洲的思想文化背景有关。以伏尔泰为首的启蒙思想家们正在对教会展开猛烈的批评,正在这样的时刻,入华耶稣会士的来信和著作向法国人展开中国社会、历史和文化的画卷。中国很长时间没有基督的信仰,但历史却那样丰富和悠久;中国人所信的孔子并不是神,他们在很长的历史中也不信上帝,但却有着比欧洲人还要纯净的道德。这说明什么呢? 这有力地证明上帝的信仰并不具有普世性,这说明以往的那种以基督教历史作为全部历史编年史的荒唐与可笑④。对李明这本书感兴趣的不仅有伏尔泰,还有莱布尼茨、孟德斯鸠和赫尔德等人。这真是无心插柳柳成荫。李

① 李明:《中国近事报道(1687—1692)》,郭强、龙云、李伟译,大象出版社,2004年,第256页。
② 同上书,第258页。
③ 同上书,第260页。
④ 孟华:《伏尔泰与孔子》,新华出版社,1993年。

明本来想通过这本书说明基督信仰在中国的悠久,只是在以后受佛教影响而忘记了,这样在中国传教才更有价值和意义。从他的内心来讲,这本书有着明显的论战性,他写此书就是要为耶稣会的路线辩护,就是要回答方济各、道明我会等修会对耶稣会的批评。

因此,要真正读懂李明这本书仅仅从中国方面来理解是远远不够的,仅仅从知识论的角度来理解是远远不够的,我们还应以当时的欧洲思想史为背景来理解此书,还要从比较文化的角度来分析这本书的内容和结论。这正是传教士汉学最具魅力之处,它不仅给我们描绘了一幅中国文献所没有的丰富画卷,还给了我们一把打开 16—18 世纪欧洲文化史和思想的特别的钥匙。

第四节 《耶稣会士中国书简集》

《耶稣会士中国书简集》1702 年第一版时书名为《耶稣会某些传教士写自中国和印度的书简》,这是在巴黎的耶稣会士郭弼恩(Charles Le Gobien)所编。1703 年,郭弼恩推出了第二版,更名为《耶稣会某些传教士写自外国传教区的感化人的珍奇的书简》,到 1776 年出版最后一卷,先后共出版了 34 卷。其中第1—8 卷是由中国传教会的书记兼司库郭弼恩编辑,第 9—26 卷由杜赫德编辑,第 27—34 卷由巴杜耶(Louis Patouillet)编辑。这三个人虽然并未到过中国,但对在华传教事业十分热心。1773 年教宗克雷孟十四下令解散了耶稣会,因此,1773 年出版了第 34 卷后就画上了句号。

从 1780—1783 年,巴黎的莫利戈青年书店(J. C. Mérigot le Jeune)在原来巴黎 1773 年 34 卷版的基础上又出版了一个 26 卷版,其不同之处在于将书信按照地区重新编排:第 1—5 卷是近东各国,1780 年出版;第 6—9 卷是美国,1781 年出版;第 10—15 卷是印度,1781 年出版;第 16—24 卷是中国,1781 年出版;第 25—26 卷是印度和中国,1783 年出版。在这以后,法国还出版了 26 卷的图卢兹版、14 卷的里昂版、40 卷的巴黎版以及其他各种简编本和改编本。这套书不仅在法国,而且在整个欧洲都产生了重大影响,许多国家多次再版。1707—1709 年英国就出版了一个 2 卷本,在 1714—1762 年间,英国又对这个 2

卷本多次增添和修改,共再版了 3 次。1751—1752 年意大利的威尼斯出了一个 3 卷本,1775 年威尼斯又出了一个一卷本。1753—1757 年西班牙的马德里出版了一个 16 卷本。1728—1799 年德国的奥格斯格堡和格拉茨出了一个 4 卷本,并将德籍传教士的信也收录了其中。1756 年波兰也出一个 2 卷本。

从这个简单的出版介绍就可以看出当时这套书在整个欧洲的影响。在这些卷目中第 16—24 卷是关于中国的通信,内容最多,影响也最大。① 这本书作为法国来华耶稣会士的代表性汉学著作在当时欧洲所产生的影响是我今天所不可想象的。在 18 世纪耶稣会的“这些书简是如同一种真正的客观的和几乎是天真的编年史而出现的,它使大众们产生了一种阅读他们所喜欢的文献的感觉。这批书简分散在四分之三的世纪中,它们使我们目击了传教区胜利的开端,其充满喜剧性或悲剧性的时间的历程以及结果。它们清楚地说明了传教区的宗教、外交和科学三种志向”②。我们从以下两点来看这套书的价值。

一、作为欧洲思想史名著的《耶稣会书简集》

它给我们提供了重新审视欧洲思想文化史的新材料。

18 世纪是启蒙的世纪,这是德国哲学家康德给它的定义。1785 年,当有人问他是否生活在一个开明的时代(an enlightened age)时,他回答说:“不,我们生活在一个启蒙的时代(an age of enlightenment)。”启蒙时代的根本性特征是“理性”,以理性作为和中世纪宗教愚昧相对抗的武器。为了给科学开路,把人们的注意力转向自然而不是内心的祈祷,斯宾诺莎和托兰提出了“泛神论”(pantheism),将上帝和自然融合,从而使科学家们对自然的关注获得了文化的支持。所有这些都引起了天主教占统治地位的信仰的危机,一个理性主义时代的到来了。

以往的欧洲近代思想史都是从西方文化的内部来说明和描述启蒙运动的,

---

① 由北外海外汉学研究中心组织,由郑德弟、朱静、耿昇、吕一民、沈坚翻译的《耶稣会士中国书简集》已经在大象出版社出版。从目前来看尽管这本书在翻译上仍有些不足之处,可以在今后不断修订和完善,但绝不像一些人所说的是一本完全不可阅读的书,这样的评论是不负责的。这本书的翻译者在翻译中是尽了力的,书的质量是可靠的,对他们的辛劳我表示敬意,同时我们也欢迎有助于提高这本书的善意的批评。

② 安田朴、谢和耐:《明清间入华耶稣会士和中西文化交流》,耿昇译,巴蜀书社,1993 年,第 15 页。

实际上大航海以后的地理大发现是催生启蒙运动的重要原因。将东方文明传播到欧洲、介绍给欧洲的就是以利玛窦为代表的来华耶稣会士。

学者们将来华的耶稣会士汉学家称作"文化的哥伦布",这是一个很恰当的比喻。因为,它们把一个神奇的东方、一个文明的中国展现在了欧洲人面前。这就是以《耶稣会士中国书简集》为代表的这些传教士的汉学著作和书信会在法国及欧洲产生那样大的影响的最根本原因。也就是说,这套书为启蒙思想家和大众提供了他们所渴求的思想材料,它直接参与了法国乃至欧洲思想的变革。从哲学上,《耶稣会士中国书简集》中介绍的儒家哲学和孔子形象是一个充满理性的人物,和耶稣完全不同,没有神迹;在历史的编年上,卫匡国的《中国上古史》已经动摇了《圣经》的编年史,前面我们已经做了研究和介绍,而《耶稣会士中国书简集》则继续提供历史的材料;在政治制度上,中国的科举制度如此充满魅力,康熙皇帝如此热爱科学和文化,使欧洲人将其奉为偶像。在对自然的认识上,传教士们广泛的兴趣,殷弘绪几封关于中国工艺和自然的通信,给法国人展开了新自然的图景。

《耶稣会士中国书简集》在当时欧洲产生的作用也许是我们今天所不能想象的,这些书信给欧洲人带去了遥远东方的芳香和神奇。如法国学者席德文叶所说:

> 这些书简如同一种真正的、客观的和几乎天真的编年史而出现的,它使大众们产生了一种阅读他们所喜欢的文献之一的感觉,这些书简分散于四分之三的世纪中,它们使我们目击了传教区胜利的开端,其充满喜剧性或悲剧性事件的历程及其末日。它们清楚地说明了传教区的宗教、外交和科学等三种志向。它在外交上为法国利益服务。在科学方面实行文化合作,通过译文而使法国人了解了中国哲学,又使欧洲科学能被中国人了解……这些书简可能被原封不动地作了介绍,因为书简在整整一个世纪间吸引了知识界,不仅仅向他们提供了一些具有异国情调的冒险活动,而且还提供了一种形象和思想库。欧洲发现了它不是世界的中心。……耶稣会书简就如同其他许多游记一样,广泛地推动了旧制度的崩溃,在西方那已处于危急的思想中发展了其相对的意义。……这些书简甚至部分地造

就了 18 世纪的人类精神面貌。①

耶稣会士传教士们给欧洲展示了一个清新、神奇、异质而又有着自己优良传统的中国。哲学家们在《耶稣会士中国书简集》中获得了灵感,思想家们在耶稣会传教士描述的中国看到了榜样。作为"他者"的中国成了变化中的欧洲的"乌托邦"。正像当代法国学者所说的,这部书"部分地造就了 18 世纪的人类精神面貌。它们出乎其作者和巴黎的审查官们的意料,为哲学家们提供了武器,传播它们所喜欢的神话并为他们提供了楷模。正如我们后来所看到的那样,中国皇帝甚至变成了开明和宽容专制君主的典型,中国的制度成了一种农业和宗法的君主政体,经过科举制而选拔的官吏是一批真正的出类拔萃者、千年智慧和哲学宗教的占有者。这样一来,入华耶稣会士的汉学家们便从遥远的地方,甚至是从非常遥远的地方不自觉地参与了对法国社会的改造"②。这点我们下面的几章中还要专门介绍。

这使我们必须重新考虑以往的欧洲文化思想史的写作,那种"欧洲中心主义"的欧洲思想文化史的写法应该停止了。近年来中国学者在这方面的研究已经迈出了可喜的步伐,孟华的《伏尔泰与中国》等著作都提供了很扎实的研究。《耶稣会士中国书简集》则为学术界提供了一手的原始文献,法国来华耶稣会士汉学家的著作必将进一步推动中国学术界对欧洲近代思想文化史的自主研究,挑战西方关于 18 世纪的主流观点。

二、作为中国图像的《耶稣会士中国书简集》

《耶稣会士中国书简集》所以成为欧洲 18 世纪的名著,最重要的在于它向欧洲展示了一幅中国的详细图像。正是通过这本书,一个真实、生动的中国才展现在欧洲人的面前。

在书信中,传教士们向欧洲介绍了中国的皇帝和政治制度。

汤若望和顺治皇帝有着非常好的关系,顺治皇帝曾连续加封汤若望家族三

---

① 安田朴、谢和耐等:《明清间入华耶稣会士和中西文化交流》,耿昇译,巴蜀书社,1993 年,第 15—17 页。

② 同上书,第 17—18 页。

代人官职,这在中国历史上是很少见的。南怀仁在杨光先教案后和康熙皇帝也有过一段非同一般的关系,这点我们在上面也讲过。汤若望和南怀仁也都曾写信或写书向欧洲介绍过自己在中国的情况,但当时在欧洲影响都不是太大。欧洲人真正对清代的皇帝有深刻印象还是在从法国耶稣会士来华以后。第一个全面向欧洲介绍康熙皇帝的是白晋,他 1693 年奉康熙之命返回欧洲招聘法国的传教士,在旅途中他写下了《康熙皇帝传》,回巴黎后 1697 年在法国出版。白晋的这本书在欧洲引起了很大的反响,莱布尼茨看到了这本书后就很兴奋,他很快和白晋联系上后就将这本书收入了他编的《中国近事》之中。①

在白晋的笔下,康熙天生聪慧,记忆超人,性格坚定,志向远大。他是一位难得的明君,有宽阔的视野,完全抛弃了中国传统的"夷夏之分"的观念,努力学习西方的科学技术;他治国有方,倒鳌拜,平三藩之乱,收郑成功残部,一统大清的江山。他在个人生活上自律、自克,完全不像中国以往的帝王沉醉在纸醉金迷之中;他热爱学术,勤勉自强。白晋认为,"康熙皇帝具备了天下所有人的优点,在全世界的君主之中,康熙帝王应列为第一等的英主"②。

虽然白晋的描写有夸张的部分,但从学术的角度看,这本书在汉学史上仍是有特点的。

第一,它是西方第一本康熙皇帝传,也是当时包括中国在内的唯一的一本康熙皇帝传。特别是白晋自己给康熙画了一幅像寄给了莱布尼茨,这幅康熙皇帝像和这本书一样在欧洲有很大的影响。

第二,《康熙皇帝传》向欧洲报道了康熙朝的重大事件,使欧洲很快了解了当时中国社会历史进程,这对当时欧洲来说是很重要的。

另外,由于白晋是康熙的近臣,对康熙的生活细节十分了解,书中对康熙的衣食住行的详细介绍,对康熙性格的介绍对中国史的研究来说也是很重要的,这些细微的描写和介绍正如陈垣先生所说"足以捕国史之阙略"③。

---

①　参见 G. G. 莱布尼茨《中国近事——为了照亮我们这个时代的历史》,梅谦立、杨保筠译,大象出版社,2005 年。

②　冯作民编译:《清康乾两帝与天主教传教史》,全史书局,1966 年,第 75 页。

③　陈垣等:《民元以来天主教史论集》,辅仁大学出版社,1985 年,第 104 页。

《耶稣会士中国书简集》和白晋的《康熙皇帝传》一样,在信件中对中国的皇帝做了详细的报道。这些法国耶稣会士不少是待在北京并经常有机会同康熙、雍正和乾隆帝见面的,因而书中对康熙、雍正和乾隆帝的介绍是多方面的。在巴多明 1723 年 5 月 1 日的信中我们可以看到康熙对西方科学的关心,对西学医学和解剖学的兴趣,他还让巴多明把有关西医的书译成满文。在殷弘绪 1707 年 7 月 17 日的信中我们可以了解到康熙废除长子允禔的一些细节。从一封写于 1718 年的信中我们可以看到康熙在挑选继承人上的犹豫和严厉。有多封信谈到康熙与传教士的关系。他在扬州接见入华的法国五位传教士,在杭州会见的是殷弘绪。当康熙到南京时,神父们在南京城郊迎接康熙的南巡。这些记载都可以与清史中的记载相印证,从而使读者对康熙有一个更深入的认识。

龚当信(Cyrique Contacin,1670—1733)对雍正皇帝的介绍也相当细微:浙江有灾,雍正马上发放四十五万斤粮食;某个省份干旱,雍正马上闭门求雨;夏日酷热,他想到了狱中的罪犯生活的艰辛,采取宽刑政策;农民耕作突出,他封农民八品官。在龚当信眼中,雍正帝是一个勤勉、爱民、开明的皇帝。特别是他对雍正亲自耕地的报道在欧洲引起了巨大的反应。龚当信说:"中国人的治国箴言,皇帝应该耕田,皇后应该织布。皇帝亲自为男子做表率,让所有的臣民都不得轻视农业生产,皇后为妇女做表率,教她们最普通的手工劳动。……新皇帝雍正服完丧期,就宣布他每年春天要亲自扶犁开耕。"①

书信集不仅仅是向欧洲介绍了中国的皇帝和政治制度,同时对中国的科学、艺术和自然也有十分出色的介绍和报道,最典型的是殷弘绪和王致诚的信。

殷弘绪在 1712 年 9 月 1 日的一封信中第一次向西方介绍了中国瓷器的生产工艺,在当时的欧洲引起了很大的轰动。因为瓷器在西方有很高的声誉,而且是中国独家生产,当时西方完全不知道生产的工艺。西方关于瓷器的生产工艺有各种猜测,有人认为瓷器是海里的贝壳研磨而制成的,有的则认为是石头研磨而成的,西方人对中国的瓷器既喜爱又感到神秘。殷弘绪在信中说:"瓷器的原料是两种土:一种叫胚胎子土,另一种叫高岭土。后一种土中布满了发光

---

① 杜赫德编:《耶稣会士中国书简集(中卷)》,朱静、耿昇译,大象出版社,2005 年,第 264 页。

的小颗粒,前一种只是白色,摸起来很细腻。"①这两种原料都是从外面运到景德镇,在这里加工成瓷器。胚胎子土是由岩石的碎片,用铁棒捣碎在石臼里研磨成粉末状,然后再放入水缸中搅动,最后取出上面的石浆,将其倒入另一个缸中,冷却后制成。高岭土则是在景德镇附近的山中挖出来的高岭土层,然后也按上面的办法加工而成。"精细的瓷器正因为高岭土才这般坚实;它犹如瓷器的肋骨。因此,取自最坚硬的岩石的胚胎子土必须与柔软的(高岭)土混合,因后者可使它具有韧劲。"②殷弘绪将瓷器制作的七十多道工序的主要工序一道一道地逐一说明,不厌其烦。也许在今天看来,这些都并不神秘,但在当时对欧洲来说,这无疑是中国的重要的工业秘密和商业秘密,它引起欧洲的兴趣不是偶然的。殷弘绪所以如此了解瓷器的生产工艺,是因为他在景德镇传教多年,他的许多布道活动就在瓷器的生产作坊中展开。这也是欧洲对他的介绍深信不疑的原因。

殷弘绪是一个对自然和科学有着很浓兴趣的人。他在给欧洲的通信中还介绍了中国人工培育珍珠的方法,当时欧洲并不知道珍珠也可以人工培育。在中西文化交流史上有重要意义的是,他第一次将中国人种牛痘防天花的技术介绍给了欧洲,这是继卜弥格的《中国脉经》和《中国植物志》介绍到欧洲后,中国医学在欧洲最重要的传播。当代法国学者德·博西埃尔(Yves de Thomaz de Bossiere)在《殷弘绪和中国对 18 世纪欧洲的贡献》一书中将其在中欧文化交流上的贡献概括为四点。

他"首次使欧洲人系统地了解到中国瓷器制造的全过程,甚至在欧洲还掀起了一股寻找高岭土和仿造瓷器的热潮。这是他对法国作出的巨大贡献,也使他在自然科学方面获得了名望。……殷弘绪还向欧洲详细介绍了中国种桑、养蚕和纺丝之技术,他于 1727 年寄回了一批有关中国人造花的技术并极力向欧洲推荐。殷弘绪还给欧洲寄去了有关中国饲养、捕捞和加工珍珠的资料,以图摆脱欧洲在这方面依赖东方的处境。所有这些技术后来都在欧洲获得了发展和成功。殷弘绪对欧洲的第三大贡献就是向欧洲介绍了中国医药和保健技术。

---

① 杜赫德编:《耶稣会士中国书简集(中卷)》,朱静、耿昇译,大象出版社,2005 年,第 92 页。
② 同上书,第 93 页。

他将中国的一批'长生'术论著翻译后寄往欧洲,认为它们既适应于中国人,也适应欧洲人。他向欧洲详细介绍了中药茯苓的形状、成分和用途。他将中医'脉术'以及'种痘术'向欧洲做了详细推荐,向欧洲介绍了神奇药用植物人参、茶叶以及其他植物。这些植物引起了西人的极大兴趣,甚至成了王宫中的珍品。殷弘绪的第四大贡献是作为植物学家而将中国的花草树木传向了欧洲"①。

最早向欧洲介绍中国园艺的是法国首批来华的传教士李明②,但真正在欧洲产生重大影响的是王致诚。他 1743 年 11 月 1 日写给达索先生的信流传极广,盛赞中国圆明园,使爱好花园的人为之神往。③ 这封信最初发表在 1749 年在巴黎出版的《耶稣会士中国书简集》的第 27 卷上,很快就在欧洲广泛地传播开来,1752 年有了英文版,在英国产生了很大的影响。王致诚是一个艺术家,他有很高的审美情趣,他说:"中国人正是在这方面及在他们为其建筑物所设计的巨大种类差异方面,才使我欣赏到他们思想的丰富性。我真想相信,相比之下,我们却显得贫乏而又成果甚微了。"④

从艺术上说,在王致诚看来中国园林的独特魅力在于以下两个方面。

第一,中国园林的不规则和不对称性。西方建筑,尤其是园林建筑其基本的原则是对称性和规则性,但呈现在王致诚面前的圆明园完全是另一种状态,九曲回廊,蜿蜒小路,如他所说,"完全不是欧洲那种美丽笔直的小道,而是逶迤曲折盘山而行的小道,还时有小亭子、小山洞作点缀,从山洞里走出来又进入了与前一个完全不同的小山谷,有时候地形不同,有时候是亭楼建筑不同"。这种以自然风格为其特点的中国建筑和欧洲那种讲究规则、整齐、划一的庭院完全不同。所以,他说"各种房屋几乎都有某种优美的不规则、不对称,……一切都是即兴而就,各部分都不对称"。这是完全不同的两种审美的原则,两种完全不同的建筑风格。

---

①　耿昇译:《法国学者近年来对中学西渐的研究(专著部分中)》,《中国史研究动态》1995 年第 5 期,第 20—21 页。

②　参见李明:《中国近事报道(1687—1692)》,郭强、龙云、李伟译,大象出版社,2004 年。

③　利奇温:《十八世纪中国与欧洲文化的接触》,朱杰勤译,商务印书馆,1962 年,第 101 页。

④　杜赫德编:《耶稣会士中国书简集(中卷)》,朱静、耿昇译,大象出版社,2005 年,第 295—296 页。

第二,中国庭院的自然性。西方园林处处是人为的痕迹,对称的雕塑,几何图案的花圃,连树的形状也是根据主人的兴趣裁剪为不同的形状。在中国则完全不同。王致诚说,这里"所有的山丘都被树木覆盖。这里最常见的是开花的树,真是一个人间的天堂。我们国内的水渠两壁是用刀削过的石头,借助拉线砌成。他们是不用切削的岩石堆砌而成,石头表面凸凹不平,它们放置得那样巧妙,真像天然的产物。水渠时宽时窄,有时曲卷,有时又呈现出弧线,好像它真是跟山丘的走势而定。从水渠壁上的石头缝中生长出朵朵鲜花,好像是野生的"。

九曲回廊的优美,青山流水的悦目,野草鲜花的自然,明镜般的湖水的幽静,这一切都使王致诚陶醉其中。他在信中总结说,中国庭院所"要呈现出天然的、粗野的、宁静的田野景象,而不是循规蹈矩地按照对称的规则设计的宫廷"。

王致诚的这封信在欧洲产生了重要的影响,首先它直接导致了英国园林的革命性变化。如英国建筑师钱伯斯,他本人后来也来过中国,他的《论东方园林》(*Dissertation on Oriental Gardening*)首次解释和理解了王致诚所介绍的东方园林的基本思路,帮助肯德公爵所造的丘园第一次给欧洲人展示了一个东方园林的样板,使欧洲人第一次在本土看到了中国园林的风采,当然是改造过的中国园林。后来法国人将此称为"英国—中国园林"。以后,这种园林传到了法国、德国、瑞典等欧洲各国,直到今天,我们在欧洲各国仍可以看到这些在 18 世纪所建造的中国式园林。

三、作为中国史补充的《耶稣会士中国书简集》

如果我们换一个视角,我们可以发现《耶稣会士中国书简集》不仅仅给欧洲人介绍了中国的政治、历史,介绍了中国的几个皇帝,从而引起他们对中国的关注。

作为汉学著作,这套书同时也给我们中国自己的清史研究提供了新的史料。按费正清的说法,来华的传教士是站在中西文化交流的双行线上,他们一方面把中国介绍给西方,另一方面又把西方介绍给中国。传教士在将中国介绍给西方时也并不仅仅是为了在礼仪之争中维护自己教派的利益而随意改写中国历史,他们大体还是比较真实地将中国介绍给了世界。当然为教会利益的"集体想象"是有的,法国学者毕诺已经做了研究。那么,耶稣会士的这些汉学

著作哪些是真实的,哪些是改写的呢? 以往国外的学者都是从欧洲史的角度来
进行研究,如毕诺。但实际上也需要中国学者从中文文献的角度来进行研究。
传教士汉学家们使用了什么样的中文文献,哪些是真实的,哪些是改写的? 这
方面中国学者已经开始做了。实际上,传教士汉学家的这些在欧洲出版的汉学
著作还有另一功能,即他们文献中记载了中国历史文献没有记载的历史事实。
正像我们上面所讲到的,传教士的汉学著作不仅参与了欧洲近代思想和文化的
变迁,而且也直接参与了中国思想和文化的变迁,直接记载了明清的历史。这
说明,从传教士来华以后,关于中国历史和思想的文献已经不仅仅局限在中文
文献之中,它同样记载在西方语言文献之中,记载在传教士汉学著作之中。这
样,我们的明清史研究就必须有一种世界的眼光,就必须将传教士的西文文献
的记载列入我们的考察之中。

　　前辈学者早已经认识到这一点,冯承钧在翻译了伯希和的《卜弥格传补正》
后曾说:“研究明末清初的史事,有一部分很重要的史料,尚未经人广为搜集。
我所说的,就是耶稣会所藏来华传教士的报告、记录、著作、信札。欧洲学术之
开始输入中国,中国文献之实在输入欧洲,可以说就是这些耶稣会士的功
劳。”①冯先生提到汤若望的文献对于清史研究,安文思的文献对于张献忠研
究,张诚和除日昇的文献对于清代外交史研究的意义。由戴逸先生主持的清史
纂修工程对此十分重视,编译处专门设立了“清代入华传教士文献收集与整理”
的项目。他认为,当时在清朝的耶稣会士“写下在中国所见所闻,定期寄回欧
洲,这是对当时中国社会的第一手记录,十分珍贵”。

　　《耶稣会士中国书简集》就给我们展示了清代历史丰富画卷,其中许多文献
和事实在中文文献中完全没有记载,例如:康熙跟传教士学习科学的具体记载;
康熙生病吃传教士带来的金鸡纳霜的情景;白晋和皇太子的冲突;巴多明和皇
太子讨论关于翻译的问题;雍正接见葡萄牙使臣麦德乐的具体过程;康熙接待
多罗的具体过程。这些可以使我们对清代的历史有一个更为具体细微的认识。

　　雍正时期的福安教案在清代的汉文档案中可以找到一些材料②,但具体的

　　①　冯承钧译:《西域南海史地考证译丛(第三卷)》,商务印书馆,1999年,第249页。
　　②　中国第一历史档案馆编:《清中前期西洋天主教在华活动档案史料》,中华书局,2003年。

过程并不清楚。1724年冯秉正在他给耶稣会一位神父的信中非常详细地介绍了福安教案的过程,这些细节在中文文献中都很难见到。特别是在此期间雍正皇帝接见巴多明、白晋和戴进贤三位神父,谈了他对天主教的看法,这在中文文献完全没有,因此十分珍贵。雍正说:

> 朕的先父教导了朕四十年,在朕的众兄弟中选定朕继承皇位。朕认为首要之点是效法于他,一点也不偏离他的治国方略。福建省某些洋人试图破坏吾法度,扰乱百姓,该省主管官员们向朕告了他们的状。朕必须制止混乱,此乃国家大事,朕对此负有责任。如今朕不能够也不应该像朕只是一个普通亲王时那样行事了。

> 你们说你们的宗教不是伪教,朕相信这一点;朕若认为它是伪教,谁能阻止朕摧毁你们的教堂、把你们赶走呢?那些以教人积善为德为名煽动造反的宗教才是伪教,白莲教就是这样做的。但是,如果朕派一队和尚喇嘛到你们国家传播他们的教义,你们该怎么说呢?你们如何接待他们呢?

> 利玛窦于万历初来华。朕不想评论当时中国人的做法,朕对此不负责任。但当时你们人数极少,简直微不足道,你们的人和教堂也不是各省都有,只是在朕先父皇当政时期各地才建起了教堂,你们的宗教才迅速传开。我们当初看着这一切,却什么也不敢说。但纵然你们骗得了朕的父皇,别指望来骗朕。

> 你们想让所有中国人都成为基督徒,这是你们的宗教要求,朕很清楚这一点。但这种情况下我们将变成什么呢?变成你们国王的臣民。你们培养的基督徒只承认你们,若遇风吹草动,他们可能惟你们之命是从。朕知道目前还没有什么可担心的,但当成千上万的船只来到时就可能出乱子。

> ……此外,你们不要以为朕对你们有什么敌意或是朕想压迫你们,你们知道朕在只是皇子的时候是如何对待你们的。辽东有位官员是你们的一个基督徒,因不祭祖而受到全家的反对,你们当时很为难,求朕帮助,朕调解了这件事。朕如今是以皇帝身份办事,唯一关心的是治理好这个国家。朕朝夕为此操劳,甚至不见朕的孩子和皇后而只见负责国家事务的大

臣,这种状况在三年守孝期间将继续下去。孝期满后朕可能会照常召见你们。①

在中文文献中我们很难看到这样的文献,而冯秉正的这封信使我们对雍正的宗教政策有了一个清晰的认识,从而使我们对从康熙到雍正之间宗教政策的转变有了更为具体深入的了解。

对天主教在中国发展的记载是书信集中最为集中、占篇幅最多的部分,耶稣会的传教士们用他们生动的笔绘声绘色地描绘了天主教在中国发展的起伏多变的历程,这些内容曾打动了不少欧洲的信徒。应当承认耶稣会士汉学家们的这些描写和介绍有宣教的成分,我们在使用时应加以鉴别,但也应承认,这些书信也同时比较真实地展现了中国天主教发展的历史。如果将其和中文文献互对,相互加以辨析,我们就会发现其中的许多信件为我们研究清代的天主教史提供了第一手的极其珍贵的历史文献。

例如,关于康熙1692年的"容教诏令",清史中一字未提,而洪若翰在1703年2月15日的信中详细地介绍了康熙这个诏令发出的全过程。1691年(康熙三十年)浙江巡抚张鹏翮指控天主教为邪教,当时在杭州的殷铎泽写信告诉在北京的法国神父,希望他们帮助解决这个问题。当徐日升和张诚等人将此事告诉康熙时,康熙让神父们写个奏疏,然后他批准这个奏疏。为了使这个奏疏写得让朝中人满意,康熙亲自修改传教士所写的奏疏,然后让徐日升和安多在上朝时呈交给康熙。康熙实际上是和神父们一起在策划这件事。但传教士的两次奏疏都未被礼部通过,年轻的康熙只好暂时赞同了礼部的意见。

这个结果大大伤了神父们的心,康熙找来了索额图亲王商量对策,如何安慰这些神父。洪若翰在信中说:

"索额图亲王突然想起来在签订尼布楚条约时对张诚神父的承诺,索额图亲王把神父们赞扬了一番。他向皇帝介绍了神父们对国家及每日为皇帝所做的效劳,他们的神职又使他们不在乎名利,只有允许他们在全国公开传教来谢

---

① 杜赫德编:《耶稣会士中国书简集(上卷)》,郑德弟、吕一民、沈坚译,大象出版社,2005年,第338—339页。

他们。他们的教理惩恶扬善是很神圣的。皇帝同意索额图亲王的介绍。'但有什么办法来满足他们的要求呢?'这位伟大的君主问道。……索额图亲王答道,'必须向他们表明你是一国之主,如果你降旨给我,我去对大臣们说,我用强硬口语说,没有人会违背皇上的意愿。'经过索额图亲王的极力劝说,满族大臣首先被说服了,汉族大臣接着也被说服了,同意了他的意见。文件马上拟好,文件中赞扬了基督教的原理,据说皇帝亲自删掉了几句赞扬的话,不过他仍保留了基本的观点,赞扬一百年来到中国传教士的模范生活,允许中国人入教,保留已经建成的教堂。康熙皇帝批准了这几点,礼部按惯例把它们传达到全国各城市,皇帝要求公开张贴并在上朝时记载入册。"①洪若翰的这封信介绍得绘声绘色,引人入胜,再现了当时康熙颁布"容教令"的全过程。虽然后来在萧若瑟的《天主教传行中国考》中记载了索额图的奏疏,但其形成的历史过程并不清楚,在清代的正史中更是没有任何的记载。只有读了这封信,我们才会对康熙做出这一重要决定的历史过程有一个清晰的了解。

又如,书简集中巴多明神父对雍正时期苏努一家受害的报道使我们对雍正朝时期的这个重要事件有了一个全面清楚的认识。苏努原为清太祖努尔哈赤的四世孙,"与雍正为从昆弟行"。据《康熙实录》记载,苏努在康熙年间"曾以辅国公镇国公,入都统,宗人府左宗人及纂修玉牒总裁官"②。巴多明从 1724 年 8 月 20 日始到 1726 年 8 月 24 日期间用三封长信记录了苏努一家信教和受难的过程。从雍正元年到雍正四年,苏努的十二个儿子全部加入了天主教。与此同时,苏努儿子们的家眷和仆人也先后都加入了天主教,苏努一家成为一个天主教徒的家庭。苏努的第十子还在自己的家中建立了小教堂。教堂落成,有四位传教士参加了典礼,苏霖神父主持了典礼。在苏努一家被逐出北京时,巴多明用满文给苏努的三子苏尔金写了信,苏霖则赶到王府前送行。1725 年苏努死于流放之中,一开始雍正皇帝还按一定的规格安葬了苏努,但一年后宗人府还

---

① 杜赫德编:《耶稣会士中国书简集(上卷)》,郑德弟、吕一民、沈坚译,大象出版社,2005 年,第 283—284 页。

② 陈垣:《雍乾间奉天主教之宗室》,陈垣等:《民元以来天主教史论集》,辅仁大学出版社,1985 年,第 34 页。

是决定把苏努亲王的骨骸出土,焚烧撒掉。他的十五岁以上的儿子、孙子们都将被处死,其他不到十五岁的分散到各省去。"皇帝同意了这份判决中的第一条,至于第二条,他下旨要挑几个出来处死,再把其余分散到各省。"①

陈垣先生在《雍乾间奉天主教之宗室》一文中最早对苏努受害的历史做了研究,所依据的也是巴多明的信的部分译文,陈垣先生从中文文献中找到了苏努受害的原因:苏努对清圣祖的御批狂涂乱抹和信奉西洋教。这样,当将中文文献和西文文献对照时,可以将这一事件看得更为清楚。一方面,教会所说的"苏努以庇护圣教而获罪,其说实为误会"②。另一方面,在清史中完全没有记载的苏努一家流放的整个过程和细节在巴多明的信中清楚地再现了出来。所以,陈垣先生认为巴多明的信"述苏努诸子事甚详,可补汉文史料之阙"③。

可以这样说,《耶稣会士中国书简集》为我们展示了一幅中国 18 世纪的社会风景图。如郑德弟在译者序所说:"达官贵人,贩夫走卒在他们书简中均有一席之地。中国以家长制为模式的政治管理体制、中国的教育(科举制)、司法、城市管理、伦理、民风、史地、物产、农业、商贸、人口、语言文字等种种问题都是他们书简中介绍的对象。"

从欧洲早期汉学史的角度来看,书简集所报道的有关中国的内容无论就其广度还是深度而言,无疑都要大大超过它以前的著作。书简中的中文信件由不同的传教士所写,他们生活在中国不同的地区,每个人的兴趣和焦点又多不相同,因而它给欧洲的读者展现了一幅东方的神奇画卷。欧洲当代著名汉学家许理和(Erik Zürchner)说,以《耶稣会士中国书简集》为代表的早期西方汉学三大名著"成了欧洲中国文化爱好者的圣经"。

---

① 杜赫德编:《耶稣会士中国书简集(上卷)》,郑德弟、吕一民、沈坚译,大象出版社,2005 年,第 71 页。
② 陈垣等:《民元以来天主教史论集》,辅仁大学出版社,1985 年,第 51 页。
③ 同上书,第 41 页。

第十九章　来自东方的书信(下)

第一节　《中华帝国全志》的出版

　　《中华帝国全志》被誉为"西方早期汉学三大名著"之一,由法国耶稣会士杜赫德在编辑《耶稣会士中国书简集》的过程中,将传教士从中国寄回的这些书信和著作、翻译等加以巧妙的编排而组成的一本书,它的全名为《中华帝国及其鞑靼地区的地理、历史、编年、政治、物理之记述》(*Description géographique, historique, chronologique, politique, et physique de l'empire de la Chine et de la Tartarie chinoise, enrichie des cartes générales et particulieres de ces pays, de la carte générale et des cartes particulieres du Thibet, & de la Corée; & ornée d'un grand nombre de figures & de vignettes gravées en tailledouce*)。这本书于 1735 年在巴黎出版以后立即引起了人们的注意,当年 9 月的英国《君子杂志》(*The Gentleman's Magazine*)就预报了即将有人将它翻译成英文的消息,11 月《君子杂志》就发表了对此书的评论,评论中这样说:"第一个提供中华帝国情况的是威尼斯人马可·波罗,他到过该国的大部分地区。可是他于 13 世纪末年发表的论述,当时人认为是个传奇,不是实录,因为那时欧洲人不相信在亚洲的极东部,隔着许多野蛮国家,会有一个伟大而有学术的民族,发展各种工艺美术以及商务,而且它的治国之道与沙龙(雅典政治家)、罗葛格斯(斯巴达法家)和努玛(罗马帝王)所制订的法制同样贤明。到了十五世纪末年,好几个欧洲人,特别是一些有学识而又热心的传教士,深入中国,后来又发表了报道。从这些报道来看,大家觉得马可·波罗所作的论述不是向壁虚构;正相反,人们惊讶地认识到,一向不被重视的信息得到了那些传教士们的一致证实。这样一来人们盲目地走向另一个极端:以前是过分矜持,对确实可靠的记载不敢轻信;现在呢,对那些不学无术的游历家在中国沿海口岸停留还不到一两个月就写无数的报道一概接受,认为这是不可否认的真人真事。这样,就产生了上千个错误观念,直到今天,许多人仍很喜欢。"[1]

《君子杂志》的评论旨在说明杜赫德的书与一般的游记报道完全不同,它是杜赫德多年心血的一个结果,1736 年 8 月的《君子杂志》还说:"杜赫德的那部大书,在付印之前,曾由龚当信神父悉心校阅;龚当信也是耶稣会士,曾在中国居留三十二年,其中十年是在北京。"[2]

第二年(1736),《中华帝国全志》就在海牙的 Hernri Jules Roelle 书店出版了第二版,所不同的是这一版将第一版中的所有地图全部删去了,在 1737 年专门将其中的地图作为单独的书出版。在英国,《中华帝国全志》出了两个版本,一个是由布鲁克斯(R. Brooks)翻译,由瓦茨(J. Watts)于 1736 年 12 月出版的,书名为 *The General History of China. Containing a Geographical*, *Historical*, *Chronological*, *Political and Physical Description of the Empire of China*, *Chinese-Tartary*, *Corea and Thibet. Including an Exact and Particular Account of their Customs*, *Manners*, *Ceremonies*, *Religion*, *Arts and Sciences*, *The Whole Adorned with Curious Maps*, *and Variety of Copper Plates*。这实际是一个节译本,八开四册,第一卷封页是孔子的画像,第二卷封页是利玛窦的画像,第三卷封页是汤若望的画像,第四卷封页是南怀仁的画像。此书一出版在英国就立即引起了反响。《文学杂志》(*Literary Magazine*)为它的第一卷作

---

① 范存忠:《中国文化在启蒙时期的英国》,上海外语教育出版社,1991 年,第 57—58 页。
② 同上书,第 58 页。参阅费赖之:《在华耶稣会士列传及书目(下册)》,冯承钧译,中华书局,1995 年,第 581 页。

了长达十页的提要,而另一份杂志《学术提要》(*The Works of the Leanrned*)对其的评述则长达一百多页。第二个英文版是凯夫(Edward Cave)1741 年在 Bartholomew-close 出版的,这是一个全译本,书名为 *A Description of the Empire of China and Chinese-Tartary*,*Together with the Kingdoms of Corea and Tibet*:*Containing the Geography and History*(*Natural as well as Civil*)*of Those Countries*。以后,《中华帝国全志》分别出版了德文版、意大利文版和俄文版,在欧洲产生了广泛影响。

《中华帝国全志》虽然在内容上部分来自《耶稣会士中国书简集》,但这两本书仍有着重大的区别。这主要表现在以下三个方面。

第一,主题更为明确。《耶稣会士中国书简集》第一版和第二版的书名为《耶稣会某些传教士写自中国和印度的书简》和《耶稣会某些传教士写自外国传教区的感化人的珍奇的书简》,这说明在文集中不仅仅有来自中国的传教士的信也有来自其他国家的传教士的书信。而《中华帝国全志》则将内容全部集中于中国,即使书中有对朝鲜、越南等地的介绍也是从作为中华帝国的附属国来介绍的。这样《中华帝国全志》正像它的书名一样,主题更为鲜明,内容更为集中。

第二,编排更为系统。《耶稣会士中国书简集》是由传教士的个人书信组成,因传教士生活在不同的地区,有着不同的感受,这样在内容上跳跃性很大,让人在阅读时常把握不住总体,给人一种凌乱的感觉。另外,由于是个人的书信,每个传教士都在写一些介绍中国的内容,重复较多。也许杜赫德当年正是基于这样的考虑,才在新的书信和材料的基础上开始编写《中华帝国全志》。杜赫德将凌乱的材料编排成一个完整的体系。如第一卷是对中国总体的介绍,从关于中华帝国的最一般知识开始,介绍中国的地理、方位,然后分省介绍中国内部各省的基本情况,这样从总体到局部可以全面把握中国。第一卷也介绍中国历史的一般线索,从夏到清,将历代的王朝一一罗列出来,使读者有了一个中国历史的全貌的了解。在这个叙述过程中虽然他也将部分传教士的个人色彩的书信插入其中。如他在第一卷中插入法国传教士到中国后从宁波到北京的旅行的记载,这是一个很具体、个别性的游记。但杜赫德将其放在介绍中国各省的情况之前,这样,这篇具有个人色彩的游记就好像一个导言一样,与后边的中国地理和分省介绍融为了一个整体。第二卷介绍了中国的社会政治,从皇帝、皇宫、皇权到海关、军队、监狱、人口、商业、物产到生活中的礼仪,从而使读者从对中国自然外貌的了解进入对中国社会内部的了解。第三卷介绍了中国的学术文化,从中国的宗教、哲学和逻辑到数学、音乐、文学、戏剧和医学、医药。这样读者就可以从对中国社会的认识进入对中国精神的认识和了解,在展示中华文化的各个方面的过程中,中华文明的整体开始呈现出来。第四卷介绍了中国与它的所属国、中国周边的国家以及其和中国的关系、人文地理等。这实际在介绍中国文化圈的情况,在更大的范围内向西方介绍中华文明的影响和在亚洲的地位。

这样,我们看到《中华帝国全志》应该完全是另一部著作。杜赫德虽然是作为编者出现的,但我们不能不佩服其全局性眼光的宏大和他整体性逻辑思考的严密,是这些使得这本书完全以新的面貌呈现在读者面前。当然,这本书并不是完全在炒剩饭,还是有许多在《耶稣会士中国书简集》中从未发表过的新的文献和译作。大约有17部全新的在华耶稣会士汉学家们的著作和书信在《中华帝国全志》中发表,这样它不仅在体例上是全新的,在内容也是新颖的,从而继续推动了当时欧洲的中国热,有人将其称为"欧洲18世纪中国文化的圣经",这是十分恰当的。

第二节 《中华帝国全志》对中国文学的介绍

对中国小说的介绍是《中华帝国全志》最引人注意之处,因在此之前尚无传教士对中国话本小说做介绍,中国传统小说传入欧洲应以《中华帝国全志》为起点。翻译者是法国耶稣会士殷弘绪。他所翻译的四部小说全部发表在《中华帝国全志》上。这四篇中国短篇话本小说分别是《吕大郎还金完骨肉》《庄子休鼓盆成大道》《怀私怨狠仆告主》和《六月雪》①。前三篇均出自《今古奇观》,《六月

---

① 关于《六月雪》的原本有的学者认为应为《念亲恩孝女藏儿》,参见范存忠先生在《中国文化在启蒙时期的英国》(上海外语教育出版社,1991年)第143页的注释。

雪》出自何处尚未确定。① 1741年出版的英文《中华帝国全志》仅选译了前两篇《吕大郎还金完骨肉》和《庄子休鼓盆成大道》，且删去了故事名字，收录在小说部分。而剩下的《怀私怨狠仆告主》不知出于何种目的，编者将之归入"History"（历史）这一栏中，并把原文的两个小故事拆开，称为"Two Pieces of History"（历史两篇）。前三篇故事的法文译名分别是：Les Trois Frères——《吕大郎还金完骨肉》（直译作《三兄弟》）、La Matrone du pays de Soung——《庄子休鼓盆成大道》（直译作《宋国的寡妇》）、Le CrimePuni——《怀私怨狠仆告主》（直译作《严厉的惩罚》）。这里我们仅对前两篇翻译小说做个简要的分析。

第一篇的题目是"Wherein is shown the Practice of Virtue Renders a Family lllustrious"。它发表在第三卷的第十五章"中国人对诗歌、历史和戏剧的品位"中，这篇小说实际上是将《今古奇观》中的《吕大郎还金完骨肉》翻译成了法文。② 这篇话本讲的是劝人行善的故事。故事中的吕氏三兄弟的老大吕玉拾金不昧，物送原主，结果失主的仆人正是他遗失多年的儿子。在返乡的途中他见人落水后奋力相救，结果救出的是自己失散多年的三弟吕珍。反之，老二吕宝不仁不义，将自己的嫂嫂卖出，但结果适得其反，最后他将自己的老婆卖了出去。这正是善有善报，恶有恶报，"世间唯有天工巧，善恶分明不可欺"。

殷弘绪在翻译这篇小说时从基督教的伦理加以说明，他认为这个中国古老的故事告诉我们道德实践的重要性，人们只有坚持这样的道德实践，才能在日常生活中过得幸福。③ 殷弘绪所以选择这样的故事也有着自己的思考，当时正值"礼仪之争"，耶稣会的传教路线受到其他修会的批评，他通过这篇小说来说明中国的道德和基督教道德有着共同性，以证明"合儒路线"的正确。

---

① 有的学者认为出可能译自窦娥冤的民间故事或是元人关汉卿的杂剧《感天动地窦娥冤》，参见杨莉《18世纪欧洲中国热之片面观：〈中华帝国全志〉中的小说〈庄子休鼓盆成大道〉的分析》抽样本。

② 据杨莉考察，殷弘绪的翻译底本很可能取自《今古奇观》而不是《警世通言》。

③ *The General History of China*, containing a geographical, historical, chronological, political and physical Description of the Empire of China, Chinese-Tartary, Corea and Thibet, including an exact and particular account of their customs, manners, ceremonies, religion, arts and sciences. The whole adorned with curious maps and variety of copper plates, Ⅲ, done from French of P. Du Halde, translated by Richard Brookes, printed by and for John Watts, London, 1741, p. 134（布鲁克斯译，瓦茨出版，1741年）以下用GHC代表此书。

殷弘绪所翻译的第二篇小说是《庄子休鼓盆成大道》,故事中庄子娶过三个太太,第一个得疾夭亡,第二个有过被出,第三个田氏最为美丽,貌美如花。一天,庄子在山下遇一女子用扇扇坟。庄子觉得奇怪,询问后才知道此女急于再嫁,但前夫的遗言在先,新坟土未干不可再嫁。于是庄生助其扇坟,此女以纨扇相赠。庄子回去后将此事告诉妻子田氏,田氏听后大怒,指天为誓,说自己绝不会像那妇人无情,发誓终身决不事二夫。不料几天后,庄生患病,很快病重而亡。而后,有一楚国王孙前来奔丧,说他和庄生有师徒之约。此人俊俏无双,田氏见后心动很快坠入情网,要与王孙结秦晋之好。田氏说动王孙,马上结婚。成亲那天,田氏把庄子的灵柩移到后院的破屋中,自己穿衣打扮,与王孙入了洞房。没想到王孙旧病复发,非要喝酒吞服人脑才有救。田氏当即手持利斧前往后院劈开了棺木,想取庄子的脑子。棺材劈开,却发现庄子复生。原来庄子根本没死,只是诈死并幻化成王孙来试探妻子。田氏羞愧难当,悬梁自尽。庄子鼓盆而歌,盆破声止,当下绝尘而去,自此大彻大悟,得道成仙。

殷弘绪为何选了这篇小说翻译呢? 笔者认为可能有两点。第一,这篇小说本是让人"醒世",通过田氏这个形象劝人不要为色所迷,但小说所表现的对欲望的批评与基督教伦理是契合的。其二,在耶稣会士汉学家的笔下,中国是一个天然的基督教的国家,其伦理道德、宗教信仰都带有基督教的倾向,这样的理解才能说明在中国宣教的意义。通过向西方介绍这些文学作品,可以使欧洲的读者直接感受到这一点。

第三节　《中华帝国全志》对中国宗教的介绍

阎宗临先生认为对中国宗教思想和历史地理的介绍应是《中华帝国全志》的两大特点[①],这里我们只讲一下它对中国宗教的介绍。

一、《中华帝国全志》对道教的介绍

这部分作品是哪位在华耶稣会士汉学家所作,杜赫德没有明确地交代。作

---

① 　阎宗临:《传教士与法国早期汉学》,阎守诚编,大象出版社,2003 年,第 60 页。

者认为,老子是道教的最重要的人物。他不相信《道德经》为老子所作,认为很可能是老子的弟子们伪造的作品。尽管这样,作者认为这本书仍"保留了哲学家关于道德伦理的箴言和有价值的观点,如谦虚、蔑视财富,渴望一种对人世间生活的超越,达到一种灵魂的提升,并相信只有在灵魂的升腾中使自身得到满足"①。

作者虽然也注意到《道德经》中的本体论思想,并引证老子所写的"道生一,一生二,二生三,三生万物"的话,但他更感兴趣的是老子的人生态度。作者说,老子的"学说在于使人们在其平静、安宁的灵魂中避免一种激烈的情欲和骚动的可能性"②。按照这样的理解,老子认为每一个有智慧的人所面临的根本性问题是如何使灵魂避免焦虑和不安。

这样在耶稣会士的笔下老子成了一位提倡节制情欲、主张清淡寡欲、追求宁静幸福生活的人。显然,这样的理解和介绍更接近天主教的伦理,而与真正老子的思想相去甚远。对于道家和道教的区别与联系,作者基本没有注意到,他把追求长生不老、整日炼丹的道教和老子的思想混在一起介绍。《道德经》和《庄子》的确是道教的一个重要思想源泉,道教也是依托道家的理论建立起来的教派。"神化老子,改造道家,是早期道教主要的创教活动之一,在这个意义上,可以说道教是从道家转化而来的,是道家演化派生的产物……"③但二者的区别是很明显的,道家只是先秦时期的一个学术派别,而道教则是汉代以后产生的一个中国本土的宗教。

作者将追求长生不老作为道教的重要的特点,并说这很类似于西方那些醉心于寻求哲人之石的人。也正因为如此,历代的帝王都相信道家的长生不老之术,给道教很高的地位。由此,作者向法国的读者介绍了中国历史上醉心于道教长生不老术的帝王。首先介绍的是汉朝的汉武帝,因汉武帝相信道教的长生不老的法术,在他周围有许多趋炎附势的道士,自称精通道术,能炼出长生不老的金丹。汉武帝常喝道士们炼出的长生不老水。但他终难免一死,直到临终才察觉自己上了这些道士们的当。

---

① GHC,Ⅲ,p.30.
② Ibid.
③ 任继愈主编:《中国道教史》,上海人民出版社,1990年,第7页。

作者说，到唐朝时，道教得到了更大的发展，以至于唐王朝专门给了老子一个封号并为他建立了塑像。皇帝为了表示支持道教亲自到庙宇中朝拜老子的神像，这样各地都建起了道教的庙宇，一时道教成为中国最兴盛的宗教。

到宋朝时道教得到了进一步的发展，典型的例子就是道教所导演的天降圣书的事。作者说，在宋真宗时道士们在中国各个主要城市同时贴出了一本书，上面画满了各种神秘的符号和咒语。道士们说这是天降的神书。宋真宗也真相信了这件事，他怀着虔诚的心情前往道观去看这本天降的圣书，并隆重地将它带回宫中，放在金盒子里小心翼翼地保存起来。①

《中华帝国全志》中对道教的这些介绍虽然很简略，但大体勾画出了道教在中国发展的主要脉络，说明了道教发展的主要的特点是借助皇权推动道教的发展。这些介绍主体上符合中国历史的情况。汉武帝热心神仙方术，司马迁在《史记》的"封禅书"中有明确的记载。唐朝是想借老子之名神化李氏唐宗室的权威性，这才有唐高宗亲自到亳州谒太上老君庙，封老子为"太上玄元皇帝"，老子的母亲被封为"先天太后"，使道教得到了发展。宋真宗谒使借助道教来巩固自己的统治。当然，传教士在介绍道教在中国的发展时也有错误之处，例如，他们将唐高宗说成了唐代的第六个皇帝，这显然有误。另外，宋真宗时代道教的天降圣书之事并非道士们所为，那是宋真宗自己一手编导的，其目的在于"镇服四海，夸示戎狄"。

从利玛窦开始，在传教士介绍中国的宗教时都会提到道教②，但一直介绍得比较简单。相对于以往的介绍，《中华帝国全志》对道教的介绍还是大大地前进了一步。来华的耶稣会士对道教的真正学术性的研究起于法国传教士刘应。③

二、《中华帝国全志》对佛教的介绍

这部分内容也是杜赫德编辑的，原作者不清楚。他首先介绍了佛祖释迦牟

① GHC，Ⅲ，p.30—35.
② 利玛窦：《利玛窦中国传教史（上）》，刘俊余、王玉川译，光启出版社，1986年，第91—92页。
③ 参见费赖之：《在华耶稣会士列传及书目（上册）》，冯秉钧译，中华书局，1995年，第453—458页；张西平：《中国与欧洲早期思想交流史》，北京大学出版社，2021年，第358—360页。

尼的生平,说他是印度一个国王的儿子,十七岁结婚,并且有了孩子,十九岁时抛弃了妻子,出家寻求人世之真理,如何解脱人世的烦恼。在蛮荒之地,他接受了印度当时四大哲人的指点,苦修多年之后,终于在三十三岁时大彻大悟,成了佛。尔后四处传播自己的学说,在各种苦难中得到神的帮助,获得成功。杜赫德认为在中国的书中对他的描写几乎是不可思议的。①

关于佛教流传中国,杜赫德基本采取了中国流传最广的传说,即汉明帝永平七年(64)夜梦金人飞行殿廷,即派使者到西域求法。永平十年,使者偕印度僧人带着经书和佛像回到洛阳,建立白马寺,译出《四十二章经》,从此佛教传入中国。在讲述这段历史时,杜赫德也有小的错误,把夜梦金人说成了"夜梦孔夫子",其他事实基本正确。如果将《中华帝国全志》所介绍的佛教和利玛窦所介绍的佛教相比较,它有两个明显的特点。

第一,对佛教的思想介绍更详细。利玛窦为突出其排佛的立场,把佛教说成是从西方哲学那里剽窃而来的宗教,对佛教的教义也无深入的了解。② 杜赫德这里没有这种剽窃之说,认为"佛教基本思想是所有事物的原则是空和无,万物产生于空,又归寂于无"③。同时,他对佛教的灵魂转世说做了介绍,并详细地列出了佛教的五条戒律。④

第二,继承了利玛窦的排佛补儒立场。在对佛教的介绍中,字里行间充满了对佛教的蔑视、批评和揭露,佛教的和尚们很笨,他们中很少人能理解他们自己的学说,认为佛教的学说充满了迷信。他借用儒家对佛教的批评来表达基督教的观点,说"佛教中充满了愚昧、野蛮,而这种愚昧是对所有道德和文明社会的颠覆"⑤。这里从基督教的立场对佛教的偏见显然表现在里面,在《中华帝国全志》的法文版中讲到佛教时有这样的话:"这些都是些骗人的鬼话,讲这些鬼话的伪君子们愚弄着人民的轻信。"他说佛教"是一堆迷信、玩弄魔术、偶像崇拜

　　① GHC,Ⅲ,p.35.
　　② 利玛窦:《利玛窦中国传教史(上)》,刘俊余、王玉川译,光启出版社,1986 年,第 87—92 页。参见张西平:《中国与欧洲早期思想交流史》,北京大学出版社,2021 年,第 306—311 页。
　　③ GHC,Ⅲ,p.37.
　　④ Ibid.
　　⑤ Ibid,p.52.

和无神论的不可思议的群氓"①。

当然，由于《中国帝国全志》采用了耶稣会士汉学家们的多种翻译文献和研究性著作与介绍性著作，在对佛教内容的介绍上较之过去还是更为深入了。

三、《中华帝国全志》对新儒家的介绍

对宋明理学的介绍和研究一直是入华耶稣会士们所关注的问题，利玛窦到过理学的重镇白鹿书院，和当时的理学代表人物章清有着较深的交往。利玛窦在《天主实义》、龙华民在《关于中国宗教的若干问题》、柏应理在《中国哲学家孔子》中都对宋明理学做过一定的研究。在《中华帝国全志》中杜赫德将对中国哲学的兴趣全部集中在宋明理学上，在介绍儒学时完全把先秦儒学、汉代经学和魏晋玄学放在一边，用了整整 7 页来专门介绍宋明理学。

他介绍了新儒学的产生。杜赫德说，这个通过注释古典文献而形成的新的学派大约在宋朝初年以后逐步形成。在公元 1070 年左右这个学派获得了极大的荣誉，其中最有名的是程颢和程颐，在宋朝的第六个皇帝的时候，他们的著作大量地出版。最重要的是朱熹，通过他的解释，他的思想广泛地传播，朱熹获得了领袖的地位。② 公元 1400 年，永乐皇帝召集了当时 42 个最有学问的学者来解释二程的著作，同时也解释更为古典的著作，如孔子和孟子的书。经过这些新儒家的解释，他们把这些解释编撰成了《性理大全》，共 20 卷。

杜赫德的这个介绍极为简单，不过还是大体给西方读者勾勒出了新儒学的学派历史。宋明理学经"宋初三先生"胡瑗、孙复和石介的开拓以后，正式确立应从周敦颐开始。周敦颐生于公元 1017 年，卒于 1073 年。杜赫德虽然未提到周敦颐，但说新儒学兴于公元 1070 年基本正确。二程是理学的奠基人，如王夫之所说"学之兴于宋也，周子得二程而道著"。但他们的著作并不是都发表在宋英宗时期，程颢死于宋神宗元丰八年（1085），程颐卒于徽宗大观元年，而程颐一生中做官时间很短，大部分时间是自己著书立说，其重要的代表性著作《伊川易传》成书于建中靖国元年（1101），这点杜赫德的介绍显然有误。

---

① 阎宗临:《传教士与法国早期汉学》，阎守诚译，大象出版社，2003 年，第 64 页。
② GHC，Ⅲ，p.53.

　　杜赫德说朱熹获得了理学的"领袖地位"基本是正确的,因为他是理学的集大成者。明成祖主持编撰了《五经大全》《四书大全》《性理大全》是理学在明朝官方化的重要的标志,虽然谈不上什么学术意义,但这些书明确肯定了程朱理学的统治地位。杜赫德在这里把年号看成了皇帝,犯了常识性的错误。

　　在介绍理学的思想时书中说,新儒家并未放弃古代学说的观点,但他们想通过对古代学说的解释来"表达他们自己的观点",实际上他们的学说"完全是崭新的"[①]。这种崭新学说的核心是"太极"(Tai Ki),书中介绍说:"他们断言,太极是基础,是支柱,是所有事物的根基。""它是一个在所有事物之前就已经存在的一个真实存在。"[②]关于太极和万物的关系,杜赫德介绍说:"他们把太极比作房子的屋脊,这个屋脊是属于房子的,与房子一体的。同样,太极像一棵树的根,一辆战车的轴,它居于事物的核心但又不脱离所有事物。太极的存在同完善的事物、不完善的事物一样,同天、地、五种元素一样,以致我们可以说,在某种意义上,所有事物都可以称为太极。"[③]

　　如果同以前在华耶稣会士对新儒家的介绍相比较,《中华帝国全志》在对宋明理学的理解和介绍上有以下几个特点。

　　第一,从西方汉学史的角度来看,《中华帝国全志》对新儒学的介绍更深入了。入华的耶稣会传教士一直将理学作为他们研究的重点。利玛窦在《天主实义》中专门批评过理学的"太极"概念,认为这个概念完全是宋儒们发明的,先秦儒学中并没有这个概念。在礼仪之争中,传教士们加强了对新儒家的研究,如龙华民的那篇重要的论文实际上是在批判新儒学,对新儒学研究较多的是柏应理主编的《中国哲学家孔子》,这点我们上一章已经专门研究过了,这里不再展开。从知识论的角度来看,《中华帝国全志》对新儒学的介绍在内容上更为丰富。例如在《中华帝国全志》中,他们不仅介绍了太极和万物的关系,还从动力论的角度介绍了太极的功能和作用。书中说,太极像一个事物,有运动和静止,当事物运动时,它产生了"阳"(Yang),当事物静止时,它产生了"阴"(Yin)。阳

---

① GHC,Ⅲ,p.54.

② Ibid.,p.55.

③ Ibid.

是完全的善,阴是不完善。正是阴和阳的结合才产生了五种元素,五种元素的分离和结合又产生了万物,形成了事物的差别。书中说:"太极是所有这些变化的原因,所以运动、变化和发展的事物自身并不知这种有规律的变化。"①

这段话实际上是对周敦颐的《太极图》中文字的转述。"自无极而为太极。太极动而生阳,动极而静,静而生阴,静极复动。一动一静,互为其根。分阴分阳,两仪立焉。阳变阴合,而生水、木、金、土。无气顺布,四时行焉。"经过这样的翻译,太极的概念被介绍到了西方。

第二,首次在西方翻译了新儒家的文献。在《中华帝国全志》的第三卷中有殷弘绪译介的一篇文章《程氏,一位现代哲学家关于世界起源与现状的答问》。这里的程氏是程颐还是程颢,作者并未交代,文章也不是直译,而是转述和意译。但在这篇长达 20 多页的论述中,还是有对二程思想的较为详细的介绍。

作者说在程氏看来,在天地形成之前,一切都不存在,巨大无限的空间是一片的混沌。这种无限的混沌是理和灵魂的最初的形态,而在这无限的存在之前是太极。"太极是天地得以产生的萌芽。"②阳粒子(The Particles Yang)是纯阳,最纯洁、最轻,阴粒子(The Particles Yin)是纯阴,最重。阴阳从太极中分离出来,阳粒子聚在一起形成太阳,阴粒子聚在一起形成月亮,同时形成了天。在天形成的过程中又形成了风、雨、雷、电,再以后才形成了人。

从这段译文的内容来看,很可能是对程颐《易说·系辞》的转述。"天尊,地卑。尊卑之位定,而乾坤之义明矣。高卑既别,贵贱之位分矣。阳动阴静,各有其常,则刚柔判矣。事有理,物有形也。事则有类,形则有群,善恶分而吉凶生矣。象见于天,形成于地,变化之迹见矣。阴阳之交相摩轧,八方之气相推荡,雷霆以动之,风雨以润之,日月运行,寒暑相推,而成造化之功。得乾者成男,得坤者成女。乾当始物,坤当成物,乾坤之道,易简而已。"③

殷弘绪在《中华帝国全志》中还翻译了朱熹的《使民安乐术》由于篇幅所限,这里无法一一展开介绍。从这个介绍中我们可以看到,尽管殷弘绪的翻译并不

①　GHC,Ⅲ,p.55.

②　Ibid.,p.260.

③　程颢、程颐:《二程集(第四册)》,王孝鱼点校,中华书局,1981 年,第 1027 页。

准确,但毕竟使新儒家的原始文献在欧洲首次出版,这对于当时欧洲了解中国哲学和思想是有价值的。

第三,进一步加深了对宋明理学的理解。中国哲学以人生为对象、以伦理为主要内容,这同那种以自然为对象,以本体论和认识论为主要内容的西方哲学有着重大的区别。如牟宗三所说:"两个哲学传统的领导观念,一个是生命,另一个是自然。中国文化之开端,哲学观念之呈现,着眼点在生命,故中国文化所关心的是生命,而西方文化的重点,其关心的是'自然'或'外在的对象'(nature or external object),这是领导线索。"①正是这个特点,使中国人不以宗教观念和宗教活动为其生活主要部分,"中国文化精神基础是伦理(特别是儒家伦理)不是宗教"②。

耶稣会士来华后在很长的时间里对中国文化的精神实质把握是不正确的。利玛窦的"合儒"是合先秦之前之原儒,而不是后儒。他在《天主实义》里用了很大的气力来证明中国在三代时有着宗教的信仰,这种信仰和基督教的信仰有着共同之处。应该说,利玛窦是绝顶聪明的,他从中国文化自身的发展中找到了和基督教文化的契合点,使他的传教有了一个中国式的说明。但利玛窦完全没有理解中国文化自殷周后的巨大变化,从周文王到孔子,中国文化已经形成了自己的根本性特点。"敬德保民",天已隐退为第二位,人开始凸显了出来。从此,伦理成为思考的中心,人生成为哲学家们展示思想的主要舞台。到宋明理学时中国哲学达到了它的最高峰,在佛教的刺激下,儒学变得更为成熟,新儒家开始为传统的儒家提供了一种本体论的说明,使这种生命的学说有了更为坚实的基础。宇宙论的伦理化或者说伦理学向本体论的提升,这是新儒学对儒家的最大贡献。

利玛窦完全没有注意到儒学发展历史中的这个变化。他不仅没有理解孔子的思想史意义,更没有理解新儒学对儒学发展的贡献。他完全没有理解中国哲学中本体论的伦理学特征,或者说,他完全没有理解中国哲学中的伦理学的本体论地位。

---

① 牟宗三:《中西哲学之会通十四讲》,上海古籍出版社,1997年,第11页。
② 冯友兰:《中国哲学简史》,涂又光译,北京大学出版社,1996年,第3页。

在《中华帝国全志》中，传教士们在对新儒学的介绍中开始注意到了中国哲学的这个特点。杜赫德说："同样，他们又把太极称为理，他们进一步强调理连接着自然的物体，理构成了他们之间的区别和不同。""理作为道德原则亦如此，他们把理作为确立相互关系的责任，如在国王和臣民、父亲和儿子、丈夫和妻子之间。同样，他们又把理说成是灵魂，因为理构成了物体。"①这个转述基本上概括了理学的思想。朱熹说："天道流行，发育万物，其所以为造化者，阴阳五行而已。而所谓阴阳五行者，又必有是理而有气，及其生物，则又必因是气之聚，而后有是形。故人物之生必得是理然，后有以为健顺仁义礼智之性，必得是气然后有以为魂魄五脏百骸之身。"（《大学或问》卷一）理学重要人物张载在《西铭》中说："乾称父，坤称母。予兹藐焉，乃浑然中处。故天地之塞，吾其体；天地之帅，吾其性。民吾同胞，物吾与也。"这里将新儒学所强调的天仁一体、道德律和自然律的合一表达得十分清楚。

来华耶稣会士汉学家们已经开始能够理解和解释新儒学的思想，这较之过去是个进步。但他们的问题和困难仍未彻底解决。他们的进步之处在于已经察觉到了理学中的矛盾。作者说，在如何理解太极和理的关系上理学家们常常有争论，陷入了深深的矛盾中。他们认为当新儒学过分强调太极是世界的物质原因时，他们已经陷入了无神论之中。在谈到中国哲学的总体特征时，杜赫德说，他们有成熟的伦理学，但却忽视了哲学的其他部分。例如，他们不知道如何有效、理性地影响自然，关于灵魂，关于超越性存在，在他们的理论中很少涉及，"同样，他们并不关心宗教的必要性"。这说明他们对新儒学的理解是摇摆不定的，时而是从中国的角度来转述理学思想的，时而是从西方哲学的立场来评价的。从翻译和转述的角度看，他们的介绍比过去有了进步，从评价的角度来看，基本立场和利玛窦没有什么根本性的变化。也就是说，他们在汉学的知识上是在进步，但在价值的评判上仍有着相当大的问题。所以，我们在理解《中华帝国全志》时必须从比较文化的角度进行分析。

---

① GHC，Ⅲ，p.56.

第四节　对《中华帝国全志》的评价

《中华帝国全志》出版以后在法国和当时的欧洲引起了广泛的影响,正像阎宗临先生所说:"《中华帝国全志》是一部华美的辑录,一部百科全书,是耶稣会士们在中国所得知识的大全。"[①]但由于这本书的出版正处在礼仪之争的白热化阶段,耶稣会和巴黎外方传教会相互的攻击和批评已经不可开交,杜赫德在出版这本书时是站在耶稣会的立场上的,也就是说,在一定的意义上,它和《耶稣会士中国书简集》一样都是护教性的著作,是一部为耶稣会的立场辩护的著作。

杜赫德的这种护教性的立场表现在两个方面。

第一,迎合大众口味,将在华传教士汉学家的一些学术性著作排斥在《中华帝国全志》之外。在杜赫德接手整理在华耶稣会士的著作时,这些在华的法国耶稣会士汉学家们已经翻译或研究了许多重要的关于中国文化研究的著作。例如,宋君荣的《书经》的译本,他的具有重要学术价值的《中国天文学史》,刘应的《鞑靼史》,马若瑟的《中国文法要略》,索隐派的重要人物白晋和傅圣泽的大批手稿,这些著作的内容被杜赫德排除在《中华帝国全志》之外。当时这些手稿大都在杜赫德的手中,他完全可以将这些文献和著作编入书中,但他没有这样做,理由很简单:大众的鉴赏力是无法理解这些艰深的学术性著作的。而被杜赫德排除在《中华帝国全志》外的著作除了其叙述的形式比较学术化以外,很重要的原因是这些著作可能会动摇耶稣会的立场。

第二,从护教出发,对在华耶稣会士汉学家的著作根据自己的观点做修改。如果说将在华传教士汉学家的一些著作完全排除在《中华帝国全志》只是第一步的话,那么直接修改部分著作和手稿则更为明显。我们这里只要举出法国学者毕诺和中国学者阎宗临所举出的例子,我们就会发现这个问题有多严重。

阎宗临先生举出了杜赫德对宋君荣《诗经》翻译所做的修改[②]:

---

① 阎宗临:《传教士与法国早期汉学》,阎守诚编,大象出版社,2003 年,第 56 页。
② 同上书,第 66 页。

杜赫德引文	原文
是天造就了这座高山,而大王却把他变成荒芜,这个损失唯一的原因是他的错误。然而文王使其第一次放出光辉。前者所选的道路充满了危险:但文王的道路是笔直而容易走的。一位如此智慧的国王的后代珍贵的保留着他给你们所带来的幸福。	维天之命,于穆不已。于乎不显,文王之德之纯! 　　假以溢我,我其收之,骏惠我文王,曾孙笃之。

这样,我们看到,经杜赫德的妙手的修改"引文完全被歪曲了"①。法国学者毕诺也举了这样的例子②:

巴多明	杜赫德
《史记》(Che—Ky)大肆宣扬,他在各地和没有任何例外地对所有人,广施恩德。他很有远见卓识,能按照天理之公平而明察一切,研究直到最微小事物的细节。他救助苦难并为摆脱这一切开辟道路,特别喜欢不损失其任何威望。此人豁达大度和始终忠实可靠。他会自我改过自新,开销有度,亲切地关怀子民,为他们谋得尽可能多的利益。他善于改造自己,能尊重并使用那些良莠不齐的思想家。其面部闪闪发光,其道德特别高尚,只会恰当和适当地采取行动,在一切活动中都严守公正。	……中国作家大肆赞扬该王子,据说他很有卓识,能明察一切。他连最细枝末节的事也事必亲恭。他颇得人心而又丝毫无损于其权威,亲切爱护居民,处处广施皇恩,会自我改正过失,他虔诚地侍奉天上的上帝之宗教徒。他那大度和威严的表情引起了他人的敬仰,其道德特别高尚,活动适度,在一切行为中都严守公正。

　　杜赫德为何如此大胆地修改传教士的著作呢? 因为当时法国的天主教正在为中国的传教路线进行争论,为了使耶稣会在和巴黎外方传教会的争论中处

---

　　① 阎宗临:《传教士与法国早期汉学》,阎守诚编,大象出版社,2003 年,第 66 页。
　　② 维吉尔·毕诺:《中国对法国哲学思想形成的影响》,耿昇译,商务印书馆,2000 年,第 202 页。

于优势,必须将一切不利于耶稣会的观点加以修正。在耶稣会看来,在中国历史的早期,中国人的信仰是很纯正的,正是这种纯正使耶稣会找到了中国文化和基督教的切合点。所以,杜赫德希望通过自己的编辑证实"中国就是一个天然的基督教国家"。有时,在来华传教士的书信和著作中这样的观点不很明确,杜赫德的任务是使它明确起来。所以,他必须在传教士的著作找到这样的观点,如果没有就将这样的观点加上。如毕诺所说:"杜赫德神父有时更为大胆。他不满足于修改或删节所依据的原稿行文,而且还要创作。因为他必须不惜一切代价地在中国君主政体最早期找到对一尊最高神的崇拜。"①

这样我们看到,《中华帝国全志》在编辑和出版过程中,内容受到了当时礼仪之争的影响,受到了当时法国文化的影响。《中华帝国全志》已经和原来在华传教士们的原始著作有了较大的变化。我们在理解这本书时,我们必须从比较文化的角度,从当时的法国文化史的背景,特别是从礼仪之争这个大背景来重新思考。

但能否说,《中华帝国全志》未给法国的学术界提供任何新的知识,如毕诺所说②,这是一本没有任何价值的著作呢? 也不能这样说,同样有两条理由。

第一,在这本书中杜赫德毕竟给我们提供了大量的关于中国的真实的知识。如上面讲到的对中国文学的介绍,对中国典籍的翻译,这是它和以前的传教士汉学家著作相比的重要进步之一。因为在《耶稣会士中国书简集》中对中国的介绍主要是一般性介绍,对中国文化的典籍的介绍大部分是采取了转述的形式,而在这里杜赫德直接刊登了在华耶稣会士汉学家对中国典籍的翻译,如传教士的《诗经》《书经》的译本或章节等,这些原始文献的译本使法国和欧洲的读者可以直接读到了中国的第一手的基本文献,从而推动了当时欧洲对中国的认识。又如书中对中国地理和中国哲学思想的介绍也是前所未有的,这点连毕诺也是承认的。

第二,杜赫德只是一个编辑,尽管他在编辑中根据当时法国的情况和教会的利益对原文稿做了修改,但原始的文献并未完全变形。他对中国也并不是一

① 维吉尔·毕诺:《中国对法国哲学思想形成的影响》,耿昇译,商务印书馆,2000 年,第 202 页。
② 同上书,第 207 页。

味赞扬。在《中华帝国全志》中既有赞扬中国的内容,也有批评中国的内容,书中所展现的中国形象总体上是客观的。不能说《中华帝国全志》以及《耶稣会士中国书简集》等在华耶稣会士的著作都是一种意识形态下的"乌托邦的想象",毫无真实可言。"杜赫德神父并没有创造一部传奇。道理很简单,中国不是一个既无法律又无信仰的国家,她有着自己的文明。"①

所以,今天在我们读这本书时既要从比较文化的角度揭示出杜赫德在编辑中的修改,说明在华传教士汉学家写作时那种归化中国的基督教的立场,也要从具体的文本入手,说明这些传教士对西方关于中国认识的具体的、实际的推进。我们用下面这段话作为这一章的结束。"尽管杜赫德的《中华帝国志》不够完善,我们还是应该感谢他。他对钱德明神父的这些话当之无愧:'在所有写中国的作家中,杜赫德是一个这样无可反驳的人,他对有些回忆录做了精心的加工,内容更丰富而且比较可靠。尽管他总是在自己的书房中来看中国,但他的观点却相当正确,以致仿佛他不是从回忆录中得来的这些认识,他的思想不是出于像他这样一种处境的人的头脑,他给读者的精确认识,使他超出了一切偏见的虚伪时代。因此,他的著作历时愈久,声誉愈隆。因为他将无愧于自己的身价,而且甚至使孟德斯鸠、伏尔泰和当代作家们对他惊讶不已,使他们不敢明显地小看中国,因为他们反对杜赫德关于中国的思想,就是企图使人相信谎言和梦想所要求的那样再现中国……"②

① 阎宗临:《传教士与法国早期汉学》,阎守诚编,大象出版社,2003年,第58页。
② 同上书,第71页。应该看到,对于像《中华帝国全志》这样大部头的传教士汉学著作需深入文本做专题性的研究,这里的研究仅仅是个开始,也许不久后的将来会有专题性的研究。

第二十章　索隐派汉学家——白晋

第一节　索隐派的思想渊源

在了解白晋等在华耶稣会士的索隐派思想以前,我们必须知道"Figurisme"这个词的基本的含义。在《大拉鲁斯百科词典》(*Grande Larousse Encyclopédie*)的"Figurisme"词条下,可以看到这样的解释:"索隐派思想是基督教对《旧约》的一种索隐式的注释方法,此方法研究的是《旧约》中所记录的具体事件所蕴含的象征意义,并以此揭示圣经《旧约》中所隐藏的、未来的信仰秘密的发展情况以及教会的历史发展。"①此方法的出发点在于《哥林多前书》中有这样的句子:"Haec autem in figura facta sunt..."("这些事都是我们的鉴戒"——思高译本)"Haec autem omnia in figura contingebant illis."("都是为给人作鉴戒。")"Figura"一词就是对希腊文"Typos"的翻译。②

为何要用这种索隐方式来研究《圣经》中的《旧约》呢?因为基督教在诞生的初期必须回答犹太教教徒和其他异教徒对基督教的责难。他们认为基督教

---

① 参见《大拉鲁斯百科词典》(*Grande Larousse Encyclopédie*),四卷,巴黎 1961,1009 页。
② Claudia von Collani, *P. Joachim Bouvet S. J. Sein Leben und sein Werk*, Steyler Verlag, 1985. 以下简称 JB。

是一种全新的、没有历史的宗教,为了驳斥此种指责,亚历山大学派为自己确定了下列目标。

第一,针对犹太教徒而言,基督教虽然很新,但思想起源于《旧约》《旧约》是除《新约》外另一揭示上帝预言的重要来源。这样可以肯定犹太人对他们《旧约》的尊敬。

第二,针对希腊人,人们则尝试协调圣经《新约》《旧约》和希腊柏拉图以及新柏拉图哲学思想的关系,以此来驳斥所谓基督教"缺乏理性"的说法。

"在索隐派方法之后隐藏着一个信念,即《新约》中所阐释的救恩史、受难史以及信仰奥秘的发展和教会的发展都曾在《旧约》中出现过,但只有少数知情人才能研读出来,由此产生了下列前提:《旧约》的内在意义就在于它为《新约》作了准备,并且指示了《新约》中的内容,但是这些准备工作和指示的内容并不是通过文字的表面含义表达出来的,而是隐藏在字母文字之后的。"①《新约》和《旧约》有一个共同的上主,而这位上主就是先知们所预言的上主。并非所有人可以理解这一点,在《旧约》中的一些艰涩的,甚至是充满矛盾的段落之后所隐藏的真正的含义只有借助圣灵的帮助才能够被理解。最终,对《旧约》的正确的阐释必然会将人引导到耶稣基督那里。

这样一种释经的方法在于说明,"《圣经》绝非仅仅是一本以文字讲述历史事实的书,而是通过对历史事件的讲述,展现其永恒的启示本质,通过这种启示能够使得犹太教徒和异教徒同样获得真理,这些真理是通过形体的、符号的、寓言的、象征性的形式展现的(即所谓的象征主义)"②。

这样我们看到白晋所采用的索隐派的释经方法在西方有着深厚的历史传统。

从中国来说,"索隐"这个概念在中国古籍最早出现在《周易》中,"探赜索隐,钩深致远,以定天下吉凶,成天下之娓娓者,莫善乎蓍龟"③。蔡元培先生在

---

① JB 2;Otto Hermann Pesch, *Kommentar zu Thomas von Aquin*:*Summa theologica*,XIII:*Das Gesetz*,Heidelberg,1977.

② Michael Lacker,"Jesuit Figurism,"Thomas H. C. Lee, *China and Europe*:*Images and Influences in Sixteenth to Eighteenth Centuries*,Chinese University of Hongkong Press,1991,p. 129.

③ 李道平:《周易集解纂疏》,潘雨廷点校,中华书局,1994 年,第 604 页。

他的《石头记索隐》中将"索隐"赋予三重含义——"品性相类""轶事有征""姓名相关",并认为他的《红楼梦》研究是以"触类旁通,以意逆志"为其基本的方法。[①] 采用"索隐"来翻译"Figurisme",大体还保留着中文的原意。应该注意的是,当白晋采取一种西方释经的方法来研究中国的古典文献时,同时也受到中国学术思想变迁的影响。清初正是学风大变之时,考据派兴起。白晋与李光地,马若瑟与刘凝,他们相互之间都有着影响,这些都是待我们深入研究的地方。

第二节 白晋生平

白晋 1656 年 7 月 18 日出生在法国勒芒(Le Mans)。父亲是当地高级法院的法官。他有两个兄弟和两个姐妹。[②] 他很年轻时就被送到了"位于弗莱彻(La Fléche)的耶稣会学校亨利四世(Henri Ⅳ)学习,这为他今后的生活道路奠定了最为重要的基础。当时弗莱彻的耶稣会学校并不像其他学校一样教授一些通常意义上的学科。它实际上是一所综合性学校,开设了从语法课直到神学课几乎所有的课程。"[③]

白晋在读书时就听说到中国传教士的激动人心的故事,年轻的他一直将沙勿略、利玛窦作为自己的偶像。为了实现自己的梦想——到中国传教,他 1673 年 10 月 9 日加入了耶稣会。白晋曾写道:"我决定献身于中国使团,在我加入耶稣会的时候就已有此计划。"[④]

后来,白晋来到了位于 Clermont 著名的 Louis-Le-Grand 学院学习天文学,以后的历史证明白晋在这里的学习对他在中国的生活是很重要的。

当时在华耶稣会士柏应理返回欧洲,他在欧洲的活动引起了很大的影响。他返回欧洲的目的之一就是招募新的传教士到中国去。为了实现自己的理想,

---

① 参见蔡元培编:《石头记索隐》,商务印书馆,1935 年,"第六版自序"第 1 页、第 63 页。
② 参见 JB。
③ JB, p. 10.
④ Ibid.

白晋亲自去找柏应理,并向他表达自己希望被派往中国的愿望。在柏应理那里他遇到了耶稣会士洪若翰,并听说了国王路易十四准备往中国派传教团的计划。白晋立刻就向洪若翰提出了加入的请求。最后白晋、塔夏尔、张诚、李明、刘应被选上,当时在天文学上已经小有名气的洪若翰成为他们小组领导。

经过紧张的准备,"在布勒斯特他们从法国派往暹罗特使肖蒙侯爵的手中得到了国王的游历命令和'国王的数学家'委任状"①。3 月 3 日两艘船终于起航。

白晋等人一路辛苦终于在 1686 年 3 月 23 日到达了中国的宁波港,关于这次旅行,他在自己的《旅行日记》(*Journal des Voyages*)一书中有详细的记载和描述②。

到北京后,在徐日升的引见下,康熙皇帝接见了他和张诚,并把他们两人留在了北京。白晋和张诚经过一段努力,学会了满语和中文,于是开始做康熙帝的老师。除了其他学问,白晋他们两个还要教康熙帝几何学,这对他们来说是件苦差事。对此白晋在 1691 年写道,他还从来没经历过比在中国皇宫里的这段日子"更艰难的时刻"。他们两个住在属于葡萄牙传教士的位于海淀的西堂里,每天去畅春园要用两小时。为了不迟到,他们必须在凌晨四点钟起床,有时候还要用晚上的时间准备第二天的讲授。除几何学以外,康熙皇帝对哲学也非常感兴趣,因为讲解哲学的时候他们可以很好地向康熙皇帝灌输宗教的真知,这使得白晋和张诚热情倍增。两人用满语写了一本解释杜哈梅尔(Duhamel)古今哲学思想的书。杜哈梅尔是皇家科学院一位杰出的哲学家,他的理论以周密、清晰和纯洁著称。但不久哲学课因康熙皇帝生病而中断,未及痊愈,康熙帝的热情又转到医学和解剖学上去了。于是,白晋和张诚又用满语写了与此有关的八本讲稿。康熙皇帝虽然收下了讲稿,但没有予以刊刻。之后康熙皇帝又想了解疾病的物理原因,于是他们两人又用两到三个月的时间写了十八篇相关的文章。康熙皇帝因他们的勤奋而龙颜大悦,不时地给予赏赐。当然更为重要的是:"康熙皇帝看起来对基督教产生了兴趣。康熙读了很多关于基督教的小文

---

①　JB, p. 15.

②　Claudia von Collani(ed.),*Joachim Bouvet S. J. Journal des Voyages*,Taipei Ricci Institute,2005.

章,尤其对利玛窦的书①大加赞赏。人们多次听康熙皇帝说过,他一点都不怀疑,鉴于基督教的神圣的教义和它在中国传播所获的成功,总有一天这种宗教会成为这个帝国的主要宗教。"②

康熙在和白晋、张诚的交往中了解到法国的情况;他也希望在中国建立一所像法国那样的科学院,于是就让白晋返回欧洲,再招募一些传教士来中国。他还让白晋带去了给路易十四大帝的礼物和书籍。

白晋在巴黎所做的最重要的事就是写了《康熙皇帝传》,并在法国出版。前面我们已经介绍了这本书在西方汉学史上的地位。"1698 年,白晋顺利地完成了招募新传教士的使命。法王路易十四批准'安菲特里'号商船首次航行中国。白晋携带法王回赠给康熙的礼物,乘坐此船返回中国。同行的有他招募来的耶稣会士巴多明、马若瑟、雷孝思等人。"③

在"礼仪之争"中,白晋明确地站在维护利玛窦路线一边,他的表现受到了康熙的表扬。"礼仪之争"对白晋的思想产生了重要的影响,索隐思想的产生和提出与此有着直接的联系。

1693 年 6 月皇太子胤礽召见刘应和白晋,当时皇太子胤礽在几个皇子中对中国古代文化最了解,对古籍也是很有研究的。当他问刘应任何一本古书时,刘应都可以对答如流,这让胤礽很震惊。他从五经中抽出些段落让刘应解释,刘应也可以很简明地回答。胤礽高度赞扬了刘应,认为他是欧洲人中最懂中国的人。胤礽和刘应讨论儒家和基督教的问题,问他二者是否一致,儒家的思想是不是和基督教的教理很不一样。刘应认为,儒家的学说不但和基督教的教理不矛盾,而且还很统一。但是,刘应补充说《易经》是个例外,他认为那只是一本用来算命的书,所以要拒绝它。胤礽很赞同他的其他观点,但不同意刘应对《易经》的看法,他说:"到现在为止没有一个人能理解《易经》的真实意义。"

这次召见对白晋很有影响,他从中得出以下几条结论:1. 为了能和中国人对话,欧洲的传教士必须了解中国的古籍;2. 只有证明基督教和儒家的学说相

---

① 这里指的可能是利玛窦所作《天主实义》一书。
② JB, p.20.
③ 吴伯娅:《康雍乾三帝与西学东渐》,宗教文化出版社,2002 年,第 277 页。

统一,才有可能消除中国人对异教即基督教的抵抗情绪;3.《易经》在华受特殊
的尊敬,对中国人来说是一本神秘的书,如果能用基督教的教理来解释它,或许
能更容易感化中国人。① 显然,这次谈话对白晋的影响很大。

第一次将白晋、马若瑟、郭中传、傅圣泽看成一个派别,"将这四位鸿儒定位
为耶稣会索隐派的看法,可能是从法国人文主义者弗雷列(Nicolas Freret)和居
于北京的宋君荣之间的通信中得来的。在其信中,白晋、马若瑟、郭中传与傅圣
泽,被一种轻蔑的口吻归类为索隐论者。这个术语被对此极为感兴趣的宋君荣
所接受。② 白晋本人明确地表明这一立场是在 1697 年 8 月 30 日他从法国枫丹
白露寄出的一封信中。在这封信中白晋首次提到了"索隐派"的观点③。这封
信有三个主要段落:1.表明中国人的"天""上帝"等概念指的就是上主,并对禁
止使用这些术语对传教造成的不良后果进行了阐述;2.报告了在华耶稣会教堂
里挂着的"敬天"匾额的具体情况;3.为受到阎当攻击的利玛窦、卫匡国和康熙
皇帝辩护。

他进一步指出,被阎当称作是错误的、欠考虑的和骇人听闻的上述三个结
论,对在华传教活动来说具有不可或缺的重要意义。

白晋还宣称,自己已经找到了一条正确解析中国哲学原理的道路,中国哲
学至少与柏拉图和亚里士多德的哲学是同等的。白晋相信《易经》的伟大之处
是可以被揭示的,但是要通过基督教的方法去解释那些被伏羲——中国第一位
哲学家也是第一个创立起自己王国的人——隐藏在《易经》中的"神秘的符号"
后的认识。如果能向中国人证明基督教和他们古老的哲学是一致的,那么无论
从心理还是思想上,中国人就会更容易接受基督教了。但是,当时盛行的那些
新儒家思想并不适用于这一目的。白晋还写了与此有关的他已准备多时的另
外几个报告,并希望能在罗马赢得胜利。

①　JB, p. 30.

②　Michael Lacker, "Jesuit Figurism," Thomas H. C. Lee, China and Europe: *Images and Influences in Sixteenth to Eighteenth Centuries*, Chinese University of Hongkong Press, 1991, p. 132—133.

③　See John W. Witek, *Controversial ideas in China and in Europe: a biography of Jean-François Foucquet*, S. J., *1665—1741*, Institutum Historicum S. I, 1982, p. 119; Henri Bernard-Maitre, *Sagesse chinoise et philosophie chrétienne*, E. J. Brill, 1935, p. 145f.

康熙四十七年(1708)白晋参加了康熙组织的测量全国地理数据、绘制中国地图的工作。从参与最初绘制到最后完成,白晋整整用了九年时间。

雍正八年五月(1730 年 6 月),白晋病逝在北京,终年 74 岁。

第三节　白晋的著作

按照费赖之的记载,白晋主要的代表著作有《康熙皇帝传》《古今敬天鉴》《几何原本》(满文)、《汉法小字典》《易经释义》《旅行日记》《致莱布尼茨的通信》。由于白晋的索隐派思想不被耶稣会所接受,所以,他的主要著作都未出版。现在在梵蒂冈图书馆和耶稣会档案馆中仍藏有大量的白晋手稿。[①]

因傅圣泽、马若瑟和白晋都是一派的,他们的著作也都未出版,许多手稿也放在梵蒂冈图书馆和耶稣会档案馆,这些手稿之间的关系至今没有被很好地研究。[②] 笔者根据在梵蒂冈阅读的经历,将藏在梵蒂冈图书馆中的有关白晋研究《易经》的中文文献做了初步清理。

笔者在梵蒂冈图书馆工作时使用的是两种目录:一种是以伯希和《梵蒂冈图书馆所藏汉文写本和印本简明目录》(*Inventaire Sommaire des Manuscrits et Impremés Chinois de la Bibliothèque Vaticane*)为基础,由当代日本学者高田时雄(Takata Tokio)重新整理,并于 1995 年出版的目录;一种是梵蒂冈的华裔图书馆员余东编的《梵蒂冈图书馆藏早期传教士中文文献目录(十六至十八世纪)》(*Catalogo delle opere Cinesi Missionarie Della Biblioteca Apostolica Vaticana*〈*XVI-XVIII Sec.*〉)目录,该书 1996 年由梵蒂冈图书馆出版。

两种目录各有特点,高田时雄整理的伯希和目录内容广泛,凡藏于梵蒂冈的中文文献都有注录,同时也有与中国有关的欧洲语言的书籍的注录,还有满、藏、蒙、越等各类文字的文献。由于梵蒂冈有关中国的文献以柏应理 1685 年从中国返回罗马时所带的中文文献为基础开始收藏,以后通过不同的途径不断收入了一些中文或有关中国的书,故伯希和的目录是完全根据这些图书收入梵蒂

---

① 参阅 JB。

② 参阅魏若望:《耶稣会士傅圣泽神甫传:索隐派思想在中国及欧洲》,吴莉苇译,大象出版社,2004 年。

冈的不同时间而形成的分类来编目的,共分为 8 个部分。余东目录实际上是一个专题性目录,这点在标题上就可以看出,她仅以 16—18 世纪早期传教士的中文图书为目标,因而在目录的分类上是以传教士的人名的字母为序而排列的,对于无作者的文献,她在书中也专列在后。

两本目录都有完备的索引系统,高田时雄整理的伯希和目录后的索引是按著作的拼音排序,采取拼音和中文并列的办法,这样使用者可从索引很容易回检出每一本书在目录中的位置。余东的目录除了这种按书名的索引以外,还有一个按人名检索的索引,使用起来也十分方便。

笔者在梵蒂冈图书馆工作期间基本上把余东目录提供的 16—18 世纪早期传教士的中文著作翻阅了一遍,由于这批文献数量很大,非一篇论文所能介绍完,故笔者这里仅就梵蒂冈图书馆所藏的白晋有关《易经》的稿本收藏做一个初步的探讨。

(一)余东目录的著录情况。

余东目录是按人物编排的,因此对白晋读《易经》的文献著录十分明确,她的目录中涉及白晋读《易》的文献有:

①25—1 天学本义(敬天鉴)①

②26—2 易引(易考)二卷

③27—3 择集经书天学之纲(天学本义)

④28—4 总论布列类洛书等方图法

⑤29—5 天象不均齐考古经籍(据古经传考天象不均齐)

⑥30—6 太极略说

⑦31 7 释先天未变始终之数由天尊地卑图而生

⑧32—8 易学外篇原稿十三节

⑨33—9 易学外篇八节

⑩34—10 易学总说

⑪35—11 易经总说汇(算法统宗,开方求廉原图)

----

① 这里的"25—1"是余东目录的编号,下同。

⑫36—12 易稿

⑬37—13 易轮

⑭38—14 易论自序

⑮39—15 周易原义内篇

⑯40—16 周易原旨探目录　理数内外三篇

这样，余东目录中注明白晋读《易经》的文献共有 16 篇。

伯希和目录是按梵蒂冈图书馆内收藏有关中文图书的藏点来编的，因此他分类的 8 个部分中，重复收藏的情况很突出。但高田时雄做了一个很好的人名索引放在目录后，从而可以按人名检索。

伯希和目录中涉及白晋读《易经》的文献有：

①Borgia Cinese 317—4 易考①。

伯希和在其目录中说："此书是关于《易经》与《圣经》传统相通之论，作者应是白晋。"

②Borgia Cinese 317—5 太极略说

伯希和在其目录中说："在其封页 b 上写有'关于平方根和立方根的中文著作，没有给巴多明 1711 年。AL'occasi òn du Tcun Pi du P. B.'。"在这条注释的后面还提到了白晋的《天尊地卑图》，这幅图在《太极略说》的最后几页也有提及。②

③Borgia Cinee 317—6 易引原稿

伯希和在其目录中说："这是《易考》第一部分文章的原始草稿。"《易考》他已经确定为白晋所作，自然这份文献也是白晋所作。

④Borgia Cinese 317—9 大易原义内篇

伯希和在其目录中说："关于《易经》的原始意思。""经文"段落后有"内意"

---

① "317—4"是伯希和目录的编号，下同。

② 实际上在这里伯希和也并未明确说明这份文献归属白晋，它的归属下面我们还要讨论。

的段落,"内意"段落又分为"内意纲"和"内意日"。封页 B,第一条注释为"送给傅圣泽、马若瑟、沙守信",第二条注释为"马若瑟未读到"。伯希和说:"通过排除,本书应为白晋所作。"

⑤Borgia Cinese 317—15 天学本义

这样伯希和目录中注明白晋读易文献的有 5 种,其中未注明作者的有关《易经》的文献有:

①Borgia Cinese 317—1 周易原旨探目录(伯希和估计可能为写马若瑟所做)

②Borgia Cinese 317—2 易论

③Borgia Cinese 317—3 易经总说稿

④Borgia Cinese 317—7 易稿

⑤Borgia Cinese 317—8 易学总说(易学外编,天尊地卑图)

⑥Borgia Cinese 317—10 易学外篇

⑦Borgia Cinese 317—11 释先天未变始终之数由,天尊地卑图而生。

⑧Borgia Cinese 317—12 总论布列类洛书等方图法

⑨Borgia Cinese 317—13 据古经传考天象不均齐

⑩Borgia Cinese 317—14 天象不齐考古经籍解

⑪ Borgia Cinese 317—16 易论

余东目录中明确注明白晋读易的文献共 16 篇,伯希和目录中明确注明的白晋读易文献共 5 篇,未注明作者的传教士读易文献 11 篇。而这 11 篇余东在她的目录中都已注明了与伯希和目录的互见情况,所注的互见目录号正好和上面伯希和所著录的未有明确作者的 11 种目录号相同。如果把伯希和目录中的明确著录的和尚未明确作者的两种读《易》文献加起来正好也是 16 篇,这说明余东目录编目在后,她在高田时雄的整理的基础上又前进了一步,她将原伯希和未注明的 11 种读易文献明确归之为白晋所作。

这 11 种文献中有些文献在标题上略有差异,现列表如下:

编号	余东目录编号	文献标题	伯希和目录编号	文献标题
1	38—14	易论自序	Borgia Cinese 317—2	易论
2	35—11	易经总说汇	Borgia Cinese 317—3	易经总说稿
3	39—15	周易原义内篇	Borgia Cinese 317—9	大易原义内篇
4	33—9	易学外篇八节	Borgia Cinese 317—10	易学外篇

　　梵蒂冈图书馆中有些中文文献未注明作者,余东目录将这类文献专列"无名氏"一栏,伯希和目录则在每个这样的条目中注明"无作者"。笔者初步统计到,涉及《易经》的未注明文献有以下几种:

编号	余东目录号	余东目录文献名	伯希和目录号	伯希和目录文献名	备注
1	409	麟之趾	Borgia Cinese 318—4(d)	麟之趾	据我的查阅伯希和目录 Borgia Cinese 318—4 号标题为"算法统宗难题"内共有 5 份文献:
2	409	算法统宗难题	Borgia Cinese 318—4 (a)(c)	Problèmes d'arith-mètique Problèmes mathém-atique Surla conco-rdance entre les tra-ditions chin-oises et les trad-itions occi-dentales; la conve-rture porte《Le cah-iersur henoch Fou hi. Sujet des disp-utes》	①十一卷方程第八章 ②叙曰:古今论文字者必原始包羲氏之画卦矣 ③古之先师,中国与大秦同 ④面象数学以前既已明矣 ⑤麟之趾 余东目录将文献之空名为"字汇序",伯希和目录将文献②③合为 318—4(b) 序号之中。余东目录在 445 号又重新注录此 4 种文献,顺序、文献名同伯希和的注录关系。
3	409	字词汇	Borgia Cinese 318—4(b)		
4	409	古之先师,中国与之大秦同	Borgia Cinese 318—4(b)		

续表

编号	余东目录号	余东目录文献名	伯希和目录号	伯希和目录文献名	备注
5	410	论中国经书与大秦经同	Borgia Cinese 439（c）		
6	423	Notes Critiques pour entrer dans L'intelligence de I'Y 易 King 经 Ms. DEI 1731 1731 年写本	Borgia Cinese 361—1（b）	Notes Critiques Pour entrer dans L'intelligence de I'Y King 124 pages. A La fin,《 ce 12 octobre 1731》	此文献为《易经》的西文翻译无译者，应为西方汉学早期重要文献
7	427	周易理数	Borgia Cinese 361—4(I)	周易理数	伯希和目录的 Borgia Cinese 361—（2—6）没有详注，统一说明为耶稣会士的易经研究中文文献
8			Borgia Cinese 361—4（II）	天尊地卑之图	余东和伯希和目录都未详注，但伯希和目录有一句简要的概括，建见上条
9			Borgia Cinese 361—4（III）	五角五边象数总图	
10	428	周易义例	Borgia Cinese 361—2	周易义例	同编号 7 的备注

续表

编号	余东目录号	余东目录文献名	伯希和目录号	伯希和目录文献名	备注
11			Borgia Cinese 361—5	易学外篇九节	余东目录未注出
12			Borgia Cinese 361—6	易学外篇原稿	余东目录未注出
13	430	易经诸家解说	Borgia Cinese 361—3	易经诸家解说	同编号 7 的备注
14			Borgia Cinese 361—3,4	易解（上下）	余东目录未注出
15	443	先天后天奇偶诸数方图诸象根原之真图	Borgia Cinese 518—14	Figures manuscrites se rapportant aux mêmes recherches	

　　这样余东目录和伯希和目录中尚未注明作者的有《易经》的文献 15 份。根据笔者的阅读,梵蒂冈图书馆这批中文文献实际上只是一个简编号,每个编号中含多份文献。尤其是白晋读《易》这部分文献多为抄本和散页,因而疏漏部分仍有,需进一步深入研究。

　　我们做一个简单归纳:根据余东目录和伯希和目录,已经明确归白晋所做的读易文献有 16 份,尚未明确归白晋所做的读易文献有 15 份。[①]

①　这些研究易经的文献很可能是白晋、傅圣泽、马若瑟所作,但笔者现在尚不能分清每件文献的归属。

以白晋为代表的耶稣会内部的索隐派汉学研究是来华传教士汉学研究中数量最大、涉猎文献最多，因而也是汉学成就最高的一批汉学家，这样对他们的研究成为传教士汉学研究中最为艰辛的一部分。其一，索隐派当时受到打击，文献统统不许出版，现在他们的文献全部藏在欧洲图书馆，从而造成研究的困难。其二，索隐派为证明自己的观点，将自己的全部力量放在对中国文献的考证和研究上，涉及文献之广，令人惊叹！这也对研究者提出了挑战。那些以为只要外语好就可以做汉学研究的人，是根本无法进入索隐派研究的。可以说，这是一座尚未完全开采的传教士汉学研究的宝库。今天我们仍列不出一个白晋全部著作表。这里笔者所做的仅仅是将他有关《易经》研究的中文文献做一个初步的梳理。

第四节　康熙与白晋的《易经》研究

在康熙皇帝的直接安排下，白晋等人对中国的经典《易经》进行了长达五年多的研究，这是清前期中西文化交流史上的重要事件。近年来国内外学者对这个问题已经做了部分研究，并取得了一些进展。① 但由于白晋研究《易经》的中文原始文献尚未公布，绝大多数学者在研究中还不能使用这批中文文献，从而使这一问题的研究仍然处在若明若暗之中，许多问题还未解决。这里笔者依据梵蒂冈图书馆所藏白晋读《易》的原始文献，并吸取近年来国内外在这一问题上的研究成果，对通过《易经》研究在康熙和白晋之间所展开的文化对话做一系统

---

① JB；John W. Witek, *Controversial ideas in China and in Europe：a biography of Jean-Franéois Foucquet*, S. J., *1665—1741*, Institutum Historicum S. I, 1982. 国内学者最早研究这个问题的是已故的阎宗临先生，他于 1941 年在《扫荡报》副刊《文史地》上发表了他从梵蒂冈图书馆带回的一系列重要文献，这些文献以后绝大多数被方豪先生采用。参见阎守诚编：《阎宗临史学文集》，山西古籍出版社，1998 年；阎宗临：《传教士与法国早期汉学》，阎守诚编，大象出版社，2003 年；计翔翔：《博综史料　兼通中西〈阎宗临史学文集〉读后》，黄时鉴主编：《东西交流论谭（第二集）》，上海文艺出版社，2001 年，第 347—368 页；罗丽达：《白晋研究〈易经〉史事稽考》，《汉学研究》1997 年第 15 卷第 1 期；韩琦：《白晋的〈易经〉研究和康熙时代的"西学中源"说》，《汉学研究》1998 年第 16 卷第 1 期；吴伯娅：《康雍乾三帝与西学东渐》，宗教文化出版社，2002 年；张西平：《梵蒂冈图书馆藏白晋读〈易经〉文献初探》，韩琦：《再论白晋的〈易经〉研究：从梵蒂冈教廷图书馆所藏手稿分析其研究背景、目的及反响》，荣新江、李孝聪主编：《中外关系史：新史料与新问题》，科学出版社，2004 年，第 305—314、315—323 页。

的分析和研究。

一、康熙安排白晋等人研究《易经》的基本历史情况

白晋著有《天学本义》[①]，在此书自序中他提到了《易经》："秦始皇焚书，大易失传，天学尽失。"他写作这本书的目的在于恢复天学，上卷是"择其小经文论上天奥妙之大要"，下卷是"择集士民论上天公俗之语"[②]，如韩琰在给白晋《天学本义》写序中所说："此书荟萃经传，下及方言俗语，其旨一本于敬天。"[③]此时，白晋研究的内容虽然涉及《易经》，但尚未把注意力完全集中在《易经》的研究上。

目前发现康熙安排白晋读《易》最早的文献是这样记载的："四月初九日，李玉传旨与张常住：据白晋奏说，'江西有一个西洋人，曾读过中国的书，可以帮得我。'尔传于众西洋人，着带信去将此人叫来。在白晋画图用汉字的地方，着王道化帮着他略理。遂得几张，连图着和素报上，带去。如白晋或要钦天监的人，或要那里的人，着王道化传给。钦此。"[④]据学者考证，这份文献的时间应是在康熙五十年(1711)。[⑤]傅圣泽进京后和白晋一起研究《易经》，康熙对他们的研究情况也十分关心。"臣傅圣泽在江西叩聆圣旨，命臣进京相助臣白晋同草《易经》稿。臣自愧浅陋，感激无尽。因前病甚弱，不能陆路起程，抚院钦旨即备船

① Maurice Courant, *Bibliothéque Nationale Département des Manuscrits*、*Catalogue des Livres Chinois Coréens*,*Japonais*,*etc.*, (*Paris*,1912)；Chinois 7160《天学本义》；Chinois 7163《古今敬天鉴》(上卷)；Chinois 7161《古今敬天鉴》(下卷)。余东《梵蒂冈图书馆藏早期传教士中文文献目录(十六至十八世纪)》(Yu Dong, *Catalogo Delle Opere Cinesi Missionarie Della Biblioteca Apostolica Vaticana* ＜ *XVI—XVII sec.* ＞, CittàVaticano,1996；25—1《天学本义》。参见伯希和《梵蒂冈图书馆所藏汉文写本和印本简明目录》(*Inventairesommmaire des Manuscripts et Impremés Chinois de La Bibliothèque Vaticane*)；Borg. Cinese 316(14)《古今敬天鉴天学本义》。

② 梵蒂冈图书馆 Borg. Cinese 316(14)《天学本义》白晋自序。

③ 梵蒂冈图书馆 Borg. Cinese 316(14)《天学本义》韩琰序。

④ 此原始文献有两份抄件，个别字略有不同，如其中一份将句中"料理"写成"略理"，将"或用那里的人"写成"或要那里的人"。阎宗临选了其中没有涂改字的文献。梵蒂冈图书馆 Borg. Cinese 439(b)，参见阎宗临：《传教士与法国早期汉学》，阎守诚编，大象出版社，2003 年，第 169 页；方豪《中国天主教史人物传》，宗教文化出版社，2007 年，第 419 页。

⑤ 当时的江西巡抚朗廷枢在康熙五十年五月十五的奏折中，提到将送江西的传教士傅圣泽进京。罗丽达对方豪所讲到的有关白晋读易的十份文献做了很好的研究，参见罗丽达：《白晋研究〈易经〉史事稽考》，《汉学研究》1997 年第 15 卷第 1 期。

只,诸方供应,如陆路速行。于六月二十三日抵京。臣心即欲趋行宫,恭请皇上万安,奈受暑气不能如愿,惟仰赖皇上洪福,望不日臣躯复旧,同臣白晋竭尽微力,草《易经》稿数篇,候圣驾回京,恭呈御览。"①

在白晋研究《易经》的过程中,康熙十分关注,多次问到此事。"七月初五日,上问:'白晋所释《易经》如何了?钦此。'王道化回奏:'今现在解《笔法统宗》之攒九图、聚六图等因具奏。'上谕:'朕这几个月不曾讲《易经》,无有闲着;因查律吕根原,今将黄钟等阴阳十二律之尺寸积数,整音、半音、三分损益之理,俱已了然全明。即如箫笛、琵琶、弦子等类,虽是玩戏之小器,即损益之理,查其根源,亦无不本于黄钟所出。白晋释《易经》,必将诸书俱看,方可以考验;若以为不同道则不看,自出己意敷衍,恐正书不能完,即如邵康节乃深明《易》理者,其所占验,乃门人所记,非康节本旨,若不即其数之精微以考查,则无所倚,何以为凭据?尔可对白晋说:必将古书细心校阅,不可因其不同道即不看;所释之书,何时能完,必当完了才是。钦此。'"②这是康熙对白晋研究《易经》的具体指导,告诫他如何读书。从这段话我们可以看出,康熙不仅自己认真研究中国传统的数学、律吕和《易经》的象数之学,而且对白晋提出批评,"不可因其不同道则不看",也不要敷衍了事。这说明康熙心中十分清楚白晋的想法,知道他作为一个传教士在理解《易经》上会有些问题。

《易经》为六经之首,作为一个外国传教士,读懂并非易事。白晋在回给康熙的奏书中也道出其苦衷。"初六日奉旨:'问白晋尔所学《易经》如何了?钦此。''臣蒙旨问及,但臣系外国愚儒,不通中国文义;凡中国文章,理微深奥,难以洞彻;况《易经》又系中国书内更为深奥者。臣等来中国,因不通中国言语,学习汉字文义,欲知中国言语之意。今蒙皇上问及,所学《易经》如何了?臣等愚昧无知,倘圣恩不弃鄙陋,假年月,容臣白晋同傅圣泽细加考究,倘有所得,再呈

---

① 梵蒂冈图书馆 Borg. Cinese 439(a),参阅方豪:《中国天主教史人物传》,宗教文化出版社,2007 年,第 419 页。

② 梵蒂冈图书馆 Borg. Cinese. 439(a)。原文献有两个抄本,文献中有"亦无不本于黄钟所出"句,阎本和方本均改为"亦无不本于黄钟而出"。参见阎宗临:《传教士与法国早期汉学》,阎守诚编,大象出版社,2003 年,第 170 页;方豪:《中国天主教史人物传》,宗教文化出版社,2007 年,第 419—420 页。

御览,求圣恩教导,谨此奏闻。"①由此可见,康熙对白晋等人研究《易经》活动抓得很紧,他们似乎跟不上康熙的要求和期望。

傅圣泽进京后原本是和白晋一起研究《易经》,但后来两人在认识上有了分歧②,梵蒂冈的一份文献说明了这一点。"有旨问,臣白晋你的《易经》如何?臣叩首谨奏。臣先所备《易稿》粗疏浅陋,冒渎皇上御览,蒙圣心宏仁宽容,臣感激无极。臣固日久专于《易经》之数管见,若得其头绪尽列之于数图,若止臣一人愚见,如此未敢轻信。傅圣泽虽与臣所见同,然非我皇上天纵聪明,唯一实握大易正学之权,亲加考证,臣所得易数之头绪不敢当,以为皇上若不弃鄙陋,教训引导,宽假日期,则臣二人同专心预备,敬呈御览。"③这是白晋隐晦地告诉康熙两人在研究上的分歧,他希望康熙来定夺。这说明康熙对白晋等人研究《易经》的细节是很注意的。

傅圣泽于康熙五十年进京协助白晋研究《易经》。他和白晋有了分歧后,康熙就安排他做数学和天文的研究。他在康熙五十二年四月给康熙的奏书中说:"臣傅圣泽系外国愚儒,不通中国文义,蒙我皇上洪恩,命臣纂修历法之根。去岁带至热河,躬亲教导,实开茅塞。《日躔》已完,今岁若再随驾,必大获益,奈自去口外之后,病体愈弱,前病复发。其头晕头痛,迷若不知,即无精力。去岁犹有止时,今春更甚,几无宁息,不可以见风日。若再至口外,恐病体难堪,抑且误事。惟仰赖我皇上洪恩,留臣在京,静养病躯。臣尝试过,在京病发之时少,而且轻,离京则病发之时多,而且重,今求在京,望渐得愈,再尽微力,即速作历法之书,可以速完。草成《月离》,候驾回京,恭呈御览,再求皇上教导。谨此奏闻。

――――――――――

① 梵蒂冈图书馆 Borg. Cinese 439(a),原文献中有"假年月"句,阎本和方本均改为"假半月"。参见阎宗临:《传教士与法国早期汉学》,阎守诚编,大象出版社,2003 年,第 170 页;方豪:《中国天主教史人物传》,宗教文化出版社,2007 年,第 420 页。

② 参见 John W. Witek, *Controversial ideas in China and in Europe: a biography of Jean-Franéois Foucquet, S. J., 1665—1741*, Institutum Historicum S. I, 1982, p. 202.

③ 梵蒂冈图书馆 Borg. Cinese 439(a)。此文献阎宗临当年未抄录。

康熙五十二年四月日。"①这说明傅圣泽全力协助白晋研究《易经》的时间不过两年,以后两人在《易经》研究上有了分歧,傅圣泽就主要做数学和天文学研究了。当然,傅圣泽自己对《易经》的研究并未停止,他自己在这一段时间仍然写了不少研究《易经》和中国文化的论文。②

白晋作为"索隐派"的主要成员,在"礼仪之争"中处在很尴尬的境地。一方面,他反对阎当代表的巴黎外方传教会等派别对中国文化的看法;另一方面,由于想推进和加深利玛窦的思想和路线,他和耶稣会原有思想和路线产生了矛盾。白晋将这种矛盾告诉了康熙:"臣白晋前进呈御览《易学总旨》,即《易经之内意》与天教大有相同,故臣前奉旨,初作《易经稿》,内有与天主教相关之语。后臣傅圣泽一至即与臣同修前稿,又增几端,臣等会长得③知,五月内有旨意,令在京众西洋人同敬谨商议《易稿》所引之经书。因④寄字与臣二人云,尔等所备御览书内,凡有关天教处,未进呈之前,先当请求旨请皇上会允其先查详悉。臣二人日久专究《易》等书奥意,与西土古学相考,故将己所见,以作《易稿》,无不合于天教,然不得不遵会长命,俯伏祈请圣旨。"⑤这件事实际上涉及耶稣会内部在"礼仪之争"中的矛盾,白晋为证明利玛窦路线的正确性,采取索隐派的做法,认为中国的《易经》等古籍中就有神迹。其他耶稣会士认为白晋走得太远了,如果照白晋的理解,中国倒成了天学之源。所以,在京的其他耶稣会士要求,白晋所有上交给康熙的文稿都要审查。耶稣会的这种做法实际上是教权对皇权的一种挑战,无疑会使康熙很反感。有的学者认为,耶稣会的这种做法可

---

① 梵蒂冈图书馆 Borg. Cinese 439(a),在这份文献的"恐病体难堪,抑且误事"一句中,阎宗临和方豪少抄了"抑",但在"恐病体难堪"后加了一个"折",这个字原稿没有,方豪在使用这个文献时也有疑虑,认为"折字下疑有磨字",这是误判。"臣尝试过,在京病发之时少,而且轻"一句,阎和方本漏"且"字。参见阎宗临:《传教士与法国早期汉学》,阎守诚编,大象出版社,2003年,第170页;方豪:《中国天主教史人物传》,宗教文化出版社,2007年,第422页。

② John W. Witek, *Controversial ideas in China and in Europe: a biography of Jean-Franéois Foucquet*, S. J., *1665—1741*, Institutum Historicum S. I, 1982, p. 164—207.

③ 阎宗临和方豪写为"通",参见方豪:《中国天主教史人物传》,宗教文化出版社,2007年,第420页。

④ 原稿有"会长"后删去。

⑤ 梵蒂冈图书馆 Borg. Cinese 439(a—h),参阅方豪:《中国天主教史人物传》,宗教文化出版社,2007年,第420页。

能是导致康熙逐渐对白晋研究《易经》失去兴趣的原因之一。[①]

随着"礼仪之争"的深入,梵蒂冈和康熙的矛盾日益加深,入华传教士内部的矛盾也日趋尖锐,康熙逐渐失去了对白晋研究《易经》的兴趣。"五十五年闰三月初二日,为纪理安、苏霖、巴多明、杜德美、杨秉义、孔禄食、夏大成、穆敬远、汤尚贤面奏折,上将原奏折亲交与纪理安等。谕赵昌、王通化、张常住、李国屏、佟毓秀、伊都立;尔公同传与白晋,纪理安等所奏甚是。白晋他作的《易经》,作亦可,不作亦可。他若要作,着他自己作,不必用一个别人,亦不必忙,俟他作全完时,再奏闻。钦此。"[②]尽管如此,康熙仍很宽容,让白晋继续进行《易经》的研究。

这样我们看到,从康熙五十年(1711)到康熙五十五年(1716),在长达五年的时间里,康熙亲自组织了白晋等人的《易经》研究,并随时解决在研究中的各种问题。这在当时应是件大事。康熙为什么要让白晋等人读《易经》呢? 这是一个很值得需要我们深入研究的问题。

二、康熙让白晋研究《易经》的目的及其影响

让一个外国传教士研究《易经》,现在看起来有些奇怪,但康熙这样做是有内在原因的。

首先,康熙对科学的兴趣很大,这是康熙安排白晋研究《易经》的重要原因之一。从汤若望和杨光先的历法之争开始,康熙就对西方科学有了兴趣,正如他事后所说:"朕幼时,钦天监汉官和西洋人不睦,相互参劾,几至大辟。杨光

---

①　白晋在这里讲的会长是谁? 罗丽达认为是意大利耶稣会士骆保禄(Jean-Paul Gozani,1647—1732),韩琦正确地指出不是骆保禄,认为是否为殷弘绪仍待研究。因为此时殷弘绪是法国来华耶稣会的总会长,让白晋和傅圣泽将所有送给康熙看的研究《易经》的文稿送给会长看的指令是他下的,但具体去落实这一指令的是法国在华耶稣会北京教区的会长龚当信,也就是说,当时给白晋写信并具体审查他给康熙的书稿的人是龚当信,而不是殷弘绪。而且殷弘绪在1711年时也不在北京,而是在江西,他是1722年才到北京。参阅 John W. Witek, *Controversial ideas in China and in Europe: a biography of Jean-Franéois Foucquet, S. J., 1665—1741*, Institutum Historicum S. I, 1982, pp.176—179;费赖之:《在华耶稣会士列传及书目(上册)》,冯承钧译,中华书局,1995年,第550页;罗丽达:《白晋研究〈易经〉史事稽考》,《汉学研究》,1997年第15卷第1期。

②　梵蒂冈图书馆 Borg. Cinese. 439(a),参见方豪:《中国天主教史人物传》,宗教文化出版社,2007年,第422页。

先、汤若望于午门外九卿前,当面赌测日影,奈九卿中无一人知法者。朕思,己不知,焉能断人之是非? 因自愤而学焉。"(《圣祖仁皇帝庭训格言》)在中国历史上像康熙这样热爱西方科学,用心学习西方科学的皇帝可能仅此一人。[1] 康熙即位不久就请南怀仁为其讲授天文数学,后又将张诚、白晋等留在身边给他讲授几何学。康熙对数学的热情一直保持着,康熙五十二年他下令开蒙养斋,让三皇子允祉直接来管,下旨:"谕和硕诚亲王允祉等,修辑律吕算法诸书,着于养蒙斋立馆,并考定坛庙宫廷乐器。举人赵海等四十五人,系学算法之人。尔等再加考试,其学习优者,令其修书处行走。"(《清圣祖实录》卷 256)同年六月十七日和素给康熙的奏报称:"西洋人吉利安、富生哲、杨秉义、杜德海将对数表翻译后,起名数表问答,缮于前面,送来一本。据吉里安等曰:我等将此书尽力计算后,翻译完竣,亦不知对错。圣上指教夺定后,我等再陆续计算,翻译具奏,大约能编六七本。"[2] 这说明康熙当时在研究数学问题,对数学有着极大的兴趣。康熙五十一年,康熙到热河避暑山庄,将陈厚耀、梅珏成等人都带到承德,同他们讨论《律历渊源》的编写[3],第二年命诚亲王允祉等人"修律吕、算法诸书"[4]。

很清楚,康熙安排白晋等人研究《易经》正是他热衷于西方数学之时。《易经》研究在中国的经学解释史上历来就有"义理派"和"象数派"两种解释路向,因为《易经》本身是符号系统和概念系统的结合体,所以这两种解释方法都有其内在的根据,且皆有著作传世。在象数派的著作中包含了许多数学的内容,如郑玄所作的"九宫数是世界上最早的矩阵图"[5]。康熙对邵雍等象数派的《易经》研究也十分清楚。康熙五十年二月在和直隶巡抚赵宏燮论数时,康熙说:"算法之理,皆出于《易经》。即西洋算法亦善,原系中国算法,彼称阿尔朱巴尔。阿尔朱巴尔者,传自东方之谓也。"(王先谦《东华录》"康熙八九")这段话说明康

[1]　参见白晋著,冯做民译:《清康乾两帝与天主教传教史》,光启出版社,1966 年;杜文凯编:《清代西人见闻录》,中国人民大学出版社,1985 年。
[2]　中国第一历史档案馆编译:《康熙朝满文朱批奏折全译》,中国社会科学出版社,1996 年,第 878 页。
[3]　李迪编著:《中国数学史简编》,辽宁人民出版社,1984 年,第 266 页。
[4]　赵尔巽等撰:《清史稿》第七册,卷 45,时宪志,中华书局,1976 年,第 169 页。参见吴文俊主编:《中国数学史大系(第七卷)》,北京师范大学出版社,2000 年。
[5]　董光璧:《易图的数学结构》,上海人民出版社,1987 年,第 14 页。

熙把对数学的兴趣和中国的典籍《易经》结合了起来,两个月后就传旨江西巡抚郎廷极,让傅圣泽进京协助白晋研究《易经》。

梵蒂冈图书馆也有康熙研读阿尔热巴拉法的文献,说明了康熙当时对数学的兴趣。"谕王道化。朕自起身以来每日同阿哥等察阿尔热巴拉,最难明白,他说比旧法易。看来比旧法愈难,错处亦甚多,鹘突处也不少。前者朕偶尔传与在京西洋人开数表之根,写得极明白。尔将此上谕抄出并此书发到京里,去着西洋人共同细察,将不通的文章一概删去,还有言者甲乘甲、乙乘乙总无数日,即乘出来亦不知多少,看起来此人算法平平尔,太少二字即可笑也。特谕。"①从这里可以看到,当时康熙对数学简直到了着迷的程度。这份文献也说明,在康熙学习数学的过程中,白晋等传教士起着重要的作用。白晋之所以能参与此事,是因为白晋入宫后曾和张诚一起用满文给康熙讲授《几何学》,他做过康熙的数学老师,康熙对他的数学能力是充分信任的。另外,在当时的传教士中,白晋的中国文化基础最好,康熙曾说:"在中国之众西洋人并无一人通中国文理者,惟白晋一人稍知中国书义,亦尚未通。"②康熙认为,能完成此事的非白晋莫属。③

白晋对康熙的想法应该是清楚的,所以从象数的角度研究《易经》是他研究的最重要内容之一。他在《易数象图总说》中说:"内易之秘,奥蕴至神,难测而难达,幸有外易数象图之妙,究其内易之精微,则无不可知矣。"④在《易学外篇》首节中说:"易之理数象图,相关不离,诚哉! 斯言也。盖言理莫如数,明数莫如象,象数所不及者,莫如图以示之。"⑤

在梵蒂冈图书馆所藏文献中,有一个白晋研究《易经》的日程表及康熙读白晋的研究论文后的御批,主要内容就是交流《易经》所包含的数学问题:

　　二十四日。进新改了的释先天未变之原义一节,又释河洛合一,天尊

---

① 梵蒂冈图书馆 Borg. Cinese. 439. a。

② 北平故宫博物院编:《康熙与罗马使节关系文书影印本》,1932 年,第十三件。

③ JB, pp. 124—133。韩琦在《再论白晋的〈易经〉研究:从梵蒂冈教廷图书馆所藏手稿分析其研究背景、目的及反响》中提出这个论点:"由此可看出白晋进讲《易经》的经过及其康熙的意见,从另一侧面也可反映出康熙对《易经》所含数学的浓厚兴趣。"荣新江、李孝聪主编:《中外关系史:新史料与新问题》,科学出版社,2004 年,第 317 页。

④ 梵蒂冈图书馆 Borg. Cinese. 317(8), p. 3。

⑤ 梵蒂冈图书馆 Borg. Cinese. 317(10), p. 1。

地卑图,为先天未变易数象图之原一本,并《历法问答》定岁实法一本,交李三湖呈奏。奉旨:朕俱细细看过了,明日伺候。钦此。

二十五日呈览。上谕:尔等所译之书甚好了,朕览的书合于一处,朕所改已上,所谓地形者之处,可另抄过送上。

七月初四日。呈御笔改过的《易经》,并新得第四节,释天尊地卑图,为诸地形立方诸方象,类于洛书方图之原,及大衍图一张,进讲未完。上谕:将四节合定一处,明日伺候。钦此。

初六日,呈前书并新作的释天尊地卑图,得先天未变始终之全数法图二张,进讲。上谕王道化,白晋作的数甚是明白,难为他,将新作的天尊地卑图,得先天未变始终之全数法并图留下,《易经》明日伺候。钦此。

初七日,进大衍图。上谕:将大衍图留下,朕览,尔等另画一张,安于书内,钦此。谕尔等俱领去收看,钦此。

十二日,进讲类洛书耦数方图之法一节,图一张,呈览。上谕:将耦数方图之法与前日奇数之法合定一处,尔等用心收看,钦此。本日御前太监叶文忠奉旨取去原有御笔写类书方图奇数格一张,并耦数方图一张。传旨,照此样多画几张。钦此。本日画的奇数方图格二张,教太监李三湖呈上,留下。

王道化谨奏初九日恭接得上发下大学士李光地奏折一件,并原图一幅,说册一节与白晋看。据白晋看,捧读之下称,深服大学士李光地,精通易理,洞晓历法。[①]

这里所讲的《天尊地卑图》《释先天未变之原义》《洛书方图》《大衍图》等,均为白晋从象数角度研究《易经》的图和著作。康熙出于一种数学的兴趣,希望白晋研究《易经》,发现其中的数学奥秘。反之,白晋在研究过程中又进一步强化了康熙这方面的兴趣。正如研究者所指出的:正是白晋《易经》研究中的数学和象数的内容"使得康熙领会了其中的数学的奥秘,并使康熙对《易经》的兴趣持续了相当长的一段时间,康熙让一个外国人研究《易经》的原因或在于此"[②]。

---

① 梵蒂冈图书馆 Borgia Cinese 317—4,pp. 22—24。
② 韩琦:《白晋的〈易经〉研究和康熙时代的"西学中源"说》,《汉学研究》1998 年第 16 卷第 1 期。

目前,这个问题仍待进一步研究,以上所提到的白晋所绘制的各种《易经》象数的图式仍有待发现和系统整理。

其次,通过白晋的《易经》研究来证实"西学中源说"。"西学中源说"是清初中西文化交流中的一个重要观点,对清初的思想和学术都产生了较大的影响。谁最早提出了这一思想? 学术界尚有争论。[①] 但有一点可以肯定,康熙四十三年,康熙已经明确提出了这个想法:"论者以古法今法之不同,深不知历。历原出自中国,传及于极西,西人守之不失,测量不已,岁岁增修,所以得其差分之疏密,非有他术也。"(《康熙御制文集》第三集卷一九"三角形推算论")

康熙五十年,康熙在和直隶巡抚赵宏燮论数时说:"算法之理,皆出于《易经》。即西洋算法亦善,原系中国算法,被称为阿尔朱巴尔。阿尔朱巴尔者,传自东方之谓也。"[②]这段话是康熙首次把"西学中源说"和《易经》联系起来,其依据就是"阿尔朱巴尔"。根据这个谈话和时间,可以做出两个判断:其一,康熙在此前已经了解并学习了西方算法阿尔朱巴尔法;其二,开始给康熙讲授这一算法的肯定不是傅圣泽,因为傅圣泽接旨进京协助白晋研究《易经》的时间应是康熙五十年四月以后,即在康熙和赵宏燮谈话之后,魏若望认为傅圣泽是康熙五十一年八月在热河时献给了康熙《阿尔热巴拉新法》,显然值得商榷[③]。

康熙四十二年,张诚、白晋、安多、巴多明、杜德美在给康熙讲授西方数学时已经讲了阿尔热巴拉法。这期间从西方数学所译书中就有《借根方算法节要》。《借根方算法》这个名字有多种译法[④],《东华录》译为"阿尔朱巴尔法",梅文鼎在《赤水遗珍》中作"阿尔热巴拉"。阿尔热巴拉法在数学上指的是代数,出自825年阿拉伯数学家阿尔·花剌子模(Abu Abdulloh Muhammad ibn Muso al-

① 徐海松在《清初士人与西学》(东方出版社,2000年)一书中认为最早提出这一思想的是梅文鼎。王扬宗则认为最早提出的应是康熙,参见王扬宗:《明末清初"西学中源"说新考》,《科史薪传——庆祝杜石然先生从事科学史研究四十年学术论文集》,辽宁教育出版社,1995年。

② 参见江晓原:《试论清代"西学中源说"》,《自然科学史研究》1988年第7卷第2期。

③ 梵蒂冈图书馆 Borgia Cinese 319—4,其法文稿题为《代数纲要》(Abregé d'algièbre)。

④ "《借根方算法节要》上下二卷,共一册,有上述印记(即'孔继涵印','荭谷'及'安乐堂藏书记'诸印)。按孔继涵藏本,尚有十一《借根方算法》原书为三卷矣。其中十二《借根方算法》,八卷一种,又《节要》二卷,不著撰稿人姓氏,藏前故宫博物院图书馆中。"参见李俨、钱宝琮:《李俨钱宝琮科学史全集(第七卷)》,辽宁教育出版社,1998年,第69页。"《数理精蕴》编修前曾有《借根算法节要》一书问世,此书可能是西洋人事后给康熙讲课用的。"吴文俊主编:《中国数学史大系(第七卷)》,北京师范大学出版社,2000年,第326页。

Xorazmiy)所作的 *Al-jabr waal muqābala* 一书,是代数学之祖。"这本书在 12 世纪译成拉丁文时,书名为'Ludus algebrae et almucgrabalaeque',后来简称 algebra,今译为'代数学'。"①

代数学源于东方,后传到西方,康熙说这是"东来之法"并不错。但这个"东"的概念是有很大差异的,"东来"实际上应是源于阿拉伯,而康熙很可能把它理解为源于中国。有学者怀疑,是不是"传教士为讨好康熙皇帝而故意编造的谎话"②。但史无凭证。有一点可以肯定,即在康熙安排白晋研究《易经》以前,他就有了"西学中源"的想法,有了《易经》为西方算法之源的想法。也就是说康熙的这些想法在前,安排白晋研究《易经》在后,这说明康熙安排白晋研究《易经》时有着很强烈的政治意图。因为"西学中源说"实际上是康熙对待西学的一种基本策略,是他在当时的中西文化冲突中所采取的一个重要文化政策。③

当傅圣泽再次向康熙传授阿尔热巴拉新法时,"用天干开首的甲、乙、丙、丁等字表示已知数,用地支末后的申、酉、戌、亥等字表示未知数(和笛卡儿用 a、b、c、d 等字母表示已知数,用 x、y、z 等字母表示未知数相仿),又用八卦的阳爻——作加号,用阴爻——作减号,以＋为等号"④。康熙在学习时很可能想到以《易经》为代表的符号系统,想起他已形成的"西学中源"思想。因此,在安排傅圣泽进京协助白晋研究《易经》以后,康熙再次对阿尔热巴拉法感兴趣。

梵蒂冈图书馆的文献也证实了这一点:

> 启杜、巴、傅先生⑤,知二月二十五日三王爷传旨,去年哨鹿报上发回来的阿尔热把拉书,在西洋人们处,所有的西洋字的阿尔热把拉书查明,一并速送三阿哥处,勿误。钦此。帖到可将报上发回来的阿尔热把拉书并三

---

① 转引自樊洪业:《耶稣会士与中国科学》,中国人民大学出版社,1992 年,第 226 页。

② 同上。

③ 吴伯娅:《康雍乾三帝与西学东渐》,宗教文化出版社,2002 年,第 431—435 页;徐海松:《清初士人与西学》,东方出版社,2000 年,第 352—365 页。

④ 梅荣照:《明清数学概论》,梅荣照主编:《明清数学史论文集》,江苏教育出版社,1990 年,第 8—9 页。

⑤ 指杜德美、巴多明和傅圣泽。

堂众位先生们，所有的西洋字的阿尔热把拉书查明，即送到武英殿来，莫误。二月二十三日　李国屏和素。①

字与杨、杜、纪、傅②四位先生知明日是发报的日子，有数表问答，无数表问答书，四位先生一早进来，有商议事，为此特字。六月二十五日　李国屏　和素。字启：傅先生知尔等所作的阿尔热巴拉，闻得已经完了，乞立刻送来以便平定明日封报，莫误。二月初四　李国屏　和素。

十月十八日奉上谕新阿尔热巴拉，朕在热河发来上谕，原有者众西洋人公同改正，为何只着傅圣泽一人自作，可传众西洋人，着他们众人公同算了，不过傅圣泽一人自作，可与众西洋人，着他们众人公同算了，不过傅圣泽说中国话罢了。务要速完。钦此。王道化。③

康熙前后两次热衷于学习阿尔热巴拉法，一方面和他的数学兴趣有关，另一方面也和他的"西学中源"思想有直接联系。他在指导白晋研究的过程中，提醒白晋在中国的古籍中包含着丰富的数学思想，告诫白晋"必将古书细心较阅，不可因其不同道则不看"。这实际在引导白晋向他的思想方向发展，正如在此期间康熙所说："尔曾以《易》数与众讲论乎？算法与《易》数吻合。"（《清圣祖实录》卷二五一，康熙五十一年九月丙辰）

最后，康熙让白晋研究《易经》是他在"礼仪之争"中所采取的重要步骤。

"礼仪之争"是康熙年间中国和西方关系中最重大的事件，这场争论对康熙的天主教政策产生了重大影响。

康熙三十九年在清宫中的耶稣会士精心策划了一封给康熙的奏书④：

治理历法远臣闵明我、徐日升、安多、张诚等谨奏，为恭请鉴，以求训诲事。窃远臣看得西洋学者，闻中国有拜孔子及祭天地祖先之礼，必有其故，

① 梵蒂冈图书馆 Borg. Cinese. 439(a)。
② 指杨秉义、杜德美、纪理安、傅圣泽。
③ 梵蒂冈图书馆 Borg. Cinese. 439(a)。
④ 这封信是耶稣会士李明在欧洲策划的还是在北京的耶稣会士们策划的，说法不一。参见李天纲：《中国礼仪之争：历史·文献和意义》，上海古籍出版社，1998年，第49页；顾卫民：《中国天主教编年史》，上海书店出版社，2003年，第217页。

愿闻其详等语。臣等管见，以为拜孔子，敬其为人师范，并非祈福佑、聪明、爵、禄而拜也。祭祀祖先，出于爱亲之义，依儒礼亦无求佑之说，惟尽孝思之念而已。虽设立祖先之牌位，非谓祖先之魂在木牌位之上，不过抒于子孙报本追远，如在之意耳。至于郊天之礼奠，非祭苍苍有形之天，乃祭天地万物根原主宰，即孔子所云，"社郊之礼，所以事上帝也。"有时不称"上帝"而称"天者"，犹如主上不曰"主上"，而曰"陛下"，曰"朝廷"之类，虽名称不同，其实一也。前蒙皇上所赐匾额亲书"敬天"之字，正是此意。远臣等鄙见，以此答之，但缘关系中国风俗，不敢私寄，恭请睿鉴训诲。远臣等不胜惶悚待命之至。康熙三十九年十月二十日奏。①

康熙当天就批下这份奏书："这所写甚好。有合大道，敬天及事君亲、敬师长者，系天下通义，这就是无可改处。"②

康熙四十三年，教宗克雷孟十一世公布谕旨，正式判定"中国礼仪"为异端，应予禁止③。四十四年，多罗特使来华。四十五年，康熙在畅春园接待多罗特使，传谕："西洋人自今后若不遵利玛窦的规矩，断不准在中国住，必逐回去。"同时让在华的传教士"领票"，告诫传教士"领过票的，就如中国人一样"④。四十六年，多罗特使在南京正式公布教宗关于中国教徒祭祖敬孔的禁令，康熙在最后一次南巡中接见传教士，并有"永在中国各省传教，不必再回西洋"等语⑤。四十九年，马国贤、德理格来华，康熙命傅圣泽进京协助白晋研究《易经》。五十一年，教宗克雷孟十一世发备忘录，确认多罗在中国所发的教令。五十四年，教宗克雷孟十一世颁布《自登基之日》。⑥ 五十五年，康熙当着众传教士的面痛斥

---

① 黄伯禄：《正教奉褒》，参见李天纲：《中国礼仪之争：历史·文献和意义》，上海古籍出版社，1998年，第49—50页。

② 黄伯禄：《正教奉褒》，参见罗丽达：《一篇有关康熙朝耶稣会士礼仪之争的满文文献兼及耶稣会士的宣言书〈Brevis Relatio〉》，《历史档案》1994年第1期。

③ 参见苏尔、诺尔编：《中国礼仪之争：西文文献一百篇(1645—1941)》，沈保义、顾卫民、朱静译，上海古籍出版社，2001年，第38—39页。

④ 北平故宫博物院编：《康熙与罗马使节关系文书影印本》，1932年，第四件。

⑤ 黄伯禄：《正教奉褒》，参见李天纲：《中国礼仪之争：历史·文献和意义》，上海古籍出版社，1998年，第49—50页。

⑥ 参见苏尔、诺尔编：《中国礼仪之争：西文文献一百篇(1645—1941)》，沈保义、顾卫民、朱静译，上海古籍出版社，2001年。

德理格有意错译康熙致教宗的信。① 五十六年，嘉乐特使来华。

从以上列出的这个时间表可以看出，康熙安排白晋研究《易经》的时间，正是"礼仪之争"激烈之时，是在多罗特使和嘉乐特使来华之间，此时也是康熙和罗马教廷关系紧张之时。这时康熙开始考虑对在华传教士应有一个统一的政策和要求。康熙四十五年传谕："近日自西洋所来者甚杂，亦有行道者，亦有白人借名为行道，难以分辨是非。如今尔来之际，若不定一规矩，惟恐后来惹出是非，也觉得教化王处有关系，只得将定例，先明白晓喻，令后来之人谨守法度，不能少违方好。"②康熙对传教士反复讲的就是要遵守利玛窦的规矩。康熙第二次接见多罗时，向他说明了对待传教士的基本政策："中国两千年来，奉行孔学之道。西洋人来中国者，自利玛窦以后，常受皇帝的保护，彼等也奉公守法。将来若是有人主张反对敬孔敬祖，西洋人就很难再留在中国。"③接着他传谕全体在京的传教士：

> 自今以后，若不遵利玛窦的规矩，断不准在中国住，必逐回去。若教化王因此不准尔等传教，尔等既是出家人，就在中国住着修道。教化王若再怪你们遵利玛窦，不依教化王的话，教你们回西洋去，朕不教你们回去。倘教化王听了多罗的话，说你们不遵教化王的话，得罪天主，必定教你们回去，那时朕自然有话说。说你们在中国年久，服朕水土，就如中国人一样，必不肯打发回去。教化王若说你们有罪，必定叫你们回去。朕带信与他，说徐日升等在中国，服朕水土，出力年久。你必定教他们回去，朕断不肯将他们活打发回去，将西洋人等头割回去。朕如此带信去，尔教化王万一再说尔等得罪天主杀了罢。朕就将中国所有西洋人等都查出来，尽行将头带与西洋去。设是如此，你们教化王也就成个教化王了。④

"礼仪之争"中一些传教士的表现也令康熙恼火。先是阎当，他不懂中国文理，却信口雌黄，康熙说他"愚不识字，擅敢妄论中国之道"，"既不识字，又不善

---

① 北平故宫博物院编：《康熙与罗马使节关系文书影印本》，1932年，第七件。
② 北平故宫博物院编：《康熙与罗马使节关系文书影印本》，1932年，第二件。
③ 罗光：《教廷与中国使节史》，传记文学出版社，1983年，第115—116页。
④ 北平故宫博物院编：《康熙与罗马使节关系文书影印本》，1932年，第四件。

中国语言,对话须用翻译。这等人敢谈论中国经书之道,像站在门外,从来进屋的人,讨论屋中之事,说话没有一点根据"①。后是德理格擅自改动康熙给教宗的信,使康熙大怒,认为"德理格之罪,朕亦必声明,以彰国典"。康熙将他称为"奸人","无知光棍之类小人"②。

白晋是康熙最信任的传教士之一,多罗来华后,康熙让他直接参与一些重要的活动,这说明了康熙对他的信赖。在这种背景下,康熙让白晋研究《易经》并在各方面给予支持,这个决定显然不是一个简单的个人兴趣问题,这是康熙想通过白晋的《易经》研究给传教士树立个榜样,让他们遵守利玛窦的规矩,使他们知道"欲议论中国道理,必须深通中国文理,读尽中国诗书,方可辩论"③。这是康熙在"礼仪之争"中同教廷的政策展开斗争,争取入华传教士按其规定的路线在中国生活、传教的重要政治举措。这点康熙 在几次谕批中说得也很清楚。康熙五十年五月二十二日他在读了白晋的手稿后说:"览博津引文,甚为繁冗。其中日后如严党(阎当——引者注)、刘英(刘应——引者注)等人出必致逐件无言以对。从此若不谨慎,则朕亦将无法解脱,西洋人应共商议,不可轻视。"和素在向传教士传达后,给康熙的奏报中说:"即召苏琳、吉利安、闵明鄂、保忠义、鲁伯佳、林吉格等至,传宣谕旨。苏琳、吉利安、闵明鄂等共议后报称:凡事皇上教诲我西洋人,笔不能尽。以博津文内引言,甚为繁冗,故谕日后严当、刘英等人出,恐伤我,不可轻视,著尔共议。钦此。洪恩浩荡,实难仰承。是以我等同心。嗣后博津注释《易经》时,务令裁其繁芜,惟写真事情。奏报皇上。所写得法,随写随奏;所写复失真,不便奏皇上阅览,即令停修。"康熙高兴地批复:"这好。"④

由此可以看出,康熙让白晋研究《易经》是和"礼仪之争"紧密相连的。康熙想通过白晋的研究在这场争论中找到一些应对手段,因为需要说服的不仅有阎当、刘应这样的传教士,甚至还有罗马教廷。这个工作由传教士来做当然要比

---

① 北平故宫博物院编:《康熙与罗马使节关系文书影印本》,1932 年,第十一件。
② 北平故宫博物院编:《康熙与罗马使节关系文书影印本》,1932 年,第十二件。
③ 北平故宫博物院编:《康熙与罗马使节关系文书影印本》,1932 年,第十三件。
④ 中国第一历史档案馆编译:《康熙朝满文朱批奏折全译》,中国社会科学出版社,1996 年,第 725—726 页。

中国文人来做要好。白晋既得康熙信任，又通中国文理，由他来完成自然较为合适。

三、康熙对白晋的影响

白晋的《易经》研究是在康熙的直接指导下展开的，因此康熙的思想对白晋的《易经》研究产生了很大影响。通过《易经》研究，白晋对中国文化的认知程度有所变化。

白晋写道："天学者何乃有皇上帝至尊无对、全能至神至灵，赏罚善恶至公无私、万有真主所开之道，人心所共由之理也。盖上主初陶人心，赋以善良，自然明乎斯理。天理在人心，人易尽其性而合于天。磋乎！未几人心流于私欲，获罪于天，离子天理而天理昧。至仁上主不忍人之终迷也……乃以天道之精微明录于经，以启世之愚象。"[1]这是白晋在康熙四十六年的文字和思想，从中可以看到，文字是中国的，但思路和逻辑完全是西方的，是《圣经》的伊甸园原善、先祖原罪、天主救赎思路的中国式表述。在对中国典籍的了解上，《天学本义》基本上是对中国典籍的择录和对民间俗语的收集，全书的逻辑结构完全是西方的，是天主教神学的构架，和中国本土思想没有关系。因此，在康熙安排白晋研究《易经》的初期，白晋的思想仍停留在原有思想上，其研究结果使康熙很不满意。康熙在和素、王道化的奏书上批注说："览博津书，渐渐杂乱，彼只是自以为是，零星援引群书而已，竟无鸿儒早定之大义。"[2]这里康熙所说的"自以为是"，是说白晋完全按西方那一套来写，逻辑是西方的，只是到处引些中国的古书，但对儒家本义并不理解。康熙把这个想法也告诉了在京的其他传教士，因为此事事关重大，传教士们决定把远在江西的傅圣泽调到北京，协助白晋研究《易经》。康熙五十年六月十日，和素向康熙奏报："远臣苏琳、吉利安等跪读皇上谕旨：至博津所著《易经》内引言，恐日后必为本教人议论。钦此。将书退回。臣等同样议：皇上洞察细微，深爱臣等，为我等深谋，臣等感激无地。惟臣等均不谙《易经》，故先颁旨。俟江西富生哲，再与博津详定，俟皇上入京城，进呈御览。为此

---

① 白晋：《天学本义》，梵蒂冈图书馆 Borg. Cinese 316—14。
② 中国第一历史档案馆编译：《康熙朝满文朱批奏折全译》，中国社会科学出版社，1996年，第722页。

谨奏。请皇上指教。"①这说明傅圣泽的进京不仅仅是白晋的意见,更是在京传教士的集体决定。不久,和素也向康熙谈了他对白晋研究成果的看法:"奴才等留存博津所著《易经》数段,原以为其写得尚可以。奴才等读之,意不明白,甚为惊讶。皇上颁是旨,始知皇上度量宏大。奴才等虽无学习《易经》,然遇一二难句,则对卦查注,仍可译其大概。再看博津所著《易经》及其图,竟不明白,且视其图,有仿鬼神者,亦有似花者。虽我不知其奥秘,视之甚可笑。再者,先后来文援引皆中国书。反称系西洋教。皇上洞鉴其可笑胡编,而奴才等尚不知。是以将博津所著,《易经》暂停隔报具奏,俟皇上入京,由博津亲奏。"康熙同意和素的这个看法,批示:"是。"②和素的看法反映了康熙的思想,也说明白晋此时的《易经》研究还未进入角色,他尚不能从内在的精神实质上把握《易经》。

梵蒂冈所藏的文献也说明这一点。"七月初五日,上问:'白晋所释《易经》如何了? 钦此。'王道化回奏:'今现在解《笔法统宗》之攒九图,聚六图。'等因具奏。上谕:'朕这几月不曾讲《易经》,无有闲着。因查律吕根原,今将黄钟等阴阳十二律之尺寸积数,整音半音,三分损益之理,俱已了然全明。即如箫笛、琵琶、弦子等类,虽是顽戏之小器,即损益之理,查其根源,亦无不本于黄钟所出。白晋释《易经》必将诸书俱看,方可以考验。若以为不同道则不看,自出己意敷衍,恐正书不能完。即如邵康节,乃深明易理者,其所言占验,乃门人所记。非康节本旨,若不即其数之精微,以考查,则无所倚,何以为凭据。尔可对白晋说:'必将古书细心校阅,不可因其不同道即不看,所释之书,何时能完? 必当完了才是。钦此'。"③在这里,康熙批评白晋对中国书读得不够,告诫他要好好读中国书。

以上材料说明,白晋在康熙指定他研究《易经》初期仍未找到中西思想的结合点,对中国文化的理解也十分有限。康熙对白晋的批评产生了影响,此后白晋的《易经》研究有了新变化,对中国文化和思想的认识有所加深,索隐派的思想也更为成熟和圆润。他在《易经·自序》中讲到《易经》在中国文化的地位时

---

① 中国第一历史档案馆编译:《康熙朝满文朱批奏折全译》,中国社会科学出版社,1996年,第732页。
② 同上书,第735页。
③ Borg. Cinese 439(a),参阅方豪:《中国天主教史人物传》,宗教文化出版社,2007年,第419—420页。

说:"大哉！易乎,其诸经之本,万学之原乎。《传》云:易之为书也,广大悉备。前儒赞之云,其道至广而无不包其用,至神而无不存诚哉！易理至矣,尽矣,无以加矣。十三经《书经》序云:伏羲、神农、黄帝之书谓之三坟言大道也,少昊、颛顼、高辛、唐虞之书谓之五典,言常道也,至于夏商周三代之书,虽设教不伦,雅诰奥义,其归一揆,是故,历代实之为大训。《正义》曰夏商周三代之书,有深奥之文,其所归趣与坟典一揆。《图书编》五经序云:六经皆心学也,说天莫辩乎易,六十四卦,三百八十四爻孰非心乎,孰非圣人之心乎？孰非圣人之心学乎？是知诸经典籍之道,既全具于易,皆实惟言天学心学而已。"①从这段话可以看出,此时白晋对中国古代文献已比较熟悉,对后世的儒家文献,像孔颖达的《五经正义》等文献也较为熟悉,这同他写《天学本义》时已有了变化。他在 1715 年的一封信中说道:"我的研究就是要向中国人证明,孔子的学说和他们的古代典籍中实际包含着几乎所有的、基本的基督教教义。我有幸得以向中国的皇帝说明这一点,那就是中国古代的学说和基督教的教义是完全相同的。"②从这里我们看到,白晋终于在中国文化和基督教文化之间找到了一条通道,将二者完全合一。显然,此时他对中国文化,的理解是比过去加深了,却走向了另一个方向,这恐怕是康熙所未预料到的。

从欧洲传教士汉学历史来看,在中国的索隐派的汉学研究是最有意思的一段历史,这一段历史最生动地说明了欧洲早期传教士汉学史的多样性和复杂性,说明欧洲知识和中国知识相遇后所产生的那种新知识的奇特,说明西方思想和中国思想相遇后所迸发出的文化力量和创造性。对索隐派的研究才刚刚开始,更生动的图像会在以后的研究中展开。

①　JB,p.209.
②　罗马耶稣会档案馆,JS 176,f,340;Bouvet(白晋)写于 1715 年 8 月 18 日的信(Collani 作副本)。

第二十一章　索隐派汉学家——马若瑟

第一节　马若瑟生平与著作

　　马若瑟，法国来华的著名耶稣会士。他 1666 年 7 月 17 日出生于法国的瑟堡（Cherbourg），这是一个坐落在诺曼底科唐坦半岛北端的古老小镇和海港。关于他的童年和家庭，我们一无所知。

　　1683 年，他加入了耶稣会。1696 年他在弗莱彻学院（Collège de la Flèche）学习神学时结交了他以后在精神上的知己傅圣泽。当时，傅圣泽在这个学院教授数学。1693 年，法国耶稣会士白晋作为康熙皇帝的特使被派往法国，法王路易十四为表示对康熙帝的感谢，同意白晋招募一些新的法国耶稣会士和他一起返回中国。白晋选了 12 个人赴华，马若瑟与另外 7 个人于 1698 年 3 月 7 日和白晋一起登上了安斐特里特号（L'Amphitrite）。其他四人和一队被派往东印度的海军战船同行。在好望角，其中的两人又加入了白晋他们的安斐特里特号。这艘船于 11 月 7 日抵达广州。大约 6 个月以后，最后两名耶稣会士傅圣泽和殷弘绪才到达中国。

　　马若瑟初到中国充满了兴奋感，他所看到的珠江流域也给他留下了美好的印象，他在给拉雪兹神父的信中说："进入珠江，我们就开始看到中国是什么样子了。珠江两岸一望无际的水稻田绿得像美丽的大草坪。无数纵横交叉的小水渠把水田划分成一块块的。只看到远处大小船只穿梭往来,却不见船下的河水,仿佛它们在草坪上行驶似的。更远些的小山丘上树木郁郁葱葱,山谷被整治得犹如杜伊勒利宫(Tuileries)花园的花坛。大小村庄星罗棋布,一股田园清新的气息,千姿百态的景物令人百看不厌,流连忘返。"①

1699 年马若瑟被派到江西,1700 年 11 月 1 日他在给法国耶稣会士郭弼恩的信中说,这里的百姓并不像欧洲告诉他们的那样容易接受基督教,老百姓并没有成群结队地去接受神父的施洗,此时马若瑟已经开始逐渐进入中国教区的实际生活。他眼中的中国也并非像他在欧洲想象的那样美好,如在乡间普遍存在的丢弃女婴的现象就使他很头疼。但他的精神状态很好,决心为拯救这些生灵而贡献出自己的时间、健康和生命。②

在此期间他还写了一封信,讲述他到南丰去的见闻和他与另外两名耶稣会士在南丰的一个小山村举行隆重的弥撒仪式、庆祝复活节的情况。③

1714 年,白晋为了推进他的《易经》研究通过康熙皇帝将傅圣泽和马若瑟召到北京,丹麦汉学家认为马若瑟在北京的两年极为痛苦,两年后重返江西传教。④

雍正登基后对天主教的政策开始变化。雍正元年,礼部复浙闽总督罗满保奏西洋人在各省盖天主教堂,潜住行教,人心渐被煽惑,毫无补益,请将西洋人送京效力外,余俱安置澳门,天主堂改为公所,诸入教者严行禁饬。雍正对此下谕说:"西洋人乃外国之人,各省居住年久,今总督奏请搬移,恐地方之人妄行扰累,著行文各省督抚,伊等搬移时,或给与半年数月之限,令其搬移。其来京与安插澳门者,委官沿途照看送到,毋使劳苦。"⑤正是雍正的这个谕令,在华的传

---

① 杜赫德编:《耶稣会士中国书简集(上卷)》,郑德弟、吕一民、沈坚译,大象出版社,2005 年,第 139 页。
② 同上书,第 155 页。
③ Knud Lundbaek, *Joseph de Prémare* (1666—1736), S. J.: *Chinese Philology and Figurism*, Aarhus University Press,1991, p. 19.
④ 参见张西平:《中西文化的一次对话:清初传教士与〈易经〉研究》,《中国历史前沿》2006 年第 3 期。
⑤ 中国第一历史档案馆编:《清中前期西洋天主教在华活动档案史料(第一册)》,中华书局,2003 年,第 57 页。

教士除留在北京的外,都被集中到了广州,这样马若瑟不得不离开他在江西省的传教点,南行广州,自从他 1699 年到达中国以来,他还没进过这个城市,他开始了一种新的生活。马若瑟 1733 年迁居澳门,1736 年 9 月 7 日或 17 日在澳门去世。①

马若瑟一生著述丰厚,是来华耶稣会士中汉语最好的几个人之一,法国汉学家雷慕沙说,他是在来华的传教士中"于中国文学造诣最深者"②。根据费赖之所开出的书目,马若瑟分别著有《圣母净配圣若瑟传》《六书析义》《信经真解》《圣若瑟演述》《书经以前时代与中国神话之寻究》《中国语言志略》《赵氏孤儿》(翻译)、《书经选》(翻译)、《中国古籍中之基督教主要教条之遗迹》《诗经》(八章,翻译)、《耶稣会士适用之拉丁语汉语对照字汇》《汉语西班牙成语》《经书理解绪论》等中文和西方语言的著作以及翻译著作二十余种。③

第二节 马若瑟的汉语研究

方豪认为道明我会的高母羡在菲律宾传教时编写过最早的一本《汉语语法》,还写了《汉字的艺术》《汉语重叠论辨法》两本书,但这些书至今尚未被发现。④

根据我们现在掌握的已经出版的资料,目前可以看到的西人入华以后第一部关于中国语法的研究著作是多米尼加传教士万济国(Francisco Varo)用西班牙文所编的《华语官话语法》(*Arte de la lengua mandarina*)。这本书 1703 年

---

① Knud Lundbaek, *Joseph de Prémare*（1666—1736）, S. J.: *Chinese Philology and Figurism*, Aarhus University Press, 1991, p. 63. 另一种说法是他逝于广州,日期不详。费赖之说:"1733 年赴澳门。似在 1735 年殁于澳门,月日未详,而殁地亦不能必为澳门也。"见费赖之:《在华耶稣会士列传及书目(上册)》,冯承钧译,中华书局,1995 年,第 526 页。龙伯格（Knud Lundbaek）这本书是目前西方学术界唯一研究马若瑟的专著。

② 费赖之:《在华耶稣会士列传及书目(上册)》,冯承钧译,中华书局,1995 年,第 528 页。

③ 费赖之《在华耶稣会士列传及书目(上册)》第 525—534 页中列出马若瑟有著作 25 种,但少《经传议论》和《天学总论》这两部藏在巴黎国家图书馆的著作。关于马若瑟的著作和书信至今并未有准确的统计,待研究的进一步深入,方可彻底搞清。

④ 参见方豪:《明万历间马尼拉刊行之汉文书籍》《流落于西葡的中国文献》,《方豪六十自定稿(下册)》,台湾学生书局,1969 年,第 1518—1524、1743—1791 页。

在广州刊刻①,实际上作者想把汉语纳入印欧语法系统之中,他编写此书依据的就是 1481 年由艾里约·安多尼奥·内不列加(Elio Antonio Nebrija,1441—1552)所编写的《文法入门》(*Introductiones latinae*)。

这本书的第三至十三章讨论中文语法问题。②

万济国的书开汉语语法研究之先河,功不可没,但书中真正探讨语法的部分不足 30 页,另外,他对中国文献、语法资料的了解十分有限(全书没有一个汉字),因而实际影响不大。

而按时间推算此时被梁宏仁带到巴黎的中国教友黄嘉略在 1716 年所完成的《汉语语法》应是一本重要的书。全书分两部分,第一部分讲汉语语法、语音、生活用语、书面用语,后半部分介绍中国的一般情况。此书虽然并未出版,但在法国汉学史上是有意义的。③ 这点我们放在下一章展开研究。

真正开拓了中国语法研究的是法国入华传教士马若瑟的《汉语札记》(*Notices sur la langue chinoise*)。这本书 1728 年写于广州,但直到 1831 年才在马六甲出版,1847 年才被裨雅各(J. G. Bridgman)由拉丁文译为英文出版。

《汉语札记》共分四个部分。绪论介绍中国的典籍、汉字书写及汉字发音的特点,并按照中文发音的字母顺序列出了 1445 个常用字简表。④ 第一部分以口语语法为主,介绍了中文口语的基本特点和语法特征。⑤ 第二部分介绍了中文的书面语言,说明了古汉语的语法和句法,古汉语之虚词及书面语的修辞方法和例句。⑥ 第三部分研究已经丢失。

马若瑟的《汉语札记》在西方汉语学习史、研究史上有着不可取代的地位,这表现在以下几个方面。

① 考狄认为:"1703 年在广州出版的《官话艺术》(即《华语官话语法》——引者注)已不是瓦罗的最初的编写本,他最初的版本只能在傅圣泽的书中看到。"参见许光华:《16 至 18 世纪传教士与汉语研究》,任继愈主编:《国际汉学(第六辑)》,大象出版社,2000 年,第 476 页。

② 贝罗贝:《二十世纪以前欧洲汉语语法学研究状况》,侯精一、施关淦主编:《〈马氏文通〉与汉语语法学——〈马氏文通〉出版百年(1898—1998)纪念文集》,商务印书馆,2000 年,第 149—161 页。

③ 许明龙主编:《中西文化交流先驱——从利玛窦到郎士宁》,东方出版社,1993 年,第 277—280 页。许明龙先生的《黄嘉略与早期法国汉学》(中华书局,2004 年)对这个问题有深入的研究。

④ 马若瑟:《汉语札记》,1847 年英文版,序言第 1—35 页。

⑤ 同上书,第 1—167 页。

⑥ 同上书,第 168—323 页。

第一,它是西方第一部系统的汉语语法著作。万济国虽开汉语语法研究之先河,但他基本上仍是以拉丁文语法来套中文语法,而且仅有 30 页的内容,只能称得上是一个大纲。而马若瑟的书仅从中国各类文献中引用的例句就有一万三千余条,虽然仍未脱印欧语法体系,但"力求越出欧洲传统语法的范畴"①,努力从中文文献本身概括出其自身的语法规律。无论从其规模、体系、还是文献的丰富性来看,把其称为"西人研究我国文字学之鼻祖"②是当之无愧的。法国汉学家戴密微(Paul Demiéville,1894—1979)把这本书称为"19 世纪前欧洲最完美的汉语语法书"③是十分恰当的。

第二,它是首次把汉语分成白话和文言两部分研究的著作。汉语的书面语言和口头语言历来有很大区别,许多入华传教士在学习汉语时都体会到了这一点。马若瑟敏锐地意识到这个问题的重要性,在《汉语札记》中把白话与文言语法的区分作为全书的基本构架。白话部分的材料大多取自元杂剧,《水浒传》《好逑传》《玉娇梨》等小说,而文言部分的语言材料则主要取自先秦典籍、理学名著等。

把马若瑟的这一尝试放到中国语言学史中,就可显示出其学术价值。近现代汉语的发展过程就是一个解决书面语与口语严重脱节,不断用现代汉语取代文言的历史过程。明清时的白话文运动,由黄遵宪、裴廷梁、陈荣衮开启了对文言文的批评,而五四时的白话文运动则将反对文言文、提倡白话文与反封建联系一起,在陈独秀、胡适、钱玄同、鲁迅、刘半农等人的努力下,终于使白话成为现代汉语的主体。④ 1920 年"学校语文课程也发生了突变,首先把小学儿童三千年来一贯诵读的文言文改为白话文,因而把课目名称'国文'改为'国语';……这就意味着:一、是现代的汉语,不是古文(文言文);二、是大众的普通话,

---

① 戴密微:《法国汉学研究史》,戴仁主编:《法国当代中国学》,耿昇译,中国社会科学出版社,1998 年,第 16 页。

② 方豪:《中西交通史(下)》,上海人民出版社,2008 年,第 670 页。

③ 戴密微:《法国汉学研究史》,戴仁主编:《法国当代中国学》,耿昇译,中国社会科学出版社,1998 年,第 15 页。

④ 何九盈:《中国现代语言学史》,广东教育出版社,2000 年,第 130—173 页。

不是某一阶层的'行话'和某一地区的'方言'"①。这说明白话进入学校到 1920 年才成为现实,而被称为"第一次系统地研究了白话文语法,形成了一个完整的语法体系,使语法知识得以普及"②的黎锦熙的《新著国语文法》是出版在 1924 年。因而应该说,马若瑟这本书实际上开启了中文白话语法研究之先河。

第三,它是近代以来汉语语法研究的奠基之作。近代以来,汉语研究在三个地域展开,一是在欧洲本土,二是在港澳、南洋一带,三是在中国本土,马若瑟的《汉语札记》对这三个地域的中文语法研究都产生了影响。

雷慕沙是"第一位在欧洲仅从书本了解中国而成功地掌握了有关中国深广知识的学者"③。在欧洲本土最早出版的汉语语法书是前面讲过的从德国到彼得堡的汉学家巴耶尔的(Theophilus Sigefridus Bayer)《中华博物馆:详论汉语和中国文学的道理》(*Museum Sinicum V1:in quo Sinicae Linguae et litteraturae tatio explicatur*)。这本书不仅介绍了中国的文字,也是欧洲最早介绍中文语法的书籍。④ 当时法国的一名学者傅尔蒙(Étiene Fourmont,1683—1745)在 1742 年也出版了一本中文语法书,《中华官话和文字的双重语法》(*Linguae Sinarum Mandrinicae Hieroglyphicae Grammatica Duplex*),但当代学者认为该书抄袭了马若瑟书的很多内容,其水平远赶不上马若瑟。⑤ 在欧洲汉学界影响最大的汉语语法书是由法国第一位汉学教授雷慕沙写成的,而雷慕沙在法兰西学院开设汉语课程所参考的书主要就是马若瑟的书。一百多年来这部手稿藏在图书馆无人问津,经雷慕沙的学习、介绍,它才渐为人知。雷慕沙 1822 年出版的第一部语法书《汉语语法基础知识》(*Élémens de la Grammaire Chinoise*)就"受到了此书的启发"⑥。这部书被认为是欧洲"第一部科学地从普通语言学的角度论述汉语语法的学术性著作"。从此以后,"雷慕沙

---

① 黎锦熙:《新著国语文法》,商务印务馆,1998 年,"今序(1951)"第 19 页。

② 张拱贵、廖序东:《重印新著国语文法序》,黎锦熙:《新著国语文法》,商务印务馆,1992 年,第 5 页。

③ 马伯乐:《汉学》,阎纯德主编:《汉学研究(第三集)》,中国和平出版社,1999 年,第 48 页。

④ Knud Lundbaek,*T,S. Bayer*(*1694—1738*):*Pioneer Sinologist*,Curzon Press,1986.

⑤ 何莫邪:《〈马氏文通〉以前的西方汉语语法书概况》,北京大学中国传统文化研究中心编:《文化的馈赠:汉学研究国际会议论文集·语言学卷》,北京大学出版社,2000 年,第 464—466 页。

⑥ 戴密微:《法国汉学研究史》,戴仁主编:《法国当代中国学》,耿昇译,中国社会科学出版社,1998 年,第 27 页。

在法国公学开创了研究汉语，包括民间汉语和古典汉语的先河。从此，有关汉语语法的著述便不断增多"①。

在亚洲的新教传教士马礼逊（Robert Morrison，1782—1834）于 1811 年写了《通用汉言之法》，但这部书实际到 1815 年才正式出版。他按照英语语法特点对汉语进行了研究。"他将英文的基本语言规律也当作中文的语言规律，而将中文纳入他非常熟悉的母语的语法结构中……作为第一部系统论述中国语法的著作，该书在汉语语法研究史上具有开拓性意义。"②马礼逊在写这部书时未看到马若瑟的《汉语札记》，但他对这本书十分关心。一位叫金斯博鲁（Viscount Kingborough）的人出资 1500 英镑，在马礼逊的具体安排下 1831 年由马六甲英华学院出版了此书的拉丁文第一版。1847 年又是裨治文的堂弟裨雅各将其翻译为英文，在《中国丛报》上出版。这说明在南洋一带活动的新教传教士对马若瑟这本书一直十分重视。

1898 年由马建忠所出版的《马氏文通》是在中国本土由中国学者所写的第一部中国语法书，王力先生把这一年作为中国现代语言学的开始之年。《马氏文通》对中国语法学的建立功不可没③，但有些国外学者如贝罗贝认为马若瑟的著作"确实对《文通》起了影响。这部著作，实际上也许可以说是马建忠在上海徐汇公学（Saint lgnace）教会学校读书期间，最早接触的语法著作之一。……实际上，我们知道当时该教会学校的耶稣会神父就是用这部著作作为语法参考书的"。这样，我们"不难看出这两部著作有着共同点，特别在组织结构方面"④。这个问题还有待进一步从史料和内容本身去加以论证，但贝罗贝的这

---

① 艾乐桐：《欧洲忘记了汉语却"发现"了汉字》，龙巴尔、李学勤主编：《法国汉学（第一辑）》，清华大学出版社，1996 年，第 184 页。

② 吴义雄：《在宗教和世俗之间：基督教新教传教士在华南沿海的早期活动研究》，广东教育出版社，2000 年，第 480 页。

③ 说马建忠是"第一次为汉语草创了一个完整的语法体系"显然不妥，在此之前的传教士语法书已出版很多。姚小平的意见较为中肯，应在对马建忠地位的评价前加上一个"在中国学术圈内"或者"在中国语言学的历史上"这样一个限定语更好些，参见姚小平：《〈汉文经纬〉与〈马氏文通〉——〈马氏文通〉历史功绩重议》，《当代语言学》第 1 卷，1999 第 2 期，第 1—16 页。

④ 贝罗贝：《二十世纪以前欧洲语法学研究状况》，侯精一、施关淦主编：《〈马氏文通〉与汉语语法学——〈马氏文通〉出版百年（1898—1998）纪念文集》，商务印书馆，2000 年，第 157—158 页。

个意见有一定的合理性,说明了马若瑟的书和《马氏文通》之间的某种联系。①
姚小平在谈到这个问题时有一段很好的说明,"在世界汉语研究史上,《文通》并
非第一部完整的构成体系的汉语语法书,也并非第一次系统地揭示出古汉语语
法的特点。《文通》的历史功绩在于,它创立了中国人自己的语法学,打破了文
字、音韵、训诂的三分天下,使中国传统语言文字学向现代语言学迈出了坚实的
一步。……《文通》永远值得我们纪念,但对《文通》以前的历史,我们也应尊重,
在那段历史未澄清之前,我们对《文通》的功过得失便不可能有全面认识。"②

　　龙伯格在他对马若瑟研究的著作中首次翻译和整理了马若瑟和傅尔蒙的
部分通信,使我们知道了一些关于马若瑟的《汉语札记》的重要历史性的消息。

　　首先,我们从他们的通信中可以看到马若瑟对《汉语札记》所抱的希望。马若
瑟对汉语抱有极大的崇敬的心情,这和他的索隐派思想有关,这点我们下面
还会讲到。在他看来"学习汉语是最美好的,也是最能给人以慰藉的学习"③。
当傅尔蒙告诉马若瑟,有人写了一篇关于汉字过于简单而不能给人深刻的印象
的文章时,马若瑟心中不悦,马上反驳说:"汉字的组合是人类最高尚的成就,没
有任何物理学的系统能像汉字那样堪比完美。"④因为汉字、汉语对马若瑟来说
不仅仅是一种语言、一种文字,同时也是一种理想,是他信仰的根源所在,他认
为在中国古代的经书中可以找到基督教绝大部分的奥秘,中文的经书是写在大
洪水以前的文献,即便后来这些经书给秦始皇烧毁了很多,但这些汉字保留下
来了全部的秘密,所以,他认为汉语和汉字"是人类最高贵的成就"。他在信中
说:"上帝一定引导了那个创造汉字的人,为的是把他降生之后启示给人类的第
一个启示真理传递给最遥远地方的子孙后代。"⑤

　　从马若瑟和傅尔蒙的通信中我们也看出两人的纠纷和傅尔蒙为人。马若

　　① Peter Peverelli,*The History of Modern Chinese Grammar Studies*,Springer,2015.
　　② 姚小平:《〈汉文经纬〉与〈马氏文通〉——〈马氏文通〉历史功绩重议》,《当代语言学》第 1 卷,1999 年
第 2 期,第 16 页。
　　③ Knud Lundbaek, *Joseph de Prémare* (1666—1736), S. J.: *Chinese Philology and Figurism*,
Aarhus University Press,1991, p. 27.
　　④ Ibid. , p. 31.
　　⑤ Ibid. , p. 32.

瑟为使傅尔蒙帮助他在巴黎出版这本书,可谓费尽了心机,当听说在巴黎很难找到这样多的汉字时,他建议将书分别在中国和巴黎两处印刷,先在中国印上汉字,后将书运回巴黎再印上拉丁文。此时他完全不知道傅尔蒙即将在巴黎出版一本 800 页的中国语法的书,后来当他看到了傅尔蒙寄给他的作品后,马若瑟心中的愤怒难以压抑。他充满了对自己著作的信心和对傅尔蒙的鄙视:"如果我在巴黎出版了我的《汉语札记》,只需要三年到四年就能使人们学会说汉语,读中文书籍,用通俗和古典的汉语进行写作。可是如果使用你的语法书以及所有您能想象和创造出来的字典,我怀疑用十年时间都不一定能使一个人有能力阅读《四书》。此外,这些书的印刷出版将耗费巨资,很少有人能买得起。最后,一个人是不可能从字典里学习一种语言的。"①

从实际的历史来说我们可以看到傅尔蒙自己的《汉语论稿》(*Meditationes Sinicæ*)的确不是抄袭马若瑟的②,从马若瑟和傅尔蒙的通信中可以看出,傅尔蒙为了先出版自己的书,对马若瑟的书进行了批评,结论是"马若瑟的这部书稿与其说是传授语法,不如说是在传授小品词"③。从此,马若瑟的这部书被压到了国王图书馆。马若瑟把傅尔蒙作为自己作品的看护人,委托他出版,但实际上他却成为马若瑟《汉语札记》出版的最大阻碍者。此人的人品实在不敢恭维,也难怪有那样多的后人批评他的人品。④

第三节 马若瑟对中国典籍的翻译及其影响

对中国文化典籍的翻译和介绍是马若瑟作为汉学家的一个重要贡献。按

---

① Knud Lundbaek, *Joseph de Prémare* (1666—1736), S. J.; *Chinese Philology and Figurism*, Aarhus University Press,1991, p. 60.

② 1729 年 9 月 14 日傅尔蒙在收到马若瑟的书稿以前将自己的书稿交国王图书馆保管,1730 年 1 月 11 日马若瑟的稿件寄到巴黎。参见许明龙:《黄嘉略与早期法国汉学》,中华书局,2004 年。

③ 同上书,第 248 页。

④ 同上书,第 238、260 页。也可参见 Cécile Leung, *Etienne Fourmont* (1683—1745) *Oriental and Chinese Languages in Eighteenth-Century France*, Leuven University Press,2002。

照费赖之的介绍,他翻译了《书经》的部分内容和《诗经》第八章①。但他所翻译的中国文化典籍中最有影响的是他对元杂剧《赵氏孤儿》的翻译。《赵氏孤儿》取材于《史记·赵世家》《左传·宣公二年》等历史书,讲的是晋灵公时奸臣屠岸贾杀害了赵盾一家三百余人,只剩下赵朔夫人,即灵公的女儿,腹怀有孕,藏在宫中。赵朔的夫人在宫中生下了个儿子,即"赵氏孤儿"。她托赵朔的门客程婴将孤儿带到宫外抚养,然后自己缢死。屠岸贾此时把晋宫围得水泄不通,程婴将孩子藏在草药堆中想混出宫门,守门的韩厥明知草药中放有孩子,但出于正义之心,他放了程婴,然后自己引刀自刎。屠岸贾得知这个消息后就下令将晋国半岁以下的小孩统统杀死。程婴找到了当年赵盾的同僚公孙杵臼商量如何处理,在此危急时刻,这两个当年赵盾的门人都大义凛然,挺身而出。程婴决定献出自己刚出生的儿子,顶替赵氏孤儿,而公孙杵臼则主动扮演收藏赵盾后代的角色。在剧的第三折中,程婴告发公孙杵臼收养赵氏孤儿,并亲自将假孤儿,实际上是自己的亲生儿子交给了屠岸贾。因程婴"揭发"公孙杵臼收养赵氏孤儿有功,就被屠岸贾留下当了门客,其子被屠岸贾收为义子,而这恰恰就是真正的赵氏孤儿。后来程婴将真情告诉了赵氏孤儿,而此时他已经名为程勃,又因过继给了屠岸贾,而改名屠成。赵氏孤儿在上卿魏降的帮助下杀了屠岸贾,为父为祖报了大仇,程婴、公孙杵臼、韩厥均被朝廷嘉奖。

纪君祥创作《赵氏孤儿》杂剧时,"一方面把《左传》和《史记》记载的晋灵公欲杀赵盾和晋景公诛杀赵族这两个相隔多年的事件捏合在一起,一方面继承了《史记》中这个故事的主要人物和线索,增添和变动了若干情节,并赋予它强烈的复仇思想,塑造出一批为挽救无辜而前赴后继、舍生取义的人物形象,使之成为一个壮烈的、正气浩然的悲剧"②。

王国维在谈到元杂剧时说:"杂剧之为物,合动作、言语、歌唱三者而成。故元剧对此三者,各有其相当之物。其纪动作者,曰科;纪言语者,曰宾、曰白;纪

---

① 费赖之:《在华耶稣会士列传及书目(上册)》,冯承钧译,中华书局,1995 年,第 532—533 页。参见 Jean Baptiste Du Halde, *The General History of China*, John Watts, 1736.

② 邓绍基主编:《元代文学史》,人民文学出版社,1991 年,第 176 页。

所歌唱者,曰曲。"①从元杂剧的结构来说,马若瑟在翻译《赵氏孤儿》时剧中的曲子全部未译,里面的"诗云"也大多未译,只是将剧中的对白翻译了出来。这样的翻译显然减弱了元杂剧的艺术魅力。"元剧之词,大抵曲白相生"②,这说明宾白和曲是元杂剧的两种表现手法,二者缺一不可。就是说在表演时必须"合动作、言语、歌唱三者而成"。但在印剧本时常有变化,王国维说在《元刊杂剧三十种》中有曲无白的剧本很多,这恐怕是坊间在刻印时认为宾白人人皆知,而唱曲则听者不能尽解,需要看文字方能体会之意。

马若瑟的翻译与中国坊间的刻本正好相反,有宾白而无唱曲。如果对照中国坊间的那种有唱曲而无宾白的本子,马若瑟这样的翻译也是可以容忍的,因为他在翻译中基本上把整个剧情翻译了出来。虽然整剧的故事梗概大体可以看出,但元剧的艺术性就失去了许多,因为元曲以唱为主,如果唱的曲子没有了,剧的味道就失去了许多。"再者,有些地方,宾白脱离了曲子,好像也可以前后贯穿;但也有不少地方,宾白脱离了曲子,就上下不很衔接——在这些'曲白相生'之处,经过了割裂,前后脉络就不明白、不自然了。"③

虽然元杂剧中的曲较之唐诗和宋词已经更为自然,也多用俗字,王国维将元杂剧称为"中国最自然之文学",但对于西方人来说理解还是相当困难,翻译也是相当棘手。这样的唱曲用典很多,若无中国文化历史知识根本无法理解,更谈不上翻译。因此,马若瑟在翻译时删去唱曲的做法虽然不完美,但可以理解。

陈受颐在评论马若瑟《赵氏孤儿》的翻译时说:"马若瑟的译文,我们今日看来,原是非常简略;阙而不译的地方很多,例如开场下白诗,差不多完全不译。但是原文的大体结构,尚能保存;而难明的地方,亦加注解,于当时读者,颇有帮助。"④所以,马若瑟的《赵氏孤儿》翻译尽管不完全令人满意,但毕竟开创了中

---

①　王国维:《宋元戏剧考》,姚淦铭、王燕编:《王国维文集(第一卷)》,中国文史出版社,1997年,第385页。

②　同上书,第386页。

③　范存忠:《中国文化在启蒙时期的英国》,上海外语教育出版社,1991年,第109页。

④　陈受颐:《十八世纪欧洲文学里的赵氏孤儿》,《中欧文化交流史事论丛》,(台湾)商务印书馆,1970年,第151页。

国戏剧向欧洲传播的历史。

　　马若瑟的《赵氏孤儿》的法文版 1735 年发表在杜赫德编辑的《中华帝国全志》上①,第二年在英国就有了英文翻译本②,1736 年年底就有另一个节选的译本,这就是瓦茨(Watts)的译本③,1748 年有了德文本④,1774 年有了俄文版。中国学者最早注意《赵氏孤儿》欧洲译本的是王国维,他在《宋元戏剧考》中说:"至我国戏剧译为外国文字也,为时颇早。如赵氏孤儿,则法人特赫尔特(Du Halde)实译于一千七百六十二年;至一千八百三十四年而裴利安(Julian)又重译之。"⑤王先生这里关于翻译者和出版时间都有误,他显然不知这是马若瑟所译,这点范存忠和陈受颐在文章中都已经指出。关于两个英译本的关系范存忠先生有详细的介绍。⑥《赵氏孤儿》在整个欧洲的传播陈受颐先生也有详细的论述⑦。

　　如果谈马若瑟译本的影响,首先在于他介绍了一个和西方完全不同的戏剧形式,这对西方人来说是完全崭新的东西,如杜赫德在介绍马若瑟这个剧本时所说:"读者们不能在这里(《赵氏孤儿》)找出三一律的遵守,时之统一,地之统一,情节之统一,在这里是找不到的;至于我们在戏剧里所受的其他惯例,令我们的作品精雅而整齐的惯例(指三一律),在这里也是找不到的。我们的戏剧之达到今日的完美者,只是近百年内的事情;在此之前,也不过是十分笨拙而粗率。因此,如其是我们见的中国人不守我们的凡例,也不该觉得诧异,他们原是向来局处一隅,与世界的他部断绝往来的。"⑧《赵氏孤儿》正是这种在戏剧形式

----

　　① *Description géographique , historique , chronologique , politique , et physique de l'empire de la Chine et de la Tartarie chinoise.*

　　② *A description of the empire of China and Chinese-Tartary*

　　③ *The General History of China* , John Watts, 1736, 4 volumes.

　　④ *Ausführliche Beschreibung des Chinesischen Reichs und der grossen Tartarey.*

　　⑤ 王国维:《宋元戏剧考》,姚淦铭、王燕编:《王国维文集(第一卷)》,中国文史出版社,1997 年,第 417 页。

　　⑥ 范存忠:《中国文化在启蒙时期的英国》,上海外语教育出版社,1991 年,第 57—61 页。

　　⑦ 陈受颐:《十八世纪欧洲文学里的赵氏孤儿》,《中欧文化交流史事论丛》,(台湾)商务印书馆,1970 年。

　　⑧ 转引自上书,第 154 页。

上与西方的不同，从而引来诸多的批评和讨论，这实际是文化间的一种相互影响。①

文化的传播和接受之间的距离相当大。马若瑟在向法国介绍《赵氏孤儿》时只不过在翻译时没有翻译曲子，而故事的梗概并未变。但《赵氏孤儿》一旦进入了欧洲文化的视野，欧洲人对它的接受就完全不一样了。他们完全是根据自己的文化和想象重新改写了《赵氏孤儿》，使其变成了一个地地道道的欧洲戏剧。这方面最典型就是英国哈切特（William Hatchett）的《中国孤儿》和法国伏尔泰的《中国孤儿》。

哈切特自己在他的《中国孤儿》剧本中明确地说，他是从马若瑟翻译的《赵氏孤儿》那里改编而来的，他将原来剧中的时间缩短，尽量用西方的三一律来改造剧本，这样"剧情的演进痛快了许多，而情节的主体也减少了许多枝蔓"。在剧中加了许多歌曲，为了表示与《赵氏孤儿》的区别，把故事发生的时间从春秋改为明末清初，把剧中的所有人物的名字全部改了。因为哈切特根本不懂中文，也不知每个中文名字的含义和代表，在中国人看来就十分可笑。他把屠岸贾改为高皇帝，把韩厥改为吴三桂，把公孙杵臼改为老子，把赵氏孤儿改为康熙。

这样的改写在文学上几乎没有什么价值，但当时这个改写的剧本却是哈切特反对当时的英国首相沃波尔（Robert Walpole）的一个隐蔽的武器。因为剧本是献给当时英国首相的政敌阿盖尔公爵（Duke of Argyll）的，所以，陈受颐说，"严格看来，是一篇反对沃波尔的政论"②。

如果说哈切特的《中国孤儿》着眼于英国的政治，那么伏尔泰的《中国孤儿》则是从法国的思想出发改编的。伏尔泰《中国孤儿》的大体情节是：成吉思汗占领北京后追杀宋朝皇帝留下的孤儿，宋朝大臣张惕在危难中受命托孤。为保护宋朝的后代，他决定将自己的儿子献出。但他的妻子伊达美不同意，为保护丈夫、宋朝的孤儿，伊达美向他年轻时的恋人成吉思汗说了实情。成吉思汗旧情

---

① 参见范存忠：《中国文化在启蒙时期的英国》，上海外语教育出版社，1991年，第111—118页。

② 陈受颐：《十八世纪欧洲文学里的赵氏孤儿》，《中欧文化交流史事论丛》，（台湾）商务印书馆，1970年，第162页。

复发,并以伊达美的丈夫、儿子和宋朝孤儿三人的性命相逼。在国家利益和个人利益冲突面前,她为救宋朝孤儿宁死不屈,要和丈夫双双自刎。张惕夫妇的大义凛然感动了成吉思汗,他赦免了张惕夫妇,收养了中国孤儿,并令张惕留在宫中,以中国历史文化和文明教化百官,治理国家。①

伏尔泰给予马若瑟翻译的《赵氏孤儿》高度评价,他认为"《赵氏孤儿》是一篇宝贵的大作,它使人了解中国精神,有甚于人们对这个大帝国所曾作和将作的一切陈述"②。而他所以改编成《中国孤儿》,除了他对中国文化的崇敬心情,认为"东方是一切艺术的摇篮,东方给了西方以一切"③,更多是从法国文化本身的需要来说的。从直接原因来说,他是在回答卢梭对文明进步的怀疑,说明文明是可以战胜野蛮的。《中国孤儿》中以张惕为代表的被占领者最终成为占领者成吉思汗的精神导师,就充分说明进步总要战胜落后,文明总要战胜野蛮。从远处讲,作为18世纪法国的思想领袖,伏尔泰正是企图通过《中国孤儿》宣扬孔子代表的儒家思想,以批评在西方占主导地位的基督教思想,通过《中国孤儿》说明开明的君主制是法国最好的政治选择。这是一种文化间的"借用"和"移植",通过这种文化的解释来解决自己本身的文化问题和思想问题。这样的文化"误读"几乎是不同文化间不可避免的事情,正如梁任公所说:"伏尔泰以其诚恳之气,清高之思,美妙之文,能运他国文明新思想,移植于本国,以造福于同胞。"④而文化间的"误读""移植"的基础是文化间的翻译,就此而论,马若瑟所翻译的《赵氏孤儿》实际上已经成为我们揭开法国18世纪思想史的一个重要方面。⑤

① 参见孟华:《伏尔泰与孔子》,新华出版社,1993年,第115页。
② 同上书,第119页。参见孟华:《他者的镜像:中国与法兰西——孟华海外讲演录》,北京大学出版社,2004年。
③ 伏尔泰:《风俗论(上册)》,梁守锵译,商务印书馆,1994年,第231页。
④ 梁启超:《论学术之势力左右世界》,《饮冰室文集(第6卷)》,中华书局,1989年,第115页。
⑤ 关于这方面的研究参见利奇温:《十八世纪中国与欧洲文化的接触》,朱杰勤译,商务印书馆,1962年;孟华:《伏尔泰与孔子》,新华出版社,1993年;许明龙:《欧洲十八世纪"中国热"》,外语教学与研究出版社,2007年;谈敏:《法国重农学派学说的中国渊源》,上海人民出版社,1992年;维吉尔·毕诺:《中国对法国哲学思想形成的影响》,耿昇译,商务印书馆,2000年;张西平:《中国和欧洲早期思想交流史》,北京大学出版社,2021年;亨利·柯蒂埃:《18世纪法国视野里的中国》,唐玉清译,上海书店出版社,2006年;张国刚、吴莉苇:《启蒙时代欧洲的中国观:一个历史的巡礼与反思》,上海古籍出版社,2006年。

第四节　马若瑟的索隐派思想

Figurists——这是西方神学思想解释的一个传统。

以白晋为代表的法国耶稣会来华传教士的索隐派是在"礼仪之争"中最为独特的一派。他们完全不同意以阎当为代表的那种反对耶稣会的传教路线，但他们在坚持"利玛窦路线"时又必须从理论上来回应巴黎外方、道明我会的批评。为了在中国传教，他们必须在中国待下去，但同时又必须为他们在中国待下去找到理论的根据，因为毕竟罗马教宗已经表态，批评了耶稣会的路线。正是在这样的背景下，以白晋为代表的索隐派产生了。对索隐派的代表人物白晋和傅圣泽的研究已经取得了较大的进展①，对马若瑟的索隐派思想很少有专题的研究。这里我们以马若瑟的中文文献为中心，对他的两篇代表性的索隐派中文文献做一初步的研究。

《六书实义》现藏于梵蒂冈图书馆②，在这本书里，马若瑟通过一个书生和老夫的对话从索隐派的立场对许慎《说文解字》的六书理论做了新的解释。

许慎（58—147）字叔重，他所写的《说文解字》是中国语言学史上的最重要的字典之一。"独体为文，合体为字。'说文解字'就是说解文字的意思。《说文解字》全书十五卷，今本每卷分上下卷，则共为三十卷。共收字九千三百五十三字，古籀异体重文为一千一百六十三个。"③许慎的一大贡献就是第一次用六书对汉字做了系统的研究，六书说在许慎前就有④，但"第一个用六书说对古文字进行大规模分析的人则是许慎"⑤。

---

① 参见柯兰霓：《耶稣会士白晋的生平与著作》，李岩译，大象出版社，2009年；魏若望：《耶稣会士傅圣泽神甫传：索隐派思想在中国及欧洲》，吴莉苇译，大象出版社，2006年。

② 文献编号：Borg. Cinese 357。此文献为抄本，封页有《马先生六书实义》字样，书的首页写有："书生问，老夫答，温古子述。"书内字体为小楷，每页12—11行，每行23字不等。文献前有序，是折中翁所写，落款为"康熙庚子仲冬折中翁书"，应是康熙五十九年（1720）。文后有跋，落款为"康熙辛丑孟春知新翁谨题"，应是康熙六十年（1721），这里的"折中翁"和"知新翁"为何人，笔者尚无考证。

③ 濮之珍：《中国语言学史》，上海古籍出版社，1987年，第128页。

④ 参见《周礼·地官·保氏》。班固《汉书·艺文志》："古者八岁入小学，故周官保氏掌养国子，教之六书，谓象形、象事、象意、象声、转注、假借。造字之本也。"

⑤ 何九盈：《中国古代语言学史》，广州教育出版社，1995年，第62页。

马若瑟从索隐派的立场出发对《说文解字》做了基督教的阐发,因本书字数有限,我们仅举两例加以说明。

许慎在《说文解字》的序中说:"盖文字者,经艺之本,王政之始,前人所以垂后,后人所以识古,故曰本立而道生,知天下之至啧而不可乱也。"这里许慎强调了文字的重要,因为当时许慎写《说文解字》时正是古文学派和今文学派争论最激烈的时候,《说文解字》是古文学派的最重要的成果,古文学派认为强调古文绝不是仅仅的识字的"小学",而是关乎如何理解经书之大事,过去经书所以理解不好,大都缘于对文字理解不好,而只有将古文字搞清才能做到"信而有征,稽撰其说,将以理群类,解谬误,晓学者,达神恉,分别部居,不相杂厕也"。

在《六书实义》中马若瑟以书生的口吻问"书契之原",即问文字的产生,语言著作的出现的原因。马若瑟一开始顺着中国的说法说"上古结绳而治,后世圣人易之以书契",接着话题一转说"乾为天,兑为口舌,书契其代天之言乎",将文字的产生推向神秘化。他认为"书契之原,其出于河洛"。他引用罗泌的话[1],"河图洛书,皆天神设言义告王,先王受之于天,传之于世,百官以治,万民以察,谓之书契",这样,结论是"故云,代天之言也"[2]。

河图洛书是关于中国文字的来源之说。《易经·系辞》中说:"河出图,洛出书,圣人则之。"《论语》中说:"凤鸟不至,河不出图。"这里的河图指八卦,洛书指文字。关于这种说法在清代时有较大的争议,纪昀在他的《阅微草堂笔记》中说:"世传河图洛书,出于北宋,唐以前所未见也。"远古的文化总有一定的神秘性,这是很自然的,许慎在《说文解字》的序言中实际上已经把这点讲得很清楚,他的看法和马若瑟有很大的距离。许慎说:"古者庖羲氏之王天下也,仰则观象于天,俯则观法于地,视鸟兽之文,与地之宜,近取诸身,远取诸物,于是始作《易》八卦,以垂宪象。及神农氏,结绳为治,而统其事,庶业其繁,饰伪萌生。黄帝之史仓颉,见鸟兽蹄迒之迹,知分理之可相别异也,初造书契,百工以乂,万品以察。……仓颉之初作书,盖依类象形,故谓之文,其后相声相益,即谓之字。

---

[1]　罗泌,宋庐陵人,少好读书,绝意仕途,诗问精深刻苦,不肯苟同于人,他所著的《路史》对我国的姓氏源流有着精辟的研究。

[2]　《马先生六书实义》,Borg. Cinese 357。

文者物象之本,字者言孳乳而浸多也。著于竹帛谓之书。"而马若瑟利用中国文化在远古时代具有部分神秘性的特点,尽量用神学的观点来解释中国文字的产生,将书契的产生归结为天,文字成为"代天之言",这显然和许慎所强调的方向是不同的。许慎已经对文字的产生做了历史的说明,而马若瑟在文字产生上的解释恰恰相反,是利用远古文化的神秘特点,从和许慎不同的方向加以解释,将文字产生的原因重新拉回到神秘的远古时代。

为了突出六书的作用,他写道:"百家出,六书昧。六书昧而六经乱。六经乱而先王之道熄。故余常云,六书明而后六经通,六经通而后大道行。"①六经的基础是六书,六书是代天之言,整个中国文化的归向在马若瑟这里就发生了转变。

我们再看他对许慎"指事"所做的解释。六书首先是指事,许慎说:"指事者,视而可识,察而可见,上下是也。"马若瑟说:"指事者,六书之中最先而至要也,指事明,则会意假借不胜用,而象形、形声亦思过半矣。"这说得不错,指事是从认字的过程来讲的,必然放在首位。《说文解字》中共分540部首,在部次的排列上许慎的原则是"始一终亥","据形系联",所谓"始一终亥"就是在部首的安排上从"一"部开始,以"亥部"结束。这显然是受到汉代的阴阳五行家"万物生于一,毕终于亥"说法的影响。

许慎在"一"部中对"一字"的解释时说:"惟初太始,道立于一,造分天地,化成万物。凡一之属皆从一。弌,古文一。"这个解释受到中国古代哲学思想的影响,老子在《道德经》中说:"道生一,一生二,二生三,三生万物。"这里的道就是老子说的"无",如他所讲,"天下万物生于有,有生于无",按照这个理解"无"是天地万物最终的根源。"'道生一',依照'有生于无'的逻辑来推论,'道'就是'无'。"②

马若瑟认为《说文解字》的六书理论中最重要的是指事,而指事理论中最重要的是对"丶一二三"的解释。他认为"丶"指的是主宰之体,"一二三"指的是主宰之位。体是体,位是位,二者之间的关系是位不离体,体不离位。他的根据是

①　《马先生六书实义》Borg. Cinese 357。
②　王明:《道家和道教思想研究》,中国社会科学出版社,1984年,第15页。

一二三既然是指事,那必然是独体之文,如果是多体就是象形或会意,这样就不能说二三是一的叠加,如果是叠加那就是会意,而非指事。同样也不能将一二三看成象形。由此,他说"一二三者既为指事,而不可以异体分之,乃以异位别之,不亦宜乎。一者非二、非三,而为二三之本,二者非一,而为一之所生,三者非一非二,而为一与二之所发。有一斯有二,有一与二斯有三,无先后之时,无尊卑之等……"这里他说的"一二三"是什么地位呢?马若瑟说他们是"无始无终,而为万物之终始。论其纯神之体,则自为不二,论其同等之位,则有一有二有三。……三则是三一,知其位成三,而体自独,则三是一三,知一体非一位。二位非三体,则果无一无三,而无言可言。知实有三位,而二位共位一体,则执三执一,而其真宰之道"①。

马若瑟这一套解释很可能大多数人听不懂,他利用了《道德经》中关于"道生一,一生二,二生三,三生万物"的思想,将"道"说成文字中的"、"将一、二、三之间的关系加以基督教神学化解释。"天主圣三"是基督教的核心理论,它说明圣父、圣子和圣神三者之间的关系。在天主教看来,"天主是父,天主是子,天主是圣神;又父是天主,子是天主,圣神亦是天主;但父不是子,也不是圣神,子不是父,也不是圣神,圣神不是父,也不是子"②。但在《说文解字》中当许慎说"惟初太始,道立于一,造分天地,化成万物。凡一之属皆从一"时的确借用了道家的思想,但在道家思想中一、二、三之间并没有相互的三位一体的关系。马若瑟的索隐派思想在这里清楚地表现了出来。

文化之间的理解和解释历来是一种创造,我们在这里一方面可以说,马若瑟在曲解《说文解字》,因为他加入了许慎完全没有的思想。同时,我们也可以说马若瑟在创造,创造一种新文化,在会通中西这两种在文化趋向上完全相反的文化,实际上直到今天,马若瑟的这条思路仍是中国教会的理论家们在解释

---

① 《马先生六书实义》Borg. Cinese 357。
② 辅仁神学著作编译会:《神学辞典》,光启出版社,1996 年,第 84 页。

基督教神学思想时常常采用的手法。①

马若瑟的《象形字典文稿》(*Essay de Dictionnaire Geroglyphique*)②这部手稿在费赖之的书中只提了一句,但从未有人详细地研究。龙伯格给我们初步介绍了这份文献。他根据所看到的文献内容,认为这份文献是白晋和马若瑟共同所写,前半部分是白晋所写,后半部分是马若瑟所写,后来马若瑟将这份文献连同他的其他书稿一起寄给了傅尔蒙。

这份文献是通过对中文字体形象的分析来阐发他们的索隐派思想。龙伯格举了两个字的例子来证明这一点。

乘(cheng),意思是在适当的时候登上一辆双轮战车。由"一""人""十"和"北"组成。耶稣基督,在天父的命令下,从他的右手边下来,就在恰当的时候登到了十字上面,好像乘上了一辆双轮战车。先知以西结(Ezekiel)说过,他听到这辆神秘的战车来自北方(《旧约·以西结书》第一章和第十章)。

来,意思是来到。两部字典的作者都认为"木"字清楚地表明一个人被缚在十字架上的形象。马若瑟说白晋把两个小的人(从)解释为普通的犯罪者,当他们在十字架上发现了神之后,他们认出了他;神同样也看到了这两个犯罪者,而耶稣基督被钉死在了他们两个人之间的十字架上。③

这里只举了两个字的例子就清楚地说明马若瑟和白晋的索隐派思想的基

---

①　"在中国的文化思想里,有一个极为生动传神的图像——阴阳太极图。……也许可以这样类比说:太极的整体就是无始无终,永远存在的唯一天主。'阳'——象征父爱的给予者,代表阳刚之爱,但在阳刚中也抱阴柔,即在爱的给予中接受。'阴'——象征予爱的接受与答复者,代表阴柔之爱,然在阴柔中也含阳刚,即在爱的接受中有给予。因为爱与被爱、给予与接受原是一个爱之奥秘的两面,是一个互动的生命,没有阳也就没有阴,没有阴也就没有阳。阴阳是相生相成的,父子的关系也是相生的。阴阳相交合一的动力就是大主第三位的圣神的象征,是爱的奥结合一的面目。在阴阳互动的过程中,万物化生,'万物负阴抱阳,冲气以为合'(《道德经》)42章),表示阴阳为一切生生的本源,是万有生命的两个原理。为此,可以说,在万物内部都存留着天主圣三的痕迹,天主寓居在整个宇宙中。本文把如此富于生命力的太极图,应用在天主圣三奥秘的解释上,一方面要帮助信徒更深入地进入圣三的奥堂,而且是以一颗中国人的灵思与圣三相遇,实在倍感亲切!同时,若以此充满灵气的东方图回馈普世教会,相信必定有它独特的贡献和价值。"引自辅仁神学著作编译会:《神学辞典》,光启出版社,1996年,第45页。

②　参见费赖之:《在华耶稣会士列传及书目(上册)》,冯承钧译,中华书局,1995年,第535页。

③　Knud Lundbaek, *Joseph de Prémare* (1666—1736), S. J.: *Chinese Philology and Figurism*, Aarhus University Press, 1991, p.129.

本思路。

《中国古籍中之基督教主要教条之遗迹》①（*Selectae quaedam vestigia proecipiorum christianae religionis dogmatum ex antiquis Sinarum libris eruta*）是一部长达 658 页的手稿。他在给傅尔蒙的一封信中写道："我现在送给您一份很长的手稿，我自己已经没有副本了。我已经完全将它托付给了海上航行——我是因为难过才这么做的，时间和精力都不允许我再抄写一份副本自己保留。我想将手稿交给您保存要比在我手中，等我去世之后被虫子吃掉好上一百倍。您把这部手稿看成是一种资料的积累吧，您在此基础上可以写出不少有意思的文章来。"②

这份手稿共分五个部分，第一部分是对中国经书的介绍，第二部分是通过中国经书说明神和三位一体，第三至五部分是通过中国经书说明"人类堕落之前的世界""人类堕落之后的世界""耶稣基督降临后的世界"。龙伯格告诉我们在这部手稿中也还包括马若瑟毕生心血之作"神学—音韵学的综合论文"。

马若瑟在书稿的第一部分非常郑重地声明自己的观点，这显然是针对当时的礼仪之争的，他说："我并没有说过"天"和"上帝"就是我们所说的真正的"神"……我把这个问题留给那些学者们去判定，尤其是需要传信部的学者们来判定中国人自身在使用这些词语时究竟表示何种含义。就我个人的观点而言，如果斗胆表明我的观点，一旦知道这种观点不为我们的圣教会所欢迎的话，我会很快并真诚地收回自己的观点，远离这种得不到救赎的观点。"③

这部手稿的立足点是对中国经书的理解，他的根本观点在于：中国的经书是蕴含着基督教神迹的神圣文本。"三部《经》的主题极有可能都是关于圣人和圣贤的。这些书中记述了圣人的德行、智慧、恩惠、神迹和圣规，他的统治以及他的荣光。虽然对中国人来说，这些记述毫无疑问是有些模糊，然而对我们来

---

① 参见费赖之：《在华耶稣会士列传及书目（上册）》，冯承钧译，中华书局，1995 年，第 532 页。这部书稿 1724 年 5 月 21 日寄回巴黎，一个半世纪后，1878 年在巴黎出版。

② Knud Lundbaek, *Joseph de Prémare*（1666—1736），S. J.：*Chinese Philology and Figurism*, Aarhus University Press, 1991, p. 131. 龙伯格认为，事实上马若瑟至少拥有这部手稿的一部分抄本。因为后来他将它们送给了安德鲁·雷姆塞。

③ Ibid. , p. 132.

说,应该清楚地知道这位圣人就是耶稣基督……这种观点很可能是正确的,当人们读到我在这本书中的相关论述,并且进行了深入思考之后,就一定会看到这种观点明显的正确性。"①

我们看一下马若瑟是如何从中国的经书来解释基督教历史的。

《诗经·大雅》中"生民"的一节:"厥初生民,时维姜嫄。生民如何？克禋克祀,以弗无子。履帝武敏歆,攸介攸止,载震载夙。载生载育,时维后稷。诞弥厥月,先生如达。不拆不副,无灾无害。以赫厥灵。上帝不宁,不康禋祀,居然生子。诞寘之隘巷,牛羊腓字之。诞寘之平林,会伐平林。诞寘之寒冰,鸟覆翼之。鸟乃去矣,后稷呱矣！实覃实訏,厥声载路。"

这是记述周族始祖后稷神奇的诞生以及他在农业上的巨大贡献和智慧的诗篇。诗中说姜嫄虔诚地祭拜上天,她的脚踏上了上帝的脚印后动情,神灵给她降了福祉,从此怀胎,生下后稷。姜嫄十月怀胎后,在生产时胞衣不破不裂,临产无灾无险,显示灵异不寻常。上帝难受不安宁,享受祭祀不欢畅,但生下确是个小儿郎。姜嫄把孩子放在小巷里,牛羊来庇护喂养他;把他放在森林里,樵父却把他收藏;把他放在寒冷的地方,大鸟用翅膀来覆盖他,使其避寒。鸟儿后来飞走后,后稷哇哇地哭,他的声音传遍四方。这是一个中国自己的神话和诗歌,它记载了远古的记忆和理想,但马若瑟在这里却看到了基督教的影子。

"让我们来看看这位母亲和儿子的名字。母亲名叫姜,是一个处女,受上帝的感应生了圣子。她是一只羊,为我们带来了一只羊。她也被称为嫄,因为她是处女的来源。她的儿子被叫做弃,意思是被抛弃的,好像说他是'一只虫子,而不是一个人,是受到人们谴责和遗弃的人。'"②这样他把姜嫄生子和基督教里的因圣灵而孕结合了起来。远古的中国和西方民族都有着自己的神话,也都有着某些相似的地方,但马若瑟的这个类比差别也实在太大了,因为从《新约》的历史我们可以大体推算出耶稣基督似诞生在中国的东汉哀帝年间,这和周朝的姜嫄生出后稷的时间相差十万八千里。

---

①　Knud Lundbaek, *Joseph de Prémare*（1666—1736）, S. J.: *Chinese Philology and Figurism*, Aarhus University Press,1991, p.133.

②　Ibid. , p.135.

《易经理解》①（*Notes Critiques pour entrer dans l'intelligence du Y King*）这部著作的前 26 页是对整个《易经》这本书的总序,然后又写一篇关于两个卦象的序言。正文有 107 页,前 50 页专门介绍第一个卦象,随后 57 页则是关于对第二个卦象的专门介绍。《易经》由阴爻和阳爻两组成,马若瑟认为阴阳两爻就是一个重要的象征:"因此在这个系统的一开始我们就看到了救世主——上帝的符号。毫不奇怪,这个符号贯穿于这部书的始终。"②

马若瑟从他的老师白晋那里学习到索隐派对《易经》的基本解释,也成为一个"易经主义"者。在他的关于《易经》的论文中,他认为《易经》向世人展现了圣人的形象,他说:"我们期盼着他的来临,3000 年后他将来到这个世界上。他的母亲生他的时候仍是处女。他出身寒微,为世人所不知和摒弃。他来之后,世上将会有最完美的和平。他将会给伤者疗伤,将暴君从皇位上逐下,号召所有的人开始新的生活。他将会忍受很大的折磨,用三年的努力将魔鬼的王国摧毁。最后他将献出自己的生命,但他最终还会得到重生。他所制定的规定将永远流传。他是和平之君,光荣的获胜者,既伟大又渺小,既强壮又弱小,既谦逊又高贵;他是君王也是臣民,是上天也是大地,是丈夫也是妻子。《易经》中所有这些象征性的词句都告诉我们他就是'天主'"。③

他详细研究了第 11 卦"泰"(意思是打开)和第 12 卦"否"(意思是关闭)。"中国人对这两个神圣的符号有很多种说法,但他们显然并不理解其中的真正含义:即世界由于亚当的原罪而遭到破坏,又因道成肉身而得到恢复。"

马若瑟接着较为简要地介绍了第 7 卦、第 23 卦和第 47 卦。在他看来,"它们似乎象征着忠实的仆人(耶稣基督)的事迹和死亡;然后介绍了第 8 卦、第 24 卦和第 47 卦,三个表现主的'巨大荣光'的卦象。最后他谈到了第 31 和第 32 卦,这两个卦象用夫妻的形象来象征造物主"。④

---

① 该书"疑为考狄《书目》1366 页著录之《易经理解》写本,现藏巴黎国家图书馆,中国书编 2720 号,四开本,124 页"。见费赖之:《在华耶稣会士列传及书目(上册)》,冯秉钧译,中华书局,1995 年,第 535 页。

② Kund Lundbaek, *Joseph de Prémare*(1666—1736),S. J.：*Chinese Philology and Figurism*,Aarhus University Press,1991,p. 37.

③ Ibid., pp. 121—122.

④ Ibid., p. 122.

马若瑟认为《易经》的神秘,中国人无法了解,《易经》"清楚地表明了启示的存在,这些文献内容涉及神圣的神祇,应该不是中国人的凭空创造。那些写下了这些文字的人一定知道这些符号隐含的意义,只有悲观的人才会把这些符号看作是一些随机性的文字。《易经》是一部关于弥赛亚的结构严谨的著作"①。

关于马若瑟的这三本书我们只能在这里转述龙伯格对它们的研究,但从龙伯格的转述来看,他并未很清楚地搞明白马若瑟的研究,他的介绍显得过于简单。也许以后待中国学者拿到这三部手稿后才能真正展开研究。

《儒教实义》也是罗马梵蒂冈图书馆所收藏的马若瑟的一本重要文献。②书的封页上写着"远生问,醇儒答,温古子述",显然这是马若瑟的作品。③

这篇文献的主题和立意都要放在当时的"礼仪之争"中的背景之下才能看得更为清楚。"儒教实义",这样明确把儒家称为"儒教",在耶稣会的传统中这恐怕是第一次。④ 马若瑟这种对儒家称谓的改变,是他对中国文化看法的一个整体立场的改变,也是他对当时"礼仪之争"中各教派以及耶稣会内部各种观点的一个回应。

利玛窦的"适应路线"是合先儒而批后儒,他将孔子以前的原儒宗教化,强调其对上帝的崇拜与基督教有着一致性,同时对宋儒进行批评,认为后儒丧失了原儒的宗教性。为扩大基督教的影响,吸收儒家知识分子入教,他将儒家传统礼仪的色彩淡化,认为祭祖祀孔并非宗教礼仪,只是风俗礼仪。相对而言,巴黎外方传教会和道明我会则认为,儒家是教,祭祖祀孔是一种宗教礼仪而绝非风俗礼仪。

这样,当时耶稣会对巴黎外方传教会和道明我会的争论主要集中在如何看待儒家的性质这件事上,并由此涉及祭祖祀孔这个具体问题。马若瑟独辟蹊径,明确认为儒家不是一个哲学的学派,而是一个宗教。这个儒教不仅不是像

① Kund Lundbaek, *Joseph de Prémare* (1666—1736), S. J.: *Chinese Philology and Figurism*, Aarhus University Press, 1991, p. 122.

② 梵蒂冈藏号 Borg cinese 316 1201。后被收入《天主教东传文献续编(第三册)》(学生书局,1986 年)中。

③ 此文献是抄本还是稿本暂时无法确定,估计是傅圣泽带回罗马的文献。

④ 这样的结论有待进一步证实。

巴黎外方传教会所说的那样是和基督教完全对立的宗教,恰恰相反,作为宗教的儒教就是在东方的基督教,它和传教士们所传播的基督教别无二样。这样一种立场不仅与巴黎外方传教会等反对耶稣会路线的教派的立场针锋相对,同时也与耶稣会的立场有所不同。马若瑟由此展开了自己独特的理论,他自己所创造的这样一种索隐派的理论。

第一,儒教论。马若瑟开篇就说:"儒教者,先圣后圣相授之心法者也。古之圣王得之于天,代天笔之于书,以为大训,敷之四方,以为极言。使厥庶民明知为善,有道而学焉。中庸曰:天命之谓性,率性之为道,修道之为教。言儒教之大原也。孔子曰:大学之道,在明明德,在亲民,在止于善。言儒教之大纲也。"①

那么,作为宗教的儒教特征是什么呢?敬上帝,但敬上帝和敬鬼神、明君、尊师并不矛盾,只是"小心昭事,以为独尊,以为上主"②。上帝放在最重要的位置,其他次之而已。马若瑟巧妙地回避了上帝信仰和东方社会制度之间的冲突。从他的论述来看,马若瑟也并非只是避重就轻以调和中国和西方在宗教理解上的差别为主,或者在理论上粗暴地展开他的索隐派理论。在展开这个儒教论时马若瑟没有回避问题,而是迎问题而答,具有很强的针对性。同时,他在论述时又表现出了很强的理论色彩,自己的立场隐而不露,充分显示出他作为索隐派主要代表的理论水准和对中国文化的娴熟掌握。

如果认为儒家是教,有两个问题无法回避。一是如何看待儒家所讲的天,一是如何处理宋儒所讲的理。马若瑟如何处理这两个问题呢?

我们看前者。在《论语》中孔子天的概念是模糊不清的:"天何言哉!四时行焉,百物生焉,天何言哉!"(《论语·阳货》)这里的天实际是自然之天。"不怨天,不尤人,下学而上达。知我者其天乎!"(《论语·宪问》)这里的天是主宰之天。孔子对天的概念是"存而不论",所以,这两重含义同时存在,冯友兰后来说,孔子那里有"自然之天"(Nature)和"天堂之天"(Heaven),这是很深刻的看法。马若瑟的方法就是将孔子所说的这两个天的含义中第一个含义去掉,将孔

---

① 《儒教实义》,吴相湘主编:《天主教东传文献续编(第二册)》,学生书局,1986年,第1335页。
② 同上书,第1336页。

子所讲的天的多重含义转变为一层含义,即"天堂之天""主宰之天"。在书中他写道:"天字本义,从一从大。一大为天,至一而不二,至大而无对者天也。"①苍穹之天"形而下之器耳,有度数焉,故不足以为一,有界限焉,故不足以为大。非一、非大,实不尽天字之义。"②这种自然之天和主宰之天即上帝有何关系呢?他说:"有形之天者,乃神天之显象,上帝之荣宫,主宰之明验而已。"③这样他将孔子那里混沌的天的概念明确起来,用"神天",即上帝的概念代替、取代"自然之天",即他说的"有形之天"。这样一种论争方法显得很巧妙,他抓住了孔子学说中的问题所在,利用其含混之处为自己的观点服务。

关于"理"的概念,马若瑟明确说将上帝说成"理"肯定是不对的。他引用朱子所说的"理则只是个净洁空阔的世界,无形迹,他却不会造作"(《朱子语类》卷一)。这样,他认为:"观此可知,天地人物,虽各有当然之则所谓理,而斯理必不能造之。惟皇上帝,万物之本,万理之原,为能造成之确矣。"④接着他通过大量引用古代的经书说明上帝概念的存在,因此宋儒所说的上帝在古书中没有的观点是不对的。

这个反驳很有力,在朱熹看来,理确实是不造作的,理是一个绝对的存在,在天地之前就有理"若无此理,便亦无天地、无人无物,都无该载了"(《朱子语类》卷一)。在解决理和万物的关系时,他借助的是气,"无气,则理亦无挂搭处"(《朱子语类》卷一)。这样朱熹就从理的一元论向理气二元论摇摆。马若瑟抓住这一点,从创造论的角度来攻"理"的概念之不足,同时又从先秦典籍中找根据来论证自己的观点。

从这里我们看到马若瑟完全是站在索隐派的立场上来展开自己的理论的,但他在对儒教论的展开中采取了攻儒家之弱点的办法,利用孔子天的概念之多重,将自然之天转变为主宰之天;利用朱熹"理"的概念在创造万物上的不足,将理的地位下降到有创造能力的上帝之下。这充分说明马若瑟对儒家经典之熟

---

① 《儒教实义》,吴相湘主编:《天主教东传文献续编(第二册)》,学生书局,1986 年,第 1336 页。
② 同上书,第 1336—1337 页。
③ 同上书,第 1337 页。
④ 同上书,第 1338 页。

悉,对儒家理论把握认识之深入,进而显示出索隐派的学问和思想的功力。

第二,礼仪论。如果将儒家作为教,那如何处理儒家中的礼仪问题,如何将信奉上帝的儒教和拜天地君亲师的儒家传统礼仪相协调,这是马若瑟面临的一个重大问题。马若瑟在这些问题上也显得十分灵活。

当问到如何理解鬼神时,马若瑟从容地回答:"上帝所造,列神无数,以传其号令,以守护万方,皆谓之鬼神。《书》曰:望于山川,偏于群神。"①当他这样说时并不表示他完全认同中国的鬼神观,而是以敬上帝与否作为善神和恶神的区别。他提出了天神和地狱概念,这样就与基督教的鬼神观结合了起来。有了这样的标准,在如何祭鬼神问题上就有了判别的尺度,如果"祭鬼神以为自尊、自能、自灵,则鬼神与上帝抗,而皇天有对矣。淫祭非礼,万不可也。使祭鬼神以谢其恩,而求其庇,知其受命于帝廷,而护我、救我、引我、导我为其任。于是,鬼神既于帝天不角,祭之若是,亦可矣"②。

采取这样的思路,他对整个中国儒家的伦理礼仪都给予自己的理解。臣民可以事君、敬君,因为君是上帝在人间代言人,"臣不敬君,焉能敬天。故臣不臣,上帝之罪人也"。同样的道理,孝是修齐治平之本,人于天是敬,臣于君是忠,子于亲是孝,这都是一个道理。有了这样一个基本的理解,人死后以礼葬,这是"事死如事生,礼也,不若是非礼也"。信奉基督教的人也同样可以在家设牌位,祭祖,只是在祭上帝、祭鬼神、祭先人在等级有差别,但都是"大同而小异"。

这里我们看到马若瑟在对待中国礼仪问题上的灵活,同时,他认为这样做在理论上更为圆融,神学上更为融洽。利玛窦采取的是将祭孔、祀祖等礼仪非宗教化的办法,将这些定为中国人的风俗。但这样做很容易被巴黎外方传教会抓住把柄,在当时的礼仪之争中也的确是这样。而马若瑟将中国的礼仪作为儒教的一个合理的部分,将所有这些礼仪都奠基于对上帝的信仰之下,对天的敬仰之下。从理论上说马若瑟的理论安排显然比利玛窦更为周全。这表现在两点上。

第一,马若瑟比利玛窦更好地处理了远古信仰和当下信仰的关系。利玛窦用回到原儒的办法来处理和儒家的关系,以此来说明基督教和儒家的一致性,

---

① 《儒教实义》,吴相湘主编:《天主教东传文献续编(第二册)》,学生书局,1986年,第1351页。

② 同上书,第1354页。

但在当下如何处理和儒家的关系,利玛窦那种批宋儒的办法显然会造成耶儒的紧张关系。而马若瑟从根本上将儒家从"家"变为"教",这样不仅是对远古原儒的肯定也是对宋儒的肯定,历史和现实不再分离。在《儒教实义》中马若瑟虽然也对宋儒有所批评,但总体上持肯定的态度。

第二,马若瑟比利玛窦更好地处理了宗教本体和宗教伦理的关系。利玛窦为对付其他教派对自己传教路线的批评,将中国的风俗礼仪排除在宗教伦理之外,但这样使入教的信徒在宗教本体的信仰上和伦理生活的安排上是分离的,这样的结果很容易被对手抓到把柄,耶稣会的传教士们也很难给信徒说清在对待上帝的信仰上和祭孔祀祖的礼仪上的关系。而马若瑟的做法更为彻底,把信仰和伦理生活统一起来说明,并指出二者之间的关系。这样一个理论说明肯定会使教徒更为满意,使反对者难以发现理论的空隙。

这样,我们看到以马若瑟、白晋、傅圣泽等人为代表的索隐派实际上是利玛窦适应路线的进一步发展,是一种更为圆融的适应理论,而不能将其视为一种怪诞的理论,一种在不同文化间奇怪的说明。这是笔者不同意目前绝大多数研究者的观点,以往的研究都没有看到索隐派实际上是耶稣会内部对中国文化和典籍最为熟悉的一批人,他们在理论上的创造也是最为大胆的。从理论体系上来说,他们显然比利玛窦所代表的第一批耶稣会士们的理论更为自洽。

马若瑟虽然在《儒教实义》中尽力掩饰自己的基督教立场,在理论的说明上也比其前辈和同僚更为成熟,但他的目的是很清楚的,他在给傅尔蒙的信中说得很清楚:"余作此种疏证及其他一切撰述之目的,即在使全世界人咸知,基督教与世界同样古老,中国创造象形文字和编辑经书之人,必已早知有天主。余三十年所尽力仅在此耳。"①这点在他给欧洲人的《中庸》一文的翻译中表现得也很明显。以下的两段译文是德国汉学家朗宓榭(Michel Lackner)将其从拉丁文翻译成了英文,我们将其中文原文和转译后的英文相对就可以看出问题。

1.《中庸》第 27 章的翻译:

大哉,圣人之道! 洋洋乎发育万物,峻极于天。优优大哉! 礼仪二百,

---

① 费赖之:《在华耶稣会士列传及书目(上册)》,冯承钧译,中华书局,1995 年,第 527 页。

威仪三千,待其人然后行。

Oh! how exalted is the path of the Saint, how vast and sublime is his teaching! When you conside his immensity, he nourishes and preserves everything; when you realize his height, he extends to the sky, but one has to wait for this man so that his divine teaching can reign everywhere.

2.《易经·否卦》九五爻辞的翻译:

休否。大人吉。其亡其亡。系于苞桑。

The evil is extinguished.

The Great Man has brought about good fortune。Alas! He perished! He has perished! He has been hung from a tree![1]

在这两个翻译中都将"圣人"和"大人"分别翻译成了"The Saint"和"Great Man",显然这是指的耶稣基督。另外,他在翻译上也比较随意,根据基督教的思想对原文的含义做了改动[2]。

第五节　马若瑟索隐派思想的反响及其评价

通过以上对马若瑟著作的分析,我们基本了解了马若瑟在理论上的走向,也从耶稣会在华传教的适应路线的历史背景下肯定了马若瑟的理论创造。但实际上马若瑟在理论上的问题要远远大于他的理论创造,从根本上讲,索隐派所做出的调和中西文化的努力必然遭到来自中国文化和基督教文化的双重质疑和压力,它在自身的理论上也有着双重的困境。

首先,从基督教方面来看。天主教的信仰是"除了信天主,父、子、圣神外,我们不该信其他的神"[3]。如《信经》所说:"我信父唯一子、我们的主耶稣基

---

① Michael Lacker, "Jesuit Figurism," Thomas H. C. Lee, China and Europe: *Images and Influences in Sixteenth to Eighteenth Centuries*, Chinese University of Hongkong Press, 1991, p. 139—141.

② 参见刘耘华:《诠释的圆环:明末清初传教士对儒家经典的解释及其本土回应》,北京大学出版社,2005年,第278—280页。作者对马若瑟的翻译做了很深入的说明。

③ 天主教教务协进会:《天主教教理》,天主教教务协进会出版社,1996年,第48页。

督。"所以，当马若瑟主张可以祭中国的各种神，主张可以祭孔时，在教理上是和原有的信仰冲突的，正因此，反对耶稣会的教派如当时的福建主教阎当说："传教士在任何情况下都不允许基督徒主持、参与或者出席一年数度例行的祭孔、祭祖的隆重仪式，我们宣布这种供祭是带有迷信色彩的。""有的传教士在他们传播福音的地方力求取消在家里供先人的牌位，我们对这些传教士大加赞扬，我们鼓励他们继续做下去。"①马若瑟即便是将儒家转换成"儒教"，他也同样面临如何对待中国信徒的多神信仰的问题。虽然他将诸多的神置于天主之下，但理论上的矛盾是很明显的。法国汉学家谢和耐认为从信仰的性质上，儒家文化和基督教的文化有着不可调和性，他从一系列的反基督教的文献中来证明这一点。②

马若瑟这种索隐派的解释也引起了当时教会的注意，对他的这种解释给予批评。"若瑟因此而被人在罗马宣教部举发者已有数次。1727 年 10 月 18 日耶稣会会长奉命立将若瑟从中国召还，但在 1728 年 2 月宣教部念其才能，据其1727 年 12 月 5 日之请求，许将处分减轻。凡假定为其撰赞成中国礼仪之文字，宣誓否认至确为自撰之文字，应向宣教部明白否认。1736 年 10 月 5 日召回之令重申，然若瑟已殁。"③从这段文字可以看出，传信部几度对马若瑟不满，将其视为教内异己，两次下令将其召回欧洲。这说明他一直在坚持自己的立场，他的思想和罗马之间的冲突一直存在。

龙伯格的书给我们提供了马若瑟索隐派立场在欧洲所引起的争论以及马若瑟回答的珍贵文献。

马若瑟在广东曾于 1721 年在《特里武论文集》中发现了一篇文章，该文是关于一位叫梅尔希奥·达拉·布列加的意大利耶稣会士的。这位耶稣会士曾破译过象形文字，宣称古代埃及人已经知道了圣三位一体。马若瑟曾经给他写过信。

---

① 苏尔、诺尔：《中国礼仪之争：西文文献一百篇（1645—1941）》，沈保义、顾卫民、朱静译，上海古籍出版社，2001，第 16 页。参见李天纲：《中国礼仪之争：历史·文献和意义》，上海古籍出版社，1998 年。

② 参见谢和耐：《中国和基督教：中国和欧洲文化之比较》，耿昇译，上海古籍出版社，1991 年。

③ 费赖之：《在华耶稣会士列传及书目（上册）》，冯承钧译，中华书局，1995 年，第 527 页。

　　为了介绍自己的索隐派观点，马若瑟针对布列加的译文写了一篇文章，题目为《关于中国书籍和文字的一篇论文——选自梅尔希奥·达拉·布列加译自易西斯女神腰带的一封信》（*Dissertation sur les lettres et les livres de Chine，tirée d'une lettre au R. P. de Briga，Interprète de la bande d'Isis*）。他将这封信寄给了傅尔蒙。

　　马若瑟在1728年给傅尔蒙的一封信中，寄去了一位叫鲁耶的随船教士所写的稿件，内容是关于"致布列加神父的论文"。鲁耶收到马若瑟的文章后，自己将其加以评注发表。

　　问题就出在鲁耶的这篇文章上，他在这篇文章中给马若瑟的"致布列加神父的论文"加了注释，其中很多部分被删节或者歪曲了，脱离了上下文的说明。他对这些节选稿的评价甚为低下，说它是荒诞和无聊的。例如，当文中引用马若瑟的一个观点，即他认为阅读中国古籍是使中国人皈依耶稣基督最快捷最值得信赖的方式时，鲁耶在页边注是这样评述的："这样一来，宣传福音信条就没有必要了！"[1]

　　马若瑟知道了鲁耶对他的论文的批注在罗马引起了负面的影响，鲁耶的节选中曾经不止一次地谴责马若瑟违反了教宗关于礼仪之争所颁布的规定。马若瑟针锋相对地说："这份节选（没有注明作者）来自1727年的巴黎。我所知道的全部情况就是它出自一个想和阿贝·鲁耶讨论这篇论文的人之手，鲁耶于1725年在广东读到了我的文章……为了回应这份节选的内容，也为了就它对我进行的攻击给予辩解，我要做的就是将我手中这篇论文的全文寄往罗马和巴黎……这就是我现在正在做的，将这部小作品和我其他关于中国古籍的著作一同送到教廷等待圣教会的判断。我宁愿牺牲我的名誉或者生命，也不愿背叛我对这些古籍的看法。尽管如此，我自身并没有对这件事情做出任何判断，因为我并未对节选发表丝毫意见，我在此只是尽量简要地将其中应该说明的部分做一解释。"[2]

---

　　[1]　参见 Knud Lundbaek，*Joseph de Prémare*（1666—1736），S. J.：*Chinese Philology and Figurism*，Aarhus University Press，1991，pp. 119—123.

　　[2]　Ibid.，p. 124.

为了避免罗马方面的谴责,他在一封信中说:

> 是因为什么可怕的罪行,我们才受到谴责呢? 我们真的冒犯了我们的圣教会吗? 如果这些指责被提交给宗教裁判所,结果会如何呢? 这不关我的事,我只是个无名之辈。我所希望的只是如果我犯了错,能够得到指正。但是,如果那些恐吓了我的谣言是错误的话,我谨要求那些传播谣言的人们三缄其口。
>
> 在此我亲自签上自己的名字,1730 年 10 月 29 日,广东。
>
> 耶稣会士约瑟夫·亨利·普雷马(马若瑟),已在华传教 30 余年。①

马若瑟也表现出了极大的灵活性。为了防止教会将他从中国召回,他宁可接受教会的批评。他说:"我所要说的就是我写了一篇明确对中国礼仪表示宽容的文章,因此招致了新的争论。我希望首先检讨自己的错误。但在我的论文中,我没有涉及任何细节的问题。人们唯一能够指责我的地方就是我在给一个朋友写的私人信件中(这封信并不是关于礼仪之争的),表达了一些过去我不认为、现在也不相信的已经被教宗禁止的观点。如果我是错误的,我想要求的只是要得到更多的关于这些规定的信息。"②

马若瑟本来是要被从中国召回的,但他躲过了这一关。龙伯格在罗马国家图书馆中发现了一份没有署名的文件,题目为"建议取消命令马若瑟神父收回他关于《易经》一书意见的指令"。这是一篇为马若瑟辩护的文章,开头是这么写的:

> 马若瑟神父的整个体系包含着相信中国古籍中有圣三位一体的神秘启示和道成肉身的理论观点。我们知道,他在中国的同仁们在过去的三十年中一直持有这种观点,而且他们中的很多人对中国文献都有很好的理解,认为中国文献中的很多说法都很奇怪。下面讨论的问题不是马若瑟关于这部书的观点是否可能,而只是这些观点是不是可以被接受的问题,在

---

① Knud Lundbaek, *Joseph de Prémare*(*1666—1736*),S. J.:*Chinese Philology and Figurism*, Aarhus University Press,1991, p.119.

② Ibid., pp.123—125.

此基础上他是否应该收回他的观点的问题。

为了决定这个问题,我们必须首先来考察一下马若瑟的这些观点是否违背圣教教义,是否和教会的传统有冲突,是否和教父们的一般观点相抵触,是否违犯神学家们接受的基本原则,是否有违教会的规定。最后,我们还要考察这些观点是否可以保证信徒们的耳朵不受到污染,是否会使信徒们相信这些论点是正确的,是否会引诱信徒们犯违背信仰的罪过或者做出不正确的事情来——总之,要考察这些论点的纯洁性。[1]

文件的作者用例证来说明马若瑟的"体系"中并没有和 1714 年的教宗法规中关于"来自上帝"相抵触的观点,他的结论是:

如果像传说的那样,传信部不希望马若瑟神父的观点为人所知,即使是在学者之间展开词论也不可以,那么传信部完全可以下令阻止马若瑟撰写或者发表他的观点,而且他们完全有信心马若瑟会听从指令,马若瑟和他的同仁们会很快遵从他们在中国的主管上级的指令,不会向任何人说明他们关于上述事物的观点。在这里我们有必要向传信部说明,这样的指令被实行之后会导致什么样的困难。我们在此论述的也是事实,也可以像上述观点一样得到轻松的证明。问题是《易经》中是否包含了关于救赎的问题呢?对中国文化有深入了解的马若瑟神父认为这个问题是显而易见的……

他只有两种选择:或是违心地反对到目前为止他都认为是正确的观点,以免引起传信部的不满;或是拒绝遵从传信部的指示,而不违心地撒谎。这就是为什么当马若瑟神父被命令收回他在文件中表达的观点时,传信部再次被请求重新妥善考虑这项指令的原因,没有必要让马若瑟神父在两难中进行取舍。[2]

因为没有署名,不知真正的作者是谁,龙伯格认为这篇文献的作者很可能是耶稣会中享有较高职位的人,也许属于耶稣会总会的成员之一。不管如何

---

① Knud Lundbaek, *Joseph de Prémare* (1666—1736), S. J.: *Chinese Philology and Figurism*, Aarhus University Press,1991, p. 125.

② Ibid., p. 126.

说,马若瑟躲过了被召回的劫难,在中国留了下来。

从今天来看,以白晋、傅圣泽和马若瑟代表的索隐派在"礼仪之争"中并未成功开出一条新路,他们的理论努力最终被耶稣会内部的力量彻底地压制了,三个人的手稿都静静地躺在档案馆里。今天,在中国文化再次和基督教文化全面相遇时,我们重新走进梵蒂冈图书馆、巴黎的法国国家图书馆,吹去文献上的浮尘,打开那几百年来极少有人读过的文献,心中仍会燃起激情,被索隐派那种执着的努力打动。这是中西文化初次相遇后基督教方面为适应中国文化所做的一次最认真、最严肃的努力,确实是一次最悲壮的理论尝试。

其次,从中国文化方面来看。因为白晋、马若瑟等索隐派的作品在中国从未发表,所以,至今尚未发现中国士大夫或信教文人对索隐派理论的评价。但从理论上来讲,将中国古代文化说成基督教文化的根源,由此而断定儒家就是基督教,从而称为儒教,马若瑟这样的结论恐怕在今天也没有任何人认同。中国文化的产生和基督教没有任何关系,从文化源头上讲这是两个各自独立发展起来的文化系统。两种文化的相遇应是在中国唐朝景教来华开始的。①

仍应引起我们注意的是:2001年在学术界关于儒家是哲学还是宗教的大讨论,使我们感到马若瑟的《儒教实义》是索隐派最早从历史和理论上论证儒家是宗教的观点。也正是这样的讨论使我们感到,索隐派虽然在理论上展开的方向是有问题的,但其问题意识,其研究所涉及的问题,对我们今天来说仍具有意义。如何判别儒家的属性,这实际涉及在中国现代化转型的今天,我们应如何继承自己的文化传统,向哪个方向展开我们自己文化传统的问题。历史已经翻过数百年,但思想的问题却是永恒的。在这个意义上我们仍不可完全忽视索隐派这次最悲壮的努力,虽然他们以失败而告终,但留下的问题却再次启发了我们。②

---

① 2006年在洛阳又发现了唐代的新的景教碑,参见张乃翥:《跋河南洛阳新出土的一件唐代景教石刻》,《西域研究》2007年第1期。

② 参见任继愈主编:《儒教问题争论集》,宗教文化出版社,2000年;李申:《中国儒教史(上、中、下卷)》,上海人民出版社,2018年;鞠曦:《〈中国儒教史〉批判》,中国经济文化出版社,2003年。

第六节　马若瑟的布道章回小说:《儒交信》

《儒交信》是马若瑟的一部有特色的著作。[①] 这是一部以章回小说的形式宣传基督教的作品。小说中人物有:员外杨顺水,字金山,家有万金,但是个俗人;举人李光,字明达,家虽非素丰,却是个读书人;两人共同的朋友司马慎,号温古,先前为官,今归回山林,养性修德。司马公已经是教徒,杨员外和李举人一起找他谈起了信教之事,司马初步向李举人介绍了天主教的一些事。当晚,李举人就做了一个梦,梦中司马慎来到他的面前一晃不见了。第二天一醒,李举人就急急忙忙到了司马进士家,一问一答,从儒教和耶教之同、之别一一问起,司马讲自己的信仰历程。他原来也是佛教徒,家中菩萨、观音一应俱全,每日在家念佛守斋,烧香礼拜,请佛像,讨道录。自从在省城见了西方传教士后,司马慎信了天主教,就一把火把菩萨烧了个干净。因为第二天司马慎要道省城会见西洋师,许多话一时讲不完,就给了李举人一本传教士的中文教义书《信经直解》,作者是"极西耶稣会士马若瑟"。这里他开始作为小说中的一个角色出现,不过仅仅是作为这本书的作者,在小说中从未正式出场。

第三回出现了小说的第四个人物赵敬之,他和司马慎同时为官。那一年司马慎辞官回家,赵进士回家丁忧。三年期满,赵进士重新返回京城为官,临行前来看看老友。司马慎告他到京城后一定到三个天主堂看看,从而在小说中引出天主教在京城也有教堂。与此同时,李举人在家中细读司马慎给他的《信经直解》。小说中全文引出了《信经直解》,为了引人入胜,在《信经直解》的第三节和文后中再加上李举人的感叹,从而使小说和这份宣教的材料浑然成为一体。

第四回仍是李举人和司马慎的对话,但内容较第一、二回要深入得多。马若瑟通过司马慎的话说明,在中国的古书中藏着基督教的奥秘,由此引导李举人认同基督教和认同儒家并无不同。同时,司马慎又送他传教士所写的基本中

---

① 该书藏法国国家图书馆古郎书目(Maurice Courant)7166 号,现用郑安德编《明末清初耶稣会思想文献汇编》第四十五册(北京大学宗教研究所,2003 年),文献在介绍马若瑟生平时有误,说马若瑟被"教廷传信部召回。后来,他又来到中国"。

文宣教书阳玛诺的《轻世金书》、艾如略的《天主降生言行纪略》。

第五回是李举人信奉天主教后家中所起的风波。李氏回家后越发相信天主教,由此感到以往信奉佛教的荒唐,一怒之下将家中的佛像打了个粉碎。这下子太太吴氏大怒,两人因信仰大吵了起来。李举人只好住在司马慎家,而同时吴氏的妹妹嫁给了城外的一个秀才是奉教之人,这样她也就入了教。姐妹相见,妹妹就说姐姐做得不对,以身相说,入教有什么好处。几天下来吴氏转变了看法,待李举人回家两人相谈投机,决定明日去找司马慎。此时,马若瑟才点出小说的主题,李光说:"儒未信无用,儒交信才实。需望圣人为儒,从圣人言为信。"

第六回是李举人和司马慎同时到了省城,见到了西方传教士。看到李举人,西方传教士很是高兴,就给他付了洗,圣名保禄,司马若瑟为父。三人后回到司马慎的家,给司马夫人领了洗,圣名亚纳,她的妹妹陈玛利作代母。李娘子也领了洗,圣名保辣,司马亚纳为代母。西方传教士在乡里住了几天,不几日就有五十余人领洗,这样李举人被推为会长。不到三年的时间这里已经有三千人入教,教徒们盖起了教堂。

而杨员外仍是日日畅饮酣歌,又拥七八个妾,好信佛。但乐极生悲,不满五十岁,他就被一伙强盗打劫。家中财产洗劫一空,员外本人也被强盗捆绑吊了一夜,吓了个半死。杨员外以后得了忧郁症,数日内呜呼哀哉。那些姬妾一时散尽。这正是"西陵冢上青青草,不见春风哭二乔"。到此,小说终。

我们仅仅从艺术和文学的角度对马若瑟的这篇小说做一初步的探讨。

从艺术上来看,长期以来在研究耶稣会为代表的西方传教士所介绍的西方文化时很少谈到他们对西方文学的介绍,李奭学在其《中国晚明与欧洲文学》一书中系统地研究了耶稣会士们在传教中所介绍的西方文学,如他在书中所说:"我近年来的研究又发现,明末耶稣会士的中文著作中包含大量的文学材料,举凡诗词、讲堂札记、对话录、圣徒传记、格言、语言、历史轶事、神话与传说等文类或专著俱可一见。"①也就是说,耶稣会士们在传教过程中经常采取文学的形

① 李奭学:《中国晚明与欧洲文学——明末耶稣会士古典型证道故事考诠(修订版)》,生活·读书·新知三联书店,2010年,第3页。这是近年来在华文学术系统中对明清中西文化交流史研究最有特点的著作之一。

式,通过介绍西方的中世纪文学来传播基督教的道理。但像马若瑟这样采取中国古典小说的形式来介绍基督教思想,至少从目前笔者所掌握的文献来看是第一位。

从文学上来看,中国小说从"街谈巷语,道听途说"的小道之说,演化为"因文生事"的文学作品,经历了长期的发展过程。经过宋元话本之后,以《三国演义》为代表的章回小说兴起。章回体裁源于讲史,《三国演义》的出现标志着章回小说的成熟①。马若瑟的《儒交信》大体承接了明代章回小说的特点,在结构上按照章回小说的方法展开,每回开头以曲引出,每回结束用"且听下回分解"做结语,连接全篇。在文体上,全部采取了白话小说的形式。

语言上,《儒交信》最引人注意的是每回前面所写的曲子,这些曲子写得很是古雅:

第一回

嗔天教员外逞花唇,揭儒宗,孝庶开另眼。道贵寻源,学宜拯世,如何伧坚终身昧。乍闻天道便猖狂,徒劳攘□②终无趣。端有真儒,敦百陈大义,群伦谁不由天帝。漫言西海与中华,此心此理原同契。(右调踏莎行)

第二回

惊异梦急切访真因,笃交情详明谈大道。洵是天心仁爱。端倪诚借南柯,此衷来释敢胜那。急扣伊人则笛,先觉殷勤借引,真途敢自蹉跎。金真贯顶妙如何,尽把疑团打破。(右调西江月)

从这些填词来看,很难想象是马若瑟所作。美国汉学家韩南在谈到基督新教传教士在中国传教中的文学写作时说,传教士们的小说大都是和中国文人合作而成。"当他们(传教士)想要出版的时候,他们就将这个意思口头传达给学者,由学者翻译成流利的、惯用的中文。尽管传教士可能自己不会写,但他应当能够对他的学者的文字形成一种批评的意见。在反复阅读的过程中需要这种

---

① 林庚:《中国文学简史》,北京大学出版社,1995年,第541页。

② 缺一字,参见郑安德编:《明末清初耶稣会思想文献汇编(第四十五册)》,北京大学宗教研究所,2003年,第3页。

能力,这些都是必要的,为了结果能产生比传教士希望凭自己个人的能力能写出来的更具伟大价值的作品。"①

但从《儒交信》每回前曲牌的填写来看,如果找一个中国文人也很难表达马若瑟的那种索隐派的思想,这些隐晦的想法只有他自己最清楚。如在第四回前的曲子中写道:

> 究真诠古经多秘寓,述灵迹大道见躬行。于事定求真有据,故为明哲肝肠。须知大事不寻常,六经深隐处,玄论应我藏。灵迹般般皆目睹,及门始敢宣扬。圣恩如日志扶桑,今乃照吾邦。②

马若瑟这样的想法如果让中国学者表达或转述都不是件容易的事。因此,笔者认为这篇小说是马若瑟自己所写的可能性很大。从一般情况来看,他在写作时也可能有中国文人的帮助,但主体是马若瑟所写。支持笔者的这个想法的一个证据就是,罗明坚来华不久,就学会了中国古典诗歌的写作,罗明坚的这些诗歌在文学上显得比较幼稚和简单;相比之下,马若瑟在华的时间要比罗明坚长得多,他对中国典籍与文化的熟悉程度也要大大高于罗明坚,因此,马若瑟自己写出这些曲子的可能性是很大的。③

在《儒交信》中马若瑟一共塑造了十几个人物,但大多数人物的塑造比较苍白,只有一个人物李举人的妻子吴氏描写得较为生动,语言活泼。马若瑟是这样将她引出场的:"原来李举人的妻子吴氏……却是百伶百俐。莫说女红针指,就是敲棋点陆,也都晓得。字也认得多,平话书也看得过。只有一桩,嘴头子最快,是个红粉:中辩士。"

她的嘴头子如何快呢? 当李举人因信奉了基督教回家把家中佛教的各种菩萨打了个满地,吴氏大嚷大叫起来道:"你这天杀的,敢是遇了邪。疯癫了不

---

① 韩南:《中国近代小说的兴起》,徐侠译,上海教育出版社,2004年,第70页。

② 郑安德编:《明末清初耶稣会思想文献汇编(第四十五册)》,北京大学宗教研究所,2003年,第23页。

③ Albert Chen, S. J., *Michele Ruggieri, S. J. (1543——1607) and his Chinese Poems*, *Monumenta Serica* 41(1993), pp.129—176. 参见张西平:《入华传教士汉语学习史研究:以罗明坚的汉语学习史为中心》,李向玉、张西平、赵永新主编:《世界汉语教育史研究:第一届世界汉语教育史国际研讨会论文集》,澳门理工学院,2005年。

成。为什么把我的一堂佛菩萨打得稀烂。这个了得么。"当李举人好言相劝的时候,"吴氏一发大骂道:'你这阿鼻地狱坐的,你未曾读过佛书,哪里晓得有意思没意思。"李举人说孔子可以保佑,不必求佛。"吴氏道:'呸! 我若害起病来,有那孔圣人保佑我来不来。"她骂丈夫是个书呆子:"只怕往日在鼓里睡。既有个皇天上帝,你如何不早说。我二十多年,在这里供养佛爷,祈求观音。你二十年也不做句声。你同我拜了菩萨多少次,就是你获罪于天,无所祷也。"

　　寥寥数语,吴氏的形象就呈现了出来。从这个角度来看,这篇只有六回的短篇小说在艺术上虽然谈不上精品,但在个别着墨处也有亮点,特别是考虑到作者是个外国传教士的话,这种文学上的进步还应肯定。

　　当然,作品通篇来看仍是布道小说,故事情节简单,人物也过分单调和苍白。作品在如何处理布道和文学的关系上显得不是很成熟,例如在第三回竟然全文引用马若瑟所写的《信经直解》,文字足足有八页之多,这样长的文字放在小说中显得很刺眼,和小说几乎没有任何勾连。

　　正像韩南在评价 19 世纪基督新教传教士的小说时所讲的,在人们关注中国现代小说时传教士小说完全被忽视了。同样,在我们关心明清小说时也很少注意到来华传教士们的小说①,特别是像马若瑟这样用章回小说体来布道的小说,实属罕见。我们应将传教士的证道小说或寓言等列入明清文学的研究范围之中。

---

　　①　李奭学先生的著作已经弥补这个空白,但传教士对西方证道小说的翻译和当时的晚明文人的小说写作之间的关系仍待研究,同时也可以和佛教传入时的翻译文学做对比性研究,以勾画出晚明的这种证道故事对中国文学本身的影响。无论如何,李奭学已经开出了道路,需后人继续努力。

第二十二章 传教士汉学与欧洲本土汉学的互动

"礼仪之争"的直接后果是传教士为了表明自己的立场纷纷向欧洲寄回自己研究中国的著作,从而引起了欧洲对中国的兴趣。西方汉学的兴起是在中国和欧洲两个方面同时展开的,在中国的传教士们学习汉语,用中文和西方语言写作,从而形成了传教士汉学。同时,返回欧洲的耶稣会士们通过他们在欧洲的活动,引发了欧洲学术界对中国的兴趣,而传教士们的西方语言著作则为欧洲本土的汉学研究提供了直接的学术材料和文献。这样,在西方传统的东方学中渐渐产生了一个学术的新支,这就是汉学。

第一节 传教士汉学家的汉语学习和研究

西方传教士来到中国所遇到的第一件事就是语言问题,语言是文化交流的桥梁,不会中文他们无法在中国传经授道,于是,这些传教士们开始学习中文。这是中文和欧洲语系有史以来规模最大的一次语言接触。在华传教士为了学习汉语开始编撰各种字典和语法书,这些字典和语法书后来不少传回欧洲,又影响欧洲本土的汉学研究。

一、传教士编撰的双语词典

在耶稣会到达澳门之前,西班牙的道明我会、奥斯丁会的传教士已经从墨西哥横穿大西洋来到了中国的紧邻菲律宾。在那里,他们为了对当地的华人展开传教工作,开始编撰各类双语词典。"第一本被记载的《汉语词汇艺术》,作者是西班牙奥斯丁会的传教士拉达(Martin de Rada,1533—1578)。"①明末耶稣会入华以后最早的双语辞典是由罗明坚和利玛窦编纂的《葡汉辞典》。该辞典大约形成于 1584—1588 年之间,但直到 1935 年才被意大利汉学家德礼贤(Pasquale D'Elia,1890—1963)在耶稣会档案馆发现,近几年来开始有人对其做较为深入的研究②。该辞典"葡语词汇约收 6000 余条,而与之对应的汉语字词只有 5460 多条,有 540 多条葡语词汇未填汉语对应词"③。该辞典在西方人的汉语与西方语言的双语辞典编纂史上有着不可取代的学术地位。

其一,它是最早的汉语一西方语言对照辞典之一。正如杨福绵所说,虽然此时中国虽已有《华夷译语》,但主要是汉语与少数民族及邻国语言的对照辞典,真正的汉语与欧洲语言对照的双语辞典应是从《葡汉辞典》开始。

其二,它是最早的用罗马字母给汉字注音的系统,实际上是最早的汉语拼音方案。

其三,它为研究晚明语言学提供了第一手的材料。杨福绵先生认为根据这个辞典可以判定明朝时的中国官话是以南京话为基础的。

《葡汉辞典》作为入华传教士编的第一部葡汉辞典还较为粗糙,"因为它属于初创,在声母和韵母拼写法上,尚未完全定型,甚至有些模糊混淆的地方"。但明清之际入华传教士,尤其耶稣会士沿着罗明坚、利玛窦所确立的方向不断努力,编撰出了一大批双语辞典,甚至多语辞典,数量之大、成就之高都是令人吃惊的。王力达先生认为 1575—1800 年间,传教士曾编过 60 多种汉语或汉外

---

① 马西尼:《17、18 世纪西方传教士编撰的汉语字典》,卓新平主编:《相遇与对话:明末清初中西文化交流国际学术研讨会文集》,宗教文化出版社,2003 年,第 338 页。

② 杨福绵:《罗明坚、利玛窦〈葡汉辞典〉所记录的明代官话》,《中国语言学报》1995 年第 5 期,第 35—81 页。参见张西平:《罗明坚——西方汉学的奠基人》,《基督宗教研究》2000 年第 1 期。

③ 杨福绵:《罗明坚、利玛窦葡汉辞典所记录的明代官话》,《中国语言学报》1995 年第 5 期,第 39 页。

对照类辞书,大部分为抄本,约有 50 多种保留至今。① 从现在来看,数量要超过这个数字。另外,传教士们不仅编写汉语与欧洲语言的对照词典,在华的耶稣会士们还编了多语对照辞典,如孙璋(Alexandre de La Channe,1695—1767)就编有一部《汉蒙法语字典》,钱德明编过《满法字典》《满藏蒙汉梵字典》,魏继晋(Florian Bahr,1706—1771)所编的《六种语言大字典》将汉语与拉丁、法、意、葡、德语相对照。直到今天,我们基本上未对传教士所编写的这批字典展开研究,这是中西文化交流史研究领域中留下的重要的研究课题。②

二、传教士编写的汉语语法

前面已经讲过最早编写汉语语法的是意大利来华传教士卫匡国,他编写的《中国文法》长期在欧洲流传,但一直没有人认真地研究。已故的意大利汉学家白佐良(Giuliano Bertuccioli,1923—2001)先生曾对卫匡国的这个手稿做过深入研究。这是一部学术价值很高的文稿。在文稿的第一章,卫匡国对汉语的语音系统做了深入的研究,在"第二、三章(9—26 页)是语法,分为三部分,语法规则部分是以中文为例解释的。加在一起,有名词、代(名)词和动词三个部分。另外九个部分是介词、副词、感叹词、连词、比较级……最后是称之为数字虚词,即中文特有的量词。范例是从那时的口语中找出来的。其中一些显示出明朝官话的结构,而其他则是从南方方言③中借代过来的,例如比较句:好过他,小得紧,好得紧,不好得紧等"④。卫匡国的《中国文法》虽然长期来并未正式出版,但在传教士的汉语学习和研究史上,在西方早期汉学史上仍有着重要的地位。

在中国本土出版传教士汉语语法书最早是道明我会传教士万济国用西班

---

① 王力达编译:《汉语研究小史》,商务印书馆,1959 年,第 12 页。

② 参见姚小平:《早期的汉外字典——梵蒂冈馆藏西士语文手稿十四种略述》,《当代语言》2007 年第 2 期。

③ 参见罗常培的《耶稣会士在音韵学上的贡献》;Paul Fumien Yang 在第二次国际汉学大会(台北,1986 年)上发表的《利玛窦的葡—汉字典,一个历史和语言的介绍》;柯蔚南(W. South Coblin)在《华裔学志》XLV(1997)上的《晚清官话语音系统注解》(第 261—307 页)。

④ 参见《华裔学志》2003 年第 51 号,第 629—640 页,这里引用的是白华的译文,在此表示感谢。参见龚缨晏等:《西方人东来之后:地理大发现后的中西关系史专题研究》,浙江大学出版社,2006 年,第二章。

牙文所编《华语官话语法》。这本书 1703 年在广州以木刻出版①。

在这本书的第三至十三章讨论了中文语法问题。第三章阐述性数格的变化及复数形式；第四章介绍体词（形容词在体词内）及比较级和最高级；第五章分析动词、指示词、反复动词、职业代词及词的性别；第六章再次谈到代词（人称代词、指示代词、关系代词、相互代词）；第七章分析感叹词、连词、否定词、反问词、条件式词；第八章叙述动词及动词变位；第九章主要讲被动式句；第十章谈介词及副词，是该书最丰富的一章，对列出的大量副词进行了解释与翻译，并以西班牙文字母顺序进行排列；第十一章只有几页，主要解释句子的组成；第十二章讨论数词；最后第十三章主题为助词②。

万济国的书是公开出版的，所以，其影响力要大大超过了卫匡国的《中国文法》。当时万济国编写这部语法书时主要是为传教士们进入中国学习汉语所用，但它却拉开了中国语言与拉丁语接触的大幕，奠基了中国近代拉丁背景下的语法的产生。③

真正开拓了中国语法研究的法国入华传教士马若瑟，他的《汉语札记》1728年写于广州，但直到 1831 年才在马六甲出版，1847 年才被裨雅各从拉丁文译为英文出版。这点我们在上一章已经做了专门研究。

这里需要注意的是传教士汉学家所编写的双语词典和汉语语法书既是西方汉学史研究的一个重要组成部分，又是中国近代语言学史研究的一个重要部分。这是传教士汉学研究中最具有魅力的一部分。

---

　　①　关于该书的出版地点有多种看法，但笔者在罗马梵蒂冈档案馆看到的是 1703 年的广州木刻本，这本语法书的第一版是西班牙文，第二版是拉丁文版。参见弗朗西斯科·瓦罗：《华语官话语法》，姚小平、马又清译，外语教学与研究出版社，2003 年，第 43—49 页。

　　②　W. South Coblin, Joseph A. Levi, *Francisco Varo's Grammar of the Mandarin Language*（1703）*An English Translation of 'Arte De La Lengua Mandarina'*, John Benjamins, 2000；贝罗贝：《二十世纪以前欧洲汉语语法学研究状况》，侯精一、施关淦主编：《〈马氏文通〉与汉语语法学〈马氏文通〉出版百年（1898—1998）纪念文集》，商务印书馆，2000 年。在此感谢姚小平提供给我瓦罗书的英文版。

　　③　由外研社出版的这个版本是从英文版翻译过来的，英文版的不足在于将原来拉丁文版中的每个字的注音符号和声调的标志全部省去了，这是一个很大的遗憾，因笔者在梵蒂冈所见的版本每个拉丁拼音的汉字上方均有注音符号和声调标志。因此，这本书不仅仅是研究中国语法的重要的著作，同时也是研究中国近代音韵学的重要文献。

第二节 德国汉学早期汉学四杰：基歇尔、米勒、门采尔、巴耶尔

17世纪欧洲汉学研究的重镇在德国，代表人物是基歇尔、米勒、门采尔和巴耶尔。正是这四个人，在中国耶稣会士们的帮助下开始了欧洲本土的汉学研究。

一、基歇尔汉语研究

在上面我们介绍《中国图说》和中国文化的西传的关系时已经介绍了基歇尔的一些情况，这里仅从语言学的角度，介绍基歇尔对中国语言的研究。[①]

考察西方早期汉学史，基歇尔的这本书是必须研究的，它是西方早期汉学发展史的链条上一个重要的环节。基歇尔在《中国图说》中对中国语言的研究主要表现在两个方面：一个是对大秦景教碑的注音和释义，一个是对中国文字的介绍。

在对碑文注音时，基歇尔的做法是将碑文的中文全文从左到右一共分为29行，每一行从上到下按字的顺序标出序号，每行中有45—60个不等的汉字。碑文全部共有1561个汉字。这样碑文中的中文就全部都有了具体的位置（行数）和具体的编号（在每行中的从上至下的编号）。在完成这些分行和编号以后，基歇尔用三种方法对景教碑文做了研究：其一是对碑文的逐字注音；其二是对碑文逐字释义；其三是对碑文在逐字释义的基础上的内容解释。在书中对碑文的逐字注音和逐字释义时是将碑文的中文和拉丁文的注音、释义分开来做的，它们之间完全靠编号来一一对应。

据笔者所知，这很可能是在欧洲公开发表的第一部关于中文的字典，虽然在字典的排列上中文和拉丁文是分开的。这既是卜弥格对欧洲汉学的贡献，也是基歇尔的《中国图说》对欧洲汉学的贡献。

对大秦景教碑的释义部分从汉学的角度看也有其学术的价值。其一，基歇

---

① 虽然《中国图说》中的注音、注义主要是卜弥格和他的中国助手所做的，但基歇尔仍有贡献，把整个大秦景教碑的注音、释义作为一个系统的语言学材料整理了出来，并加以发表，功不可没。在讨论这个问题时我们以基歇尔作为他们的代表。

尔、卜弥格为使西方人理解大秦景教碑碑文的内容,在对碑文释义时加入了一些解释,向西方的一般民众介绍关于中国的基本知识,基歇尔在出版时保留了这些解释。例如,以下是卜弥格在拉丁文版中的一段对碑文的释义:"太宗文皇帝光华启运,明圣临人。大秦国(他解释:这是东罗马帝国)有上德曰阿罗本,占青云而载真经,望风律以驰艰险。贞观九祀(他解释:636 年)①,至长安。帝使宰臣房玄龄(他解释:这是宰臣的名字),惚仗(他解释:这个仗是红的,表示接受了皇帝的派遣)西郊,宾迎入内。翻经书殿,问道禁闱。深知正真,特令传授。贞观(这是皇帝的年号)十二年(他解释:639 年②)秋七月。"③

其二,他在碑文的解释中所注的纪年具有重要的学术意义。因为,当时欧洲人尚不知道中国的历史纪年,卜弥格和基歇尔第一次介绍了中国的纪年。这个问题在后来的入华耶稣会士的汉学著作中成为一个重要的问题,并对欧洲文化和思想史产生了重要的影响。

法国汉学家沙丕烈认为,"惟弥格汉学肤浅,而其同伴华人,学识亦甚疏陋,所以其译文不及 1719 年刘应(de Visdelou)神甫注释之文远甚"④。这个批评有合理之处,刘应的汉学水平是比较高的⑤,而且其译文又在卜弥格之后,他吸取了前人的成果,可以做得更加完善。但基歇尔、卜弥格的独特贡献在于:他们对大秦景教碑的解释进一步促进了欧洲对中国的认识,特别是对汉字的逐字注音对欧洲汉学是一个重要的贡献,这在欧洲毕竟是第一次。波兰汉学家爱德华·卡伊丹斯基在研究了这个注音特点后认为:"卜弥格用拉丁字母拼写汉字有时并没有遵照葡萄牙人制定的那些原则,例如他在一些地方总是用波兰文常用的'sz'和'cz'来拼写汉字,而不是按葡萄牙语的发音,用'x'和'ch'这些字母。"⑥虽然罗明坚和利玛窦最早编制了中文和欧洲文字的词典《葡汉辞典》⑦,但在欧

---

① 应是 635 年。
② 应是 638 年。
③ 参见爱德华·卡伊丹斯基:《中国的使臣:卜弥格》,张振辉译,大象出版社,2001 年,第 99 页。
④ 冯承钧译:《西域南海史地考证译丛(第三卷)》,商务印书馆,1999 年,第 159 页。
⑤ 参见费赖之:《在华耶稣会士列传及书目(上册)》,冯承钧译,中华书局,1995 年,第 453—459 页。
⑥ 爱德华·卡伊丹斯基:《中国的使臣:卜弥格》,张振辉译,大象出版社,2001 年,第 235 页。
⑦ 魏若望编:《葡汉辞典》,澳门,2001 年。

洲并未公开发表。基歇尔、卜弥格的这个词典应该是最早在欧洲发表的中文和拉丁文对照注音和释义的词典。由此,在欧洲的汉学家,可以根据这个注音表,来研究中文的发音特点。正如卡伊丹斯基所说:"后来的汉学家(如门采尔或米勒,今天看来,它们还是最早的汉学家)根据这些汉字的编号,便可将它们编成按字母顺序查阅的词典。"①

如果说有不足,那就是他们所做的第二部分:逐字的释义。因为从语言学的角度来看,用一两个拉丁词来解释一个中文字,这几乎是不可能的。而且,大秦景教碑的中文本身并不是一部字典,中文的每个字的字义是作为一句话中的字而显示出其字义的,单独抽出一个字,用拉丁文加以释义这是很难的。从语言学的角度来看,这样的做法本身就是有问题的。第三部分对整个碑文的意译,从现在的来看虽然理解上问题不少,但从解释学的角度是可以理解的。

1670 年,《中国图说》出版了法文版,法文版中增加了拉丁文版所没有的两个内容,一个是法汉对照词典,一个是汉文教理书《天主约要》,沙丕烈在谈到这个问题时说:"法文本《插画的中国》(即《中国图说》——引者注)采录有《教理问答》与《汉文字典》各一部,有人疑出卜弥格手。此虽未经诸考据家之证实,然吾人亦无法非驳之。《耶稣会作家书录》著录有《汉文字书》一部,未题撰人名。至若弥格所撰之《教理问答》,此《书录》则列在遗而不传诸书之内。但波兰著名目录家 Estricher 在波兰都城出版的插画本《宇宙大百科全书》之中,硬断定此书于字典均出卜弥格手。"②沙丕烈转述法国汉学家傅尔蒙的观点认为,这部法汉字典的内容是根据中国的《说文解字》撰写的。伯希和在《通报》的 1934 年刊上撰文《卜弥格补正》一文,对沙丕烈的这些观点做了修正和补充。他认为《教理问答》(Sinicus catechismus)"确非卜弥格之著作,其标题曰《天主圣教约言》,乃是苏如望(Joao Soerio)神甫所撰,好像初印于 1601 年,此后常有重印本。……至若将罗马字注明汉音,并译为拉丁文的,也许就是卜弥格。……所载之《汉法

---

① 爱德华·卡伊丹斯基:《中国的使臣:卜弥格》,张振辉译,大象出版社,2001 年,第 234 页。

② 冯承钧译:《西域南海史地考证译丛(第三卷)》,商务印书馆,1999 年,第 160 页。其中《教理问答》在法文版的第 164—171 页,一面为拉丁字注出汉字,一面为法文译文。《汉文字典》载入《中国图说》法文版的第 324—367 页,亦用拉丁字写汉语,旁列法文相对之字。

字典》，亦非卜弥格之著作。"同时，伯希和对沙丕烈所转述的傅尔蒙的说法给予了纠正，他认为，这部字典"或者采有《说文》在内，然而《说文》同这部《汉法字典》毫无关系。因为这部字典所辑的是近代语言的词句，按照当时传教会中所用的葡萄牙字母编次而成，首一字曰 ça，就是汉语'杂字'之对音"①。

1670 年的《中国图说》中的《汉法字典》的作者是谁？它是如何被编入《中国图说》法文版的？这两个根本问题都未得到解决。对于这个问题有以下几种意见。

第一，卜弥格所写。波兰著名目录家 Estricher 在波兰都城出版的插图本《宇宙大百科全书》之中，断定此书于字典均出卜弥格手。② 这个上面已经讲了，支持这个观点的还有波兰的波列斯瓦夫·什钦希尼亚克（Boleslaw Szczesniak）和当代波兰汉学家爱德华·卡伊丹斯基③。

第二，利玛窦、郭居静所写。这是伯希和的观点，他的根据在《中国图说》第二部分的第十章"我们的神父使中国人改变宗教信用的方式"中。基歇尔列举了在中国的耶稣会神父们所写的中文书的书目，书目中编号第 12 的内容是"《中文字典》，供耶稣会会士使用，此书我也有一本，如果资金许可，我乐意为更多的人出版它。"④伯希和认为"如此看来，《插画的中国》法文译本中所载无汉字的字典，说是利玛窦的这部字典，亦有其可能"⑤。伯希和的思路是利玛窦和郭居静所编写的《中文字典》先被人送到罗马基歇尔那里，1670 年《中国图说》

① 冯承钧译：《西域南海史地考证译丛（第二卷）》，商务印书馆，1999 年，第 233 页。爱德华·卡伊丹斯基接受了波列斯瓦夫·什钦希尼亚克的观点，认为法文版中的《汉法字典》只是将《中国图说》中的大秦景教碑碑文的注音和释义按字典形式整理了，显然，这有待研究。参见爱德华·卡伊丹斯基：《中国的使臣：卜弥格》，张振辉译，大象出版社，2001 年，第 234 页。

② 冯承钧译：《西域南海史地考证译丛（第三卷）》，商务印书馆，1999 年，第 233 页。其中《教理问答》在法文版的第 164—171 页，一面为拉丁字写汉语，一面为法文译文。《汉文字典》载入《中国图说》法文版的第 324—367 页，亦用拉丁字写汉语，旁列法文相对之字。

③ 波列斯瓦夫·什钦希尼亚克说"这是卜弥格的一部真正词典"。爱德华·卡伊丹斯基认为"在这个版本中，基歇尔发表的中法词典，就是以普通形式出现的。但也可能由于技术问题，这部词典中去掉了汉字"。见爱德华·卡伊丹斯基：《中国的使臣：卜弥格》，张振辉译，大象出版社，2001 年，第 234—235 页。

④ 阿塔纳修斯·基歇尔：《中国图说》，张西平、杨慧玲、孟宪谟译，大象出版社，2010 年，第 225 页。基歇尔在这里所说的《中文字典》在柏应理所编的关于入华的耶稣会士在中国所写的中文书书目中也有记载，标题为"VocabulariumOrdine alphabetico Europaeo more concinnatum，et per accentus suos digestum"，参见柏应理 Catalogus Paturm Societatis Jesu，pp. 102—103.

⑤ 冯承钧译：《西域南海史地考证译丛（第三卷）》，商务印书馆，1999 年，第 233 页。

出法文版时,基歇尔将这部字典放入 1670 年版本中。

第三,利玛窦、郭居静所写,由白乃心带回欧洲。这是当代汉学家马西尼的观点,他认为,"当白乃心从中国返回欧洲后,首先把利玛窦的字典给了基歇尔,然后又给了法文版的翻译者"①。

这是欧洲早期汉学史上一个非常重要的事,如果找回这个文献,我们对传教士们在中国语言学上的研究会有更深入的了解,也会对研究中国语言学史产生重要的影响。至今,我们仍不能确定在《中国图说》的法文版中所发表的《汉法字典》的作者和利玛窦所编的字典的最后下落。但无论如何,我们还是要感谢《中国图说》法文版翻译者——Françoise S. Dalquié②,正是他发表了这样重要的字典。同时,我们也应充分肯定基歇尔在《中国图说》的拉丁文版中发表了卜弥格对大秦景教碑的中文所做的注音词典。

我们再看《中国图说》对中国文字的介绍。基歇尔的中国语言观仍是 17 世纪的基督教的语言观,在这方面他并没有什么新意,无非是更加系统些而已。他认为大洪水以后诺亚的子孙们统治着世界,并把其帝国扩展到东方,"中国是最后一个被殖民化的国家",因而他说"第一个发明文字的人是皇帝伏羲,我毫不怀疑伏羲是从诺亚的后人那里学到的"。基歇尔这一观点的根据就是中国文字和埃及文字一样都是象形文字,"古老的中国文字对此是最有力的证明,因为它们完全模仿象形文字"③。在他看来中国人是根据事物本身来创造字的,他们和埃及人一样,从兽类、鸟类、爬行类、鱼类、草类等多种事物的图形中形成了自己的文字。这样由于天下事物林林总总,因而中国的文字也特别多,他说在中国一个有学问的人至少要认识 8 万字,因而一个人若想获得更多的知识,他必须不断学习认字,而且还要有很好的记忆力。一个人只有"毕生勤学苦读,终

---

① Federico Masini,"Notes on the first Chinese Dictionary Published in Europe (1670),"*Monumenta Serica* 51(2003), pp. 283—308. 参见马西尼:《十七、十八世纪西方传教士所编撰的汉语字典》,卓新平主编:《相遇与对话:明末清初中西文化交流国际学术研讨会文集》,宗教文化出版社,2003 年。

② 对于这个法文的翻译者我们所知甚少,参见 Federico Masini,"Notes on the first Chinese Dictionary Published in Europe(1670),"*Monumenta Serica* 51 (2003), pp. 283—308.

③ 阿塔纳修斯·基歇尔:《中国图说》,张西平、杨慧玲、孟宪谟译,大象出版社,2010 年,第 389—390 页。

成鸿儒,因此才会被选拔到帝国政府的最高层中"①。

对中国古文字的介绍是基歇尔中国语言观中最有特色的部分,也是整个《中国图说》最亮彩,当时最吸引人的部分。他认为中国文字和埃及文字一样是以各种自然物的图像为基础的,因而随着历史的时代不同,人们所认识的事物不同,也就形成了不同的文字图像。他认为在中国古代共有十六种文字类型,他们分别是:

第一种:伏羲氏龙书(Fòhi xi lùm xù);

第二种:穗书神农(Chum xu xin Nûmço);

第三种:凤书少昊作(Fum xù xan hoamço);

第四种:蝌蚪颛顼作(Li teù chuen kimço);

第五种:庆云皇帝篆(Kim yun hoam ty chuen);

第六种:仓颉鸟迹字(Choam ham miào cye chi);

第七种:尧因龟出作(Yao yn queço);

第八种:史为鸟雀篆(Su guey nia cyò chuen);

第九种:蔡邕飞帛作(Cha yè fi mienço);

第十种:作氏笏记文(Queiço xi'ho ki ven);

第十一种:字为星宿篆(çu guey sym so chuen);

第十二种:符篆秦文字(Fu chuen tay venchi);

第十三种:游造至剪刀(Yeuçau chi eyen tao);

第十四种:安乐知思幽明心为(Ngan lochi su yeu min sym quei);

第十五种:暖江锦鳞聚(Nugum kiam mien lien cyeù);

第十六种:金错两制字。②

现在看来基歇尔对中国古代文字的介绍带有很大的随意性,许多是他根据

---

① 阿塔纳修斯·基歇尔:《中国图说》,张西平、杨慧玲、孟宪谟译,大象出版社,2010年,第390页。
② 这里的译文是采取董海婴的"汉语:欧洲人早期认知"一章中的翻译,在此表示感谢。我在《西方人早期汉语学习史调查》一书中已经翻译了这16种字的名称,但只是从英文直译,董海婴的翻译更为精确。由此而感,学术是一个不断进步的过程。参见龚缨晏等:《西方人东来之后:地理大发现后的中西关系史专题研究》,浙江大学出版社,2006年,第86—87页。

白己所收集到的中国古文字图像而自己加以臆想的。

许慎在《说文解字》序中说："黄帝之史仓颉，见鸟兽蹄远之迹，知分理之可相别异也，初造书契。"其实，汉字并不是某个圣贤所发明的，文字的产生是社会生产和生活的需要，在早期的甲骨文中，农事植物、兽畜鱼鸟、天体之象、人体器官、工具机械的名称占了大部分，当时的文字大都是由这些事物的图案组成的。而这些图案，正是当时畜牧、渔猎、农事采集等社会生活的主要内容。

基歇尔只是简单地跟卜弥格学了几句汉语，写了几个汉字，他不可能对汉字的历史和发展有更准确的理解，从西方人对中国文字的认识史来看，孟德卫教授对基歇尔的评价较为中肯。他说基歇尔的这些观点缺少一种创造性，"他仅仅是一个模仿者"。[1]

但基歇尔的贡献在于他公布了中国古代的文字的图像，实际上"第一个在欧洲介绍中国书写文字的就是基歇尔"[2]。这就是基歇尔的 *Oedipus Aegyptiacus I*（1652—1654）一书，该书在罗马出版，是一部关于数学、几何学、音乐和语言，特别是关于埃及象形文字和科普特语言的多卷本的书。（汉字第一次出现在欧洲究竟是哪一部著作，有不同说法，有人认为"汉字第一次出现在欧洲是在门多萨写的《中华大帝国史》一书中"[3]。）基歇尔在这本书第三卷第二章中对中国语言和中国文字书写做了介绍。这一章的标题是"对中国古代文字的解释"，当时他介绍了中国的 7 种书写文字，这些后来包括在《中国图说》中所介绍的 16 种类型中了。

基歇尔所介绍的这些中国古代文字是从哪里来的呢？也就是说，它们来自中国的什么书籍？已故的丹麦著名的汉学家龙伯格认为基歇尔所介绍的这 16 类字型中，有 4 种可以在《字汇门》一书中发现。但后来龙伯格在一本叫作《万宝全书》中找到了基歇尔所介绍的这些古文字的大部分来源。《万宝全书》现藏于巴黎国家图书馆，全书共 8 卷 38 章，其中第 11 章专门讨论了中国的文字书

[1]　D. E. Mungello, *Curious Land：Jesuit Accommodation and the Origins of Sinology*, Studia Leibnitiana Supplementa, 1985, p.146.

[2]　《中西文化交流史：1500—1800》英文版，1983 年，第 5 页。

[3]　M. G. 马森：《西方的中华帝国观》，杨德山等译，时事出版社，1999 年，第 127 页。

写,书的第 17—23 章介绍了中国的书法、印章,其中有其歇尔在《中国图说》中所采用的古文字图形。因此,龙伯格得出结论"基歇尔的 *Oedipus Aegyptialus* 和 *China Ilustrata*(《中国图说》)包括卜弥格给基歇尔的字都来自《万宝全书》"[①]。

在《中国图说》中基歇尔还讨论了中国文字的语音问题。他说:"中国语言文字很含糊不清,一个字常表示 10 种或 20 种不同的意思,这要看说话时的语调。"[②]这个意见在《利玛窦中国传教史》中也讲过,由于中国各地发音不同,每一个字又有多音,因而交流起来十分困难。

基歇尔给中国文字的读音设计了一个方案,显然他是受到来华传教士在中国学习汉语时所编的字典和启示,因为从《葡华辞典》开始来华耶稣会士都十分关注这个问题。[③] 他说:"中国字音调的第一个符号相当于音乐调的'Ve',第二符号相当于'Re',第三符号相当于'Mi',第四个符号相当于'FQ',第五个符号相当于'So'。"按这样分析,他认为欧洲的字母"Ya"就有五种,不同的音调,每种都有不同意思,因而使用它也就可写出不同的中国字。例如"Ya"可有:牙;哑;优雅;惊讶;鸭。

无论如何,基歇尔是 17 世纪欧洲汉学的天才,不管他的《中国图说》有多大的缺点,也不管他的这本书内容有多少是来自卫匡国和卜弥格等传教士,正是从他开始,奠基了欧洲对中文的研究,他的《中国图说》催生了欧洲早期汉学的诞生,同时,《中国图说》也拉开了 18 世纪欧洲中国热的序幕。

二、米勒的汉语研究

米勒(Andreas Müller,1630—1694)是德国 17 世纪最有名的汉学家,他的声名鹊起主要是因为他声称自己发明了《中文钥匙》(*Clavis Sinica*)。这位出生在波兰的语言学家的确具有很高的语言天分,他可以用土耳其语、波斯语、叙

---

① 《中西文化交流史:1500—1800》英文版,1983 年,第 8 页。
② 同上书,第 224 页。
③ 利玛窦:《利玛窦中国传教史(下)》,刘俊余、王玉川译,光启出版社,1986 年第 286—287 页;参见罗常培:《耶稣会士在音韵学上的贡献》,《历史语言研究所集刊》1930 年第一期第二分册,第 267—388 页;杨福绵:《罗明坚、利玛窦〈葡华辞典〉所记录的明代官话》,《中国语言学报》1995 年第 5 期,第 35—81 页。

利亚语写作,还能说亚美尼亚语、古撒玛利亚语、科普特语和俄语。他的语言天分受到了当时勃兰登堡选帝侯腓特烈·威廉(Friedrich Wilhelm,1620—1688)青睐。选帝侯将他请到宫中作图书馆馆长,给他提供了令人羡慕的工作条件。1667 年米勒开始了他的《中文钥匙》研究,六年后他宣布自己发明了《中文钥匙》,并想借此让选帝侯给他一大笔钱。虽然选帝侯没有给他巨额的费用,但这个发现却激起了选帝侯的极大兴趣。选帝侯决定继续支持他的研究,米勒为了表示感谢将研究的题目改为"Brandenburg Invention"。

实际上米勒主要是将基歇尔在《中国图说》中所公布的汉字和注音放在一起加以研究,按照当时德国汉学家巴耶尔的看法,他基本上是在重复基歇尔的工作。[①] 但为了获取教会内的位置,他说:"要是我能像读汉字那样有把握,确信会获得经济上的回报,教会的职位和安宁,我相信在一年的时间,或者说一个月时间,甚至更短的时间,我甚至可以让女人学会读汉语书和日语书,而当她们学会语法规则以后还能会翻译。"[②]这话说得真是太大了,难免他后来被不少人攻击。

不过米勒并非只说不做,他在 1670 年编辑出版了《关于契丹国的历史和地理》(Disquisitio Geographicae et Historicae de Cathaia)。在 Greiffenhagii , Opuscula Nonnulla Orientalia : Uno Volumine comprehensa Quorum Sequenti pagina prolixius monstrabit 这本论文集中地初步研究了基歇尔公布的大秦景教碑的内容,1672 年出版了《中国碑刻》(Monumentum sinicum)。在米勒的 Hebdomas observationum de rebus sinicis 以及 Imperii Sinensis Nomenclator geographicus , prior , alphabeticus , ad aetatem Tai-Mingarum 和 Basilicon Sinense 等书中都有和汉学有关的论述。他还出版了 Hebdomas Observationum de Rebus Sinicis ,在这本书中列出了 10 行的汉字。在他的 Greiffenhagii de Sinarum Magnaeque Tartarae Rebus Commentario Alphabetica ex Auctoris Commentariis super Marci Polo Veneti Historia Orientali Aliisque Magno Numero Manuscriptis Excerpta ac saltim delibata 中也涉及中国和鞑靼的内

---

① Knud Lundbaek,T. S. Bayer(1694—1738): Pioneer Sinologist , Curzon Press, 1986, p. 61.
② Ibid. , p. 62.

容,其中不少内容是从《马可·波罗游记》那里来的。在他的 *Basilicon Sinense* 中,他列出了从柏应理那里得来的《中国历史年表》。当然,在米勒的这些书中的汉字有很多的错误,这点他自己也承认。1680 年,米勒在柏林以 Thomas Ludeken 和 Hagins Barnimus 的笔名出版了《主祷文》(*Lord's Prayer*)的译本和所有语言的字母表。在这本书中他也谈到了中国,引用了《中国图说》介绍的中国文字,但巴耶尔说他并未改正自己的错误。[①] 在选帝侯那里他做了两件事:一是将皇家所藏中文书编了个书目,但这个书目实际上只有购书者的姓名,并无每本中文书的书名,这说明他的汉语能力是有限的;第二就是做了一套木活字的字模,准备来印刷中文书。[②] 他还在自己的 *De Eclipsi Passionali Disquisitio* 上发表了从传教士的书中择录下来的关于中国日食的汉语文献。柏应理到柏林时也和米勒见过面。但米勒最后也未发表他的《中文钥匙》,据说他一把火把自己的手稿全部烧了,但也有人说他的手稿被仆人偷偷拿出去卖了。[③]

不过,最令人感兴趣的是米勒的工作受到了莱布尼茨的关心和注意。因为,米勒所说可以让人在一个月学会中文的大话在当时真可谓石破天惊之语,这话使对中国和中文一直有着浓厚兴趣的莱布尼茨感到特别新奇。他怀着极大的兴趣给他的朋友埃尔斯霍茨(Johann Sigismund Elsholtz)写信,对米勒的这个重大发现表示了关心,他在信中一口气向米勒提了 14 个问题:

> 我试图得知:第一,这部词典是否准确无误,人们是否能够像读我们的 a、b、c 字母或数字一样去读它,或者是否有必要偶尔加一点解释,就像有时加示意图的情况那样。第二,如所周知,由于中国的文字不是表示话语,而是表示"东西""事物"的,因此我想知道,"汉字"是否总是按照事物的性质创造的。第三,是否所有文字都可以回溯到一些确定的元素或基本的字母,是否从组合中还能形成其他的汉字。第四,人们是否把不可见的事物

---

①　Knud Lundbaek, *T. S. Bayer(1694—1738)*：*Pioneer Sinologist*, Curzon Press, 1986, p. 69.

②　参见张国刚、吴莉苇：《启蒙时代欧洲的中国观:一个历史的巡礼与反思》,上海古籍出版社,2006 年,第 155 页注释 1。

③　Knud Lundbaek, *T. S. Bayer(1694—1738)*：*Pioneer Sinologist*, Curzon Press, 1986, p. 74.

借助于同有形的、可见的事物的比较带到某种确定的形式之中。第五，中国文字是否全部通过人造生成的，且随着时间的演进不断增长，甚至是不断改变的。第六，中国人的语言是否像一些人认为的那样，也是通过人创造的，以致人们可以找到理解这种语言的某种确定的秘诀。第七，米勒先生是否认为中国人自己不知道他们文字的秘诀。第八，米勒先生是否认为这种文字可以顺利地、有用地引入欧洲。第九，创造出这种文字的那些人是否理解了事物的性质，并且从理性精通。第十，表示如动物、野草、岩石这些天然事物的汉字，是否同这些事物的特性有关，以便某个字同其他字能有所区别。第十一，人们是否能够以及在多大程度上从汉字学习到它的含义。第十二，拥有解释中国文字的词典并借助它工作的人是否可以懂得用汉字写成的关于某些主题内容的全部文字。第十三，拥有这部词典的人是否也能用中文字写点什么，并且使有文化的中国人能够读懂和理解。第十四，如果人们想根据这本词典向不同的中国人告诉一些用我们的语言写成、用汉字逐字注音的事情（例如，一桩祈祷的"主祷文"），那么，人们是否可以充分了解所涉及的相同内容。①

从这 14 个问题可以看出，莱布尼茨对汉字的关心是同当时欧洲的普遍语言学思潮相关的，这点我们下面还要专门研究，这里暂且不说。应该说莱布尼茨在中国语言文字上表现出了极大的敏锐性，他虽然受到了基歇尔等人提供材料的影响，但并不为其所左右，他的中国语言观中以下三点应予注意。

第一，莱布尼茨并未从《圣经》的角度去理解中国语言，虽然他对普遍语言学的追求有宗教因素——他在宗教上一直试图使天主教和基督新教和解，而寻求一种世界语言则是这种宗教和解在语言上的表现，但莱布尼茨"拒绝把汉文方块字视为埃及象形文字衍出的一种文字"②。他更多是从理性、从语言学角度来讨论中国语言，他可能思忖"汉语是否为世界上的一种最佳语言"。

第二，莱布尼茨注意到汉字的一些基本表意特性。汉字和埃及楔形文字都

---

① 安文铸、关珠、张文珍编译:《莱布尼茨和中国》,福建人民出版社,1993 年,第 126—127 页。

② 安田朴:《中国文化西传欧洲史》,耿昇译,商务印书馆,2000 年,第 399 页。

是象形字(hieroglyphic),其特点是语言符号"是传统的和真实的图画,有好些的确指示所代表的实物的名称"①。从传统比较文字说来说,汉字主要为表意文字(ideographic writing),以同印欧语言文字中的表音文字相区别。但近几十年来无论国内还是国外,对这种说法都提出了纠正。有人主张汉字在早期基本上是使用意符和音符的一种文字体系,后期成为意符音符记号文字,即汉字并不是纯粹的表意文字。② 有的人认为它是"表词文字或言词文字(word-writting 或 logographic writing)"③。但这些新的看法并不否认汉字的表意特征,而是指出汉字不能仅仅用表意特征来表示。从汉字的形成来看,许慎在《说文解字》中所提出的造字原则"六书理论"中的象形、指事、会意都是从词的意义上联系来讲的,正是在这个意义上"汉字是表意文字。同一形符的字在意义上有关联"④。

　　莱布尼茨在读到有限汉字的情况下已察觉到汉字的表意特征,他说汉字是表示"东西""事物"的,并问像动物、野草、岩石这些表天然事物的文字是否同事物的特征有关。这些问题都是从"象形文字"角度来看汉字的,以期探究汉字的表意功能。从图像到文字符号是一个很复杂的过程,并非一蹴而就,但汉语中的许多独体字在初期是表示事物的,如用⊙表示太阳。莱氏的过人之处在于他有一个正确思考问题的方向。

　　有些抽象的字怎么表示呢? 莱布尼茨不知道许慎在《说文解字》中已解决了这个问题,但他的这个问题却是深刻的。

　　第三,他相信汉字是有规律的,是可以被后人不断制造出来的,而要被后人造出来,那就必须有基本的规律,所以他问米勒汉字是否有"确定的元素或基本的字母"。在他看来只要掌握了这些"确定的元素或基本的字母",就可以造出新的字来。后来他在一封通信中曾继续思考这一问题:"很明显,它在开始时是对事物的真实写照。但后来为了简化和冲淡这种文字,他们仅仅保留了象形文

　　① 布龙菲尔德:《语言论》,袁家骅、赵世开、甘世福译,商务印书馆,1997年,第358页。
　　② 参见裘锡圭:《汉字的性质》,《裘锡圭自选集》,河南教育出版社,1994年。
　　③ 布龙菲尔德:《语言论》,袁家骅、赵世开、甘世福译,商务印书馆,1997年,第360页。
　　④ 何九盈:《中国古代语言学史》,广东教育出版社,1995年,第62页。

字中的几种笔画,用这些字组成了一些复合字以指其他事物,其中很大一部分事物是不可能用文字表达出来的。因此而令人难以觉察地出现了现在通用的这些方块字。"①

这里实际上已讲到了汉字的一些构字原则,讲到了笔画。在 18 世纪的欧洲,莱布尼茨所读到的汉字十分有限,他能做出这样的猜测,足以表现出他的语言才能。因为汉字的确是有规律的,有它"确定的元素"②的。

米勒先生对汉字的研究引起过莱布尼茨极大的关注和兴趣,但也最使他难过,因为,听到米勒在临终前一把火烧了自己的书,他的《中文钥匙》随一缕青烟飘到了云天外的消息后,莱布尼茨好不伤心。米勒死后几年,莱布尼茨还在《中国近事》的序言中表达这种心情:

> 米勒先生虽学识渊博,但性格古怪。不仅我、闵明我和鲁道夫③,甚至就连曾为他在柏林提供过实验室的那位已故的选帝侯也都在他那儿碰过壁。可能是他把自己的研究看得过于重要,也可能是他不愿在研究工作完全成功之前公之于世,担心别人对尚不清楚的事情过分夸张。他固执任性到了极点,最后竟然真的履行了他曾四处散布的恫吓之辞,据说他在临死之前将所有资料焚毁。因此我们始终不清楚,他不让我们知道的知识究竟有哪些,他到底知道什么,不知道什么。据我个人的看法,当时他已经取得了重大的成果。同时我还认为,如果他得到足够的支持,还将会发现更多他能发现的东西。如果他能向稍微内行一点的人公开所有的研究情况,那么无疑可以得到那位选帝侯,特别是自己所在州统治者的资助而完成他未竟的事业。如同我所相信的那样,这期间并非没有挽回的机会,可由于这位素质优秀且作出　定贡献的人本身固执倔强,才使得宗教事业和传教士们失去了这种机会。④

---

① 安田朴:《中国文化西传欧洲史》,耿昇译,商务印书馆,2000 年,第 399 页。
② 以上研究也可参见张西平等编著:《西方人早期汉语学习史调查(上)》,中国大百科全书出版社,2003 年。
③ 鲁道夫(Hiob Ludolph,1624—1704),东方语言学家。
④ 安文铸、关珠、张文珍编译:《莱布尼茨和中国》,福建人民出版社,1993 年,第 112—113 页。参见 G. G. 莱布尼茨:《中国近事——为了照亮我们这个时代的历史》,梅谦立、杨保筠译,大象出版社,2005 年。

三、门采尔的汉学研究

门采尔(Christian Mentzel,1622—1701)原来是位医生,1682 年开始研究汉学时已经 60 岁了。当柏应理到柏林时,门采尔结识了他,并从他那里开始了最初的汉语学习。[①] 耶稣会士闵明我在柏林时,门采尔也跟着他学习汉语。门采尔汉学研究的代表作是 *Sylloge Minutiarum lexici latino-sinico-characteristici*：*Observatione sedula ex Auctoribus & Lexicis Chinesium Characteristicis eruta*，*inque Specimen Primi Laboris ulteriùs exantlandi Erudito & Curioso Orbi exposita*。这是一本只有 33 页的小册子,每页大约有 25 个拉丁字和相对应的拉丁化的汉字以及汉字符号。很显然,这些汉字来自基歇尔《中国图说》中所发表的卜弥格的大秦景教碑文的注音系统和汉字的碑文。他的另一部著作是 *Kurtze chinesische Chronologia oder Zeit-Register Aller Chinesischen Käyser von ihrem also vermeinten Anfang der Welt bis hierher zu unsern Zeiten*，*des nach Christi unsers Seligmachers Gebuhrt*。这是一部介绍中国历史年表和皇帝在位时间顺序的著作,孟德卫认为这本书很可能得到了柏应理的帮助,实际上他的内容基本上是来自柏应理的历史年表。在孟德卫看来这本书并不是完全抄柏应理的,因柏应理的历史年表中并没有中文,而在门采尔的年表中,他将每位帝王的名字都标注出了中文。[②]

门采尔最大部头的著作是他将自己从东方得到的梅膺祚的《字汇》和张自烈的《正字通》加以改造。他以《字汇》为基础,并加以翻译,形成了一部八卷本的洋洋大作。他按中国汉字纲目,从易到难,按部首的组合形式编排,带有语音注释和拉丁语翻译,经过校正并且收编了《正字通》及其他重要汉语字典中的新汉字。[③]

---

① 参见董海婴的"汉语:欧洲人早期认知"一章,龚缨晏等《西方人东来之后:地理大发现后的中西关系史专题研究》,浙江大学出版社,2006 年,第 89 页。

② D. E. Mungello, *Curious Land*：*Jesuit Accommodation and the Origins of Sinology*，Studia Leibnitiana,Supplementa，1985，p. 239.

③ 参见张国刚、吴莉苇:《启蒙时代欧洲的中国观:一个历史的巡礼与反思》,上海古籍出版社,2006 年,第 155—156 页。

1698 年,门采尔将其研究的成果献给了弗里德里希选帝侯。他的这些研究和基歇尔一样充满了基督教索隐派的幻想。现在,这些材料陈列在柏林皇家图书馆里。

四、欧洲第一位职业汉学家——巴耶尔

巴耶尔(Theophilus Siegfried Bayer,1694—1738)是 17 世纪德国汉学家中成就最高的一位。他出生于德国的一个新教家庭,幼年时起就显示出卓越的学习才能,毫不费力地学会了拉丁语和希腊语,16 岁时就被哥尼斯堡(Königsberg)大学录取。在那里他研究神学、哲学和希伯来文,1716 年获得博士学位。毕业后他在德国游学,在柏林见到许多重要的东方学家,在皇家图书馆看到了门采尔留下的手稿和收集的各种传教士关于中文的字典。从 19 岁时他就开始对汉语着迷,游学时和东方学家的接触也深刻地影响了他。1718 年他回到哥尼斯堡后,首先是作为古希腊和罗马史研究的专家出版了四本关于希腊和罗马史的著作,同时,他保持着自己对汉学的热爱,"巴耶尔在市立图书馆作了一名图书管理员。同年出版了他的第一部汉学专著《中国日食》(De Eclipsi Sinica)"①。

1726 年 2 月,巴耶尔接受了俄罗斯圣彼得堡科学院的邀请,担任那里的希腊和罗马古代历史研究主席,从此开始了他在彼得堡的生活。"1730 年以后,巴耶尔越来越沉浸在汉学研究上,导致他在科学院的职位发生了变化。1735年,科学院决定让一位年轻的德国古典派学者约翰·乔治·洛特(Johann Geoge Lotter,1702—1737)取代巴耶尔古希腊罗马历史研究主席的职位,而巴耶尔则成为古代东方学的教授。"②这样,巴耶尔成为欧洲历史上第一个职业的汉学家。1730 年他在彼得堡出版了他汉学研究代表作《中国博览》(Museum Sinicum),这是一部两卷本的"汉语教科书",虽然从今天的水准来看十分肤浅,"但它是在欧洲印刷的第一部关于汉语语言的著作"③。

---

① Knud Lundbaek,*T. S. Bayer*(1694—1738): *Pioneer Sinologist*,Curzon Press, 1986, pp. 81—82.
② Ibid. , p. 20.
③ Ibid.

在《中国博览》的序言中,巴耶尔用了近五万字讲述了欧洲早期汉学的发生,主要是德国 17 世纪汉学发生的历史。这一段叙述说明了巴耶尔作为欧洲最早的汉学家开始有了一种学术的自觉,有了一种很明确的学科意识。这样一种汉学史的回顾在欧洲学术上是第一次,他第一次将汉学作为欧洲东方学的一个重要部分,并将汉学研究与欧洲学术史上的中亚史和马可·波罗的研究相联系,从而使欧洲的学术界认识到汉学研究与欧洲的关系及其自身的独特性。

《中国博览》的序言后有两卷,第一卷有两部分:第一部分是研究汉语语法的,巴耶尔将他收集到的卫匡国的语法和柏应理的语法作为基本材料加以研究;第二部分是他在柏林皇家图书馆找到的一本漳州方言的语法。巴耶尔将其誊写下来,想告诉读者中国方言的特点。在这两部分之后,他还将收集到的米勒的《汉语关键论题》(*Proposition for a key to the Chinese Language*)以及传教士给巴耶尔的信和米勒关于中文的信作为三篇单独的文章附在后面。

《中国博览》的第二卷"包括两部字典和一些文章。在第一本字典里,我描述了汉字应该怎样分类及如何根据它们的构成要素来查找。我本想以更准确的方式处理这些问题,可要做到这一点,就得弄出一本 800,000 汉字以上的巨著来,而这既非我的意图也非目前的手段和方法所能办到的。事实上,到现在我仅收集了 10,000 多个字,就连这些我也不敢全部铺列在这本书中以免书的印刷成本因此而更加昂贵"①。这个字典有 42 张镌刻汉字的版和 119 页对照音译和意译表。最后是三篇配合学习语言的文化材料:第一篇文章是他从殷铎泽在果阿出《大学》译本后所附的《孔子传》(*Life of Confucius*)的短文;第二篇是他对柏应理所主编的《中国哲学家孔子》所做的修改,柏应理的巴黎版上原计划刻上中文,后来有困难没做成,巴耶尔在《大学》这篇文献中配上了汉字,同时,他还做了注释;第三篇是曾被他使用过的《小儿论》,他也对这篇文章做了注释,加了汉字。

《中国博览》是当时欧洲汉学文献的集合,巴耶尔几乎找到了他所能找到的所有的有关中文的语言材料和文献,无论在内容上还是在解释的深度上,巴耶

---

① Knud Lundbaek, *T. S. Bayer* (1694—1738): *Pioneer Sinologist*, Curzon Press, 1986, p. 95.

尔都已经大大超过了他的学术前辈米勒和门采尔。

巴耶尔的汉学研究反映了那个时代的特点. 就是当时对汉学的研究是在中国本土和欧洲同时展开的。在中国的耶稣会士汉学家们在书写着他们的传教士汉学,而巴耶尔在彼得堡书写着欧洲本土汉学。巴耶尔也许是当时在欧洲的本土汉学家中和在中国的耶稣会士汉学家联系最多的汉学家。他本人与北京最有名望的耶稣会传教士建立了私人联络。这些人是法国的宋君荣、巴多明和葡萄牙人戴进贤、徐懋德(Andre Pereira)和严嘉乐等,在北京的耶稣会士们接纳了他并经常在信中激励他,送给他中文书籍和字典来帮助他。"巴耶尔,这位欧洲的汉学先驱,是入华耶稣会汉学家的学生,起先他们之间的联络是间接的,随后便是直接友好的接触。"①正是在巴耶尔这里我们看到经过传教士汉学这个环节,东方的知识如何传递到西方,并逐渐催生了西方早期的汉学研究。②

第三节　英国汉学的发轫:约翰·韦伯

英国对中国的认识长期以来停留在游记和幻想之中,中世纪时他们所知道的也就是《马可·波罗游记》和由此而改编的《约翰·曼德维尔游记》。当然,后者也不是全部抄的《马可·波罗游记》,而是汇集了当时所找到的关于东方的书而进行的一个巧妙的改编。当时《约翰·曼德维尔游记》在英国乃至在欧洲都很流行,因此到1500年以前差不多已译成了欧洲的几种主要文字,其风靡程度不亚于《马可·波罗游记》,成为从中世纪到文艺复兴时代在西欧人心目中那种半是写实半是幻想的东方世界形象最有影响的一部书。③ 这大约就是英国文学中所感知的最早的中国形象,并由此成为欧洲文学里中国赞歌的发轫。④

如果说最早真正地接触到中国人,并开始了一种初步研究的应是托马斯·海德(Thomas Hyde)博士。海德博士时任牛津大学波多利安图书馆(The

① Knud Lundbaek,*T. S. Bayer(1694—1738)*:*Pioneer Sinologist*,Curzon Press, 1986, p.153.
② 参见阎国栋:《俄国汉学史(迄于1917年)》,人民出版社,2006年,第58—67页。
③ 周珏良:《数百年来的中英文化交流》,《周珏良文集》,外语教学与研究出版社,1994年,第161页。
④ 葛桂录:《雾外的远音——英国作家与中国文化》,宁夏人民出版社,2002年,第25页。

Bodleian Library)馆长一职,是一位博学多才的波斯学者。他当时在英国见到了柏应理返回欧洲时随其旅行的中国年轻人沈福宗(Shen Fu-tsung)。沈福宗会讲拉丁语,这样两人可以有简单的交谈,海德由此认识了一些汉字,这为他后来编写英国首次出版的汉学书籍目录(Varia Chinesia)打下了基础。还有一个叫胡克(Robert Hooke,1635—1703)的人,也做了一些汉语研究。

但真正写出关于中国和汉语的著作的则是约翰·韦伯(John Webb,1611—1672)。当时他是英国一位出色的建筑师和设计师,并非语言学家,也没学过汉语,但他广泛研究当时欧洲各种文献中有关中国语言的内容,于1668完成了《论中华帝国的语言可能是原始语言的历史散论》(*An Historical Essay Endeavoring a Probability That the Language of the Empire of China is the Primitive Language*)。这本书成为英国历史上第一本研究汉语的著作,由此也奠定了韦伯的学术地位。

韦伯从未到过中国,他认为中文所以被认为是人类最初的语言,是因为中国有着最古老的历史。他说:"在大洪水以前,在上帝乱了人类语言之前,自从他们作为一个民族存在,他们的书面语言就一直未变地被保留在他们的古书之中,没有词根的变化,也没有像欧洲语言那样的时态、性、数、格等无穷的变化。"[1]这是第一。

第二,因其具有普遍性,中文的适用范围广大。从时间上来说,韦伯认为中文被一个民族从古到今地使用是不可思议的;从空间上来说,中文在如此大的地域中被广泛使用更是神奇的。不论中国还是它的邻国都在使用汉字,汉字的普遍性是任何欧洲语言所不可比拟的。

第三,中文表达典雅,它保持人类原始语言的那种古朴、无邪、庄重的特点,而不像希伯来语中有那么多猥亵的词汇。

第四,中文最有力地证明了神的存在,因为它在基督诞生以前就预言了基督的存在。

第五,中文表达得简洁。这种简洁性有时使它模棱两可,但简洁性却正是

---

[1]　John Webb, *An Historical Essay Endeavoring a Probability That the Language of the Empire of China is the Primitive Language*, London, 1669, p. 177.

原始语言的一大特征。

这种文字一直未变,并且纯正地保留着,只有这样,这种文字才能在整个庞大的中华帝国中被理解。由此我们可以得出结论,中华帝国的母语或自然语言(Mother Tongue or Natural Language)一直保留着古老的纯洁性而没有任何变化。①

把中文说成人类语言变乱之前的原始语言,韦伯的证据并不充足,但当英国人和荷兰人争夺海上贸易权时,韦伯告诉英国人,亚当在天堂上的语言肯定不是荷兰语,这一定使英国人非常高兴。② 尽管韦伯的结论是站不住脚的,但他根据仅有的文献概括出来的中文几大特点还是有学术价值的。

韦伯说:"现在,我们要将一种语言称为第一或最初的(Primier)的语言,那么,简洁性是作为最初语言所应具有的最根本的条件。加之我们上面讲的实用性、典雅性、普遍性、简易性、古老性的特征,那么我们完全可以判断:中华帝国的语言是原始语言。"③

今天看来韦伯的有些观点是可笑的,但有些观点至今仍有启发意义。从他的研究中我们可以体会到当时中国语言文字对欧洲语言和文化的冲击。这说明了当时在欧洲走出地中海后面临着各种文化和语言。面对着多样性的文化,西方文化的单一性、唯一性受到了冲击,在语言学上就表现为如何去解释和说明如此众多的语言和文字,尤其是如何解释比欧洲文化和文字还要古老的中国文化和中国语言与文字。正是在这种背景下,欧洲的语言学研究出现了一种追求"普遍语言学"的倾向。这就是韦伯著作产生的文化背景。

第一,我们来看韦伯著作的神学背景。在《圣经》的《创世记》第 11 章第 1 节中有关于耶和华看到人们修建巴别塔(Babel,和合本《圣经》译为"巴贝耳")而混乱了人们语言的记载始终没有人知道人类原初统一的语言是什么。追求人类原初的语言一直是西方语言学界的一个话题。

---

① John Webb, *An Historical Essay Endeavoring a Probability That the Language of the Empire of China is the Primitive Language*, London, 1669, pp. 189—190.

② 安田朴:《中国文化西传欧洲史》,耿昇译,商务印书馆,2000 年,第 396 页。

③ John Webb, *An Historical Essay Endeavoring a Probability That the Language of the Empire of China is the Primitive Language*, London, 1669, p. 209.

第二，韦伯著作的知识背景。耶稣会入华以后，陆续向欧洲发回了关于中国的报道。中国悠久的历史使入华耶稣会十分为难，因为中国的历史要早于《圣经》所记载的历史。这样他们处于两难的境地，一方面要遵守《圣经》的历史观，另一方面又要肯定在中国传教的必要性及其历史的无可怀疑性。入华耶稣会士中不少人，从卫匡国开始到以后的白晋、傅圣泽都采取了一种"索隐派"的立场，即将中国人说成大洪水后诺亚第三个儿子的后代，这样似乎可以把这种矛盾统一起来①。

这种历史观在语言观上就开始把中国语言导向神秘。曾德昭在《大中国志》中介绍中国语言时就说："中国使用的语言是很古老的，许多人认为它是巴别塔的72种之一。他们的书籍至少证明，这种语言的使用已超过3700年。"②

基歇尔在《中国图说》中把中国人说成诺亚的后代，中国文字受到了埃及楔形文字的影响。这种观点实际上是认为中文源于埃及古老的文字。

韦伯写的《论中华帝国的语言可能是原始语言的历史散论》正是在入华耶稣会士的这些著作中获得了灵感，第一个提出了这样一种观点。

其实，持这种观点的也并非韦伯一人，荷兰一位名为菲利普·马松(Phillippe Masson)的牧师曾编写了一部《荷汉字典》。他就认为中国是最古老的民族，因而用汉语去读希伯来的《圣经》一定是最适合的。他凭借这部辞典，对《圣经》做了惊人的解释，认为以色列人在沙漠中所获得的神赐食物"吗哪"(manna)与汉语的"馒头"源出一词。他还对《创世记》中的一段话"到达思罗(shiloh)之前节仗和立法者都将与犹大同在，众人将拥聚在他身边"进行解释说，希伯来语的"思罗"与汉语的"时乐"也是一个意思，"可以用来描述弥赛亚，也可以用来解释《路加福音》中的'看哪，吾赐汝福音，亦赐众福音'"③。思路和韦伯完全一致，这说明当时欧洲走出中世纪神学语言观的艰难。

当然，约翰·韦伯所依托的普遍语言学运动的产生也有其学术背景。17

---

① D. E. Mungello, *Curious Land：Jesuit Accommodation and The Origins of Sinology*, Studia Leibnitiana Supplementa, 1985, pp. 103—104.

② 曾德昭：《大中国志》，何高济译，上海古籍出版社，1998年，第39页。

③ 阎纯德主编：《汉学研究(第二集)》，和平出版社，1997年，第4—5页。

世纪追求普遍语言学的第一个人物是培根（Francis Bacon，1561—1625），他试图寻求语言和事物之间的本质联系，探索书写符号和事物之间的联系。普遍性的语言不能仅仅是一种习惯，而应当基于对事物本性的认识。他在《学术的进步》(*The Advancement of Learning*)中说："在中国和中国周围的一些王国中，写作中的书写符号是真正的，也就是说这些符号代表的既不是字母也不是词，而是事物或概念。"①

据研究，培根读过有关介绍中国语言的书（如门多萨的书），他对这些书产生了深刻的印象。1615 年经金尼阁改写的《利玛窦中国传教史》在欧洲出版，书中介绍中国各地方言不同，发音完全不一样，但书写却相同，同时中国文字在日本、朝鲜等国也被采用。这些材料都极大地推动了普遍语言学的发展。他们发现"中文的书写是和作为一种普遍的语言有关系的，因为中文的书写符号与事物相关，因而使这种语言成为真正的语言"②。欧洲人对普遍语言产生这种理解的原因，是当他们走出地中海以后，发现世界各地的语言不尽相同，同一事物的语言符号和发音迥然不同，从而促使他们去思考语言和事物之间的关系。而中国文字的表意特征更是"极大地影响了 17 世纪欧洲对于普遍语言学的研究"③。

小小的方块字，引起了欧洲人无限的遐想，小小的方块字成为催生欧洲17—18 世纪普遍语言学运动的动因之一，文化在交流中发展，这是一个典型的例证。

---

① Francis Bacon, *The Advancement of Learning and New Atlantis*, Arthur Johnston(ed), Oxford, 1974, book2, Ⅺ. 2, p. 131. 转引自 D. E. Mungello, *Curious Land: Jesuit Accommodation and the Origins of Sinology*, Studia Leibnitiana Supplementa, 1985, p. 184.

② D. E. Mungello, *Curious Land: Jesuit Accommodation and the Origins of Sinology*, Studia Leibnitiana Supplementa, 1985, p. 185.

③ Ibid.

第二十三章　汉学的兴起与欧洲近代思想的变迁

　　莱布尼茨是 17 世纪中叶至 18 世纪 20 年代一个伟大的思想家、科学家，一位百科全书式的伟大人物。莱布尼茨生活的年代正是欧洲"中国热"的时代，"当莱布尼茨慢慢地进入当时的精神世界，中国已成为欧洲的日常话题"①。莱布尼茨显然不是那种因喜欢中国庭院和漆木家具而爱上中国的人，他是欧洲当时最有影响的思想家，他的精神倾向有着自己更为深刻的原因。

第一节　莱布尼茨与《中国近事》

一、《中国近事》的出版

　　1697 年编辑出版的《中国近事》(*Novissima Sinica historiam nostri temporis illatratura*)是莱布尼茨第一部，也是他最有影响的一部关于中国的著

---

　　① D. E. Mungello，*Curious Land：Jesuit Accomodation and the Origins of Sinology*，Studia Leibnitiana Supplementa，1985.

作。在莱布尼茨编辑出版《中国近事》以前，他已经长时间保持着对中国的兴趣，1666 年他在自己的《论组合术》中就已经提到了中国的文字。1689 年 7 月和 8 月间他在罗马结识了在华的耶稣会士闵明我，这恐怕是他意大利之行的最重要收获，因为从此他和在中国的传教士们有了直接的联系。莱布尼茨可以直接地从耶稣会方面得到关于中国的消息。

实际上，出版《中国近事》的想法恐怕在莱布尼茨的脑中已经酝酿了很长时间，因为南怀仁的《欧洲天文学》一书的择要是他在 1689 年访问罗马时就写下的，1695 年他收到了从罗马见面后返回中国的闵明我的回信。同时，在这一年他从法王路易十四的忏悔教父那里收到了在华耶稣会士张诚所写的有关《尼布楚条约》的信件和《1693—1695 年俄罗斯使团访问中国的沿途见闻》这份文件。1697 年他收到了德国的耶稣会士约翰·克雷夫(Johannes Clerff)的两份重要文献，一封是在北京的耶稣会神父安多写的信，一封是当时耶稣会在北京的负责人苏霖神父的信。可以想象莱布尼茨收到这两封信后的兴奋心情，因苏霖神父的这封信最长也最重要，它实际上涉及明末到康熙初年的中国天主教史，这封信使莱布尼茨知道了耶稣会在中国的传教有了根本性的好转。在收到这两封信以后不到一个月，《中国近事》就出版了，速度之快有些令人吃惊。从 1689 年到 1697 年莱布尼茨整整准备了八年，所以，在《中国近事》的序言中莱布尼茨所表达出来的那种热情和期待是完全可以理解的。

《中国近事》第一版所报道的中国情况，内容之丰富，涉及面之广，这在当时的欧洲是没有过的。这六篇文章各具特色，内容十分丰富。六篇文章中五篇是在华耶稣会传教士写的，一篇是外交官员写的。他们从不同的侧面反映了当时的中国社会。两篇反映基督教在中国的发展情况的文章，苏霖神父和安多神父[①]的信，是难得的好材料。他们都长期生活在北京，了解康熙皇帝和中国社会政治生活的最新进展。信中介绍的天主教在中国的曲折发展十分感人，引人入胜。南怀仁的《欧洲天文学》择要，讲述了传教士在和杨光先的斗争获得胜利后，南怀仁主持钦天监所开展的科学活动，这份文件不长，但内容很具体，使读

---

①　安多为比利时在华的传教士，到澳门后被南怀仁召到北京，1709 年死于北京。参见费赖之：《在华耶稣会士列传及书目（上册）》，冯承钧译，中华书局，1995 年，第 403—412 页。

者能感受到传教士在北京的科学活动,南怀仁在报告中写道:

> 皇帝要求南怀仁神父负责并制造六个不同种类的欧洲式的天文仪器。四年期间,他花费了大约一万九千欧洲古币(Imperialium)。他还用中文写了 16 本关于制造、理论与使用手册。同样受命于皇帝,南怀仁神父还制造了 55 个不同的机械仪器,其中一部分为他自己使用。他还用滑轮的方式把一些修筑皇陵用的巨石搬运通过了很长的桥,代替了原本需要用 500 匹马才能完成的工作。南怀仁神父采用一个 8 里①长的引水管开发出泉水来。他还引用新的机械技术,铸造了 132 个铜制战炮,同时自己制造新战车。他受命于皇帝,解释了机械工程基本原理。他还填补了星球的天文表,以及计算了两千多年之后的日食。他正在以天文学的名义来研究和引述,把辩证法和哲学传给中国人。他这样做,事实上,是为了使天主教的真理显现得更明确。在天文仪器中,我们可以找到天体仪、赤道仪、黄道仪、地平经仪、象限仪以及纪限仪。朝廷官员小心翼翼地记录着针对时间怎么样分配的天空现象。他们每天还给钦天监主管汇报结果。事实上,他们每天观察到了中午太阳的影子,记录在圭表上。至于铜制天体仪,虽然它体重 2000 斤②,但连一个小孩也能使它旋转,并且它可以提升到任何一个经纬度。③

这些内容具体,描写生动的文字,使每一位读者都留下深刻的印象。

张诚的《关于〈尼布楚条约〉的报告》报告了中国和俄罗斯签署《尼布楚条约》的情况。这是中国 18 世纪最重要的外交活动,也是中国近代以来第一次通过谈判和平解决边界问题的第一个条约,这个条约反映了康熙较为进步的外交思想。报告虽然不长,但扼要地介绍了谈判的情况,使人可以了解到当时的实情。张诚在报告中写道:

---

① 一里(stadium)等于 576 米;8 里等于 4.6 公里。
② 一斤(librarum)等于 0.5 公斤;2000 斤等于 1000 公斤。
③ G. G. 莱布尼茨:《中国近事——为了照亮我们这个时代的历史》,梅谦立、杨保筠译,大象出版社,2005 年,第 38 页。

　　张诚神父与葡萄牙人徐日升神父,被中国皇帝派遣到东部鞑靼两次,目的是当中国代表团与俄国谈判的翻译官。俄国帝国逐渐扩展到西伯利亚广大的地区,最后他们终于碰到了中国人与鞑靼。在建筑完一个城堡之后,俄国人开始声称享有打猎和获得兽皮的权利。从此以后,几乎有三十年十分艰苦和残酷的战争。城墙被中国人摧毁了两次,但俄国人都修复了。第三次城墙被包围的时候,俄国人几乎投降了。……

　　于1688年,中国知道俄国特使团已经到了边境,就在东北的色楞格城,靠近北京四百里处。为了和平,中国部队撤退了。就在那个地方,俄国特使团等候中国使团。北京朝廷决定派遣一个最具有权威的使团前往。本使团有一级将领及礼宾司陪同,他们具有同等重要地位。使团中还有一位大臣,他曾经停止杨光先对教会的迫害,并借天主的恩宠,使教堂重新开门了。另外一个拥有鞑靼民族身份的汉人,是一位皇帝的伯叔。这个使团是由多位高级皇宫官僚组成的。……

　　中国代表团由8000人到9000人组成的,其中包括3000位士兵、150位文官、再加上12000匹马、3000匹骆驼和50门大炮。俄国代表团,虽然数量上少一点,但是在耀武扬威上双方势均力敌。经过多次幕后交涉,终于在1689年9月3日,在尼布楚城,俄国人建立的教堂里,双方签订和平条约。①

这是欧洲国家和中国所签的第一份外交条约,莱布尼茨在这里报道给欧洲人是很有意义的。

布兰特(Adam Brandt)的《1693—1695年俄国使团访问中国的沿途见闻》在莱布尼茨的书出版以前,在欧洲已经出版过。它从地理的角度详细介绍了从俄罗斯到中国的路线,这一点很重要。莱布尼茨一直想通过俄罗斯开辟一条通往中国的道路,在华传教士闵明我从欧洲返回中国时试图走这条路,但没有成功。后来莱布尼茨为开辟这条路线花费了很多心思,他把这封信重新在《中国

---

① G.G.莱布尼茨:《中国近事——为了照亮我们这个时代的历史》,梅谦立、杨保筠译,大象出版社,2005年,第48—49页。

近事》中发表,表示了莱布尼茨的这个想法。闵明我的信很短,但这是六封信中唯一一封直接和莱布尼茨有关系的信,它也表明了当时中国和欧洲之间的联系与关系。

从内政到外交,从科学活动到地理交通,从宫中的基督教发展到中国政府在对待基督教问题政策的确立,这六封信全方位地介绍了当时的中国,使欧洲的读者对清朝的政治、科学、宗教、文化、外交、历史、地理等多方面有了进一步的了解,从而直接推动了欧洲对中国的认识,这应是欧洲本土学者编辑出版的最早汉学研究论文集。

《中国近事》第一版南怀仁的《欧洲天文学》一书的择要介绍过南怀仁对康熙的描写。南怀仁写道:

> 约四年之前,皇帝每天召见他,持续五个月。皇帝几乎每天从早到晚让南怀仁神父讲解耶稣会士所写的约120本有关天文学的书。那时,他和一两个人与皇帝在一起。南怀仁神父常在内宫里午餐,使用的是镀金餐具。皇帝给他很多荣耀,外国大使们都感觉到皇帝对他的特殊礼遇,而他们必须在很远的地方才能觐见皇帝。
>
> 皇帝还要跟南怀仁神父学习、请他解释清楚有关利玛窦翻译《欧几里得几何原理》一书,这本书是天文学的基础。经过一段艰辛的研究,他完整地了解到所有相关问题。他还下令把这本书翻译成满文。后来,他也学习了算术以及平面和立体三角分析。通过艰难的数学问题之后,他才很轻松地学会使用几何、地面测量学和地形学。他在算术方面很成功,还自己训练不同的定比规律,甚至会开最困难的平方与立方根。他曾经尝试过几何级数和算术级数。当他会用线把他自己预算的地形学的结果实证时,他感觉到十分满意。皇帝还以纸做成的环来显示星球理论。同样,他也花费几夜的时间把固定星球的系统铭记在心,使他仰望天空时,很容易就能说出星球的名字。过去星球曾经引导东方三王朝拜上主①,如今让中国皇帝接触到欧洲的天文学精华,希望这种对星球的认识也能成功地引导远东的人

---

① 《圣经·玛窦福音》,第二章"东方的'天文学家'到以色列来崇拜耶稣"。

们去朝拜和信仰真正的星球主人。①

在南怀仁的笔下,康熙已经是一个勤奋、爱科学、施仁政的皇帝。白晋回欧洲后看到了莱布尼茨《中国近事》,对这本书很感兴趣,但他觉得书中对康熙皇帝的介绍仍不够详尽,于是他给莱布尼茨写信说:"索邦大学的博士皮克斯先生(Piques)——他的名字我想您一定不陌生,他好心地把您今年出版的论文集《中国近事》给了我一份。我读了好几遍,每次都会发现新的乐趣。您热心地了解并宣传在中国传播福音取得的进展,希望在中国皇帝的支持下让整个帝国皈依基督教。为答谢您这一片好意,请接受一本我不久前刚出版的有关中国那位伟大君主的小书,我想这本书您应该会喜欢。"②

莱布尼茨致收到白晋的信后十分高兴,他很快在 1697 年 12 月 2 日回复了白晋,对白晋的支持和热情表示感谢,同时商量将白晋的《康熙皇帝传》翻译成拉丁文在《中国近事》中重新出版。他说:"您说要寄给我您已出版的有关中国皇帝的作品,能在我的书里增加这样一段中国皇帝的小传,真是太完美了。我也十分期待您关于中国皇帝颁布容教令并允许自由传教前因后果的新作。我对您给予我的恩惠深表感谢,唯愿自己不致辱没您对我的好意。希望您的大作不仅用法语,也用拉丁语出版,让更多的民众都能拜读、受益。"③

白晋的《康熙皇帝传》在全部传教士汉学著作中是一本十分特别的著作,是唯一一本专门向欧洲介绍康熙皇帝的书。

在白晋的笔下,康熙具有很强的人格的魅力。"他具有与生俱来的世界上最优秀的禀赋:思想活跃、明察秋毫、博闻强记、智力过人。他有处理一切要务的刚劲毅力,有规划、指挥、实现宏伟事业的坚强意志。他的所有秉性嗜好均高雅不俗,符合其帝王身份。""康熙皇帝自即位之时起,就专心致力于文武两道,尽量使自己统治下的鞑靼人和汉人都对自己怀有好感。"他力量过人,能拉开朝

---

① G. G. 莱布尼茨:《中国近事——为了照亮我们这个时代的历史》,梅谦立、杨保筠译,大象出版社,2005 年,第 38—39 页。

② Rita Widmaier (ed.), *Leibniz korrespondiert mit China*, Vittorio Klostermann, 1990. 此书以下简称 LK,在此感谢学生杨紫烟提供了我此书法文部分译稿。

③ LK, p. 68.

中无人可以拉开的弓;他马术娴熟,已经达到炉火纯青的地步;他武艺高强,十八般武器样样精通,西方火器的使用如同使用弓箭一样;他喜欢音乐,无论是汉人的、满人还是西方的,他都能演奏;他热爱科学,为学习西方的科学,不耻下问地向传教士们请教;康熙熟读儒家的经典,许多经典烂熟于心。按白晋的说法,他几乎读过所有汉文典籍,而且通晓汉诗。他生活简朴,从不追求奢侈浮华的生活。

他不仅仅是一个君子,同时也是有着很高统治术的帝王。他威严、谨慎,善于倾听部属和各方面的意见。白晋认为,康熙皇帝具有极敏锐的观察力,人们很难对他隐瞒事情的真相。"同时,由于他天赋极高,判断力极强,所以能够从一切复杂的事务中,找到最合理的解决办法。"他爱民、仁慈,善于选拔有才能的官吏,同时对各级官吏严加管理。白晋说:"由于康熙皇帝重视才干,所以经常提拔那些吏部推荐之外的人担任要职。当他发现优秀的人才时,立即予以破格提拔,委以最高最重要的职务,并公开赐予他特殊的地位和优厚的待遇。如果一个官吏被控收受金钱,康熙皇帝就会毫不宽容地予以制裁,对任何人都绝不留情。"

在三藩叛乱期间他临危不惧,以聪明才智和怀柔政策很快瓦解了叛军,不仅平定了南方的叛乱,也镇压了北方的叛乱。无论内政还是外交,康熙皇帝都得心应手。在他的管理下,清帝国呈现出前所未有的繁荣。

因这本小书是白晋献给法王路易十四的,所以他说:"对在地球的极远之地发现了一位当时在法国之外从来未曾见到过的君王而感到惊讶。他和陛下一样,智慧精深非凡,兼具帝王胸怀,严于修身治民,备受国内外民众的爱戴。简言之,这位皇帝集英雄美德于一身,即便他的治国之道尚远不如陛下,但至少也可以被称为统治天下的帝王之中最为圣明的君主。"①

当然,白晋这本书具有传教士汉学的典型特点。白晋是利玛窦路线的极好的解释者,在他的笔下,虽然中国不信仰天主教,但他们开化到了极高的程度,"因而一直走在其他异教国家的前面。所以,如有品行端正、业绩卓著、能够博

---

① G.G.莱布尼茨:《中国近事——为了照亮我们这个时代的历史》,梅谦立、杨保筠译,大象出版社,2005年,第52页。

得他们尊敬与信赖的人，能够采用正确方法向他们明白通顺地宣传福音真理的话，他们远比其他国民更易接受甚至信奉这些真理"。这既肯定了耶稣会在华的传教路线，也使欧洲的读者更加积极地支持耶稣会在中国的传教。

同时，在白晋对康熙的介绍中，我们可以感觉到他对整个欧洲思想的熟悉和了解。当时的欧洲正是一个民族国家形成的时期，在这样的时期，像康熙这样英明的君主，伟大的帝王形象不仅会得到像法王路易十四这样野心勃勃的帝王的喜欢，就是对正在走向世俗社会的一般民众和读者来说也是相当能打动人的。所以，白晋这本书在当时相当成功。莱布尼茨在《中国近事》第二版时将其收入，从一个侧面反映了他在对中国认识上和白晋的契合，这是他们两人合作的一个开始，事实证明，这是一个很好的开端。

二、《中国近事》的思想文化意义

《中国近事》是当时的欧洲思想和文化界主流对东方文化、对中国文化的系统介绍，因在此之前对中国的介绍主要停留在教会的范围内。莱布尼茨作为当时整个欧洲的文化名流、学术巨人，在《中国近事》中表达了欧洲思想和文化界的一种新的倾向和新的文化态度。他对中国文化的评价，对欧洲应对中国和东方采取什么文化态度的论述，对中西文化交流所抱有的热情及宽阔的文化视野，是莱布尼茨整个思想体系中最有价值和最重要的一部分内容。他的这些思想和观点无论是在 17 世纪还是在今天都是杰出的，他的这一部分思想不仅是欧洲 17 世纪最重要的文化遗产，也是整个世界的重要文化遗产。莱布尼茨的思想主要体现在两个方面。

第一，中国和欧洲文化的交流是一项伟大的事业。他在《中国近事》的序言中一开始就指出："人类最伟大的文明与最高雅的文化今天终于汇集在了我们大陆的两端，即欧洲和位于地球另一端的——如同'东方欧洲'的 Tschina①。我认为这是命运之神独一无二的决定。也许天意注定如此安排，其目的就是当这两个文明程度最高和相距最远的民族携起手来的时候，也会把它们之间的所

---

① 即中国，这是当时的读音。

有民族都带入一种更合乎理性的生活。"①

也正因此,莱布尼茨对在欧洲与中国之间从事文化交流的耶稣会士给予了高度的评价。他在 1695 年 5 月给维利乌斯的信中说,入华传教士在中国从事的是"牵涉到良知、荣誉和实用的最伟大的事业",他希望欧洲能付出更多努力推动这项在中国进行的伟大事业。耶稣会神父们已经为这项伟大的事业播下了种子,获得如此丰硕的成果,欧洲对这项伟大的事业充满希望。② 在莱布尼茨看来,由传教士所承担的欧洲和中国的文化交流所以被认为是"伟大的事业",它由两个基本点构成。

其一,欧洲和中国的文化交流可以使双方学习到对方的历史经验,从而促进各自的发展。他在 1697 年给白晋的信中表达了这样的思想:"您如果能告诉我一些有关从中国带来或是已经或将要运往中国的东西的具体情况,那就太好了。我对这些很感兴趣,因为我非常希望这样的交流能顺利进行,我认为这在当今无论对中国还是对我们欧洲,都是意义最为重大的事。如果有机会,我会很高兴地为之做贡献。因为我们能够几乎像注射一样把我们的知识技能一瞬间传授给他们,我们也一样能从他们那里一下子认识一个崭新的世界,若不通过这种交流,我们不知道要用多少世纪才能掌握这些知识。"③这里,莱布尼茨说得很形象,由于有了这种文化的交流,双方学习对方的知识几乎像"注射一样",在"一瞬间"就把自己所不知的知识学习到手。莱布尼茨的设想毕竟有些浪漫,但却揭示了文化交流的一个真理。实际的历史也证明了这一点,正是通过传教士这个中介,在 1500—1800 年间,欧洲与中国的科学技术、文化思想的交流达到了前所未有的程度,从而使双方都在各方面都有了长足的进步。

其二,在交流中创新,在交流中发展。在莱布尼茨看来,欧洲与中国的这种文化交流不仅仅在于学习对方的历史性知识与文明成果,而且可以在两种文化的交流与碰撞中产生新思想和创造性的火花,从而推动两大文明的发展。这就

---

① G.G. 莱布尼茨:《中国近事——为了照亮我们这个时代的历史》,梅谦立、杨保筠译,大象出版社,2005 年,第 1 页。

② 参见 LK,p.30。

③ Ibid. , p.64.

是他所说的"我们的相遇和交流意义重大，它会孕育千万美好成果，千万发明创造"①。历史虽然没有像莱布尼茨的设想那样美好，但历史的实际进程也同样证明了他的这一想法的正确性和前瞻性。

莱布尼茨对当时欧洲与中国的文化交流抱有极大的希望，他把这种交流称为"文明之光的交换"。1697 年他在给维利乌斯的信中说："我觉得它是如今最伟大的事业，不仅为着上帝的荣耀，为着福音的传播，更有利于人类的幸福，有利于我们欧洲与中国各自科学与技艺的成长，这就像文明之光的交换，能在短时间内让我们掌握他们奋斗几千年才掌握的技能，也让他们学会我们的技艺，丰富双方的文化宝库。这都是超出人们想象的光辉伟业。"②

第二，中国和欧洲的文化交流是一种完全平等的交流。莱布尼茨认为这种"光辉伟业"所以需要，是建立在中西文化差别的基础上的。有了不同才会有交流的愿望，有了不同，才会产生在异中求同的想法。对于这一点，他有很多精彩的分析。

他认为欧洲与中国的文化差异是基于这样一个基本点：欧洲的长处是思辨与数学，这方面中国无法和欧洲媲美；反之，中国的长处是实践性和经验性，而这点正是欧洲所缺乏的。数学计算要推理，这样欧洲在逻辑方面要强于中国。但是中国历史悠久，而且作为一个独立的文明区域，这种文明从未中断过。欧洲则不同，由于民族的迁移等多种原因，古代的许多文明成果并未保留下来。所以，这两大文明应相互学习，相互交流。这就是他在《中国近事》中所写的那段著名的话：

> 这一文明古国在人口数量上早已超过了欧洲，在很多方面，他们与欧洲各有千秋，在几乎是对等的竞争中，各有所长。但是，我首先应该在二者之间比较什么呢？在各方面进行比较虽是有益的，但这是一项长期的考察，这里我们还不能做到这一点。在实用艺术和自然实验的能力上，我们和他们不相上下，双方都具有借助与别人交流而受益的知识。在知识的深

---

① 参见 LK，p. 61。
② Ibid.，p. 55。

邃和理论思考的方法上,我们则明显更胜一筹。因为除了逻辑学、形而上学以及对精神事物的认识方面——对于我们自身来说明显占有优势的学科——以外,我们在对由理智从具体事物抽象出来的观念的理解方面(比如数学)也远远超过他们。因此,中国的天文学也低于我们的天文学。由此中国人被认为对伟大的理性之光和论证的艺术所知甚少,而只满足于我们这里的工匠所熟悉的那种靠实际经验而获得的几何学。在战争科学方面,他们也低于我们的水平,然而这并非出于无知。因为他们蔑视人类中一切产生或导致侵略的行径,他们更是厌恶战争本身——这几乎是在仿效基督的崇高教义。如果只有他们自己在地球上生存的话,这确实是明智的态度。然而,我们今日的世界却不是这样,就连那些最安分守己的好人也必须学习"战争的艺术",否则便不会获得统治一切的力量。在这些方面,我们超过他们。①

不仅在自然科学方面,在社会伦理方面欧洲与中国也有不同,他说:"如果说我们在手工艺技能上与他们不分上下、在理论科学方面还超过他们的话,那么,在实践哲学方面,即在人类生活的伦理道德和政治学说方面,我们不得不汗颜地承认他们是远胜于我们的。"②

对于中国这个遥远的国度,莱布尼茨始终以一种平等的态度,他没有传教士们那种"欧洲中心主义"、基督教文化至高无上的观点。他在《中国近事》中说:"我希望有一天他们会教授我们感兴趣的东西——实用哲学之道和更加合理的生活方式,甚至其他艺术。……因此我相信,若不是我们借一个超人的伟大圣德,也即基督宗教给我们的神圣馈赠而胜过他们,如果推举一位智者来评判哪个民族最杰出,而不是评判哪个女神最美貌,那么他将会把金苹果判给中国人。"③1692 年 3 月 21 日他在给闵明我的信中说:"我们请求您以您的智慧来考虑,是天意赋予您此次造福于人类的伟大使命。在相隔遥远的民族之间,应

---

① G. G. 莱布尼茨:《中国近事——为了照亮我们这个时代的历史》,梅谦立、杨保筠译,大象出版社,2005 年,第 1—2 页。

② 同上。

③ 同上书,第 6 页。

建立一种相互交流认识的新型关系。其他民族无权强迫中国人接受什么,恰恰相反,是友善和君主委托赋予您威信。"①1705 年 8 月 17 日他在给巴黎负责整个东方传教的维利乌斯神父的信中说:"既然是您管理外方传教事务,而且您曾很好心地帮助我与您的传教士们通信,让我能不时从中获益,我希望欧洲能从这次在中国探索发现的机会中获得更多利益。因为我担心等中国人学会了我们的科学,他们总有一天会将欧洲人驱逐出境。所以我认为一定要抓住这些机会用我们的知识与他们的作交换补偿自己。因为虽然我发现大部分我们的传教士倾向于用鄙视的口气谈论中国人的知识,但中国人的语言、生活方式、手工制造技术甚至是游戏与我们的几乎全部大不一样,就好像他们是另一个星球上的人。哪怕是一份对他们日常事务毫无文采但准确无误的描述,也一定会让我们备受启发,这在我看来比了解不少学者热衷的古希腊罗马人宗教仪式和用具有用得多。"②

从这个基点出发,他对中国的一切简直着了迷,这里既表示出了他那宽阔的文化视野、平等的文化态度,也反映了一个科学家的那种好奇、认真。

《中国近事》出版以后在知识界和文化界都产生了影响,他给莱布尼茨带来不少声誉。③ 同时,他也深深地卷入了中国的事务当中,甚至他开玩笑地说,应在他的门前挂一个"中国事务办公室"的牌子。

第二节　莱布尼茨与礼仪之争

一、莱布尼茨在"礼仪之争"中

莱布尼茨对"礼仪之争"的了解首先是通过在欧洲的耶稣会士郭弼恩和维利乌斯。郭弼恩在 1698 年 5 月 15 日给莱布尼茨的信中说:"我已将《中国皇帝

---

① 安文铸、关珠、张文珍编译:《莱布尼茨和中国》,福建人民出版社,1993 年,第 138 页。

② 参见 LK,p. 213。

③ 李文潮、H. 波塞尔编:《莱布尼茨与中国——〈中国近事〉发表 300 周年国际学术讨论会论文集》,科学出版社,2002 年,第 272—292 页。以下简称《莱布尼茨与中国》。

颁布容教法令的历史》（*Histoire de l'Edit de l'Empereur de la Chine en faveur de la Religion Chrestienne*）一书送去印刷，这本书白晋神父也和您说过，比您在《中国近事》书中译成拉丁文的苏霖神父所写的内容更丰富，印刷完毕后我会立即给您两本，一本送给您表达我对您的敬意，另一本请您寄给您的朋友科献斯基神父大人。……最后还有一段对中国人祭祖祭孔仪式的阐释，是为那些不明就里却对这些仪式大放厥词的顽固人士指明错误的。非常希望您读了这本书后，能来信告诉我您的感想。"郭弼恩所说《中国皇帝颁布容教法令的历史》一书最重要的内容就是报道了在华传教士对中国礼仪的看法，他希望听到莱布尼茨对礼仪之争的意见。

一年多后，在《中国近事》的序言中，他就公开表态，批评了那些在欧洲攻击耶稣会的人，希望基督教在东方的传教中执行新的政策。

多年以来，一些欧洲人以一种值得称赞的持久爱心把伟大的天国喜讯传介给中华帝国。其中耶稣会的努力和功绩是大家有目共睹的，他们在此事业中所表现的圣德应该受到人们的称赞，甚至是那些视其如敌的人们的称赞。我知道，我的昔日好友，当代一位杰出的人物阿诺德①曾大力攻击过几个耶稣会士，甚至穷其激烈之能事。其实，传教士应遵照圣保禄宗徒所说的应当"为一切人而行一切事"的玉律，而且，对孔子的尊敬并没有任何宗教崇拜的意味。……修会完备的组织为神圣的传教使命提供了有利条件，这是其他人所不能轻易获致的成就。我希望，传教事业能顺利地进行，以致使我们试图归化的民族不知道我们基督宗教内部的分歧。我们大家都同意给任何渴望福音的民族保证得到拯救的基督宗教的基本信仰原则，只要不涂抹上任何异端的、虚伪的念头。传教使命应谨慎地依照古老宗教的经验：既不不加分辨地把基督信仰奥秘强加给那些未准备的灵魂，也不一味地迁就那些诋毁基督真理的人们，就像迪厄在《波斯文福音》中所抱怨的那样。据我所知，罗马因非正统教义的安排而不安、而犹豫不前。另一方面，一些对其他民族风俗习惯无知或不甚了解的人们，置明哲人士

---

① 阿诺德（Antoine Arnauld，1612—1694），法国神学家，是与耶稣会作为对手的詹森派领导。

的反对于不顾,硬把我们西方恪守的戒律一味地强加在远方的基督徒身上……①

在 1700 年 1 月 1 日,莱布尼茨给维利乌斯的信中就第一次明确表明了自己的态度。他说:"我一直认为:对中国的习俗和学说应该作仔细的诠释,就像圣保罗在雅典看到为陌生的神所设祭坛时做的那样。否则会损害这项我认为对基督教、对全人类利益都至关重要的事业。"②莱布尼茨在这里提出一个很有力的论据作为支持耶稣会的论点,即在基督教史上保罗对待异教徒的态度,这个例证以后多次被他提到。莱布尼茨这时对"礼仪之争"的表态虽然比较谨慎,但并不是随意做出来的决定。他还是认真研究了相关的书籍,特别是反对耶稣会观点的著作以后才这样说的:"虽然有几个朋友指责我赞同您的传教事业,我想是因为有人将您新发展的教徒斥为崇拜偶像者,但我还是很高兴看到在罗马成书、不久前在科隆印刷的论文集终于得以出版,该书的标题让人信赖,而且我仍然没有发现有什么可以改变我观点的东西。"③这里所说的书就是阎当和 Giovanni Jacopo Fatinelli 两人联合在 1700 年出版的《中国人的礼仪以及有关中国礼仪的各种著作史》④。

很快,莱布尼茨就对"礼仪之争"中的最核心问题,即祭孔问题做了明确的表态。他在 1700 年致维利乌斯的信中写下了著名的论文《论尊孔的风俗》⑤。他开篇就明确地说:"当我给《中国近事》作序时,我倒是相信中国文人的尊孔主要是一种民间的礼俗而不是宗教礼仪。从那时起,我就开始收到一些反对派也许出于善意发表的著述,对此,我至今尚不敢苟同。"⑥莱布尼茨鲜明的态度对耶稣会是一个极大的鼓舞,因在这场大的争论中他们的确需要像莱布尼茨这样著名的科学家和哲学家、政治家给予支持。无论是在欧洲的耶稣会士还是在中

---

① G.G. 莱布尼茨:《中国近事——为了照亮我们这个时代的历史》,梅谦立、杨保筠译,大象出版社,2005 年,第 7 页。

② 参见 LK,p. 111。

③ Ibid.

④ Ibid. ,p. 112, note 2.

⑤ Ibid. ,pp. 112—115.

⑥ Ibid. ,p. 112.

国的白晋,在 1700 年,这个争论最激烈的一年都纷纷给他写信或寄书。

郭弼恩在当年 5 月 10 日致莱布尼茨的信中将在巴黎出版的反映耶稣会观点的两本书介绍给他,一本书是李明的《中国近事报道》,一本是在中国传教三十四年的耶稣会士潘国光所写的《论中国礼仪,耶稣会士潘国光神父用他在华传教三十四年的实践对道明我会士闵明我的答复》一书。李明的书是"礼仪之争"的核心著作之一,代表阎当这一派观点的巴黎大学神学院的神学家们对这本书竟然审查了三十次①,但郭弼恩认为"李明神父在这方面能比其他人论述得更细致更熟练,因为他在中国待过七八年,亲眼见过在中国这些礼仪是如何进行的"。同时,他认为潘国光的著作"十分精通中国科学与文字,他在书中透彻地探讨了这个问题,并深入研究了中国对待孔子和死者的所有礼仪细节。这本书一定能满足那些想要全面了解中国的人的好奇心"。他对耶稣会的对立面道明我会的著作郭弼恩做了严厉的批评:"您只需稍微看看亚历山大·诺埃尔神父得到他会长的赞许的《为入华道明我会传教士辩护》(*Apologie des Dominicains Missionnaires de la Chine*)。该书充斥着大堆的诬蔑和谎言,逼迫不明事理者和了解甚少者相信他们所说的话。我们不能信任该书作者,因为他编造最粗糙的谎言时极为放肆,仿佛他说的全是毋庸置疑的真理一般。"②

在理论观点上,他们的看法和莱布尼茨有着共同之处,郭弼恩认为:若我们对中国的传统礼仪,"不带任何成见地研究,这些仪式不过是为了向他们的祖先和他们民族的立法者表示尊敬与感谢。能够说服所有理智之人的是:中国人对孔子和他们祖先所做的与他们对官员及其亲生父母所做的并无二致,都是依照着在他们书中反复强调的同一条儒家原则:应该以与尊敬活人一样的方式尊敬死者"。白晋生活在中国,他对这场争论的危害有着更加切身的体会,他对莱布尼茨说:"我认为:不应该只致力于证明中国自古以来的所有宗教只是纯粹的迷信和彻底的无神论,这只是从一方面论证,而且拿整个民族做我们欧洲所谓无神论者的范本是没有依据的,更何况长久以来这个民族在各方面一直走在亚洲

---

① 参见罗光,《教廷与中国使节史》,传记文学出版社,1983 年,第 89 页;李天纲,《中国礼仪之争:历史·文献和意义》,上海古籍出版社,1998 年,第 48 页。

② LK,p. 120.

前列。从中国人的角度来看,若强迫他们放弃阎当先生认为是迷信和偶像崇拜的一切礼仪活动和传统习俗,这不仅对这个民族不公正,也为传教事业设置了几乎不可逾越的障碍,甚至可能会毁掉一个多世纪以来传教事业所取得的成就。几个月来此事对整个基督教会的影响几乎是致命的,亲身体验了这种混乱局面之后,阎当先生应该早已认识到了这一点。"①

传教士的这些信息和看法都对莱布尼茨的态度与观点产生了重要的影响。

1701 年时,莱布尼茨仍然对"礼仪之争"十分关心,他在 1701 年 2 月 15 日写信给郭弼恩询问"礼仪之争"的进展:"我很想知道贵会和道明我会及其他传教人员之间争论的近况。我好像听说现任教宗将裁决延期,在我看来这做法确实体现了一位伟人的谨慎,与他在成为教宗之前人们对他的看法十分一致。"②这里莱布尼茨所说的教宗将裁决延期有误,实际上很可能是 1693 年阎当在福建发布他的主教训令后,双方的矛盾进一步激化,1701 年 12 月教宗派多罗主教作为"教廷上等特使"来东方解决"印度礼仪之争"和"中国礼仪之争"问题。③虽然,多罗主教是 12 月出发的,但可能在欧洲有所传闻,莱布尼茨比较高兴,因为派特使去做调查,总是件好事。

这一年无论在巴黎的耶稣会士还是在北京的耶稣会士,还是给莱布尼茨带来了一个好消息,即中国皇帝康熙对"礼仪之争"的表态。

先是在广州的洪若翰在 1701 年 9 月 15 日写信给他说:"皇帝采取了一项对基督教会产生巨大影响的举措。他宣布:'天'这个中文书里极常见,在传教士、学者和过去的中国人中争论不休的词,含义是至高无上、智慧的存在,天和地的主宰;而不是指实际存在的天。这样一来,这便成为全中国普遍接受的理论,无人敢否认过去的中国人和他们的祖先就知道天与地的主宰——上帝,并且曾经提到过他,等等。他还宣布:对孔子和祖先致敬的仪式完全只是为了表达感激之情,他们并没有想从孔子和祖先那里要求什么,也不期待能从那里得

---

① LK,p.123.

② LK,p.131.

③ 参见罗光:《教廷与中国使节史》,传记文学出版社,1983 年,第 90—93 页;李天纲:《中国礼仪之争:历史·文献和意义》,上海古籍出版社,1998 年,第 58—60 页。

到什么。自从皇帝这样宣告之后,很多官员和学者都做出同样的声明。这些新闻都会在巴黎出版,您也会立即得知,我就不必赘言了。上天一定会用福音之光照亮这些人的心灵,他们在很大程度上听取了我们的道理,皇帝所做的事有助于我们让他们皈依基督教。"①

接着,在巴黎的郭弼恩也从几个方面收到了从中国传来的这个消息,他也告诉莱布尼茨:"在北京皇宫里的耶稣会士们认为有必要,所以向皇帝呈递了一份书面文书,告诉他欧洲的学者们对中国祭祖祭孔等仪式感到很意外,他们相信这些都是出于良好的理由,但仍希望能寄一份清楚明确的有关说明给他们。然后神父们清楚简要地解释了这些仪式,并请求皇帝陛下看看他们写的解释说明是否与当地理解一致,如果不一致,就请皇帝进行修改,这样就能确保给欧洲学者们寄去的情况全部属实。皇帝命人检查了这份文件,也亲自作了核查,回答是内容中没有什么不符合他们的总理论(中国人将它叫作儒教理论),文中说的都是事实,不需要任何修改。这个决定被记录在有法律效力的皇宫档案里,日期是1700年11月30日。"②

传教士们所说的康熙的这个批复是在北京的耶稣会在"礼仪之争"中所采取的一个重要的步骤,因为一开始在北京的耶稣会士并不知道阎当在1693年3月26日给教廷的上书,后来消息传到北京时已经是1698年。他们感到问题严重,并且他们也知道教廷很快会就阎当的上书进行讨论。为在教廷讨论阎当的上书时争取主动,他们写了一份请愿书,然后"请求康熙皇帝声明敬孔敬祖的意义"③。而实际上此时的康熙皇帝完全不知在欧洲"礼仪之争"已经闹得这样厉害,所以,才有后来当1705年多罗来华以后到了北京时,康熙还不知他来干什么,曾派张常住和另一名姓王的官员到多罗那里询问。④

这点郭弼恩在欧洲写给莱布尼茨的信倒说得很清楚:"有关礼仪的争论在欧洲已经进行了好几年。必须十分小心谨慎使皇帝不怀疑传教士们在这个重

① LK,p. 146.
② LK,p. 171.
③ 罗光:《教廷与中国使节史》,传记文学出版社,1983年,第88页。
④ 同上书,第108—110页。

大问题上存在分歧,不担心这个关系着整个中国是得救还是堕落的决定。"由此看出在北京的耶稣会士们深谋远虑、处处小心的特点。

耶稣会士们的请愿书是这样写的:"治理历法远臣闵明我、徐日升、安多、张诚等谨奏,为恭请睿鉴,以求训诲事。窃远臣看得西洋学者,闻中国有拜孔子及祭天地祖先之礼,必有其故,愿闻其详等语。臣等管见,以为拜孔子,敬其为人师范,并非祈福佑、聪明爵禄也而拜也。祭祀祖先,出于爱亲之义,依儒礼亦无求佑之说,惟尽孝思之念而已。虽设立祖先之牌位,非谓祖先之魂在木牌位之上,不过抒子孙报本追远,'如在'之意耳。至于郊天之礼奠,非祭苍苍有形之天,乃祭天地万物根原主宰,即孔子所云,'社郊之礼所以事上帝也'。有时不称'上帝'而称'天'者,犹如祖上不曰'祖上',而曰"陛下",曰"朝廷"之类,虽名称不同,其实一也。前蒙皇上所赐匾额,御书'敬天'二字,正是此意。远臣等鄙见,以此答之,但缘关系中国风俗,不敢私寄,恭请睿鉴训诲。远臣等不胜惶悚待命之至。本日奉御批:'这所写甚好。有合大道,敬天及事君亲、敬师长者,系天下通义,这就是无可改处。钦此。'"①

这样耶稣会在中国就取得了主动权,这使他们和反对他们的修会之间,在争论时有了一个重要的砝码。耶稣会把康熙皇帝的这个批示,做成满文、中文和拉丁文几种文字,然后由四条不同的路线,加急送往罗马。② 郭弼恩收到的

_____

① 摘自《正教奉褒》,参见陈方中主编:《中国天主教史籍汇编》,辅仁大学出版社,2003 年,第 555—556 页。李天纲认为这份请愿书是法国传教士李明策划的,参见李天纲:《中国历仪之争:历史·文献和意义》,上海古籍出版社,1998 年,第 49 页。但李明早在 1692 年已经回到欧洲,这种策划如何可能?这还要再研究。

② 在北京的耶稣会士将康熙皇帝的这个批示和其他文件合在一起,1701 年 7 月 29 日在北京印刷,起名为《简报》(Brevis Relatio),共同签名的有:徐日升、闵明我、安多、张诚、白晋和 Jos. Soares,参见《传教学丛书》(Bibliotheca Missionum)第七卷,第 2204 号,第 55—56 页。这份文件到达罗马的时间说法有所不同,Widmaier 在 LK 第 172 页的注 2 中说,到达罗马的时间是 1702 年,但,罗光在《教廷与中国使节史》(传记文学出版社,1983 年)第 90 页中说法不同,他写道:"1701 年 5 月、6 月,枢机委员会在教宗御前举行会议数次。耶稣会那时从中国所寄的文椐,没有及时赶到,教宗乃提前令枢机委员会举行暑期休假,乃到 11 月继续开会。开会时康熙皇帝的'批示'已经寄到罗马。12 月 5 日,教宗举行御前大会,在大会中声明将派特使出使中国。"

就是其中的一份。① 应该说，这些消息使莱布尼茨的心情好了许多。

在北京的白晋则将自己写的书寄给莱布尼茨。他在 1701 年 11 月 4 日给莱布尼茨的信中说："先生，尽管这些年欧洲各地都有人写书反对我们，可如果您希望马上了解这些有凭有据的道理，然后像我们长久以来一样确认这个事实（我指的是中国人从前知道上帝的事实），麻烦您翻阅一下我们刚在北京出版的一本拉丁文的小札记，这本书我给您寄了一本。您在阅读有关古老传统以及所有关于寺庙、祭祀、格言、谚语的文章时，如果觉得某些地方需要进一步阐述，请您向我提出来，因为这部分是我负责撰写的，所以在这些方面满足您的兴趣对我来说应该不算难事。之后我可能会将另一本中文作品的译文寄到法国，这本书是为了新的传教士以及那些自诩理解他们古典文献的中国人翻译的，您会在里面发现一些能满足您在有关方面好奇心的东西，这本书是一本摘录集，搜集了中国典籍中对上帝的最美好情感的文句，以教理书的形式加以整理，非常适于不带任何辩论与说理地展示：在这一方面古代的中国人不比对上帝认识最清楚的人逊色。"②

白晋的看法对莱布尼茨的影响很大，莱布尼茨一直关心着"礼仪之争"的进展，在 1704 年 7 月 28 日他写信给洪若翰说："如果有人谴责古代中国人的理论和现代中国人的仪式，我希望有人能直接去罗马教廷说明。因为在谴责某人之前应该先理解他们。"他还打听在礼仪之中的重要人物李明神父的情况："很久我都没有听说李明神父的消息，也不知道他现在在哪里。"③这些都说明了他当

---

① Widmaier 和孟德卫都认为认为耶稣会在这个问题上的做法并不成功，因为在教宗眼中，康熙皇帝不过是一个世俗的皇帝，他在基督教问题上没有任何权威。参见 LK 第 172 页注 3，David E. Mungello, *Leibniz and Confucianism. The Search for Accord*，The University Press of Hawaii，1977，pp. 35—36。但在我看来，在北京的耶稣会可能也没错，正像他们理解梵蒂冈在欧洲的地位一样，中国当时是政教合一的国家，而且历来都是这样，这样康熙皇帝就不仅仅是一个世俗政权的皇帝，他同时也是一位"天子"，是中国宗教的最高解释者，由他出面来解释和说明中国的礼仪与信仰的关系是最好不过的了。问题出在罗马，而不是在北京的耶稣会士，罗马方面显然没有从政教合一的角度来看待康熙的地位和由传教士们所送过去的康熙的"批示"，他们只是把他看成一个世俗政权的皇帝和欧洲的任何一个君主一样，所以派个特使去解释一下就行了，决定其实早就下了。这里不仅仅是罗马方面的专断问题，更重要反映了他们对东方社会认识上的严重不到位。Widmaier 和孟德卫也没有意识到这一点，政教合一是理解中国社会的关键所在。

② LK, p. 157. 白晋这里所说的后一本书很可能就是他写的《天学本义》，因为这本书上卷是择录中国古代各种经书中的有关"天""帝"的论述；下卷则从中国民间俗语中择录关于"天"和"帝"的论述。

③ LK, p. 224.

时对这个问题的关注。

由于"礼仪之争"时有起伏,各种力量和思想的较量错综复杂,莱布尼茨的心情也起伏不定。当 1706 年 5 月左右听到可能有不利于耶稣会的决定时,他向维利乌斯表示,如果按照反对耶稣会的意见,许多在中国信基督教的文人和一般信徒将可能被开除出教。他说:"您比任何人都更清楚要解决某些问题有多么困难,而要在这些问题上强制执行新决策,违者开除出教又是多么残酷。"①而当他听到教宗将派一名特使到中国时,心里多少有些安慰,说罗马教宗"派遣一名有识之士到中国去,这样做得非常对",但他又担心,这位特使对中国的情况完全不懂,希望他在去中国前多了解些中国的情况。他说:"我认为这位学者需要很多时间好好了解情况,而且我也怀疑还没有充分掌握他们文学史,是否能正确判断古代的中国人与他们的学说;若要了解他们的文学史需要好几年的时间。"②莱布尼茨在这个问题多少有些学究气,但问题真是让他不幸言中,这位多罗主教对中国真是懂得不多,他也是奉命前往中国,个人已经无多少主动权。他的历史之行是以悲剧而结束的,从此中西文化的"蜜月"期就画上了句号。

对中国"礼仪之争"的关注几乎贯穿了莱布尼茨的后半生,1710 年在给博塞斯的信中表示了他对多罗主教的不满,因为多罗在中国正式颁布了"南京教令",从而使中西关系急剧恶化,康熙令凡在中国的传教士必须"遵守利玛窦规矩",领发内务府的"票",永不回欧洲,方可在中国传教。③ 1713 年莱布尼茨 67 岁时仍写下了《论中国自然神学》长文,对"礼仪之争"中的反对耶稣会观点的两篇代表性文章,即龙华民和利安当的文章进行了反驳。

---

① LK,p. 235.

② LK,p. 239.

③ 康熙四十五年十二月十八日,在北京的耶稣会士被康熙召见,康熙对他们说:"朕念你等,欲给你等敕文,尔等有凭据,地方官晓得你们来历,百姓自然喜欢进教。遂谕内务府,凡不回去的西洋人等,写发票用内务府印给。票上写明西洋某国人,年若干,在某会,来中国若干年,永不复回西洋,已经来京朝谕陛见。为此给票兼满字,将千字文编成号数,挨次存记。将票书成款式进呈。钦此。"参见《正教奉褒》,陈方中主编:《中国天主教史籍汇编》,辅仁大学出版社,2003 年,第 557 页。

二、莱布尼茨在"礼仪之争"中的观点

莱布尼茨在这场事关欧洲与东方关系的大争论中并不是仅仅发发牢骚,他还是尽其所能,提出了自己的解决办法。从他和传教士的通信以及他在整个"礼仪之争"中的表现来看,在三个不同阶段,他提出了三个解决的办法,或者说,在三个不同的时期表述了自己对这一问题的看法。

在"礼仪之争"的初期,他直接针对所争论的核心问题,即儒教的性质问题发表了自己的看法,想用自己的观点来影响这场争论;在"礼仪之争"的白热化阶段,即 1700 年左右,他又提出用他所发明的"二进制"来重新理解中国文化的本质,试图调和争论,或者想用一种新的思路来统一争论的双方;在"礼仪之争"的后期,结果已经明朗,莱布尼茨用"二进制"来重新理解中国文化的主张没有得到任何响应。此时他已到暮年,最后他又回到关于对中国哲学性质的判断这个根本问题上,并直接与在"礼仪之争"中最有影响的两个代表性人物——龙华民和利安当——展开论战,作为他在"礼仪之争"中的收笔之作,也成为他一生的绝唱。

因篇幅有限,我们在这里只重点研究他的《论尊孔的民俗》一文中所表达的思想。莱布尼茨这篇短文很显然是针对欧洲反对耶稣会士的人写的,主要讨论了三个问题:一个是祭祖祭孔的问题,一个是如何看待中国典籍的思想本质问题,一个是如何看待中国人的敬天问题。

根据 Widmaier 在整理这篇手稿时的发现,在手稿中写有阎当的《中国人的礼仪以及有关中国礼仪的各种著作史》一书的书名[①],显然,他是看过这本书的,实际上可以说是对阎当和龙华民等人的一个小小的回击。

阎当在 1693 年的著名训令中说:"传教士在任何情况下都不允许基督徒主持、参与或者出席一年数次例行的祭孔、祭祖的隆重仪式,我们宣布这种供祭是带有迷信色彩的。"[②]此后不久教廷在答复阎当所提出的问题时也更加明确地

---

① LK, pp. 115−116.

② 苏尔、诺尔编:《中国礼仪之争:西文文献一百篇(1654—1941)》,沈保义、顾为民、朱静译,上海古籍出版社,2001 年,第 17 页。

指出这一点，说："不允许基督徒以任何方式、任何理由主持、参与、出席在每年春分或秋分时隆重举行的祭拜孔子和祭拜祖宗的仪式。这些祭拜仪式都带偶像迷信色彩。"①

莱布尼茨认为阎当和教廷的看法是有问题的。他对"宗教仪式"的内涵做一说明，所谓宗教仪式是你将崇拜者奉为神明，并希望他赐福或降罚。根据这样的理解，中国人的祭孔、祭祖是否具有这样的宗教功能呢？

他从两个方面回答了这个问题。

其一，中国的这些礼仪并不是宗教性的仪式，即便一些仪式在形式上好像具有宗教性，但实质上是政治性的。而这样在宗教形态下的政治性的礼仪在欧洲也有，我们为什么去说中国人呢？正如他所讲："在中国人用以祭孔子和其他功德卓著的亡者，尤其是用以祭自己先辈的礼仪中，在有些人看来似乎用了宗教的礼仪。可是这许多表达方式，甚至如叩拜在某种场合下是政治礼仪，基督教的皇帝也袭用过神灵的名号。我们深知中华民族将礼仪发展到了极点，我发现他们的礼仪远远超出其他各种礼仪。对这种超级礼仪不宜作硬性的解释。"②

其二，中国的这些传统礼仪不具有赐福、降罚的功能，实质上只是一种道德上的传承。他们给亡灵的供品并不是真让他们来吃的，实际上是在这样的仪式中歌颂先人的美德。阎当等人认为，中国在祭孔、祭祖时就是"认为对祖先和有功之人的这种崇敬大有好处"。莱布尼茨认为，说话要有根据，在孔子的书中是否有这样的话，告诉了其追随者，崇敬他后会得到什么好处。显然是没有的。所以，他认为中国人"同样地也会相信，圣贤认为，令人敬佩的一切美德都十分有助于增进人类的幸福；从人的本性状况来看，尤其是从主宰万物的上天权利来看，似乎他们也不热心为这些亡灵有此权利"③。

莱布尼茨显然在写这篇短文时已经读到了龙华民和利安当的文章，所以，他直呼其名，认为如果你们说中国人的这种祭孔、祭祖礼仪有害，请你们拿出证

---

① 苏尔、诺尔编：《中国礼仪之争：西文文献一百篇（1654—1941）》，沈保义、顾为民、朱静译，上海古籍出版社，2001年，第39页。

② LK，p. 113.

③ Ibid.

据来,说明这种礼仪的危害在哪里。如果没有证据,"那么采用这种本来无害礼仪的人就没有错"。从行文可以看出,莱布尼茨在写这篇文章时,对于龙华民等人颇为生气。

阎当训令的另一个内容是关于对中国典籍性质的认定。他说道:"要让传教士们注意,在学校里用中文教科书讲课的基督徒们不向他们的学生灌输这些书的原文及注释中层出不穷的无神论及其他迷信的东西。"①罗马方面也说:"中国书籍里含有无神论和各种迷信的内容。第七条中发出的警告提请讨论不仅是有用的、有益的,而且还确实是必须的,是应该赞同的。"②

莱布尼茨对此的回答很巧妙。他说,如果你们认为中国典籍中有无神论和迷信的内容,那首先就要对中国的典籍进行研究,但"至今也不知是否有充分的阐述。中国文献在欧洲并不比古希伯来和阿拉伯文少见,在我们对其做定论之前,首先就要经过考证方法整理他们的书籍,供人阅读"。这真是釜底抽薪! 文献都没研究过,凭什么去判断呢?

真的没有人研究过吗? 有! 那就是入华的耶稣会士,但阎当等人不相信利玛窦的解释和理解,他们说一个欧洲人怎么能理解好中国人的典籍。对此,莱布尼茨大为不解,他用欧洲自己的历史来说明这一点:现在欧洲不是基督徒对犹太教典籍的理解比他们本身更好吗? 为什么欧洲人不能更好地理解中国的典籍呢? 即便利玛窦等人在理解上有些问题,我们改过就是了。所以,莱布尼茨说:"我也要称颂利玛窦等伟大人物的远见,他们遵循教会、教父的遗范,将柏拉图和其他哲学家的著作做了基督教的解释。即使理解可能有误,难道我们就不能清除名句中残渣吗? 就算他们说的学说并不是孔子的思想,显然,善意的欺骗也无碍大局,因为听者既无上当之意,说者更无欺世之心。"③

在如何对待中国人敬天问题上,莱布尼茨丝毫也未让步。阎当当时根据自己 1693 年 3 月 20 日的训令,要求他所管辖的福建教区的所有教堂将康熙当年给传

---

① 苏尔、诺尔编:《中国礼仪之争:西文文献一百篇(1654—1941)》,沈保义、顾为民、朱静译,上海古籍出版社,2001 年,第 18 页。

② 同上书,第 40 页。

③ LK, p. 114.

教士所题的"敬天"匾额撤掉,口气极为严厉:"我们严禁在任何教堂里置放刻上'敬天'二字的匾。不管在什么地方,放上这匾的,我们都下令在两个月之内去掉。"①

莱布尼茨对这一问题的回答,完全利用了阎当自己在训令中的论点,以其矛攻其盾。阎当对待中国教徒家中所供的牌位问题上也颇为为难。他一方面说,如果取消家中的牌位要大加赞扬,如果实在困难,则只能让教徒去掉"神主"等字,把亡者名写上,在理解上重新加以解释,不从迷信的角度来讲。②

所以,关键在于如何理解的问题,而不在于表面上的"敬天"或"神主"的牌位。这样,莱布尼茨就说:"至于中国的基督徒是否能称神为天(在欧洲经常如此),或者像中国文人那样称之为上帝即最高的君主,我想这要进一步加以探索。耶稣会士的敌人宣称,中国皇帝亲笔题写了敬天牌,耶稣会士就把这种题字牌供在堂中;皇帝和中国人指的是有形的物质之天。可是如果耶稣会士们从皇帝和其他著名学者那里得悉其他的解释,即指宰治天的最高力量,那又该怎么说呢?"只要对"天"做一新的解释,就可以回答阎当的问题。

莱布尼茨在这篇短文中立场很明确:对中国方面表示同情;对阎当等人一再告诫,"在情况还不明确的事上,就背着中国人妄加罪名,这是要不得的",对在华的耶稣会大加赞扬,称利玛窦是"伟大的利玛窦";对教廷的一些决定不满,如他在文章最后所写的"我曾在前言中表明,传教区的这一进展值得特别赞扬,因而我对无理设置障碍者不满,就没有什么奇怪的了"。

第三节　莱布尼茨的《论尊孔民俗》③

当我给《中国近事》作序时,我倒是相信,中国文人的尊孔,主要是一种民间

---

① 苏尔、诺尔编:《中国礼仪之争:西文文献一百篇(1654—1941)》,沈保义、顾为民、朱静译,上海古籍出版社,2001 年,第 16 页。

② 同上书,第 17 页。

③ 这是莱布尼茨在"礼仪之争"中最重要的文献之一,也是他关于中国思想的最重要文献之一,以往从未在中国发表,这里作为一小节发表,以飨读者。本文是涂士华主教从拉丁文翻译成中文的,在这里感谢耿昇先生提供给我涂主教的译文,同时笔者根据美国罗斯文教授(Henry Rosemont,)在 *Gottfried Wilhelm Leibniz*,*Writings on China* 中提供的英文译文和 Rite Windmaier 在 *Leibniz Korrespondiert mit China* 一书中提供的拉丁文原文对照,在中文文字上小作修改。

礼俗而不是宗教礼仪。从那时起,我就开始收到一些反对派,也许出于善意发表的著述,对此我至今尚不敢苟同。

宗教礼仪(如果要问它的定义),我以为乃对我们所尊崇者认定他有赐福和降罚的超人权利的方式。这里并不涉及某人本身就像教外人的神明那样有此权利,或者是像许多基督教圣人那样,在神面前代为祈求。

在中国人用以祭孔子和其他功德卓著的亡者,尤其是用以祭自己先辈的礼仪中,在有些人看来似乎用了宗教的礼仪。可是这许多表达方式,甚至如叩拜在某种场合下是政治礼仪,基督教的皇帝也袭用过神灵的名号。我们深知中华民族将礼仪发展到了极点,我发现他们的礼仪远远超出其他各种礼仪。对这种超级礼仪不宜做硬性的解释。

例如,他们摆上亡人的肖像,在其所谓灵位前献上供品,完全可以理解为用一种拟人法或诗歌中的颂歌方式,赋予亡者以不朽的光荣,倒不是真以为亡灵会前来享用供品。

因此要从与之接近的迹象中看他们的用意,尤其要注意,是否能从他们推崇的学者著作中证明。中国的学者孔子和其他人的在天之灵,都赞同他们的做法,并将对自己的追随和崇敬者赐福,对不敬者降罚。

当然,从耶稣会传教士的反对者的谈论中,我可以得出这一结论:中国人认为对祖先和有功之人的这种崇敬大有好处。因此,他们相信能从敬拜中得到某些效果。不过他们同样地也会相信,圣贤认为,令人敬佩的一切美德都十分有助于增进人类的幸福;从人的本性状况来看,尤其是从主宰万物的上天权利来看,似乎他们也不热心给予这些亡灵有此权利。

当然不难相信,在中国有许多人认为这些礼仪有迷信的含义,对此,耶稣会的龙华民、道明我会的利安当、法国的外方传教士等颇为激动。然而除非能公开证明其确有不良含义,并将发生恶劣影响,那么采用这种本来无害礼仪的人就没有错。

至于中国学者尤其古代学者的真正学说到底如何,是否曾根据他们的经典著作加以证实,至今也不知是否有充分的阐述。中国文献在欧洲并不比古希伯来和阿拉伯文少见,在我们对其做定论之前,首先就要经过考证方法整理他们的书籍,供人阅读。这一点还要我们基督教社会共同努力才能实现。

在当时,即使问题尚不明朗,我想最好还是像保禄宗徒那样,认为祭坛系为无名神明而设,而雅典人也正是这样看的;同样地,现在当然不可以把一切往好处想,更不要贸然向中国皇帝和学者宣布死战,把他们视为无神论的罪人。我也要称颂利玛窦等伟大人物的远见,他们遵循教会、教父的遗范,将柏拉图和其他哲学家的著作做了基督教的解释。即使理解可能有误,难道我们就不能清除名句中残渣吗?就算我们说的学说并不是孔子的思想,显然,善意的欺骗也无碍大局,因为听者既无上当之意,说者更无欺世之心。

所以,白晋神父也给我讲了,他在如何按真正的基督教智慧标准解释《易经》一书中中国最早汉字的问题上得到了一些启发,同样地,我想,对在攻击耶稣会士的罗马文章中看到的事实也不容忽视。

至于欧洲的学者(如利玛窦)能看出中国学者尚不甚了解的东西,能更好地解释他们中国的古书,这又有什么奇怪呢?今天谁不知道,基督教的学者与犹太学者相比,谁能更好地解释希伯来民族最早的典籍呢?外国人往往不是比一个民族自己的人更了解他们的历史和文物吗?同样地,在教理问题上就更容易发生这种情况,因为时间相隔两千年之久,中国人或许没有什么实在的良策,而我们欧洲人既拥有中国文献,又掌握欧洲的科学方法。

至于中国的基督徒是否能称神为天(在欧洲经常如此),或者像中国文人那样称之为上帝即最高的君主,我想这要进一步加以探索。耶稣会士的敌人宣称,中国皇帝亲笔题写了敬天牌,耶稣会士就把这种题字牌供在堂中;皇帝和中国人指的是有形的物质之天。可是如果耶稣会士们从皇帝和其他著名学者那里得悉其他的解释,即指宰治天的最高力量,那又该怎么说呢?所以在情况还不明确的事上,就背着中国人妄加罪名,这是要不得的。

在这种情况下,如果基督教的学者共同提出某种表达的方式,将它教给新教友们,告诉他们提防上当,并以公开的象征和文字加以表述,这是说明我们应用什么心情对待民间流传的传统的礼仪,我们应该如何对待这样执行礼仪的人呢?由此可见,中国人自己体会的要比别人想得更好,或者说他们公开宣明的教理,确实无任何超出我们能允许的范围之处。为此,我曾在前言中表明,传教区的这一进展值得特别赞扬,因而我对无理设置障碍者不满,就没有什么奇怪的了。

第四节　莱布尼茨的中国哲学研究

一、《中国自然神学论》

莱布尼茨对中国哲学的研究是多方面的,例如他和白晋关于《易经》研究的一系列通信,由于篇幅所限,我们不能一一展开。我们现在将目光聚焦在他的《中国自然神学论》这篇长文上。莱布尼茨对中国究竟有多关心,从《中国自然神学论》这篇文章就可以看出。莱布尼茨写这篇长文和法国哲学家雷蒙有着直接的关系。从李文潮先生整理的《编年表:莱布尼茨与中国》来看[①],1714 年 10 月 12 日雷蒙写信给莱布尼茨,谈了自己读龙华民的《关于中国宗教的几个问题》一文后的感受,也提到了马勒伯朗士的《一位基督教哲学家和一位中国哲学家关于上帝的存在与本质的对话》这篇义章。一年后雷蒙再次给莱布尼茨写信,赞扬了他所编的《中国近事》,但婉言指出,《中国近事》并未直接讨论中国哲学思想,他显然是希望莱布尼茨能对龙华民、利安当和马勒伯朗士等人的中国哲学研究做个回答,因为莱布尼茨是当时欧洲著名的哲学家。当年,莱布尼茨就开始了《中国自然神学论》的写作。到 1716 年 1 月 17 日,他在给人的信中说:"我并没有忘记中国人,而是在撰写一篇论文,研究他们关于上帝、神灵与灵魂的学说。我觉得,人们可以对其古典作家的学说做出非常合乎理性的解释。"[②]十天后他就以肯定的语气告诉友人,这篇论文已经写完了。2 个月后他告诉雷蒙,文章基本写完了,还需要一点时间最后完成。10 月 24 日雷蒙仍以喜悦的心情写信告诉莱布尼茨,他以极大的耐心等待着莱布尼茨的研究结果,但 20 天后,莱布尼茨就驾鹤西归。这样,我们看到,《致雷蒙先生的关于中国哲

---

① 李文潮:《编年表:莱布尼茨与中国》,G. G. 莱布尼茨:《中国近事——为了照亮我们这个时代的历史》,梅谦立、杨保筠译,大象出版社,2005 年,附录二。

② 同上书,第 230 页。

学的信》,即《中国自然神学论》,几乎就是莱布尼茨晚年的收笔之作。同时我们也可以说,这篇长文也是他一生对中国研究的总结。

二、莱布尼茨讨论宋明理学的材料来源

莱布尼茨这篇长文所讨论的对象是在华传教士龙华民和利安当以及法国哲学家马勒伯朗士。马勒伯朗士的文章是法文的,这个比较清楚。而莱布尼茨所读到的龙华民和利安当两人的文章来源比较复杂。龙华民的这篇论文写成后在耶稣会内部的讨论中已经被批评和完全否认[①],当时在华的耶稣会会长怕这篇论文引起混乱,就下令将所有文本烧掉。但后来在清初的杨光先教案中,所有在华传教士被集中到广州,在这期间方济各会传教士利安当手中有一份当时他在山东临清传教时在华的耶稣会士汪儒望给他的一份龙华民的这篇论文的中文。利安当把他手中的这篇龙华民的论文连同他自己的论文[②]一起交给了也在广州的道明我会传教士闵明我。这位道明我会的闵明我神父是位耶稣会在华路线的坚决反对者,他得到龙华民这份手稿,后喜出望外。不久,他就从澳门返回西班牙,将龙华民的这篇文章翻译成西班牙文,放在他所编的《论中国帝国的历史、政治、伦理道德及宗教》一书当中发表。这本书出版时正是欧洲天主教的詹森派和耶稣会就神学和中国礼仪问题打得不可开交的时候,这本书犹如投向耶稣会的一枚重型炮弹,在当时产生了很大的轰动。[③] 很快龙华民和利安当的这两篇文章被 Abbé de Cicé 翻译成法文,以 *Traité sur quelques points de Religion des Chinois* 为标题,于 1700 年在巴黎由巴黎外方传教会发表。莱布尼茨所读到的就是这份法文的翻译书。这样我们看到,莱布尼茨所读到的龙华民的文章实际上是从拉丁文译成西班牙文后又被翻译成法文的版本,读到的

---

　　① 原文为拉丁文,*De Confucio ejusque Doctrina Tractatus*,参见孟德卫:《在莱布尼茨的哲学中中国到底有多重要》,李文潮、H. 波塞尔编:《莱布尼茨与中国——〈中国近事〉发表 300 周年国际学术讨论会论文集》,科学出版社,2002 年,第 52 页注 1。

　　② 这篇论文是用西班牙文写成,原文为"*Tratado sobre algunos punctos tocantes a esta mission de la gran China*"。参见孟德卫:《在莱布尼茨的哲学中中国到底多重要?》,李文潮、H. 波塞尔编:《莱布尼茨与中国——〈中国近事〉发表 300 周年国际学术讨论会论文集》,科学出版社,2002 年,第 53 页注 1。

　　③ J. S. Cummins(ed.),*The Travels and Controversies of Friar Domingo Navarrete,1618—1686*,Cambridge University Press,1962。

利安当的文章是从西班牙文翻译成法文的。任何翻译都是一种再创造,都会有
文句和义理的变异,这是我们对翻译的基本的理解。到目前为止,所有莱布尼
茨的研究者都是仅从莱布尼茨的论述来研究他的中国哲学观的,真正对龙华民
和利安当原文本研究的论文至今未见。① 而龙华民对宋明理学的研究中所择
录的理学家的话从哪里来? 他是否就是直接从张居正的《性理大全》一书中来?
他在择录这些理学家的思想时和原文发生了哪些变异? 这些问题也未得到真
正的研究。从中文文献来说,莱布尼茨的这篇文章最早是由在法国跟着汉学家
马伯乐(Henri Maspero)读书的中国前辈学者庞景仁先生翻译出来的②,以后
有了其他的译本。我们在这里讲清莱布尼茨这篇文章的相关材料的来源有两
点意义。

第一,对莱布尼茨与中国哲学关系的研究虽然已经有了不少的著作和论
文,但至今并未彻底将这个问题说清,真正溯本求源,从翻译学和文本两个角度
加以研究的论文仍未看到,无论在中国还是在国外。③ 这说明,在这个重大的
研究课题面前,中国学者仍有着广阔的研究空间,虽然更为艰巨和困难。

第二,这里并不展开对莱布尼茨关于中国哲学的解释和分析,只是想说明
对中国的思考贯穿了莱布尼茨的一生,他的收笔之作仍是我们下一步研究的重
点,希望读者在不久后能读到笔者新的研究著作。

莱布尼茨是欧洲最早发现中国的思想家,和后来的学院派的汉学家们相
比,他的汉学研究可能不够专业,但在当时的欧洲,他关于中国的知识是数一数
二的。他是欧洲学院式汉学以前最伟大的汉学家,是欧洲专业汉学诞生以前的
中国研究的一座丰碑。④

---

① 德籍华裔学者李文潮先生最近重新整理出版了原来的 Abbé de Cicé 的法文版,这是一项重要的研
究成果。

② 参见《中国哲学史研究》1981 年第 3 期,第 22—30 页;1981 年第 3 期,第 89—97 页;1982 年第 1 期,
第 101—107 页。

③ 参阅孟德卫:《在莱布尼茨的哲学中中国到底有多重要?》,李文潮、H. 波塞尔编:《莱布尼茨与中
国——〈中国近事〉发表 300 周年国际学术讨论会论文集》,科学出版社,2002 年。

④ 笔者不同意将莱布尼茨说成一个知识的剽窃者,那样的研究值得商讨。参见胡阳、李长铎:《莱布尼
茨二进制与伏羲八卦图考》,上海人民出版社,2006 年;孙小礼:《莱布尼茨与中国文化》,首都师范大学出版
社,2006 年;孟德卫:《1500—1800 中西方的伟大相遇》,江文君译,新星出版社,2006 年。

　　莱布尼茨的汉学家研究说明,欧洲早期汉学的诞生不仅是欧洲东方学的扩展,同时也和欧洲近代思想的变迁内在地联系在一起。这样,我们看到,作为欧洲早期汉学主干的传教士汉学不仅参与了中国近代思想文化的变迁,同时也直接影响了欧洲近代思想文化的变迁。传教士汉学将东西方思想文化连为一体,直接推动了全球化初期东西方思想文化的相遇、相融与对话。这正是欧洲早期汉学最具魅力的地方。

第二十四章　法国专业汉学的诞生

第一节　法国世俗汉学的奠基人：黄嘉略

黄嘉略，福建莆田县的一名教徒，在礼仪之争中与巴黎外方传教会的梁弘仁于 1702 年 2 月启程前往欧洲，先抵达巴黎，旋即转赴罗马，随后返回巴黎。不久，在当时法国王家学术总监比尼昂（Jean-Paul Bignon，1670—1743）的帮助下，以法国国王中文翻译的名义留了下来。以后他娶了一名法国女人，并和这位法国女人有了一个女儿，开始在法国过起了日子。1716 年 10 月 13 日黄嘉略病逝在巴黎，时年 36 岁。①

这样一个中国的教徒为何成为法国本土汉学的催生之人呢？这主要表现在两个方面：一是他编写出了法国汉学史上的第一部汉语语法书和汉语词典，二是在他的影响下法国产生了最早的两名本土的汉学家。

我们先来看第一方面，黄嘉略在法国编写出了最早的《汉语语法》和《汉语

---

① 以下关于黄嘉略的叙述的材料全部来自许明龙先生的《黄嘉略与早期法国汉学》一书。许明龙先生这本著作是近年来关于西方汉学史研究最具有原创性的著作之一，甚至我们可以说，黄嘉略这个被历史长期遗忘的人物正是经过许明龙的研究才得以重新浮出历史，恢复了他在法国汉学史上的历史地位。对于许明龙先生这种创造性的学术研究，笔者在此表示敬意。就欧洲汉学史的研究来说，目前最急迫的就是展开像黄嘉略这样的专人或专书的研究，没有这种个案研究的积累，任何宏大叙事都是不可靠的。

词典》。当年法国对中国充满了热情与幻想,比尼昂把黄嘉略留在巴黎就是想通过这个他们在欧洲所能见到的唯一的中国人,来做些有关介绍中国的工作。为了使这个远方来的中国人能展开工作,比尼昂先后委派了当时法国年轻的学者弗雷莱(Nicolas Fréret,1685—1749)和傅尔蒙做黄嘉略的助手,协助他工作。

当时,虽然法国正在经历"中国热"的过程中,但在整个法国并没有懂得中文的人,这使得法国人很尴尬。正如傅尔蒙所说:"欧洲有很多中文书,到过这个国家的传教士和旅行家的报道,既令我们对它产生了好感,也让我们对它有所了解。可是,由于没有语法书和字典,他们的书成了图书馆里毫无用处的摆设。"①所以,黄嘉略做的第一件事就是编写一本《汉语语法》,在弗雷莱的帮助下,1716 年黄嘉略完成了这部法国汉学史上的第一部汉语语法书。书完成后,黄嘉略给奥尔良公爵写了封信,算是对此事有个交代:

> 中华凤山远臣黄日升顿首恭献
>
> 托孤千岁王爷殿下切念。远臣几历九万里航海西来,荷蒙先帝荣赐译言之职,远臣日夜勤劳,以思报答。兹者修通成中语一书,兼夫小录,以佐西方志士学习中土言语风俗礼统者也,虽章句浅近,远臣赖王爷海舍,荣赐鹏羽之庇,则览者无不雀踊以仰窥。王爷超太阳之精明,洞聪广照周天,所四海人民无别大小贵贱,悉仰王爷慈仁之化。远臣虽尽倾身血,不足以报王爷千岁于万一矣。远臣不揣荒陋谨题恭进以闻。
>
> 时耶稣降生千七百年十有六年冬月　日　凤山黄日生恭题。②

很遗憾,黄嘉略的《汉语语法》书稿完成后丢失了,所幸部分内容被留了下来,使我们对这部手稿有了初步的了解。根据许明龙所提供的这本书的目录如下:

第一部分

论汉语语法

---

① 转引自许明龙:《黄嘉略与早期法国汉学》,中华书局,2004 年,第 129—130 页。
② 同上书,第 135—136 页。

汉语词汇

汉字起源

官话与方言

中国礼仪用语

    对亲属的称谓

    对对话者的称谓

    对第三者的称谓

各种交往场合的礼仪用语

旅客到客栈

    法国绅士拜访中国文人

    一位法国绅士和一位中国绅士见面时的寒暄

    两个年轻文人的交谈

    夏小姐与三位年轻文人寒暄和谈话

    文人与巡抚的谈话

    一位中国商人与一位法国商人的交谈

各种商品杂说

    丝绸、瓷器、茶

    中文收条

一位传教士与一位和尚的交谈

天主教祷词

    天使拯救、圣徒象征、天主十诫

朋友闻问安信函

欧洲商人致中国商人的问候和介绍信函

一位欧洲商人因遭辱骂而向中国法官呈递的申诉状

第二部分

中华帝国简述

    中国政府现状

中国十五省概况

科举

　　童试、乡试、会试

宫廷和守边文武官员

　　阁老、六部官员、吏部、户部、礼部、兵部、刑部、工部、翰林院、宗人府、都察院、詹事府、通政使司、大理寺、太常寺、太仆寺、光禄寺、苑马寺、鸿胪寺、上林苑、国子监、中书阁、太医院、京府、都督、锦衣卫

　　守边武将

　　都堂、三边都堂、漕运都堂

官员饷银

孔子、文人及其感情

中国人食用的几种谷物及其种植方法①

　　从这个简要的纲目中我们可以看到,这部书一部分介绍语法,一部分"引导读者去认识有关中国的各种事物"。从西方汉学史的角度来说,它并不是第一部教授西方学习汉语的语法书,黄嘉略之前有卫匡国的《中国文法》和万济国的《华语官话语法》,但黄嘉略在编写这部汉语语法时并没有看到这些语法,应该说,这是他在弗雷莱帮助下独自完成的一部汉语语法书。如果从中国语言学史的角度来看,这部书的价值是不言而喻的,他是中国人所编写的第一部汉语语法书,他比马建忠的《马氏文通》整整早了 172 年,同时,也是第一部中国人自己编写的汉语作为第二语言习得的汉语语法书。

　　黄嘉略所做的第二件事就是编写《汉语词典》。一开始合作者弗雷莱不懂汉语,他只是从法语的特点出发,让黄嘉略按照读音来排序编写。之后他了解了汉语的特点后,知道这样编写对法国人的使用来说是不方便的。于是黄嘉略又按以偏旁和部首为序来编写。黄嘉略"已经完成部分共收字 5210 字,分属 85 个部首。根据黄嘉略当时用作母本的《字汇》和《正字通》所采用的 214 个部首来计算,他已编写出的 85 个部首尚不足全部的一半。但考虑到笔画越多的部

---

① 转引自许明龙:《黄嘉略与早期法国汉学》,中华书局,2004 年,第 138—140 页。

首,同部首的字越少,则可估计他已编出的部分可能已占计划中全部书稿的一半以上"①。

由于这部字典是给法国学习汉语的人看的,按今天的语言来说是为那些把汉语作为第二语言习得的法国人来编写的,因此,他注意到汉语作为外语时学习时的特点,在编写时尽量照顾到这个特点。如在编写"五伦"这个词条时他逐一解释其中的含义:

中国文人认为,人与人之间存在着五种关系,人人都严格地遵守和实践五伦或五种基本原则:君臣、父子、夫妇、兄弟、朋友。与这五种关系相对应的是五种道德,人人都应视为不可背弃的义务,并付诸实践:

一、君和臣都应公正行事,君主应以公正和公平对待臣属,臣下应以公正和理智效忠君主。

二、父子应相互施爱和施恩,为父者应以父爱对待其子,尽力为其谋福;为子者应以孝心侍奉其父,须臾不忘父恩。

三、夫妇相待应有所不同,丈夫应为妻子提供富足的生活,妻子则应在一切场合服从丈夫。

四、兄弟相处应长幼有序,兄应善待弟,弟应尊敬兄,兄弟应互爱。

五、朋友之间彼此应以信、义、诚和真相待,互相告知对方的短处。②

正因此,许明龙认为,"从选字、设置词条和释义这三个方面来看,黄嘉略编得相当不错,水平高于《汉语语法》,即使在三百年后的今天读这部字典,依然令人受益匪浅"③。

从黄嘉略所编写的《汉语语法》和《汉语词典》的成就来看,黄嘉略是第一个将汉语向西方传播的中国人。在那个时代被传教士带到欧洲去的几个年轻的教徒中,由柏应理带到欧洲的沈福宗活动面最大,周游数国,觐见法王,会见汉学家,他的形象在欧洲留了下来。但沈福宗仍无法与黄嘉略相比,因他几乎没

① 许明龙主编:《中西文化交流先驱:从利玛窦到郎士宁》,东方出版社,1993年,第282页。
② 转引自许明龙:《黄嘉略与早期法国汉学》,中华书局,2004年,第174—175页。
③ 同上书,第169页。

有留下任何西方文字的材料。和卜弥格一起回到欧洲的沈安德只留下了没有他署名的大秦景教碑的抄文,由傅圣泽带回的胡若望则完全无法融入西方社会。黄嘉略不但在巴黎生活了下来,娶妻生子,有了一份工作,并且留下如此重要的文献,这真是一个奇迹。

对法国汉学的历史来说,黄嘉略的另一大贡献是在他的影响下,产生了最早的两名本土汉学家。

第二节　18世纪法国汉学两巨头:弗雷莱和傅尔蒙

黄嘉略留在巴黎后,比尼昂为了使他更好地展开工作,委派弗雷莱协助黄嘉略工作,弗雷莱欣然应允。他和黄嘉略的合作主要是编写《汉语语法》。虽然,弗雷莱不懂汉语,但他教黄嘉略学会了法语的语法,这对黄嘉略日后的编写是很重要的。而弗雷莱则在这个过程中了解了汉语,这一切都受益于黄嘉略,正如他在谈到自己的一篇关于汉语的学术论文时所说:"我之所以能写出这篇关于汉字的论文,除了从黄先生与我的多次谈话和阅读你们各位神父的著述中汲取营养之外,再无其他获得教益的途径。"①弗雷莱以后在对汉语的研究上有了很大的进展,1714年9月7日他在一篇题为《关于中国人的诗》的论文中说:"中国诗的音节都是单数,大体上可分为五言诗、七言诗和九言诗,四言诗已不再流行。中国诗虽然不像法文诗那样有阴韵和阳韵之分,但也讲究押韵。"②接着就举出了一首中国的七言八句诗:

> 绿里黄衣正得时,
>
> 夭淫愁杀杏桃枝,
>
> 已添深恨犹闲挂,
>
> 拼断柔魂不乱垂。
>
> 嫩色陌头应有悔,

---

① 转引自许明龙:《黄嘉略与早期法国汉学》,中华书局,2004年,第99页。
② 同上书,第226页。

画眉窗下岂无私？

如何不待春蚕死，

枝枝叶叶自吐丝？①

　　弗雷莱是 18 世纪法国著名的学者，也是法国第一个世俗的汉学家，为了研究中国，他同在中国的耶稣会士们一直保持着通信，并为在法国出版在华耶稣会士的著作而四处奔走。他在给在华的耶稣会士雷孝思的信中说："为什么要让大众失去如此重要的著作呢？他们不仅对了解中国文献很重要，而且对了解入华传教士的学术和考证水平也具有重要意义。"②但他对耶稣会士们的索隐派在解释中国纪年问题上的观点一直持批评的态度，他反对将中国的历史纪年纳入到《圣经》的历史纪年之中。他说："就中国纪年与《圣经》纪年的协调问题而言，我认为绝对必要的前提是从分别编制它们开始，然后就可以共同比较，将会看到它们之间具有何种程度的相似性。"③这样的历史观也同样表现在他的语言观上，在他的《中国人的文字》一书中他不同意将中国的文字和埃及的象形文字混为一谈。

　　正是在这些言论中，我们看到弗雷莱作为世俗的汉学家已经和传教士汉学拉开了距离，他思考的基点已经不再是神学和《圣经》，而是对东方知识的追求。他也没有像耶稣会士的汉学家们那种在真实的中国知识和神学观点与立场之间的摇摆与苦恼，18 世纪那种追求知识的真实与客观的思潮开始成为他从事汉学研究的起点。

　　傅尔蒙是当时在法国皇家学院（法兰西学院的前身）主持阿拉伯语讲座，但对汉语有很大的兴趣，在弗雷莱暂时无法协助黄嘉略后，比尼昂就让傅尔蒙来帮助黄嘉略。相对于弗雷莱，他和黄嘉略相处的时间长些，也取得了一些汉学的成就。但这个人在品格上有问题，自己在汉学上成名后不但从不提黄嘉略对他的帮助，反而说黄嘉略的汉学研究没有任何的价值，说自己的研究成果和黄

---

① 转引自许明龙：《黄嘉略与早期法国汉学》，中华书局，2004 年，第 99 页。

② 维吉尔·毕诺著：《中国对法国哲学形成的影响》，耿昇译，商务印书馆，2000 年，第 164 页。

③ 同上书，第 303 页。

嘉略没有任何关系。① 正因此,他的为人遭到许多人的批评,人们认为"他是一心追求名利的学究典型,钻营于一个大而无当的圈子里,把一个庸人的种种毛病暴露无遗,……生性喜好嫉妒,为了实现野心而无所不用其极……"②

他的代表作是 1737 年发表的《汉语论稿》(Meditationes sinicae)③,这部书的原稿有三部分:第一部分是西方的学者研究汉语的历史;第二部分是认汉字的方法和汉语字典的编排顺序;第三部分是汉语四声的规则和方言。但在 1737 年《汉语论稿》正式出版时只出版了手稿的前两部分,第三部分直到 1742 年才付梓。在《汉语论稿》这部书中他讨论了汉语的特点、汉语和其他语言的区别。他认为汉语分为书面语和口语,并介绍和分析了安文思和曾德昭等传教士对汉语的论述,以《说文》《字汇》等为例介绍了汉字的特点和学习的方法。④ "许明龙先生认为傅尔蒙对汉语的认知有两个问题:一是将汉语的书面语和口语完全分开,说成两种语言是不对的。第二,他认为汉语中的 214 个部首是汉语的基本字,像欧洲语言中的字母一样,这完全是从欧洲语言的特点出发对汉语的错误的理解。当时,弗雷莱和傅尔蒙两人都认为 214 个部首在汉语中的作用和欧洲语言中的字母功能一样,他们似乎发现了汉语的真正的秘密,两人为这个发现的专利权打得一塌糊涂。"⑤现在看起来真是可笑,这说明欧洲人在研究汉语和汉学道路上的艰难历程。

他的第二部著作是《中国官话》(The Grammatica Duplex),以拉丁文作为它的书名。这本 340 页的四开本的书中有 40 页是傅尔蒙写的前言,在书封上有四个汉字"中国官话"。书中平均每一页有十五个汉字。这本书有五部分:第

① See Cécile Leung, Etienne Fourmont (1683—1745). Oriental and Chinese Languages in Eighteenth-century France, Leuven University Press,2002.

② 许明龙:《黄嘉略与早期法国汉学》,中华书局,2004 年,第 238 页。

③ 原法文全文书名是 Meditationes sinicae in quibus I consideratur linguae philosophicae atque universalis natura qualis esse,aut debeat,aut posit; II lingua Sinarum mandarinica, tum in hieroglyphis, tum in monosyllabic suis,ea mente inventa ac talis esse ostendilur; III datur eorumdem hieroglyphorum ac monosyllaborum,atque ide characterum linguae sinicae omnium; IV id que omne,progressu a libris mere Europaeis (de Sinica tamen) ad libros mere sinicos facto.

④ 参见 Cécile Leung, Etienne Fourmont(1683—1745)Oriental and Chinese Languages in Eighteenth-century France, Leuven University Press,2002, pp.190—194.

⑤ 参见许明龙:《黄嘉略与早期法国汉学》,中华书局,2004 年。

一部分介绍汉字的单音节字的发音,元音、辅音和音调;第二部分介绍汉语的名词、形容词以及它们的语法形式、性、数和比较的形式;第三部分介绍了汉语动词的使用、时态,并列表格说明;第四部分介绍如何写作长的文章;第五部分介绍句子的结构、中国文明的术语、中国的度量衡、中国的纪年、天干地支等。傅尔蒙和他以前的所有西方人一样是用拉丁语法来解释汉语的。① 傅尔蒙的这部书也受到了后人的指责,认为他在写这本书看到了万济国的《华语官话语法》,他的这部书是抄袭万济国的。对此,当代华裔学者梁凤清(Cécile Leung)经过认真的分析认为这个批评有些过头,傅尔蒙参考过万济国的书是肯定的,但并未完全地抄袭万济国,其重要的根据在于万济国的语法书全部是用拉丁文来写的,而傅尔蒙的书则配有汉字。②

所以,虽然傅尔蒙这个人的人品有问题,他的汉学研究成果也受到了一些质疑,但他仍是当时法国乃至整个欧洲最优秀的汉学家。因为当时的欧洲没有人能像他这样和黄嘉略在一起,从黄嘉略那里学习汉语。傅尔蒙是幸运的,正因此,梁凤清称"傅尔蒙是法国汉学的创立者"③。这个结论是正确的。

对欧洲来说,从《马可·波罗游记》激起了一代一代欧洲人对东方的梦想,遥远的中国文明是他们向往的圣地。经过来华传教士,特别是耶稣会士们近二百年的努力,东方的知识终于通过传教士之手,传递到了欧洲本土的世俗世界,传递到了世俗学者的手中。正如许明龙所说:"在黄嘉略的启蒙和影响下,傅尔蒙和弗雷莱虽然没能精诚合作,但总起来说,在推进汉学研究方面,这两位法国学者相辅相成,对汉学发展分别做出了各自的贡献。从他们开始,法国人对汉语和对中国的研究不再是传教士的专利了。"④

---

① 参见 Cécile Leung, *Etienne Fourmont* (1683—1745): *Oriental and Chinese Languages in Eighteenth-century France*, Leuven University Press, 2002, p. 212—218.

② Ibid., p. 53.

③ Ibid., p. 38.

④ 许明龙:《黄嘉略与早期法国汉学》,中华书局,2004 年,第 272 页。

第三节　西方第一位专业汉学家雷慕沙

雷慕沙(Jean-Pierre Abel-Rémusat,1788—1832)是一位医生的儿子,幼年游戏时从高处摔了下来,不幸瞎了一只眼睛。但他自幼聪慧,十四岁时编写英国王室系谱和年表。雷慕沙自幼喜欢植物学,偶然在修道士特尔桑(Abbe Tersan)的教堂中发现了《本草纲目》,一下子吸引住了他。为了读懂这本书,他找来了耶稣会士们关于中国的书以及傅尔蒙的书,开始自学中文。五年后发表了他的第一篇论文《中国人外国语研究》[①],当年又出版了《中国语言文学论》。雷慕沙真可谓语言天才,这样的成就在今天也很难达到。雷慕沙一时声名鹊起,二十五岁时以一篇中国医学的论文获得巴黎大学的博士学位。[②] 雷慕沙的汉学研究成就引起当时法国东方学教授萨西(Silvestre de Sacy,1758—1838)的注意,他当时是法兰西学院的阿拉伯语教授,有很高的地位。萨西利用他的学术地位,和与中国的千丝万缕的联系,推动皇家教授团和教授委员会于1814年12月在"在法兰西学院设立中国语言和文学讲座,从而使中国语言和文学的课程,也被正式纳入到法国最高学府与科研机构中了"[③]。这是一个值得永远纪念的日子,经过近三百多年的时间,如果从马可·波罗算起,西方经过了五百年的历程,在旅行家、传教士汉学家和世俗的汉学家几代人的努力之下,在西方的东方学中终于诞生了一门新的学问:汉学。

雷慕沙开设的这门课最初的名称是"汉语、鞑靼、满语与文学讲座",这个名称一直沿用到1918年才被法国汉学家伯希和(Paul Pelliot,1878—1945)改为"中国语言和文学"。雷慕沙每周为法兰西学院的学生们讲三次课,其教学大纲是:

---

① 参见董海婴:《雷慕沙与19世纪早期欧洲汉语研究》,李向玉、张西平、赵永新主编:《世界汉语教育史研究:第一届世界汉语教育史国际学术研讨会论文集》,澳门理工学院,2005年,第124页。

② 参见石田干之助:《欧人之汉学研究》,朱滋萃译,北平中法大学,1934年,第242页。

③ 耿昇:《试论法兰西学院的中国学讲座》,李向玉、张西平、赵永新主编:《世界汉语教育史研究:第一届世界汉语教育史国际学术研讨会论文集》,澳门理工学院,2005年,第103页。

汉语语言和文学

口语:词汇;开头字母或复音字母;四种声调;语音的变化;中国人表示指示的方法;欧洲人表示指示的方法;同音异义的词或避免歧义的方法;语音分析;名词;乡谈或方言;福建土话、广州话;日语。

书面语:结绳记事;伏羲的卦大约在西元前 3000 年;约西元前 2628 年仓颉造字;蝌蚪,鸟体,禹碑铭文;大篆;西元前 3 世纪秦始皇统治时期的小篆;隶书;楷书;草书;御制盛京赋字体;正字;异体字、缩写词。

六书:象形;指事;形声;会意;转注;假借。

隶书或楷书:214 部体制;书写艺术。

文体:古文;文章;官话;小说。

语法:虚词;实词——动词、名词、形容词。

解读西安府出土的碑文;《赵氏孤儿》的片段;《书经》的若干章节;《诗经》;中国通史;马端临的《通考》。①

雷慕沙开创了西方汉学教学的历史,他在汉语研究上的成就主要代表作是《汉文启蒙》这部著作。

《汉文启蒙》②主要受耶稣会士马若瑟《汉语札记》的启发。马若瑟的这部书寄回欧洲后,被长期藏在图书馆中。经过多方努力,雷慕沙终于看到了这本书。当时实际上来华的天主教和后来基督新教的传教士也开始有了一些关于中国语法的著作③,雷慕沙对前人的研究做了分析,他说:"首先,《中国言法》仅仅是一部入门教材,或者说是他对英译孔子典籍的进一步阐释。马士曼早年曾翻译孔子的作品,并有译作出版。他仅以一部中国古籍文献作为分析汉语的基础,因而不可能概括现代汉语所有的语法形态,而且与常用汉语也有所不同。

---

① 转引自董海婴:《雷慕沙与 19 世纪早期欧洲汉语研究》,李向玉、张西平、赵永新主编:《世界汉语教育史研究:第一届世界汉语教育史国际学术研讨会论文集》,澳门理工学院,2005 年,第 125 页。

② *Eléments de la grammaire chinoise, ou Principes généraux du hen-wen, ou style antique, et kouahoa,c'est-a-dire, de langue, commune généralememt usitée dans I'Empire Chinois, avec exemples des principaux genres d'Ecriture et Tableaux des clefs*,Paris,1822.

③ 万济国的《华语官话语法》、傅尔蒙的《中国官话》、马士曼的《中国言法》(*Elements of Chinese Grammar*)和马礼逊的《通用汉言之法》(*A Grammar of the Chinese language*)。

其次,马士曼讨论了许多与主题无关的话题。如果将那些离题的部分剔除,真正有助于学习汉语的例句算起来也就两页。"

《通用汉言之法》是马礼逊编撰的第一部汉语语法著作。设想一个刚来到中国的欧洲人开始学习汉语时,他往往会试图在母语和汉语之间寻求某种联系。这正是马礼逊写作的初衷。他致力于将英语的一些习惯和短语用汉语翻译出来,并着重讲解英语中一些动词,如有、是、能、做情态动词的变化。因而,"这部语法书对于学习如何将英语翻译成汉语很有帮助。但是,它往往用例句来取代对汉语语法规则的论述,在书中几乎看不到句法分析。尽管如此,这本小册子还是非常实用。马礼逊为其他英国人学习汉语指明了方向。"[1]

雷慕沙的《汉文启蒙》有四大部分:第一部分绪论介绍汉语的文字和口语;第二部分介绍汉语的古典文体;第三部分介绍汉语的现代文体;第四部分附录介绍汉语的篇章、断句法、诗韵、偏旁、笔画、缩写字、汉字拉丁拼音字母等。他在书的最后对汉语语法的规律做了自己的概括:"汉语句法的基本排列次序为:主语,动词,直接补语,间接补语。形容词通常置于名词、主语或补语的前面,且用形容词作为连词。词在句子中的位置,取决于它要表达的形式,并指示其形容词性或副词性,原级的或条件式的。如果主、从句的主语都是同一人称代词,那么从句的主语则可以被省略。如果复合名词是由两个词汇组成的同义词,那么它的含义与构成它的其中任何一个词汇含义相同。有些复合动词既非同义词也非助动词,第一个动词则相当于副词。"[2]显然,雷慕沙的汉语语法受到前人的影响不小,在这里我们可以看到傅尔蒙、马若瑟等人语法的特点。

我们之所以用这样的篇幅来论述雷慕沙的汉语研究和成就,是因为西方汉学在其兴起、形成的过程中首先是对汉语的研究。没有对汉语的研究,他们对中国文化的其他部分的研究就无法展开。所以,对汉语的研究始终是西方早期汉学形成过程中汉学家们的关注所在和用力所在。雷慕沙在汉学研究上的其他著作有《法显〈佛国记〉译注》《玉娇梨法文翻译》《法译中国短篇小说集》等著

---

① 贝罗贝:《二十世纪以前欧洲汉语语法学研究状况》,《中国语文》1998 年第 5 期。
② 转引自董海婴:《雷慕沙与 19 世纪早期欧洲汉语研究》,李向玉、张西平、赵永新主编:《世界汉语教育史研究:第一届世界汉语教育史国际学术研讨会论文集》,澳门理工学院,2005 年,第 131—132 页。

作和论文以及译著和译文。

在西方汉学发展上,雷慕沙是一个可以大笔书写的人物,他是西方汉学历史上第一个真正的专业汉学家。前面我们已经介绍过德国汉学家巴耶尔是第一个职业汉学家,但巴耶尔到彼得堡时是作为希腊和罗马研究的专家去的,以后转为东方学家,专门研究汉学和东方语言。巴耶尔和雷慕沙的区别在于:第一,巴耶尔从未正式被俄罗斯彼得堡的科学院任命为汉学家,我们称其为欧洲第一个职业汉学家是从他探究汉学的职业来说,他对汉学的研究不再是业余进行的,但他并没有正式的汉学家身份,而雷慕沙的教授身份是很清楚的——汉学教授;其二,巴耶尔从未对公众教授汉学,也未带出学生继续从事汉学研究,雷慕沙每周都要对公众讲课,并培养了一批卓有成就的学生。

如果我们今天将雷慕沙和以耶稣会士为代表的传教士汉学家做个对比,我们就会看到在雷慕沙那里已经开始有了重大的转变。

第一,研究的目的变了。传教士们对汉语和中国文化的研究从根本上来说是为了传教。在"礼仪之争"以后,传教士汉学研究的另一目的就是维护各修会的传教路线,特别是耶稣会士,几乎所有的研究都是为了回应争论对手的。耶稣会内部索隐派的研究以及他们对中国文化的熟悉程度恐怕很难有人可与之相比,但他们全部研究的指向却是为了解决"礼仪之争"中的问题,为耶稣会在中国的传教提供更为坚实的理论基础。雷慕沙当然也不否认学习汉语、研究中国文化对传教有利,但他同时强调,学好汉语可以更好地理解中国文化。作为法兰西学院的教授,作为西方第一个专业的汉学家,他的研究指向是很清楚的:作为学术的汉学,而不是为了传教的汉学。

第二,研究的重点开始变化。耶稣会的传教路线是"合儒易佛",在对中国文化的研究上重点是儒家,因此,对儒家学说的翻译成为一代又一代耶稣会士的汉学家们的重要任务。虽然,在后来的法国耶稣会那里也对中国的历史、地理和科学做了很出色的研究,但重点是没有变的。例如,在中国的最后一位耶稣会士钱德明对孔子及其弟子和学派的研究成为他研究的特色。在雷慕沙这里,他研究的重点不再是儒学,他的博士论文写的中国医学,他的成名作《法显〈佛国记〉的译注》是过去在华耶稣会士汉学家们从来没有做过的。这本译著实际上开辟了以后法国汉学的一个重要的研究方向:对佛教的研究。他的《汉译马可·波罗传考》《〈真腊风土记〉译注》《回教徒著述家的蒙古史》《由中国著述家的书里所见佛徒的世界观和世界生成说》表明他开始关注中国与外部世界的关系,对西域的中外文化交流感兴趣。从雷慕沙的全部著作目录中,我们很难看出雷慕沙有一个显著的研究重点,他的研究范围比较广泛,这是欧洲早期汉学的一般性特点。但他的研究和在华的耶稣会士汉学的研究重点不同,并发生变化,这是不可否认的。

第三,研究的情趣发生了变化。政治文化、帝王、科学知识这是传教士汉学向欧洲介绍的重点,由此,我们可以感觉到传教士汉学的题目一般比较重大。即便有些介绍中国的科学等文章、著作,也是为向欧洲展示在中国传教的正当性。但雷慕沙在研究的情趣上更为世俗化,虽然对中国重大的历史和政治事件的关心也是他的研究方向,他有这方面的文章,但对中国世俗性的生活介绍已经成为他的研究内容。例如,他的法译《玉娇梨》《中国短篇小说集》就是一个证明。马若瑟也翻译了《赵氏孤儿》,但这个剧本的儒家特点太明显,《玉娇梨》也是儒家伦理下的才子佳人小说,但它在中国文学史中不像《赵氏孤儿》那样突出,它只是当时的市井流行小说。雷慕沙还写过《一种韵文的中国传奇〈花笺记〉》这样的论文。这些都说明雷慕沙在研究的情趣上更加世俗化。当然,这里的分析只是初步根据雷慕沙的书目著作表来判断的,未必完全准确,但从他的研究书目中还是可以看出这些最基本的特点的。

雷慕沙——这是中国学术界应该记住的名字,正是从他开始,对中国文化的研究开始在世界范围内正式展开,汉学研究进入西方的教育研究体制之中。而这些发生在异国他乡的汉学研究,这些外国汉学家们的成果,开始逐步对中国近代学术的形成产生了重要的影响。雷慕沙 1814 年 12 月开始自己的学术生涯,如果以 1905 年科举制度的废除作为中国近代学术开始的一个重要标志,那么,西方汉学在近代科学和学术体制下对中国的研究比中国开启的近代学术早了 91 年。这些万里之外的研究成果以后逐渐开始从根本上影响了中国学术的进展。我们只要看看今日中文语法,就知道当年雷慕沙的《汉文启蒙》这样的研究对我们现代汉语的浸习已经有多深。最近,不少学者感叹近代中国学术已经完全被西方的学术语言和概念所统治,而这些从西方来的学术概念又无法完全表达中国本土的概念,由此感叹当下的中国汉语学术界是"汉语'胡'说",其实,汉语本身也已经发生了根本的变化,印欧语系已经完全渗透在汉语中,在这个意义上汉语几乎成了"汉字'胡'语","汉字'胡语胡说'"。实际上,我们几乎无法完全摆脱"胡说"和"汉字胡语",所做的是从过去的盲目中清醒过来,对中西文化交流和近代学术概念做彻底的清理,使"胡语"不再束缚"汉字",使"胡说"回到"汉语"的理路,而那些好的"胡语"和"胡说"则可以继续为汉字和汉语所用。在这个意义上,对西方汉学的系统研究已经成为今日中国学术重建的一个重要的方面。

当然,西方汉学界更应该记住雷慕沙,是他开启了专业汉学之路,从此西方汉学研究之路摆脱了教会的控制,开始在西方学术体系中发展与壮大,成为西方东方学中最为重要的一支。我们应该承认大航海后来到东方的葡萄牙人和西班牙人一开始是试图用他们征服非洲和美洲的方式来对付中国,西班牙人在菲律宾时就明确地提出过进攻中国的计划,葡萄牙人在初来到中国南海时和明军有过冲突,荷兰人的确也攻打过澳门。在这个意义上萨义德的《东方学》中所揭示出的一些后殖民主义的理论有一定的合理性。但应看到,葡萄牙人和西班牙人在远东所遇到的是中国,是一个文明的历史比欧洲还要悠久的中国,是一个在经济实力上比当时欧洲还要强大的中国。在伟大的中国文明面前,耶稣会士们开启了以往传教中从未有过的一种传教的路线,由此,引出了中国文明和欧洲文明的伟大相遇,开始了人类历史上少有的文明之间的较为平等的对话与学习。在这个意义上,完全按照萨义德的《东方学》来理解西方汉学是有问题的。

作为西方人中国形象的传递者和塑造者,从利玛窦到雷慕沙都是从欧洲文化的背景来理解和解释中国的,他们都有着挥之不去的文化相遇时的那种"误读",正是在这种"误读"中中西两种文化在相互的学习与慕恋,正是在这种"误读"中关于中国和欧洲的真实知识传入了对方,并各自在对方开花结果。从利玛窦开始的中西文化交流,在西方结下了一个重要的学术成果,这就是:汉学。

参考书目

艾田蒲:《中国之欧洲(上、下卷)》,许钧、钱林森译,河南人民出版社,1992年。

安田朴、谢和耐等:《明清间入华耶稣会士和中西文化交流》,耿昇译,巴蜀书社,
　　1993年。

安文思:《中国新史》,何高济译,大象出版社,2004年。

白佐良、马西尼:《意大利与中国》,萧晓玲、白玉崑译,商务印书馆,2002年。

陈受颐:《中欧文化交流史事论丛》,台湾商务印书馆,1970年。

陈卫平:《第一页与胚胎——明清之际的中西文化比较》,上海人民出版社,1992年。

陈垣:《陈垣学术论文集(第二集)》,中华书局,1982年。

崔维孝:《明清之际西班牙方济会在华传教研究(1579—1732)》,中华书局,2006年。

戴裔煊:《〈明史·佛郎机传〉笺正》,中国社会科学出版社,1984年。

邓恩:《从利玛窦到汤若望:晚明的耶稣会传教士》,余三乐、石蓉译,上海古籍出版社,
　　2003年。

杜赫德编:《耶稣会士中国书简集(上、中、下)》,郑德弟等译,大象出版社,2005年。

樊洪业:《耶稣会士与中国科学》,中国人民大学出版社,1992年。

范存忠:《中国文化在启蒙时期的英国》,上海外语教育出版社,1991年。

方豪:《方豪六十自定稿(上、下册)》,台湾学生书局,1969年。

方豪:《中国天主教史人物传》,宗教文化出版社,2007年。

费赖之：《在华耶稣会士列传及书目（上、下册）》，冯承钧译，中华书局，1995 年。

观》，大象出版社，2003 年。

韩琦、吴旻校注：《熙朝崇正集・熙朝定案（外三种）》，中华书局，2006 年。

何俊：《西学与晚明思想的裂变》，上海人民出版社，1998 年。

赫德逊：《欧洲与中国》，王遵仲、李申、张毅译，何兆武校，中华书局，1995 年。

黄一农：《两头蛇：明末清初的第一代天主教徒》，台湾清华大学出版社，2005 年。

计翔翔：《十七世纪中期汉学著作研究：以曾德昭〈大中国志〉和安文思〈中国新志〉为中心》，上海古籍出版社，2002 年。

李炽昌主编：《文本实践与身份辨识：中国基督徒知识分子的中文著述：1583—1949》，上海古籍出版社，2005 年。

李明：《中国近事报道（1687—1692）》，郭强、龙云、李伟译，大象出版社，2004 年。

李天纲：《中国礼仪之争：历史・文献和意义》，上海古籍出版社，1998 年。

利玛窦、金尼阁：《利玛窦中国札记（全二册）》，何高济、王遵仲、李申译，中华书局，1983 年。

利奇温：《十八世纪中国与欧洲文化的接触》，朱杰勤译，商务印书馆，1962 年。

林中泽：《晚明中西性伦理的相遇——从利玛窦〈天主实义〉和庞迪我〈七克〉为中心》，广东教育出版社，2003 年。

刘耘华：《诠释的圆环：明末清初传教士对儒家经典的解释及其本土回应》，北京大学出版社，2005 年。

孟华：《伏尔泰与孔子》，新华出版社，1993 年。

莫小也：《17—18 世纪传教士与西画东渐》，中国美术学院出版社，2002 年。

裴化行：《利玛窦评传（全二册）》，管震湖译，商务印书馆，1993 年。

秦家懿编译：《德国哲学家论中国》，生活・读书・新知三联书店，1993 年。

沈定平：《明清之际中西文化交流史：明代——调适与会通》，商务印书馆，2001 年。

石田干之助：《欧人之汉学研究》，朱滋萃译，北平中法大学，1934 年。

孙尚扬：《基督教与明末儒学》，东方出版社，1994 年。

谈敏：《法国重农学派学说的中国渊源》，上海人民出版社，1992 年。

王徵：《王徵遗著》，李之勤校点，陕西人民出版社，1987 年。

王之春：《清朝柔远记》，赵春晨点校，中华书局，1989 年。

王重民:《徐光启》,何兆武校订,上海人民出版社,1981 年。

魏若望:《耶稣会士傅圣泽神甫传:索隐派思想在中国及欧洲》,吴莉苇译,大象出版社,
　　2004 年。

《文化杂志》编:《十六和十七世纪伊比利亚文学视野里的中国景吴伯娅《康雍乾三帝
　　与西学东渐》,宗教文化出版社,2002 年。

夏瑰琦编:《圣朝破邪集》,香港建道神学院,1996 年。

萧萐父、许苏民:《明清启蒙学术流变》,辽宁教育出版社,1995 年。

谢和耐:《中国和基督教:中国和欧洲文化之比较》,耿昇译,上海古籍出版社,1991 年。

徐海松:《清初士人与西学》,东方出版社,2000 年。

许明龙:《黄嘉略与早期法国汉学》,中华书局,2004 年。

许明龙主编:《中西文化交流先驱:从利玛窦到郎士宁》,东方出版社,1993 年。

严嘉乐:《中国来信(1716—1735)》,丛林、李梅译,大象出版社,2002 年。

严建强:《十八世纪中国文化在西欧的传播及其反应》,中国美术学院出版社,2002 年。

于本源:《清王朝的宗教政策》,中国社会科学出版社,1999 年。

余三乐:《早期西方传教士与北京》,北京出版社,2001 年。

曾德昭:《大中国志》,何高济译,上海古籍出版社,1998 年。

张柏春:《明清测天仪器之欧化:十七、十八世纪传入中国的欧洲天文仪器技术及其历
　　史地位》,辽宁教育出版社,2000 年。

张错:《利玛窦入华及其他》,香港城市大学出版社,2002 年。

张国刚:《从中西初识到礼仪之争:明清传教士与中西文化交流》,人民出版社,2003 年;

张国刚等:《明清传教士与欧洲汉学》,中国社会科学出版社,2001 年。

张国刚、吴莉苇:《启蒙时代欧洲的中国观:一个历史的巡礼与反思》,上海古籍出版社,
　　2006 年。

张铠:《中国与西班牙关系史》,大象出版社,2003 年。

张力、刘鉴唐:《中国教案史》,四川社会科学院出版社,1987 年。

张维华:《明清之际中西关系简史》,齐鲁书社,1987 年。

张维华:《明史欧洲四国传注释》,上海古籍出版社,1982 年。

张西平编:《他乡有夫子:汉学研究导论(上、下)》,外语教学与研究出版社,2005 年。

张西平:《传教士汉学研究》,大象出版社,2005 年。

张西平等编著:《西方人早期汉语史学习调查(上、下)》,中国大百科全书出版社,2003年。

张西平:《中国与欧洲早期思想交流史》,北京大学出版社,2021年。

张晓林:《天主实义与中国学统:文化互动与诠释》,学林出版社,2005年。

张星烺编注:《中西交通史料汇编(第一册)》,朱杰勤校订,中华书局,1977年。

朱谦之:《中国哲学对欧洲的影响》,上海人民出版社,2006年。

朱维铮主编:《利玛窦中文著译集》,复旦大学出版社,2001年。

朱维铮:《走出中世纪》,上海人民出版社,1987年。

Basil Guy, *The French Image of China before and after Voltaire*, Voltaire Foundation, 1963.

Charles E. Ronan & Bonnie B. C Oh(ed.), *East Meets West: The Jesuits in China, 1582—1773*, Loyola University Press, 1988.

Claudia von Collani, *P. Joachim Bouvet S. J. Sein Leben und sein Werk*, Steyler Verlag, 1985.

C. R. Boxer, *Portugese India in the Mid-seventeenth Century*, Oxford University Press, 1980.

D. E. Mungello, *Curious Land: Jesuit Accommodation and the Origins of Sinology*, Studia Leibnitiana Supplementa, 1985.

D. E. Mungello (ed.), *The Chinese Rites Controversy: Its History and Meaning*, Steyler Verlag, 1994.

Derk Bodde & Howard E. Wilson, *Chinese Ideas in the West*, Literary Licensing, 2012.

Donald F. Lach, *Asia in the Making of Europe*, Vol. I, University of Chicago Press, 1965.

George Minamiki, S. J., *The Chinese Rites Controversy: From Its Beginning to Modern Times*, Loyola University Press, 1985.

G. G. 莱布尼茨:《中国近事——为了照亮我们这个时代的历史》,梅谦立、杨保筠译,大象出版社,2005年。

Hartmut Walravens, *China illustrata: Das europäische Chinaverständnis in Spiegel des 16. bis 18. Jahrhunderts*, VCH, 1987.

H. Cordier, *Bibliotheca Sinica*, 5 vols. , Paris, 1904—1921.

Jerome Heyndrickx (ed.), *Philippe Couplet, S. J. (1623—1693): The Man who Brought China to Europe*, Steyler Verlag, 1990.

Jong-su Ahn, *Leibniz' Philosophie und die Chinesische Philosophie*, Hartung-Gorre Verlag, 1990.

J. S. Commins, *Jesuit and Friar in the Spanish Expansion to the East*, Variorum Reprints, 1986.

Julia Ching and Willard G. Oxtoby, *Moral Enlightment. Leibniz and Wolff on China*, Steyler Verlag, 1992.

Noel Golvers, *The Astronomia Europaea of Ferdinand Verbiest, S. J. (Dillingen, 1687)*, Steyler Verlag, 1993.

Pau A. Rule, *K'ung-tzu or Confucius? The Jesuit interpretation of Confucianism*, Allen and Unwin, 1986.

P. M. D'Elia, *Fonti Ricciane*, 3 vols. , La Libreria dello Stato, 1942—49.

Rita Widmaier (ed.), *Leibniz Korrespondiert mit China*, Vittorio Klostermann, 1990.

Rita Widmaier, *Leibniz and China: From Natural Theology to Natural Philosophy*, *Actes Du VI Colloque International de Sinologie*, Chatilly, 1989.

Thomas H. C. Lee, *China and Europe: Images and Influences in Sixteenth to Eighteenth Centuries*, Chinese University of Hongkong Press, 1991.

W. Watson, *Interpretation of China in Enlightment: Montesquieun and Voltaire*, *Actes Du VI Colloque International de Sinologie*, Chatilly, 1989.

后 记

　　这本书是我在 2000 年时申请的教育部的人文社科基金项目的成果,一晃八年多过去了。本来在 2005 年就可以结项,但总想把新的材料放进去,这样就拖了下来。后来我发现自己是不可能在这样一本书中将欧洲早期汉学史全部写出来的,到欧洲各个国家的图书馆跑得越多,就越加深我这样的认识。学术是一个不断渐进的过程,总是一代人接着一代人来做的,只要在这里为后人提供了一个超越自己的前进的阶梯,我也就心满意足了。这正是江山代有才人出,各领风骚数百年。

　　书写完时看到了美国学者孟德卫(David E. Mungello)的《1500—1800:中西方的伟大相遇》(*The Great Encounter of China and the West 1500—1800*)中文版出版,这是本好书。近三十年来,孟德卫教授是这个研究领域最有影响的学者之一,他的《神奇的土地》(*Curious Land : Jesuit Accommodation and the Origins of Sinology*)中文版不久也会问世。孟德卫教授的研究和西方另一些人的不同之处在于他对来华耶稣会士的研究是放在中西文化互动中把握的,而不是将其仅仅归于一种中国天主教史的研究。这样一个视角实际上是对长期以来在这个研究领域中以天主教为中心的研究模式的纠正,无论是以传教士为中心,还是转向以中国教徒和文人为中心,都是以天主教在中国的传播和接受为研究重点,其实质在于中国对于基督教的接受和反应。这样的研究无疑是重要的,特别是对于中国天主教史以及中国近代文化和思想变迁研究。但这样的研究如果放在1500—1800年的中西文化交流史来看只是一个方面,这段历史还有另一面,这就是中国文化在欧洲的传播。只有将明末清初的"西学东渐"和"中学西传"作为一个整体,将明末清初的"中国天主教史"和"欧洲早期汉学史"放在一个框架中加以研究,这一时期的历史本质才会呈现出来。同时这两个方面是相互影响的,也只有这样联系起来研究才能将"西学东渐"和"中学西传"的历史厘清。直到今天不少中国学者并不清楚1500—1800年间的中西文化交流的特点,当孟德卫教授以中国和西方的伟大相遇为题目时,他们觉得这是不可能的,中国当时有那么强大吗?以晚清推晚明是许多人的思维模式,晚清的悲情使他们走不出19世纪的思维。这不仅表现出他们在知识上的贫乏,而且也表现出思想上的幼稚。

当然,当我们这样将整个中西文化的交流历史放入我们的研究视角时,并不是陶醉在17—18世纪欧洲对中国的赞扬之中,也丝毫不会停止我们对自己文化的反思。在中国和西方的互视中,不仅西方人在对待中国的态度上是典型的变色龙,中国人在对待西方的态度上也是变色龙。中国和西方的相遇不仅改变了中国也改变了西方,正是在这种文化间的互动中,整个世界的面貌发生了变化。只有从双方观念的这种历史变迁中,在一个更长段的历史过程中,我们才能发现历史的真相,尤其在全球化的今天。

互动的交流,相互的影响,共同的创造,这是16—18世纪中西文化交流史的根本性特点。这样,我们把传教士在中国的整个活动和写作都纳入了欧洲早期汉学的历史,反过来,我们也同时将欧洲文化的变化纳入了中国文化变迁的视野中。这是一个中国和西方相互交错和相互重叠的历史,一旦我们将明清之际的中国天主教史和欧洲早期汉学的发生放在一个历史的平台,许多问题就会有了新的看法,相互断裂的历史开始连接起来,全球化初期的复杂局面开始呈现出来。

我在这本书中采取的是这样的方法,从认识和想象两个角度,从互动与交流的视野,梳理欧洲早期关于中国知识和形象的形成。既注意欧洲文化对早期汉学知识的影响,又考察关于中国的真实知识是如何传播到欧洲的,研究知识与想象的互动。同时,本书在考察中国时将西方放进来,在考察西方时把中国放进来。本书把传教士在中国的活动作为欧洲早期汉学史来把握,把"西学东渐"和"中学西传"放在一个历史的平台上研究。必须承认,面对这样的题目,本书的写作仅仅是一个开始,仅仅是一个纲要,无论在研究的广度还是深度上都远远不够。我的本意不喜欢宏大的叙事,尤其是对 16—18 世纪的中西文化交流史研究来说,因为太多材料没有掌握,太多细节是不知道的,太多个案是没有深入研究的。但这次,我还是写了一本宏大叙事的书。为了不违自己的心愿,我尽力在每个细节上深入一些。如果这本书能为后来的年轻人的前进做个铺路石,我也就心满意足了。

几年来为写作此书,每年都到欧洲访书,在中国台湾、香港和澳门访学,正是一些朋友的帮助,才使我有机会查阅到一些材料。这些朋友是:意大利罗马大学的马西尼(Federico Masini)教授、那不勒斯东方大学的樊蒂卡(Michele Fatica)教授、梁作禄(Angelo Lazzarotto)神父,法国的巴斯蒂(Marianne Bastid-Brugière)教授、沙百里(Jean Charbonnier)神父,英国伦敦亚非学院的傅熊(Bernhard Fuehrer)教授,德国的施寒微(Helwig Schmidt-Glintzer)教授、马雷凯(Roman Malek)教授、顾彬(Wolfgang Kubin)教授、弥维礼(Wilhelm K. Müller)教授、郎宓榭(Michael Lackner)教授、李文潮教授、KAAD 基金会的汉杰克(Heinrich Geiger)博士、麦耶(Johannaes Meier)教授,比利时的韩德利(Jeroom Heyndrickx)神父,波兰的爱德华(Edward Kajdański)教授,美国的魏若望(John W. Witek, S J.)教授、孟德卫(David E. Mungello)教授,葡萄牙的萨安东(António Vasconcelos de Saldanha)教授、金国平教授,中国台湾的黄俊杰教授、康士杰教授、古伟瀛教授、黄一农教授、李奭学教授,香港中文大学吴梓民教授、温伟耀教授、卢龙光牧师,香港大学冯锦荣教授、图书馆馆长彭仁贤(Anthony W. Ferguson)、副馆长尹耀全,香港城市大学的张隆溪教授,澳门基金会吴志良博士、澳门理工学院李向玉院长,中国社会科学院历史研究所的耿昇研究员、万明研究员、吴伯娅研究员,世界宗教研究所的卓新平所长、王建研究员,好友孙波,北京大学的严绍璗教授、孟华教授、荣新江教授,清华大学的李学勤先生、张国刚教授,中国人民大学清史研究所的戴逸先生、黄爱平教授、黄兴涛教授,中国艺术研究院的任大援研究员,北京行政学院的余三乐教授、侯且岸教授,中国科学院自然科学史研究所的汪前进研究员、张柏春研究员、王扬宗研究员,复旦大学的李天纲教授,福建师大的林金水教授,暨南大学的汤开建教授,华中师大的章开沅先生,中山大学的吴义雄教授。对于他们的帮助和支持,我表示衷心的感谢。在这里我要特别感谢荷兰汉学家库佩斯(Jac Kuepers)对全书的外文部分做了校对,感谢我的学生骆洁同意将我们共同的研究成果收入本书之中,感谢我的学生杨慧玲、李真、杨紫烟、杨莉、戴月等人在书稿写作和出版中付出的劳动和心血。

同时也感谢北京外国语大学,感谢海外汉学研究中心的同仁们,这样一个充满学术氛围的团队和环境,使我一心投入到学术研究中。当然,这本书的出版要特别感谢中华书局的李晨光先生,没有他的努力,书不会如期出版。

去年初秋在梵蒂冈档案馆查阅文献,午间小歇,坐在梵蒂冈档案馆的院内草坪上仰望罗马的蓝天,信手写下一首小诗。诗虽短,但反映了这几年访书的生活,抄下作为后记的结语:

无题

云舒天淡雁飞忙,
斜阳古城凉,
踩风踏浪又重阳,
罗马似故乡。

石道弯,断壁长,
残卷墨飘香。
欲将沉醉化悲凉,
秋风翻书忙。

张西平写于北京游心书屋
2007 年 5 月 30 日初稿
2008 年 3 月 31 日定稿

再版后记

　　《欧洲早期汉学史：中西文化交流与西方汉学的兴起》这本书出版已经十二年了，尽管这些年学术界在中西文化交流史和西方早期汉学史研究上已经有了不少新的进展，但现在看起来，从总体上介绍西方早期汉学的形成与发展的学术著作仍然只有这一本。在我看来，这本书最有价值的就是把明清之际的"西学东渐"和"中学西传"作为一个整体去把握。大多数从事"西学东渐"和"中学西传"的研究者都忽略了来华传教士的中文写作与他们的拉丁文写作之间的关系和不同的文化价值，而仅仅将这些作品从单方面理解。如，来华传教士在中国用中文写作出版了一千多部"西学汉籍"，这些著作无疑是中国明清史的重要组成部分，是中国基督宗教史的核心文献，但不要忘记，这批文献也是西方早期汉学史的基础性文献，是意大利近代史、法国近代史等欧洲史的重要文献。反之，这些来华传教士在欧洲出版了几百部欧洲语言的著作，留下了几十余万页的拉丁文、意大利文、法文、葡萄牙文、西班牙文的历史档案，这些用欧洲语言书写的著作与文献自然是欧洲史的基础性文献，但不要忘记，这些同样是中国明清史、中国基督宗教史的重要基础性文献。

　　1500—1800 年的三百年是中西初识的三百年，是全球化初始的三百年，是中西文化交错发展的三百年。无论是中国文化还是欧洲文化都已经不能在纯粹的自身历史文化中发展,跨语言、跨文化的研究才能揭示自身的变迁。就此而言,这部著作的价值仍在。

这次再版我对全书通读了一遍,修正了一些文字错误,删节了一部分内容。

太公作《史记》是"述往事,思来者"。作为一个当代的史者,述中西初识往事,思中西文明互鉴之未来,乃写作之初心。

书是学者的外在生命,是一个读书人呕心沥血献给社会的公共精神产品,但作者"纸尽才疏诗半篇",望读者"以学心听,以公心辩"。

张西平
写于北京游心书屋
2021 年 12 月 11 日